长江三峡工程
文物保护项目报告
乙种第二十一号

忠县翠屏山崖墓

重庆市文物局　重庆市移民局　编

科学出版社

内 容 简 介

本书是中山大学人类学系配合三峡水库工程，于2007～2008年在重庆忠县翠屏山发掘的40座崖墓和9座石室墓的考古报告。其中崖墓的时间起自东汉中晚期，下至南朝齐、梁时期；石室墓的年代在明代晚期。本书全面、系统地介绍了该墓地的发掘成果，从墓葬形制、规格和年代及随葬品方面进行了分析、探讨，为研究重庆乃至长江三峡地区古代墓葬发展序列和丧葬制度提供了丰富的实物资料。

本书可供从事考古、历史、文物研究的专家学者、教师及学生参考、阅读。

图书在版编目(CIP)数据

忠县翠屏山崖墓／重庆市文物局，重庆市移民局编．—北京：科学出版社，2011.11

（长江三峡工程文物保护项目报告．乙种；21）

ISBN 978-7-03-032539-6

Ⅰ．①忠…　Ⅱ．①重…②重…　Ⅲ．①崖墓－发掘报告－忠县　Ⅳ．①K878.85

中国版本图书馆CIP数据核字（2011）第207776号

责任编辑：闫向东　张亚娜　郝莎莎／责任校对：钟　洋

责任印制：赵德静／封面设计：黄华斌　陈　敬

科学出版社 出版

北京东黄城根北街16号

邮政编码：100717

http://www.sciencep.com

中国科学院印刷厂 印刷

科学出版社发行　各地新华书店经销

*

2011年11月第　一　版　　开本：A4（880×1230）

2011年11月第一次印刷　　印张：20　插页：42

印数：1—1 500　　字数：677 000

定价：208．00元

Reports on the Cultural Relics Conservation
in the Three Gorges Dam Project
B(site report) Vol.21

TGCR

The Cliff Tombs at Cuipingshan in Zhongxian, Chongqing

Cultural Relics and Heritage Bureau of Chongqing
&
Resettlement Bureau of Chongqing

Science Press

长江三峡工程文物保护项目报告

乙种第二十一号

《忠县翠屏山崖墓》

主　编

王　宏

项目承担单位

中山大学人类学系

目　　录

第一章　概述……………………………………………………………………………… (1)
第一节　地理环境……………………………………………………………………… (1)
第二节　历史沿革……………………………………………………………………… (3)
第三节　崖墓的发现与研究…………………………………………………………… (5)
第四节　发掘经过……………………………………………………………………… (6)
第二章　崖墓的分布与形制……………………………………………………………… (8)
第一节　总体分布……………………………………………………………………… (8)
第二节　崖墓形制……………………………………………………………………… (9)
第三章　A区崖墓………………………………………………………………………… (11)
第一节　崖墓的分布与排列 ………………………………………………………… (11)
第二节　崖墓介绍 …………………………………………………………………… (11)
一、AM201 …………………………………………………………………………… (11)
二、AM202 …………………………………………………………………………… (16)
三、AM203 …………………………………………………………………………… (17)
四、AM204 …………………………………………………………………………… (21)
五、AM205 …………………………………………………………………………… (22)
第四章　B区崖墓………………………………………………………………………… (24)
第一节　崖墓的分布与排列 ………………………………………………………… (24)
第二节　崖墓介绍 …………………………………………………………………… (25)
一、BM301 …………………………………………………………………………… (25)
二、BM302 …………………………………………………………………………… (34)
三、BM303 …………………………………………………………………………… (38)
四、BM304 …………………………………………………………………………… (42)
五、BM305 …………………………………………………………………………… (43)
六、BM306 …………………………………………………………………………… (46)
七、BM307 …………………………………………………………………………… (50)
八、BM308 …………………………………………………………………………… (53)
九、BM309 …………………………………………………………………………… (53)
一〇、BM310 ………………………………………………………………………… (56)
一一、BM311 ………………………………………………………………………… (60)

一二、BM313 ······ (61)

第五章　C 区崖墓 ······ (62)

第一节　崖墓的分布与排列 ······ (62)
第二节　崖墓介绍 ······ (62)
一、CM401 ······ (62)
二、CM402 ······ (65)
三、CM403 ······ (66)
四、CM404 ······ (67)
五、CM405 ······ (68)
六、CM406 ······ (70)
七、CM407 ······ (71)
八、CM408 ······ (80)
九、CM409 ······ (81)
一〇、CM410 ······ (85)
一一、CM420 ······ (88)

第六章　D 区和 E 区崖墓 ······ (91)

第一节　崖墓的分布与排列 ······ (91)
第二节　崖墓介绍 ······ (92)
一、DM501 ······ (92)
二、EM601 ······ (98)
三、EM602 ······ (102)
四、EM603 ······ (108)
五、EM604 ······ (114)
六、EM605 ······ (117)
七、EM606 ······ (120)
八、EM607 ······ (124)
九、EM608 ······ (125)
一〇、EM609 ······ (126)
一一、EM610 ······ (127)
一二、EM611 ······ (128)

第七章　崖墓随葬器物 ······ (132)

第一节　陶器 ······ (132)
第二节　青瓷器 ······ (165)
第三节　金属器 ······ (185)
第四节　玉石器及料器 ······ (195)

第八章　明代石室墓 ······ (198)

第一节　墓葬形制 ······ (198)

第二节　随葬器物 …………………………………………………………………… (207)

第九章　分期与年代 …………………………………………………………… (214)

第一节　崖墓的分期与年代 ……………………………………………………… (214)

第二节　翠屏山崖墓的特点 ……………………………………………………… (223)

第三节　与邻近地区崖墓的比较 ………………………………………………… (227)

第四节　与长江中下游同时期墓葬的比较 ……………………………………… (233)

第五节　石室墓的年代 …………………………………………………………… (235)

第六节　明代石室墓的墓形与葬制 ……………………………………………… (236)

附录一　重庆忠县翠屏山崖墓部分出土非金属饰品的无损鉴定和工艺初探 ……………………………………………………………………………… (239)

附录二　重庆忠县翠屏山崖墓群出土西晋金银器的无损分析 ………………… (252)

附录三　重庆忠县翠屏山崖墓群人骨鉴定报告 ………………………………… (256)

附录四　重庆忠县翠屏山崖墓群出土青瓷 EDXRF 分析研究 ………………… (266)

附表一　忠县翠屏山崖墓出土器物分期表（陶器一） ………………………… (271)

附表二　忠县翠屏山崖墓出土器物分期表（陶器二） ………………………… (272)

附表三　忠县翠屏山崖墓出土器物分期表（瓷器、铜器） ……………………… (273)

附表四　忠县翠屏山崖墓出土器物分期表（陶器） …………………………… (274)

附表五　忠县翠屏山崖墓出土器物分期表（瓷器） …………………………… (287)

附表六　忠县翠屏山崖墓登记表 ………………………………………………… (293)

后记 ……………………………………………………………………………… (303)

插图目录

图一　忠县位置图 ……………………………………………………………………… (1)
图二　忠县翠屏山崖墓群地理位置示意图 …………………………………………… (2)
图三　忠县翠屏山崖墓群发掘崖墓分布图 ………………………………………… (插页)
图四　忠县翠屏山崖墓墓型分类图 ………………………………………………… (插页)
图五　A 区崖墓分布图 ……………………………………………………………… (11)
图六　AM201 平、剖面图 …………………………………………………………… (12)
图七　AM201 出土器物 ……………………………………………………………… (14)
图八　AM201 墓砖拓片 ……………………………………………………………… (15)
图九　AM202 平、剖面图 …………………………………………………………… (16)
图一〇　AM202 墓砖拓片 …………………………………………………………… (17)
图一一　AM203 平、剖面图 ………………………………………………………… (18)
图一二　AM203 墓砖拓片 …………………………………………………………… (18)
图一三　AM203 出土器物 …………………………………………………………… (20)
图一四　AM204 平、剖面图 ………………………………………………………… (21)
图一五　AM204 墓砖拓片 …………………………………………………………… (22)
图一六　AM204 出土陶甑（AM204∶1） ……………………………………………… (22)
图一七　AM205 平、剖面图 ………………………………………………………… (23)
图一八　B 区崖墓分布图 …………………………………………………………… (24)
图一九　BM301 平、剖面图 ………………………………………………………… (26)
图二〇　BM301 墓砖拓片 …………………………………………………………… (27)
图二一　BM301 出土器物（一） …………………………………………………… (28)
图二二　BM301 出土器物（二） …………………………………………………… (30)
图二三　BM301 出土器物（三） …………………………………………………… (31)
图二四　BM301 出土器物（四） …………………………………………………… (33)
图二五　BM302 平、剖面图 ………………………………………………………… (34)
图二六　BM302 出土器物 …………………………………………………………… (36)
图二七　BM303 平、剖面图 ………………………………………………………… (38)
图二八　BM303 出土器物（一） …………………………………………………… (40)
图二九　BM303 出土器物（二） …………………………………………………… (41)
图三〇　BM304 平、剖面图 ………………………………………………………… (42)
图三一　BM304 出土陶鸡俑（BM304∶1） ………………………………………… (43)
图三二　BM305 平、剖面图 ………………………………………………………… (44)
图三三　BM305 出土器物 …………………………………………………………… (45)
图三四　BM306 平、剖面图 ………………………………………………………… (47)

图三五 BM306 墓砖拓片 …… (48)
图三六 BM306 出土器物 …… (49)
图三七 BM307 平、剖面图 …… (51)
图三八 BM308 平、剖面图 …… (52)
图三九 BM308 墓砖拓片 …… (54)
图四〇 BM309 平、剖面图 …… (55)
图四一 BM309 墓砖拓片 …… (56)
图四二 BM309 出土瓷盘口壶（BM309∶1） …… (56)
图四三 BM310 平、剖面图 …… (57)
图四四 BM310 出土器物 …… (59)
图四五 BM311 平、剖面图 …… (60)
图四六 BM313 平、剖面图 …… (61)
图四七 C 区崖墓分布图 …… (62)
图四八 CM401 平、剖面图 …… (63)
图四九 CM401 出土器物 …… (64)
图五〇 CM402 平、剖面图 …… (65)
图五一 CM403 平、剖面图 …… (66)
图五二 CM404 平、剖面图 …… (67)
图五三 CM404 出土石斧（CM404∶1） …… (68)
图五四 CM405 平、剖面图 …… (69)
图五五 CM406 平、剖面图 …… (71)
图五六 CM406 墓砖拓片 …… (72)
图五七 CM406 出土器物 …… (72)
图五八 CM407 平、剖面图 …… (73)
图五九 CM407 墓砖拓片 …… (74)
图六〇 CM407 出土器物（一） …… (76)
图六一 CM407 出土器物（二） …… (78)
图六二 CM407 出土器物（三） …… (79)
图六三 CM408 平、剖面图 …… (81)
图六四 CM409 平、剖面图 …… (82)
图六五 CM409 出土器物 …… (84)
图六六 CM410 平、剖面图 …… (85)
图六七 CM410 出土器物 …… (87)
图六八 CM420 平、剖面图 …… (89)
图六九 CM420 出土器物 …… (90)
图七〇 E 区崖墓分布图 …… (91)
图七一 DM501 平、剖面图 …… (93)
图七二 DM501 墓砖拓片 …… (94)
图七三 DM501 出土器物（一） …… (95)
图七四 DM501 出土器物（二） …… (97)

图七五　EM601 平、剖面图 …………………………………… (99)
图七六　EM601 墓砖拓片 …………………………………… (100)
图七七　EM601 出土器物 …………………………………… (101)
图七八　EM602 平、剖面图 …………………………………… (103)
图七九　EM602 墓砖拓片 …………………………………… (104)
图八〇　EM602 出土器物（一） …………………………………… (105)
图八一　EM602 出土器物（二） …………………………………… (107)
图八二　EM603 平、剖面图 …………………………………… (109)
图八三　EM603 墓砖拓片 …………………………………… (110)
图八四　EM603 出土器物（一） …………………………………… (111)
图八五　EM603 出土器物（二） …………………………………… (113)
图八六　EM604 平、剖面图 …………………………………… (114)
图八七　EM604 墓砖拓片 …………………………………… (115)
图八八　EM604 出土器物 …………………………………… (116)
图八九　EM605 平、剖面图 …………………………………… (118)
图九〇　EM605 墓砖拓片 …………………………………… (119)
图九一　EM605 出土器物 …………………………………… (120)
图九二　EM606 平、剖面图 …………………………………… (121)
图九三　EM606 墓砖拓片 …………………………………… (121)
图九四　EM606 出土器物 …………………………………… (122)
图九五　EM607 平、剖面图 …………………………………… (125)
图九六　EM608 平、剖面图 …………………………………… (126)
图九七　EM609 平、剖面图 …………………………………… (127)
图九八　EM610 平、剖面图 …………………………………… (128)
图九九　EM611 平、剖面图 …………………………………… (129)
图一〇〇　EM611 出土器物 …………………………………… (130)
图一〇一　陶釜 …………………………………… (134)
图一〇二　陶罐（一） …………………………………… (135)
图一〇三　陶罐（二） …………………………………… (137)
图一〇四　陶罐（三） …………………………………… (139)
图一〇五　陶罐（四） …………………………………… (140)
图一〇六　陶瓮、陶耳杯、陶杯、陶魁及陶勺 …………………………………… (142)
图一〇七　陶锺 …………………………………… (143)
图一〇八　陶钵 …………………………………… (145)
图一〇九　陶碗、陶案 …………………………………… (146)
图一一〇　陶盆 …………………………………… (149)
图一一一　陶甑 …………………………………… (151)
图一一二　陶灯、陶熏、陶器盖等 …………………………………… (152)
图一一三　陶俑（一） …………………………………… (155)
图一一四　陶俑（二） …………………………………… (156)

图一一五　陶俑（三） …………………………………………………………… (158)
图一一六　陶狗俑……………………………………………………………………… (159)
图一一七　陶俑、釉陶井及陶井圈…………………………………………………… (160)
图一一八　陶水塘……………………………………………………………………… (162)
图一一九　陶楼（一） …………………………………………………………… (163)
图一二〇　陶楼（二） …………………………………………………………… (164)
图一二一　瓷盘口壶（一） ……………………………………………………… (166)
图一二二　瓷盘口壶（二） ……………………………………………………… (168)
图一二三　瓷鸡首壶、瓷折沿罐及瓷双系罐、瓷双口罐…………………………… (170)
图一二四　瓷四系罐…………………………………………………………………… (171)
图一二五　瓷碗（一） …………………………………………………………… (174)
图一二六　瓷碗（二） …………………………………………………………… (176)
图一二七　瓷碗（三） …………………………………………………………… (178)
图一二八　瓷盏（一） …………………………………………………………… (180)
图一二九　瓷盏（二） …………………………………………………………… (182)
图一三〇　瓷熏炉、瓷唾壶、瓷虎子、瓷盘及瓷盆………………………………… (184)
图一三一　铜器………………………………………………………………………… (186)
图一三二　铜钱拓片（一） ……………………………………………………… (188)
图一三三　铜钱拓片（二） ……………………………………………………… (189)
图一三四　铁器（一） …………………………………………………………… (190)
图一三五　铁器（二） …………………………………………………………… (191)
图一三六　铁器（三） …………………………………………………………… (193)
图一三七　金银器……………………………………………………………………… (194)
图一三八　琥珀、料器及玉石器……………………………………………………… (196)
图一三九　石室墓分布图……………………………………………………………… (198)
图一四〇　CM411 平、剖面图……………………………………………………… (199)
图一四一　CM412 平、剖面图……………………………………………………… (199)
图一四二　CM413 平、剖面图……………………………………………………… (200)
图一四三　CM414 平、剖面图……………………………………………………… (201)
图一四四　CM415 平、剖面图……………………………………………………… (202)
图一四五　CM416 平、剖面图……………………………………………………… (203)
图一四六　CM417 平、剖面图……………………………………………………… (204)
图一四七　CM418 平、剖面图……………………………………………………… (205)
图一四八　CM419 平、剖面图……………………………………………………… (206)
图一四九　明墓出土陶器（一） ………………………………………………… (208)
图一五〇　明墓出土陶器（二） ………………………………………………… (209)
图一五一　明墓出土白瓷与青瓷器…………………………………………………… (211)
图一五二　明墓出土青花瓷器（一） …………………………………………… (212)
图一五三　明墓出土青花瓷器（二） …………………………………………… (213)

图版目录

图版一　忠县翠屏山崖墓群全景

图版二　忠县翠屏山崖墓群 A 区场景

图版三　忠县翠屏山崖墓群 E 区场景

图版四　AM201 发掘场景

图版五　AM202 墓道与墓门

图版六　AM203 甬道、墓门与墓室器物

图版七　AM204 盗洞、墓道与墓门

图版八　AM205 墓道与墓室

图版九　BM301 发掘场景

图版一〇　BM302 墓道与墓室

图版一一　BM303 墓道与墓室器物

图版一二　BM304 墓道与壁龛

图版一三　BM305 墓道与出土器物

图版一四　BM307～BM309 墓道、墓门与墓室

图版一五　BM310 墓道、墓门与后室局部器物

图版一六　未凿成的崖墓 BM311 与 BM313

图版一七　CM401～CM406 墓室

图版一八　CM407 甬道、墓室及器物

图版一九　CM408 与 CM409 墓门

图版二〇　CM410 墓道、墓门、耳室与器物

图版二一　CM420 墓道、墓门与墓室

图版二二　DM501 墓道、墓门、墓室与器物

图版二三　EM601 墓道、墓室及器物

图版二四　EM602 墓道、墓室及随葬品

图版二五　EM603 墓道、墓门、甬道与墓室

图版二六　EM604 墓门与墓室

图版二七　EM605 墓道、墓室及随葬品

图版二八　EM606 墓道、墓门与墓室

图版二九　EM607 墓室与 EM608 墓道、墓门

图版三〇　EM609 墓室与 EM610 原始状态

图版三一　EM608、EM609 及 EM611 墓道、墓门

图版三二　陶釜

图版三三　A 型陶罐
图版三四　B 型陶罐
图版三五　C 型陶罐
图版三六　D 型陶罐
图版三七　D、E、F 型陶罐
图版三八　陶锺
图版三九　陶钵
图版四〇　陶钵、陶碗
图版四一　陶魁、陶杯
图版四二　陶盆、陶盘
图版四三　陶甑、陶熏、陶耳杯
图版四四　陶灯
图版四五　陶器盖、陶勺、陶砚台、陶纺轮
图版四六　陶人物俑
图版四七　陶人物俑
图版四八　陶人物俑
图版四九　陶动物俑及镇墓兽
图版五〇　陶动物俑
图版五一　陶楼
图版五二　陶井、陶井圈、陶水塘及瓷盘口壶
图版五三　瓷盘口壶
图版五四　瓷盘口壶
图版五五　瓷盘口壶、瓷四系罐
图版五六　瓷四系罐
图版五七　瓷四系罐
图版五八　瓷鸡首壶、瓷四系罐盖
图版五九　瓷罐
图版六〇　A 型瓷碗
图版六一　A 型瓷碗
图版六二　B 型瓷碗
图版六三　B 型瓷碗
图版六四　瓷盏
图版六五　瓷盏
图版六六　瓷盏
图版六七　瓷盆、瓷唾壶等
图版六八　铜器
图版六九　铁器

图版七〇　金、银、铜装饰器
图版七一　玉器、石器、玻璃器
图版七二　玉器、玻璃器
图版七三　明墓墓室
图版七四　明墓墓室
图版七五　明墓墓室
图版七六　明墓出土陶器
图版七七　明墓出土单色釉瓷器
图版七八　明墓出土青花瓷器
图版七九　神溪船业厂区内被破坏的崖墓
图版八〇　工作照

第一章 概 述

第一节 地理环境

忠县位于重庆市中部，地处三峡库区腹心；北与梁平县相毗，东北与万州区相接，西邻垫江县，南连丰都县，东南与石柱土家族自治县接壤。全县东西长66.45公里，南北宽60.15公里；经纬度为北纬30°03′～30°35′，东经107°03′～108°14′。忠县是国家东西大动脉沪蓉高速公路与长江航道在上游地区的唯一交点，是东中部进入西部和四川盆地最便捷路径上的节点（图一）。忠县共辖28个乡镇，截至2003年，总人口为96.5万。

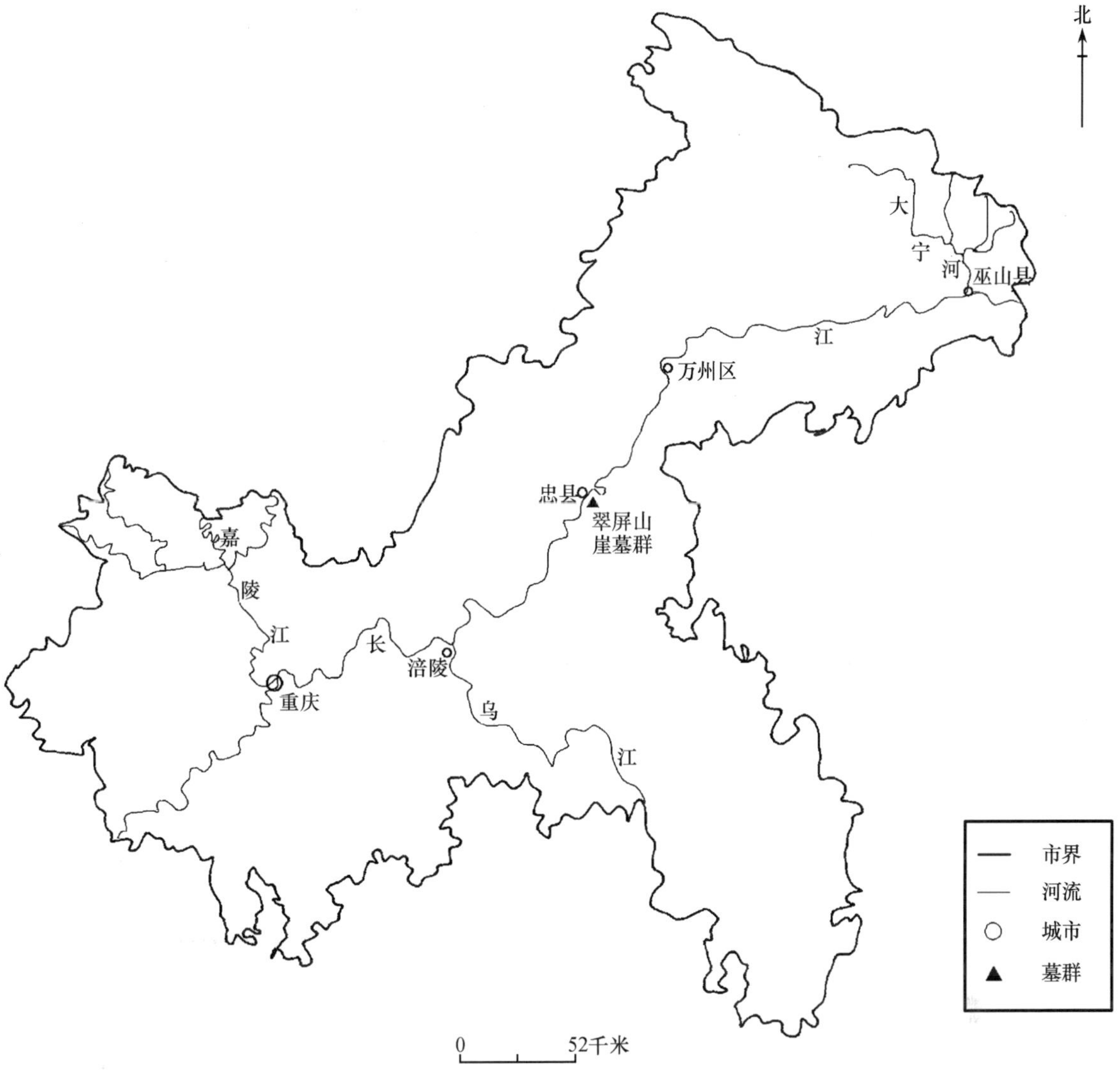

图一 忠县位置图

忠县属川东平行岭谷，处大江之上，居重夔之间，县境内山丘起伏，河溪纵横，其地貌由金华山、方斗山、猫耳山三个背斜，以及其间的拔山、忠州两个向斜构成，最高海拔1680米，最低海拔117米，属典型的丘陵地貌。长江“黄金水道”自西南至东北贯通全县。忠县连山夹江、合陵带水，亦有“山水之城”的美称。

忠县地处暖湿亚热带东南季风区，四季分明，雨量充沛，年均温18.2℃，年均降雨量1200毫米，无霜期341天，日照率29%，太阳总辐射能83.7千卡/平方厘米①。

忠县是三峡移民搬迁的重点县，全县划入三峡工程地下文物保护项目有50多项，“火电厂崖墓群”即是其中之一。因火电厂已撤搬，而崖墓均位于翠屏山西北麓，东南是东溪镇的搬迁新区，行政隶属忠县东溪镇翠屏居委会。为避免地名混乱，经重庆市文物局三峡办同意，本报告沿用该地历来的小地名，将墓地名称改为“翠屏山崖墓群”。

翠屏山位于忠县县城对面的长江南岸（图二），翠屏山崖墓分布在江面以上的断崖边，现存的崖墓的海拔在156~240米之间，中心地区地理坐标为北纬30°16′26″，东经108°01′37″。翠屏山犹如一道翠玉屏风，挡在县城的南面。在清朝州志中有记载：“屏风山在州南隔江二里，一名翠屏山，上有禹庙又名夏祠。山巅平坦，上削下锐，为郡城第一屏障”②。翠屏山与忠县县城之间的长江江面宽约800米；而东北距有“崇楼飞阁、别天一台”之称的著名景点石宝寨约14.7公里。翠屏山呈西南—东北走向，西起神溪河、东至东溪河，长约2500米，主峰高约480米，峰顶至长江边的直线距离约860米，翠屏山山势陡峭，坡度一般在60°左右。东西两侧的东溪河及神溪河环绕山体由南而北注

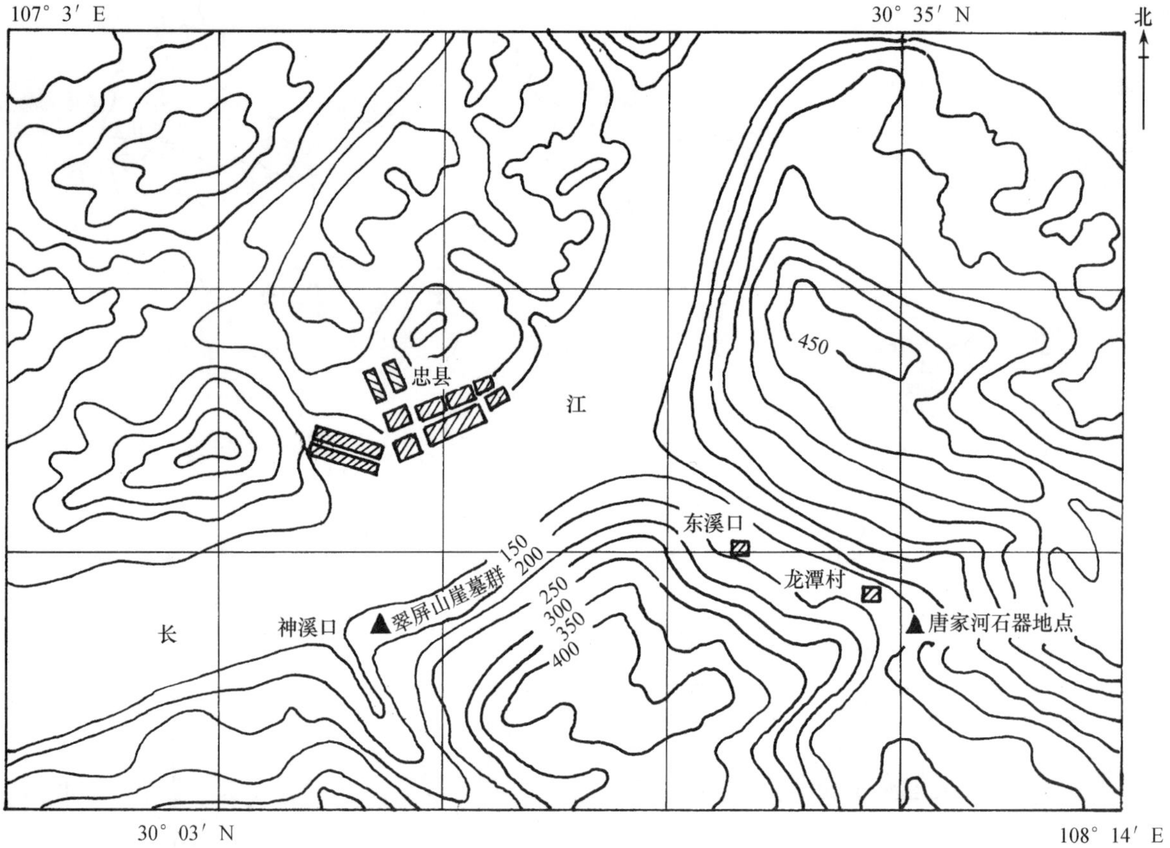

图二 忠县翠屏山崖墓群地理位置示意图

① 重庆市忠县人民政府网站（http://zx.cq.gov.cn）。

② 吴友篪修：《忠州直隶州志》卷一《山川》，清·道光六年修，民国二十一年重印本，台湾学生书局，1971年景印本。

图三　忠县翠屏山崖墓群发掘崖墓分布图

入长江。由于地理环境得宜，翠屏山被古人视作“风水宝地”①，成了该地区的聚葬之所。即使到了近现代，翠屏山仍是当地居民殡葬的首选之处。发掘队员曾观察过现代居民在翠屏山上修墓的情况，具体而言有两种：一种是土葬式，与本报告内容无涉，故暂不述；另一种笔者暂将之命名为“岩葬式”，即先将选好的石崖面平整，在已平整的崖面上向内凿一方框，再在方框内凿一方形小穴，而这种小穴可能就是放置骨灰盒之用。而后在上述的方框内嵌入一块与之等高等长而厚度较小的石板，石板上刻有墓主的姓名等内容，由于方框保留了一定的进深空间，因此可作放置拜祭贡品之用。当然这只是最基本的结构，个别财力甚足的居民为先人所开的墓亦颇具规格，即先在石崖坡上开凿一较开阔的平台，再依上述方法营墓，墓旁及墓前位置还凿有石柱、石栏杆等附属装饰。而编者认为，当地居民这种“岩葬式”墓，很可能就是古时“崖墓”之风的延续，亦是人们“因地制宜”思想的反映。

现今翠屏山上竹林映翠、绿木成荫，当地居民亦在坡度稍缓之处开地种菜，春夏之时黄花满地，油菜与翠竹争辉，宛如金镶玉。现又有盘山公路蜿蜒盘旋，略改山体自然之景。另外，当地还在山体西麓、皮罗寺附近的居民区中重修了“陆宣公墓”（见图三），以纪念贬谪于斯、亦逝于斯的唐代宰相陆贽②。

1969 年建设的忠县火电厂即位于翠屏山崖墓的中心区域，火电厂的建设已对翠屏山一带的崖墓造成很大的破坏。1995 年，三峡工程淹没及迁建区文物调查时进行了再次复查③，1990 年代火电厂迁往他处，旧址于 2001 年三峡水库第一次清库时撤除。2005 年在原址新建神溪船业，船址以及盘山公路的兴建又对沿江沿溪的崖墓造成较大的破坏。另外，为配合忠县“一城两岸、带状组团”的规划构想，东溪镇新区选在翠屏山东侧动工建设，但此类基建工程又给半山腰处的崖墓造成一定程度的破坏。2007～2008 年，中山大学两度对翠屏山崖墓进行了发掘，及时保护了行将被破坏的部分古墓。为加强该墓群的保护，2009 年 12 月，重庆市人民政府将忠县翠屏山崖墓群公布为第二批重点文物保护单位④。

第二节 历史沿革

忠县历史内涵丰富，通过近年的考古发掘，在县境内揭露了峡江地区重要的新石器时代遗址——哨棚嘴遗址⑤，由此进一步推进了峡江地区内龙山时期及之前的古文化探讨，亦由此证明了本地区

① 《明会典·丧礼·品官》：“三月而葬，前期择地之可葬者。盖地有美恶……所谓美者，土色之光润、草木之茂盛，他日不为道路、不为城郭、不为沟地、不为贵势所夺、不为耕犁所及，即所谓美地也。”照此观之，古时的翠屏山的确亦符合“美地”的标准。因此在本次的发掘中，不仅发现数量较多的崖墓，另外亦发现有一批明代墓葬，古人营墓时对翠屏山的重视可见一斑。

② 《旧唐书·陆贽传》：户部侍郎、判度支裴延龄，奸宄用事，天下嫉之如雠，以得幸于天子，无敢言者，贽独以身当之，屡于延英面陈其不可，累上疏极言其弊。延龄日加谮毁。十年十二月，除太子宾客，罢知政事。贽性畏慎，及策免私居，朝谒之外，不通宾客，无所过从。十一年春，旱，边军刍粟不给，具事论诉。延龄言贽与张滂、李充等摇动军情……德宗怒，将诛贽等四人，会谏议大夫阳城等极言论奏，乃贬贽为忠州别驾。……贽在忠州十年，常闭关静处，人不识其面……顺宗即位，与阳城、郑余庆同诏征还。诏未至而贽卒，时年五十二，赠兵部尚书，谥曰宣。又《旧唐书·顺宗本纪》云：贞元二十一年……七月……丙子……赠故忠州别驾陆贽兵部尚书，谥曰宣。

③ 国务院三峡工程建设委员会办公室、国家文物局：《长江三峡工程淹没及迁建区文物古迹保护规划报告》（重庆卷），中国三峡出版社，2010 年。

④ 《重庆市人民政府关于公布第二批重庆市文物保护单位的通知》（重庆市人民政府文件渝府发［2009］118 号）。

⑤ 北京大学考古学研究中心、北京大学考古文博学院三峡考古队、重庆市忠县文物管理所：《忠县哨棚嘴遗址发掘报告》，《重庆库区考古报告集·1999 卷》，科学出版社，2006 年。

至迟在新石器时代晚期便是一处主要的人类活动区域。中坝遗址[①]的发掘，则揭示出新石器时代末至夏商时期本地区的文化面貌，展示出本地土著文化的延续性及传承性，并为进一步探讨峡江地区的文明起源及文明进程提供了不可或缺的素材。另外，瓦渣地遗址的发掘成果[②]则令世人可一窥西周时期土著文化的面貌。

忠县有文字可征之史始于东周，之后的沿革在清代道光年间所修的《忠州直隶州志》有记载："禹贡梁州之城，周为巴国地，秦属巴郡，汉置临江县仍属巴郡，蜀汉延熙中省垫江县入临江，晋宋齐俱因之；梁大同六年（540 年）于县置临江郡，西魏废帝二年（553 年）置临州，临江县属之，周仍为临州，临江县仍属之。隋开皇初，郡废，大业初，州废，县属巴东郡；义宁二年（618 年），复置临州析州地置丰都县。唐贞观八年（634 年），以曼子严颜故改名忠州，天宝初改曰忠州南宾郡，乾元复为忠州，属山南东道丰都、南宾、垫江、清水四县。五代王建置镇江军，梁乾化中移治夔州。宋初名忠州南宾郡，属夔州路；咸淳元年（1265 年），以度宗潜邸故升为咸淳府，移府治于黄华洲，临江、龙渠、丰都、南宾、垫江五县属焉；熙宁五年（1072 年）又省垫江县地入忠州。元复为忠州，至元二十一年（1284 年），改属重庆路，临江、丰都、南宾属之。明洪武初，以州治，临江县省，属重庆府。皇朝初因之，雍正十二年（1734 年），以州直隶四川省，丰都、垫江、梁山属之。"[③]。

民国二年（1913 年），改州为县，忠县隶属东川道，民国二十四年（1935 年）改属四川省第九行政督察区。中华人民共和国成立后，1949 年 12 月属川东行政公署万县专区，1953 年起属四川省万县专员公署（后名万县地区行政公署）[④]。1997 年，重庆改为直辖市，属重庆市至今。

州志记载中可能遗漏的五胡十六国时期的"成汉"，成汉（也称成、后蜀；304～347 年）是中国历史上五胡十六国政权之一。公元 301 年巴氐族领袖李特在蜀地领导西北难民反抗晋朝的统治，304 年其子李雄称成都王，二年后称帝，国号"成"，都成都。338 年李寿改国号为"汉"。有今四川东部和云南、贵州一部。347 年为东晋桓温所灭。成汉立国的时间是西晋后期至东晋前期，忠县一带正位于成汉和东晋交界之处[⑤]，成汉兴灭的历史可能也在忠县的考古资料中有所反映。

忠县由临江改名而来，和巴蔓子有关。据《华阳国志·巴志》载："周之季世，巴国有乱。将军有蔓子请师于楚，许以三城。楚王救巴。巴国既宁，楚使请城。蔓子曰：'藉楚之灵，克弭祸难，诚许楚王城，将吾头往谢之，城不可得也。'乃自刎，以头授楚使"[⑥]。前引州志述：唐贞观八年（634 年），以曼子严颜故改名忠州。

又据唐史所记，唐代陆贽、李吉甫、白居易、刘晏四贤亦曾为官忠州[⑦]。而其中的陆贽就葬于崖墓群所在翠屏山。宣公墓虽于近年重修，其重修历史州志中亦有详细记载："唐陆宣公墓在州南屏风山，去玉虚观三十步，宋知军州王捄于墓侧创修怀忠堂，后元至正元年知州王崇简重修，明嘉

---

① 四川省文物考古研究所、重庆市文物局三峡办、忠县文物保护管理所：《忠县中坝遗址Ⅱ区发掘简报》，《重庆库区考古报告集·1999 卷》，科学出版社，2003 年。

② 北京大学考古学系三峡考古队、忠县文物保护管理所：《忠县瓦渣地遗址发掘简报》，《重庆库区考古报告集·1998 卷》，科学出版社，2003 年；四川省文物考古研究所：《忠县中坝遗址 1999 年度发掘简报》，《重庆库区考古报告集·2000 卷》，科学出版社，2006 年。

③ 吴友篪修：《忠州直隶州志》卷一《沿革》，清·道光六年修，民国二十一年重印本，台湾学生书局，1971 年景印本。

④ 忠县志编纂委员会编《忠县志》，四川辞书出版社，1994 年。

⑤ 谭其骧：《中国历史地图集》第四册《东晋十六国时期全图》，地图出版社，1982 年。

⑥ 《华阳国志》记巴国所辖"其地东至鱼复，西至僰道，北接汉中，南极黔、涪"，可参看常璩撰、刘琳注：《华阳国志》，巴蜀书社，1984 年。

⑦ 刘昫等：《旧唐书》，中华书局，1975 年。

靖三十七年知州黄器重、万历四年知州邱梁又重修。万历三十七年知州，五十八年知州张煦均重修，道光元年知州李绍祖重修享堂，五年知州吴友箎更修公墓甃，以石于享堂右，后又重修怀忠堂，添建紫极楼并于读书洞外盖造亭榭”①。

这里提到的读书洞“在州屏风山陆宣公墓下，为宣公读书处”②。屏风山（即翠屏山）上的“读书洞”经当地居民指认，实为露出洞室的崖墓，但已被后代改建，加刻门匾等，2008年度的发掘即对这几座崖墓进行了清理。

第三节 崖墓的发现与研究

所谓的崖墓，是指在山体的石崖上大致水平向内开凿墓道，再向内继续开凿甬道、墓道、墓室，有些墓葬还会凿有侧室、壁龛、灶台、排水沟等的附属设施。崖墓大小各异，结构多样。

崖墓是四川盆地汉至南朝时期较常见的葬制。具体到重庆地区，所公布的崖墓材料较多，其中尤以奉节、涪陵、忠县三地的崖墓材料为多，且材料的质量亦相对较高。

重庆地区崖墓的发现与确认始于20世纪初。日本学人鸟居龙藏在明治三十五年（1902年）到中国西南考察时，便认为当时重庆长江岸崖一带的部分洞穴（当地居民呼之曰“蛮洞”或“蛮子洞”，谓为蛮族所居）很可能是汉代的墓葬③。而其后通过前贤的考古调查，则确认此类“蛮洞”为墓葬无疑。如在20世纪40年代初，常任侠先生在重庆沙坪坝清理了6座崖墓，这些崖墓虽均已被盗一空，但其中三墓有东汉纪年题刻；常先生亦认识到崖墓的排列或有一定的规则④。此外，常先生亦在重庆上清寺等地对崖墓进行过较大范围的踏查，并认为“崖墓较俭，盖属社会普通士庶矣”⑤。

新中国成立后，重庆地区的崖墓开始进入“大发现”时期，对崖墓的科学发掘亦陆续开展。20世纪70年代，四川省文物管理委员会在重庆南岸水泥厂发掘东汉时期崖墓1座，出土器物较为丰富⑥。20世纪80年代，四川省文物管理委员会在忠县涂井发掘了15座“蜀汉时期”的崖墓，共出土随葬器物3600件⑦，这批崖墓的学术意义是深远的；其后又在涪陵清理了1座东汉崖墓，亦出土了一定数量的器物⑧。四川省文物管理委员会亦在开县红华村发掘崖墓2座⑨，其中M1为规模较大的双室墓，而且出土陶器、瓷器及铜器的数量较多。而20世纪90年代，为配合三峡水库的建设，

---

① 吴友箎修：《忠州直隶州志》（卷二·陵墓），清·道光六年修，民国二十一年重印本，台湾学生书局，1971年景印本。

② 吴友箎修：《忠州直隶州志》（卷二·古迹），清·道光六年修，民国二十一年重印本，台湾学生书局，1971年景印本。

③ 〔日〕鳥居龍藏：《西南支那の調查》，《ある老学徒の手記》，朝日新聞社，2003年。

④ 常任侠：《重庆附近发见之汉代崖墓与石阙研究》，《常任侠文集》，安徽教育出版社，2002年，该文原载于《说文月刊》第二卷2期，1940年。

⑤ 常任侠：《重庆附近之汉代三种墓葬》，《常任侠文集》，安徽教育出版社，2002年。该文原载于《民俗艺术考古论集》，正中书局，1943年。

⑥ 郭蜀德、王新南：《重庆市水泥厂东汉岩墓》，《四川文物》1987年2期。但何志国先生认为该墓的年代可早至王莽时期，参见何志国：《四川地区王莽时期墓葬》，《考古》1996年第3期。

⑦ 四川省文物管理委员会：《四川忠县涂井蜀汉崖墓》，《文物》1985年第7期。

⑧ 四川省文物管理委员会：《四川涪陵东汉崖墓清理简报》，《考古》1984年第12期。

⑨ 四川省文物管理委员会 陈显双、开县图书馆 朱世鸿：《四川开县红华村崖墓清理简报》，《考古与文物》1989年第1期。

奉节三塘及拖板崖墓①、涪陵北岩崖墓②、忠县南岸“陆宣公墓”附近的崖墓③、云阳马岭崖墓④等亦陆续被发掘。郑州大学历史系在忠县仙人洞、土地岩、红星村等地进行了较大规模的发掘，共计清理东汉至南朝时期崖墓41座⑤。以上即是有刊布资料可征的重庆地区崖墓发现概况，总体上说，目前重庆地区所发现的崖墓主要集中于重庆中部及东部。

第四节　发掘经过

上文曾述，自1969年火电厂的修建，至近几年神溪船业有限公司、盘山公路、东溪新镇的兴建，已给翠屏山崖墓造成了较大的破坏，部分墓葬的墓道及墓门因开山修路已不存，部分墓葬的墓室则因工程破坏而坍塌；加上历代盗墓之风不绝，令崖墓“十墓九空”，又由于人们对崖墓缺乏认识，而将暴露在外且被盗一空的崖墓“改建”并挪作他用，造成崖墓“形似而神非”。总之，翠屏山崖墓群遗址的保存情况实是堪忧。为配合三峡水库的二期蓄水工程，亦为保护翠屏山崖墓群遗址并对墓地进行深入研究，受重庆市文物局委托，中山大学人类学系在2007年及2008年两次对翠屏山崖墓进行发掘，发掘总面积达6200平方米。考古发掘总领队为中山大学教师王宏，参与2007年度发掘的有中山大学考古学专业2003级本科生王蒙、陈学强，参加2008年发掘工作的有中山大学考古学专业2004级本科生陈兆镜，技术工人刘明怀、朱友富、王雄、姚志辉等全程参与两年度的发掘。

2007年4月18日~7月16日，中山大学人类学系组成考古队，对墓地进行了第一次发掘，发掘面积为3100平方米。崖墓一般是在山体坡度略缓的地方依地势整排开凿，因此只要勘探到一座崖墓，便可以其为线索，向左右沿线扩大钻探，一举发现同样高程的整片墓地。经细致的踏勘和钻探，我们首先在翠屏山西北麓三个区域发现有崖墓集中分布，分别是海拔170米左右的神溪河东岸、神溪河及长江相夹的弧形山坡地，以及神溪船厂大门公路一带，我们按地形将三片墓地分为A、B、C三区，各区各墓大致处于同一水平线上。考古队按实际情况在各区依进度集中发掘，力图全面揭示每一区域内的墓葬分布情况。

A区处于神溪河东岸、神溪船厂南侧；为提高测绘的精确度，亦为便于日后的再发掘，考古队以船厂办公楼为基点进行布方及绘图，先根据勘探结果清理10米×70米的地表范围，表层全部清理，露出墓口，共发现崖墓5座，编号2007. Z. H. AM201 ~ AM205（2007指2007年，Z及H分别是“忠县”、“火电厂”的首字大写声母，A指A区，以下简称AM201 ~ AM205），随后对其进行逐一发掘。

B区所处的山坡地位于翠屏山的西北侧半山腰，其上有当地的小变电站。考古队即以变电站的西南角为基点进行布方及测绘。我们先依勘探结果清理了1000平方米的地表，使墓口露出，再对墓葬

---

① 吉林大学边疆考古研究中心：《重庆奉节县三峡工程库区崖墓的清理》，《考古》2004年第1期；陕西省考古研究所等：《奉节拖板崖墓群2001年发掘简报》，《重庆库区考古报告集·2001卷》，科学出版社，2007年；重庆市文物局等：《重庆奉节拖板崖墓群2005年发掘报告》，《江汉考古》2007年第3期。

② 重庆市文物考古所、重庆市文物局、重庆市涪陵区博物馆：《涪陵北岩墓群发掘报告》，《重庆库区考古报告集·2001卷》，科学出版社，2007年。

③ 重庆市文物考古研究所等：《忠县陆宣公墓群发掘报告》，《重庆库区考古报告集·2000卷》，科学出版社，2006年。

④ 郑州市文物考古研究所等：《云阳马岭墓地发掘报告》，《重庆库区考古报告集·2001卷》，科学出版社，2007年，第608~625页。

⑤ 重庆市文物局、重庆市移民局编：《忠县仙人洞与土地岩墓地》，科学出版社，2008年。

逐个进行清理，共发掘崖墓10座，编号2007. Z. H. BM301～BM310（B指B区，以下简称BM301～BM310）。

C区为船厂大门的公路沿线。考古队以船厂大门的南角为基点进行布方和测绘。我们先依勘探结果清理1400平方米的地表范围，露出墓口，再按程序进行清理，共发掘了10座崖墓，编号2007. Z. H. CM401～CM410（C指C区，以下简称CM401～CM410）。

本年度共发掘清理崖墓25座，发掘的部分收获及研究成果将以简报形式发表①。

2008年的发掘自3月9日开始，至5月19日完成田野工作，历时70天，发掘面积为3100平方米。我们根据上一年度勘探中所得的线索，对B、C两区进行复查及扩大发掘，以求全面揭示同一区域内墓葬的排列及开凿情况；在B区清理地表300平方米的范围，发现了3座崖墓，编号2008. Z. H. BM311～BM313（以下简称BM311～BM313），其中有BM311及BM313为未凿完成的崖墓，这种“半成品”崖墓在以往的考古发掘中较为罕见，能为复原当时崖墓的开凿过程提供珍贵的线索及材料，因此本次发现尤为难得；而BM312的墓道后半段及墓室因处于变电站之下，考古队出于安全考虑，清理了墓道的前半段之后，未对其进行完全的发掘清理。在C区经钻探后，又发现1座崖墓，编号为CM420；另外，在C区距神溪船厂大门约330米处，因当地开山取土工程暴露了一批明代石室墓，这些石室墓均被严重破坏，部分墓葬更被“拦腰截断”，为更全面、更有效地保护淹没区的地下文化遗产，考古队亦第一时间对此批石室墓进行抢救性发掘，共发掘9座墓葬，编号CM411～CM419；C区发掘面积为800平方米。

除在B、C二区扩大发掘外，考古队经仔细勘探，又发现两处崖墓集中分布区：一是在东溪镇迁建新区以北的坡地，小地名岩盘咀，重庆市文物考古所等单位曾在此地发掘崖墓4座②；二是在新修“陆宣公”墓附近的山坡。我们将之分别定为D区及E区。

D区以新区的技术学校大门西角为基点进行布方及测绘，清理了200平方米的地表范围，发现崖墓一座，编号2008. Z. H. DM501（以下简称DM501）。

E区以“陆宣公墓”的西北角为布方及测绘基点，依勘探结果有选择性地清理地表1800平方米的范围，发现并清理崖墓11座。

本年度共发掘崖墓16座，石室墓9座，其中大部分发掘收获及研究成果亦将以简报形式发表③。

通过两年的田野工作，考古队共发掘崖墓41座，石室墓9座。

本年度发掘甫一结束，我们即邀请了重庆师范大学历史文博学院王运甫老师用全站仪测绘了翠屏山西北麓地形图和崖墓分布图。还邀请了万州区博物馆李应东先生对墓地进行了高空摄影和器物摄影。随即将人骨标本请中山大学人类学系李法军博士进行了鉴定，金属器标本请中山大学人类学系朱铁权博士进行了测试，玛瑙、料器标本请广东省博物馆吴沫硕士进行了测试。

---

① 中山大学人类学系、重庆市文物局、忠县文物局：《重庆市忠县翠屏山崖墓群2007年发掘报告》（待刊）。

② 重庆市文物考古研究所等：《忠县陆宣公墓群发掘报告》，《重庆库区考古报告集·2000卷》，科学出版社，2006年。

③ 中山大学人类学系、重庆市文物局、忠县文物局：《重庆市忠县翠屏山崖墓群2008年发掘报告》（待刊）。

第二章　崖墓的分布与形制

第一节　总 体 分 布

翠屏山崖墓分布的最大特点为“靠山面水”。崖墓“因山为藏”，当是“靠山”；而其墓道口均朝向江河，是即“面水”。

翠屏山只在北侧及西侧有江河流经，因此依据考古队踏查的结果，崖墓只分布在山体的北侧及西侧。而分布于山体北侧的墓葬其墓道口绝大部分均朝向长江即向北，而分布于山体西侧的则朝向神溪河即大致向西。具体而言，分布在山体西侧的墓葬只有11座，数量相对较少，而分布于山体北侧的墓葬则较多。这或许与北侧的地理位置较佳相关，因北侧的墓葬可朝向长江，长江江阔流急，位置开阔；而西侧的墓葬只可面朝神溪河，神溪河窄水浅，且对面同为山陵，位置略显狭隘。而前者或更符合古人的风水观念。从高程上看，本次所发掘的崖墓多位于山体的中下部位置（图三；图版一）。

2007～2008年的发掘，我们依崖墓的分布、朝向、高度以及我们工作的次序将墓群分为五个区域。

A区　A区位于东溪河东岸坡地，神溪船业办公区南侧。此处的坡度为40～45°，海拔170米左右。该区墓道均朝西。A区2007年度发掘崖墓5座。

B区　B区位于神溪河及长江相夹的弧形山坡地，此处的坡度约为35　～62°，海拔200～220米。墓道朝向西北和北。B区位于A区的东北方，二区的直线距离约为55米。B区2007～2008两个年度发掘崖墓13座，BM301～BM310为2007年发掘，BM311～BM313为2008年发掘。

C区　C区为神溪船厂大门前的公路南侧，与B区间的直线距离约48米。海拔高度为170米左右。该区墓道均朝北，大多数崖墓在开山修路时已遭破坏。C区的崖墓有11座，CM401～CM410为2007年C发掘，CM420为2008年发掘。2008年清理的明代9座石室墓（CM411～CM419）亦在该区。

D区　D区在B区最东的BM310以东约120米，小地名叫岩盘咀，海拔235米。2000年12月，重庆市文物考古所等单位发掘的宣公墓群4座崖墓即位于此处①。2008年发掘崖墓1座。

E区　E区位于翠屏山的中上部，海拔245～250米。E区处于B区的上级坡地。距B区的直线距离约为70米。E区亦位于神溪河及长江相夹的弧形山坡地。2008年，在E区清理崖墓11座，其中朝向神溪河即向西的墓葬有EM601～EM606共5座，朝向长江即向北的墓葬有EM606～EM611共5座。

后文我们将分区对墓葬予以逐个介绍。

---

① 重庆市文物考古所、重庆市文物局、忠县文物保护管理所：《忠县宣公墓群发掘报告》，《重庆库区考古报告》（2000年卷），科学出版社，2007年。

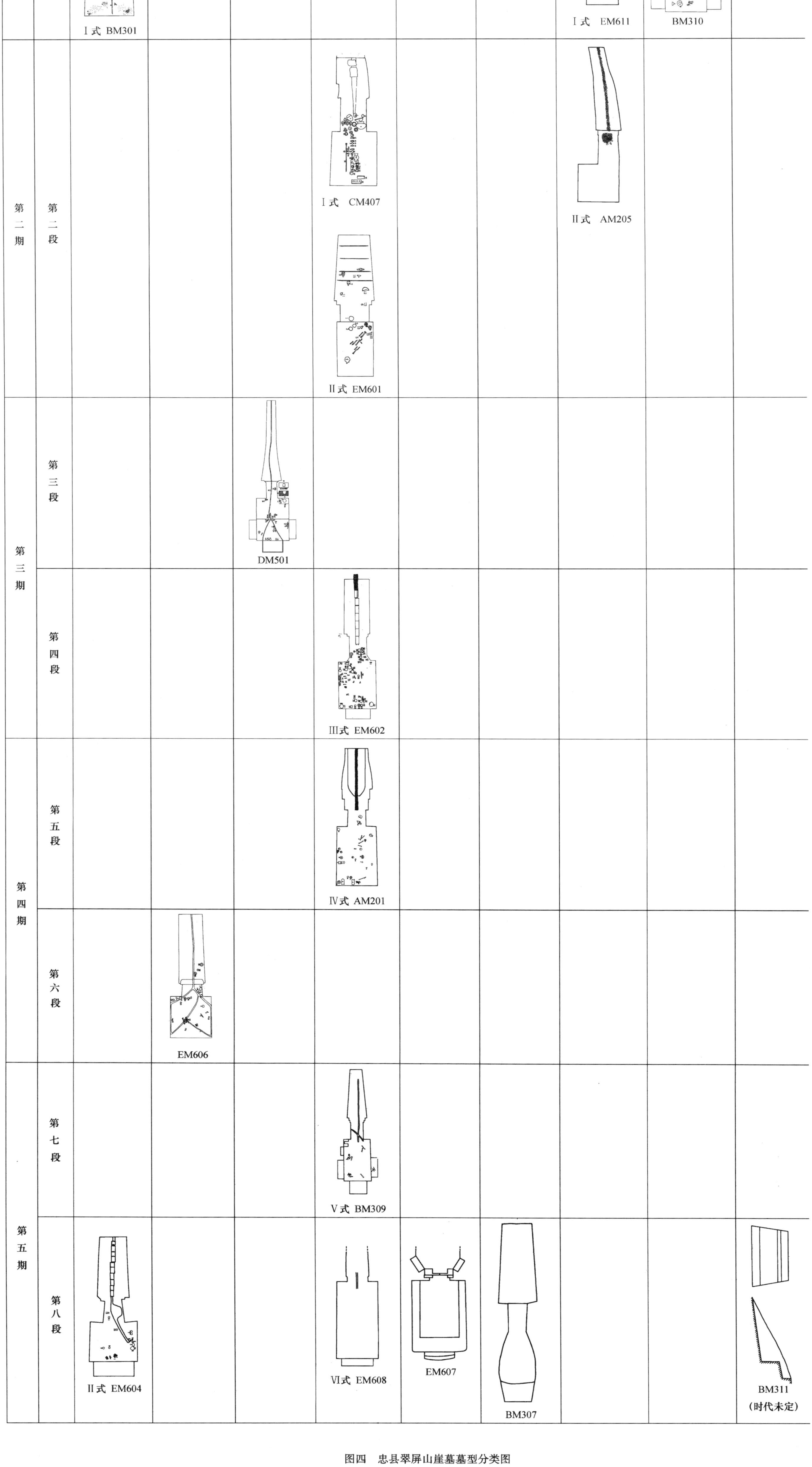

图四 忠县翠屏山崖墓墓型分类图

第二节　崖墓形制

崖墓的一大特色即在于其形制，这也是为学者所关注的一个焦点。现将部分最具代表性的观点列述如下。商承祚先生最先对崖墓的形制进行分类，他依据墓室的结构组合特点将崖墓分为单纯式、复形式、变体式三种形式①。罗二虎先生则根据墓室的数量及布局将崖墓分型，在型下再根据侧室等附属设施的数量及位置进行分式，最后将崖墓形制分为六型合共二十五式，并将崖墓的发展分为五期②。辜其一先生从建筑平面结构的角度，根据墓室的平面组合类型将崖墓分成单室墓类、重室墓类、前堂后穴墓类三大类，每类之下又根据耳室、侧室的数量及位置再进行细分③。而唐长寿先生则重新界定了前室、中室、后室的定义，在此基础上将崖墓分为三大类：单室制墓、双室制墓及三室制墓，双室制墓下依据墓室的布局可分两型：前室纵列、后室纵向并列型，以及前室横列、后室横向并列型④。

编者认为，前列诸位先生对崖墓形制的分类无疑均有开创性及启发性，极大地促进了类型学在崖墓型制研究方面的应用。但是某些时候过于复杂的分类反而会模糊了人们对事物的认识。而不可否认的是，崖墓的开凿虽遵从着某些规则，但其中的随机性亦是不容忽视的。

相比四川地区的一些大型崖墓，忠县翠屏山崖墓的形制则略为简单，均以中小型墓为主，但仍具有一些自身的特色。本节先对翠屏山崖墓的墓葬形制进行一个总体性研究。

鉴于已有的报告或论文对崖墓部分设施的命名并不统一，或称谓各异，其旨实一；或称谓相同，其旨实异。因此，在研究之前，为令本报告行文统一、表述清晰，现先将本报告中涉及的亦即翠屏山崖墓中可见的崖墓内设施予以简要说明及定名。墓室在本报告中是指主墓室，即在崖墓中轴线上空间最大的部分；而墓室数量的多少亦以主墓室而定。而中轴线上的墓室一般称作主墓室，中轴线两侧再开凿的墓室一般称作侧室。壁龛是指开凿于墓室左右两侧或后侧的空间，其形制较规整，而其规格要小于墓室，而且其底部一般高于墓室底部，其顶部则一般不及墓室之顶。这种壁龛，功能或与中原地区汉晋时期砖室墓中的耳室相同⑤。

可先将崖墓分为单室墓、双室墓及未开凿完成墓葬三大类（图四）。

1. 单室墓类

翠屏山崖墓群发掘的崖墓共有38座，单室墓类共35座，所占的比例达89%强。依墓道与墓室间的位置关系特征可将单室墓分为凸字形墓及刀字形墓两种。

（1）凸字形墓

此类墓葬的数量最多，形制亦较丰富，并体现着一定的演变趋势。依墓室的平面形态可将凸字形墓分为四型。各型下的崖墓或带有数量不等的壁龛；而墓顶的形态则或为券顶，或为穹隆顶，似无定制或规律可循。

---

① 商承祚：《四川新津等地汉崖墓砖墓考略》，《商承祚文集》，中山大学出版社，2004年，133～154页。

② 罗二虎：《四川崖墓的初步研究》，《考古学报》1988年第2期。

③ 辜其一：《乐山、彭山和内江东汉崖墓建筑初探》，《中华古建筑》，中国科学技术出版社，1990年。

④ 唐长寿：《乐山崖墓和彭山崖墓》，电子科技大学出版社，1994年。

⑤ 所谓“耳室”，是指在墓室旁且与其相连通的放置随葬品的墓葬设施，“侧室”是指在墓室旁且与其相连通的放置死者及随葬品的墓葬设施。可参看洛阳区考古发掘队：《洛阳烧沟汉墓》，科学出版社，1959年。

A 型　5 座。墓室平面呈横长方形。可分二式。

Ⅰ式：3 座。墓室平面呈较规整的横长方形。如 BM301、BM304、CM401。

Ⅱ式：2 座。墓室前端的两角突出。如 EM604、EM605。

B 型　6 座。墓室平面略呈方形。属此式墓型的有 AM202、AM203、BM305、CM404、CM408、及 EM606。

C 型　20 座。墓室平面呈长方形。依墓室的底部形态可分三亚型。

Ca 型　1 座。墓室后部抬升形成台阶，从而将墓室分成前后两半部分。如 DM501。此型崖墓的规格在单室墓中最大。

Cb 型　18 座。墓室平底。可分六式。

Ⅰ式：7 座。墓室的长宽之比为 1.2 ~ 1.3，墓室宽于墓道。如 AM204、BM302、CM402、CM403、CM407、CM409、EM609。

Ⅱ式：3 座。墓室长宽之比约为 1.6，但墓道的最大宽大于墓室之宽。如 CM405、CM410①、EM601。

Ⅲ式：2 座。墓室略延长，其长宽之比为 1.3 强，墓室宽于墓道。如 CM420、EM602。

Ⅳ式：2 座。墓室延长，其长宽之比约为 1.5，墓室宽于墓道。如 AM201、BM306。

Ⅴ式：3 座。墓室更长，其长宽之比约为 1.6，墓室宽于墓道。如 BM308、BM309、EM610。

Ⅵ式：1 座。墓室十分狭长，其长宽之比约为 2，墓室宽于墓道。如 EM608。

Cc 型　1 座。墓室底部类似于墓葬中的二层台式的结构，中间低平，左、右、后三壁处抬高成为台阶。如 EM607。

D 型　1 座。墓室壁为弧形外凸，且墓道最大宽度大于墓室。如 BM307。

（2）刀字形墓

所谓刀字形墓是指墓道及甬道位于墓室的一端，墓葬平面呈刀形。刀字形的崖墓一般不带壁龛。依墓室平面形态可分二式。

Ⅰ式：2 座。墓室平面呈长方形。如 EM603、EM611。

Ⅱ式：1 座。墓室平面呈方形。如 AM205。

2. 双室墓类

仅有 BM310 一座。

3. 未开凿完成类

共发现 2 座，分别是 BM311 及 BM313，只开凿到墓道或甬道即被废弃。

另有 BM303、CM406 为残墓，无法辨识其类型；BM312 位于变电站下，未发掘。

各类墓葬的详细介绍见下面章节。

---

① 该墓墓道边的侧室应为后期再开凿，在此按照本报告的约定将其列为单室墓。

第三章　A区崖墓

第一节　崖墓的分布与排列

A区位于神溪河东岸坡地，海拔170米左右，该区域的坡度40°~55°。其北约20米处即为神溪船厂的办公楼，神溪船厂办公区亦有空旷的崖墓墓室显露，大部被挪作他用，表明该区亦为崖墓分布区。其西的崖脚下亦为船厂作业区。A区的5座墓葬自北而南分别是AM201~AM205，它们呈一字形成排紧密分布，而墓道口的朝向角度亦几近一致，均朝向神溪河，且墓葬的中轴线与河崖线近垂直（图五；图版二）。5个墓葬之间的间隔距离为2~4.8米。A区南部地势更为陡峭，缺少开凿崖墓的自然平台，没有发现崖墓。

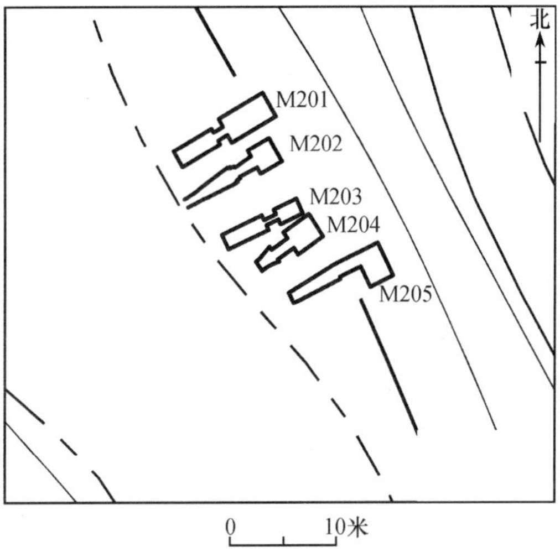

图五　A区崖墓分布图

第二节　崖墓介绍

一、AM201

（一）墓葬形制

AM201位于A区的最北端，其北为神溪船业的办公楼。

凸字形单室墓，由墓道、墓门、甬道、墓室组成。总长1000厘米。墓底呈坡状，向外倾斜，墓室后端底部与墓道口底部高差达56厘米。墓道口方向240°（图六）。

墓道在墓室的西侧，墓道低于墓门16厘米，平面呈长梯形，靠墓口处八字形内收。长300厘米，宽160~214厘米，高80~312厘米。墓道中间有一纵向排水沟，宽8~10厘米，深4~6厘米，沟上面堆放宽20厘米、高15厘米的卵石，一直从甬道至墓道出口。

墓门有二道门框。第一道略呈梯形，高168厘米，上宽170厘米，下宽190厘米，进深70厘米；第二道门框亦略呈梯形，高146厘米，宽140~164厘米，进深80厘米；门洞高130厘米，宽124厘米。以墓砖及石块堆砌封门，但并不全封，尚余墓门上部未封。部分墓砖上有纹饰，类型有二重菱格纹、菱格纹、车轮纹等（图版四，1）。

甬道平顶，长120厘米，宽124~130厘米，高128厘米。

墓室平面呈长方形，券顶。墓室长430厘米，宽275~290厘米，高76~170厘米。

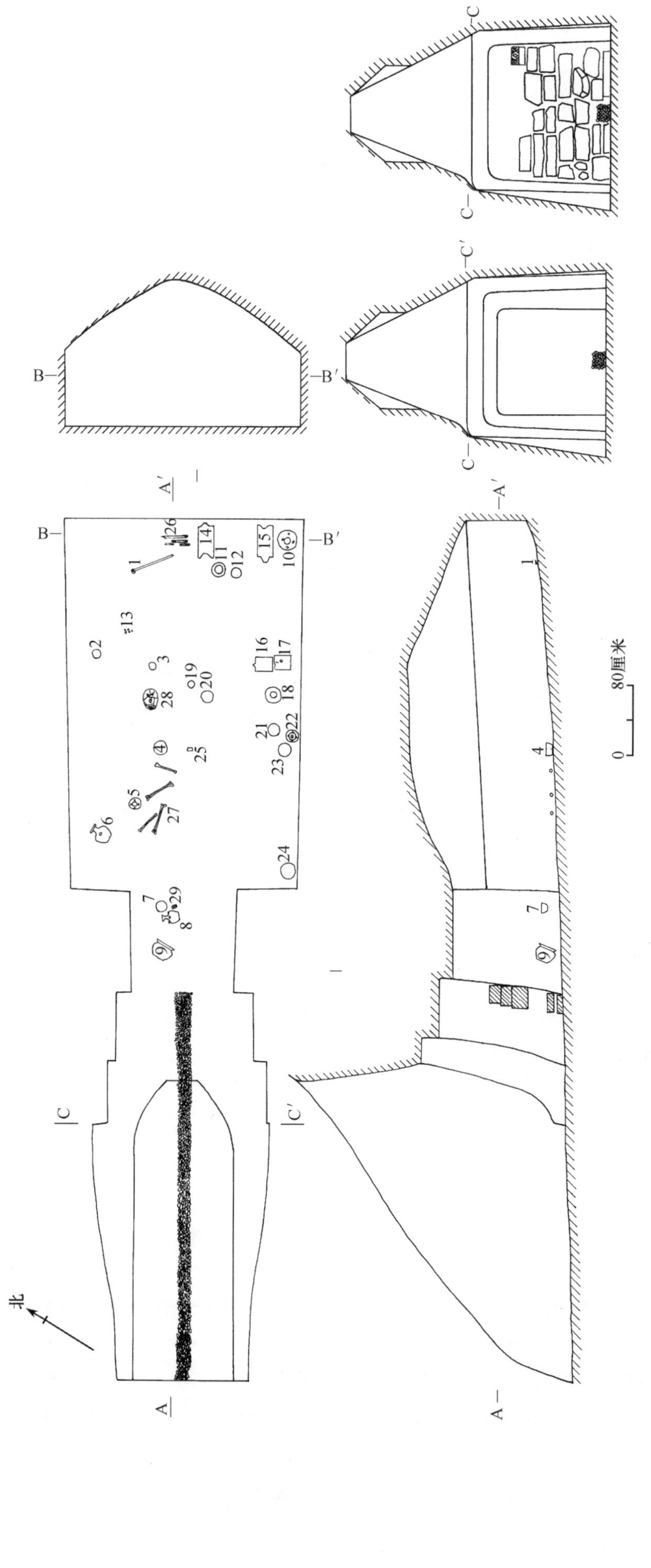

图六　AM201平、剖面图

1. 铁环首刀　2、19. 瓷盏　3、4、7、12、18、21、23、24. 瓷碗　5. 瓷熏炉　6、10. 瓷盘口壶　8. 瓷鸡首壶　9. 瓷折沿罐　11、22. 瓷四系罐　13. 铜钱　14～17. 墓砖　20. 瓷盘　25. 玉璜　26. 上肢骨　27. 下肢骨　28. 头骨　29. 牙齿

（二）人骨遗骸

墓室内曾浸水，人骨架有漂移。骨架在墓室中部自东而西分四处散乱，最尽头靠在东壁为股骨，在墓室中部有一头骨，墓室偏南又为肢骨，甬道处为带牙齿的下颌骨。骨架有被白蚁啮噬的现象，故保存不完整。经鉴定为两个个体。

（三）随葬器物

共出土随葬品25件（图七），其中有4块可能有特殊用途的雕砖。发掘时可见随葬品分布于甬道及墓室内。具体而言，有2件瓷盘口壶分别位于墓室前端及后端的一角，鸡首壶处于甬道，2件瓷四系罐则分置于墓室后部及墓室中部南壁处，瓷碗盏类器物主要散布于墓室的中后部。墓室随葬品以墓砖为中心，分两处放置，墓室中部的随葬品及遗骨经过漂移。其中一砖上刻有“墓大人”三字（图八；图版四，2、3）。

1. 瓷盘口壶

瓷鼓腹盘口壶　2件。标本AM201∶6，浅灰色胎，外施青釉，半釉。轮制。盘口较浅，尖圆唇，束颈，圆鼓腹，平底，肩部有对称四纽耳。肩部饰多道凹弦纹。口径12.8厘米，腹径20.2厘米，底径12厘米，高22.4厘米（图七，1；图一二一，6；图版五三，4）。

2. 瓷鸡首壶

瓷长颈圆鼓腹鸡首壶　1件。AM201∶8，灰色瓷胎，外施青釉近底。轮制。盘口较深，圆唇，长直颈，圆鼓腹，平底，圆肩，肩上有对称双泥条形耳，鸡形流，高鸡冠，把手已残。素面。口径8厘米，腹径16厘米，底径10.4厘米，高19.2厘米（图七，2；图一二三，1；图版五八，1）。

3. 瓷罐

瓷扁腹四系罐　2件。标本AM201∶22，浅灰色胎，外施青釉近底部。轮制。直口，肩部附泥条形四系，扁鼓腹，平底。盒有盖，浅腹，子母口，盖顶为泥条形纽。在肩部饰一周窄凹弦纹。口径8.4厘米，腹径12厘米，底径7.2厘米，器高6.8厘米，连盖通高8.8厘米（图七，8；图一二四，11；图版五七，5）。

瓷折沿罐　1件。AM201∶9，灰色瓷胎，釉已剥落。轮制。尖唇，鼓腹，平底。肩部有二道凹弦纹。口径23.6厘米，腹径23.2厘米，底径14厘米，高18.4厘米（图七，4；图一二三，5）。

4. 瓷碗

7件。样式有别。

大敞口平底瓷碗　1件。AM201∶18，灰白瓷胎，施青釉，内满釉，外施半釉，下腹露胎。大敛口，尖圆唇，斜腹壁，平底，内底外圈有八个烧制时的长方形支钉痕。口沿下一周较窄的凹弦纹。口径19.2厘米，底径11.2厘米，高6厘米（图七，5；图一二五，15；图版六一，4）。

近直口浅腹矮饼足瓷碗　4件。标本AM201∶4，灰白瓷胎，施青釉，内外均满釉。尖唇，弧腹，平底。内底外圈有14个烧制时的长方形支钉痕。素面。口径15.2厘米，足径8.8厘米，高6.8厘米（图七，6）。

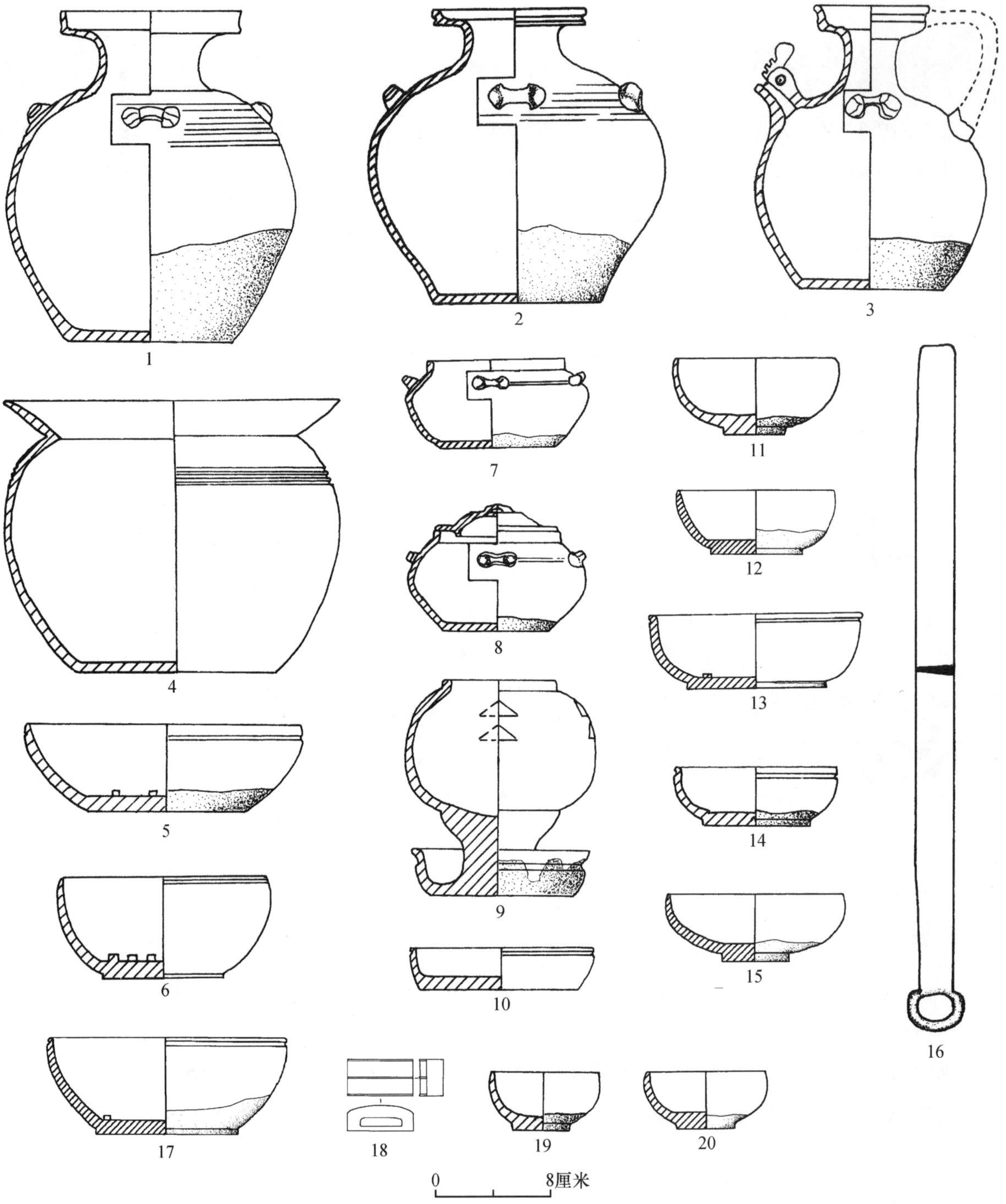

图七　AM201 出土器物

1、2. 瓷盘口壶（AM201∶6、AM201∶10）　3. 瓷鸡首壶（AM201∶8）　4. 瓷折沿罐（AM201∶9）　5、6、11～15、17. 瓷碗（AM201∶19、AM201∶4、AM201∶7、AM201∶3、AM201∶23、AM201∶12、AM201∶21、AM201∶24）　7、8. 瓷四系罐（AM201∶11、AM201∶22）　9. 瓷熏炉（AM201∶5）　10. 瓷盘（AM201∶20）　16. 铁刀（AM201∶1）　18. 玉璏（AM201∶25）　19、20. 瓷盏（AM201∶2、AM201∶19）

敞口浅腹矮饼足瓷碗　2 件。标本 AM201∶23，灰色瓷胎，施青釉，内满釉，外施釉近底，裸露饼足。轮制。弧腹内收，大平底，内底部有三个圆形支烧痕迹。口沿下饰一周较宽的凹弦纹。口径 15.2 厘米，足径 10 厘米，高 5.2 厘米（图七，13；图一二七，2；图版六三，1）。

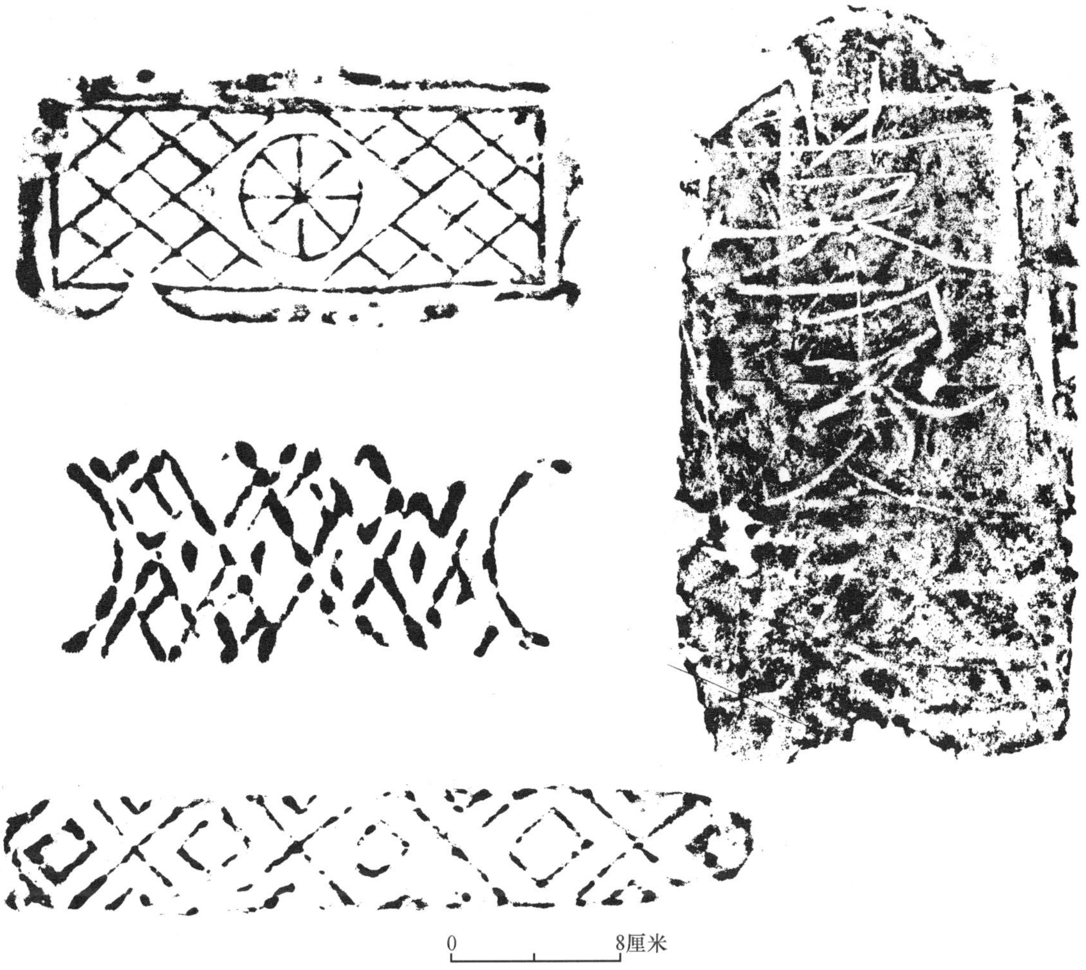

图八　AM201 墓砖拓片

5. 瓷盏

2 件。样式有别。

敞口浅弧腹饼足瓷盏　1 件。AM201∶19，灰色胎，施青釉，釉色青绿，内满釉而外施釉近底。轮制。尖圆唇，饼足平底。素面。口径 8.8 厘米，足径 4 厘米，高 4 厘米（图七，20；图一二八，16）。

直口弧腹饼足瓷盏　1 件。AM201∶2，灰白色瓷胎。腹底露胎，以上及器内施青绿色釉，釉面有开片。尖唇，饼足略高，平底。素面。口径 7.6 厘米，底径 4 厘米，高 4 厘米（图七，19）。

6. 瓷盘

1 件。

浅腹平底瓷盘　AM201∶20，灰白色瓷胎，内外通体施青釉。轮制。直口，方唇，腹壁较直。沿下饰凹弦纹一周。口径 12.8 厘米，底径 11.6 厘米，高 2.8 厘米（图七，10；图一三〇，5；图版六七，6）。

7. 瓷熏炉

瓷熏炉　1 件。小口罐形。AM201∶5，灰白色胎瓷，外表施青釉，满釉，釉面有开片。由炉体、托架及承盘组成。炉体直口，圆唇，球状鼓腹，上腹部有八个对称的三角形熏孔；托架粗矮，束腰；承盘侈口，圆唇，微鼓腹，中腹饰一道凹弦纹，平底。口径8厘米，腹径13.2厘米，底径10.4厘米，通高14.4厘米（图七，9；图一三〇，1；图版六七，5）。

8. 玉器

玉璏[①]　1件。AM201∶25，面为长方形，背略拱，两侧平直，底平。下部供穿挂用的长方形穿孔。面饰三道凸棱，两侧平直，玉色青白，有灰色玉沁。长4.6厘米，宽2.5厘米，高1.7厘米；穿孔长2.8厘米，宽0.6厘米（图七，18；图一三八，18；图版七一，1）。

9. 铁器

铁环首刀　1件。AM201∶1，环首呈椭圆状，刀背较直，刃部较直，刀尖已残。残长48.8厘米，宽2.8厘米，刀背厚0.6厘米（图七，16；图一三五，16；图版六九，5-4）。

10. 铜钱

1枚。小“五铢”。直径1.2厘米。钱文锈蚀严重。

二、AM202

（一）墓葬形制

AM202北距AM201约2米。

凸字形单室墓。由墓道、墓门、甬道及墓室组成。全长870厘米。墓底呈斜坡状向外倾斜，墓室后端底部与墓道口底部高差达52厘米。墓道方向241°（图九）。

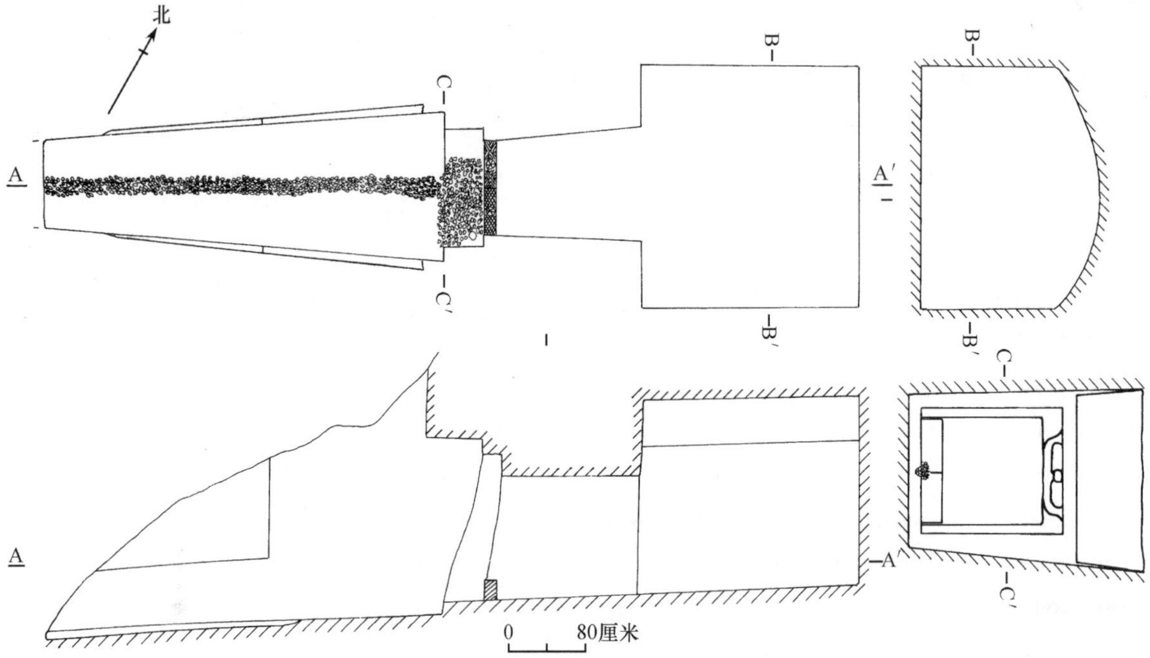

图九　AM202平、剖面图

① 玉璏是嵌饰于剑鞘上的饰物，同时具有固定革带的功能。

墓道位于墓室的西侧，其平面呈长梯形，愈往墓道口处愈窄；长410厘米，宽84～142厘米，高60～250厘米。墓道后半段的中轴线上有一条长248厘米、宽12厘米、深0.2～0.8厘米的排水沟，排水沟向墓道口处倾斜。而在排水沟之上、自墓门处始堆砌有宽约18厘米的卵石，而在墓门处卵石几乎堆满墓道（图版五，1）。

墓门有两道门框。第一道门框略呈倒梯形，高170厘米，上宽150厘米，下宽140厘米，进深40厘米；第二道门框呈长方形，其底自第一道门框处抬升12厘米，高144厘米，宽116厘米；门洞高124厘米，宽90厘米。在第二道门框的门楣之上浮雕有一组三升斗拱，斗拱与门楣等高，为20厘米（图版五，2）。墓门下方横砌两砖以像门档，此二墓砖规格一样，均长48厘米，宽24厘米，厚10厘米；墓砖上有纹饰，为习见的“富贵”砖（图一〇）。

甬道平面略呈梯形，近墓室的一端较宽，平顶；长182厘米，宽90～110厘米，高114～120厘米。

墓室平面呈方形，券顶。墓室长238厘米，宽236厘米，高186～190厘米。

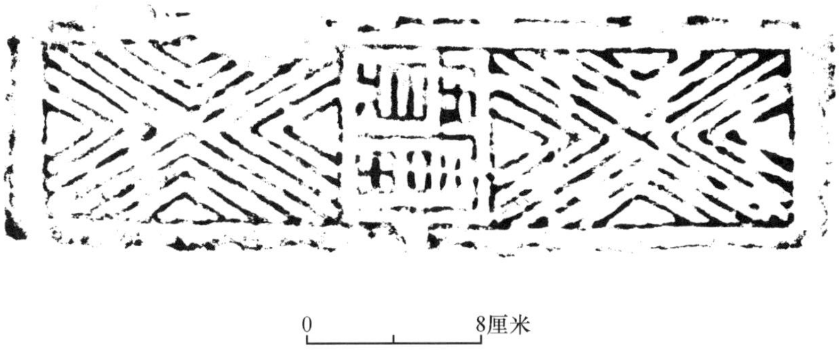

图一〇　AM202墓砖拓片

（二）随葬器物

被盗，仅见有一铜丝位于墓室中部，不知是否为随葬品。

三、AM203

（一）墓葬形制

AM203北距AM202约4.8米。

凸字形单室墓。由墓道、墓门、甬道及墓室构成。墓葬全长800厘米。墓底呈外向斜坡状，前后高差达40厘米。墓道方向245°（图一一）。

墓道处于墓室的西侧，其平面略呈长梯形状，愈往墓道口处愈窄。墓道长332厘米，宽100～215厘米，高0～215厘米（图版六，1）。

墓门处有一道门框。门框高148厘米，宽170厘米，进深40厘米；门洞高124厘米，宽146厘米。墓砖纹饰为菱格车轮纹（图一二）。

甬道在近墓室一端较宽，而在近墓门处较窄，平顶。长140厘米，宽124～148厘米，高约134厘米。

墓室平面略呈长方形，券顶。墓室长216～224厘米，宽206～220厘米，高120～142厘米。

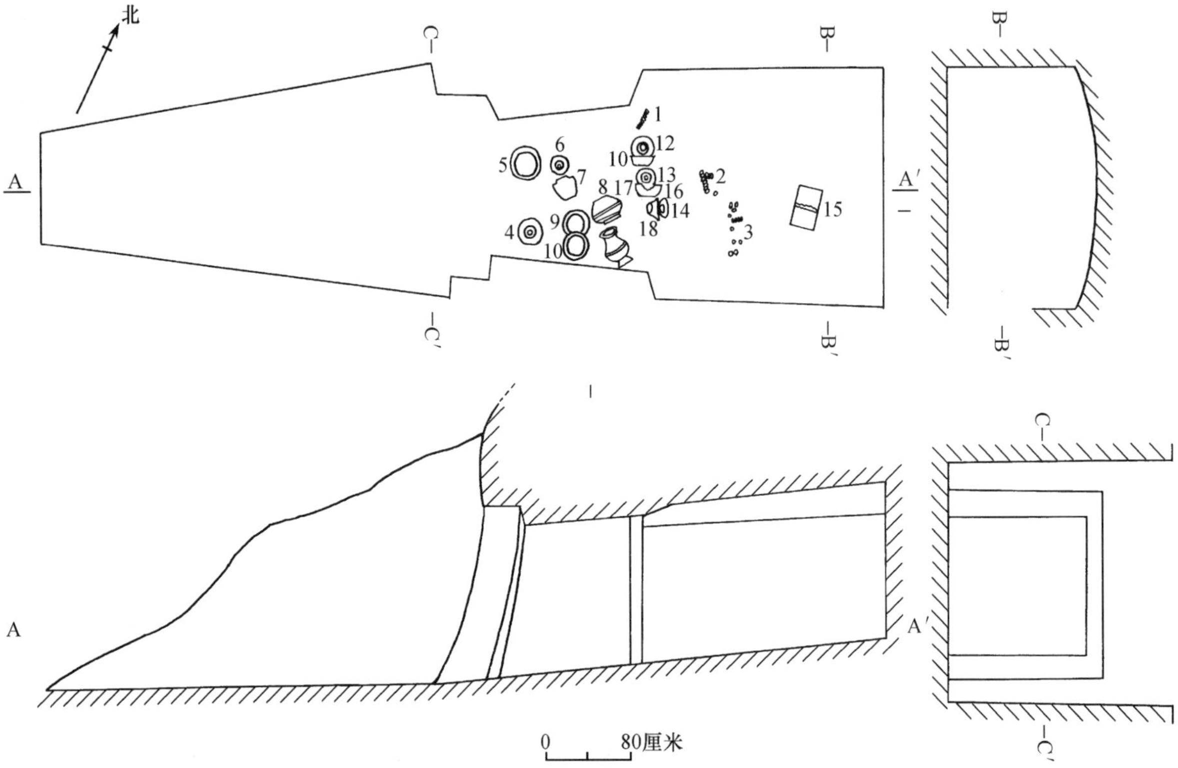

图一一　AM203 平、剖面图

1～3. 铜钱　4、6、7、12～14. 陶罐　5、10. 陶盆　8. 陶釜　9. 陶甑　11. 釉陶锺　15. 墓砖　16～18. 陶钵

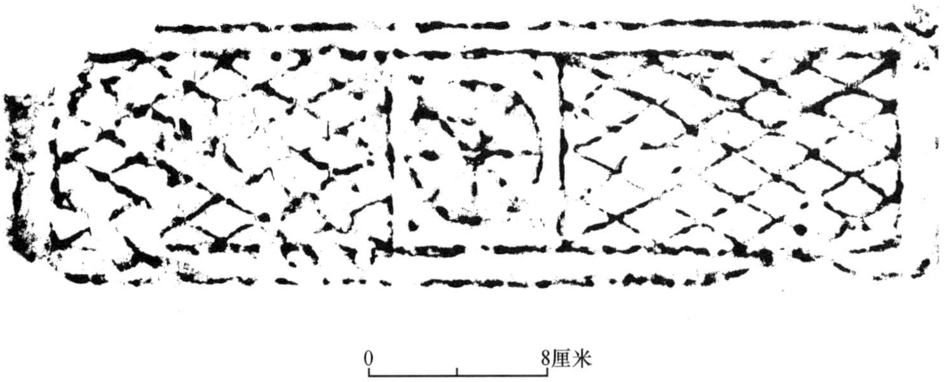

图一二　AM203 墓砖拓片

（二）随葬器物

共出土随葬品 18 件（组）（图一三）。发掘时可见随葬品主要分布于甬道及墓室前中部（图版六，2）。其中铜钱散落于墓室的约中部位置；陶釜、陶锺、陶盆、陶甑等形体较大的器物处于甬道；3 件形体较小的陶罐（AM203∶12～AM203∶14）位于墓室的前部，并分别与 3 件陶钵相叠，因此可推断此 3 件陶钵可能原盖于 3 个小陶罐之上。铜钱分三组共 130 枚，置于墓室前、中部。

1. 陶釜

陶高直领釜　1件。AM203∶8，泥质灰黑陶。轮制。平唇，直口，直领，扁鼓腹，小饼足，平底。腹部有一道凸弦纹。口径20.8厘米，腹径31.6厘米，底径8厘米，通高22.4厘米（图一三，5；图一〇一，8；图版三二，6）。

2. 陶罐

陶敛口折肩罐　1件。AM203∶4，泥质灰陶。轮制。敛口，斜外尖唇，短颈，折肩，平底。素面。口径12.8厘米，腹径23.2厘米，底径16厘米，高13.8厘米（图一三，3；图一〇四，13；图版三六，3）。

陶矮领窄折肩长鼓腹罐　1件。AM203∶7，泥质灰陶。轮制。斜方唇，直口，矮领，深腹，腹微鼓，平底。素面。口径12.8厘米，腹径20厘米，底径14.4厘米，高18厘米（图一三，1；图一〇四，2；图版三五，4）。

陶侈口短颈圆肩罐　4件。标本AM203∶12，泥质灰陶。轮制。圆唇，斜肩，最大腹径处位于中上部，平底。肩上饰一周窄凹弦纹。口径10.8厘米，最大腹径16.8厘米，底径8.8厘米，高12厘米（图一三，2；图一〇三，11；图版三四，4）。

3. 陶钵

陶敞口折腹钵　3件。标本AM203∶16，泥质灰陶。轮制。卷沿，圆唇，微折腹，平底。素面。口径17.6厘米，底径6.8厘米，通高6厘米（图一三，4）。

4. 陶盆

陶折束颈中腹盆　1件。AM203∶5，泥质灰陶。轮制。折沿，圆唇，小束颈，鼓腹，腹较深，平底。素面。口径25.6厘米，底径8厘米，高11.6厘米（图一三，6；图一一〇，10）。

陶折沿直口深腹盆　1件。AM203∶10，泥质灰陶。轮制，腹部有轮修留下的线纹。略敛口，平沿外折，弧腹微鼓，腹较深，平底。素面。口径30.4厘米，底径16厘米，高17.2厘米（图一三，7；图一一〇，6）。

5. 陶甑

陶卷折沿直口深腹甑　1件。AM203∶9，泥质灰陶。轮制，腹部有轮修留下的细划线数周。折沿斜向下，尖唇，上腹近直，下腹内斜收，平底内凹，底部有10个圆形气孔。口径29.6厘米，底径16厘米，高17.6厘米（图一三，8；图一一一，2）。

6. 釉陶锺

釉陶浅盘口高圈足锺　1件。AM203∶11，泥质红陶，通体施黄色釉，口部釉料有所脱落。轮制。平方唇，浅盘口，盘口壁外撇，高束颈，鼓扁腹，高圈足，圈足壁呈外撇八字形。颈腹交接处和腹中部共饰凹弦纹三周，上腹饰对称的两衔环铺首。其上有半球状盖，顶上有一纽孔。锺口径16厘米，腹径22.4厘米，底径16厘米，高29.6厘米。盖口径17.6厘米，高9.6厘米。盖、器通高38.8厘米（图一三，9；图一〇七，4；图版三八，3）。

7. 铜钱

共三组130枚，分别为50、35、45枚。均为“五铢”（图一三三，7）。

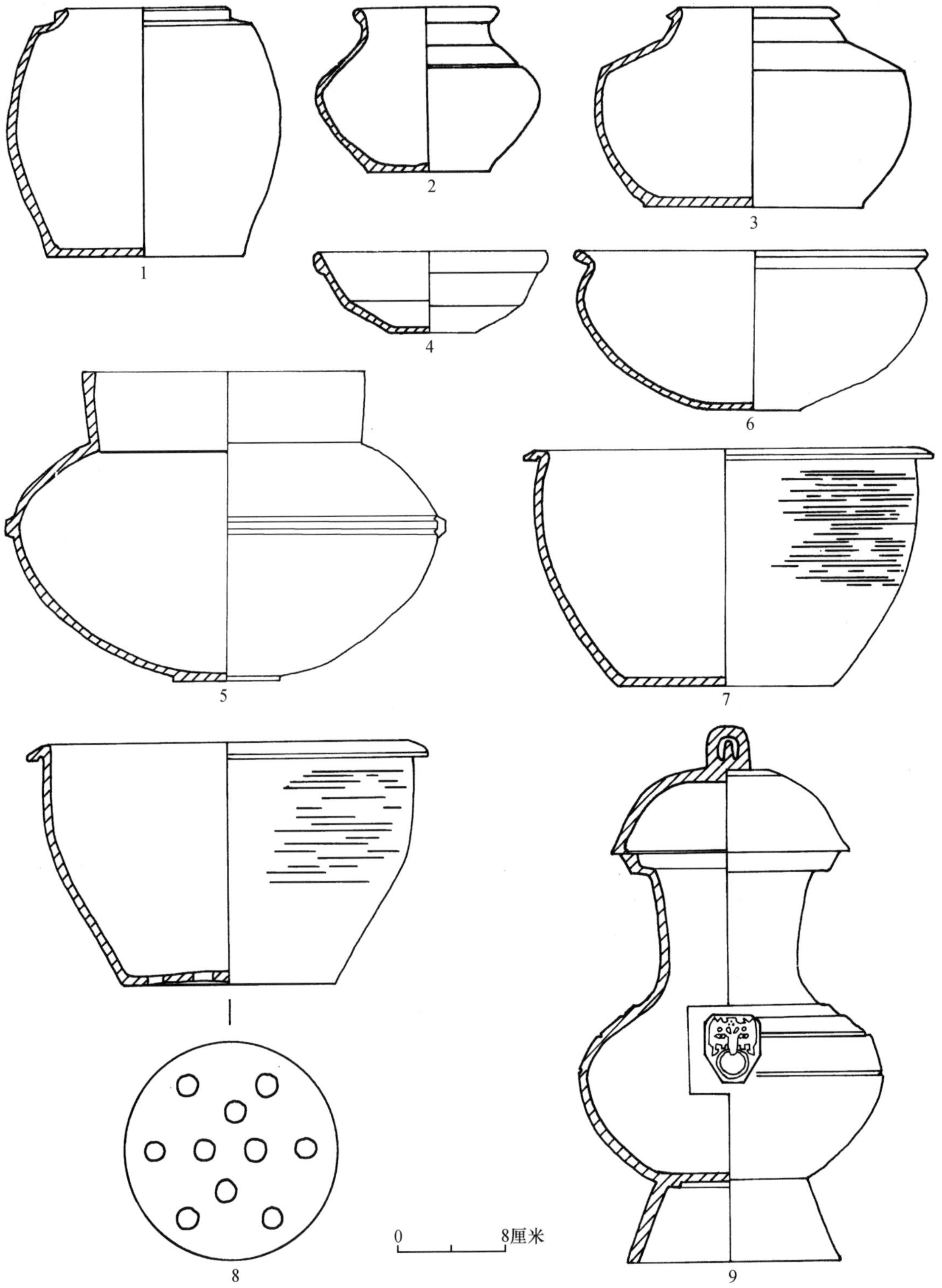

图一三　AM203 出土器物

1～3. 陶罐（AM203∶7、AM203∶12、AM203∶4）　4. 陶钵（AM203∶16）　5. 陶釜（AM203∶8）　6、7. 陶盆（AM203∶5、AM203∶10）　8. 陶甑（AM203∶9）　9. 釉陶锺（AM203∶11）

四、AM204

（一）墓葬形制

AM204 北距 AM203 约 2 米，该墓早期被盗，盗洞可见（图版七，1）。

凸字形单室墓。由墓道、墓门、甬道及墓室构成。墓葬全长 598 厘米。墓底近平。墓道方向为 235°（图一四）。

墓道处于墓室西侧，长 170 厘米，宽 100～160 厘米，高 0～180 厘米（图版七，2）。

墓门有一道门框。门框进深 70 厘米，高 154 厘米，宽 120 厘米；门洞高 140 厘米，宽 100 厘米。在墓门处用砖石封门（图版七，3），具体而言，下层以石块垒砌至高 70 厘米，再在其上横砌三层墓砖，就发掘时所见门洞并未完全封堵，仍留下上部未封。封门砖规格相若，均长 40 厘米，宽 22 厘米，厚 10 厘米。部分墓砖上可见饰有菱形纹、云纹，以及由车轮纹和斜方格纹组成的纹饰（图一五）。下部堆有四层略经修整的石块，石块一般厚约 18 厘米。

甬道平面近方形，平顶，长 82 厘米，宽 100 厘米，高 142 厘米。

墓室平面略呈长方形，为券顶。墓室长 276 厘米，宽 228～234 厘米，高 136～190 厘米。

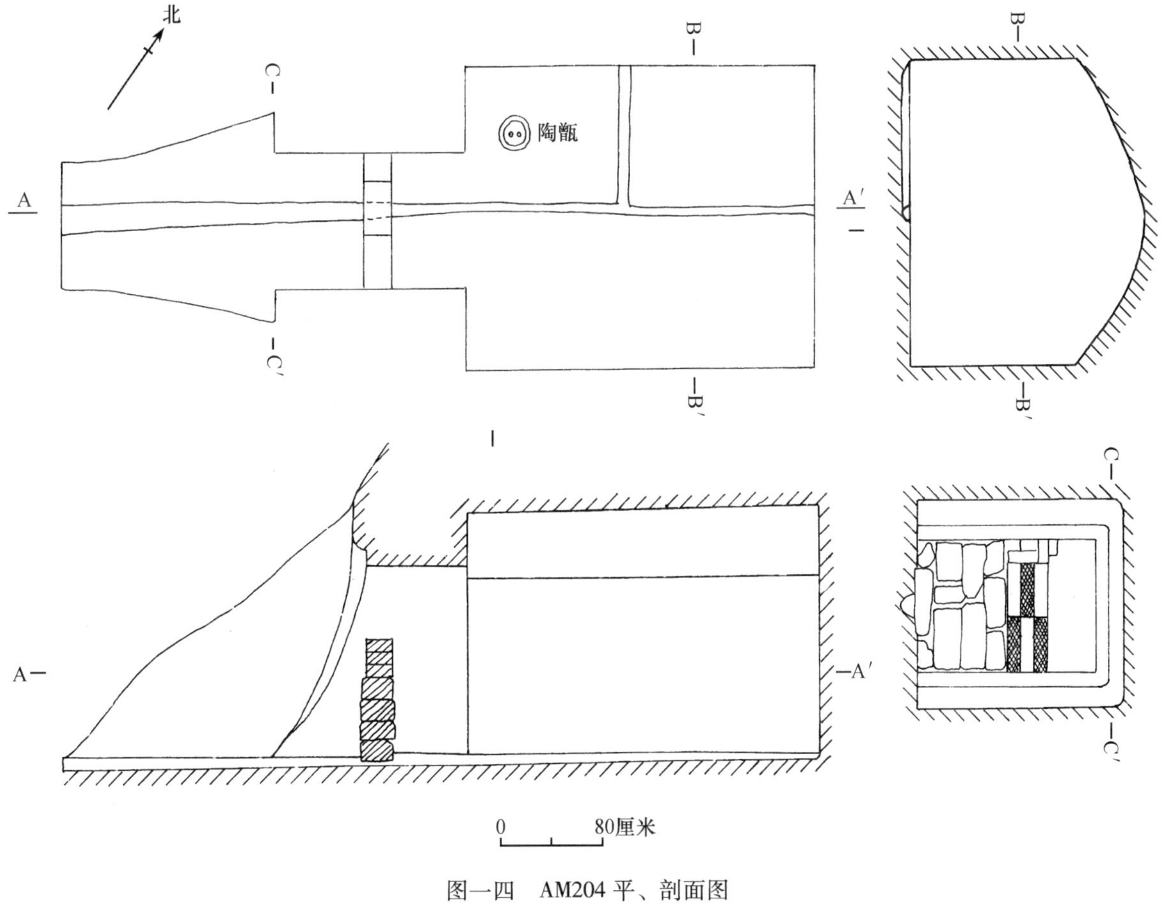

图一四　AM204 平、剖面图

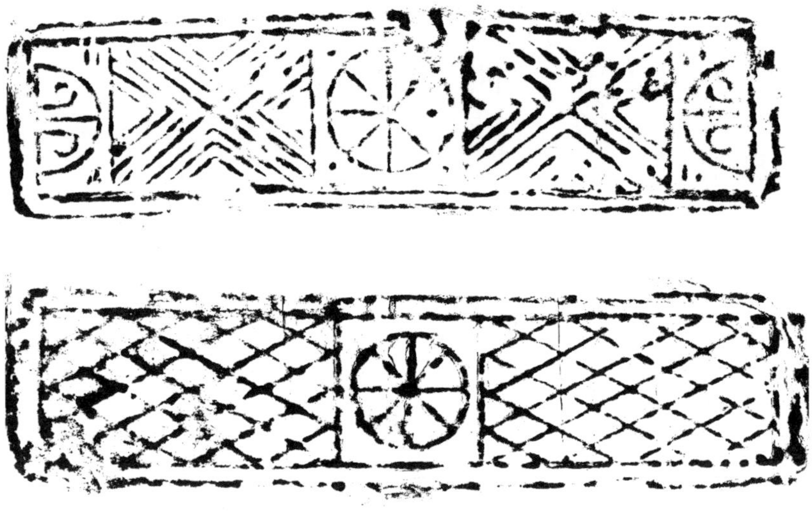

图一五　AM204 墓砖拓片

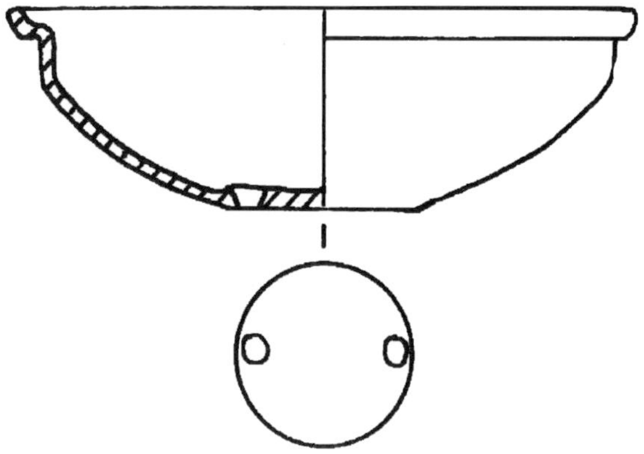

图一六　AM204 出土陶甑（AM204∶1）

约在墓葬的中轴线上，有一排水沟自墓室后端延至墓道口。此排水沟在墓室及甬道处宽 10 ~ 16 厘米，而在墓道处宽度增至约 28 厘米；排水沟底部向外倾斜，其深为 4 ~ 14 厘米。另在墓室北侧约中部凿有一条纵向排水沟与上述排水沟垂直相交，此条排水沟宽 10 厘米，深 6 ~ 8 厘米。

（二）随葬器物

墓葬曾被盗，仅见 1 件陶甑位于墓室的西北角。

陶卷沿浅折腹甑　1 件。AM204∶1，泥质灰陶。轮制。圆唇，短上腹近直，弧腹内收，小平底，底部有两个对称圆形气洞。素面。口径 20. 4 厘米，底径 5. 6 厘米，高 6. 2 厘米（图一六；图一一一，6）。

五、AM205

（一）墓葬形制

AM205 北距 AM204 约 4. 6 米。

刀把形单室墓。由墓道、墓门、甬道及墓室组成。墓葬全长 940 厘米。墓底向外倾斜，墓室后端底部与墓道口底部高差约 40 厘米。墓道方向为 244°（图一七）。

墓道处于墓室西侧的北端位置，其平面总体偏向南侧，愈往墓道口处愈窄。墓道长 500 厘米，宽 95 ~ 150 厘米，高 0 ~ 232 厘米。在墓道的约中轴线位置处，直接在墓底堆砌一条宽约 16 厘米、高 18 厘米、与墓道等长的卵石带，其性质应为排水沟（图版八，1）。

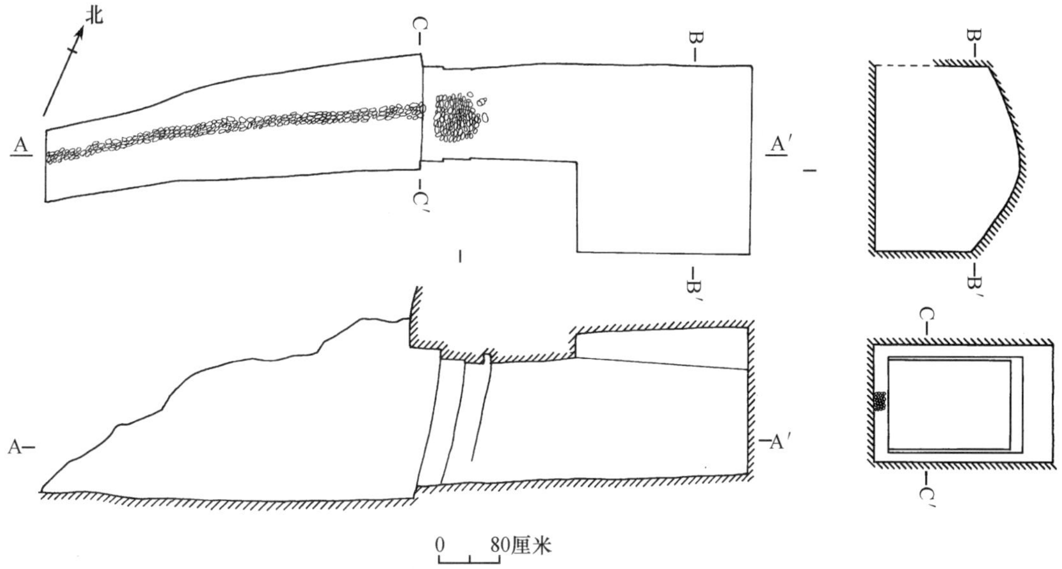

图一七　AM205平、剖面图

墓门底部抬升，形成台阶，墓门底部距墓道底部18厘米。有两道门框。第一道门框进深30厘米，高160厘米，宽150厘米；第二道门框进深40厘米，高162厘米，宽124厘米；门洞高156厘米，宽116厘米。

甬道平顶，长140厘米，宽115～124厘米，高130厘米。在甬道的上部、距第二道门楣24厘米处，横向凿有一条长118厘米、宽9厘米、深11厘米的凹槽。在甬道底部前方砌有一略呈方形的卵石堆，其长、宽均约为62厘米，高则约16厘米，其作用或与墓道处的卵石排水沟一致。

墓室平面略呈方形，为券顶；墓室长230厘米，宽240厘米，高130～192厘米，墓室北壁与AM204被贯通（图版八，2）。

（二）随葬器物组合

被盗一空。

第四章　B 区崖墓

第一节　崖墓的分布与排列

B 区位于神溪河及长江相夹的弧形山坡地，此处的坡度为 35°～62°，海拔 200～220 米。B 区位于 A 区的西北方，二区的直线距离约为 55 米。发掘时 B 区所处的坡地已被当地居民开辟为菜地，而在 B 区的东北位置则建有当地的变电站。墓葬主要分布于坡地的偏西位置。崖墓 BM301～BM310 为 2007 年发掘，BM311～BM313 为 2008 年发掘，清理完 BM312 墓道后，因发现其墓室伸入变电站之下，故停止了发掘。

B 区的墓葬依其具体位置可分三片。BM301～BM303 位于 B 区的西部，三墓并排，自北向南分别为 BM303、BM302 及 BM301；三墓的墓口均朝向长江，具体方向大致朝西北。BM304～BM310 处于 B 区的北部，此六墓墓口均朝向长江，方向大致朝北，且一字排开。BM304～BM306 及 BM309 四墓相距较近，而 BM307、BM308 及 BM310 则与其他各墓相距较远。BM311～BM313 位于下一级的坡地上，海拔略低，此三墓墓口均朝向长江，呈一字形排开（图一八）。

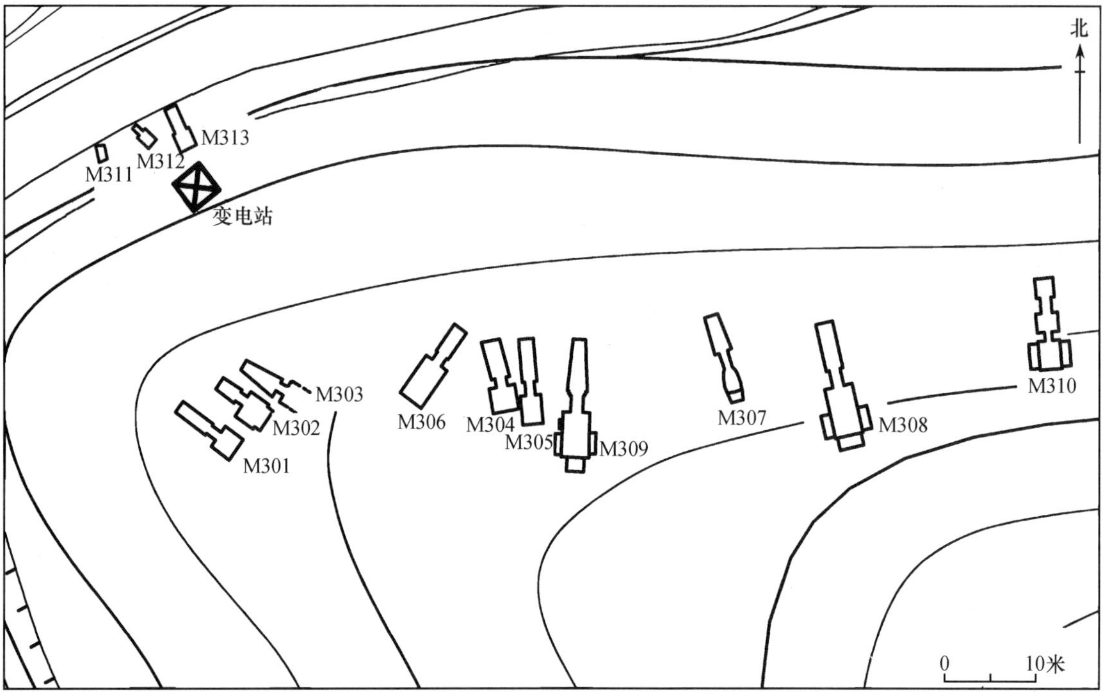

图一八　B 区崖墓分布图

第二节　崖墓介绍

一、BM301

（一）墓葬形制

BM301 位于 B 区的西南端。

凸字形单室墓。由墓道、墓门、甬道及墓室构成。墓葬全长 870 厘米。墓底呈外倾坡状，墓室后端底部与墓道口底部高差达 90 厘米。墓道方向为 305°（图一九）。

墓道处于墓室的西侧，其平面略呈长梯形，近墓门处宽而愈近墓道口处愈窄。墓道长 400 厘米，宽 124 ~ 204 厘米，高 130 ~ 280 厘米。

墓门底部比墓道底部抬升 16 厘米，形成一台阶。墓门有二道门框。第一道门框高 182 厘米，宽 200 厘米，进深 28 厘米；第二道门框高 160 厘米，宽 140 厘米，进深 12 厘米；门洞高 144 厘米，宽 130 厘米。墓门处以 12 层墓砖垒砌封门，门洞全被封堵（图版九，1）。封门砖一般长 42 厘米，宽 21 厘米，厚 10 厘米，而封门砖上又有车轮纹、铜钱纹及菱格纹组成的纹饰，其中一砖上有铭刻文字，但因残碎已不可识（图二〇）。

甬道平面为长方形，平顶，长 186 厘米，宽 130 厘米，高 130 ~ 144 厘米。

墓室平面略成横长方形，而墓室的后部略宽，为券顶。墓室长 244 厘米，宽 286 ~ 300 厘米，高 140 ~ 190 厘米。

（二）随葬器物

墓内共出土随葬品 43 件（图二一至图二四）。就发掘时所见，随葬品分布于墓门、甬道、墓室前端及墓室后方的位置上（图版九，2 ~ 4），以甬道处分布的随葬器物数量最多。其中铜鍪位于甬道的西壁处，铜洗置于墓室的东壁中部位置，铜钱呈两组分别散布于墓室后方的两端位置；陶俑主要聚在甬道的西壁位置，但其排列并无次序；陶水塘、陶楼等陶模型则处于甬道的东壁；一组陶釜与陶盆的组合（BM301∶18 陶盆置于 BM301∶19 陶釜上，类似于釜甑搭配）位于墓室的西北角；釉陶锺、陶魁、陶耳杯等处于铜洗旁；一些体型较小的陶罐多分布于甬道的东侧前部。

1. 陶釜

陶直口扁圆腹釜　1 件。BM301∶19，泥质灰陶，轮制。平方唇，直口，领微曲，圆肩，扁鼓腹，圜底。中腹部饰有二道凹弦纹，下腹饰细绳纹。口径 24 厘米，腹径 34 厘米，高 24 厘米（图二一，1；图一〇一，7；图版三二，5）。

2. 陶罐

陶直口圆折肩带盖罐　1 件。BM301∶39，泥质灰陶，轮制。圆唇，鼓腹，平底，上覆有半球形盖，盖上有一圆纽，并有三个均匀分布的菱形穿孔，穿孔间有一圆圈纹。素面。口径 12.8 厘米，最大腹径 18.8 厘米，底径 8.8 厘米，通高 18.4 厘米（图二一，3；图一〇五，5；图版三七，1）。

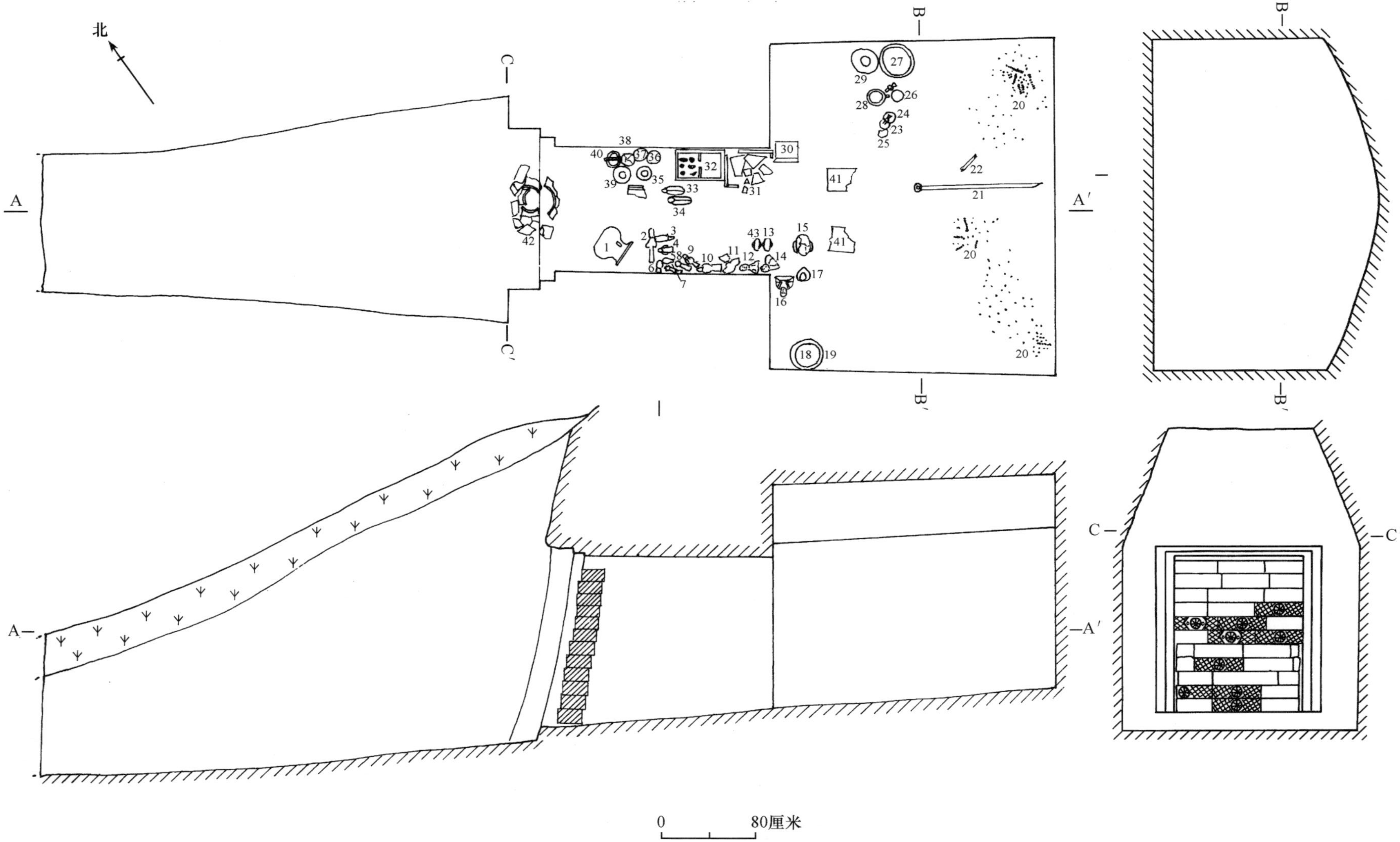

图一九　BM301平、剖面图

1. 铜鍪　2、4、7～12、14、16、17. 陶人物俑　3. 陶鸡俑　5. 陶子母鸡俑　6. 陶镇墓兽　13、15、24、43. 陶耳杯　18、42. 陶盆　19. 陶釜　20. 铜钱　21、22. 铁环首刀　23、26. 彩釉陶灯　25. 釉陶器盖　27. 铜洗　28. 釉陶魁　29. 釉陶锺　30、31. 陶楼　32. 陶水塘　33. 陶猪俑　34. 陶狗俑　35、37～39. 陶罐　36. 釉陶钵　40. 陶井　41. 墓砖

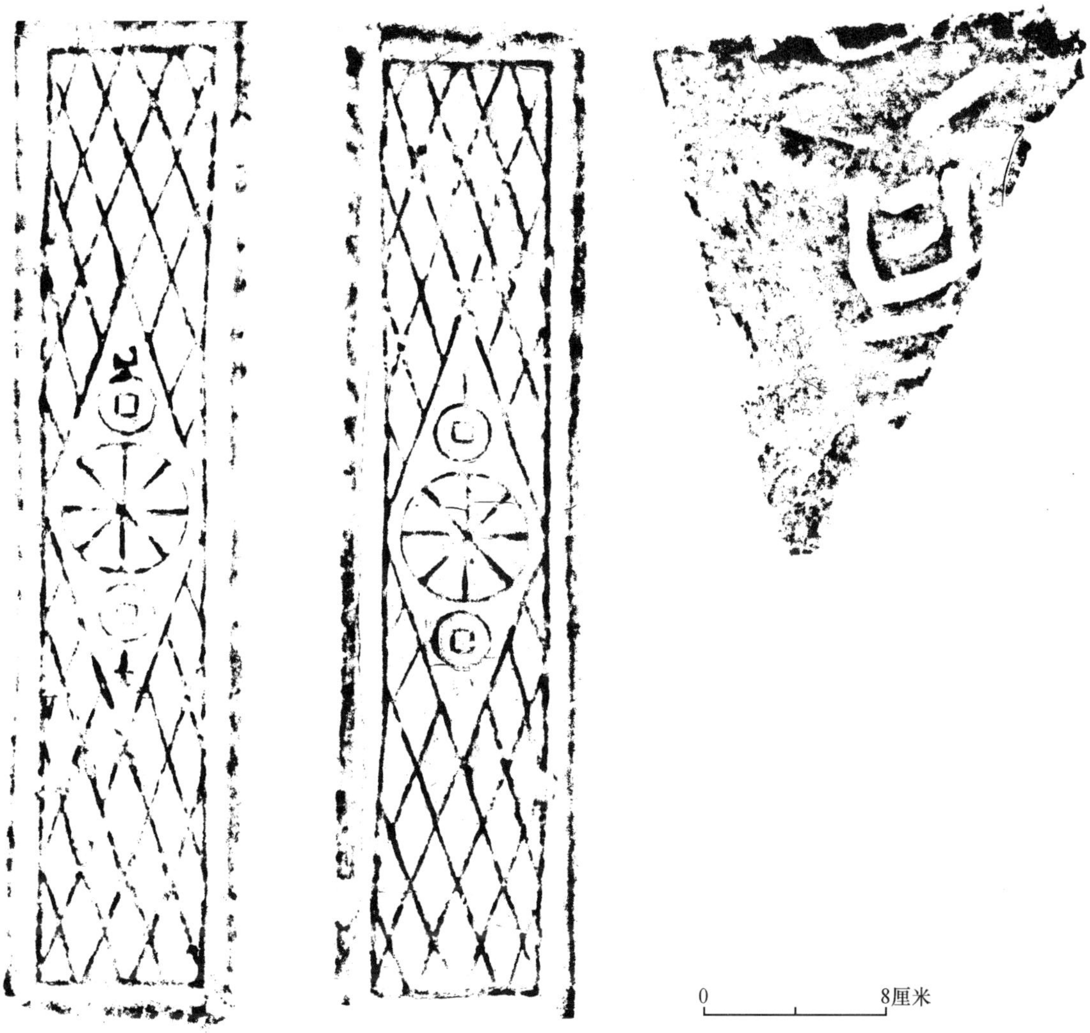

图二〇　BM301墓砖拓片

陶直口折肩带盖罐　2件。标本BM301∶37，泥质灰陶，轮制。方唇，弧腹平底，出土时附有半球形黄釉陶器盖，盖上有一圆纽。罐体素面，器盖上有圆凸点纹。口径10.8厘米，腹径16厘米，底径9.2厘米，通高14.4厘米（图二一，5；图一〇五，6；图版三七，2）。

陶侈口溜肩垂腹带盖罐　1件。BM301∶35，泥质红陶，轮制。方唇，束颈，溜肩，下腹内折，圜底。口径14.4厘米，腹径16.4厘米，高10.8厘米。出土时附有黄褐釉陶器盖，盖为弓形，顶端有一圆纽。器身饰多个圆点纹，上腹部有凹弦纹二周，另有三个小圆形穿孔。口径7.2厘米，高4厘米（图二一，6；图一〇二，1；图版三三，1）。

3. 陶耳杯

陶耳杯　4件。标本BM301∶15，泥质红陶。椭圆形器身，尖圆唇，弧腹，平底，月牙形双耳，双耳内斜。素面。口长径9厘米，短径6.6厘米，底短径2厘米，高3厘米（图二三，9；图一〇六，3）。

4. 陶盆

陶直口折腹盆　1件。BM301∶18，泥质灰陶，轮制。折沿下斜，圆唇，上腹直，下腹斜内收，

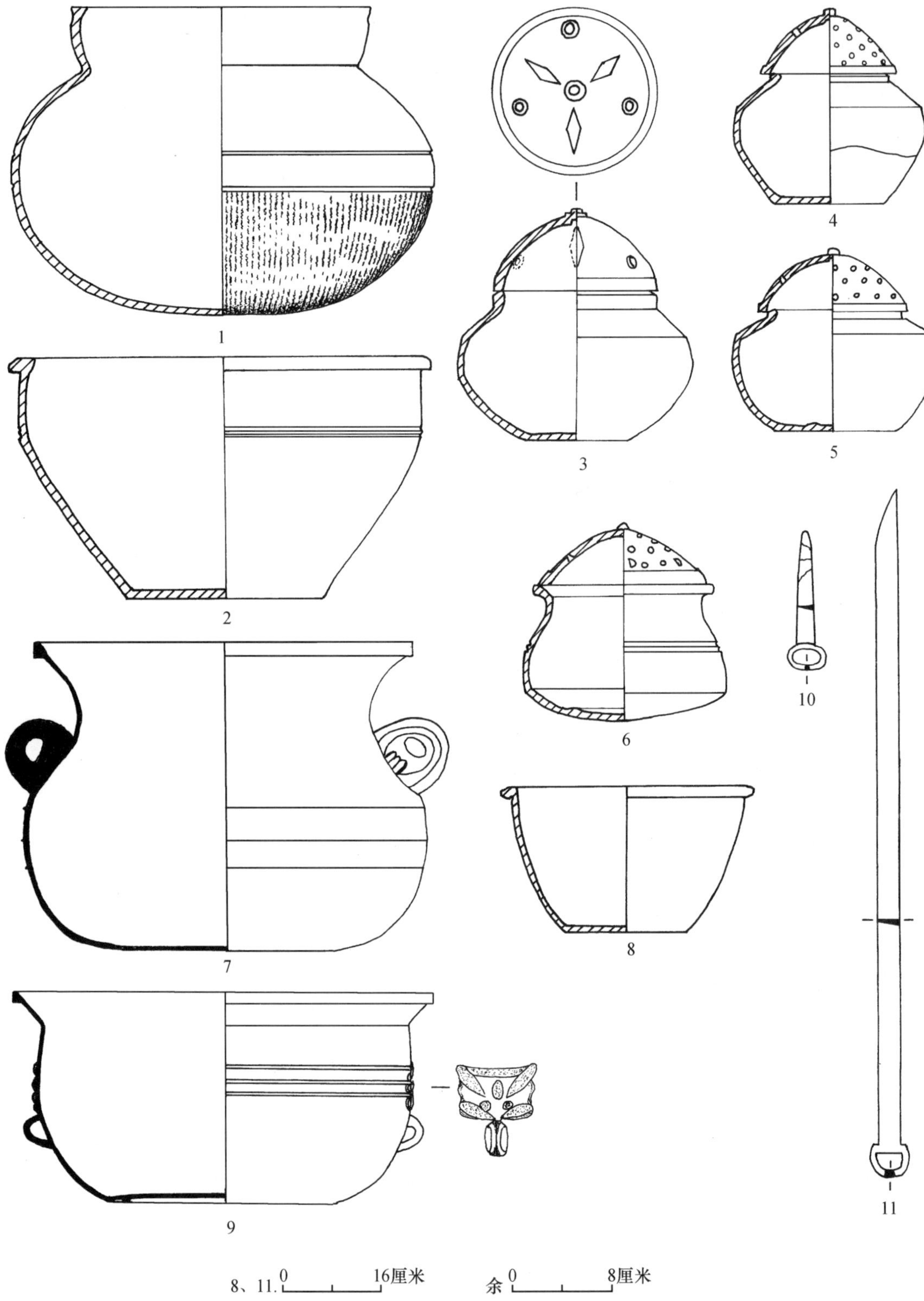

图二一　BM301 出土器物（一）

1. 陶釜（BM301∶19）　2、8. 陶盆（BM301∶18、BM301∶42）　3、5、6. 陶罐（BM301∶39、BM301∶37、BM301∶35）
4. 釉陶罐（BM301∶38）　7. 铜鍪（BM301∶1）　9. 铜洗（BM301∶27）　10、11. 铁环首刀（BM301∶22、BM301∶21）

平底。上腹壁饰二道凹弦纹。口径 34.4 厘米，底径 16 厘米，高 19 厘米（图二一，1；图一一〇，3）。此器原置于陶釜 BM301∶19 之上。

陶直口弧腹盆　1件。BM301∶42，泥质灰陶，轮制。平折沿，尖唇，斜弧腹，平底。素面。口径40.4厘米，底径18.4厘米，高23.2厘米（图二一，8；图一一〇，1）。

5. 陶人物俑

陶抱囊俑　1件。BM301∶2，泥质红陶。模制，前后两模黏结。站立人形，头戴圆盘状冠帽，长方脸，细眉，眯眼，嘴微张，身穿右斜衽裙服，裙服下见裤舄，双手合抱一长囊状物。高24.4厘米（图二二，1；图一一五，1；图版四六，5）。

陶侍从俑　6件。标本BM301∶9，泥质红陶。前后合模制成。站立人形，头戴圆形冠帽，长圆脸，细眉，张口，身穿右斜衽裙服，双手合抱至胸前，手藏袖服中。高24厘米，裙服下摆处宽及侧厚8.4厘米（图二二，2；图一一三，3；图版四六，3）。

陶击鼓俑　1件。BM301∶16，泥质红陶。模制，前后两模黏结。跪坐人形，头戴圆形矮冠，长脸略圆，细眉，眯眼，微张嘴，身穿右斜衽长裙服，右手执一短棒作敲打状。高22厘米，宽15.2厘米，侧厚10.8厘米（图二二，3；图一一三，13；图版四八，5）。

陶抚琴俑　1件。BM301∶14，泥质红陶。前后合模制成。跪坐人形，头戴矮冠，长脸略圆，细眉，眯眼，微张嘴，身穿右斜衽长裙服，双膝上平放一横长方形琴弦乐器，右衣袖翻卷，双手抚琴。高18.8厘米，宽14.4厘米，侧厚10.8厘米（图二二，6；图一一四，1；图版四八，3）。

陶吹箫俑　1件。BM301∶17，泥质红陶，前后合模制成。跪坐，头戴尖顶冠帽，细眉，眯眼，弓形鼻，头微偏向左侧，双手执箫吹奏。高25.6厘米，宽11.6厘米，侧厚14厘米（图二二，4；图一一四，9；图版四八，1）。

陶抚耳听乐俑　1件。BM301∶12，泥质红陶，前后合模制成。跪坐人形，头戴花瓣形冠，头略向右倾斜，长脸，细眉，眯眼微张嘴，身穿右斜衽长裙服，左手上举贴于左耳侧，右手下垂置放于右膝上，作凝神聆听状。高19.2厘米，膝部宽14.4厘米，膝部侧厚10厘米（图二二，5；图一一四，2；图版四七，4）。

6. 陶动物俑

陶狗俑　1件。BM301∶34，泥质红陶，模制。空心立狗形，直身直项头上扬，龇牙咧嘴，睁目立耳，四肢直立，短尾弯曲卷于臀部一侧。高18厘米，长24厘米，宽9.2厘米（图二三，1；图一一六，1；图版四九，1）。

陶鸡俑　1件。BM301∶3，泥质红陶，模制。立鸡形，双脚分立，尾上翘。高18厘米，长21.2厘米（图二三，5；图一一七，1；图版四九，4）。

陶子母鸡俑　1件。BM301∶5，泥质红陶，模制。母鸡作匍匐状，尖喙，矮冠，睁眼，直项昂首，前胸圆鼓，背部驮一小鸡，腹翼下荫蔽一小鸡。长16厘米，宽8.8厘米，高12.8厘米（图二三，4；图一一五，11；图版五〇，5）。

陶猪俑　1件。BM301∶33，泥质红陶，模制。空心立猪形，全身粗短，突目翘鼻，大嘴略长，猪首下探，项鬃部发达，短粗身，尾粗短附于臀部一侧，四肢后倾。高12.4厘米，长22厘米，宽10.4厘米（图二三，3；图一一五，6；图版五〇，1）。

7. 陶镇墓兽

陶镇墓兽　1件。BM301∶6，泥质红陶，模制。状如狗，后腿坐地，前腿直立，张嘴鼓目，长舌垂地。高12厘米，长13.2厘米，宽12厘米（图二三，2；图一一七，6；图版四九，6）。

图二二　BM301 出土器物（二）

1. 陶抱囊俑（BM301:2）　2. 陶侍从俑（BM301:9）　3. 陶击鼓俑（BM301:16）　4. 陶吹箫俑（BM301:17）
5. 陶抚耳听乐俑（BM301:12）　6. 陶抚琴俑（BM301:14）

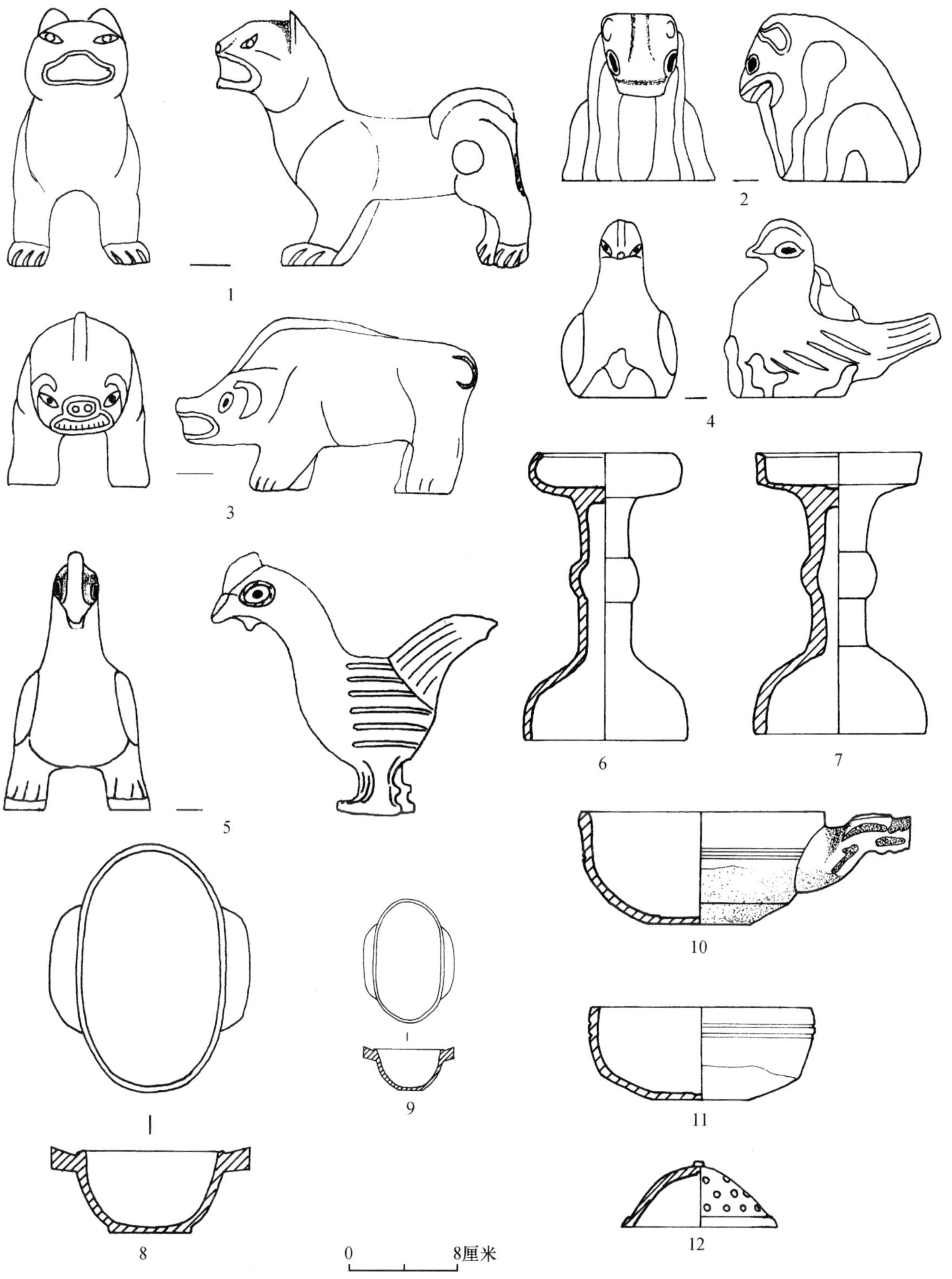

图二三　BM301出土器物（三）

1. 陶狗俑（BM301∶34）　2. 陶镇墓兽（BM301∶6）　3. 陶猪俑（BM301∶33）　4. 陶子母鸡俑（BM301∶5）　5. 陶鸡俑（BM301∶3）　6、7. 釉陶灯（BM301∶23、BM301∶26）　8、9. 陶耳杯（BM301∶24、BM301∶15）　10. 釉陶魁（BM301∶28）　11. 釉陶钵（BM301∶36）　12. 釉陶器盖（BM301∶25）

8. 陶模型器

釉陶井模型　1件。BM301∶40，泥质灰陶。中腹以上饰青绿色釉，下腹露胎。罐形井身，侈口，圆唇，束颈，折肩，直腹，平底；井沿上建有悬山顶井亭，圆立柱，柱间横轴中部设辘轳。罐口径9.2厘米，腹径14厘米，底径8.8厘米，檐宽16厘米，高26厘米（图二四，1；图一一七，7；图版五二，1）。

陶水塘模型　1件。BM301∶32，泥质红陶，手制。长方形，宽折沿，方唇，平底，中间有土埂将水塘隔断，一侧有螺蛳二、水蜘蛛一、水虫一、鱼二、荷叶。长40厘米，宽27.2厘米，高4.4厘米（图二四，2；图一一八，1；图版五二，3）。

陶楼模型　1件。BM301∶30，泥质红陶，拼塑制成。长方形，正面中下部开活动门，活动屋顶，双面坡型，前后出檐。面宽20厘米，进深12厘米，高28.6厘米（图二四，3；图一一九，2；图版五一，1）。

9. 釉陶锺

釉陶深盘口矮圈足锺　1件。BM301∶29，泥质红陶，通体施酱釉。轮制。敞口，圆唇，长束颈，鼓腹，圈足略矮且呈八字外张。颈腹交接处和腹中部各饰凹弦纹二周，上腹饰对称的两衔环铺首。口径15.6厘米，腹径24.8厘米，底径16厘米，高32厘米。出土时锺上盖有钵形器盖。盖为泥质红陶，轮制。腹折，平底。上腹饰凹弦纹二周。口径18.4厘米，底径8厘米，通高9.6厘米（图二四，4；图一〇七，1；图版三八，1）。

10. 釉陶钵

釉陶直口弧腹钵　1件。BM301∶36，泥质红陶，外施酱色釉，半釉。平沿，方唇，平底。腹部饰有二道窄凹弦纹。口径16厘米，底径7.6厘米，高6.8厘米（图二三，11；图一〇八，20；图版三九，5）。

11. 釉陶魁

釉陶微敞口魁　1件。BM301∶28，泥质红陶，外施黄褐色釉，半釉。轮制。圆唇，微敞口，上腹微束，下腹弧收，平底，上腹附龙形把。上腹壁饰窄凹弦纹二周。口径18厘米，底径8厘米，高8.2厘米（图二三，10；图一〇六，8；图版四一，2）。

12. 釉陶器盖

釉陶器盖　1件。BM301∶25，泥质红陶，外施黄褐色釉。顶端有圆纽，翻沿，方唇，部面呈弓形。器表饰凸点纹。口径11.6厘米，高6.8厘米（图二三，12；图一一二，6）。

13. 釉陶灯

釉陶高柄直口豆形灯　1件。BM301∶26，泥质红陶，灯盘饰酱色釉。轮制。尖唇，平折腹，喇叭口形高座，座中部有突起的圆箍。素面。口径12厘米，底径12.8厘米，高20.4厘米（图二三，7；图一一二，4；图版四四，3）。

釉陶高柄敛口豆形灯　1件。BM301∶23，泥质红陶，豆盘施酱色釉。轮制。圆唇，灯盘较浅，喇叭口形高座，座中部有突起的圆箍。素面。口径10.8厘米，底径12.4厘米，高20.8厘米（图二三，6；图一一二，3；图版四四，4）。

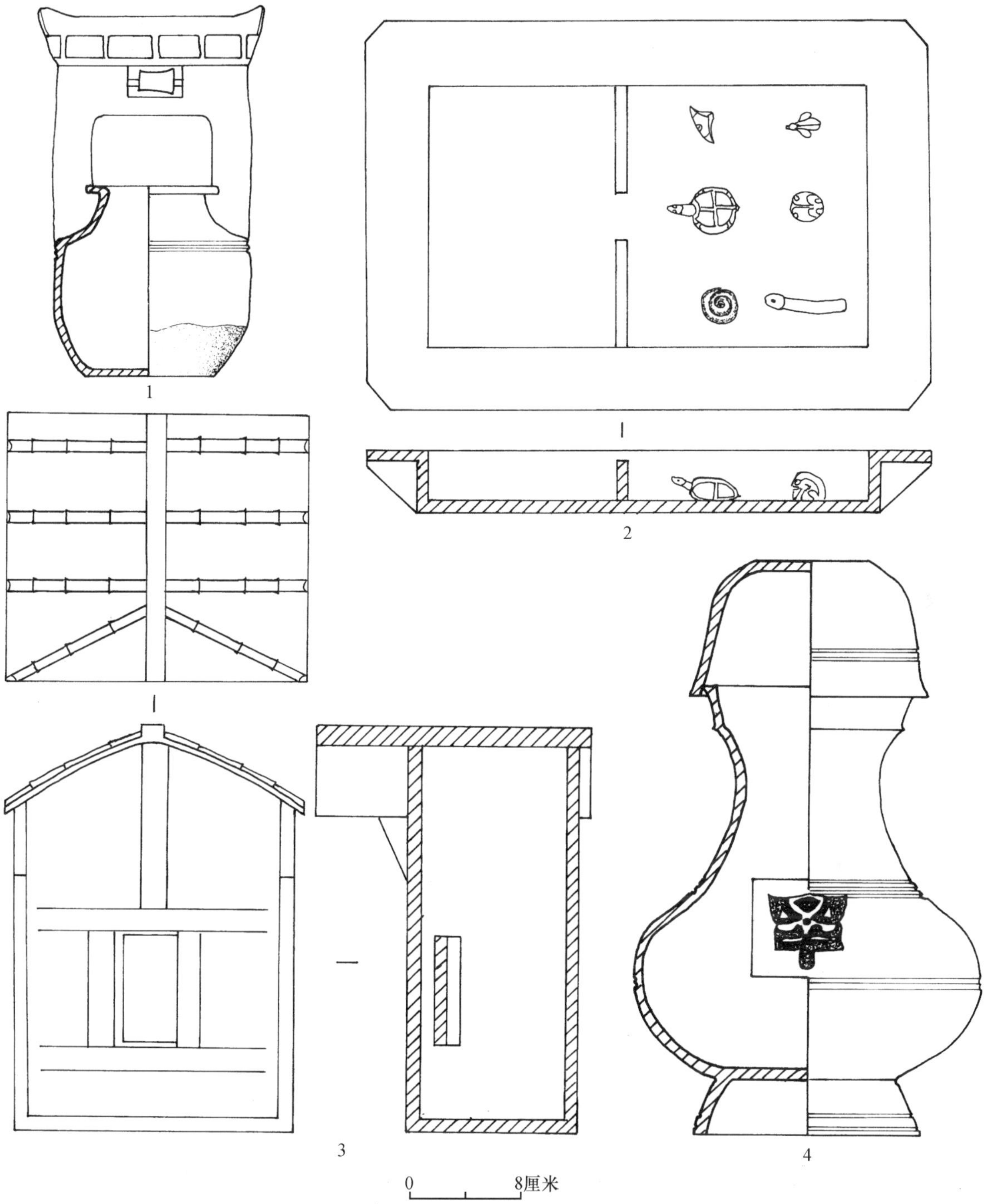

图二四　BM301 出土器物（四）

1. 釉陶井（BM301∶40）　2. 陶水塘（BM301∶32）　3. 陶楼（BM301∶30）　4. 釉陶锺（BM301∶29）

14. 铜器

铜鍪　1件。BM301∶1，方唇，侈口，束颈，折肩，腹较直，下部弧内收，平底，溜肩部对称饰环形纽两个。腹部并饰三圈凸弦纹。口径30.4厘米，腹径32厘米，底径16厘米，高24.4厘米（图二一，7；图一三一，2；图版六八，3）。

铜洗　1件。BM301∶27，方唇，宽沿外折，侈口，腹微鼓，大底平略内斜。中腹饰凸弦纹三周，下腹对称饰兽面衔环铺首一对。口径34厘米，腹径30厘米，底径18厘米，高16.4厘米（图二一，9；图一三一，1；图版六八，1、2）。

15. 铁器

铁环首刀　2件。标本BM301∶21，单刃，偏锋，半圆形环首。长108厘米，宽3.6厘米，脊厚1.2厘米（图二一，11；图一三五，14；图版六九，5-3）。

16. 铜钱

共271枚。散布于墓室后方。其中“五铢”266枚（有2枚磨去外廓），“大泉五十”1枚，“货泉”3枚，“布泉”1枚（图一三二）。

二、BM302

（一）墓葬形制

BM302西南距BM301约4.3米。

凸字形单室墓。由墓道、墓门、甬道、墓室及壁龛组成。墓葬全长636厘米。墓底略平。墓道方向为305°。该墓受工程破坏，墓道、墓门上部已不存，甬道及墓室已垮塌（图二五）。

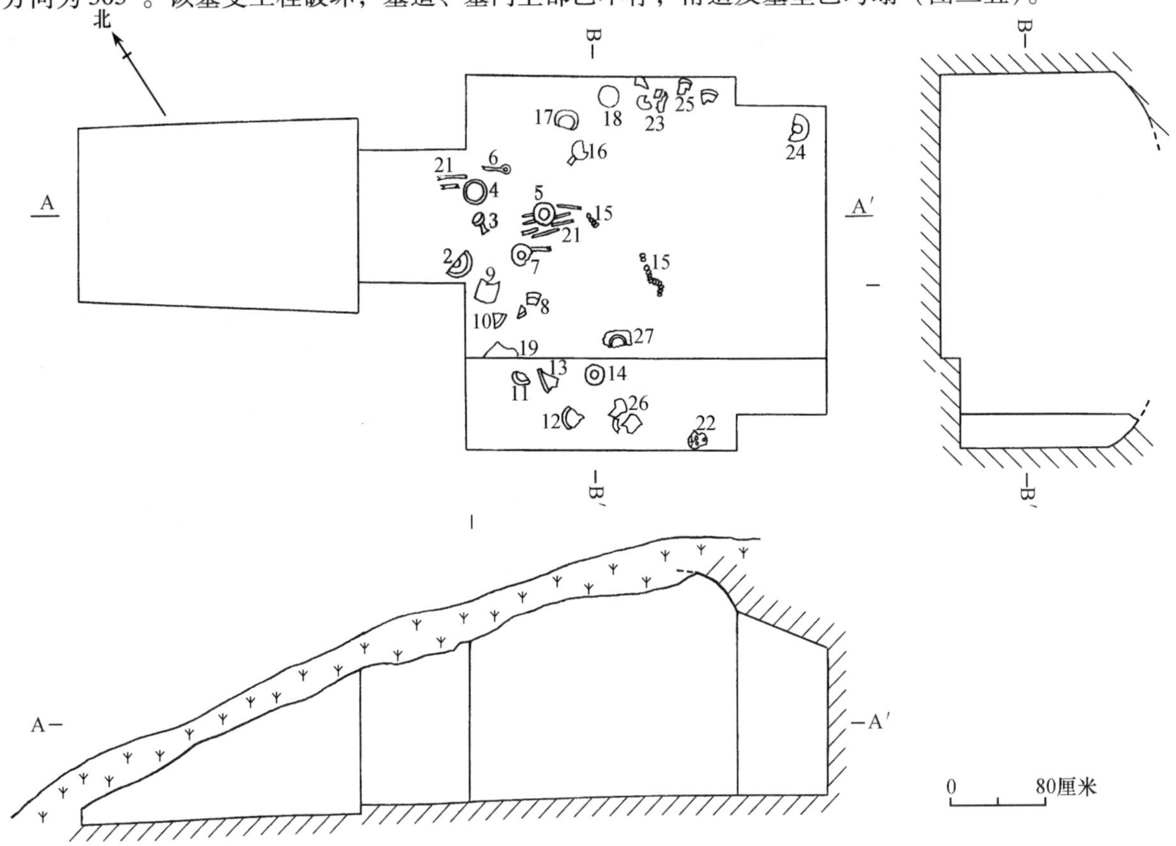

图二五　BM302平、剖面图

1. 釉陶熏炉盖（与BM302∶3为一器）　2、7、12、13. 釉陶钵　3. 釉陶熏炉　4. 釉陶锺　5. 釉陶器盖　6. 铁刀　8、9、19. 陶钵　10. 陶甑　11、17. 釉陶盆　14、18. 釉陶釜　15. 铜钱　16. 釉陶魁　20. 釉陶杯　21. 肢骨　22. 头骨　23～27. 陶罐

墓道位于墓室的西侧，平面略呈横梯形。墓道长242厘米，宽142～160厘米，残高14～118厘米（图版一〇，1）。

墓门底部抬升成台阶状，比墓道底高10厘米。墓门宽106厘米，残高108厘米。

甬道平面略呈方形，平顶，长90厘米，宽106厘米，残高108～132厘米。

墓室平面略呈长方形，其东北角未凿，可能为券顶。墓室长304厘米，宽约232厘米，残高150～178厘米。

墓室南壁（左侧）处附有一壁龛。壁龛开凿于离墓底16厘米处，与墓室等长，并与墓室共用墓顶，壁龛的东侧后端与墓室的东北角一样保留原岩未凿。

（二）人骨遗骸

墓室与甬道结合处散布较多人体肢骨，经鉴定为四个个体。墓室南部角落有头骨，为两个个体。

（三）随葬器物组合

发掘时可见随葬品主要散布于墓室的前部和中部位置，另亦有部分器物处在壁龛内近墓室的一侧（图版一〇，2）。共出土25件（图二六）。

1. 陶罐

陶球鼓腹罐 1件。BM302:23，泥质灰陶。轮制，内壁可见拉坯轮痕。口沿残，鼓腹，大平底。肩部饰一道凹弦纹。腹径24.4厘米，底径14厘米，残高14厘米（图二六，1；图一〇三，4）。

陶卷沿束颈罐 1件。BM302:24，泥质灰陶。轮制。侈口，圆唇，束颈，颈较短，斜肩，下部已残。颈部以下饰成圈排列的小三角形戳印纹。口径10.4厘米，残高5.2厘米（图二六，4）。

陶鼓肩罐 1件。BM302:25，泥质灰陶。轮制。口部缺失，鼓腹，平底。肩部饰有细绳纹。底径7.2厘米，残高8厘米（图二六，5）。

陶折肩罐 2件。BM302:26，泥质灰陶。轮制，下腹内壁可见有拉坯轮痕。口部缺失，鼓腹，圆折肩，下腹圆折内收，平底。素面。最大腹径16.4厘米，底径8厘米，残高8.4厘米（图二六，3）。BM302:27，泥质灰陶。轮制，下腹内壁可见有若干轮制痕迹。口部缺失，折肩，鼓腹略扁，平底。素面。最大腹径24.8厘米，底径8厘米，残高9.6厘米（图二六，2）。

2. 陶钵

陶敞口折腹钵 3件。标本BM302:8，泥质灰陶。轮制。敞口，卷缘，折腹内收，平底。素面。口径18.4厘米，底径5.6厘米，高6.4厘米（图二六，17；图一〇八，8；图版三九，2）。

3. 陶甑

陶卷沿直口甑 1件。BM302:10，泥质灰陶。轮制。外折沿，直口，上腹较直，平底，底部共有10个圆孔。口沿下饰两周戳印短竖线，中腹位置饰一周戳印半圆纹。口径35.6厘米，底径18厘米，高21.6厘米（图二六，9；图一一一，3；图版四三，1）。

4. 釉陶釜

釉陶卷沿束颈扁折腹釜 2件。BM302:14，泥质红陶，外施黄褐色釉，釉面见脱落。轮制。

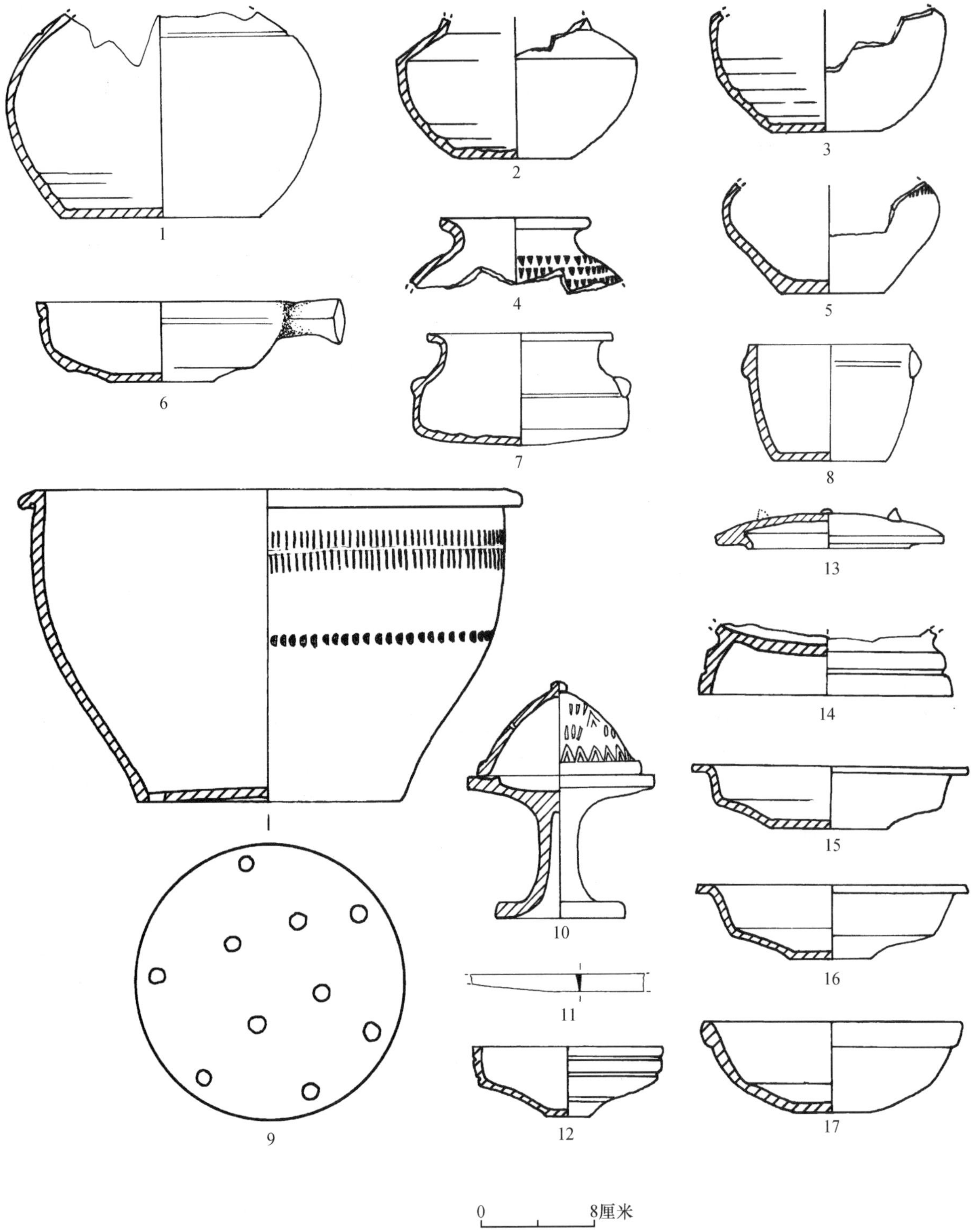

图二六　BM302 出土器物

1～5. 陶罐（BM302∶23、BM302∶27、BM302∶26、BM302∶24、BM302∶25）　6. 釉陶魁（BM302∶16）　7. 釉陶釜（BM302∶14）　8. 釉陶杯（BM302∶20）　9. 陶甑（BM302∶10）　10. 釉陶熏炉（BM302∶3）　11. 铁刀（BM302∶6）　12. 釉陶钵（BM302∶12）　13. 釉陶器盖（BM302∶5）　14. 釉陶锺（BM302∶4）　15、16. 釉陶盆（BM302∶17、BM302∶11）　17. 陶钵（BM302∶8）

卷沿，方唇，束颈，直腹壁，浅腹，平底略圜，上腹部有两个对称纽钉。肩部饰一道凹弦纹。口径12.8厘米，底径14.8厘米，高8厘米（图二六，7；图一〇一，5）。

5. 釉陶杯

釉陶微敞口筒腹双耳杯　1件。BM302:20，泥质红陶，外施黄褐色釉。轮制。微敞口，方唇，筒状腹，口沿下有两个纽钉。沿下饰一道凹弦纹。口径11.6厘米，底径8厘米，高8厘米（图二六，8；图一〇六，6；图版四一，6）。

6. 釉陶钵

釉陶直口折腹钵　4件。标本BM302:12，泥质红陶，外施酱色釉。轮制。平沿，方唇，上腹壁直，下腹急折收，平底。上腹饰两道凹弦纹。口径13.2厘米，底径2.8厘米，高4.8厘米（图二六，12；图一〇八，22；图版四〇，1）。

7. 釉陶锺

釉陶锺　1件。BM302:4，残器，仅存圈足部分，泥质红陶，外表施黄褐色釉。轮制。圈中足外壁中部饰有一周窄凹弦纹。圈足直径17.6厘米，残高4.4厘米（图二六，14）。

8. 釉陶魁

釉陶直口魁　1件。BM302:16，泥质红陶，施酱色釉，内外均满釉。轮制。方唇，弧腹，下腹曲收，平底，沿下装有方形把柄。上腹饰一道凹弦纹。口径18厘米，底径7.2厘米，高5.6厘米（图二六，6；图一〇六，9；图版四一，3）。

9. 釉陶盆

釉陶平折沿浅折腹盆　2件。标本BM302:17，泥质红陶，外表施酱色釉。轮制。方唇，下腹急折内收，平底。素面。口径19.2厘米，底径8厘米，高4.4厘米（图二六，15；图一一〇，13；图版四二，5）。

10. 釉陶器盖

釉陶器盖　1件。BM302:5，泥质红陶，外表施酱色釉。轮制。圆唇。盖端等距分布三个三角形乳钉。口径16.6厘米，高2.4厘米（图二六，13；图一一二，10）。

11. 釉陶熏炉

釉陶豆式带盖熏炉　1件。BM302:3，泥质红陶，内外通体施黄褐色釉。盖（编号为BM302:1）为不规则锥体，顶有圆纽，上有多个小孔，下部托盘方唇，承柱较高。盖体下部饰一周三角形刻划纹。口径13.2厘米，座底径9.2厘米，高16.4厘米（图二六，10；图一一二，5；图版四三，3）。

12. 铁器

铁刀　1件。BM302:6，有较大程度的腐蚀，两端已残，残长12厘米（图二六，11）。

13. 铜钱

共42枚。编号BM302:15，均为“五铢”，其中26枚保留外廓，16枚磨去外廓（图一三二，14、15）。

三、BM303

（一）墓葬形制

BM303西南距BM302约1.8米，东北距BM306的西南角约6.2米。墓道方向284°（图二七）。

BM303墓室已被工程破坏，仅余前部约1米。

墓道向内倾斜，其平面约呈长梯形，近墓门处宽而近墓道口处窄。墓道长448厘米，宽110～212厘米，高6～224厘米（图版一一，1）。

墓门呈长方形，高出墓道底6厘米。墓门高128厘米，宽92厘米。

甬道在近墓室处较宽，近墓门处略窄，平顶。长92厘米，宽92～112厘米。

墓室宽236厘米，残长约110厘米。另在墓室的北壁本应有一壁龛，但亦已被破坏。

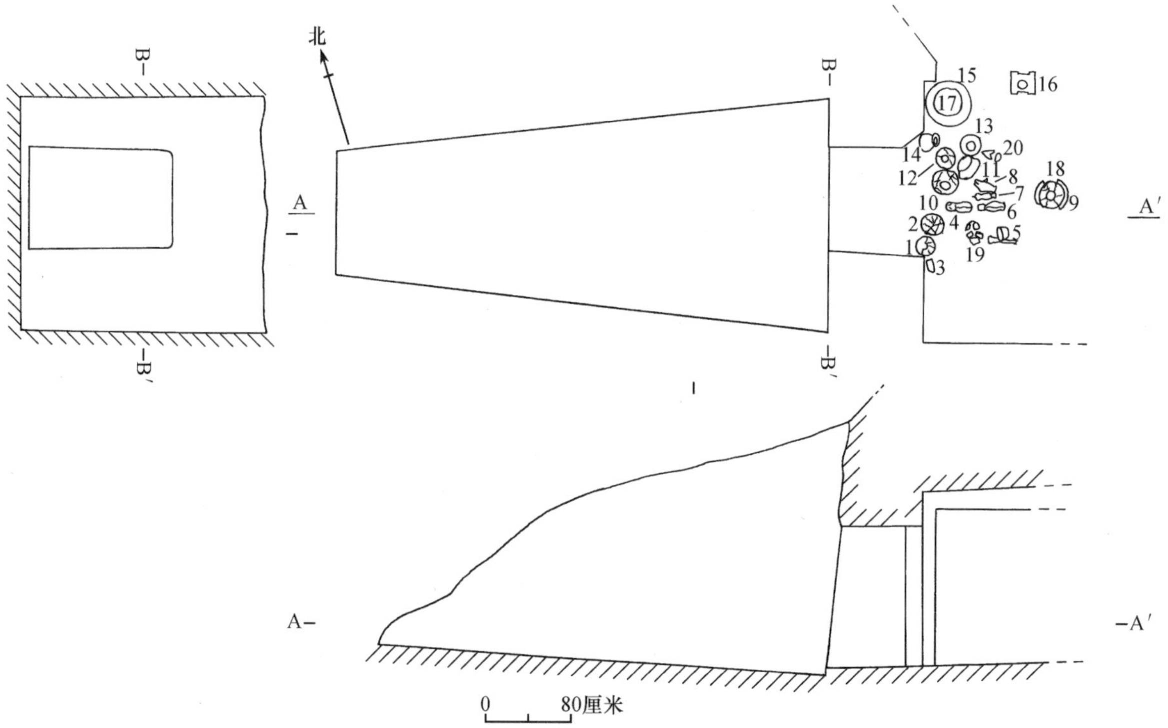

图二七　BM303平、剖面图

1、2、9、10、12、14、18. 陶罐　3. 铜钱　4. 陶狗俑　5. 釉陶杯　6、8. 陶猪俑　7. 陶鸡俑　11. 陶盆　13. 釉陶器盖　15. 铁釜　16. 陶井圈　17. 釉陶锺　19、20. 陶钵

（二）随葬器物

共出土20件器物（图二八、图二九）。发掘时可见随葬品均位于墓室内近甬道的位置上（图版一一，2）。

1. 陶罐

陶敛口短颈广折肩罐　3件。标本BM303∶2，泥质灰陶，轮制，器腹内壁保留有多道轮制痕迹。圆唇，下腹内收，平底。素面。口径12.8厘米，最大腹径24厘米，底径16厘米，高16厘米（图二八，7；图一〇四，12；图版三六，4）。

陶直口平折肩长鼓腹罐 2件。标本BM303∶1，泥质灰陶，轮制。圆唇，桶形腹，中腹微鼓，平底。素面。口径13.2厘米，腹径21.2厘米，底径14.8厘米，高19.2厘米（图二八，5；图一〇四，1；图版三五，5）。

陶侈口矮领广折肩罐 1件。BM303∶9，泥质灰陶，轮制。上腹较直，下腹内收，平底。素面。口径11.2厘米，腹径16.8厘米，底径7.2厘米，高11.4厘米（图二八，10；图一〇五，3）。

陶侈口溜肩垂腹带盖罐 1件。BM303∶14，泥质灰陶，轮制。侈口卷沿，方唇，颈较长且直，下鼓腹，平底。上腹部饰有一道凹弦纹。口径11.8厘米，腹径13.2厘米，底径6厘米，高10.4厘米。出土时附有釉陶器盖。盖亦为泥质灰陶，表面施黄褐色釉。为半圆形，顶端有一圆纽。中间有密集的条形划纹，沿下为三角形划纹。口径12厘米，高6厘米（图二八，9；图一〇二，2；图版三三，2）。

2. 陶钵

陶微敞口翻唇折腹钵 1件。BM303∶19，泥质灰陶，轮制。尖圆唇，上腹壁斜直，下腹斜直内收，平底。上腹饰一道凹弦纹。口径14.4厘米，底径6厘米，通高5.4厘米（图二八，3；图一〇八，15；图版三九，4）。

陶卷沿敞口弧腹钵 1件。BM303∶20，泥质灰陶，轮制。圆唇，弧腹内收，平底。口径18.8厘米，底径9.2厘米，高4.6厘米（图二八，4；图一〇八，17）。

3. 陶盆

陶侈口束颈中腹盆 1件。BM303∶11，泥质灰陶，轮制。外翻口沿，圆唇，口沿下部分收束，折腹，平底。上腹壁饰有三道凹弦纹。口径21.6厘米，底径6.8厘米，高9.2厘米（图二八，11；图一一〇，9；图版四二，3）。

4. 陶动物俑

陶猪俑 2件。标本BM303∶8，泥质红陶，模制。猪站立，双耳下垂，项背隆起较发达。长21.6厘米，高12.4厘米（图二九，3；图一一五，8；图版五〇，3）。

陶狗俑 1件。BM303∶4，泥质红陶，模制。狗站立，张嘴，颈上戴有项圈。长28厘米，高21.6厘米（图二九，1；图一一六，3；图版四九，2）。

陶鸡俑 1件。BM303∶7，泥质红陶，模制。鸡站立状，尖喙较短，尾部上翘较高。长19.2厘米，高19.4厘米（图二九，2；图一一七，2；图版四九，5）。

5. 陶模型器

陶井圈模型 1件。BM303∶16，泥质灰陶。梯形井圈模型，圆形井口两侧有两个长方形辘轳立柱柱洞，柱洞之外有凸棱井圈。井圈背面有刻划纹。长19.2厘米，宽17.6厘米（图二九，4；图一一七，3）。

6. 釉陶锺

釉陶浅盘口高圈足锺 1件。BM303∶17，泥质红陶，器表施黄褐色釉。轮制。浅盘口，平方唇，高束颈，圆鼓腹，矮圈足。颈腹交接处和腹中部共饰凹弦纹三周，上腹饰对称的两衔环铺首。

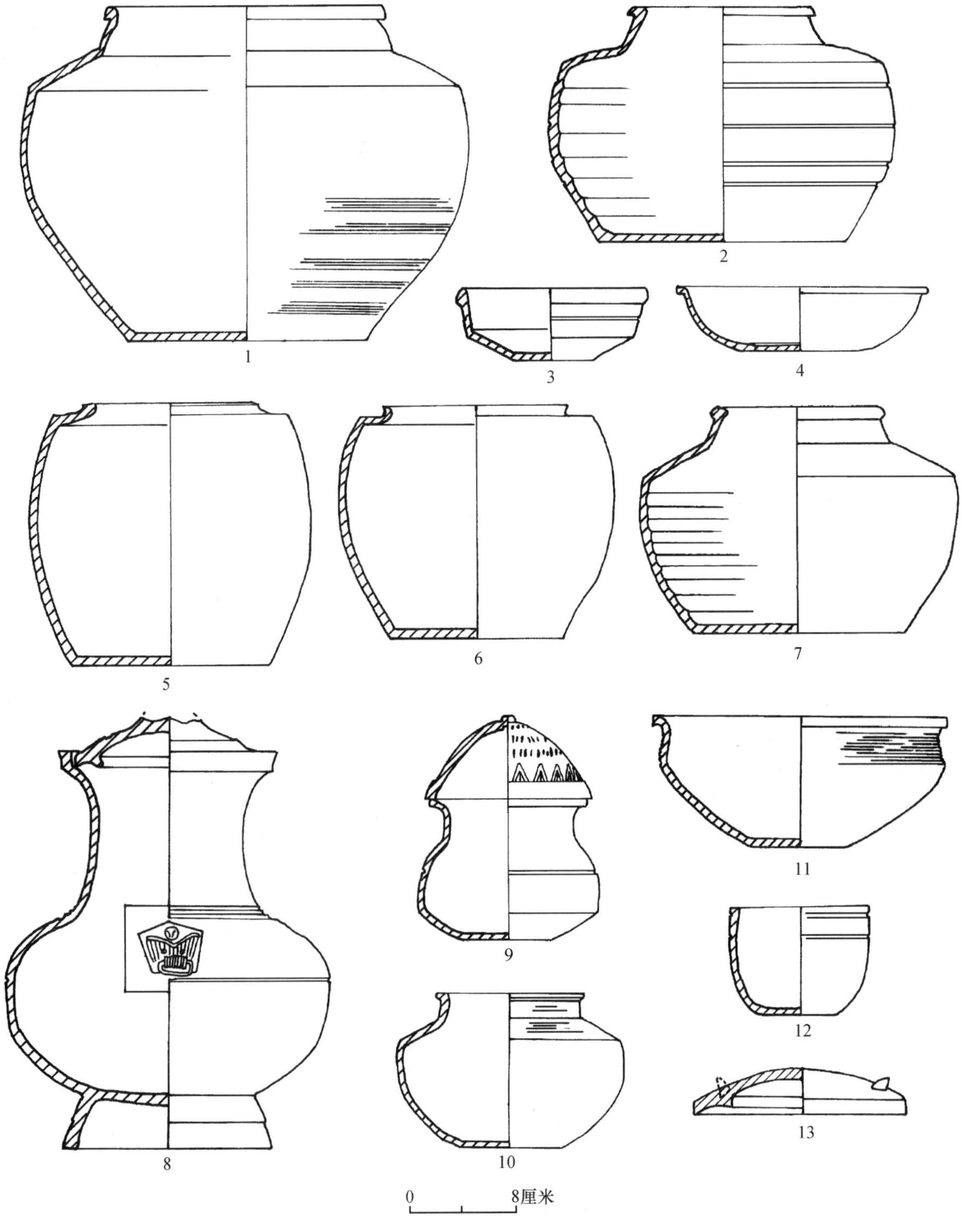

图二八　BM303 出土器物（一）

1、2、5～7、9、10. 陶罐（BM303∶18、BM303∶10、BM303∶1、BM303∶12、BM303∶2、BM303∶14、BM303∶9）　3、4. 陶钵（BM303∶19、BM303∶20）　8. 釉陶锺（BM303∶17）　11. 陶盆（BM303∶11）　12. 釉陶杯（BM303∶5）　13. 釉陶器盖（BM303∶13）

盖为子母口，纽部已残。器口径 16.4 厘米，最大腹径 24.4 厘米，足径 15.6 厘米，器高 29.2 厘米；盖口径 14.4 厘米，残高 3.6 厘米；通体残高 31.6 厘米（图二八，8；图一〇七，3；图版三八，4）。

7. 釉陶杯

釉陶直口杯 1件。BM303:5，泥质红陶，外施黄褐色釉，半釉。直口，方唇，直腹，平底。上腹饰凹弦纹二周。口径10.4厘米，底径6.4厘米，高8厘米（图二八，12；图一〇六，5；图版四一，5）。

8. 釉陶器盖

釉陶器盖 1件。BM303:13，泥质红陶，外表施黄褐色釉。轮制。子母口，剖面呈弓形，盖上有三个呈三角分布的尖形纽。素面。口径16厘米，高3.2厘米（图二八，13；图一一二，11）。

9. 铁器

铁直口小平底釜 1件。BM303:15，方唇，矮领，溜肩，鼓腹，小平底。中腹饰一道凸弦纹。口径27.2厘米，腹径41.2厘米，底径6.8厘米，高28厘米（图二九，5；图一三四，1）。

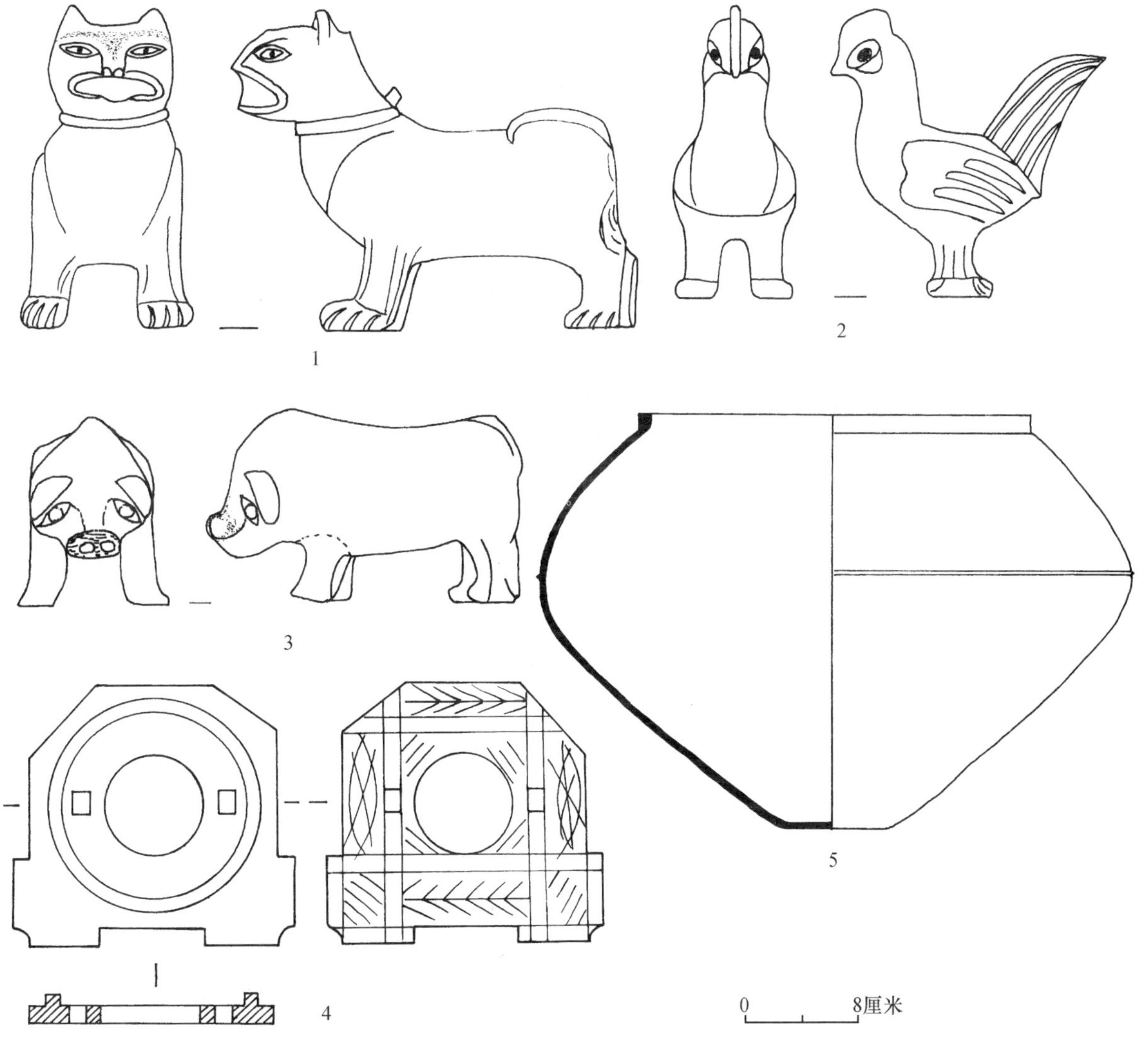

图二九 BM303出土器物（二）

1. 陶狗俑（BM303:4） 2. 陶鸡俑（BM303:7） 3. 陶猪俑（BM303:8） 4. 陶井圈（BM303:16）
5. 铁釜（BM303:15）

10. 铜钱

2 枚。编号 BM308∶21-1、BM303∶21-2。均为“五铢”。直径 2.5 厘米（图一三二，16）。

四、BM304

（一）墓葬形制

BM304 位于 B 区的中部，西距 BM306 约 2.2 米，东距 BM305 约 2 米。

凸字形单室墓。由墓道、墓门、甬道、墓室及壁龛构成。墓葬全长 890 厘米。墓道方向为 350°（图三〇）。

墓道处于墓室的北侧。墓道的开凿总体偏向西侧。墓道底部向外倾斜，前后高差达 30 厘米。墓道长 470 厘米，宽 186 ~ 194 厘米，高 0 ~ 270 厘米（图版一二，1）。

墓门底部抬升，距墓道底 10 厘米，形成一台阶。墓门呈长方形，高 160 ~ 170 厘米，宽 104 厘米。

甬道平顶，长 90 厘米，宽 104 厘米，高 160 厘米。

墓室平面呈横长方形，墓室后端稍宽。为穹隆顶。墓室长 260 厘米，宽 330 ~ 338 厘米，高 146 ~ 206 厘米（图版一二，2）。

壁龛开凿于墓室的后端，顶部及底部均平。其底部距墓室之底 60 厘米，其东壁距墓室东壁 70 厘米。该壁龛宽 194 厘米，高 64 厘米，进深 70 厘米。

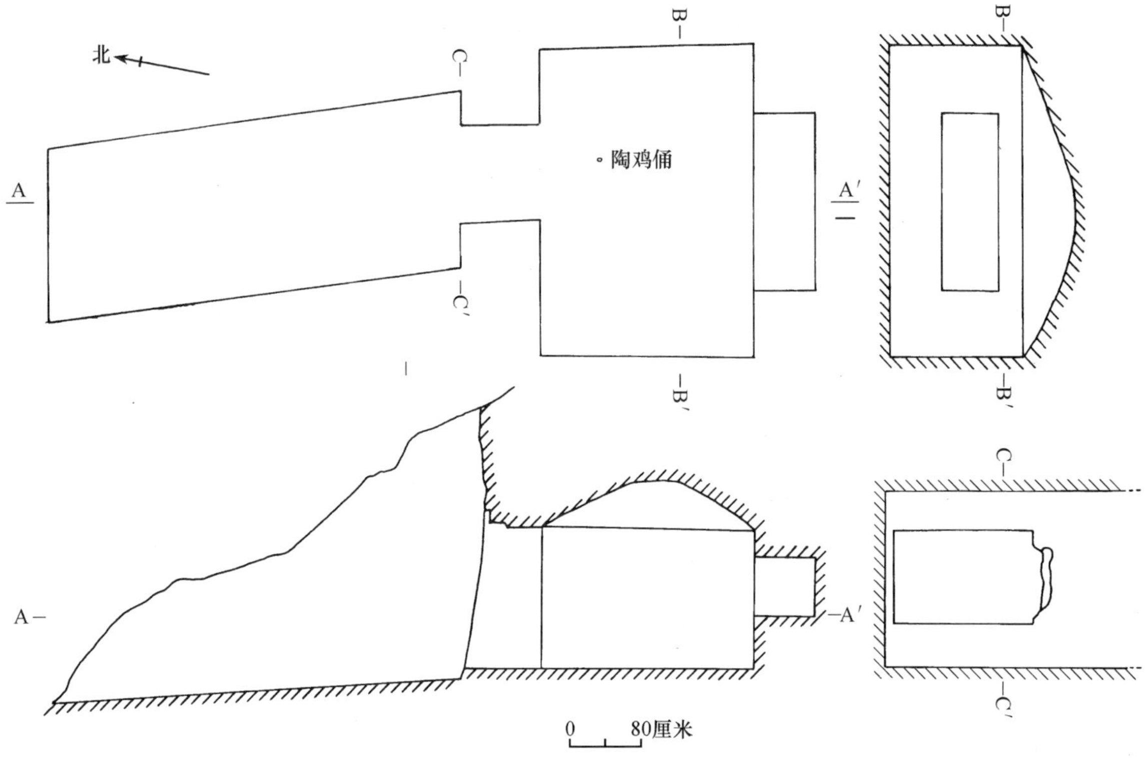

图三〇　BM304 平、剖面图

（二）随葬器物

严重被盗，仅余一残陶鸡俑。

陶鸡俑　1 件。BM304∶1，泥质红陶，模制。只余鸡首部分，尖短喙，残高 12 厘米（图三一；图一一五，5）。

图三一　BM304 出土陶鸡俑（BM304∶1）

五、BM305

（一）墓葬形制

BM305 处于 B 区的中部位置，西距 BM304 约 2 米，东距 BM309 约 5 米。

凸字形单室墓。由墓道、墓门、甬道及墓室组成。墓葬全长 900 厘米。墓底向外倾斜，前后高差达 44 厘米。墓道方向为 355°（图三二）。

墓道位于墓室的北侧，近墓门一端较宽，而愈近墓道口则愈窄。墓道长 424 厘米，宽 104 ~ 186 厘米，高 110 ~ 268 厘米。

墓门底部抬升，形成一台阶，墓门底距墓道底 6 厘米。墓门有二重门框，门框无门楣。第一道门框宽 186 厘米，进深 16 厘米；第二道门框宽 162 厘米；门洞高 156 厘米，宽 146 厘米（图版一三，1）。墓门以五层墓砖横砌叠筑封门，但门洞并未完全封堵，尚余上部大半的空间。这些墓砖的规格一般为长 40 厘米，宽 22 厘米，厚 10 厘米，墓砖的纹饰有菱格纹，以及由车轮纹及斜方格纹组成的图案。

甬道西壁离墓门 100 厘米处深凿，令甬道后半段加宽。甬道平顶，总长 150 厘米，宽 146 ~ 178 厘米，高 152 ~ 156 厘米。

墓室平面近方形，为券顶。墓室长 310 厘米，宽 284 厘米，高 120 ~ 200 厘米。

（二）人骨遗骸

墓室中部自东向西并列三处人骨架，仅存头骨和肢骨，为 3 个个体。该墓为三人合葬。

（三）随葬器物

共出土随葬品 12 件（图三三）。发掘时可见随葬品较均匀地散落在甬道及墓室内。具体而言，4 件瓷盘口壶分布于墓室中部位置，而罐类器物则处于墓室前端及甬道位置（图版一三，2）。

1. 陶罐

陶侈口短颈圆肩罐　1 件。BM305∶2，泥质灰陶，轮制。圆唇，束短颈，鼓腹，平底。肩上饰有二周较窄的凹弦纹。口径 9. 2 厘米，最大腹径 16 厘米，底径 8. 4 厘米，高 12 厘米（图三三，5；图一〇三，9）。

2. 瓷盘口壶

瓷圆鼓腹盘口壶　1 件。BM305∶5，灰白色瓷胎。外施黄褐色釉近底，轮制。盘口较浅，尖唇，

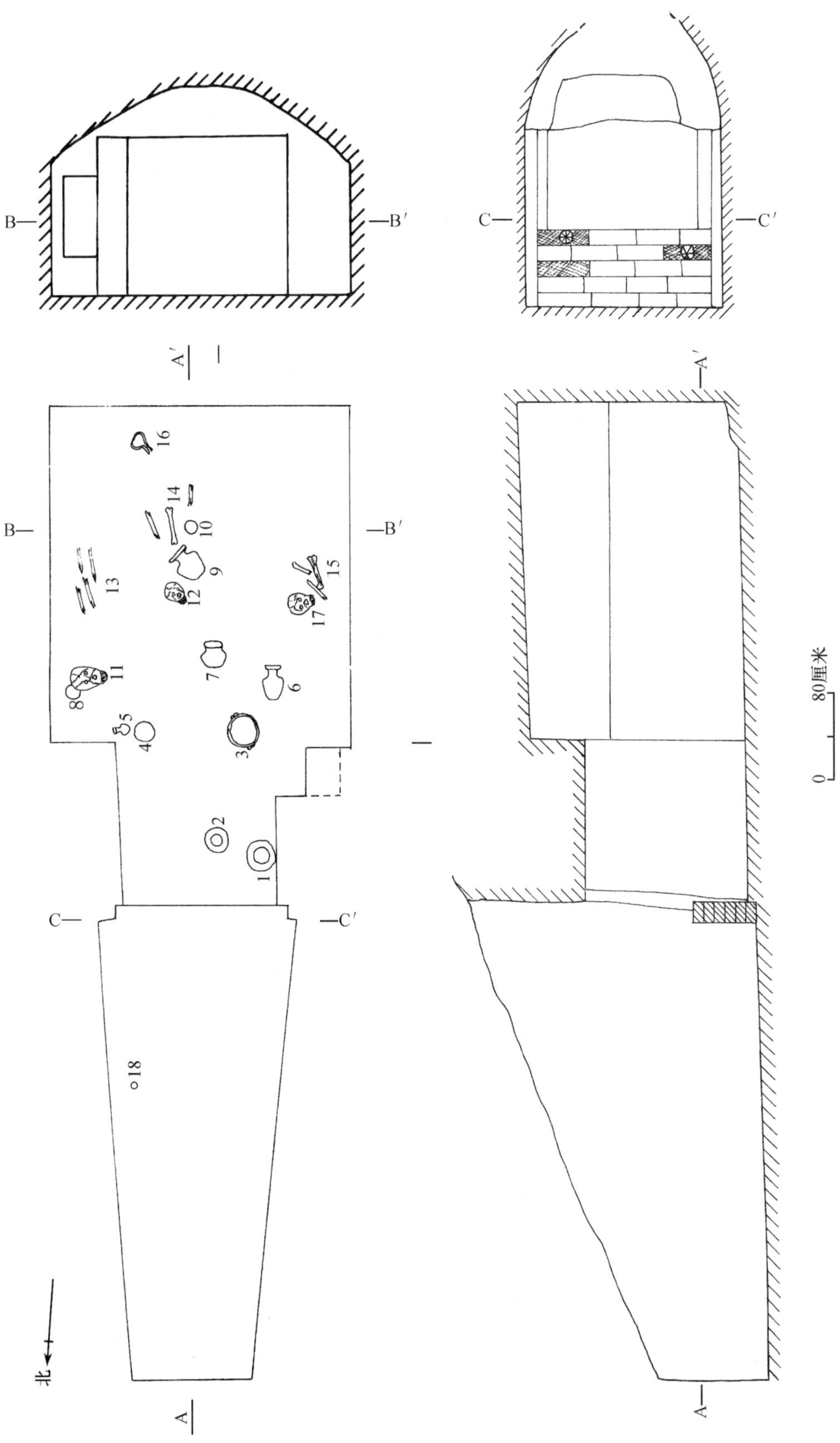

图三二　BM305 平、剖面图

1. 瓷折沿罐　2. 陶罐　3. 瓷四系罐　4. 瓷碗　5～7、9. 瓷盘口壶　8、10. 瓷盏　11、12、17. 头骨　13～15. 肢骨　16. 铁剪　18. 铜钱

束短颈，肩部有对称四纽耳，鼓腹，平底。素面。口径4.8厘米，腹径9.2厘米，底径6.8厘米，高10.4厘米（图三三，7；图一二二，8；图版五五，3）。

瓷长鼓腹盘口壶 3件。标本BM305∶6，灰白色瓷胎，施青釉近底，釉面有开片。轮制。盘口外侈，圆唇，束颈，溜肩，肩部有四个对称桥形耳，鼓腹，平底。肩腹部有四道凹弦纹。口径12.4厘米，腹径21.6厘米，底径12.4厘米，高29.6厘米（图三三，3；图一二二，2；图版五四，4）。

3. 瓷罐

瓷鼓腹四系罐 1件。BM305∶3，灰白色瓷胎，外施青釉，半釉，釉色青绿，釉面有开片。轮制。圆唇，短颈，鼓肩，肩部两侧各有一双纽形耳，鼓腹，平底。肩上饰有二周窄凹弦纹。口径24厘米，腹径30.4厘米，底径14.4厘米，高21.6厘米（图三三，1；图一二四，9；图版五七，1）。

瓷折沿罐 1件。BM305∶1，灰色瓷胎，釉已全剥落。尖唇，束颈，最大腹径位于上部，平底。内沿面及肩部各饰有一周窄凹弦纹。口径23.2厘米，最大腹径25.2厘米，底径14.4厘米，高20.8厘米（图三三，2；图一二三，8；图版五九，3）。

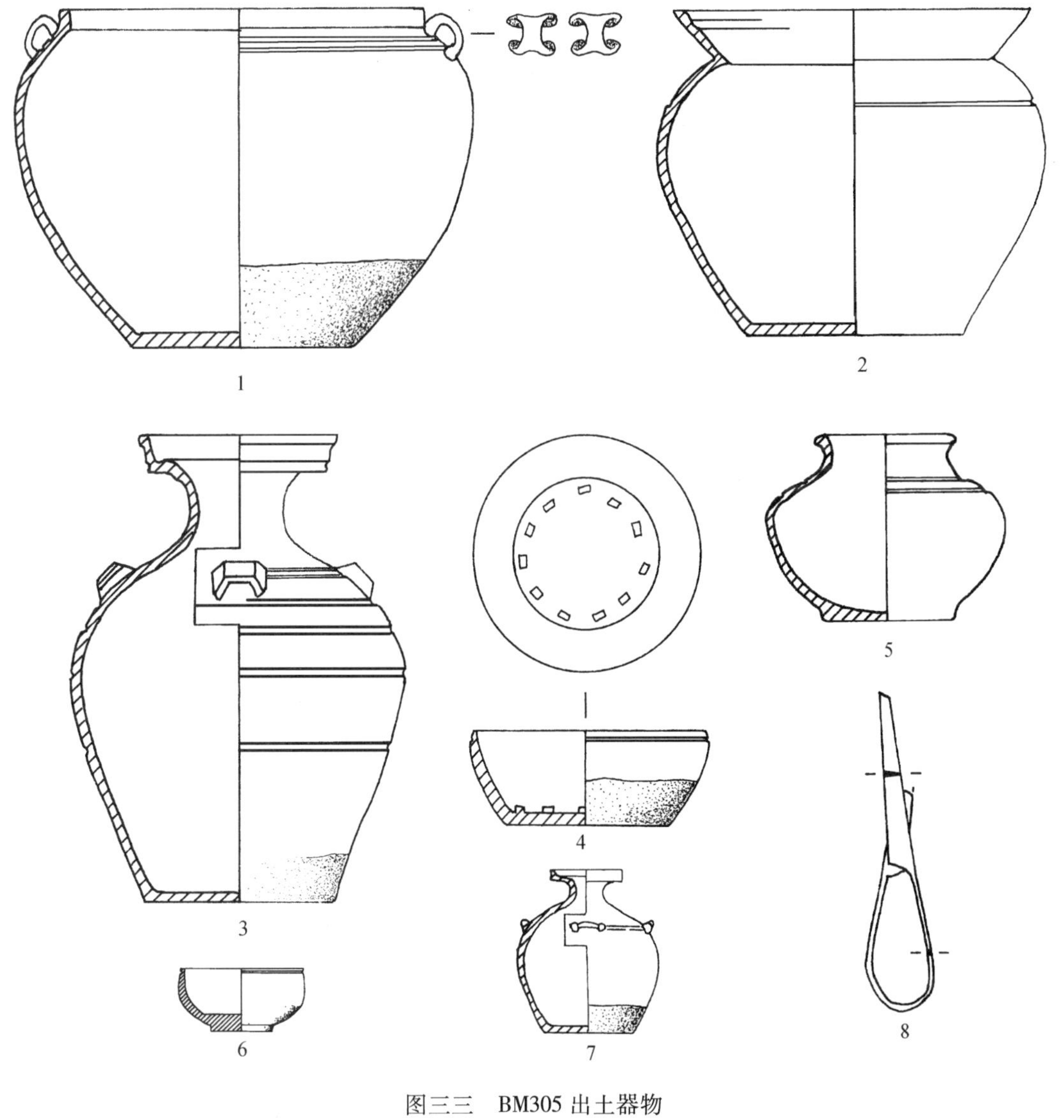

图三三 BM305出土器物

1. 瓷四系罐（BM305∶3） 2. 瓷折沿罐（BM305∶1） 3、7. 瓷盘口壶（BM305∶6、BM305∶5） 4. 瓷碗（BM305∶4）
5. 陶罐（BM305∶2） 6. 瓷盏（BM305∶8） 8. 铁剪（BM305∶16）

4. 瓷碗

瓷微敞口平底碗　1件。BM305∶4，浅灰色瓷胎，施青釉，内外均只施半釉。轮制。尖圆唇，腹壁略显斜直，大平底，内底周边较均匀地分布有长方形支钉痕迹。口沿下有窄凹弦纹一道。口径14.8厘米，底径10.8厘米，高6厘米（图三三，4；图一二五，12；图版六〇，7）。

5. 瓷盏

瓷直口饼足盏　2件。标本BM305∶8，浅灰色胎，施青釉，内满釉外半釉，釉色淡绿，釉面有冰裂。圆唇，饼足外平底。口沿下有一周凹弦纹。口径8厘米，足径4厘米，高4厘米（图三三，6；图版六六，6）。

6. 铁器

铁剪　1件。BM305∶16，双股剪，椭圆形环执手，双刃，一刃残。残长20.4厘米（图三三，8；图一三六，6）。

7. 铜钱

1枚。BM305∶18，出自巷道内填土，为磨廓"五铢"，钱文锈蚀较严重。

六、BM306

（一）墓葬形制

BM306位于B区的中部，其东南角西距BM303墓室6.2米，其墓口东距BM304的墓口2.2米。

凸字形单室墓。由墓道、墓门、甬道、前室、后室及壁龛构成。墓葬总长1172厘米。墓道方向为30°（图三四）。

墓道位于墓室的北侧，近墓门处较宽，而愈近墓道口则愈窄。长342厘米，宽112～180厘米，高130～280厘米。

墓门处岩石风化程度较大，故显得不甚规整。墓门底部距墓道底10厘米，形成一台阶。墓门有两道门框，但二门框的门楣因岩石风化已难辨。第一道门框宽154厘米，进深约20厘米；第二道门框宽136厘米，进深约10厘米；门洞现高146厘米，宽120厘米。墓门之内置有一长120厘米、宽40厘米、高40厘米的封门石。墓砖上有车轮纹、铜钱纹及菱格纹组成的纹饰（图三五）。

甬道近墓门一端较窄而近墓室一端较宽，平顶。长170厘米，宽120～140厘米，高154厘米。

墓室平面呈长方形，券顶。墓室后半部分抬升12厘米，从而将墓室分成前后两部分。墓室总长480厘米，宽320厘米，高174～200厘米；墓室前半部分长260厘米，后半部分长220厘米。墓室的东北角有一石台子，但因风化已有损毁，其原长105厘米，宽50厘米，高60厘米。

墓室之内共开凿有四个壁龛。墓室后端开有一壁龛，平顶平底，壁龛之底距墓室底部24厘米，其东壁距墓室东壁72厘米；该壁龛宽170厘米，高110厘米，进深150厘米。在墓室东壁的南端开凿有一平顶平底的壁龛，其底距墓室底部12厘米，其南壁距墓室南壁亦为12厘米；该壁龛宽230厘米，高100厘米，进深100厘米。在墓室西壁北端开凿有一壁龛，为平顶，顶部则自南而北略倾斜，其底距墓室之底30厘米，其北壁距墓室北壁4厘米；该壁龛宽220厘米，高104～110厘米，进深90厘米。在墓室西壁的南端亦开凿有一平顶平底的壁龛，其底距墓室底部16厘米，其南壁距墓室南壁10厘米；该壁龛宽210厘米，高104厘米，进深90厘米。

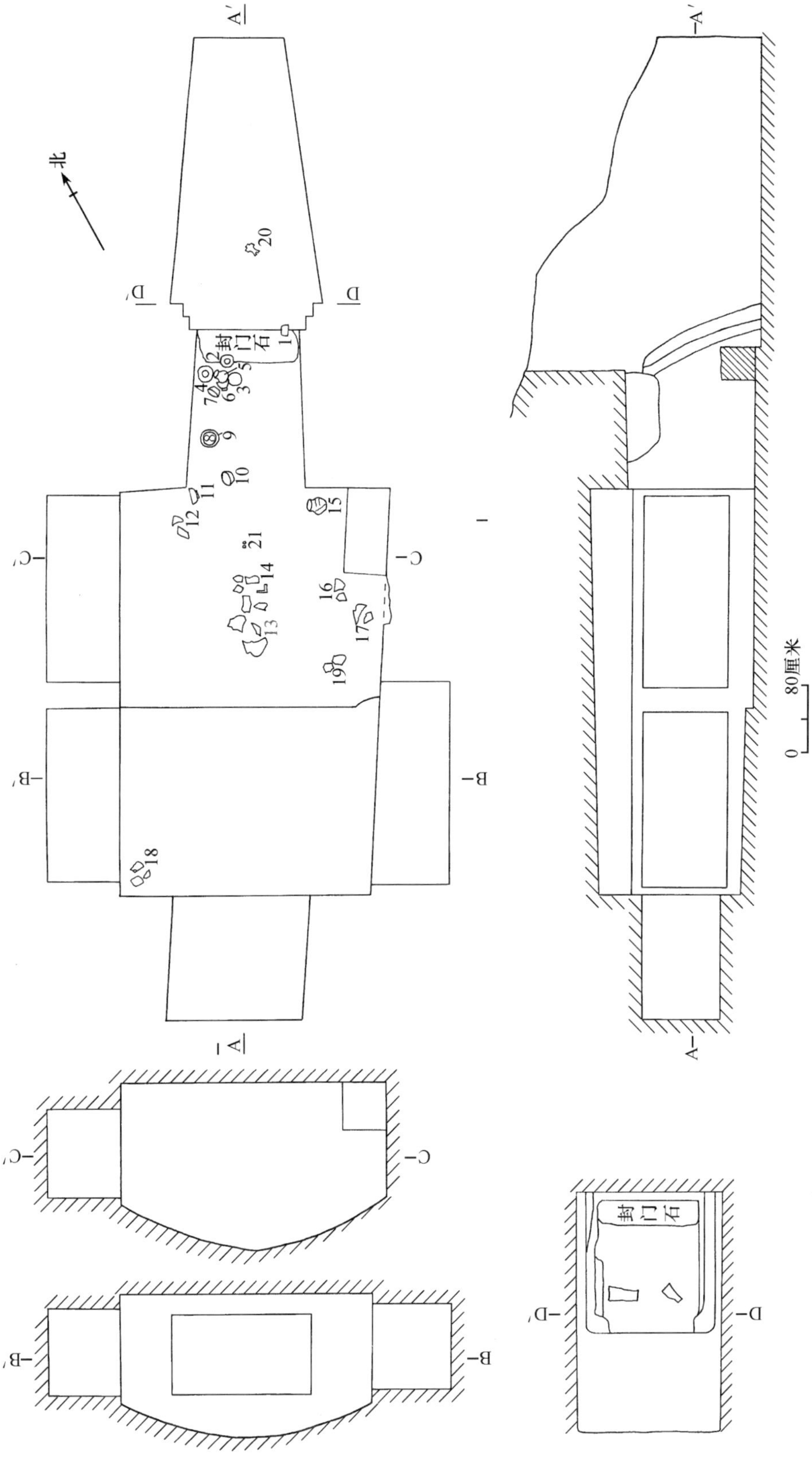

图三四 BM306平、剖面图

1、6~8、10~12、16、18、19. 瓷碗 2. 瓷唾壶 3、9. 陶碗 4、15、17. 陶罐 5. 釉陶罐 13. 瓷四系罐 14. 陶楼 20. 陶人物俑 21. 铜钱

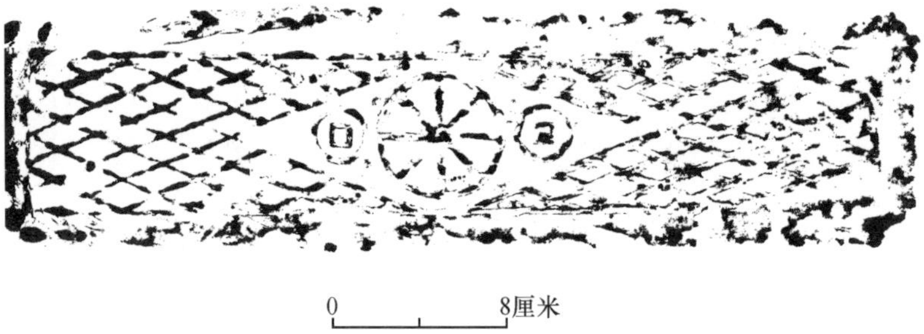

图三五　BM306 墓砖拓片

（二）出土器物

共出土随葬器物 21 件（图三六）。发掘时可见随葬品主要分布于甬道的西壁位置，以及墓室的前端。具体而言，有一陶俑处于墓道之中，这可能是盗墓造成的；陶罐、瓷罐类器物多处于墓室前部位置；陶碗、瓷碗多散落于甬道内；而陶楼的残件亦位于墓室前部中间位置；另有少量铜钱亦散落于墓室前端中间。

1. 陶罐

陶侈口短颈圆肩罐　1 件。BM306∶15，泥质灰陶，轮制。鼓腹，最大腹径处于中上部，平底。素面。口径 6. 4 厘米，最大腹径 10. 4 厘米，底径 6. 4 厘米，高 7. 6 厘米（图三六，2；图一〇三，13）。

陶敛口折肩罐　1 件。BM306∶4，泥质灰陶，轮制，器腹内壁可见有多道凹凸的轮制痕迹。鼓腹较深，最大腹径处于中上部，平底。素面。口径 13. 2 厘米，最大腹径 17. 6 厘米，底径 8. 8 厘米，高 16 厘米（图三六，13；图一〇四，7；图版三五，6）。

陶直口无领圆肩罐　1 件。BM306∶17，泥质灰陶，轮制。翻唇，圆唇，平底，内底有拉坯留下的同心圆纹。肩部饰一道凹弦纹。口径 9. 4 厘米，最大腹径 14 厘米，底径 8 厘米，高 10. 4 厘米（图三六，3；图一〇三，3）。

2. 陶碗

陶敛口饼足碗　2 件。标本 BM306∶9，泥质灰陶，轮制。圆唇，饼足平底。肩部饰一道稍宽的凹弦纹。口径 18 厘米，腹径 19. 2 厘米，底径 8. 8 厘米，通高 8 厘米（图三六，12；图一〇九，1）。

3. 陶人物俑

陶人形片状俑　1 件。BM306∶20，泥质灰陶，泥片刻制然后烧造。片状，象征性的头、肩、腰身及双腿。素面。高 10. 4 厘米，宽 7. 2 厘米，厚 0. 8 厘米（图三六，15；图一一四，11）。

4. 陶模型器

陶楼　1 件。BM306∶14，泥质灰陶。平脊，檐额中立柱，柱上施一斗三升，低台基，左右立角柱，柱上施二斗承檐。面宽 38. 8 厘米，进深 10. 8 厘米，高 28 厘米（图三六，16；图一一九，1；图版五一，2）。

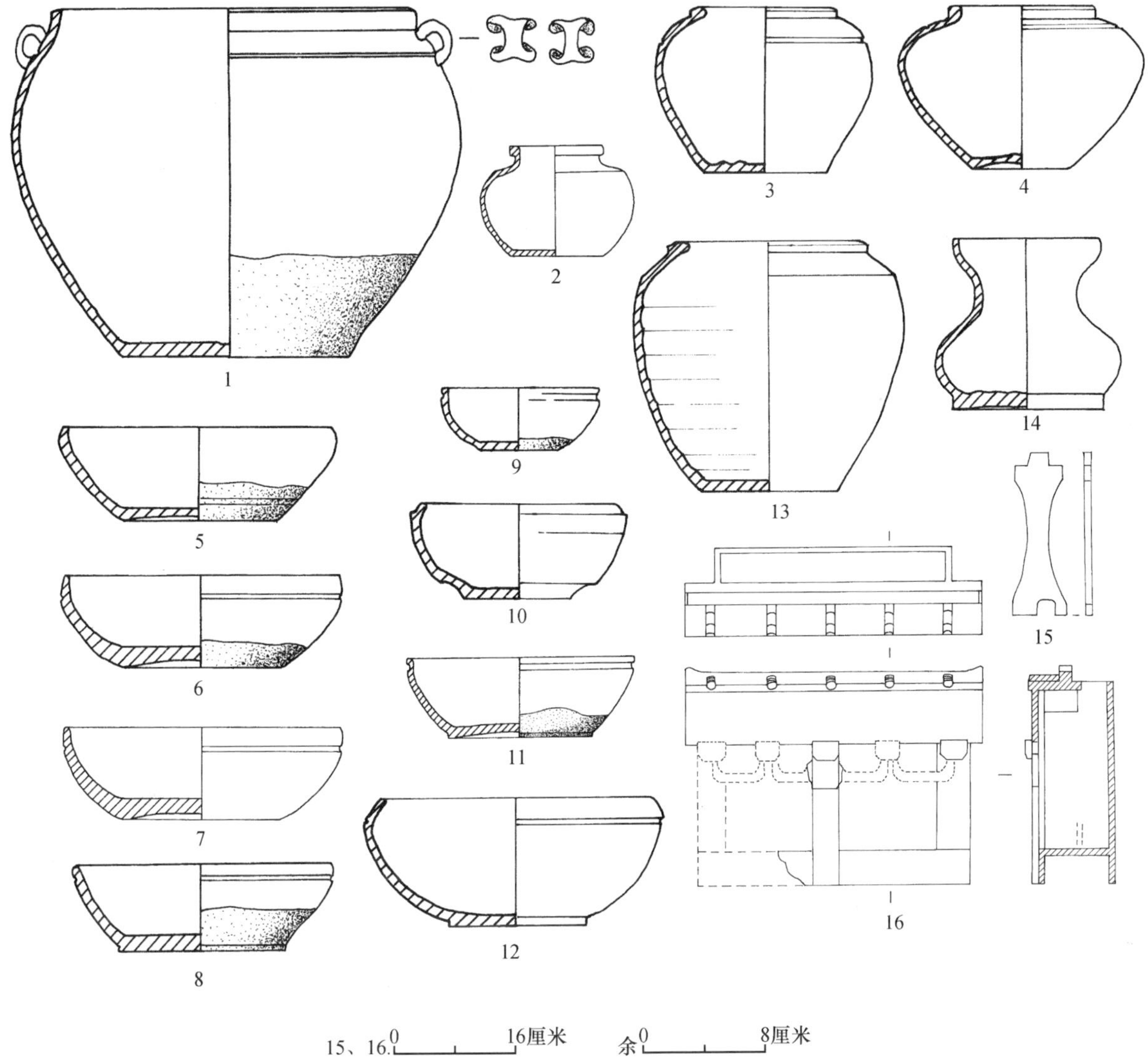

图三六　BM306出土器物

1. 瓷四系罐（BM306:13）　2、3、13. 陶罐（BM306:15、BM306:17、BM306:4）　4. 釉陶罐（BM306:5）　5～9、11. 瓷碗（BM306:8、BM306:10、BM306:11、BM306:1、BM306:18、BM306:16）　10、12. 陶碗（BM306:3、BM306:9）　14. 瓷唾壶（BM306:2）　15. 陶俑（BM306:20）　16. 陶楼（BM306:14）

5. 釉陶罐

釉陶敛口圆肩罐　1件。BM306:5，泥质红陶，外施酱色釉，满釉。轮制。方唇，下腹内收，圜底略内凹。肩上饰有一周凹弦纹，口径9.6厘米，腹径16厘米，底径7.4厘米，高10.4厘米（图三六，4；图一〇三，2；图版三四，2）。

6. 瓷罐

瓷广口高鼓腹四系罐　1件。BM306:13，灰白色瓷胎，外施青釉，半釉，釉色青绿。轮制。近直口，外斜方唇，圆肩，鼓腹，肩上两侧各有一双纽形耳，平底。肩上饰一周窄凹弦纹。口径24厘米，最大腹径30厘米，底径15.2厘米，高22厘米（图三六，1；图一二四，8；图版五七，2）。

7. 瓷碗

瓷微敛口平底碗 1件。BM306:8，灰色瓷胎，施青釉，内满釉外半釉，釉色泛黄。轮制。尖圆唇，弧腹，平底略上凹。下腹一周凹弦纹。口径18厘米，底径10厘米，高6厘米（图三六，5；图一二五，3；图版六〇，2）。

瓷直口平底碗 1件。BM306:18，灰白瓷胎，原施青釉，内满釉而外施釉近底，但釉面已脱落，原施釉处呈浅灰色。轮制。方唇，弧腹，平底。沿下有一道凹弦纹。口径10.4厘米，底径4.8厘米，高4厘米（图三六，9；图一二五，6）。

瓷敞口平底碗 5件。标本BM306:11，灰色胎，施青釉，内满釉，外施釉近底部，釉色泛灰。轮制。尖唇，弧腹，平底上凹。口沿下饰一周窄凹弦纹。口径18.4厘米，底径10厘米，高6厘米（图三六，7）。

瓷敞口浅腹矮饼足碗 3件。标本BM306:16，灰白色胎，施青釉，釉色青绿，釉面有冰裂，内满釉而外施釉近底。轮制。圆唇，腹壁弧略直，矮饼足，足底上凹。口沿下饰一道较宽的凹弦纹。口径15.2厘米，足径9.6厘米，高5.2厘米（图三六，11）。

8. 瓷唾壶

瓷扁腹唾壶 1件。BM306:2，灰白瓷胎，施青釉，内外均满釉，釉色泛灰且釉面有冰裂。盘口略深，束颈较长且粗，扁垂腹，带饼足，足外底略上凹。素面。口径6厘米，最大腹径12.8厘米，足径10.4厘米，高11.2厘米（图三六，14；图一三〇，2；图版六七，3）。

9. 铜钱

4枚。均为“五铢”，其中1枚磨去外廓。标本BM306:2（图一三二，19）。

七、BM307

（一）墓葬形制

BM307位于B区的偏东位置，东距BM308约10.5米，西距BM309约13米。

凸字形单室墓。由墓道、墓门、甬道、墓室及壁龛组成。墓葬总长900厘米。墓道方向为342°（图三七）。

墓道位于墓室的北侧，平面略成梯形，近墓门处较宽，而愈近墓道口则愈窄。墓道底部向外倾斜，前后高差18厘米。墓道长400厘米，宽140～184厘米，高0～336厘米（图版一四，1）。

墓门底部距墓道底22厘米，形成台阶。墓门高114厘米，宽90厘米。

甬道之顶及底均平。长140厘米，宽90厘米，高114厘米。

墓室略呈长方形，左右两壁外弧。墓室南壁开凿有一壁龛。墓室之顶与壁龛之顶部共同形成一穹隆顶。墓室长260厘米，宽90～170厘米，高114～142厘米。壁龛位于墓室的后端，其底部为由南而北向墓室处倾斜，其宽亦由外而里减少。壁龛外底距墓室底部42厘米；该壁龛宽124～158厘米，高40～82厘米，进深100厘米。

（二）随葬器物

被盗一空。

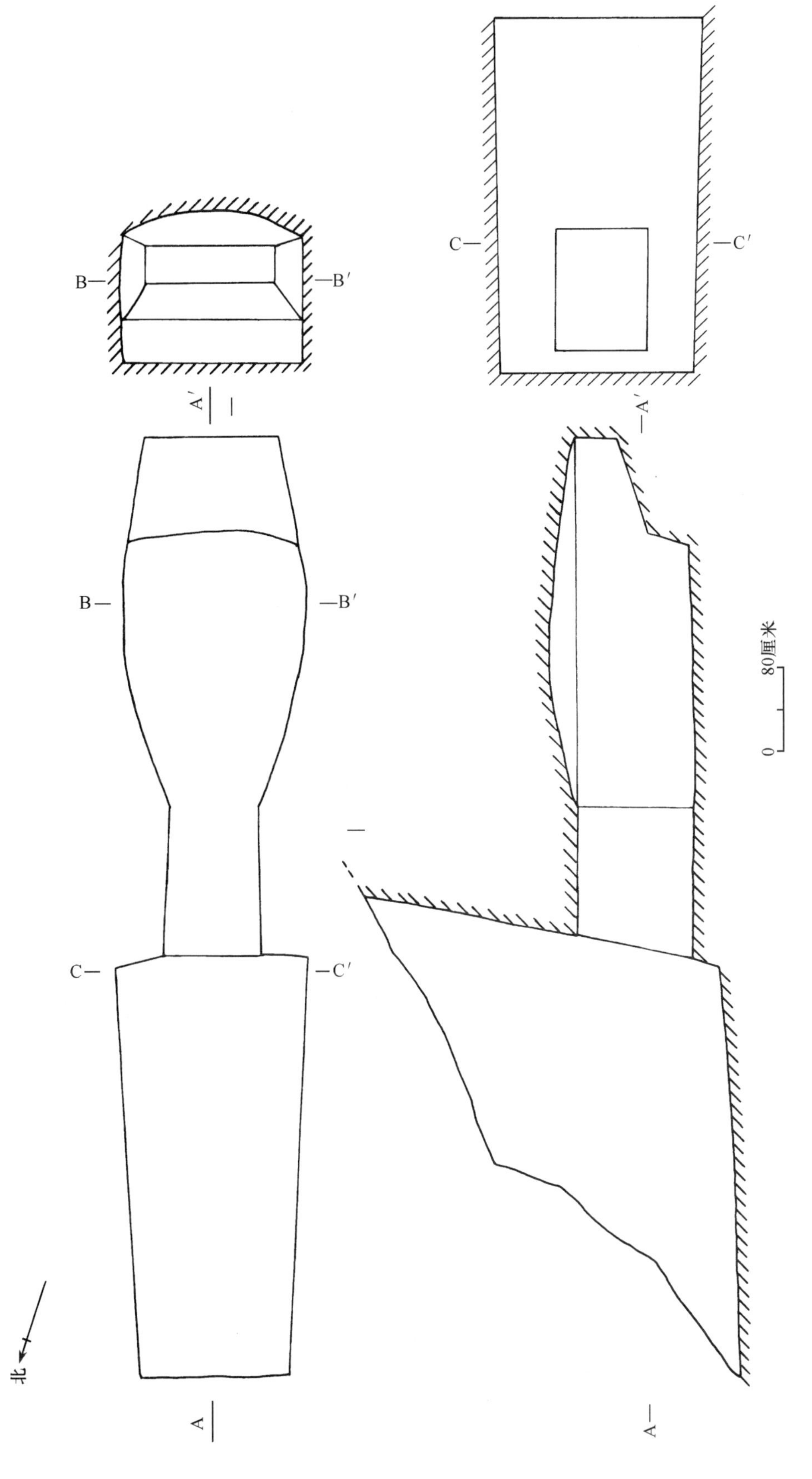

图三七 BM307平、剖面图

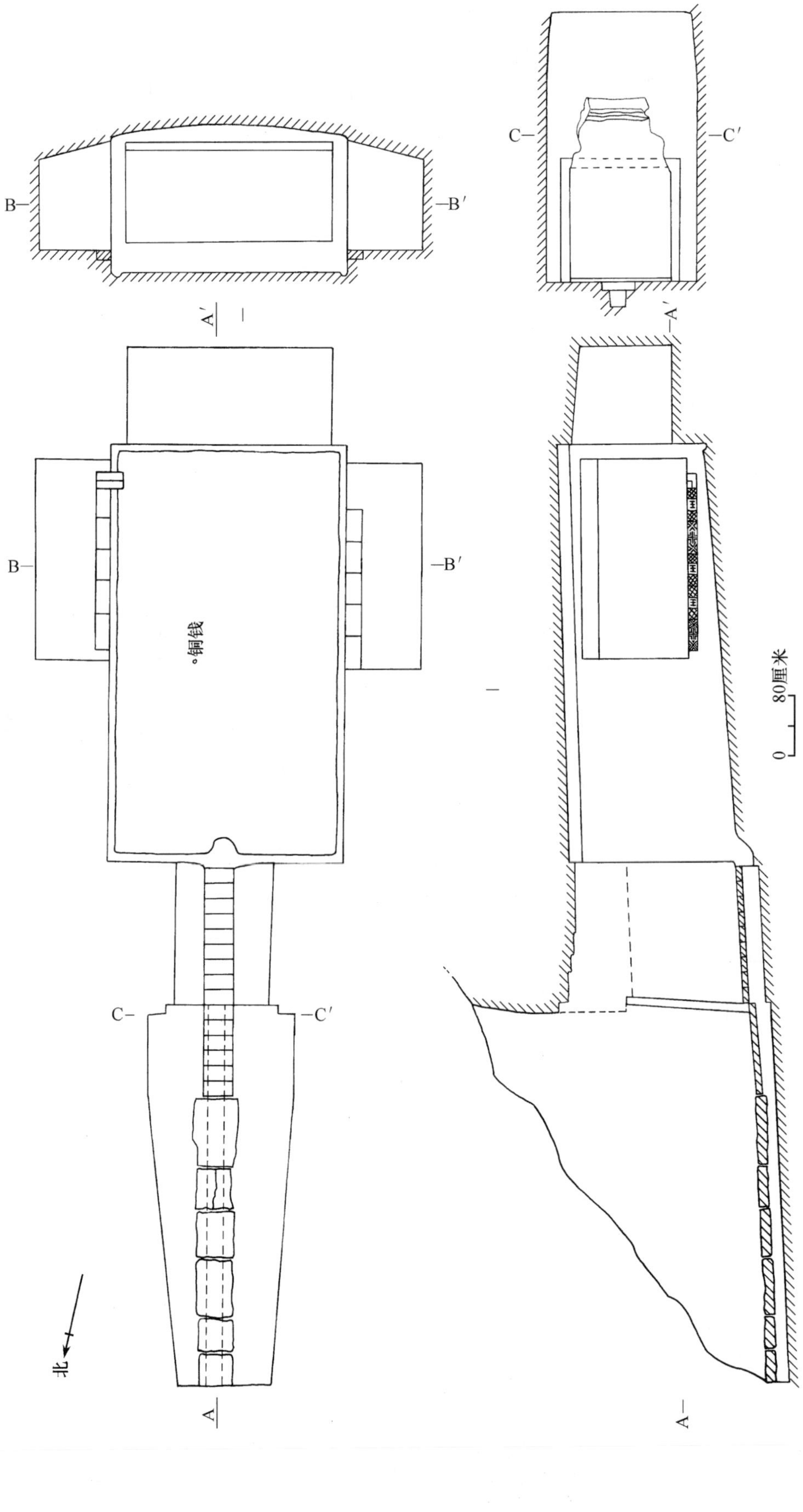

图三八　BM308 平、剖面图

八、BM308

（一）墓葬形制

BM308 位于 B 区的东部，西距 BM307 约 10.5 米，东距 BM310 约 22 米。

凸字形单室墓。由墓道、墓门、甬道、墓室及壁龛组成。墓葬总长 1368 厘米。墓底向外倾斜，前后高差达 90 厘米。墓道方向 347°（图三八）。该墓曾被盗，墓门上方被盗墓者凿穿。

墓道位于墓室的北侧，其平面略呈梯形，近墓门处较宽，而愈往墓道口处愈窄。长 488 厘米，宽 126 ~ 204 厘米，高 0 ~ 360 厘米（图版一四，2）。

墓门上部因盗墓已遭破坏，但仍可看出有一道门框。门框进深 12 厘米，高 164 厘米，宽 160 厘米；门洞宽 134 厘米，高约 152 厘米。

甬道长 190 厘米，宽 134 厘米，高约 152 ~ 160 厘米。

墓室平面呈长方形，券顶。长 550 厘米，宽 324 厘米，高 192 ~ 206 厘米。

墓室内共开凿有 3 个壁龛。墓室南壁开有一壁龛，其底距墓室底部 20 厘米，其东壁距墓室东壁 20 厘米；该壁龛平底，顶部自外至里向下倾斜，宽 280 厘米，高 126 ~ 135 厘米，进深 128 厘米。墓室的东壁开凿有一壁龛，平底，顶部自外至里向下倾斜，其底部距墓底 29 厘米，其南壁距墓室的南壁有 20 厘米；壁龛宽 266 厘米，高 120 ~ 144 厘米，进深 100 厘米。墓室西壁亦开凿有一壁龛，其与东壁的壁龛近对称，二者的形制亦几一致；该壁龛底部距墓室底 30 厘米，其南壁距墓室南壁 22 厘米，壁龛平底，顶部自外至里向下倾斜；宽 274 厘米，高 120 ~ 144 厘米，进深 100 厘米。在东西两壁的壁龛底部，其靠近墓室的外缘凿有凹槽，并填以墓砖。

此墓内排水系统的开凿较为完备。在墓室内，沿四周墓壁凿有宽约 10 厘米、深约 6 厘米的排水沟。排水沟在墓室与甬道相接处交汇形成一长约 50 厘米、宽 20 ~ 46 厘米、深 35 厘米的水凼；接水凼后，约在甬道及墓道的中轴线位置处凿成一宽约 22 厘米、深 16 ~ 22 厘米的排水沟。与墓底形态一致，排水沟底部亦是向外倾斜，以利排水。在甬道及墓道前 1.8 米处的排水沟之上覆以墓砖，其后的部分则盖以经修整的石块。墓砖上有菱格纹及折线纹组成的纹饰（图三九）。

（二）随葬器物

墓室中部见铜钱一组 7 枚，均为“五铢”。其中 5 枚保留外廓，2 枚磨去外廓（图一三二，17、18），其余被盗一空。

九、BM309

（一）墓葬形制

BM309 位于 B 区的中部位置，西与 BM305 相距 5 米，东与 BM307 相距 13 米。

凸字形单室墓。由墓道、墓门、甬道、墓室及壁龛组成。墓葬全长 1375 厘米。墓底向外倾斜，墓室后端底部与墓道口底部的高差达 70 厘米。墓道方向为 4°（图四〇）。

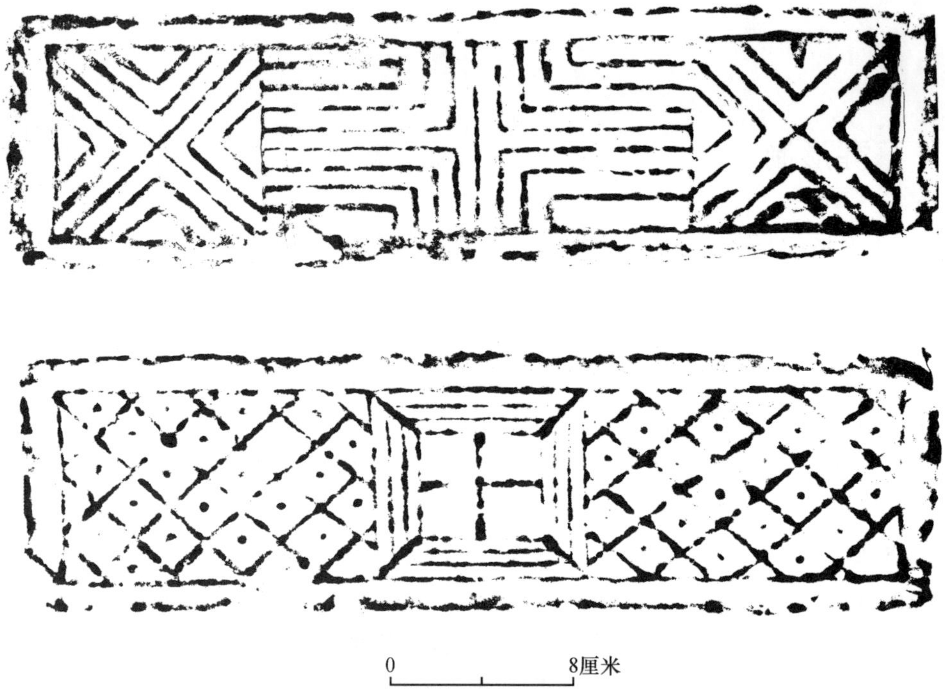

图三九　BM308 墓砖拓片

墓道位于墓室的北侧，在近墓门处较宽，而愈近墓道口则愈窄。长 550 厘米，宽 128 ~ 210 厘米，高 0 ~ 470 厘米（图版一四，3）。

墓门有两道门框。第一道门框进深 26 厘米，高 170 厘米，宽 176 厘米；第二道门框进深 22 厘米，高 152 厘米，宽 152 厘米；门洞高 140 厘米，宽 128 厘米。有砖石封门，但门洞并未完全封堵，墓门上部只填塞山坡上的淤泥。墓门底部平砌有三层墓砖，这些墓砖的规格一般为长 42 厘米，宽 20 厘米，高 10 厘米，其上一般又有饰有车轮纹及斜方格纹组成的图案（图四一）。墓砖之上有略显凌乱的小石块及残墓砖。

甬道长 170 厘米，宽 128 ~ 130 厘米，高 140 厘米。自甬道始凿有一条宽约 10 厘米、深 10 厘米的排水沟，并延至墓道。在甬道内又有一条仅长 170 厘米、宽 8 厘米、深约 10 厘米的排水沟与之相交。

墓室平面呈长方形，后端略宽，券顶；长 465 厘米，宽 280 ~ 292 厘米，高 140 ~ 216 厘米。在墓室的西北角凿有一灶，该灶中部为凹进的火塘；灶长 80 厘米，宽 52 厘米，高约 40 厘米。

墓室之内共开凿有四个壁龛。在墓室的南壁即后端凿有一平顶平底的壁龛，其底距墓室底部 22 厘米，其西壁距墓室的西壁 62 厘米；壁龛宽 178 厘米，高 98 厘米，进深 142 厘米。在墓室的东壁后段（即南端）凿有一平顶平底的壁龛，其底距墓室之底约 25 厘米，其南壁距墓室南壁 24 厘米；壁龛宽 216 厘米，高 94 厘米，进深 71 厘米。墓室西壁前段（即北端）开凿有一平顶平底的小壁龛，其底距墓室底部约 86 厘米，其北壁距墓室北壁 84 厘米；壁龛宽 43 厘米，高 36 厘米，进深 32 厘米。墓室西壁后段（即南端）开凿有一平顶平底的壁龛，其底距墓室底部约 26 厘米，其南壁距墓室南壁 24 厘米；壁龛宽 213 厘米，高 92 厘米，进深 70 厘米（图版一四，4）。

骨架散乱地分布在墓室四角和东壁壁龛内，墓室西侧可见两个头骨，应为二人合葬。

（二）随葬器物

被盗，仅余一残瓷盘口壶在墓室中部。

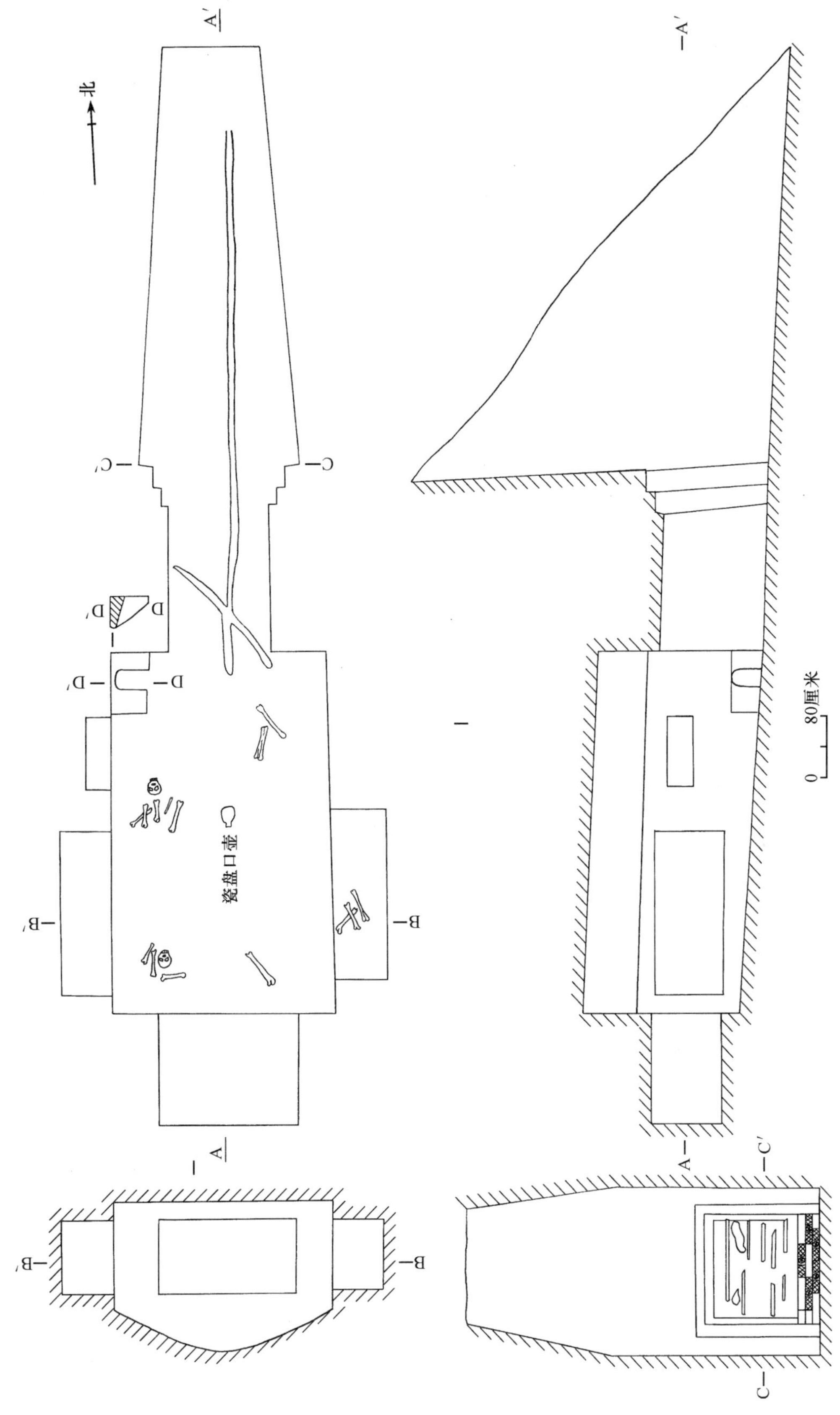

图四〇 BM309平、剖面图

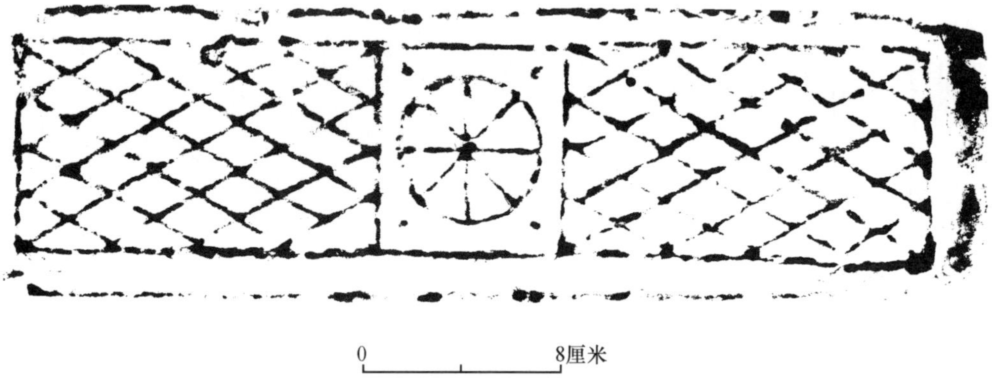

图四一　BM309 墓砖拓片

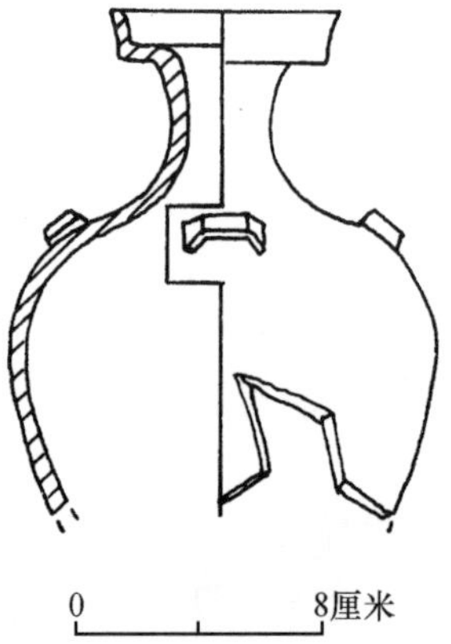

图四二　BM309 出土瓷盘口壶（BM309:1）

瓷细长颈鼓腹盘口壶　1 件。BM309:1，灰白瓷胎，器表施青釉，釉色青绿。轮制。盘口较深，圆唇，束颈，圆肩，肩部有对称的四个桥形耳，鼓腹，下腹以下残缺。素面。口径 7.2 厘米，腹径 13.6 厘米，残高 16 厘米（图四二；图一二二，6）。

一〇、BM310

（一）墓葬形制

BM310 位于 B 区的最东端位置，西与 BM308 相距 22 米。

前后双室墓。由墓道、墓门、甬道、前室、后室及壁龛构成。墓葬全长 8.88 米。墓底呈坡状向外倾斜，墓室后端底与墓道口底部的高差达 70 厘米。墓道方向为 355°（图四三）。

墓道位于墓室北侧，较短，略成梯形，愈近墓道口处愈窄。长 146 厘米，宽 192～210 厘米，高 20～254 厘米。在甬道及墓道底部两侧各凿有一条宽约 18 厘米、深约 14 厘米的排水沟。排水沟在墓道的一段填有卵石，其上再铺砌墓砖（图版一五，1）。

墓门有一道门框。门框高约 164 厘米，宽 168 厘米，进深 20 厘米；门洞高 150 厘米，宽 140 厘米（图版一五，2）。

前甬道在近墓门处较窄，近墓室处较宽。长 112 厘米，宽 140～176 厘米，高 118～152 厘米。

前室平面略呈凸字形，横券顶。前室总长 232 厘米，宽 282 厘米，高 116～176 厘米。

前后室之间有一门框，该门框上部已塌，高 146 厘米，宽 130 厘米，进深 8 厘米。另有一后甬道，其长 80 厘米，宽 108 厘米，高 126～130 厘米。

后室平面略呈长方形，券顶。长 290 厘米，宽 285 厘米，高 164～208 厘米。

后室的东西两壁各开凿有一壁龛，两壁龛近对称。东壁壁龛平底，顶部自外而内向下倾斜，其底部距后室底约 24 厘米，其南壁距后室南壁 18 厘米；该壁龛长 256 厘米，高 118～134 厘米，进深 96 厘米。西壁壁龛亦为平底，顶部自外而内向下倾斜，其底部距后室底约 24 厘米，其南壁距后室南壁 20 厘米；该壁龛长 253 厘米，高 118～134 厘米，进深 102 厘米。

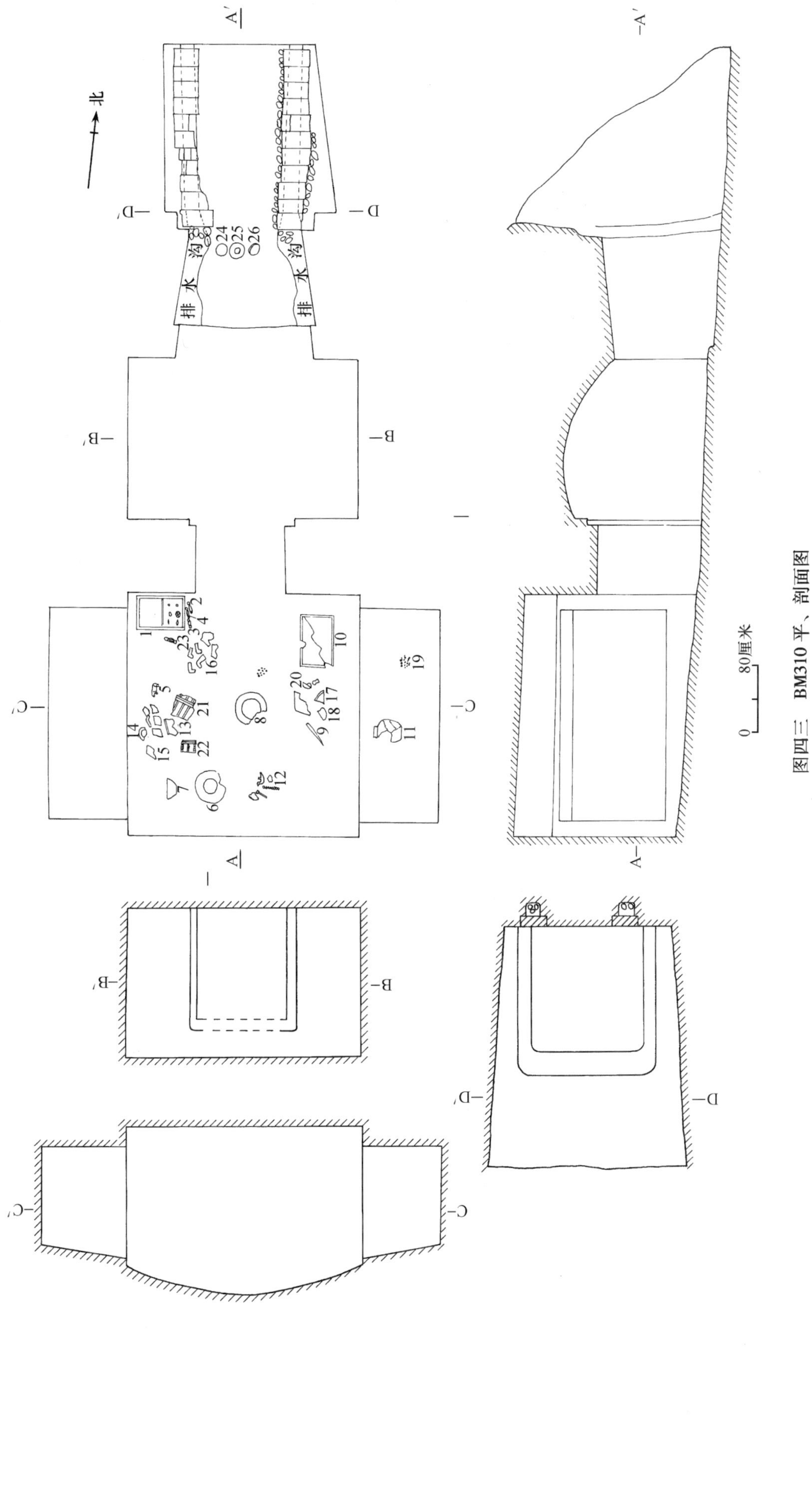

图四三　BM310平、剖面图

1. 陶水塘　2～4、23. 陶人物俑　5. 陶猪俑　6. 陶盆　7、14、15、18、20、24、26. 陶钵　8. 铁釜　9. 铁剑　10. 陶案　11. 瓷双系罐　12. 铜鸟　13、25. 陶罐　16. 陶狗俑　17. 陶盆　19. 铜钱　21、22. 陶楼

（二）随葬器物

墓内共出土随葬器物26件（图四四）。就发掘时所见，随葬品主要均匀地散布于后室内（图版一五，3）。具体而言，在甬道前端横放有两陶钵、一陶罐，且两个陶体分置于罐的两侧。在后室的西北角放置有一陶水塘模型及陶俑；一铁釜处于后室的中心位置；墓室的东北角置放有一陶案及数个陶钵；在后室的后端散布有一陶盆、一陶钵及一组铜构件。另后室的西壁龛内亦分布有铜钱及一釉陶罐。

1. 陶罐

陶敛口短颈圆折肩罐　2件。标本BM310∶25，泥质灰陶，轮制。翻唇，圆鼓肩，平底。素面。口径13.2厘米，腹径22厘米，底径13.2厘米，高14.4厘米（图四四，1；图一〇五，8）。

2. 陶钵

陶敞口折腹钵　7件。标本BM310∶24，泥制灰陶，轮制。翻唇，小平底。素面。口径19.2厘米，底径6厘米，高7.2厘米（图四四，6；图一〇八，4）。

3. 陶盆

陶敞口平折沿浅折腹盆　1件。BM310∶17，泥质灰陶，轮制。方唇，平底。素面。口径19.2厘米，底径11.2厘米，高4厘米（图四四，5；图一一〇，11）。

陶折沿深腹盆　1件。BM310∶6，泥质灰陶，轮制。平折沿，方唇，上腹壁较直，下腹弧内收，平底略内凹。上腹饰一道凸弦纹，中腹隐现少许间断绳纹。口径33.2厘米，底径16厘米，高20.4厘米（图四四，3；图一一〇，2；图版四二，1）。

4. 陶人物俑

陶执钻俑　4件。标本BM310∶2，泥质灰陶。模制，前后两模黏结。站立人形，头戴圆盘状冠帽，长方脸，细眉，眯眼，抿嘴，身穿右斜衽短袖短身裙服，裙服下见裤舄，双手各执一工具物，右手所执似钻。高15.6厘米（图四四，7；图一一四，5；图版四七，3）。

5. 陶动物俑

陶狗　1件。BM310∶16，泥质灰陶，模制。狗呈站立状，张嘴，竖耳，卷尾。复原长度61.2厘米，高48.8厘米（图四四，10；图一一六，4）。

6. 陶模型器

陶案　1件。BM310∶10，泥质灰陶，盘内涂有红朱砂。长方形浅盘，方唇，折沿，平底。长64厘米，宽45.6厘米，高2.4厘米（图四四，12；图一〇九，6）。

陶水塘　1件。BM310∶1，泥质灰陶。长方形，宽折沿，方唇，平底，中间有土埂将水塘隔断，一侧堆塑有菱角、螺蛳、青蛙、野鸭、鱼、乌龟等物。长60.8厘米，宽40.8厘米，高5.2厘米（图四四，11；图一一八，2）。

陶楼　2件。BM310∶21、BM310∶22，已残。

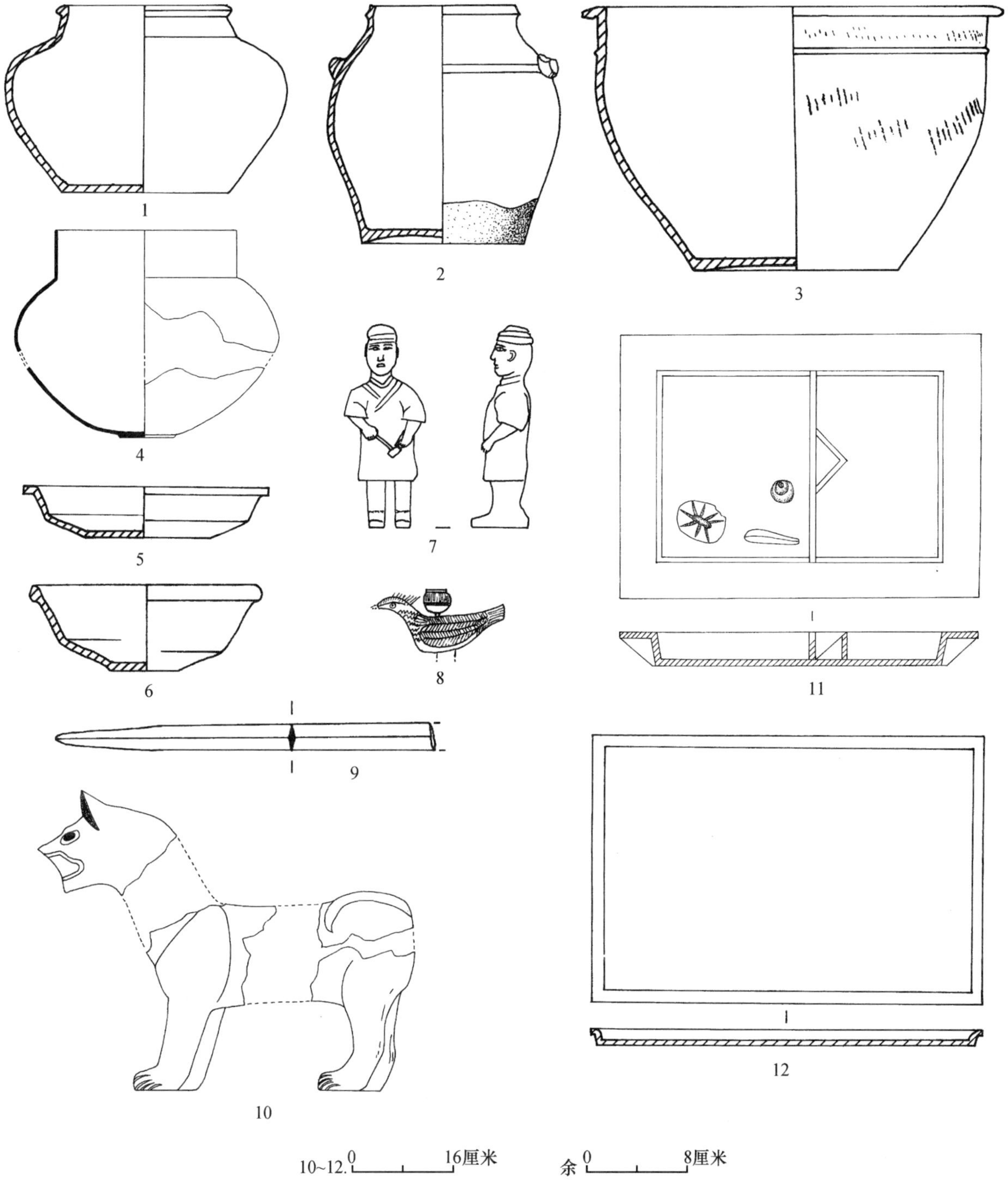

图四四　BM310出土器物

1. 陶罐（BM310:25）　2. 瓷双系罐（BM310:11）　3、5. 陶盆（BM310:6、BM310:17）　4. 铁釜（BM310:8）　6. 陶钵（BM310:24）　7. 陶执钻俑（BM310:2）　8. 铜鸟（BM310:12）　9. 铁剑（BM310:9）　10. 陶狗俑（BM310:16）　11. 陶水塘（BM310:1）　12. 陶案（BM310:10）

7. 瓷罐

瓷双系罐　1件。BM310:11，灰色瓷胎，瓷质较粗，外施黄褐色釉近底，但釉面已脱落，原施釉处呈浅灰色。轮制。方唇，敛口，短直颈，溜肩，肩部有对称贯耳，鼓腹，下腹弧内收，平底上凹。肩腹部各饰一道较粗的凹弦纹。口径 12 厘米，腹径 18.8 厘米，底径 13.2 厘米，高 18.4 厘米（图四四，2；图一二三，3；图版五九，5）。

8. 铜器

铜鸟　1 件。BM310∶12，为残器上的附件。鸟形，尖喙，矮冠，睁眼，斜项，平首平身平尾，爪形双足直立。背部驮一罐形物。颈部、双翅和翘尾见羽毛纹。长 10 厘米，残高 4.8 厘米（图四四，8；图一三一，4）。

9. 铁器

铁釜　1 件。BM310∶8，直口，长领，方唇，圆鼓腹，饼足式小平底。口径 28 厘米，腹径 40.8 厘米，底径 8 厘米，高 32 厘米（图四四，4；图一三四，2）。

铁剑　1 件。BM310∶9，已残，剑身起中脊，双刃较直。残长 30.8 厘米，宽 2.4 厘米（图四四，9；图一三六，2）。

10. 铜钱

1 组 94 枚。分布在后室的两壁龛，编号 BM310∶19，均保留有外廓。直径 2.6 厘米（图一三三，20；图一三三，1 ~6）。

一一、BM311

BM311 位于 B 区的西北角，处于盘山公路侧的峭壁边上。南距 BM301 墓道约 28 米。

BM311 为一座崖墓的“半成品”，未凿完即被废弃。墓道已在修路时被破坏，现在看到的墓底只是残存的一段，前窄后宽，长 100 厘米，宽 144 ~ 176 厘米。而该墓亦似只开凿了墓门上的照墙，墓门还没选点成型，该照墙略向外倾斜，高 180 厘米，修凿得较为平整。照墙之下还保留有一台阶，该台阶高 50 厘米，宽 152 ~ 160 厘米，台阶之下可能即为当时计划的墓道底部。墓道方向为 347°（图四五；图版一六，1）。

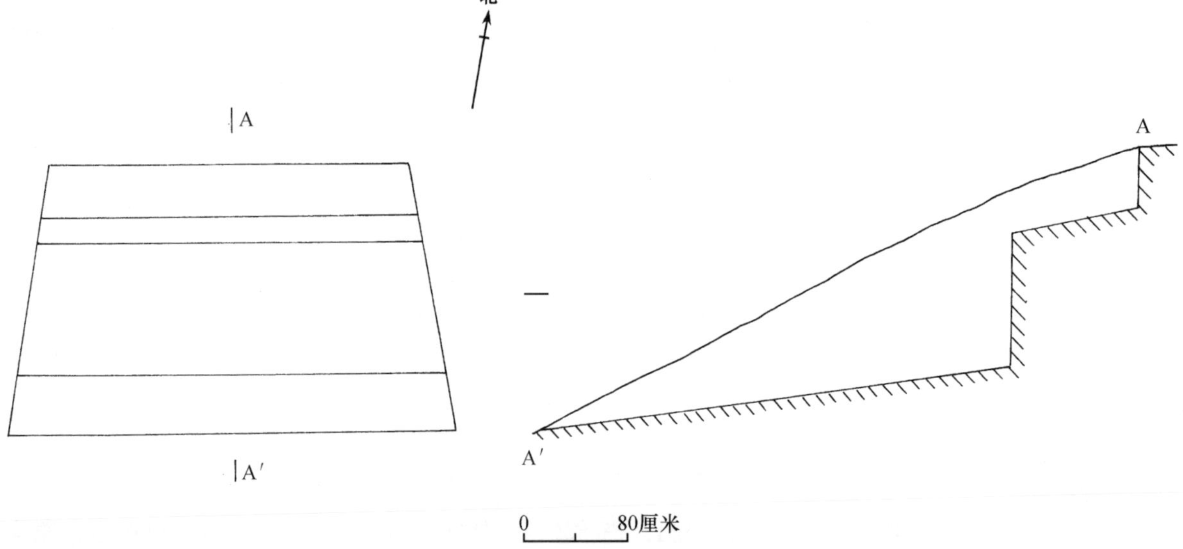

图四五　BM311 平、剖面图

一二、BM313

BM313 位于 B 区的西北部，处于盘山公路侧的峭壁边上，其上即为当地的变电站。西距 BM311 约 4.2 米。BM313 的墓道已遭工程破坏。

BM313 为一座未完工即被废弃的崖墓，该墓已开凿了墓道、照墙及墓门，并开始修凿甬道。墓道残长 266 厘米，宽 124 ~ 130 厘米。墓门呈内敛八字状，仅见一道门框，高 148 厘米，上宽 140 厘米，下宽 130 厘米；门洞高 116 厘米，宽 116 厘米。甬道高 116 厘米，宽 112 厘米，仅向内开凿了 192 厘米即停工。而在清理 BM313 墓道内填土时发现有大量的碎石料，估计是开凿崖墓时的凿出的废料。墓道方向为 335°（图四六；图版一六，2）。

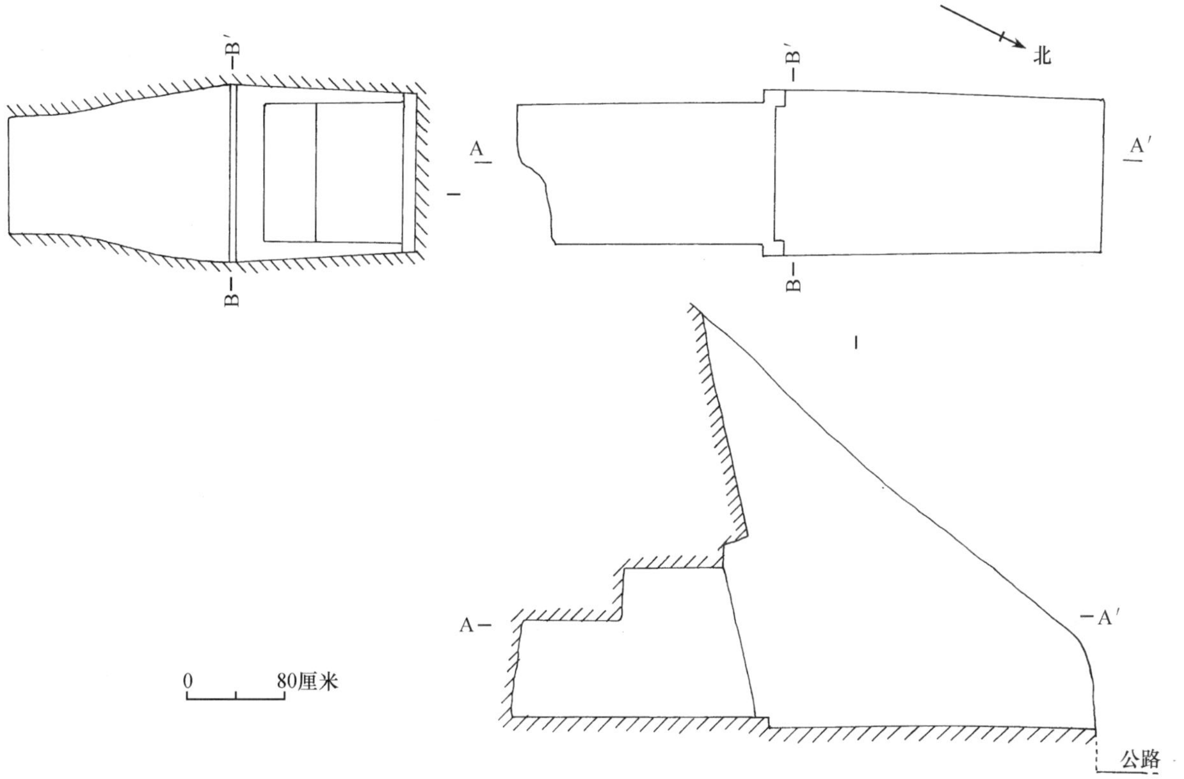

图四六　BM313 平、剖面图

第五章　C 区 崖 墓

第一节　崖墓的分布与排列

C 区为神溪船厂大门前的公路一带，与 B 区间的直线距离约 48 米。C 区崖墓沿公路一线排开，其墓道口均朝向长江。大多数崖墓在开山修路时已遭破坏。

CM409 与同区各墓相距较远。本区的崖墓除 CM420 为 2008 年发掘外，其余均为 2007 年时发掘（图四七）。

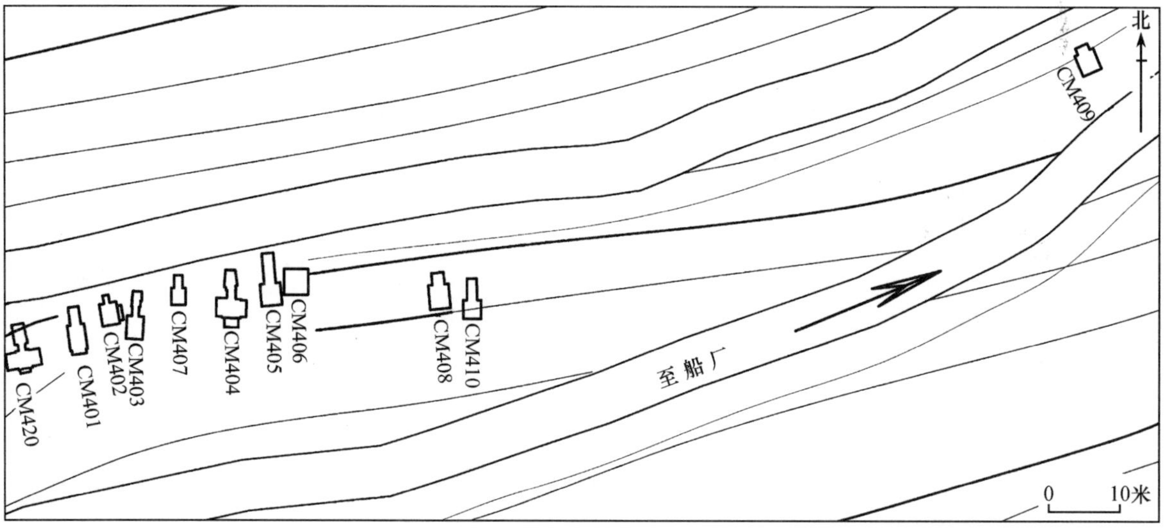

图四七　C 区崖墓分布图

第二节　崖 墓 介 绍

一、CM401

（一）墓葬形制

CM401 位于 C 区的西端，处于神溪船厂大门南侧断崖上 5 米处，距神溪船业大门约 3 米。

单室墓，带双墓道。由墓道、墓门、甬道、墓室及壁龛组成。该墓曾被破坏，墓道、墓门及甬道上部已不存，墓室顶前半部坍塌。墓道方向为 352°（图四八）。

墓道位于墓室的北侧。墓道有两条。其中主墓道位于偏东位置，残长 155 厘米，宽 174 厘米，残高 0 ~ 70 厘米。另一条墓道位于墓室的西北角，残长 240 厘米，宽 84 厘米，残高 0 ~ 14 厘米。

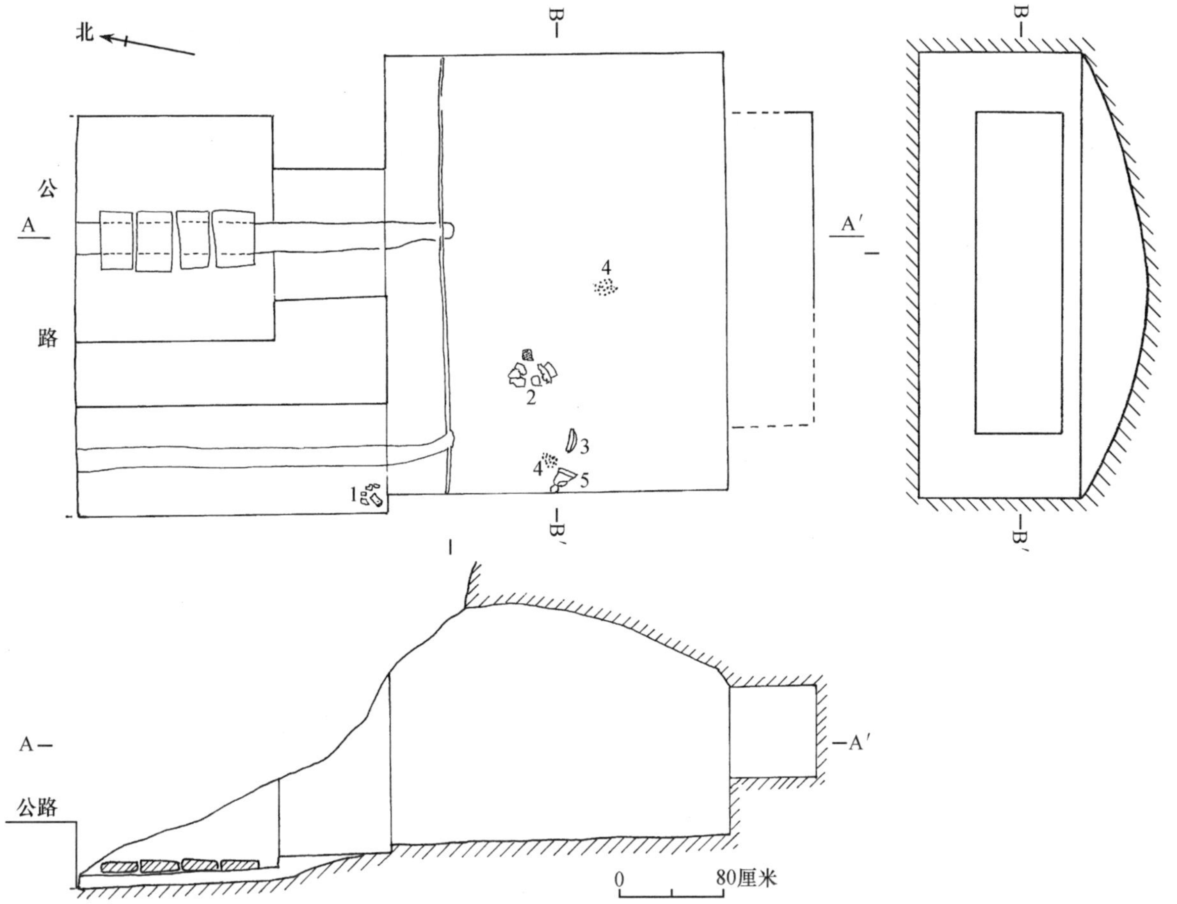

图四八　CM401平、剖面图
1、5. 陶人物俑　2. 陶釜　3. 釉陶魁　4. 铜钱

甬道底部高出墓道底10厘米，形成台阶，长86厘米，宽100厘米。

墓室底部高出甬道底8厘米，形成台阶。墓室略平底。其平面略呈横长方形，原为穹隆顶；长260厘米，宽340厘米，残高128～182厘米（图版一七，1）。

墓室的后端（即南壁）开凿有一平顶平底的壁龛，其底距墓室底部46厘米，其东壁距墓室东壁48厘米。该壁龛长244厘米，高70厘米，进深68厘米。

自甬道始凿有一条排水沟延至主墓道。该排水沟宽约22厘米，深约20厘米，其在墓道的一段上有石块平铺。另一条墓道约在其中轴线上亦凿有一宽约16厘米、深18厘米的排水沟。

（二）随葬器物

共出土随葬品5件（图四九）。发掘时可见随葬器物主要散布于墓室的中部及西侧前部位置。具体而言，铜钱在墓室的约中心位置，陶魁在西侧的墓道，陶釜及陶俑等位于墓室的西侧前部。

1. 陶釜

陶侈口长颈扁折腹釜　1件。CM401∶2，泥质灰陶。轮制。卷沿，圆唇，长直颈，折肩，扁鼓腹，下腹内折，圜底不明显。肩、腹部饰细绳纹。口径17.6厘米，最大腹径23.6厘米，底径12厘米，通高15.6厘米（图四九，1；图一〇一，1；图版三二，1）。

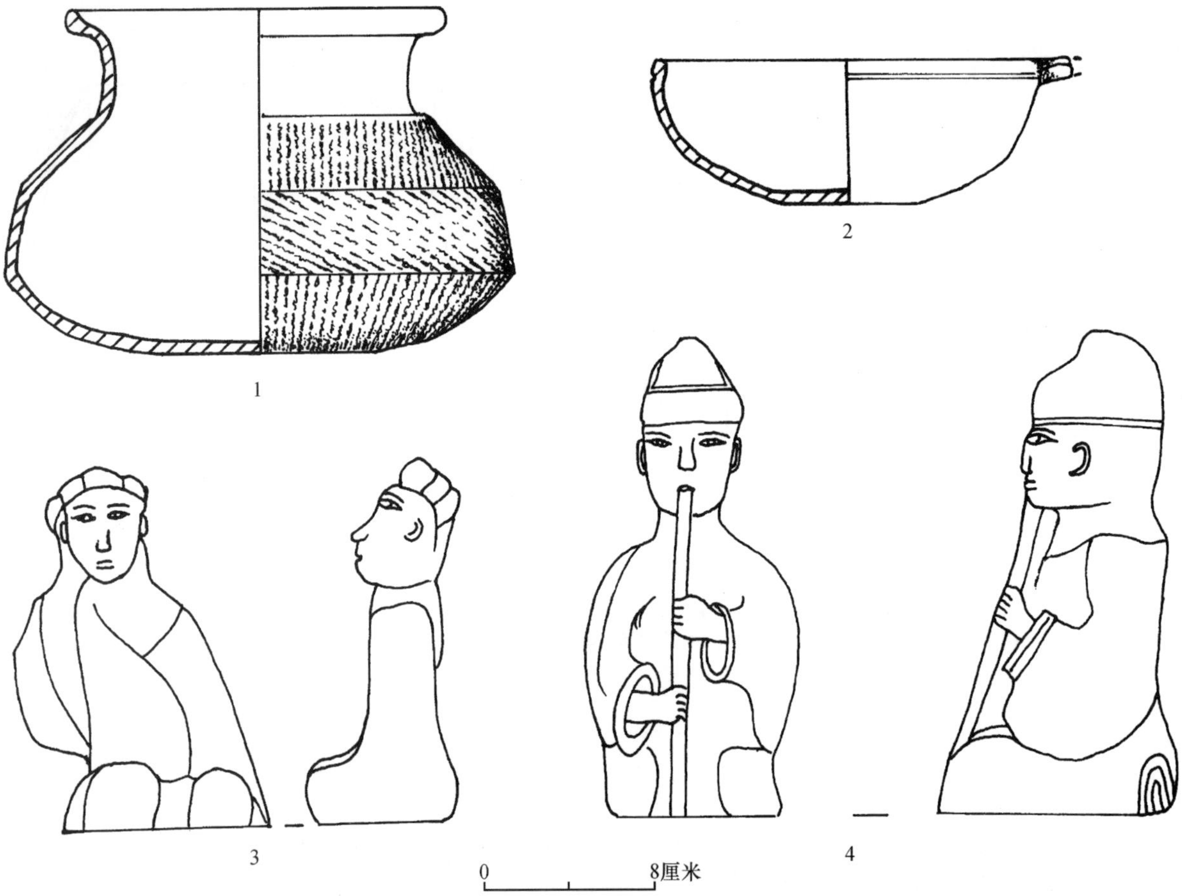

图四九　CM401 出土器物

1. 陶釜（CM401:2）　2. 釉陶魁（CM401:3）　3. 陶抚耳听乐俑（CM401:1）　4. 陶吹箫俑（CM401:5）

2. 陶人物俑

陶抚耳听乐俑　1 件。CM401:1，泥质红陶。模制。跪坐，头戴花瓣形冠，头略向右倾斜，长脸，细眉，眯眼，微张嘴，身穿右斜衽长裙服，右手上举贴于右耳侧，左手下垂置放于左膝上，全形作凝神聆听状。高 16.4 厘米，膝部面宽 11.2 厘米，膝部侧厚 7.2 厘米（图四九，3；图一一四，3；图版四七，5）。

陶吹箫俑　1 件。CM401:5，泥质红陶。前后合模制成。跪坐，头戴尖顶冠帽，细眉，眯眼，塌鼻，双手执箫吹奏。高 21.6 厘米，宽 10.4 厘米，侧厚 11.2 厘米（图四九，4；图一一四，10；图版四八，2）。

3. 釉陶魁

釉陶微敛口魁　1 件。CM401:3，泥质红陶，内外均施咖啡色釉。轮制。圆唇，弧腹，平底，口沿下装有圆锥形把柄，柄尖有残缺。口径 17.6 厘米，底径 6.4 厘米，高 6.4 厘米（图四九，2；图一〇六，7；图版四一，1）。

4. 铜钱

1 组 86 枚。分布于墓室中部和西端。其中“五铢”84 枚，直径 2.5 ~ 2.6 厘米（图一三三，8 ~ 12）；“大泉五十”2 枚，直径 2.6 厘米（图一三三，13、14）。

二、CM402

（一）墓葬形制

CM402位于C区的西部，西距CM401约3米。

凸字形单室墓。由墓道、墓门、甬道、墓室及壁龛组成。墓底呈坡状略向外倾斜。墓葬因开山修路被破坏，墓道不存，墓门及甬道上部已毁，墓室顶前半部坍塌。墓向为350°（图五〇）。

甬道位于墓室的北侧，残长11厘米，宽82厘米。

墓室平面呈长方形，原为穹隆顶。墓室长290厘米，宽240厘米，残高88～140厘米。墓室的东北角处置有一长约76厘米、宽155厘米的石头，估计为墓室坍塌后留下（图版一七，2）。

墓室东壁开有一壁龛，平底，其顶与墓室之顶合而为一共同构成穹隆顶；壁龛底部距墓室底18厘米，其南壁与墓室之南壁并齐；壁龛长235厘米，进深60厘米，高64～90厘米。

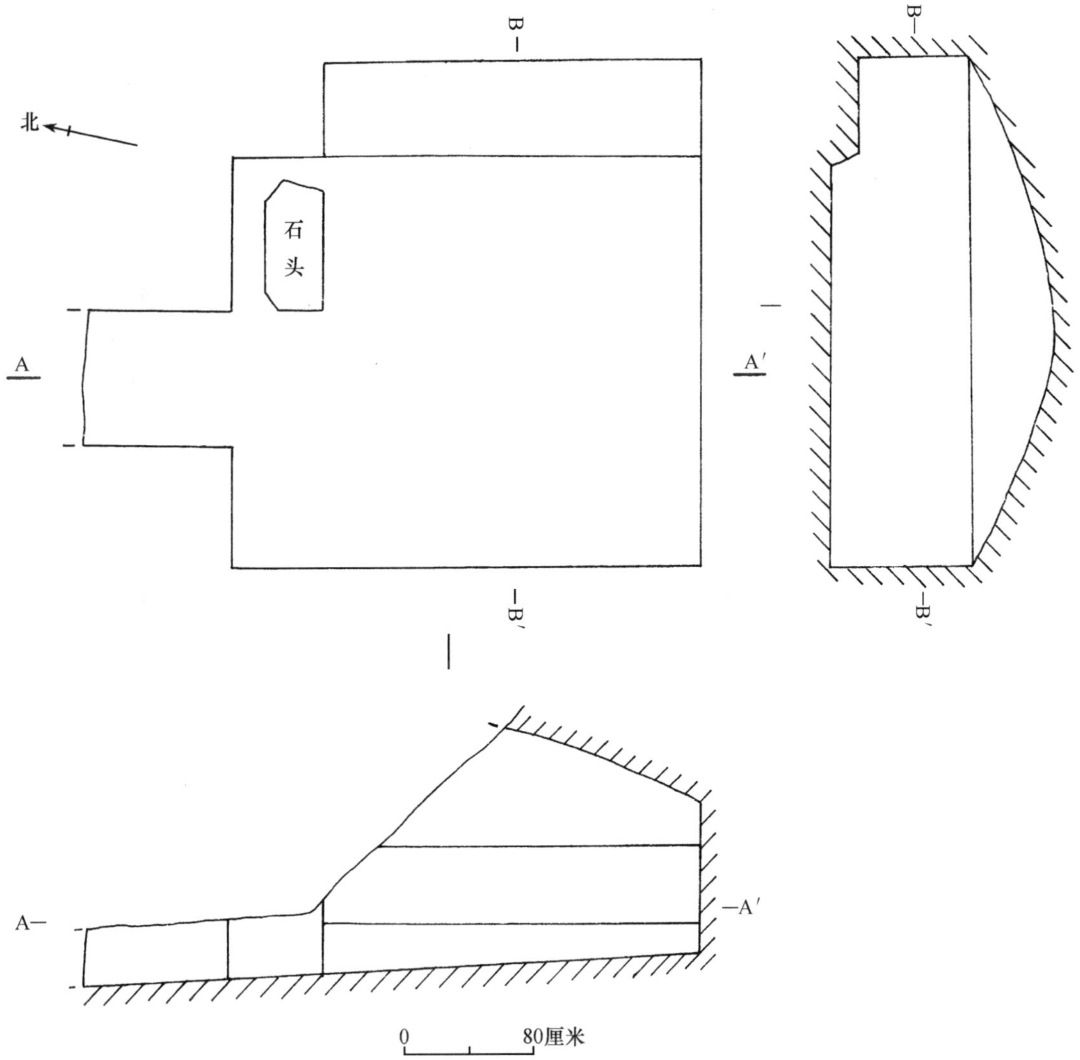

图五〇 CM402平、剖面图

（二）随葬器物

随葬品无存。

三、CM403

（一）墓葬形制

CM403 处于 C 区的西部，西距 CM402 约 2 米。

凸字形单室墓。由墓道、墓门、甬道及墓室构成。该墓的墓道被工程破坏，仅余后段。墓葬残长 630 厘米。墓底呈坡状向外倾斜，现前后高差有 40 厘米。墓道方向为 4°（图五一）。

墓道在墓室的北侧，靠近墓门处较宽，残长 130 厘米，宽 120 ~ 136 厘米，残高 120 ~ 320 厘米。

墓门有一门框。门框高 148 厘米，宽 124 厘米，进深 76 厘米；门洞高 120 厘米，宽 92 厘米（图版一七，3）。

甬道平顶，近墓室处略高，其底部比墓道底部高 8 厘米，形成台阶。长 118 厘米，宽 92 厘米，高 120 ~ 128 厘米。

墓室平面呈长方形，为券顶。长 306 厘米，宽 238 厘米，高 120 ~ 176 厘米。

在墓室的北端始凿有纵向的排水沟，并延至甬道及墓道，该沟宽约 18 厘米，深 10 厘米。而在墓室的北端，沿北壁凿有一条横向排水沟与上述纵向排水沟近垂直相交，但此横向排水沟处的岩石有较大程度的风化，故此条排水沟是“若断若续”。

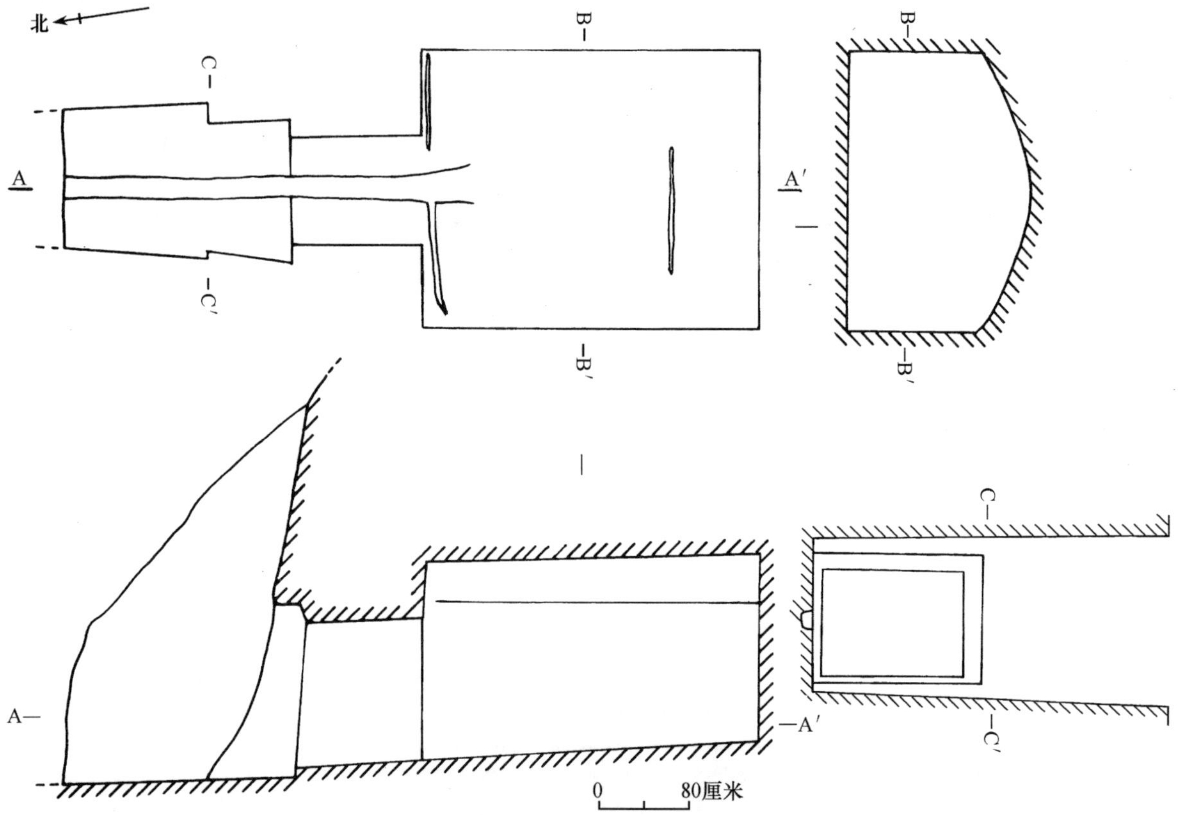

图五一　CM403 平、剖面图

（二）随葬器物

被盗一空。

四、CM404

（一）墓葬形制

CM404位于C区的约中部位置，西距CM407约5米，东距CM405约3米。

凸字形单室墓。由墓道、墓门、甬道、墓室及壁龛组成。墓葬全长640厘米。墓底呈坡状向外倾斜，墓室后端底部与墓道口底部的高差达60厘米。墓道方向为正北（图五二）。

墓道位于墓室的北侧，近墓门处较宽，而愈往墓道口处则愈窄。长230厘米，宽138～186厘米，高0～224厘米。

墓门底部比墓道底部高出8厘米，形成台阶。墓门有一道门框。门框高156厘米，宽142厘米，进深34厘米。门洞高128厘米，宽120厘米（图版一七，4）。

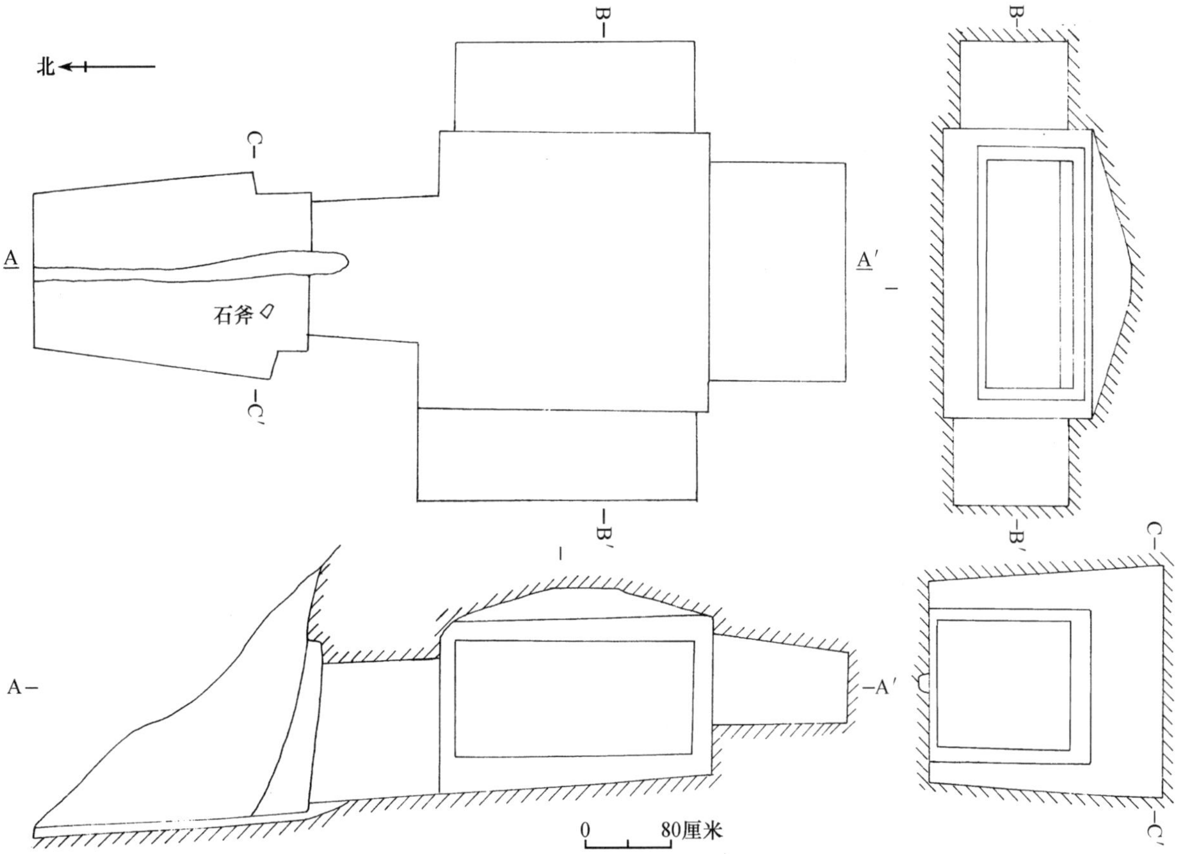

图五二 CM404平、剖面图

甬道略平顶，近墓室处略高。长 120 厘米，宽 120 ~ 130 厘米，高 128 ~ 130 厘米。

墓室平面略呈方形，为穹隆顶，最顶部成长方形藻井。墓室长 254 厘米，宽 260 厘米，高 146 ~ 182 厘米。

墓室内共开凿有三个壁龛。墓室后端（即南壁）雕凿有一框，该框约位于墓室南壁的中间位置，其底距墓室底部 34 厘米，该框长 216 厘米，高 104 厘米，进深仅 2 厘米。在此框内再凿有一壁龛，该壁龛平底，而顶部自北而南向下倾斜，其底部距墓室底 46 厘米，其东壁距墓室东壁 26 厘米；壁龛长 208 厘米，高 70 ~ 82 厘米，进深 128 厘米。墓室东西两壁各凿有一略呈对称的壁龛。东壁龛平顶平底，其底部距墓室底约 16 厘米，其南壁距墓室的南壁 14 厘米；该壁龛长 226 厘米，高 110 厘米，进深 80 厘米。西壁龛亦为平顶平底，其底部距墓室底 10 厘米，其南壁距墓室南壁 12 厘米；该壁龛长 264 厘米，高 112 厘米，进深 80 厘米。

在甬道的后部始凿有一排水沟，并延至墓道，其在墓道的位置约在中轴线上。排水沟在甬道的一段较宽而在墓道处略窄，长 196 厘米，宽 14 ~ 20 厘米，深 10 厘米。

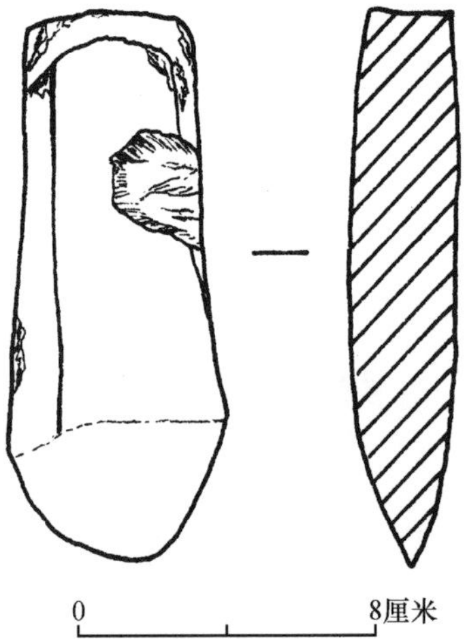

图五三　CM404 出土石斧（CM404:1）

（二）随葬器物

该墓被盗，仅在墓道后端发现一石斧。

石斧　1 件。CM404:1，舌形，顶部近直，两侧微束腰，舌形弧刃。长 14 厘米，刃宽 6 厘米（图五三；图一三八，2）。

五、CM405

（一）墓葬形制

CM405 位于 C 区的约中部位置，西距 CM404 约 3 米，东与 CM406 近相连。

凸字形单室墓。由墓道、墓门、甬道、墓室及壁龛组成。墓道宽于墓室。墓葬全长 968 厘米。墓底略向外倾斜，前后高差约 20 厘米。墓道方向为 355°（图五四）。

墓道位于墓室的北侧，平面呈梯形，近墓门一端较宽，而愈往墓道口愈窄。长 356 厘米，宽 160 ~ 220 厘米，高 0 ~ 270 厘米。

墓门有两重门框。但因墓门处岩石有较大程度的风化，故门框的门楣已不可辨。第一道门框进深 28 厘米，宽 172 厘米；第二道门框进深 28 厘米，宽 142 厘米；门洞高 140 厘米，宽 120 厘米（图版一七，5）。

甬道平顶，在靠近墓室一端略宽。长 176 厘米，宽 120 ~ 128 厘米，高 124 ~ 140 厘米。

墓室平面呈长方形，后部略宽，券顶。但墓顶开凿不甚规整，前低后高。墓室长 300 厘米，宽 184 ~ 192 厘米，高 176 ~ 186 厘米。

墓室内共开凿有三个壁龛。在墓室后端（即南壁）开凿有一平顶平底的壁龛，其底距墓室底部 24 厘米，其南壁距墓室南壁 22 厘米；该壁龛宽 154 厘米，高 106 厘米，进深 80 厘米。东侧壁龛

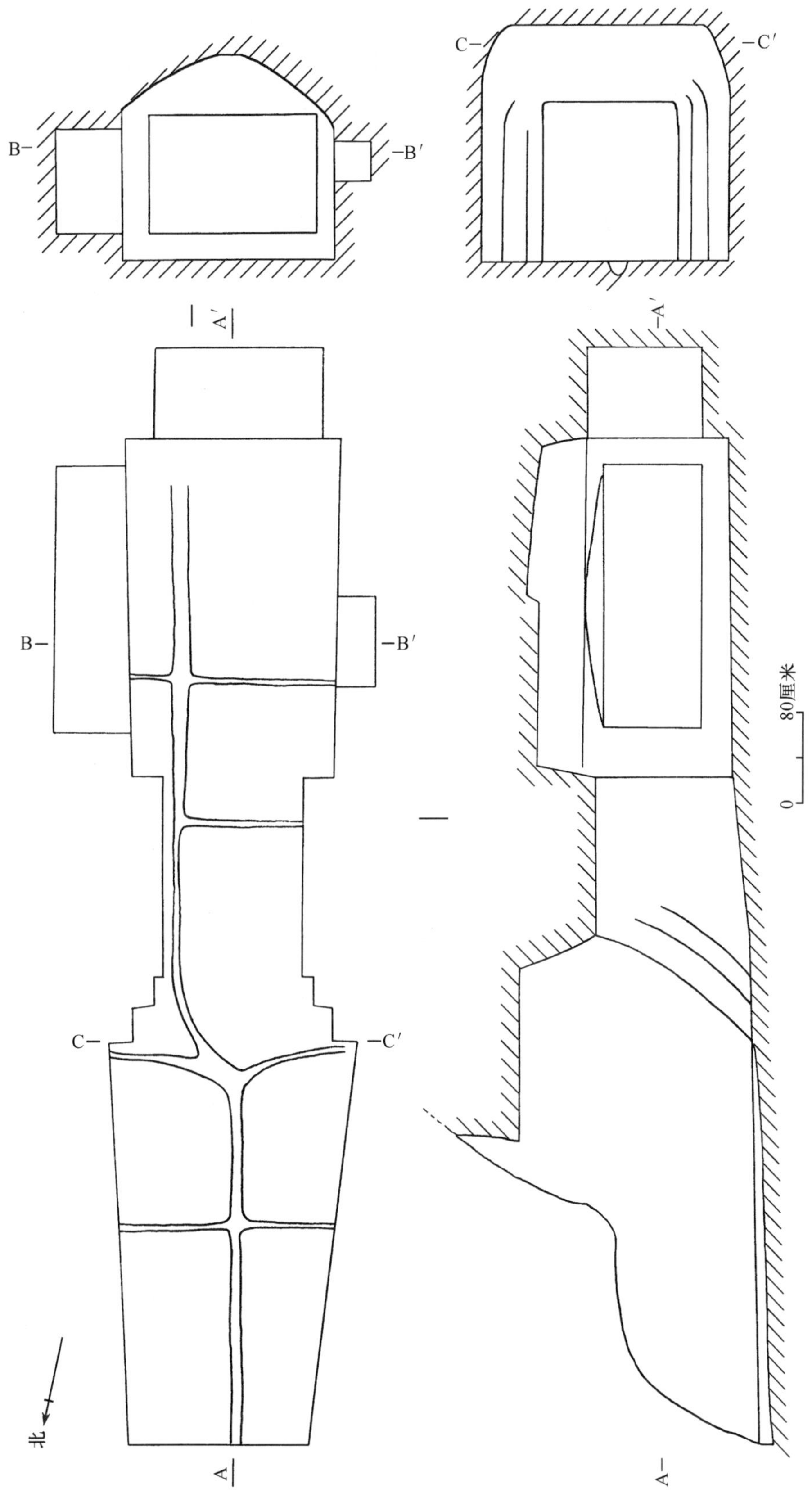

图五四 CM405平、剖面图

平底，弧形顶，宽235厘米，高90～110厘米，进深62厘米。西侧壁龛亦为平顶平底，其底距墓室底部70厘米，其南壁距墓室南壁138厘米；该壁龛宽80厘米，高35厘米，进深32厘米。

在墓室底部，距南壁约40厘米处始凿有一条纵向的排水沟，并延至墓道口。排水沟在墓室及甬道内的一段靠近东壁，宽8～24厘米，深约12厘米，排水沟延至墓门处时向西拐，令在墓道的一段约位于墓道的中轴线上，此段宽亦约8厘米，深12厘米。此外，墓室、甬道、墓道处还各开凿一条横向且较窄的排水沟分别与上述的纵向排水沟呈十字形相交。墓室处的横向排水沟位于距北壁约85厘米处，宽约4厘米，其长与墓室之宽约等。甬道处的横向排水沟靠近墓室，其宽亦约4厘米，其长略与甬道等宽。墓道处的横向排水沟靠近墓门，宽2～6厘米，其长与墓道之宽一致。

（二）随葬器物

被盗一空。

六、CM406

（一）墓葬形制

CM406位于C区的中部位置，西与CM405近相连，东与CM408相距约25.7米。

CM406遭修路工程破坏严重，墓道、墓门、甬道等已不存，墓室被毁，仅余后半部分。墓葬的方向为正北（图五五）。

墓室原为穹隆顶，墓室底部略呈坡状向外倾斜。残长350厘米，宽340厘米，残高116～160厘米。墓室的西壁上凿有两个大小相异的长方形孔洞。其中一孔洞位于西壁的靠后位置，其底距墓底68厘米，其宽22厘米，高14厘米，进深6厘米。另一孔洞略靠前，其底距墓底约110厘米，其宽10厘米，高6厘米，进深6厘米。

墓室底部凿有一宽20～80厘米、深2～12厘米的排水沟。该排水沟位于墓室中间偏东的位置，在近墓室南壁处最宽，向北则愈窄（图版一七，6）。

墓室右侧（东部）并列两块花纹砖，模印网格纹、菱形纹、车轮纹和亞字形纹（图五六）。

（二）随葬器物

仅余两件铁铜金属残件位于墓室的后部（图五七）。

铁刀　1件。CM406∶1，长条形，柄已残，单刃，刃部因使用已久已内凹。残长34厘米，刃宽3.6厘米（图五七，1；图一三五，12）。

铜扣件　1件。CM406∶2，环形，残缺一半，U形剖面，可能是漆木器的扣件。宽1.6厘米，高0.4厘米，复原口径27.2厘米（图五七，2；图一三一，3）。

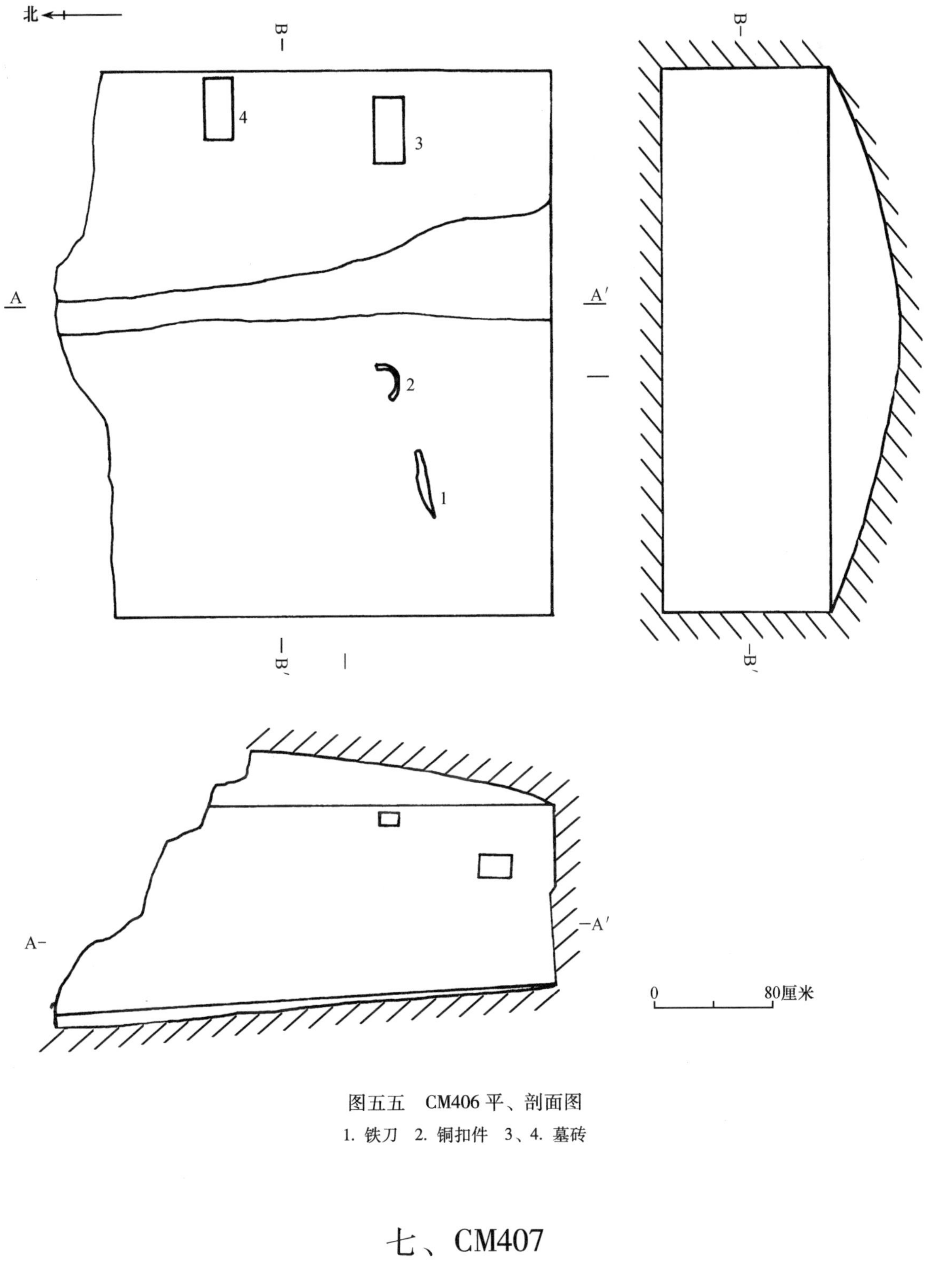

图五五　CM406 平、剖面图

1. 铁刀　2. 铜扣件　3、4. 墓砖

七、CM407

（一）墓葬形制

CM407 位于 C 区的偏西位置，西距 CM403 约 5 米，东距 CM404 约 5 米。

凸字形单室墓。由墓道、墓门、甬道及墓室组成。该墓曾被工程破坏，墓道前半段及上部已被毁，而墓门上部亦已不存。墓底呈坡状略向外倾斜。墓道方向为正北（图五八）。

图五六　CM406 墓砖拓片

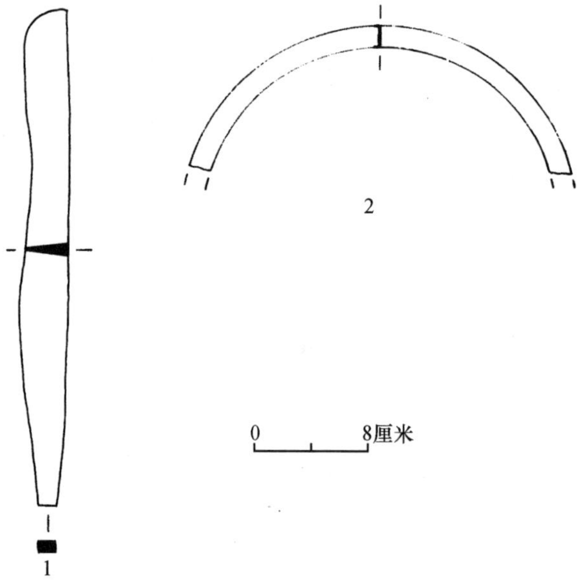

图五七　CM406 出土器物

1. 铁刀（CM406:1）　2. 铜扣件（CM406:2）

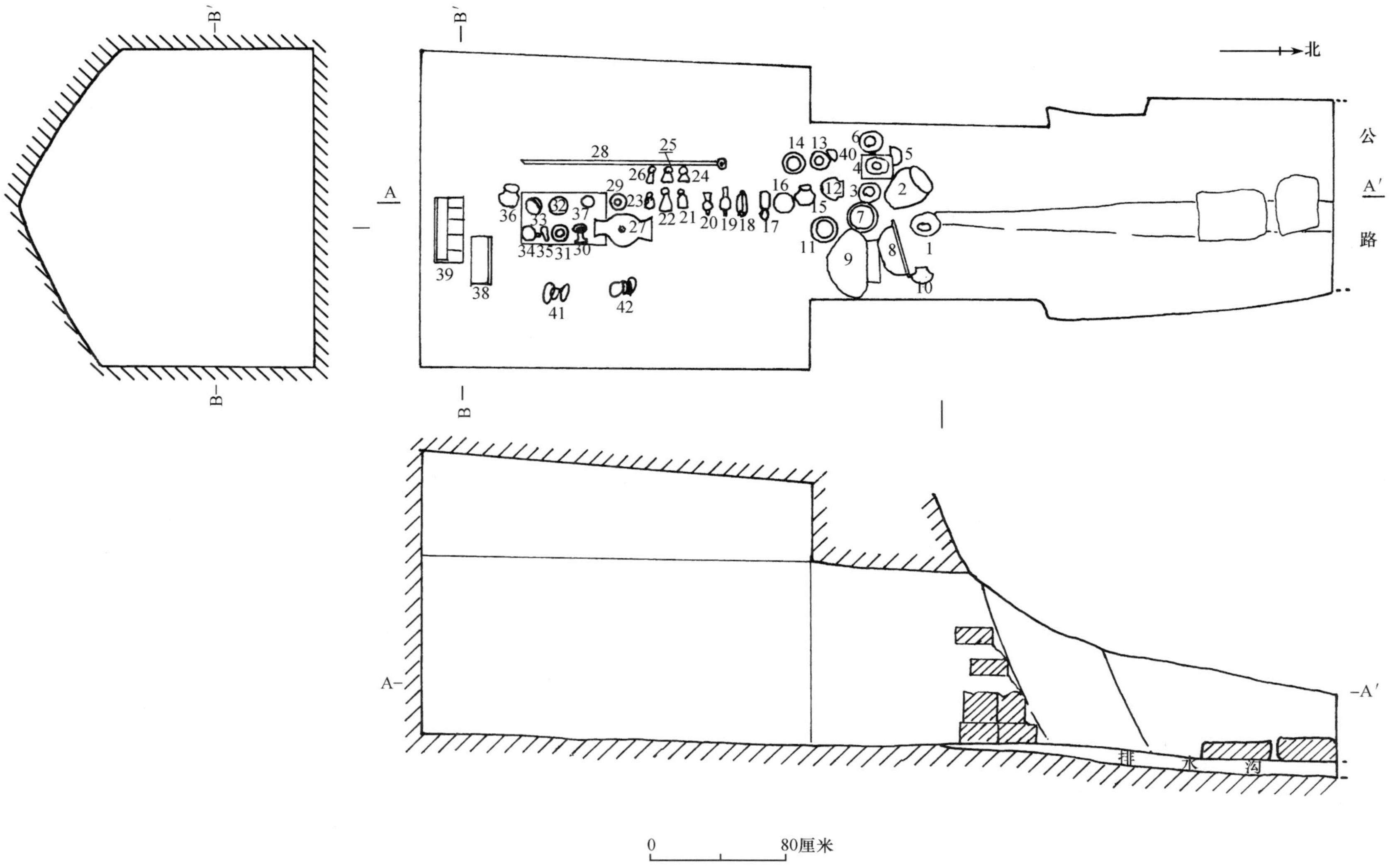

图五八　CM407平、剖面图

1～3、6、10～13、15. 陶罐　4. 陶井圈　5、16、33. 陶钵　7、32. 陶盆　8. 陶甑　9. 铁釜　14. 陶杯　17. 陶狗俑　18. 陶猪俑　19. 陶鸡俑　20. 陶子母鸡俑　21～26. 陶人物俑　27. 釉陶锺　28. 铁环首刀　29、30. 釉陶灯　31、40、43. 釉陶器盖　34. 釉陶魁　35. 陶勺　36. 釉陶罐　37. 陶案　38、39. 陶楼　41、42. 铜钱　43、44. 墓砖

墓道位于墓室的北侧，残长 170 厘米，宽 120 ~ 130 厘米，高 50 ~ 170 厘米。

墓门宽 110 厘米，残高 110 厘米。墓门以砖石封门，但门洞并未完全封堵，其上部少量空间只填塞有山体的淤泥。墓砖与经打磨呈长方体的石块混合砌筑；完整墓砖的规格一般是长 42 厘米，宽 20 厘米，厚 10 厘米，部分墓砖上饰有菱形及十字形的组合图案；另有一墓砖上刻有“鄭奠”二字（图五九）。

甬道平面呈长方形，长 140 厘米，宽 110 厘米，高 110 厘米（图版一八，1）。

墓室平面略呈长方形，后端较宽，券顶（图版一八，2）。长 230 厘米，宽 190 ~ 200 厘米，高 164 ~ 176 厘米。

自甬道中部始凿有一条深 0 ~ 14 厘米的排水沟延至墓道，该排水沟在甬道的一段较窄，宽 8 ~ 12 厘米，在墓道处较宽，宽 12 ~ 22 厘米。在现墓道后端的排水沟之上覆有两块经修整略成方体的石头。

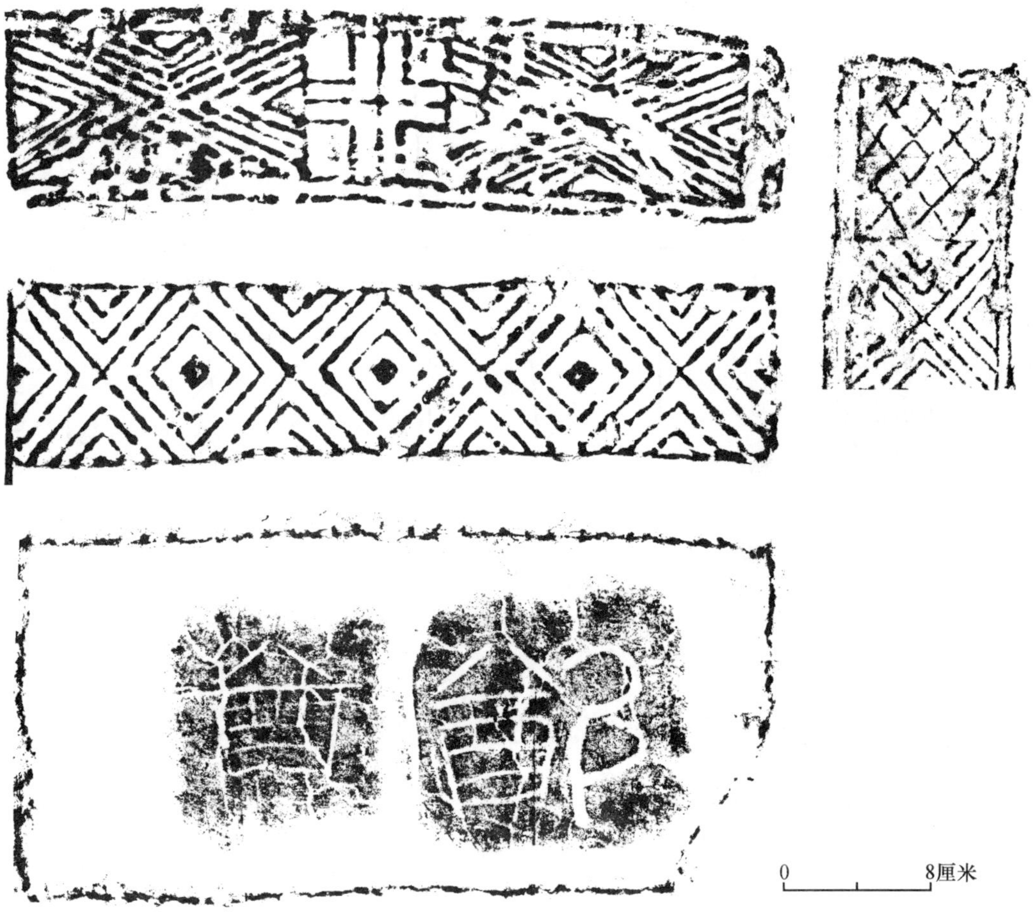

图五九　CM407 墓砖拓片

（二）随葬器物

共出土随葬器物 39 件及 2 组铜钱（图六〇至图六二）。就发掘时所见，随葬器物主要放置在墓室及甬道后部的约中线位置上（图版一八，3、4）。在甬道的后部主要堆放罐类陶容器及铁釜类铁质容器；其后在墓室前部的主要是陶俑，陶俑呈纵向较整齐地排列，动物俑在前而人物俑在后；

其后主要是一组摆放较为整齐的陶质饮食器，有陶壶、陶案等，陶案之上较整齐的排列有陶魁、陶盘等器；在墓室的后端置有两座陶楼。

1. 陶罐

陶侈口窄折肩桶腹罐 2件。标本CM407:3，泥质灰陶，轮制。圆唇，领较宽，肩斜折，平底。素面。口径9.2厘米，腹径14.8厘米，底径8厘米，高14厘米（图六○，5；图一○四，4）。

陶直口双耳深腹罐 1件。CM407:2，泥质灰陶，轮制。方唇，折肩，中下腹微鼓，平底。肩部黏附对称长方形二耳，耳中间有穿孔。上腹饰三道、中腹饰二道凹弦纹。口径12厘米，腹径19.2厘米，底径16.8厘米，高22.4厘米（图六○，8；图一○四，5；图版三五，1）。

陶侈口短颈圆肩罐 4件。标本CM407:13，泥质灰陶，轮制。卷沿，束颈，下腹内收，平底。颈、肩部饰三道凹弦纹，第二、三道凹弦纹之间饰纵向的间断绳纹。口径10.4厘米，腹径14.4厘米，底径7.6厘米，高12厘米（图六○，4）。

陶侈口短颈广折肩罐 2件。标本CM407:12，泥质灰陶，轮制。卷沿，肩斜折，下腹内收，平底。素面。口径9.6厘米，腹径16.8厘米，底径8.8厘米，高12.8厘米。出土时有陶钵作盖，钵为泥质灰陶。翻唇，敞口，折腹，平底。素面。口径10.8厘米，底径3.6厘米，高4厘米（图六○，2；图一○五，2）。

2. 陶钵

陶敞口折腹钵 1件。CM407:16，泥质灰陶，轮制。翻唇，平底。素面。口径18.4厘米，底径6.4厘米，通高6.8厘米（图六○，12；图一○八，7；图版三九，3）。

陶侈口弧腹钵 1件。CM407:33，泥质红胎，器表施黄褐色釉。轮制。尖唇微侈，弧腹，加厚平底。上腹饰一道凹弦纹。口径17.6厘米，底径4厘米，通高5.2厘米（图六○，13；图一○八，14）。

陶侈口折腹钵 1件。CM407:5，泥质红陶，轮制。尖唇微侈，上腹斜直、中腹圆折。加厚平底。上腹部饰一道凹弦纹。口径16.8厘米，底径5.6厘米，通高4.8厘米（图六○，14；图一○八，13）。

3. 陶勺

陶勺 1件。CM407:35，泥质红陶。椭圆形勺，扁长勺把。素面。长9.6厘米（图六○，10；图一○六，12；图版四五，4）。

4. 陶杯

陶杯 1件。CM407:14，泥质红陶。直口，略鼓腹，矮饼足，足平底。口沿下饰一周凹弦纹。口径8厘米，最大腹径10厘米，底径7.2厘米，高9.2厘米（图六○，7；图一○六，4）。

5. 陶甑

陶折沿直口深腹甑 1件。CM407:8，泥质灰陶，轮制。平折沿，尖唇，上腹近直，下腹曲收，平底内凹，底部有八个圆形气孔。上腹饰三道三角形纹饰，三角形纹饰之间饰间断模糊绳纹。口径36厘米，底径18.4厘米，高23.2厘米（图六○，9；图一一一，1）。

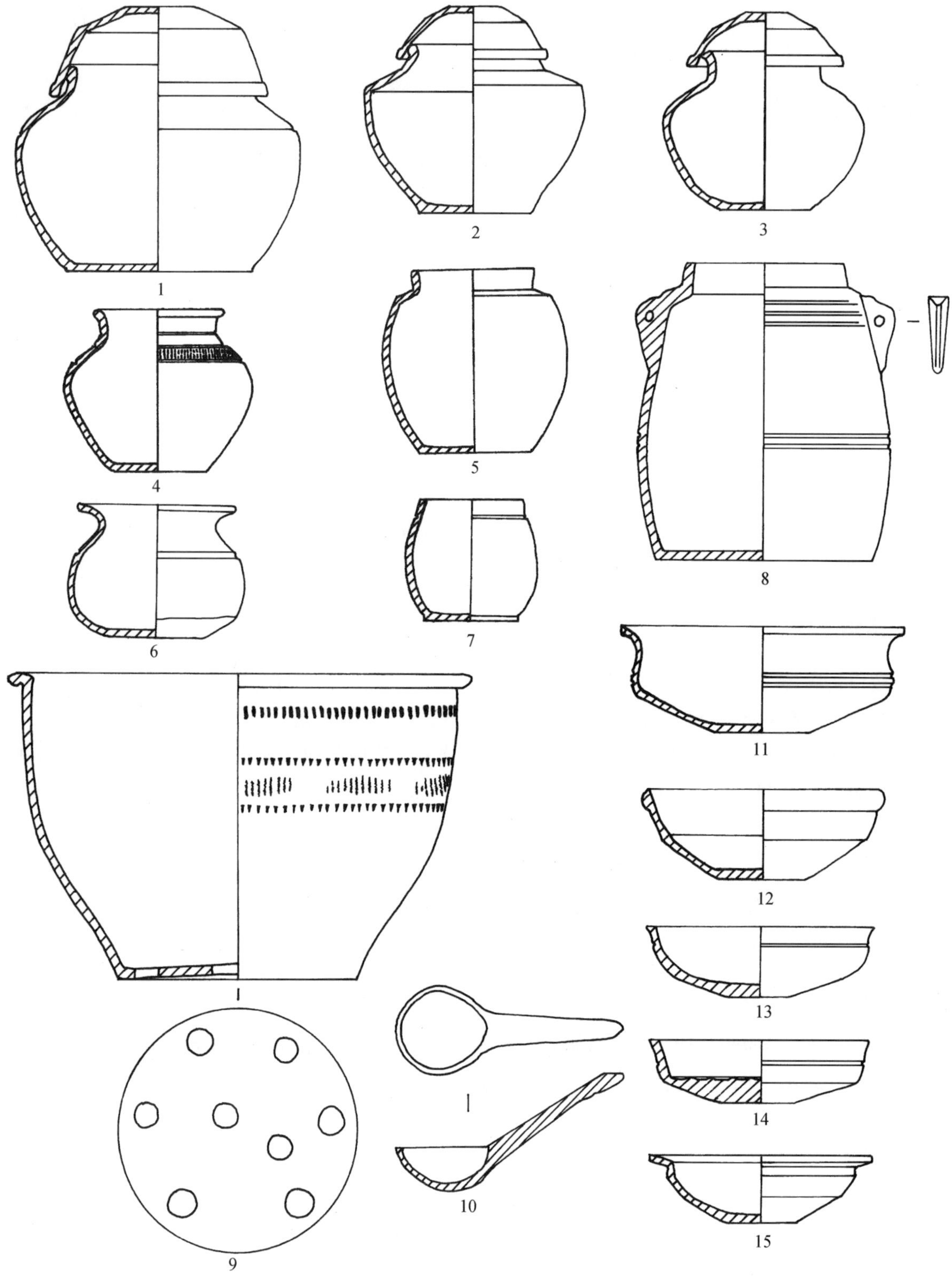

图六〇　CM407 出土器物（一）

1～5、8. 陶罐（CM407∶1、CM407∶12、CM407∶10、CM407∶13、CM407∶3、CM407∶2）　6. 釉陶罐（CM407∶36）　7. 陶杯（CM407∶14）　9. 陶甑（CM407∶8）　10. 陶勺（CM407∶35）　11、15. 陶盆（CM407∶7、CM407∶32）　12～14. 陶钵（CM407∶16、CM407∶33、CM407∶5）

6. 陶盆

陶卷沿束颈中腹盆 1件。CM407∶7，泥质红陶，轮制。方唇，弧腹，平底。中腹饰二道凹弦纹。口径21.6厘米，底径8厘米，高8厘米（图六〇，11；图一一〇，8）。

陶斜折沿浅折腹盆 1件。CM407∶32，泥质红陶，内外饰黄褐色满釉。轮制。方唇，平底。口径17.2厘米，底径5.6厘米，高5.2厘米（图六〇，15；图一一〇，14）。

7. 陶人物俑

陶侍从俑 1件。CM407∶24，泥质红陶。模制，前后两模黏结。站立人形，头戴圆形冠帽，长圆脸，细眉，眯眼，抿嘴，身穿右斜衽裙服，双手合抱至胸前，手藏袖服中。高17.2厘米，裙服下摆处宽8厘米，侧厚7.2厘米（图六一，13；图一一三，7；图版四六，4）。

陶纶扇俑 1件。CM407∶22，泥质红陶。模制，前后两模黏结。跪坐人形，头盘发髻居中，长方脸略圆，细眉，嘴微张，身穿右斜衽长裙服，左手置于左膝，右手执扇置于左手臂。高16.8厘米（图六一，12；图一一四，8）。

陶抚琴俑 2件。标本CM407∶25，泥质红陶。模制，前后两模黏结。跪坐人形，头戴圆形矮冠，方脸略圆，细眉，眯眼，微张嘴，身穿右斜衽短袖裙服，双膝上平放一横长方形琴弦乐器，双手抚琴。高12.4厘米，宽8.8厘米，侧厚6.4厘米（图六一，9；图一一四，7）。

陶抚耳听乐俑 1件。CM407∶21，泥质红陶，前后合模制成。跪坐人形，头戴花瓣形冠，身略向左转，圆脸，细眉，眯眼，抿嘴，身穿右斜衽长裙服，右手上举贴于右耳侧，左手下垂置放于左膝上，作凝神聆听状。高16.4厘米，膝部面宽18厘米，膝部侧厚8.4厘米（图六一，11；图一一四，4）。

陶托腮听乐俑 1件。CM407∶23，泥质红陶，前后合模制成。小童相，跪坐，头戴尖顶冠帽，细眉，眯眼，身穿长裙服，双手托腮，作凝神聆听状。高12.8厘米，膝部面宽8.6厘米，膝部侧厚7.2厘米（图六一，8；图一一五，4；图版四七，6）。

8. 陶动物俑

陶狗俑 1件。CM407∶17，泥质红陶，左右合模制成。狗站立，张嘴，竖耳，卷尾，颈上戴狗圈。长21.6厘米，高16.8厘米（图六二，7；图一一六，2；图版四九，3）。

陶鸡俑 1件。CM407∶19，泥质红陶，左右合模制成。鸡站立，尖喙，尾较长而上翘。长18.8厘米，高15.6厘米（图六二，3；图一一五，9）。

陶子母鸡俑 1件。CM407∶20，泥质红陶。模制。母鸡作匍匐状，尖喙，矮冠，睁眼，曲项平首，前胸圆鼓。背部驮一小鸡，腹翼下荫蔽一小鸡。长13.2厘米，宽7.6厘米，高9.2厘米（图六二，4；图一一七，5；图版五〇，6）。

陶猪俑 1件。CM407∶18，泥质红陶，模制。空心立猪形，瘦削长身，突目翘鼻，短嘴，尾粗短附于臀部一侧，四肢直立。高12厘米，长20.8厘米，宽8.8厘米（图六二，8；图一一五，7；图版五〇，4）。

9. 陶模型器

陶案 1件。CM407∶37，泥质灰陶。长方形浅盘，尖唇，折沿，平底，底部四角有四个对称的兽足。长54厘米，宽36厘米，通高6.4厘米（图六二，6；图一〇九，5）。

图六一　CM407出土器物（二）

1. 釉陶锺（CM407:27）　2、3. 釉陶灯（CM407:30、CM407:29）　4. 铁釜（CM407:9）　5. 釉陶魁（CM407:34）　6、7、10. 釉陶器盖（CM407:40、CM407:31、CM407:43）　8. 陶托腮听乐俑（CM407:23）　9. 陶抚琴俑（CM407:25）　11. 陶抚耳听乐俑（CM407:21）　12. 陶纶扇俑（CM407:22）　13. 陶侍从俑（CM407:24）　14. 铁环首刀（CM407:28）

陶井圈　1件。CM407:4，泥质灰陶。方形井圈模型，圆形井口两侧有两个长方形辘轳立柱柱洞，柱洞之外有凸棱井圈。井圈背面有刻划纹。边长19.6厘米（图六二，5；图一一七，4；图版五二，2）。

陶楼　2件。标本CM407:38，泥质灰陶，手工拼塑。上下二层分置。上层为廊房，顶板和底板为长方形平板，平板四角由猴形立柱承托。上层面宽32.4厘米，进深11.2厘米，高15.2厘米。下层平顶，檐额中二立柱，柱上施一斗三升，低台基，左右立角柱，柱上施二斗承檐。下层面宽34厘米，进深11.2厘米，高23.6厘米（图六二，1；图一二〇，2；图版五一，3）。

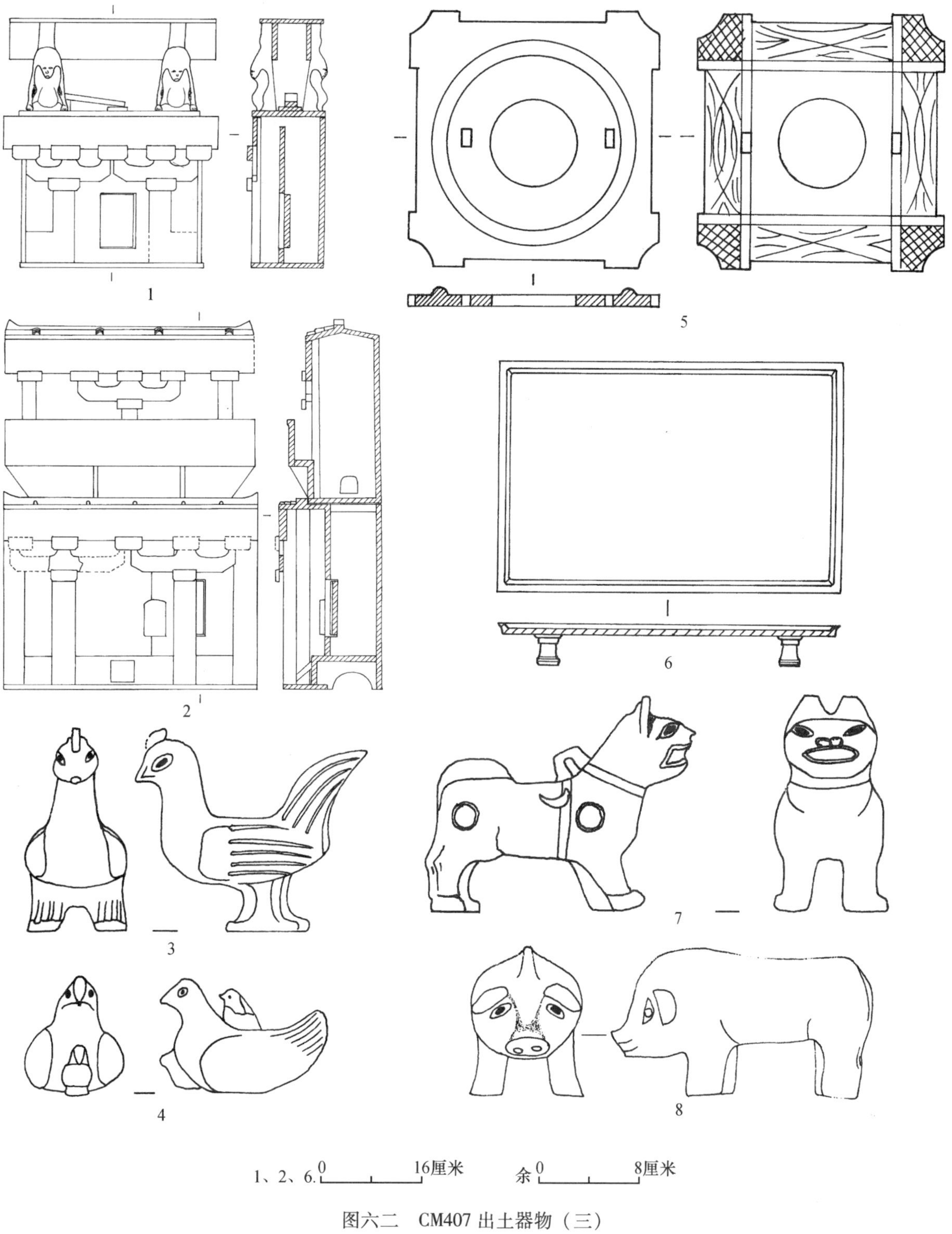

图六二　CM407出土器物（三）

1、2. 陶楼（CM407:38、CM407:39）　3. 陶鸡俑（CM407:19）　4. 陶子母鸡俑（CM407:20）　5. 陶井圈（CM407:4）　6. 陶案（CM407:37）　7. 陶狗俑（CM407:17）　8. 陶猪俑（CM407:18）

10. 釉陶锺

釉陶深盘口高圈足锺　1件。CM407:27，泥质红胎陶，轮制。盘口较深，盘壁斜直外敞，长束颈，扁鼓腹，高圈足外张。颈腹交接处和腹中部共饰凹弦纹三周，上腹饰对称的两衔环铺首。口径15厘米，腹径23厘米，足径15厘米，高32.4厘米（图六一，1；图一〇七，2；图版三八，2）。

11. 釉陶罐

釉陶侈口短颈溜肩罐　1件。CM407∶36，泥质红陶，外施酱色釉面，近底部露胎。圆唇，卷沿，束颈，鼓腹，平底。肩部有一凹弦纹，口径12厘米，腹径13.6厘米，底径8厘米，高10厘米（图六〇，6；图一〇二，3；图版三三，3）。

12. 釉陶魁

釉陶敛口魁　1件。CM407∶34，泥质红陶，器表施黄褐色满釉。轮制。敛口，圆唇，圆折腹，平底。沿下装有圆锥形把柄。口径16.4厘米，底径7.2厘米，高6.4厘米（图六一，5；图一〇六，10；图版四一，4）。

13. 釉陶灯

釉陶喇叭形座灯　2件。CM407∶29，泥质红陶，座以上施褐色釉。轮制。浅盘，方唇，喇叭形座有矮台面，方座唇。沿面饰有一周凹弦纹。口径11.2厘米，底径10.4厘米，高8.8厘米（图六一，3；图一一二，1；图版四四，1）。CM407∶30，泥质红陶。通体施黄褐色釉。轮制。深盘，直口，方唇。口径10.4厘米，底径10.4厘米，高10厘米（图六一，3；图一一二，2；图版四四，2）。

14. 釉陶器盖

釉陶器盖　3件。标本CM407∶40，泥质红陶，通体施咖啡色釉。盖身呈半球形，翻沿，方唇加厚。靠口沿饰二周刻划纹，盖面有等距的三个长方形小孔。口径11.2厘米，高5.6厘米（图六一，6；图一一二，7；图版四五，1）。标本CM407∶31，泥质红陶，翻沿，通体施咖啡色釉。盖体呈浅盘状，平顶。靠口沿饰二周刻划纹，盖面有等距的三个长方形小孔。口径11.2厘米，高5.6厘米（图六一，7；图一一二，8）。

15. 铁器

铁釜　1件。CM407∶9，直口，高领，方唇，广肩，扁圆腹，圜底。中腹已残。口径29.6厘米，最大腹径43.2厘米，底径4.8厘米，复原高28厘米（图六一，4；图一三四，3）。

铁环首刀　1件。CM407∶28，单刃，偏锋，半圆形环首。长116.8厘米，宽3厘米，脊厚0.8厘米（图六一，14；图一三五，15；图版六九，5-1）。

16. 铜钱

2组8枚，散布于墓室各处。为保留外廓的“五铢”，钱文锈蚀较严重。

八、CM408

（一）墓葬形制

CM408位于C区的东侧位置，西与CM406相距25.7米，东与CM410相距5米。

凸字形单室墓。由墓道、墓门、甬道及墓室组成。墓葬全长571厘米。墓底略平。墓道方向为355°（图六三）。

墓道位于墓室的北侧，平面略呈梯形，近墓门一端略宽。长164厘米，宽176～230厘米，高0～238厘米。

墓门高128厘米，宽108厘米（图版一九，1）。

甬道底部比墓道底高出6厘米，形成台阶。长94厘米，宽108厘米，高126厘米。

墓室平面略呈方形，穹隆顶；顶部凿有一长宽均为100厘米、进深约10厘米的方形藻井。墓室长330厘米，宽280厘米，高148～190厘米。

在墓室底部、距墓室南壁90厘米处，开凿有一条T字形的排水沟。排水沟的纵向部分偏向于墓葬的西侧，并延至墓道，而在墓道的部分则以墓砖覆盖其上。排水沟宽约12厘米，深10厘米。

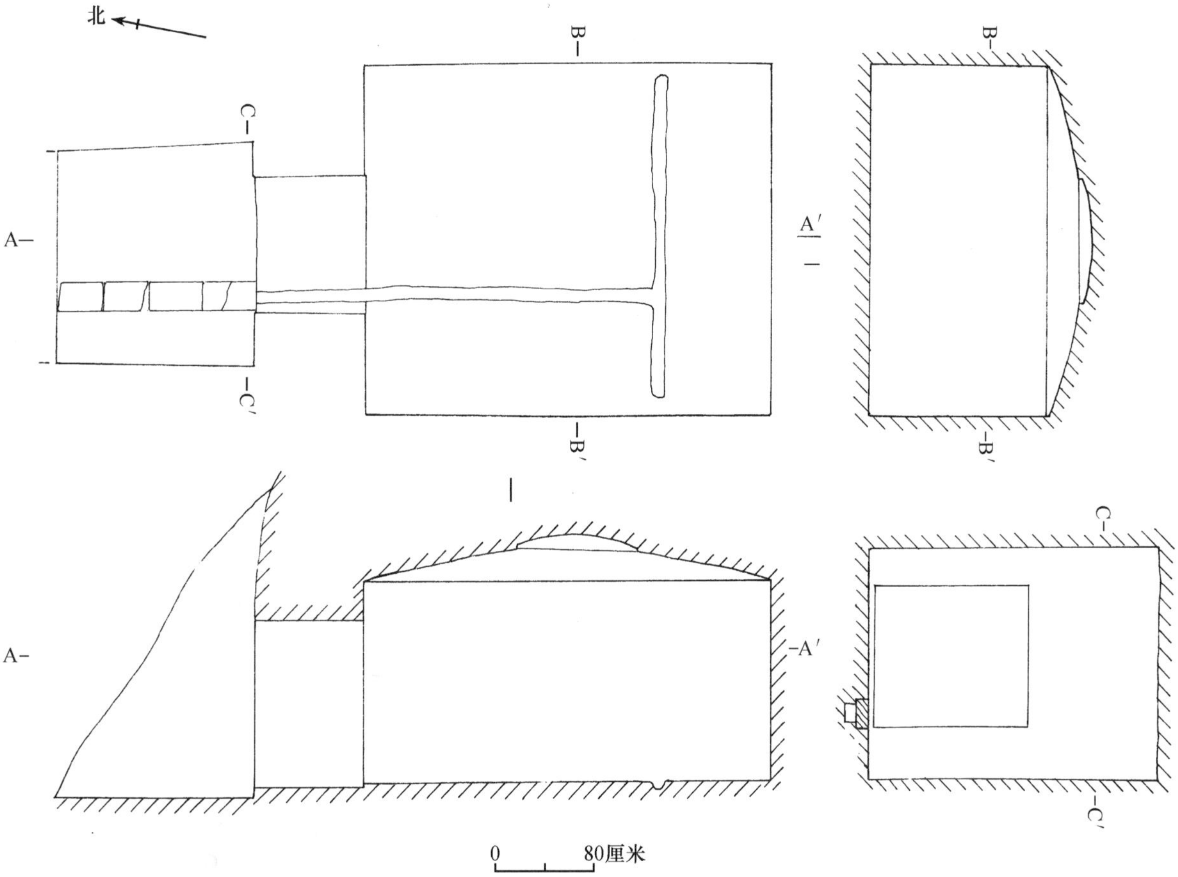

图六三　CM408平、剖面图

（二）随葬器物

被盗一空。

九、CM409

（一）墓葬形制

CM409位于C区的东端位置，与同区的其他崖墓相距较远，西距CM410有91米。

凸字形单室墓。由墓道、墓门、墓室及壁龛组成。墓葬在神溪船业修路时遭破坏，墓道大半被毁，现墓葬残长约 764 厘米。墓底略向外倾斜，现前后高差 20 厘米。墓道方向 333°（图六四）。

墓道位于墓室的北侧，残长 70 厘米，残宽 170 ~ 184 厘米，残高 0 ~ 90 厘米。

墓门有一道门框。门框进深 20 厘米，高 170 厘米，宽 164 厘米；门洞高 140 厘米，宽 130 厘米（图版一九，2）。

甬道在近墓室一端较宽，靠近墓门一端略窄。平顶，靠墓室一端略高。甬道长 254 厘米，宽 130 ~ 150 厘米，高 140 ~ 154 厘米。

墓室平面略呈方形，穹隆顶，最顶部凿有一长 90 厘米、宽 40 厘米、进深约 4 厘米的方形藻井。墓室长 306 厘米，宽 276 ~ 280 厘米，高 168 ~ 196 厘米。

墓室之内开凿有三个壁龛。在墓室后端（即南壁）凿有一平顶平底的壁龛，其底距墓室底部 16 厘米，其东壁距墓室东壁 34 厘米；该壁龛宽 212 厘米，高 110 厘米，进深 114 ~ 128 厘米。在墓室东西两壁各开有一近对称的壁龛。东壁龛宽 280 厘米，高 130 厘米，进深 110 ~ 120 厘米，其底距墓室底部约 10 厘米，其南壁距墓室南壁 10 厘米。西壁龛宽 270 厘米，高 120 厘米，进深 90 厘米，其底距墓室底 10 厘米，其南壁距墓室南壁 16 厘米。

自甬道始凿有一 Y 字形排水沟，并延伸至墓道。该排水沟宽 10 ~ 16 厘米，深约 10 厘米。

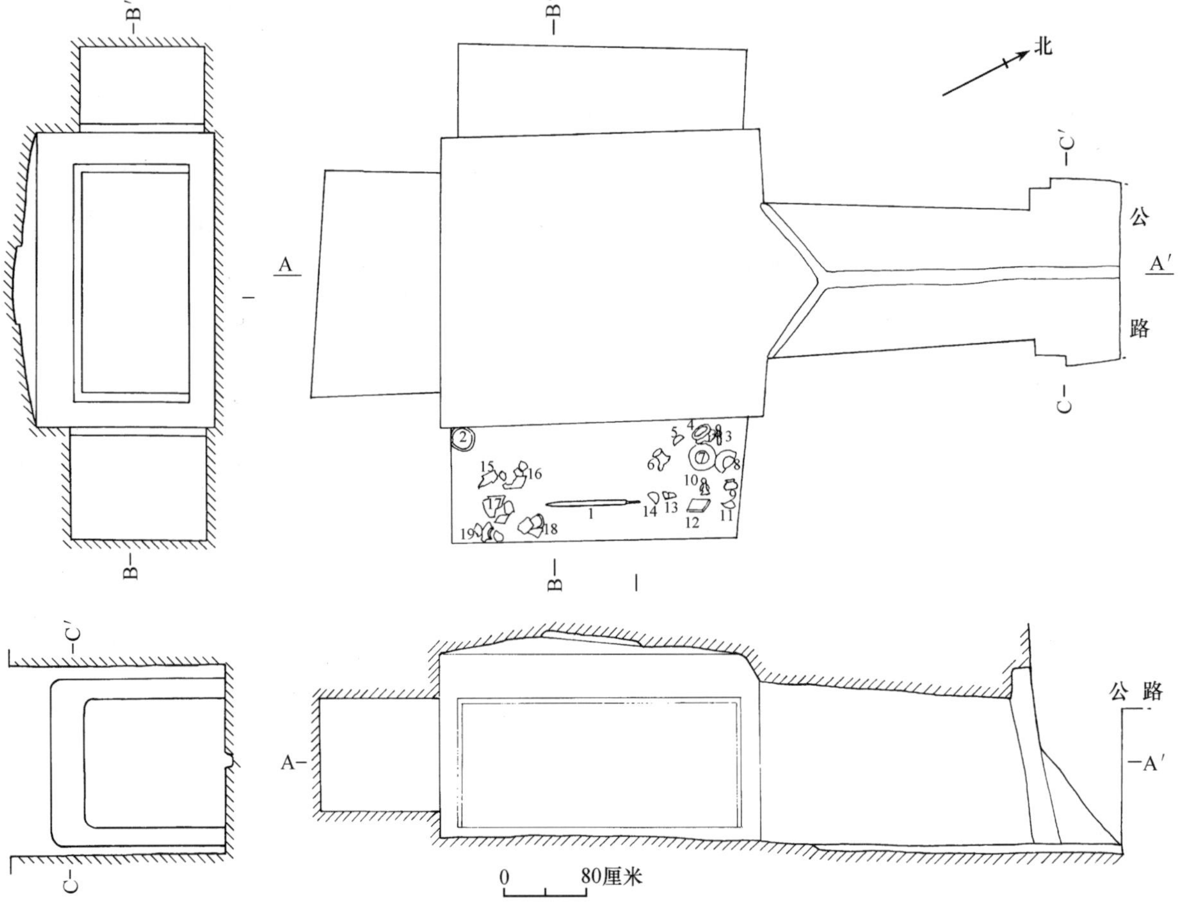

图六四　CM409 平、剖面图

1. 铁剑　2. 釉陶盆　3. 陶人物俑　4、7、8. 陶罐　5. 釉陶器盖　6、9 ~ 11、15、16、18、19. 陶罐（残片）　12. 陶水塘　13、14. 陶钵　17. 陶瓮

（二）随葬器物

出土随葬器物共19件（图六五）。发掘时所见，随葬品均置于东壁龛中。

1. 陶罐

陶窄折肩筒腹罐 1件。CM409:4，泥质灰陶，轮制。方唇，深鼓腹，平底。肩部饰一周锯齿状三角形纹，中腹部有多条轮修的线纹。口径21.6厘米，腹径36厘米，底径24厘米，高34厘米（图六五，2；图一〇四，6；图版三五，3）。

陶敛口短颈广折肩罐 1件。CM409:7，泥质灰陶，轮制。翻沿，尖圆唇，斜折肩，上腹近直，下腹内收，平底。上腹部先饰绳纹，再略为抹去，然后在其上戳印菱格纹。口径24厘米，腹径38厘米，底径19.6厘米，高26.8厘米（图六五，3；图一〇四，10；图版三六，2）。

陶矮领广圆肩罐 1件。CM409:8，泥质灰陶，轮制。方唇，圆鼓肩，平底。腹部饰间断绳纹。口径16厘米，腹径29.6厘米，底径16.8厘米，高20.4厘米（图六五，1；图一〇三，1）。

2. 陶瓮

陶小口深鼓瓮 1件。CM409:17，泥质灰陶，轮制。小口，翻沿，尖唇，侈口，束颈，圆肩，鼓腹，最大腹径位于中上部，平底。肩部有一周间断条纹，腹部有多条轮修过的线纹。口径12厘米，腹径32厘米，底径15.6厘米，高33.2厘米（图六五，4；图一〇六，1）。

3. 陶钵

陶敞口折腹钵 2件。标本CM409:14，泥质灰陶，轮制。翻唇，小平底。素面。口径12.8厘米，底径4厘米，高4.8厘米（图六五，5；图一〇八，9）。

4. 陶人物俑

陶抱囊俑 1件。CM409:3，泥质红陶，前后合模制成。站立人形，头戴圆形冠帽，长方脸，细眉，眯眼，抿嘴，身穿右斜衽裙服，裙服及地，双手合抱一长囊状物。高14厘米（图六五，8；图一一五，2；图版四六，6）。

5. 釉陶盆

釉陶侈口束颈中腹盆 1件。CM409:2，泥质红陶，器表施黄褐色釉。轮制。口沿外翻，圆唇，上腹较直，下腹弧内收，底部微上凹。中腹饰二道凹弦纹。口径24厘米，底径12厘米，高10.8厘米（图六五，7；图一一〇，7；图版四二，4）。

6. 釉陶器盖

釉陶器盖 1件。CM409:5，泥质红陶，外表施咖啡色釉，釉面有开裂。轮制。方唇，弧顶。纹饰模印外凸，盖面为向心式图案，以柿蒂纹为中心，继而绕以两周单线圈和潦草的锯齿纹。口径16厘米，高4.8厘米（图六五，9；图一一二，9；图版四五，2）。

7. 铁器

铁剑 1件。CM409:1，长方体扁茎，无首无格，剑身起中脊，中锋，前锋残，双刃。残长96厘米，刃宽2.8厘米（图六五，10；图一三六，1；图版六九，5-2）。

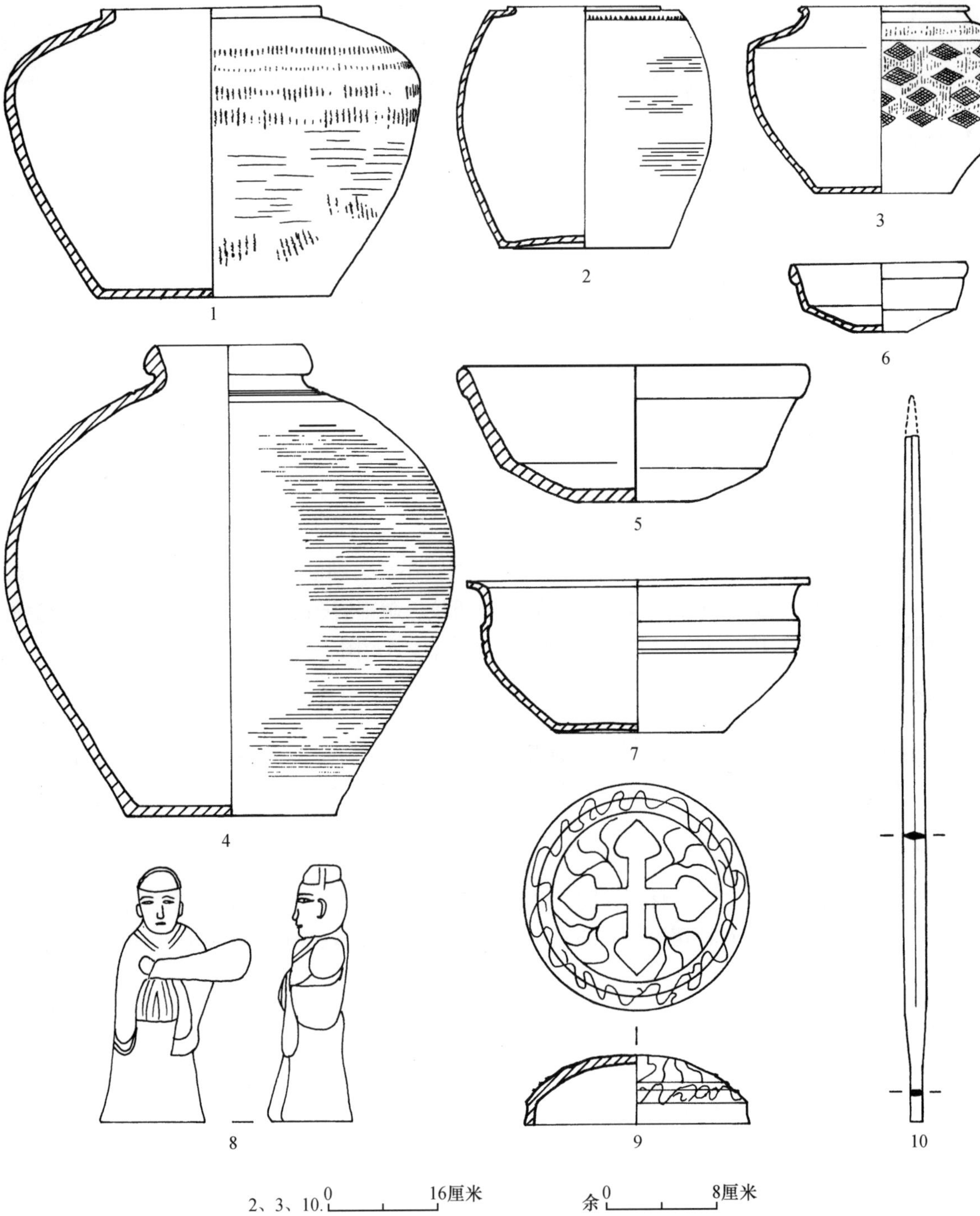

图六五　CM409 出土器物

1~3. 陶罐（CM409∶8、CM409∶4、CM409∶7）　4. 陶瓮（CM409∶17）　5、6. 陶钵（CM409∶14、CM409∶13）　7. 釉陶盆（CM409∶2）　8. 陶抱囊俑（CM409∶3）　9. 釉陶器盖（CM409∶5）　10. 铁剑（CM409∶1）

一〇、CM410

（一）墓葬形制

CM410位于C区的中部位置，东与CM409相距91米，西与CM408相距5米。

带侧室墓。由墓道、墓门、甬道、主墓室、壁龛及侧室组成。其中墓道宽于主墓室，墓道、甬道及主墓室呈凸字形。墓底略平。墓葬全长约660厘米。墓道方向为正北（图六六）。

墓道位于主墓室的北侧，平面呈梯形，近墓门一端较宽，愈往墓道口处愈窄。长280厘米，宽102～170厘米，高66～210厘米（图版二〇，1）。

墓门有一道门框。门框进深30厘米，高122厘米，宽116厘米；门洞高108厘米，宽90厘米（图版二〇，2）。

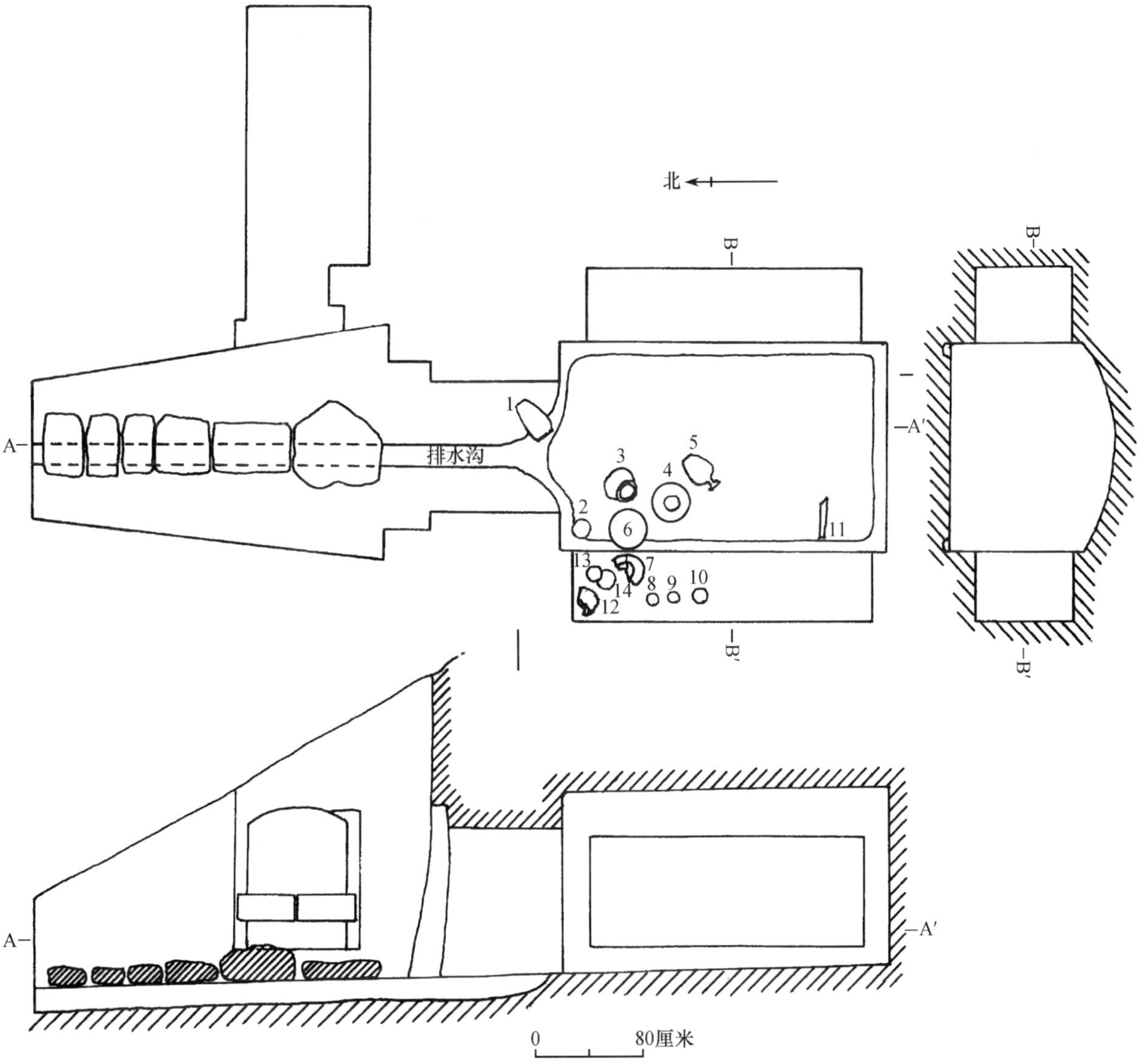

图六六　CM410平、剖面图

1. 瓷双系罐　2、12. 瓷碗　3. 釉陶罐　4、5. 瓷盘口壶　6. 铁鐎斗　7. 瓷盆（残）　8～10、13. 瓷盏　11. 铁矛（残）　14. 陶盆侧室开凿于墓道的东壁中，距墓门 36 厘米。侧室平面呈刀把形。侧室墓门高 102 厘米，宽 70 厘米，其下部有两墓砖横砌封门。甬道位于侧室的西侧，偏于其北壁，长 30 厘米，宽 70 厘米。侧室券顶，长 192 厘米，宽 100 厘米，高 78 ~ 96 厘米。

甬道平顶，长 100 厘米，宽 90 厘米，高 108 厘米。

主墓室平面呈长方形，券顶。长 250 厘米，宽 150 厘米，高 102 ~ 140 厘米。

主墓室内东西两侧各开凿一壁龛，两者近对称。西壁龛平顶平底，宽 230 厘米，高 76 厘米，进深 60 厘米；该壁龛的底距墓室底部 18 厘米，南壁距墓室南壁 10 厘米。东壁龛亦为平顶平底，宽 205 厘米，高 76 厘米，进深 50 厘米；该壁龛的底部距墓室底 18 厘米，南壁距墓室南壁 24 厘米。

墓葬的底部凿有排水沟。在墓室内保持排水沟环绕四壁，约呈尖底"口"形，在甬道处汇为一条直沟，约处于甬道及墓道的中轴线上，排水沟之底向外倾斜，以利排水。排水沟在墓室处约宽 8 厘米，深 6 厘米，而在甬道及墓道处则宽 14 ~ 16 厘米，深 8 ~ 20 厘米。墓道处的排水沟上共盖有六块石头，石的厚度为 14 ~ 20 厘米不等。

（二）随葬器物

共出土随葬器物 14 件（图六七）。就发掘时所见，随葬品主要位于甬道、主墓室的西北角及西壁龛内（图版二〇，4）。具体而言，两件瓷盘口壶及铁鐎斗均位于墓室的西北角，而碗、盏类器多位于西壁龛中。

1. 陶盆

陶折沿浅折腹盆　1 件。CM410 : 14，泥质灰陶。轮制。外折沿近平，大敞口，浅腹略折，平底。素面。口径 12 厘米，底径 5.2 厘米，高 2.8 厘米（图六七，11；图一一〇，15）。

2. 釉陶罐

釉陶折沿溜肩垂腹罐　1 件。CM410 : 3，泥质灰陶，轮制。圆唇，束颈，溜肩，平底。上腹饰三道凹弦纹。口径 22.8 厘米，底径 17.2 厘米，高 13.8 厘米（图六七，4；图一〇二，5）。

3. 瓷盘口壶

瓷深鼓腹盘口壶　2 件。CM410 : 4，灰色瓷胎，外施半釉，釉色略呈青灰色。轮制。盘口直壁，圆唇，束颈，肩部有六个对称的泥条形耳，鼓腹，腹下部内外壁均有拉坯的轮痕数周，底内凹。口径 16.4 厘米，腹径 29.6 厘米，底径 17.2 厘米，高 36 厘米（图六七，1；图一二二，1；图版五四，3）。CM410 : 5，灰白色瓷胎，外施半釉，近底部露胎，釉料已脱落，原施釉处呈灰白色。轮制。盘口直壁，方唇，束颈，鼓腹，最大腹径处位于中上部，平底。溜肩处有对称四个泥条形耳。口径 10.8 厘米，腹径 14.8 厘米，底径 8 厘米，高 18.8 厘米（图六七，2；图一二一，9；图版五四，5）。

4. 瓷罐

瓷敛口筒腹双系罐　1 件。CM410 : 1，灰色瓷胎，瓷质较粗，胎内外施酱色釉，下腹露胎。轮制。腹整体呈橄榄形，方唇，微鼓腹，上腹平底。上腹部有对称贯耳。口径 9.2 厘米，腹径 13.2 厘米，底径 9.2 厘米，高 18.4 厘米（图六七，3；图一二三，4；图版五九，6）。

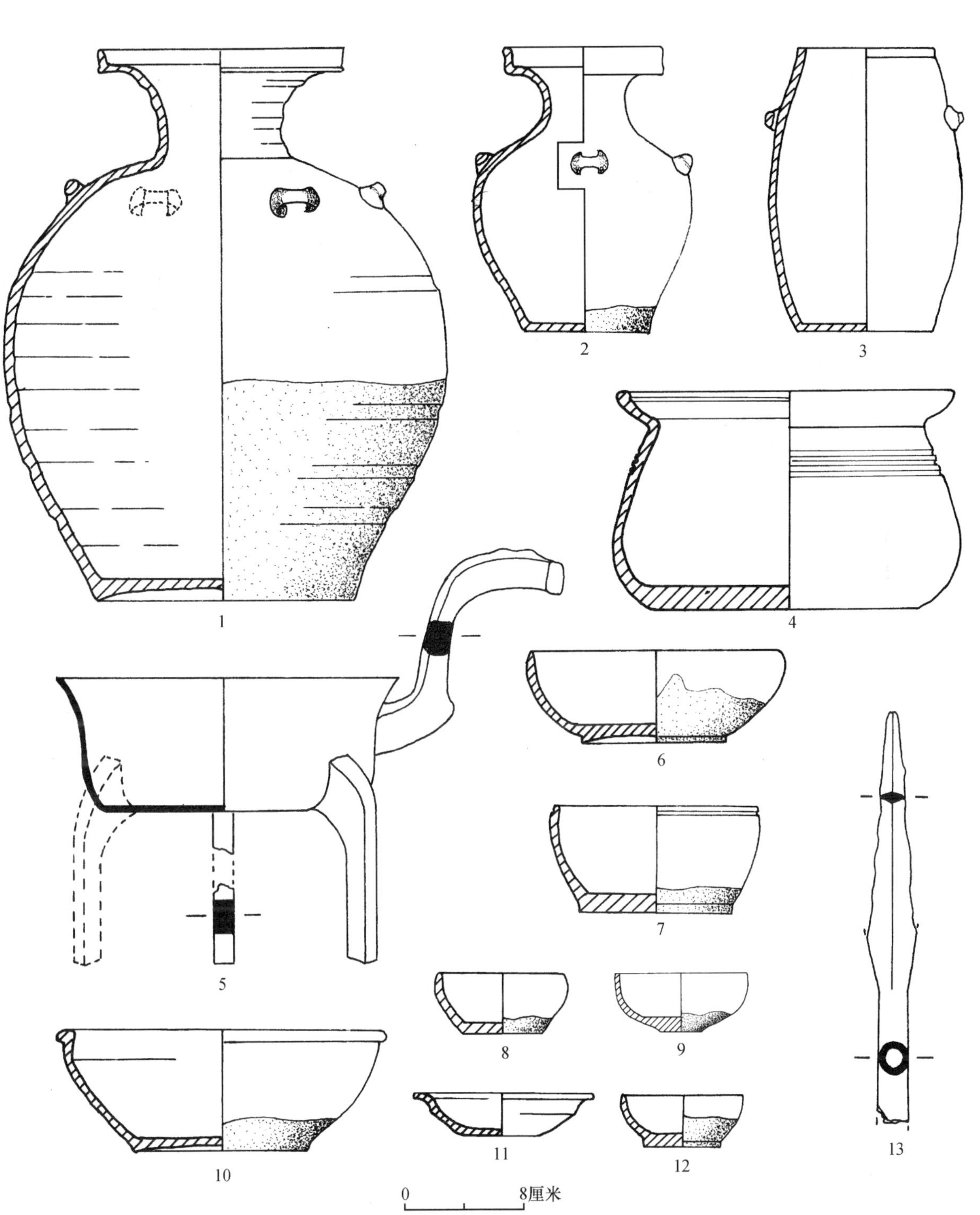

图六七 CM410出土器物

1、2. 瓷盘口壶（CM410:4、CM410:5） 3. 瓷双系罐（CM410:1） 4. 釉陶罐（CM410:3） 5. 铁鐎斗（CM410:6） 6、7. 瓷碗（CM410:12、CM410:2） 8、9、12. 瓷盏（CM410:10、CM410:13、CM410:8） 10. 瓷盆（CM410:7） 11. 陶盆（CM410:14） 13. 铁矛（CM410:11）

5. 瓷碗

瓷近直口扁体饼足碗　1件。CM410∶12，灰白色瓷胎，施青釉，内满釉外半釉，下腹露胎。轮制。敞口，尖圆唇，弧腹内收，带假圈足，假圈足外底部上凹。口径18厘米，足径9.2厘米，高6.2厘米（图六七，6；图一二六，6；图版六二，4）。

瓷近直口高体饼足碗　1件。CM410∶2，灰白色瓷胎，中腹以上及器里饰青釉，下腹露胎。轮制。圆唇，微弧腹，平底。唇下有一周凹弦纹。口径14厘米，底径10厘米，高7.2厘米（图六七，7；图一二六，14；图版六二，6）。

6. 瓷盏

瓷微敞口平底盏　1件。CM410∶13，浅灰色瓷胎，外半施青釉，釉料大多皆剥落，原施釉处呈灰色。轮制。平唇，平底。素面。口径9.2厘米，底径8厘米，高4厘米（图六七，9）。

瓷敛口平底盏　1件。CM410∶10，灰白瓷胎，施青釉，内满釉外半釉，下腹至底部露胎，釉料多已脱落，施釉处呈灰色。轮制。微敛口，尖唇，弧腹，平底。口径8.8厘米，底径5.2厘米，高4厘米（图六七，8；图一二八，8）。

瓷微敞口饼足盏　2件。CM410∶8，灰白色瓷胎，施青釉，内满釉外半釉。轮制。微敞口，圆唇，弧腹内收，饼形假圈足。口径8.4厘米，足径5.2厘米，高3.2厘米（图六七，12；图一二九，3）。

7. 瓷盆

瓷卷沿直口盆　1件。CM410∶7，灰白瓷胎，青釉，外施半釉，部分釉料已脱落，下腹以下露胎。轮制。外折平沿，圆唇，弧腹，平底略内凹。口径22厘米，底径11.4厘米，高8厘米（图六七，10；图一三〇，7；图版六七，2）。

8. 铁器

铁鐎斗　1件。CM410∶6，盆形器身，侈口，微鼓腹，平底，三侧装扁平蹄形足，曲形把手。口径23.2厘米，腹深8.4厘米，底径16厘米，通高27.2厘米（图六七，5；图一三五，1）。

铁矛　1件。CM410∶11，菱形矛身，矛身剖面呈菱形，圆形长銎。长26厘米，宽3.8厘米，銎径2.4厘米（图六七，13；图一三五，3）。

一一、CM420

（一）墓葬形制

CM420位于C区的最西端，处于神溪船厂大门南侧之上，高出大门5米。东距CM401约5米。

凸字形单室墓。由墓道、墓门、墓室及壁龛组成。其中壁龛的体形规格较大，令墓葬似带双翼。墓葬全长674厘米。墓底略向外倾，前后高差16厘米。墓道方向为350°（图六八）。

墓道位于墓室的北侧，其平面略呈直角梯形，在靠近墓门的一端略宽。长270厘米，宽160～180厘米，高10～180厘米（图版二一，1）。

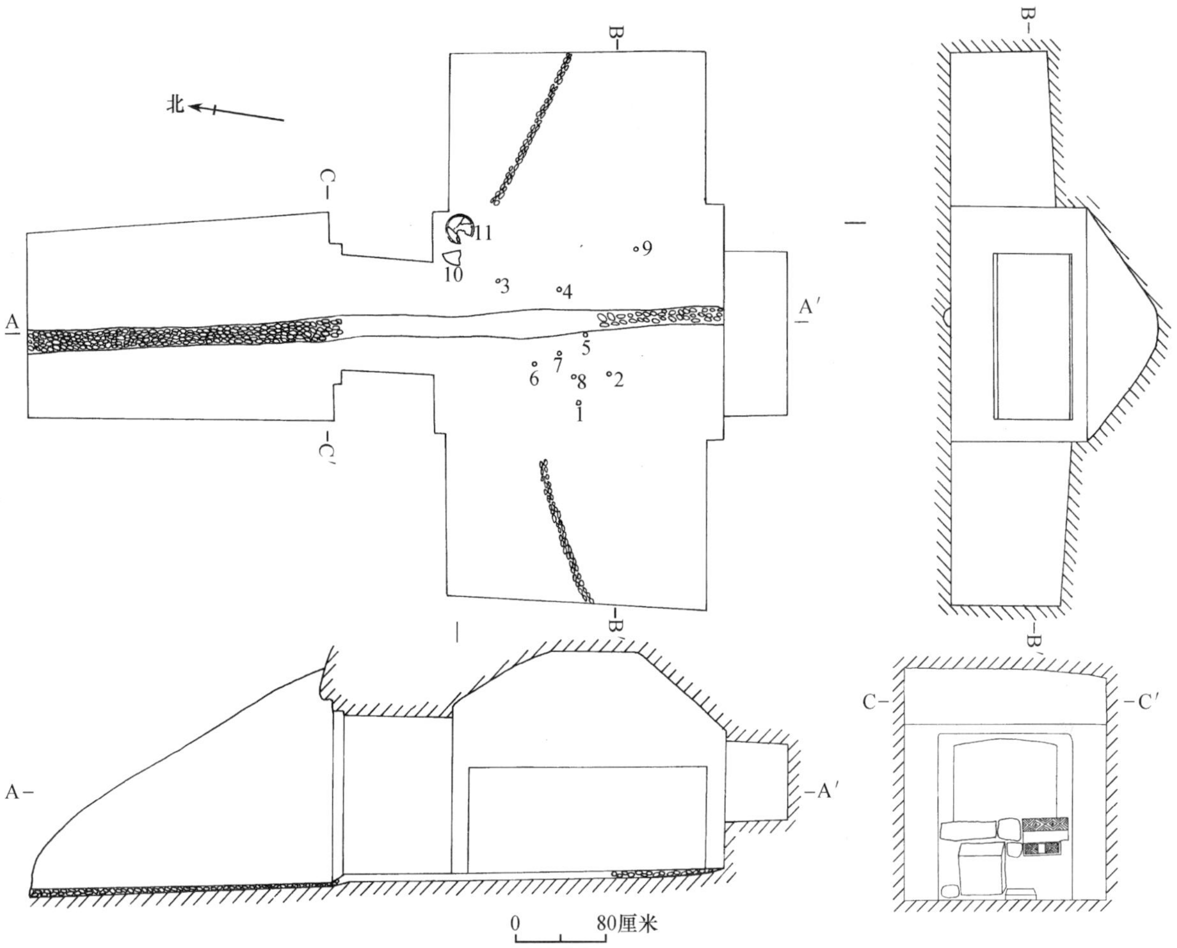

图六八 CM420平、剖面图

1. 银环 2~9. 串珠 10. 瓷碗 11. 瓷盆

墓门有二重门框，第一道门框高150厘米，宽180厘米；第二道门框进深10厘米，高140厘米，宽约120厘米；门洞略呈拱形顶，高132~138厘米，宽约92厘米。墓门以墓砖及石块叠筑封门，但并未完全封堵，墓门上半部未砌砖石，仅填塞有山坡的淤泥。封门墓砖有两种规格，一种长40厘米，宽22厘米，厚10厘米；另一种长34厘米，宽20厘米，厚10厘米，其上或饰有菱形纹。封门石曾经大致的修整，略呈方形，大小不等。

甬道位于主墓室北侧中部的位置，方向略偏东，平顶。长80厘米，宽96厘米，高138厘米。

墓室平面呈长方形，穹隆顶，但从墓顶的纵剖面可看到其墓顶的最上线较长，使整个墓顶看起来似是建筑上的“歇山顶”。墓室长260厘米，宽200厘米，高122~190厘米。

墓室内共开凿有三个壁龛。墓室末端（即南壁）距墓底42厘米处凿有一宽142厘米、高70厘米、进深54厘米的壁龛，该壁龛的上下面均倾斜，顶部向下倾斜，而底部则自内而外向下倾斜，因此在壁龛的末端高为62厘米。墓室东西两壁均凿有一体形较大的壁龛，二者近对称，且其底与墓室之底近平。东边的壁龛略呈平顶，宽230厘米，高100厘米，进深130~140厘米；其南壁距墓室南壁16厘米。西边壁龛的顶部向西边倾斜，宽254厘米，高104~114厘米，进深140~150厘米；其南壁距墓室南壁亦为14厘米（图版二〇，2）。

墓室内凿有一条纵向排水沟，自墓室末端一直延至墓道口，约位于墓葬的中线位置上，但墓室前部的排水沟因墓底岩石严重风化已痕迹难寻。此条排水沟宽 14 ~ 20 厘米，深 8 ~ 16 厘米。排水沟之内填有卵石，并高于墓底。另在两侧壁龛底部亦各凿有一条斜向的排水沟与上述的纵向排水沟相交，但此两条排水沟的后一段亦已不存。这两条斜向排水沟宽约 6 厘米，其内亦填有卵石。

（二）随葬器物

随葬品多已被盗，发掘时仅出土器物 10 件（图六九）。由于墓内积水积淤较多，因此随葬品多位于墓室的前部。

1. 瓷碗

瓷微敞口平底碗　1 件。CM420∶10，浅灰色胎，外施半釉，但釉面已全剥落，施釉处呈灰白色。圆唇，大平底。口沿下有一周凹弦纹。口径 14 厘米，底径 10. 8 厘米，高 5 厘米（图六九，2；图一二五，8；图版六一，1）。

2. 瓷盆

瓷折沿盆　1 件。CM420∶11，灰色胎，施青釉，内满釉外半釉，釉面已脱落，原施釉处呈灰白色。直口微敛，口沿外折斜向下，尖唇，腹壁斜直内收，大平底，腹内壁有三道槽。素面。口径 25. 5 厘米，底宽 12 厘米，高 9. 2 厘米（图六九，1；图一三〇，6；图版六七，1）。

3. 金属器

银环　1 件。CM420∶1，圆形，但不规整，扁箍。直径 1. 8 厘米（图六九，3；图一三七，7）。

4. 串珠

串珠　22 件。质地有玛瑙和玻璃质两类。标本 CM420∶3，玻璃质，圆形，天蓝色，风化程度较大，可看出其体内有裂痕。直径约为 1. 2 厘米（图六九，4；图一三八，8；图版七二，1-5）。

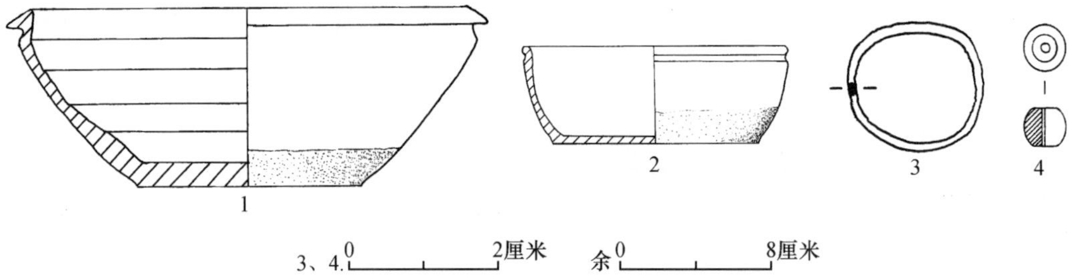

图六九　CM420 出土器物

1. 瓷盆（CM420∶11）　2. 瓷碗（CM420∶10）　3. 银环（CM420∶1）　4. 串珠（CM420∶3）

第六章　D区和E区崖墓

第一节　崖墓的分布与排列

D区在B区最东的BM310以东约120米，即东溪镇迁建新区以北的坡地，名岩盘咀，海拔235米。2000年12月，重庆市文物考古所等单位发掘的宣公墓群4座崖墓即位于此处①。2008年发掘崖墓1座，编号DM501（图三；图版三）。

E区位于翠屏山的中上部，海拔245～250米，为各发掘区中位置最高者。E区处于B区的上级坡地。距B区的直线距离约为70米。E区墓葬之上为居民区，民宅之间有近年新修的宣公墓，因有被盗的崖墓墓室空置，当地居民称此地为读书洞。

E区崖墓沿圆形山体按次排列，依其位置及墓口朝向可将崖墓分为两排。第一排位于山体的西麓，墓口朝向较为统一，均朝向神溪河，具体为向西，此排墓葬有EM601～EM606六座。第二排位于山体的北侧，墓口均朝向长江，但具体朝向略有参差，并不统一，此排墓葬有EM606～EM611五座。每排之内的墓葬亦依地势呈一字排开，相邻两墓之间的间距较小。此两排墓葬相距约50米（图七〇）。

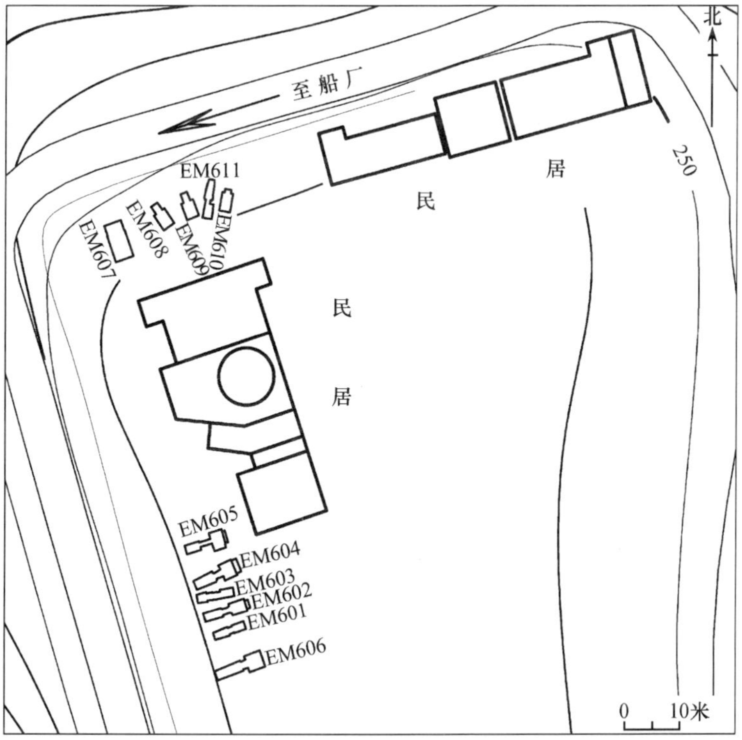

图七〇　E区崖墓分布图

---

① 重庆市文物考古所、重庆市文物局、忠县文物保护管理所：《忠县宣公墓群发掘报告》，《重庆库区考古报告·2000卷》，科学出版社，2007年。

第二节　崖墓介绍

一、DM501

（一）墓葬形制

DM501为一座凸字形单室墓。由墓道、墓门、甬道、墓室及壁龛组成。墓葬规格较大，总长达1820厘米。墓道方向为270°（图七一）。

墓道位于墓室的西侧，较长，近墓门一端较宽，而愈往墓道口处则愈窄。长950厘米，宽100～240厘米，高124～372厘米。墓道底部呈坡状略向外倾斜，前后高差约20厘米。墓道与墓门相接的一端底部正中置有一块修整比较规整的长方体石块，长96厘米，宽32厘米，厚14厘米，可能是一块踏脚石（图版二二，1）。

墓门底部高出墓道底16厘米。墓门有两重门框。这两道门框均下部比上部略宽，故呈梯形。第一道门框进深10厘米，高170厘米，宽160～170厘米；第二道门框进深10厘米，高158厘米，宽136～148厘米；门洞高142厘米，宽116～128厘米。墓门有外里两重封门。外层主要是填以山坡上的红褐色泥，墓门中上部的泥中又夹有凌乱而残破的墓砖和小石块。内层则以墓砖封门，横砌有七层墓砖，但并未完全将门洞封堵，上部只填以泥土（图版二二，2）。这些墓砖有两种规格，一种长40厘米，宽22厘米，厚10厘米；另一种长30厘米，宽22厘米，厚10厘米。墓砖上的纹饰亦有三种，第一种为菱格纹；第二种为菱格纹，镶嵌"富贵"二字；第三种为车轮纹及斜方格纹组成的装饰（图七二）。

甬道位于墓室的西壁中部位置，平顶平底，近墓室一端较宽。长196厘米，宽128～136厘米，高134厘米。

墓室平面呈长方形，墓室后半部抬升形成台阶，从而令墓室分为前后两部分，后部比前部高出14厘米。墓室券顶。墓室总长514厘米，宽376厘米，高180～220厘米；墓室前半部分长254厘米，后半部分长260厘米。在墓室的西北角凿有一宽104厘米、长68厘米、高50厘米的灶，灶的火门开凿在东侧，呈梯形，高26厘米，宽18～24厘米（图版二二，3）。

墓室内共开凿有三个壁龛。在墓室末端（即东壁）开凿有一平底弧顶的壁龛，其底部距墓室底部22厘米，其北壁距墓室北壁70厘米；该壁龛长240厘米，高160～172厘米，进深140厘米。而在墓室南北二壁的后侧又各开有一弧顶平底的壁龛，二者对称。墓室两侧的壁龛均长232厘米，高74厘米，进深80厘米，其底距墓室底部同为64厘米，其东壁距墓室东壁亦同为18厘米。

墓内自墓室末端壁龛到墓道凿有一条呈Y字形的排水沟，宽约8厘米，深12厘米。

（二）随葬器物

墓内共出土器物33件（图七三、图七四）。墓内有大量的积水及淤泥，随葬品散布于甬道及墓室中（图版二二，4）。

1. 陶釜

陶敞口长颈折腹釜　1件。DM501∶29，夹细砂红陶。圆唇，斜肩，腹壁略直，腹底交接处形成折棱。腹及圜底处饰粗绳纹。口径23.2厘米，腹径26.8厘米，高16厘米（图七三，4；图一〇一，3；图版三二，3）。

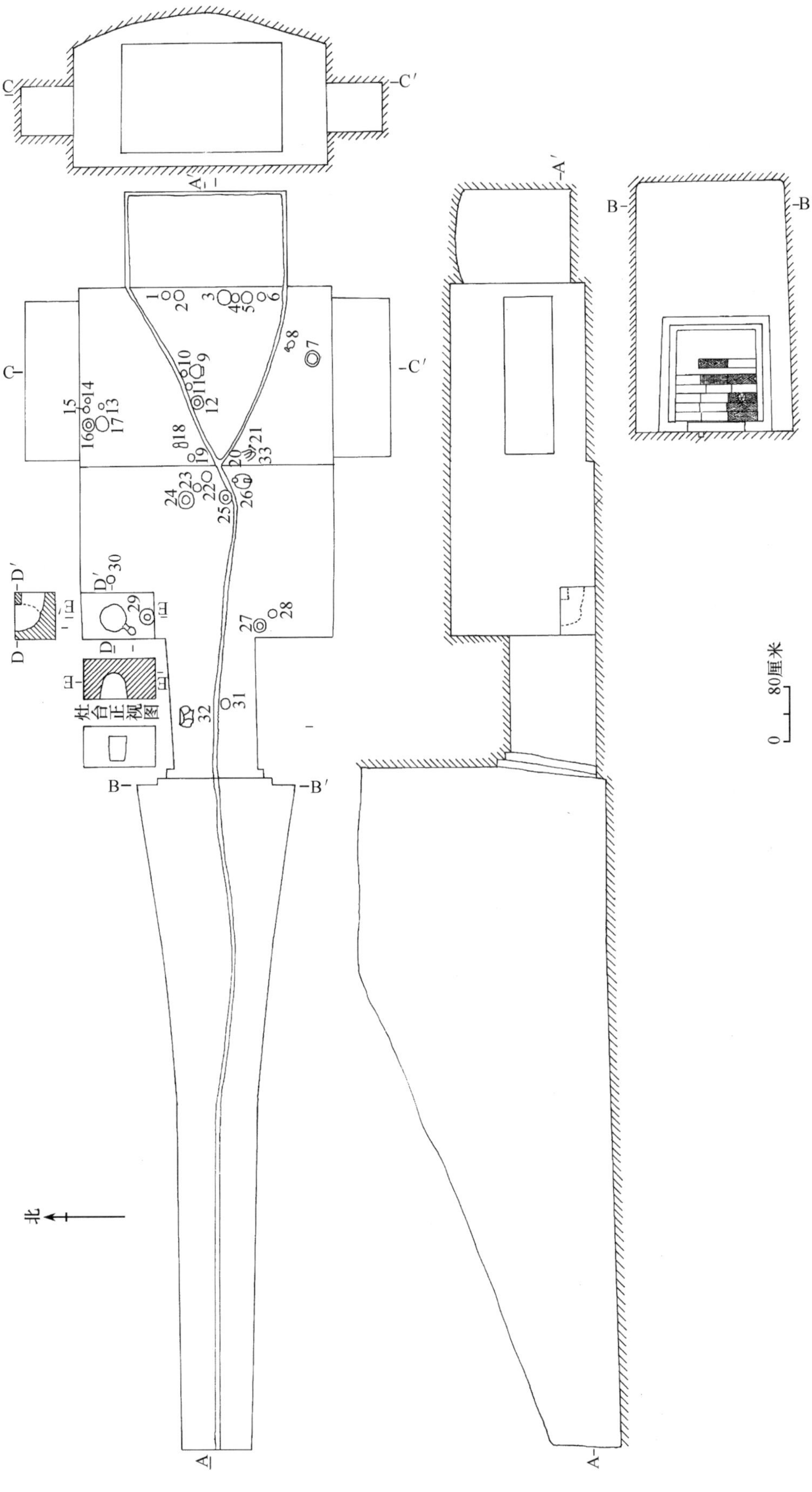

图七一 DM501平、剖面图

1、3～5、7、11、15～17、23、31. 瓷碗 2. 瓷四系罐 6、10、13、14、19. 瓷盏 8、24. 瓷盘口壶 9. 瓷四系罐 12. 瓷折沿罐 18、30. 陶侍女俑 20、21、33. 银发钗 22. 陶碗 25. 瓷鸡首壶 26. 瓷虎子 27. 陶罐 28. 圈足青瓷盏 29. 陶釜 31. 瓷碗 32. 陶盘

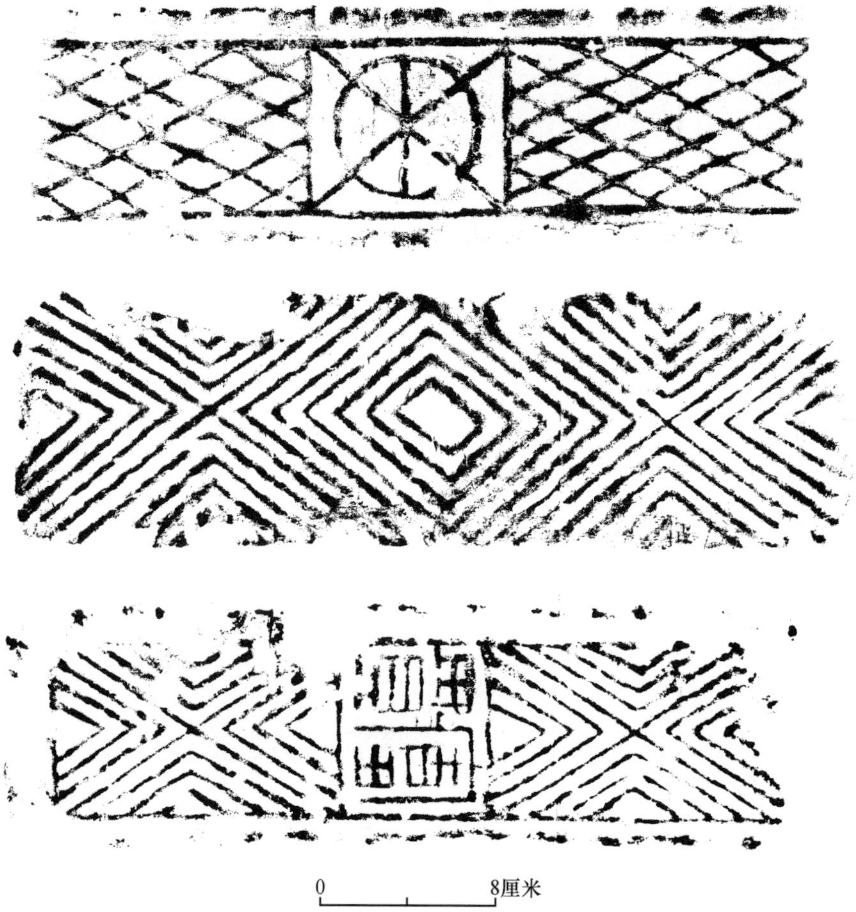

图七二　DM501 墓砖拓片

2. 陶罐

陶直口短颈圆折肩罐　1 件。DM501∶27，泥质灰陶，轮制。圆唇，鼓肩，下腹斜内收，平底。素面。口径 10.6 厘米，最大腹径 14.8 厘米，底宽 5.6 厘米，高 9.4 厘米（图七三，10；图一〇五，11；图版三七，5）。

3. 陶碗

陶直口平底碗　1 件。DM501∶22，夹细砂黑陶，轮制。圆唇弧腹内收，碗底中心上凸。口径 14 厘米，底径 6.2 厘米，通高 5.2 厘米（图七四，10；图一〇九，3；图版四〇，4）。

4. 陶盘

陶侈口束颈小平底盘　1 件。DM501∶32，泥质灰陶。轮制。方唇，腹壁斜内收。素面。口径 21 厘米，底径 6 厘米，器高 7 厘米（图七四，1；图一〇六，11；图版四二，6）。

5. 陶人物俑

陶侍女俑　2 件。标本 DM501∶30，泥质灰陶。拱手直立状，右衽，袖口包巾为素面，衣裙下部呈喇叭口状，头部已缺失。残高 16.8 厘米（图七三，11；图一一三，6；图版四七，1）。

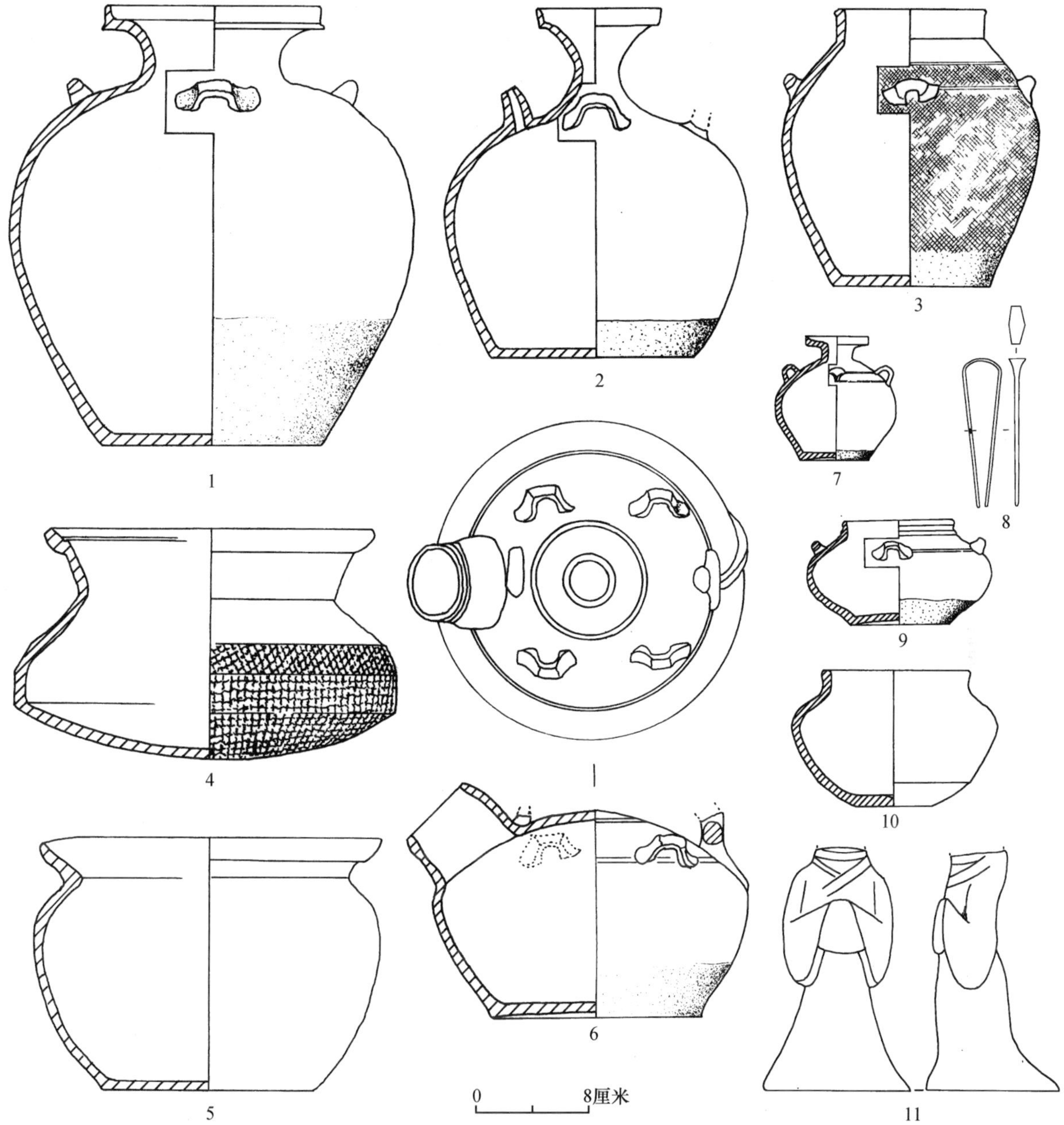

图七三　DM501出土器物（一）

1、7. 瓷盘口壶（DM501∶24、DM501∶8）　2. 瓷鸡首壶（DM501∶25）　3、9. 瓷四系罐（DM501∶9、DM501∶2）　4. 陶釜（DM501∶29）　5. 瓷折沿罐（DM501∶12）　6. 瓷虎子（DM501∶26）　8. 银发钗（DM501∶21）　10. 陶罐（DM501∶27）　11. 陶侍女俑（DM501∶30）

6. 瓷盘口壶

瓷短颈深鼓腹盘口壶　2件。DM501∶24，灰白瓷胎，外施半釉，青釉，胎釉结合较好。盘口直壁而略浅，肩上有四纽形耳，最大腹径位于中上部，平底。素面。盘口直径16厘米，最大腹径28.4厘米，底径16厘米，高30.4厘米（图七三，1；图一二一，10；图版五四，1）。DM501∶8，灰白胎，外施青釉近底部。浅盘口，细短颈，斜肩。肩上饰对称的两纽形耳，其间各有一尖嘴状物。底略上凹。素面。口径4.4厘米，最大腹径8.6厘米，底径4.8厘米，高8.6厘米（图七三，7；图一二二，9；图版五五，4）。

7. 瓷鸡首壶

瓷鼓腹鸡首壶　1件。DM501∶25，灰白瓷胎，外施青釉近底，釉层较薄，器表有若干道因流釉而产生的泪痕。盘口稍深，盘壁略直微外撇，束颈程度较大，颈部显得较细，近耸肩，鼓腹程度较大，最大腹径位于中上部，肩有附有两组形耳，鸡首及把手已缺失，但仍可见鸡首内有流，似非仅为装饰附属物，大平底。素面。盘口直径8.8厘米，最大腹径21.2厘米，底径13.2厘米，高26厘米（图七三，2；图一二三，2；图版五八，2）。

8. 瓷罐

瓷直口高领深鼓腹四系罐　1件。DM501∶9，灰色瓷胎，外施青釉近底部。四纽形横系均匀分布于肩上，平底。腹壁处饰有方格麻布纹。口径10.4厘米，最大腹径18.4厘米，底径11.2厘米，通高19.2厘米（图七三，3；图一二四，1；图版五五，5）。

瓷直口扁鼓腹四系罐　1件。DM501∶2，灰白胎，施青釉，内满釉外半釉。领较高，四纽形系，外平底略上凹。口领及肩处饰有一周浅凹弦纹。口径8.2厘米，最大腹径13厘米，底径7厘米，器高5.3厘米（图七三，9；图一二四，12；图版五七，6）。

瓷折沿罐　1件。DM501∶12，胎略呈橙黄色，青釉面已全剥落。圆唇，最大腹径处位于中上部，平底。素面。口径24.4厘米，最大腹径24.8厘米，底宽14.8厘米，器高17.6厘米（图七三，5；图一二三，6；图版五九，1）。

9. 瓷碗

瓷直口弧腹平底碗　1件。DM501∶15，灰白色胎，施青釉，内满釉外半釉。圆唇，下腹壁弧缓内收，平底。口沿下有两道凹弦纹。口径12厘米，底径6.6厘米，通高4.4厘米（图七四，15；图一二五，5；图版六〇，5）。

瓷直口圆折腹平底碗　1件。DM501∶1，胎灰而泛橙红，内施满釉外施半釉，釉面已全剥落，原施釉处呈灰白色。圆唇，上腹壁较直，下腹壁斜直内收，平底。口沿下有一道宽凹弦纹。口径12厘米，底径6厘米，器高4.6厘米（图七四，14；图一二五，7；图版六〇，6）。

瓷微敞口平底碗　3件。标本DM501∶3，胎色灰泛橙色，施青釉，内满釉外半釉，釉料近全脱落，原施釉处呈灰白色。圆唇，弧腹，大平底。口沿下饰有二周凹弦纹。口径16.8厘米，底径11厘米，高6.2厘米（图七四，5）。

瓷敞口平底碗　2件。标本DM501∶17，浅灰色胎，施青釉，内外均半釉，部分釉面剥落。圆唇，碗体内底保留有若干支烧痕迹，大平底略上凹。口沿下有一道较宽的凹弦纹。口径20.2厘米，底径11.4厘米，通高6厘米（图七四，3；图一二五，18；图版六一，5）。

瓷直口折腹矮饼足碗　1件。DM501∶11，胎色略呈橙黄，施青釉，内外均半釉。腹壁近底处略有束敛，平底。口沿下有两道凹弦纹。口径12.2厘米，底径6.4厘米，高4.6厘米（图七四，11；图一二六，2；图版六二，2）。

瓷直口浅弧腹饼足碗　1件。DM501∶7，灰白色胎，施青釉，内外均满釉。轮制。圆唇，弧腹内收，碗体内底周壁分布有一周支烧痕迹，饼足外底略上凹。素面。口径16.4厘米，底径11.8厘米，高6.4厘米（图七四，4；图一二六，8）。

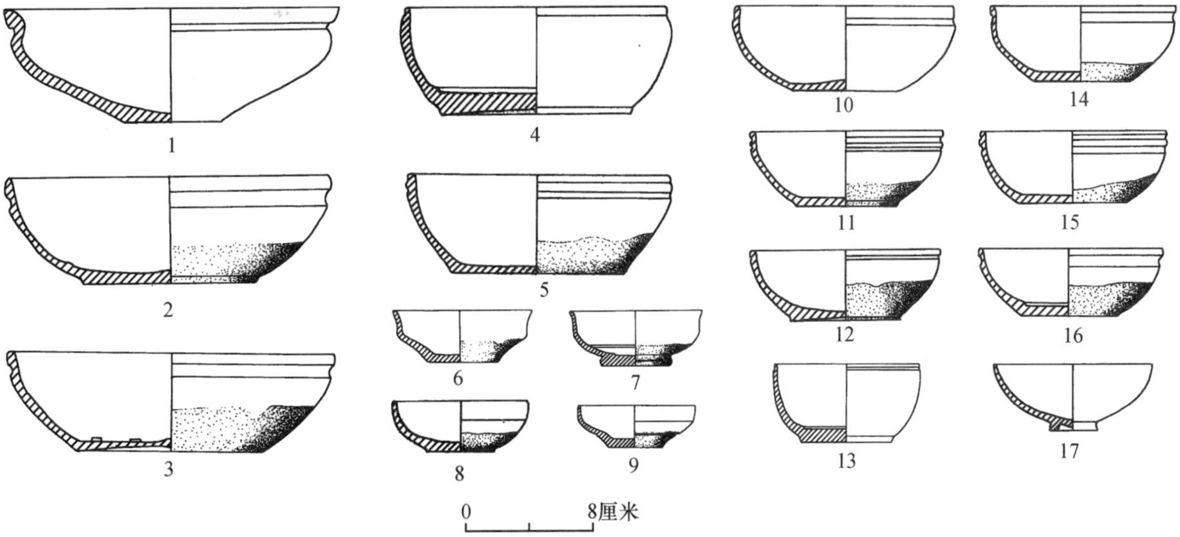

图七四　DM501出土器物（二）

1. 陶盘（DM501∶32）　2～5、11、12、14～16. 瓷碗（DM501∶16、DM501∶17、DM501∶7、DM501∶3、DM501∶11、DM501∶31、DM501∶1、DM501∶15、DM501∶4）　6～9、13. 瓷盏（DM501∶14、DM501∶10、DM501∶19、DM501∶13、DM501∶6）　10. 陶碗（DM501∶22）　17. 圈足青瓷盏（DM501∶28）

瓷敞口浅弧腹矮饼足碗　2件。标本DM501∶16，灰白色粗胎，施青釉，内满釉外半釉。尖唇，饼足平底，碗内底沿廓线分布有多个支烧痕迹。口沿下有一周较宽的凹弦纹，腹内底绘有旋涡纹。口径20.2厘米，足径10.6厘米，高6.6厘米（图七四，2；图一二七，7；图版六三，2）。

10. 瓷盏

瓷直口折腹平底盏　2件。标本DM501∶13，胎色浅灰并泛橙黄色，内施满釉外施半釉，但釉料已全剥落，原施釉处略呈灰白色。圆唇，上腹壁直，下腹壁斜内收，平底。腹壁下部有一周凹槽。口径7.4厘米，底径3.4厘米，高2.6厘米（图七四，9；图一二八，2；图版六四，1）。

瓷敞口矮饼足盏　1件。DM501∶19，胎色灰白而泛橙红色，施青釉，内满釉外半釉，但釉料多已脱落，原施釉处呈灰白色。轮制。圆唇，上腹壁微折，下腹壁弧腹内收，饼足平底。口径8.6厘米，底径4.2厘米，高3.2厘米（图七四，8；图一二九，2；图版六五，6）。

瓷侈口浅腹高饼足盏　1件。DM501∶10，灰白色胎，施青釉，内满釉外半釉，但釉料多已剥落。圆唇，上腹壁直，下腹壁弧内收，饼足平底。素面。口径8.2厘米，底宽2.4厘米，高3.4厘米（图七四，7；图一二八，9；图版六四，6）。

瓷微敛口深腹饼足盏　1件。DM501∶6，灰白色胎，施青釉，内外均满釉。尖唇，假圈足外壁呈内敛八字形，饼足外底上凹。素面。口径9厘米，底径5.6厘米，高4.8厘米（图七四，13；图一二九，15；图版六六，7）。

11. 瓷虎子

瓷圆体虎子　1件。DM501∶26，灰白色瓷胎，外施青釉近底。圆口约呈45°朝上，器体纵剖面上部呈圆弧状，下部斜直内收，从上往下看器身呈圆形，肩上有四纽形系，把已残，其剖面略呈圆形，在把的后端位置有一弯曲的短尾，其剖面为三角形，外底部略上凹。器体上部饰有数周细凹弦纹。流口直径6厘米，最大腹径22厘米，底径14.4厘米，器高16.4厘米（图七三，6；图一三〇，4；图版六七，7）。

12. 银器

银发钗　3件。标本DM501∶21，顶端平面呈六边形，长约10.3厘米（图七三，8；图一三七，8；图版七〇，3-2）。

13. 圈足青瓷盏

1件。DM501∶28。带外撇八字式圈足，大敞口，斜腹内收，其形制非为典型的六朝时器，而具有南宋时期瓷器的特征。考古发现，唐宋时期三峡地区有一种独特的葬俗“借室埋葬”，即借用汉晋时期等以前的墓室进行埋葬，湖北秭归小厶姑沱六朝墓即是其中一例①，DM501可能也被南宋时期的埋葬借用了（图七四，17；图一二九，18；图版六四，8）。

二、EM601

（一）墓葬形制

EM601位于E区的南端，南距EM606相距4.6米，北与EM602相距1.7米。

凸字形单室墓。由墓道、墓门、甬道及墓室组成。其中墓道略宽于墓室。墓葬全长560厘米。墓底近平。墓道方向为250°（图七五）。

墓道位于墓室的西侧，平面呈梯形，靠近墓门一端较宽，愈往墓道口则愈窄。长260厘米，宽120～150厘米，高0～202厘米。墓道的底部凿有四条横向凹槽，墓底似为石板砌筑而成（图版二三，1）。

墓门有两道门框。第一道门框高170厘米，宽150厘米，框宽约10厘米；第二道门框进深14厘米，高160厘米，宽128厘米；门洞高150厘米，宽104厘米。墓门处的岩石已有较大程度的风化并脱落，因此墓门显得不甚规整。部分墓砖上有车轮纹、铜钱纹及菱格纹组成的纹饰（图七六）。

甬道位于墓室西壁中部位置，平顶，长84厘米，宽106厘米，高150厘米。

墓室平面呈长方形，券顶，长214厘米，宽136厘米，高110～150厘米。墓室的末端呈包状突起约10厘米。

（二）人骨遗骸

墓室西北角有两具颅骨，其东北部及墓室中部散布有肢骨。以上遗骨可能有漂移。经鉴定为两个成年男女个体，可能为夫妻合葬。

---

① 湖北省文物考古研究所：《三峡库区秭归小厶姑沱六朝墓清理简报》，《江汉考古》2005年第2期。

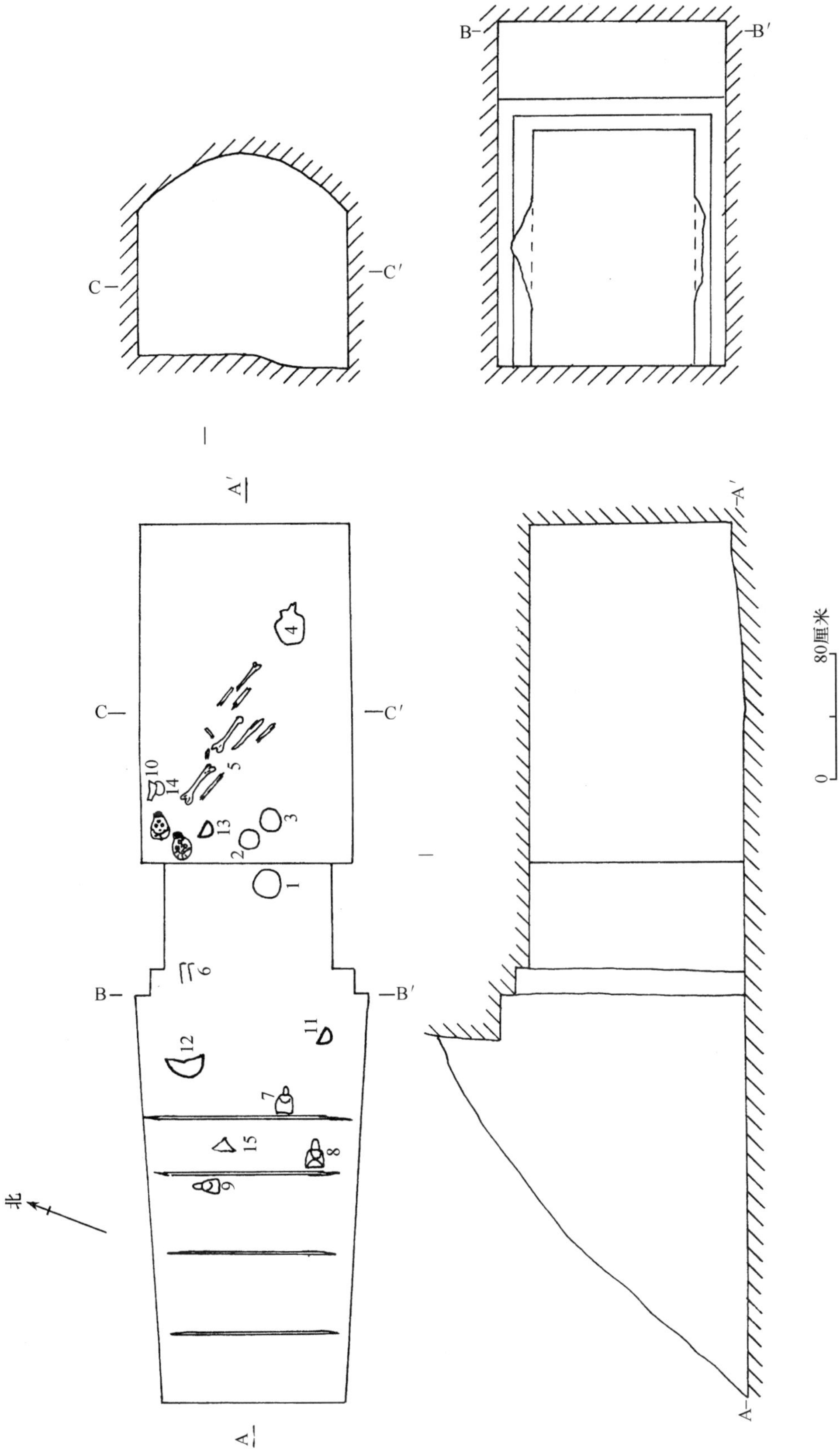

图七五 EM601平、剖面图

1、3、13、14. 瓷碗 2. 瓷盏 4. 瓷盘口壶 5. 人骨架 6. 铜发簪 7～9. 陶人物俑 10. 陶罐 11. 陶甑 12. 陶盆 15. 陶罐底

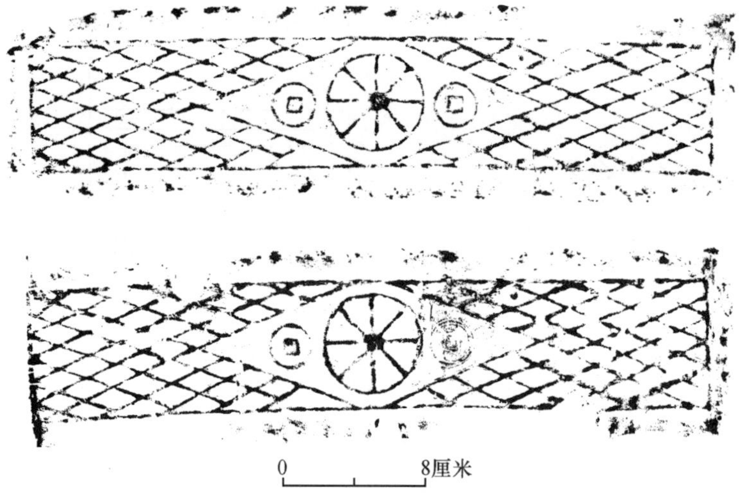

图七六　EM601 墓砖拓片

（三）随葬器物

共出土随葬器物 15 件（图七七）。由于墓葬曾被盗，因此墓内随葬品散落于墓道、甬道及墓室之中。其中陶俑、陶罐等陶器残件见于墓道中，而仅余的随葬品主要是瓷器位于甬道及墓室的中前部（图版二三，2）。

1. 陶罐

陶敛口罐　1 件。EM601∶10，泥质灰陶，轮制。唇外翻，广肩，中下部残。口径 14.8 厘米，残高 2.8 厘米（图七七，5）。

陶罐底　1 件。EM601∶15，泥质灰陶，轮制。平底。素面。底径 12 厘米，残高 2.8 厘米（图七七，6）。

2. 陶甑

陶直口方唇甑　1 件。EM601∶11，泥质红褐陶，轮制。下部已残。素面。口径 22 厘米，残高 5.2 厘米（图七七，1）。

3. 陶盆

陶直口平折沿盆　1 件。EM601∶12，泥质灰陶，轮制。圆唇。下底已残。口径 28 厘米，残高 3.2 厘米（图七七，2；图一一〇，4）。

4. 陶人物俑

陶侍女俑　2 件。标本 EM601∶7，泥质红陶，前后合模制成。头后有髻，右衽，拱手直立，袖口包巾有竖状摺皱。高 20.4 厘米（图七七，11；图一一三，4；图版四七，2）。

陶托腮听乐俑　1 件。EM601∶9，泥质红陶，前后合模制成。头戴幞巾，双手合拳置于下巴处，衣袖较短，露出手臂，下部已残。残高 11.8 厘米（图七七，12；图一一五，3）。

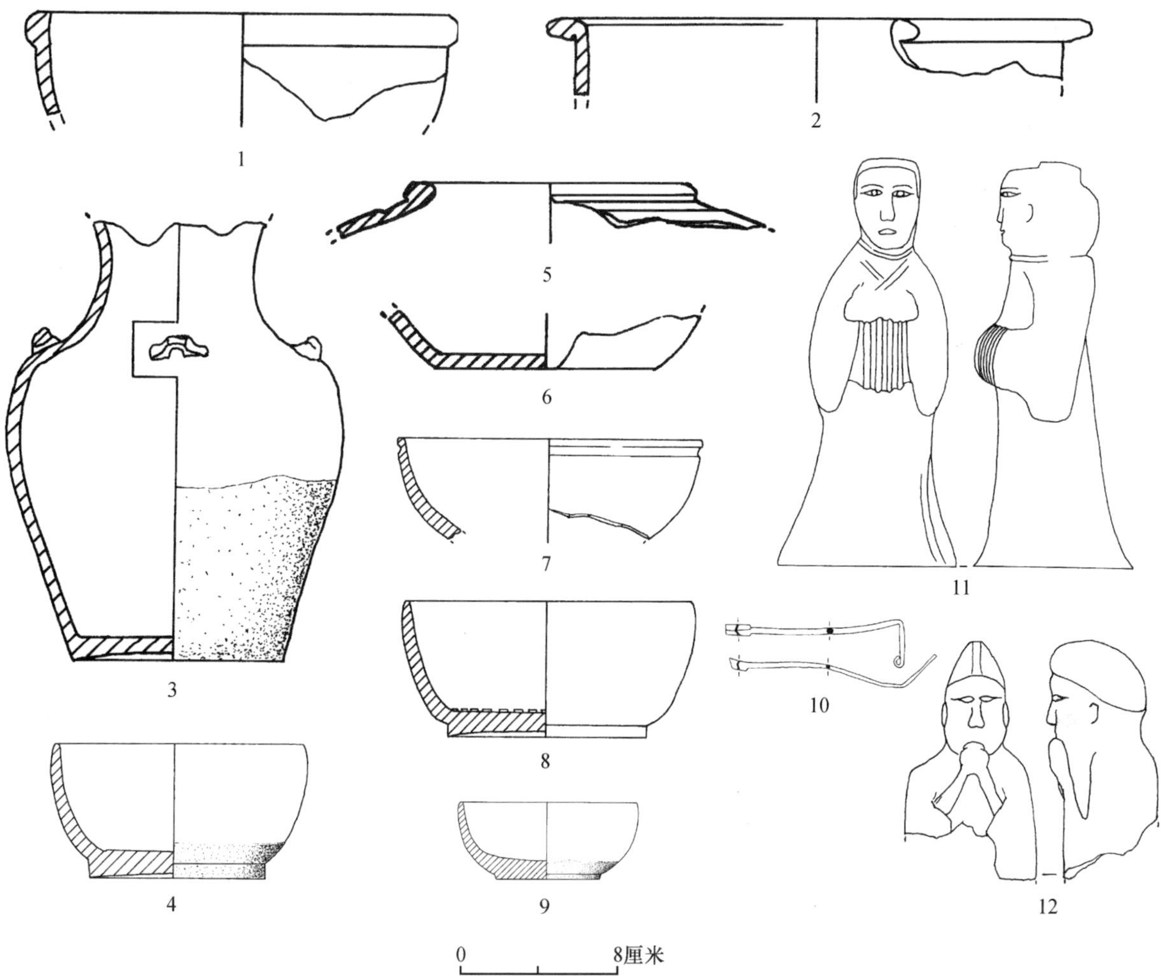

图七七　EM601出土器物

1. 陶甑（EM601:11）　2. 陶盆（EM601:12）　3. 瓷盘口壶（EM601:4）　4、7、8. 瓷碗（EM601:3、EM601:13、EM601:1）
5、6. 陶罐（EM601:10、EM601:15）　9. 瓷盏（EM601:2）　10. 铜发簪（EM601:6）　11. 陶侍女俑（EM601:7）
12. 陶托腮听乐俑（EM601:9）

5. 瓷盘口壶

瓷长颈瘦长腹盘口壶　1件。EM601:4，灰白胎，外施半釉。盘口缺失，略耸肩，四纽形系，平底略上凹。素面。最大腹径17.2厘米，底径10.8厘米，残高22厘米（图七七，3；图一二二，10；图版五二，5）。

6. 瓷碗

瓷近直口深弧腹饼足碗　1件。EM601:3，浅灰色胎，施青釉，内满釉而外施釉近底，釉料有所脱落。轮制。圆唇，饼足较高，外足底略上凹。素面。口径13厘米，底径9厘米，通高6.7厘米（图七七，4；图一二六，15；图版六二，7）。

瓷敞口中腹饼足碗　1件。EM601:1，灰白色瓷胎，施青釉，内外均满釉，釉料大部分已剥落。轮制。圆唇，敞口程度较小，饼足稍高且足外底略上凹，碗内底周壁分布有支烧痕迹。素面。口径15.4厘米，足径10.3厘米，高7.1厘米（图七七，8；图一二七，11；图版六三，5）。

瓷敞口弧腹碗　2件。标本EM601∶13，浅灰色瓷胎，内外均施青釉。轮制。底部已残。口沿下饰一周较宽的凹弦纹。口径16厘米，残高5.4厘米（图七七，7）。

7. 瓷盏

瓷敞口腹弧矮饼足盏　1件。EM601∶2，灰白色胎，施青釉，内满釉外半釉。轮制。圆唇，饼足外足壁呈内敛八字形，饼足平底。素面。口径8.8厘米，底径5.2厘米，器高3.85厘米（图七七，9；图一二九，1；图版六五，7）。

8. 铜器

铜发簪　2件。标本EM601∶6，一端平面呈长方形，剖面呈V字形；另一端呈铜丝状，但已弯曲。长约10厘米（图七七，10；图一三一，6）。

三、EM602

（一）墓葬形制

EM602处于E区的南侧位置，南距EM601有1.7米，北距EM603亦约1.7米。

凸字形单室墓。由墓道、墓门、甬道及墓室组成。墓葬全长827厘米。墓底略呈坡状向外倾斜，前后高差有25厘米。墓口方向为250°（图七八）。

墓道位于墓室的西侧，近墓门一端略宽。长318厘米，宽140～150厘米，高0～376厘米。

墓门有二重门框。墓门处的岩石有所风化剥落，故门框显得不甚规整。第一道门框高170厘米，宽150厘米；第二道门框进深12厘米，深高160厘米，宽122厘米；门洞高150厘米，宽100厘米（图版二四，1）。墓砖上有车轮纹及菱格纹组成的纹饰（图七九）。

甬道平顶，长154厘米，宽100厘米，高152厘米。

墓室平面呈长方形，券顶。墓室长280厘米，宽212厘米，高110～156厘米。墓室底部呈台阶状下倾。

在墓室的后端（即东壁）开凿有一壁龛，其底部距墓室底30厘米，其南壁距墓室南壁34厘米；壁龛顶部自外而里向下倾斜，底部自里而外向下倾斜；壁龛长140厘米，高58～76厘米，进深40厘米。

在甬道的前部始凿有一排水沟延至墓道口，约位于甬道及墓道的中线位置，排水沟的底部向下倾斜，宽约16厘米，深4～12厘米。排水沟内填有卵石，在墓道的一段之上平砌一列共七块墓砖。

（二）人骨遗骸

人骨保存状况不佳，墓室南壁中部可见部分肢骨，经鉴定为两个成年男女个体，可能为夫妻合葬。

（三）随葬器物

共出土器物53件（图八〇、图八一）。就发掘时所见，随葬器物主要分为三片分布于墓室及甬道内（图版二四，2～4）。第一片主要位于甬道的东北壁位置，第二片主要位于墓室的前部偏南的位置，第三片主要位于墓室后部。

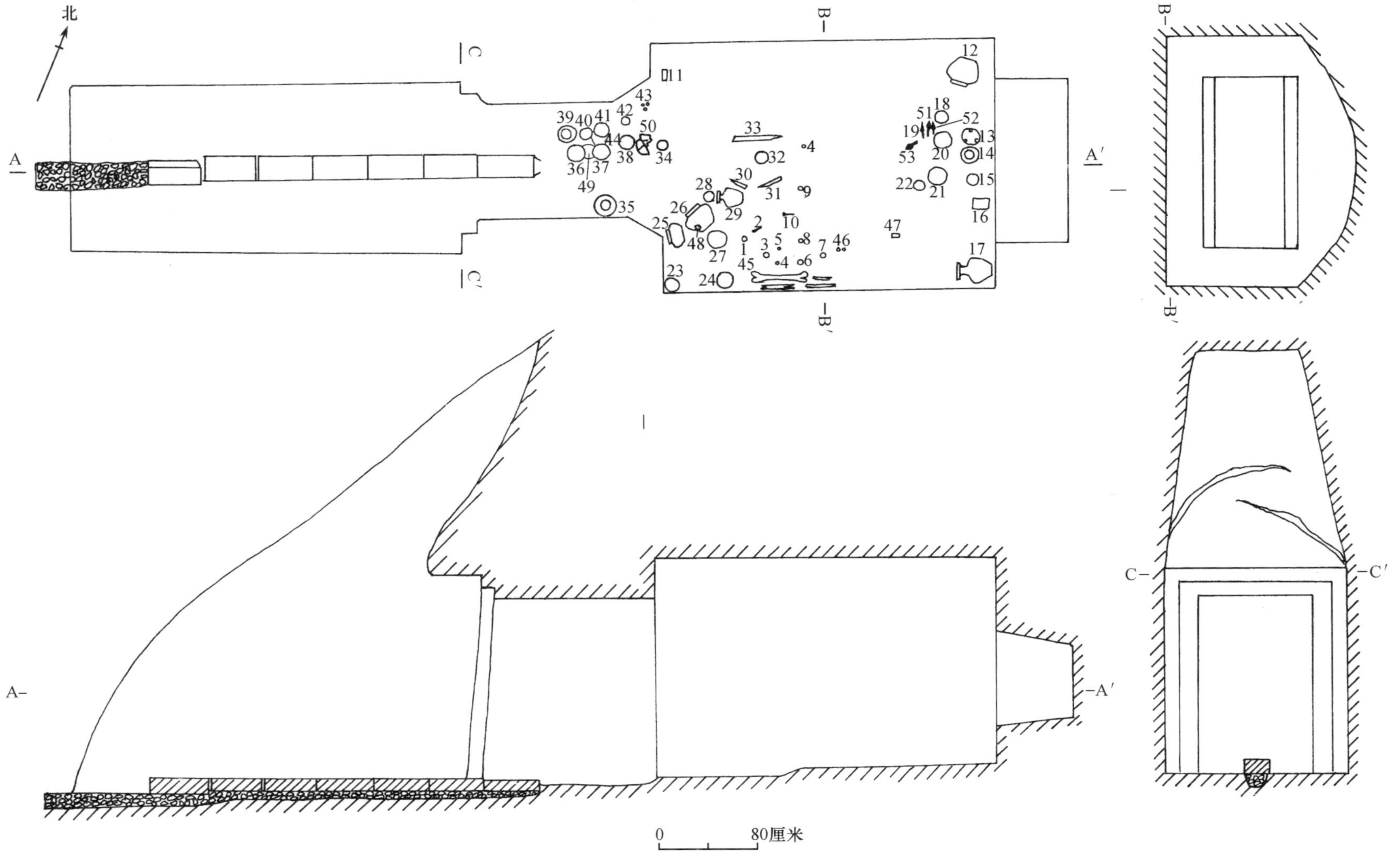

图七八　EM602平、剖面图

1、6. 银戒指　2. 铜发簪　3. 银环　4、5、46. 料珠　7. 铜环　8、9. 金戒指　10. 铁锥　11. 弩机部件　12、14、26. 瓷四系罐　13. 陶砚　15、28、34、40、42. 瓷盏　16. 石砚台　17、29、44. 瓷盘口壶　18. 瓷罐盖　19、51～53. 铁镞　20. 陶碗　21～24、27、32、36～39、41、49. 瓷碗　25、35、50. 陶罐　30、31、33. 铁刀　43. 铜钱　45. 人骨架　47. 玻璃耳珰　48. 琥珀辟邪

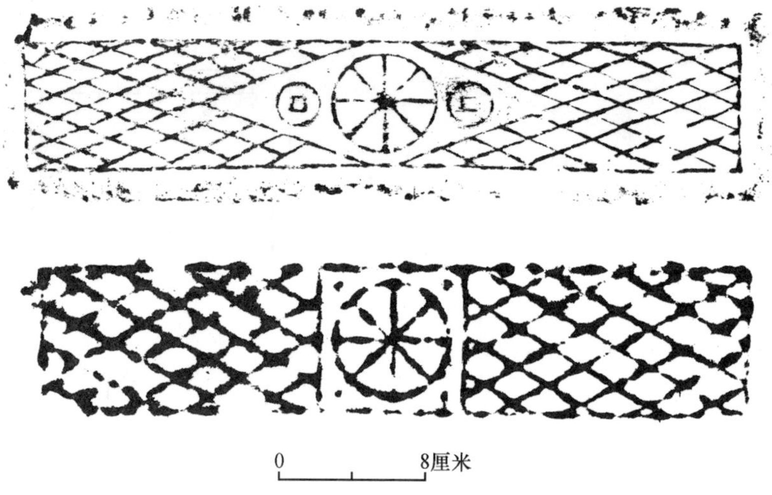

图七九　EM602 墓砖拓片

1. 陶罐

陶折沿鼓腹罐　1 件。EM602:50，泥质橙黄陶。轮制，口沿及腹体内壁均留有较密的轮制痕迹。窄折沿，圆肩，最大腹径处位于中上部，底部缺失。素面。口径 24 厘米，最大腹径 29.6 厘米，残高 15.6 厘米（图八〇，1；图一〇二，7）。

陶侈口双耳鼓腹罐　1 件。EM602:25，泥质灰陶，轮制。圆唇外翻，最大腹径位于中上部，下腹壁斜直内收，外底部上凹，肩上有双环形耳。素面。口径 15.2 厘米，腹径 19.2 厘米，高 12 厘米（图八〇，3；图一〇五，10；图版三七，6）。

陶直口圆肩球腹罐　1 件。EM602:35，泥质灰陶，轮制。圆唇，口领外壁有一周突棱，鼓腹，最大腹径处约位于中部，平底略上凹。器腹上部饰有细绳纹。口径 10.4 厘米，最大腹径 18.8 厘米，底径 11.4 厘米，高 15.4 厘米（图八〇，2；图一〇二，8；图版三四，1）。

2. 陶碗

陶敛口圈足碗　1 件。EM602:20，泥质灰陶，轮制。圆唇，弧腹内收，矮圈足，圈足壁呈外卷八字式。口沿下有一周凹弦纹。口径 12.4 厘米，足径 5.6 厘米，高 6.6 厘米（图八一，3；图一〇九，4；图版四〇，6）。

3. 陶砚

陶三足砚　1 件。EM602:13，泥质灰陶。砚体轮制，三足为手工黏合。斜壁敞口，口沿上有一道凹槽，三兽足。素面。口径 18 厘米，高 4.6 厘米（图八〇，9；图一一二，14；图版四五，5）。

4. 瓷盘口壶

瓷扁鼓腹盘口壶　1 件。EM602:44，灰白色胎，外施半釉，釉已剥落，原施釉处呈灰色。浅盘口，束颈，四纽形耳均匀地分布在肩上，鼓腹程度甚大，外平底上凹。素面。盘口直径 14.4 厘米，最大腹径 28.4 厘米，底径 14.8 厘米，高 27.2 厘米（图八〇，4；图一二一，1；图版五三，1）。

瓷鼓腹盘口壶　2 件。EM602:17，灰色胎，外施半釉，但釉料已全脱落，脱釉处胎呈深灰色。浅盘口，短束颈，鼓肩，最大腹径约在中部，外底部上凹，四系呈横纽形耳状。素面。盘口直径

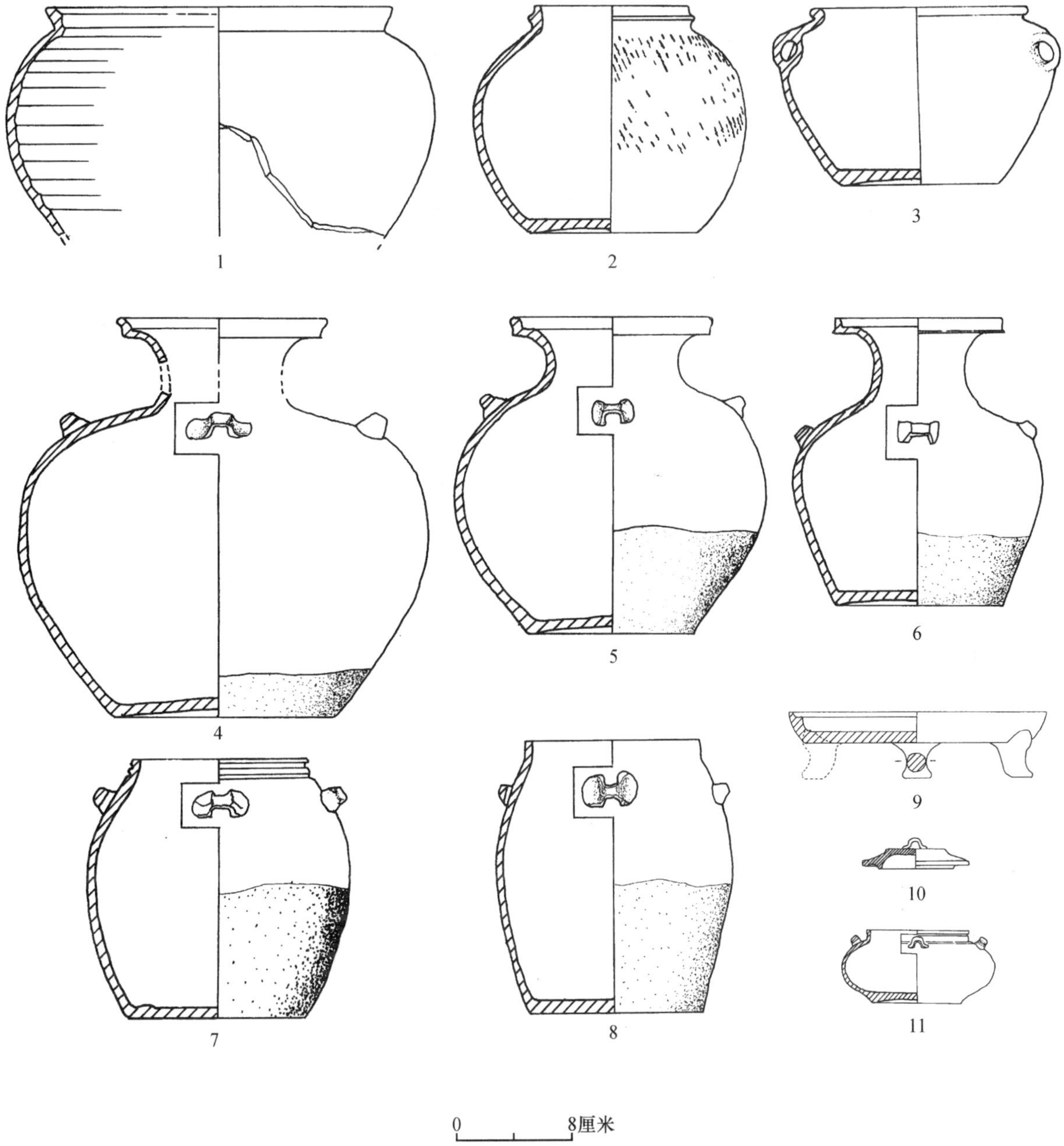

图八〇 EM602出土器物（一）

1～3. 陶罐（EM602:50、EM602:35、EM602:25） 4～6. 瓷盘口壶（EM602:44、EM602:17、EM602:29）
7、8、11. 瓷四系罐（EM602:26、EM602:12、EM602:14） 9. 陶砚（EM602:13） 10. 瓷四系罐盖（EM602:18）

13.6厘米，最大腹径21.6厘米，底径11.6厘米，高21.6厘米（图八〇，5；图一二一，2；图版五三，3）。EM602:29，灰白色釉，外饰青色半釉，釉面剥落。浅盘口，颈部较长，斜肩，四桥形耳，平底略内凹。口径12厘米，最大腹径17.6厘米，底径11.6厘米，高19.6厘米（图八〇，6；图一二一，5；图版五二，4）。

5. 瓷罐

瓷高鼓腹四系罐 2件。标本EM602:26，灰色胎，内外均施半釉。直口矮领，溜肩，四纽形系均匀地分布于肩上，大平底。口沿外壁有二道窄凹弦纹。口径12厘米，最大腹径18.4厘米，器高

17.6 厘米（图八〇，7；图一二四，3；图版五五，6）。

瓷扁腹四系罐　1件。EM602∶14，灰白胎，施青釉，内满釉外半釉。直口，领稍高，四纽形横系均匀地分布于肩上，外平底略上凹。口沿及肩上各饰有一道窄凹弦纹。口径7.2厘米，最大腹径10.8厘米，底径6厘米，器高5厘米（图八〇，11；图一二四，7；图版五七，4）。此器原带盖，EM602∶18，灰白色胎，外施青釉。子母口，平顶，顶上有泥条形耳。直径7.6厘米，高2.2厘米（图八〇，10；图版五八，4）。

6. 瓷碗

瓷敛口平底碗　1件。EM602∶39，灰白胎，施青釉，内外均满釉，釉料有所剥落。圆唇，上腹壁圆弧，下腹部斜直内收，大平底。口沿下饰有三圈凹弦纹。口宽15.2厘米，最大腹径17.2厘米，底径9.6厘米，高7厘米（图八一，1；图一二五，1；图版六〇，1）。

瓷小敞口平底碗　2件。标本EM602∶22，灰色瓷胎，内外均半施青釉，釉色青绿。轮制。圆唇，弧腹内收，平底微上凹。口沿下饰有一周稍宽的凹弦纹。口径11.5厘米，底径7厘米，高4.4厘米（图八一，4）。

瓷敞口平底碗　2件。标本EM602∶27，胎色灰而带橙黄色，施青釉，内满釉外半釉，釉面多已剥落，原施釉处呈灰白色。圆唇，弧腹，碗内底分布有一周支烧痕迹，平底略上凹。口沿下饰有一周较窄的凹弦纹。口径17.2厘米，底径11.2厘米，高5.9厘米（图八一，5）。

瓷直口矮饼足碗　1件。EM602∶36，灰色胎，内满釉外半釉，釉料已全脱落，原施釉处呈灰白色。圆唇，上腹壁较直，下腹壁弧内收，饼足平底。口沿下有四道窄凹弦纹。口径16厘米，底径10.2厘米，高6.3厘米（图八一，9；图一二六，1；图版六二，1）。

瓷敞口浅弧腹矮饼足碗　3件。标本EM602∶41，灰色胎，原施青釉，内外均半釉，但釉料已全剥落，原施釉处呈乳白色。轮制。平方唇，腹壁略斜直，足外底上凹。口沿下饰一周窄凹弦纹。口径15.6厘米，底径10厘米，高5.1厘米（图八一，10）。

瓷近直口弧腹矮饼足碗　2件。EM602∶38，灰白色胎，内外均施满釉，但釉料已全剥落，原施釉处呈乳白色。圆唇，碗内底沿边缘位置分布有一周支烧痕迹，饼足外底略上凹，素面。口径15.4厘米，底径11.2厘米，高6.5厘米（图八一，6；图一二六，7；图版六二，5）。

瓷敞口中腹矮饼足碗　1件。EM602∶37，灰白色胎，施青釉，内外均满釉，釉面有明显的冰裂。尖圆唇，碗内底部周边分布有小支钉，饼足较矮，足外平底略上凹。口沿下饰有一周细窄凹弦纹。口径16厘米，底径10.4厘米，高7厘米（图八一，2；图一二七，10；图版六三，6）。

7. 瓷盏

瓷直口平底盏　1件。EM602∶34，灰白色胎，施青釉，内外均满釉。圆唇，弧腹，平底较宽而略上凹。口沿下有一周凹弦纹。口径9.5厘米，底径6.1厘米，高3.9厘米（图八一，8；图一二八，3；图版六四，3）。

瓷微敞口小平底盏　1件。EM602∶28，灰白色胎，施青釉，内满釉外半釉。尖唇，腹壁在近底处收束，小平底略上凹。素面。口径8.7厘米，底径4.3厘米，高3.5厘米（图八一，12；图一二八，4；图版六四，4）。

瓷敞口浅弧腹饼足盏　1件。EM602∶15，灰白色瓷胎，施青釉，内施满釉，外施近底，裸露胎足，部分釉料已脱落。圆唇，饼足较高且平底。口沿下饰有一周较宽的凹弦纹。口径7厘米，足径3.4厘米，高2.75厘米（图八一，17；图一二八，6；图版六五，5）。

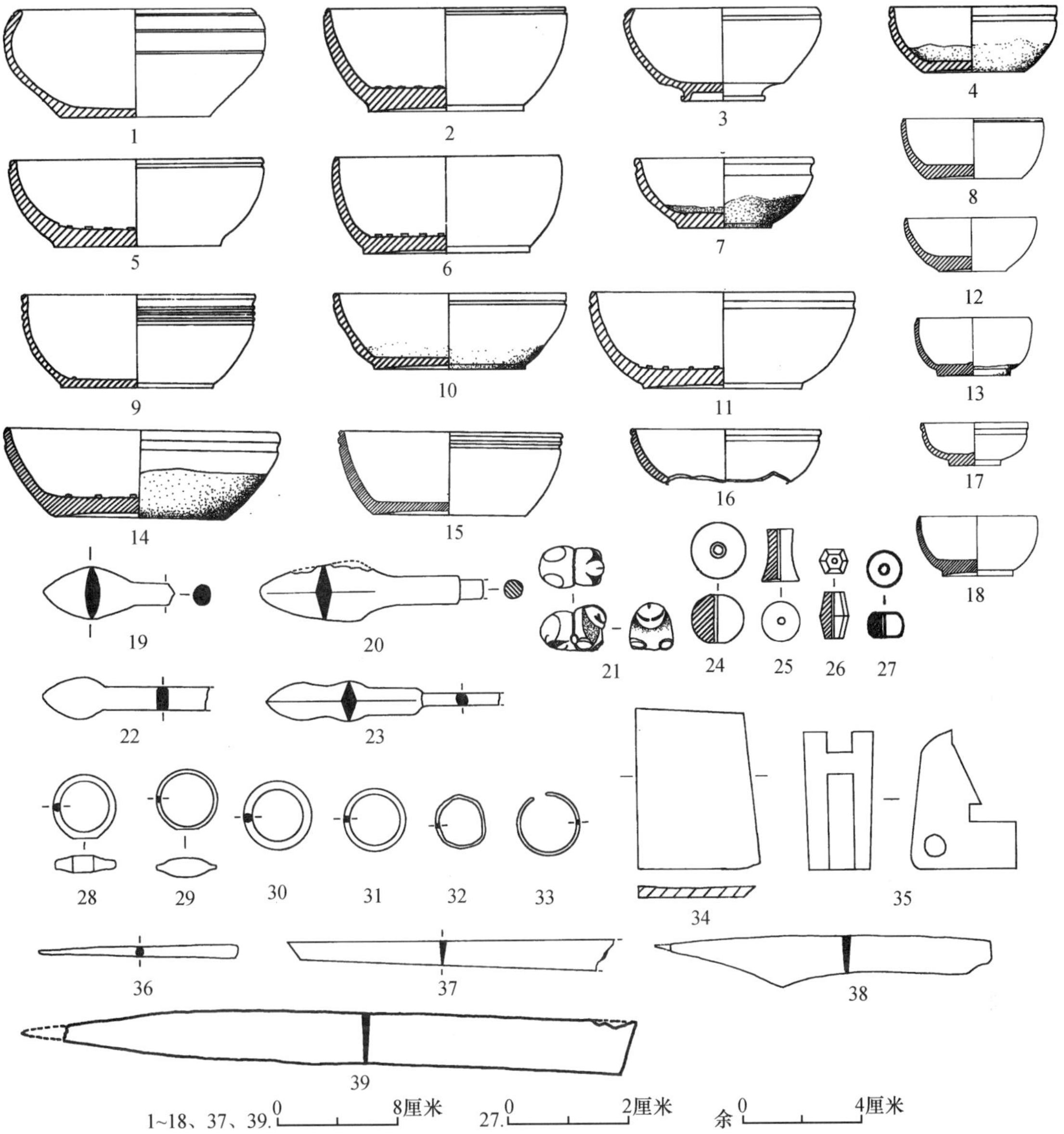

图八一　EM602出土器物（二）

1、2、4~7、9~11、14~16. 瓷碗（EM602:39、EM602:37、EM602:22、EM602:27、EM602:38、EM602:32、EM602:36、EM602:41、EM602:24、EM602:21、EM602:23、EM602:49）　3. 陶碗（EM602:20）　8、12、13、17、18. 瓷盏（EM602:34、EM602:28、EM602:42、EM602:15、EM602:40）　19、20、22、23. 铁镞（EM602:19、EM602:51、EM602:53、EM602:52）　21. 琥珀辟邪（EM602:48）　24、26、27. 料珠（EM602:5、EM602:4、EM602:46）　25. 玻璃耳珰（EM602:47）　28、31. 金戒指（EM602:8、EM602:9）　29、30. 银戒指（EM602:6、EM602:1）　32. 银环（EM602:3）　33. 铜环（EM602:7）　34. 石砚台（EM602:16）　35. 铜弩机部件（EM602:11）　36. 铁锥（EM602:10）　37~39. 铁刀（EM602:31、EM602:30、EM602:33）

瓷微敛口弧腹饼足盏　2件。标本EM602:42，灰白色瓷胎，施青釉，内外均满釉，釉面有冰裂，并有脱釉现象。轮制。尖圆唇，弧腹内收，饼足外底微上凹。素面。口径7.6厘米，足径5厘米，高3.9厘米（图八一，13）。

8. 金银器

金戒指　2件。标本EM602:8，圆形，一端轧有一方形平面。整个戒指直径2厘米，而圈体直径为0.2厘米（图八一，28；图一三七，1；图版七〇，1右）。

银戒指　2件。标本EM602∶6，圆形，一端轧有一椭圆平面。戒指直径2厘米，圈体直径0.1厘米（图八一，29；图一三七，3；图版七〇，2中）。

银环　1件。EM602∶3，略呈圆形。直径1.6厘米，环粗0.1厘米（图八一，32；图一三七，6）。

9. 铜器

铜弩机部件　1件。EM602∶11，应该为弩机中的“钩心”，或曰“牛”、“棘爪”。长4.3厘米，厚2厘米（图八一，35；图一三一，7；图版六八，5）。

铜环　1件。EM602∶7，一端有缺口，圆径。直径1.9厘米，圈粗0.15厘米（图八一，33；图一三一，8；图版七〇，2-3）。

10. 铁器

铁刀　3件。标本EM602∶31，直刃，刀背较厚，刀两端已残。残长22厘米，刀背厚0.4厘米（图八一，37；图一三五，11；图版六九，2-1）。

铁镞　4件。标本M602∶52，中部起脊，双翼，刃为双谷式。最宽处约2厘米，残长7.2厘米（图八一，23；图一三五，7；图版六九，1-5）。

铁锥　1件。EM602∶10，两端已残。残长6.6厘米（图八一，36；图一三六，4；图版六九，1-1）。

11. 琥珀器

琥珀辟邪　1件。EM602∶48，琥珀呈深红近黑色，在光源下观察时可见琥珀体透露出赤红色泽。圆雕成跪卧小兽的形状，此小兽之形难辨，当为虎狮一类动物。在身体中部有穿孔。此器长2.2厘米，高1.5厘米，宽1.1厘米（图八一，21；图一三八，1；图版七二，2-1）。此种琥珀小兽习见于长江流域的汉晋墓葬中，且造型亦较为接近，几成定制。琥珀上有穿孔，则应为带绳挂系之用，而《急就篇》云“系臂琅玕虎魄龙”，则此种琥珀小兽可能为系臂之用。

12. 料器

玻璃耳珰　1件。EM602∶47，天蓝色，腰鼓形，束腰程度较小，两端因风化已残，残长1.7厘米（图八一，25；图一三八，4；图版七二，2-5）。

料珠　3件。标本EM602∶5，色泽透明而略白。球形，中有穿孔。直径1.8厘米（图八一，24；图一三八，6；图版七二，2-2）。

13. 石器

石砚台　1件。EM602∶16，青灰石，平面略呈直角梯形，较薄，其中一面略下凹，另一面较平整。长10厘米，宽7.6厘米，厚6厘米（图八一，34；图一三八，17；图版七一，3）。

四、EM603

（一）墓葬形制

EM603位于E区的约中部位置，南与EM602相距1.7米，北与EM604相距2米。

刀把形单室墓。由墓道、墓门、前甬道、后甬道及墓室组成。墓道及甬道位于墓室西侧的南端位置。墓底总体呈阶级状向外倾斜，墓室末端底部与墓道口底部的高差达92厘米。墓道方向为260°（图八二）。

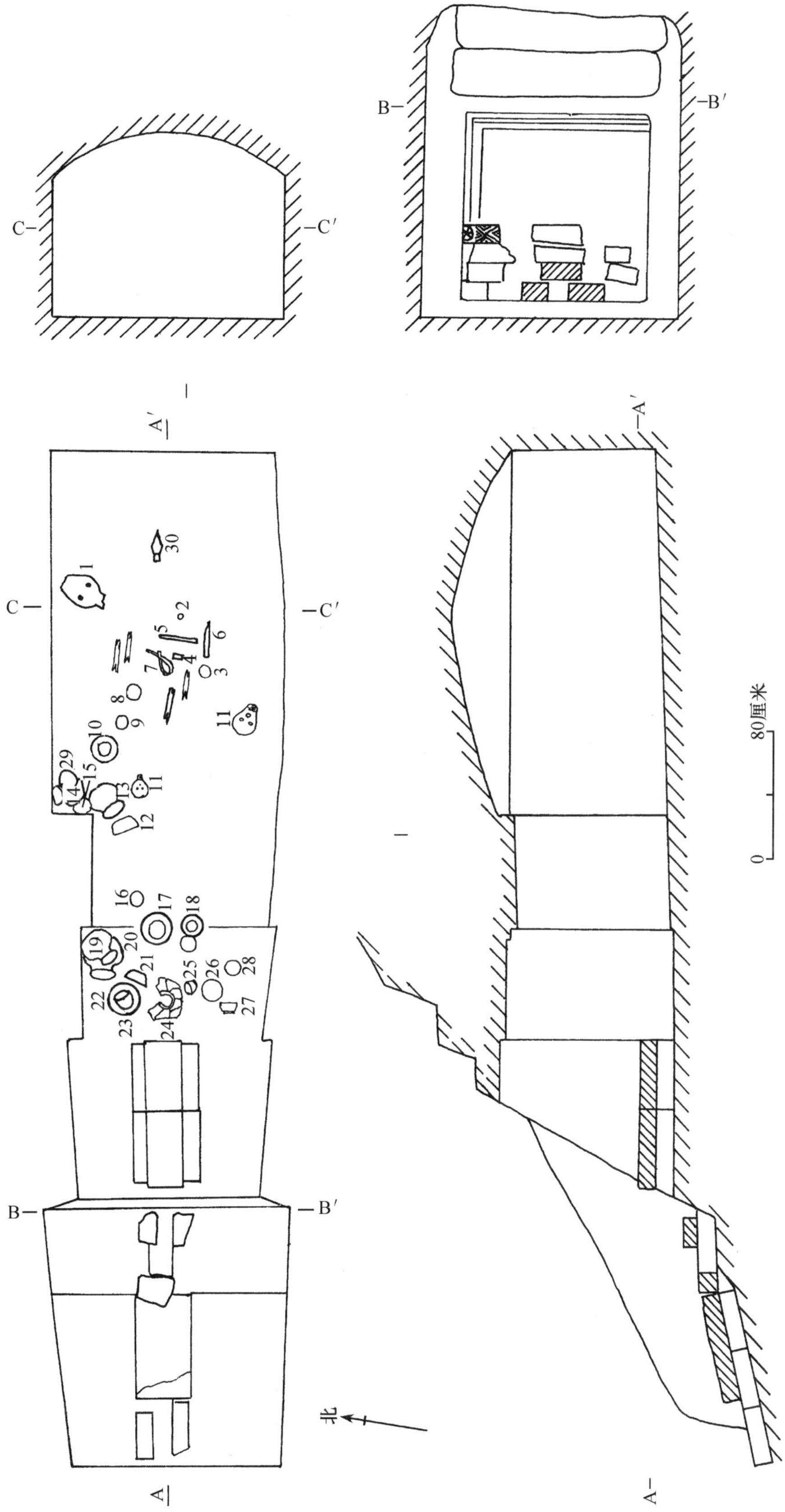

图八二　EM603平、剖面图

1、24. 瓷盘口壶　2、3. 陶纺轮　4. 铜鐎　5. 铁锥　6. 铁刀　7. 铁剪　8、16、21、23、27～29. 瓷盏　9、15、22、25、26. 瓷碗　10. 瓷唾壶　11. 头骨　12. 陶甑　13. 釉陶　14、19. 陶罐　17. 瓷折沿罐　18. 瓷四系罐　20. 瓷双口罐　21. 瓷盏　30. 铁矛

墓道平面呈梯形，前后可分三段，呈三级台阶状。最前一段墓道呈斜坡状，长 110 厘米，宽 136 ~ 150 厘米。第二段墓道底部比第一段高出 14 厘米，略平底，长 70 厘米，宽 150 ~ 160 厘米。第三段墓道底部比第二段高出 24 厘米，平底，平面呈梯形，长 70 厘米，宽 114 ~ 130 厘米（图版二五，1）。

墓门有一道门框。门框高 110 厘米，宽 130 厘米；门洞高 106 厘米，宽 110 厘米（图版二五，2）。墓砖纹饰有两类，一类为“富贵”及菱形纹砖，另一类为车轮纹及菱格纹组成的纹饰（图八三）。

前甬道近墓门一端较窄，平顶，长 70 厘米，宽 110 ~ 130 厘米，高 106 厘米。前后甬道之间又有一墓门，该墓门底部比前甬道底部高 4 厘米，形成台阶。有两道门框。第一道门框高 106 厘米；第二道门框高 104 厘米，宽 126 厘米；门洞高 94 厘米，宽 110 厘米。后甬道平顶，近墓室一端略宽，长 70 厘米，宽 110 ~ 116 厘米，高 94 厘米。

墓室为穹隆顶，长 230 厘米，宽 140 厘米，高 88 ~ 132 厘米。

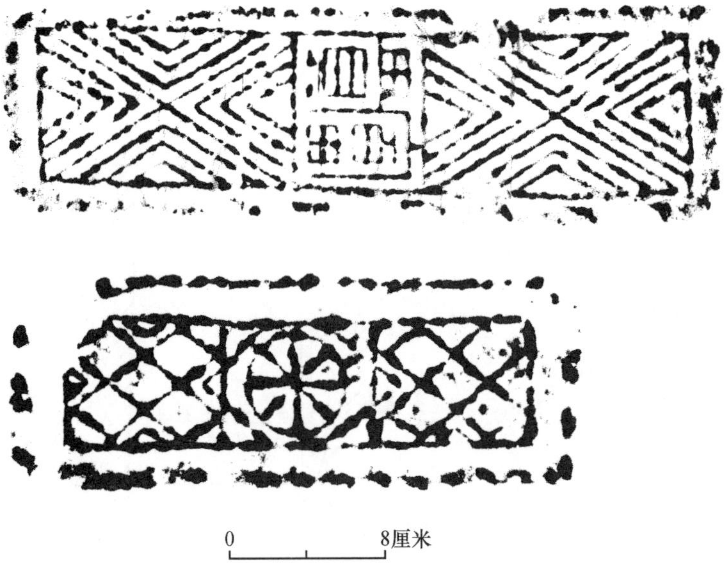

图八三　EM603 墓砖拓片

（二）人骨遗骸

人骨保存不佳，墓室中部保留有部分肢骨，其西南有一残破头骨，经鉴定分别为两个成年男女个体。

（三）随葬器物

共出土器物 30 件（图八四、图八五）。发掘时可见随葬品主要分布于甬道以及墓室的前中部（图版二五，3、4）。

1. 陶罐

陶敛口折肩扁鼓罐　1 件。EM603∶14，夹细砂灰陶，轮制。圆唇，折肩较宽，腹壁中部略直，平底略上凹。素面。口径 15 厘米，最大腹径 22 厘米，底径 15 厘米，高 13.2 厘米（图八四，3；图一〇五，1；图版三六，5）。

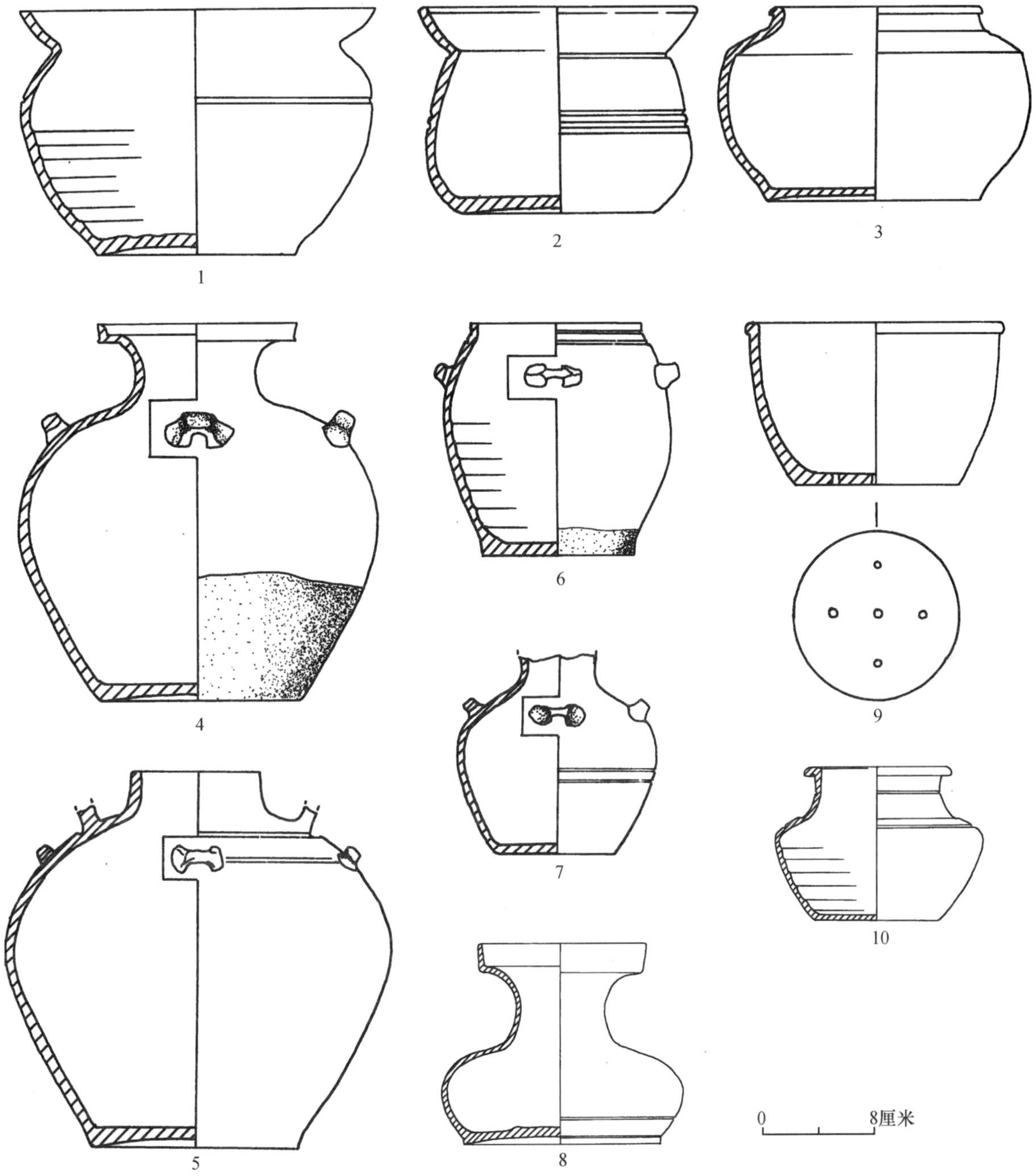

图八四　EM603出土器物（一）

1. 瓷折沿罐（EM603∶17）　2、3、10. 陶罐（EM603∶13、EM603∶14、EM603∶19）　4、7. 瓷盘口壶（EM603∶24、EM603∶1）　5. 瓷双口罐（EM603∶20）　6. 瓷四系罐（EM603∶18）　8. 瓷唾壶（EM603∶10）　9. 陶甑（EM603∶12）

陶侈口折沿长颈折肩罐　1件。EM603∶19，夹细砂灰陶，轮制，下腹内壁留有明显的轮制痕迹。圆唇，折肩较宽，平底。颈上饰有一道凹弦纹，肩上饰二道凹弦纹。口径10.4厘米，最大腹径14.6厘米，底宽8.6厘米，高10.6厘米（图八四，10；图一〇五，4；图版三六，6）。

2. 陶甑

陶直口深腹甑　1件。EM603∶12，夹细砂灰陶，轮制。翻卷唇，下腹壁缓内收，底部共计有五个孔。素面。口径18厘米，底宽11.6厘米，高11.2厘米（图八四，9；图一一一，4；图版四三，2）。

3. 陶纺轮

陶纺轮　2件。EM603:2，泥质灰陶，轮制。呈圆饼状。素面。直径4.2厘米，厚1.2厘米，中间穿孔的直径为0.6厘米（图八五，18；图一一二，16；图版四五，6-1）。EM603:3，泥质灰陶，轮制。剖面呈梭形，中间厚两侧薄。素面。直径4.6厘米，最厚处1.5厘米，中间穿孔的直径为0.9厘米（图八五，17；图一一二，15；图版四五，6-2）。

4. 釉陶罐

釉陶折沿溜肩垂腹罐　1件。EM603:13，夹细砂灰陶，内外均施黄色釉，但釉料多已脱落。轮制。圆唇，溜肩，外平底略上凹。腹中部饰三圈窄凹弦纹。口径20厘米，最大腹径18.8厘米，底径13.2厘米，器高14.2厘米（图八四，2；图一〇二，4；图版三三，4）。

5. 瓷盘口壶

瓷深鼓腹盘口壶　2件。标本EM603:24，灰白色瓷胎，外施半釉，但釉已全脱落。浅盘口，束颈，肩略耸，外平底上凹，四纽耳平均地分布于肩上。素面。盘口直径13.6厘米，最大腹径25.2厘米，底径14厘米，高26厘米（图八四，4；图一二一，4；图版五三，6）。

6. 瓷罐

瓷高鼓腹四系罐　1件。EM603:18，灰色胎，施青釉，内半釉而外施釉近底。轮制，内腹壁留有明显的轮制痕迹。直口，领甚矮，肩上均匀分布四纽形横耳，腹近部收束，平底。口沿及肩上各有一道窄凹弦纹。口径12.4厘米，最大腹径16厘米，底径13.6厘米，高16厘米（图八四，6；图一二四，6；图版五六，4）。

瓷双口罐　1件。EM603:20，灰色胎，施青釉，外满釉，但釉面多已剥落。内口为直口，方圆唇，领较高，外口沿已残，但仍可看出其为敞口，斜肩，四纽形耳，深鼓腹，最大腹径位于中上部，外平底上凹。素面。内口直径8.8厘米，最大腹径26.4厘米，底径14厘米，器高26厘米（图八四，5；图一二三，9；图版五九，4）。

瓷折沿罐　1件。EM603:17，灰色粗胎，釉料已全剥落。轮制，下腹内壁留有明显的凹凸轮制痕迹。平方唇，最大腹径处位于中上部，平底略上凹。肩上有一道凹弦纹。口径25.2厘米，最大腹径24.4厘米，底径13.6厘米，器高16.8厘米（图八四，1；图一二三，7；图版五九，2）。

7. 瓷碗

瓷大敞口浅弧腹矮饼足碗　1件。EM603:15，灰色瓷胎，内施满釉外施半釉，釉料已全剥落。尖圆唇，腹壁弧略直，饼足足底略上凹。口沿下饰有一周较宽的凹弦纹。口径18.4厘米，底径11.2厘米，高5.4厘米（图八五，1；图一二七，5）。

瓷敞口深弧腹高饼足碗　1件。EM603:25，灰白色胎，施青釉，内外均施满釉。尖圆唇，腹壁较斜直，饼足外底略上凹。口沿下饰一周窄凹弦纹，口沿处亦饰有两圈半圆形刻划纹。口径15厘米，底径8.2厘米，通高8厘米（图八五，7；图一二七，13；图版六三，7）。

瓷直口浅弧腹矮饼足碗　2件。标本EM603:9，灰白色胎，内外均施满釉，但釉料有所剥落。圆唇，足外底略上凹。口沿下饰一周窄凹弦纹。口径16.2厘米，底径11厘米，高6厘米（图八五，2；图一二六，13）。

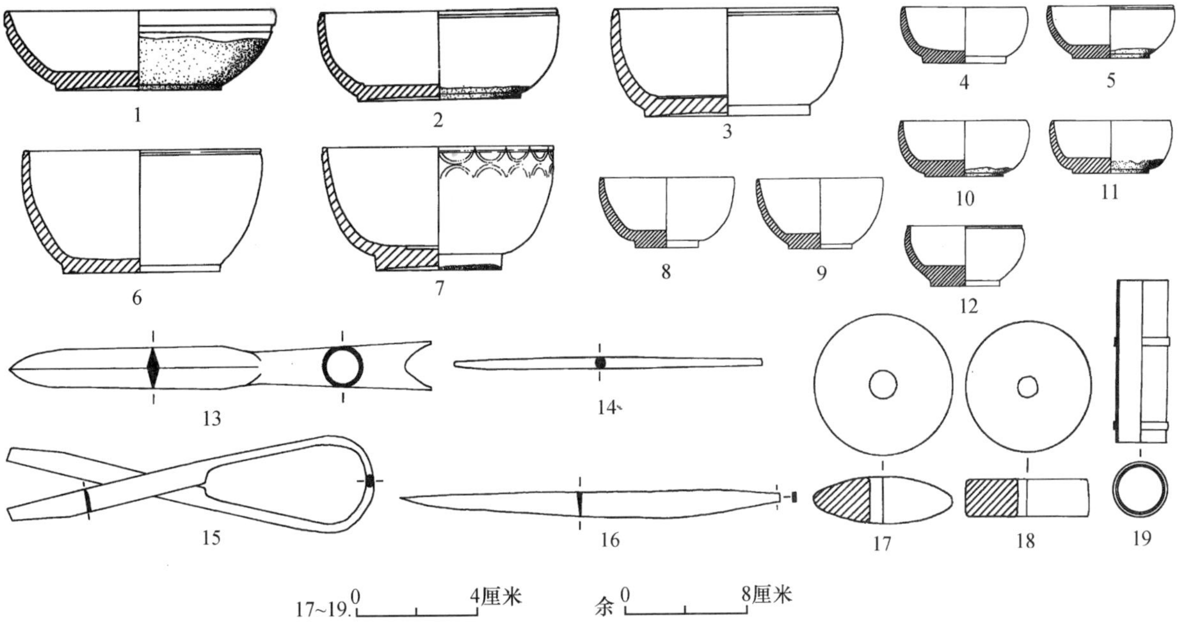

图八五　EM603出土器物（二）

1~3、6、7. 瓷碗（EM603:15、EM603:9、EM603:26、EM603:22、EM603:25）　4、5、8~12. 瓷盏（EM603:28、EM603:29、EM603:27、EM603:21、EM603:16、EM603:8、EM603:23）　13. 铁矛（EM603:31）　14. 铁锥（EM603:5）　15. 铁剪（EM603:7）　16. 铁刀（EM603:6）　17、18. 陶纺轮（EM603:3、EM603:2）　19. 铜鐏（EM603:4）

瓷近直口深弧腹饼足碗　1件。EM603:22，灰白色胎，施青釉，内外均满釉，釉面有冰裂痕迹。圆唇，饼足稍高，足外底部略上凹。口沿处饰一周窄凹弦纹。口径15.6厘米，底径10.4厘米，通高8厘米（图八五，6；图一二六，16；图版六二，8）。

8. 瓷盏

瓷微敛口浅弧腹矮饼足盏　5件。标本EM603:16，灰白色胎，施青釉，内满釉而外施釉近底，釉料有所剥落。圆唇，饼足平底。素面。口径8.7厘米，底径5.4厘米，高3.8厘米（图八五，10；图一二九，11；图版六六，2）。

瓷微敛口深弧腹高饼足盏　1件。EM603:27，灰色胎，施青灰色釉，内外均满釉。轮制。圆唇，饼足较窄，足平底。素面。口径9厘米，底径4.2厘米，高4.75厘米（图八五，8；图一二九，16；图版六六，8）。

瓷敞口深弧腹饼足盏　1件。EM603:21，灰白色胎，施青釉，内外均满釉，釉面略有冰裂。尖圆唇，饼足略窄，足平底。素面。口径8.4厘米，底径4.2厘米，高4.6厘米（图八五，9；图一二九，5；图版六五，8）。

9. 瓷唾壶

瓷长颈扁腹唾壶　1件。EM603:10，灰白色瓷胎，通体施青釉。盘口较深，束颈较长，广肩，扁腹，带假圈足，足外底部上凹。腹下部及外足壁各有一周凹弦纹。口径11.8厘米，最大腹径17厘米，底径13.8厘米，高13.9厘米（图八四，8；图一三〇，3；图版六七，4）。

10. 铜器

铜鐏　1件。EM603:4，中空。长5.2厘米，直径1.5厘米（图八五，19；图一三一，9；图版六八，6）。

11. 铁器

铁矛　1件。EM603∶31，中脊起突，前部呈尖弧形，两侧直刃，后部銎前窄后粗，剖面呈圆形。脊厚0.4厘米，长28厘米（图八五，13；图一三五，2；图版六九，3-2）。

铁剪　1件。EM603∶7，双股剪，剪尖残。残长24厘米（图八五，15；图一三六，7；图版六九，4-3）。

铁刀　1件。EM603∶6，刀背弧向刀尖处，刀刃略斜直。残长25厘米，最宽处1.8厘米，刀背厚0.4厘米（图八五，16；图一三五，13；图版六九，3-1）。

铁锥　1件。EM603∶5，两端已残缺。残长20厘米，直径约0.3厘米（图八五，14；图一三六，3；图版六九，4-2）。

五、EM604

（一）墓葬形制

EM604位于E区的约中部位置，南距EM603约2米，北距EM605约4米。

凸字形单室墓。由墓道、墓门、甬道、墓室和壁龛组成。墓葬全长808厘米。墓口方向为246°。

墓道位于墓室的西侧，平面略呈梯形，近墓门一端较宽。长360厘米，宽142～190厘米，高80～330厘米（图八六；图版二六，1）。

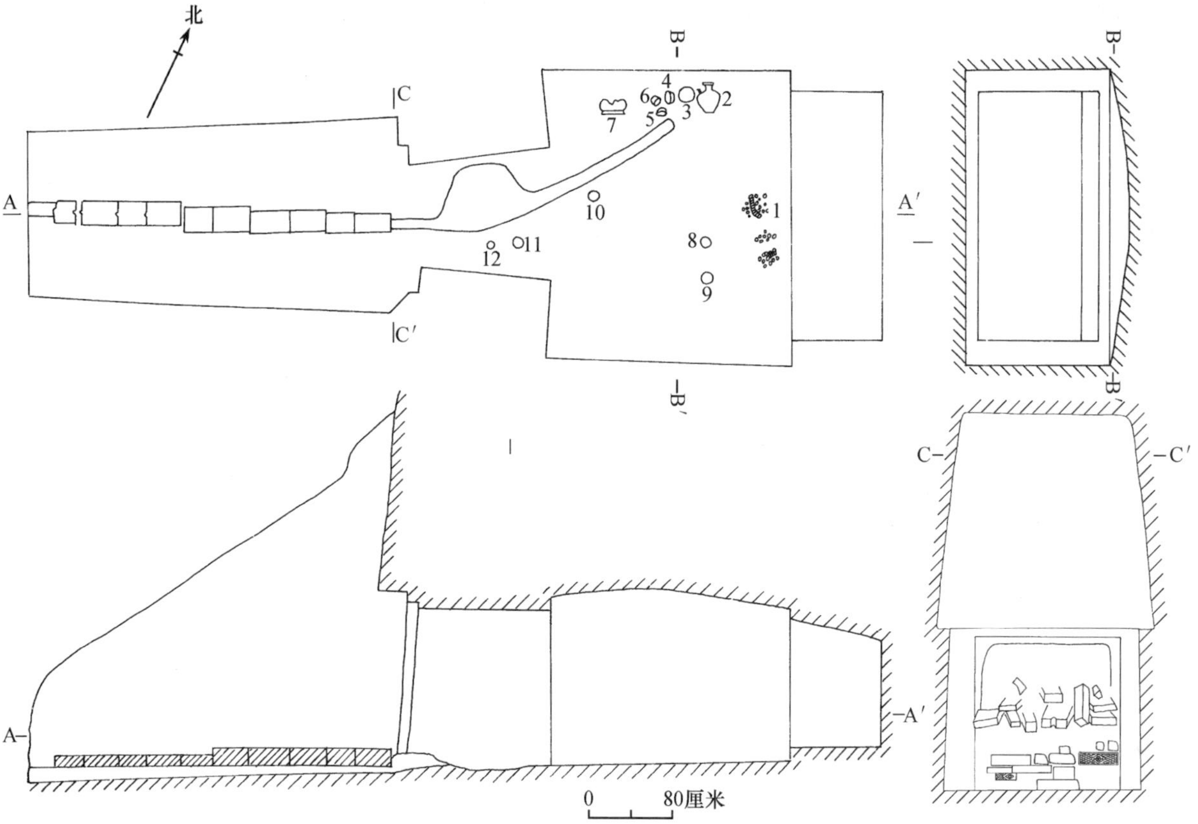

图八六　EM604平、剖面图

1. 铜钱　2. 瓷鸡首壶　3～5、8、9、11、12. 瓷碗　6、10. 瓷盏　7. 陶釜

墓门有两道门框，但此处的岩石有较大程度的风化剥落，因此墓门显得不甚规整。第一道门框略呈梯形，高142厘米，宽182～190厘米；第二道门框进深10厘米，高142厘米，宽140厘米；门洞高136厘米，宽118厘米（图版二六，2）。以墓砖封门。墓门下部平砌有墓砖，但墓砖排列不规则，大致砌了三层；墓门其他地方则填有山体中红褐色的淤泥，在中部则夹有凌乱的墓砖。部分墓砖上饰有菱格纹，以及由车轮纹和斜方格纹组成的纹样（图八七）。

甬道处于墓室西壁的中部，近墓门一端窄，而近墓室一端则较宽，平顶。长140厘米，宽100～126厘米，高136厘米。

墓室平面呈横长方形，且前端的两角突出，穹隆顶。长230～240厘米，宽280厘米，高140～160厘米。

墓室末端（即东壁）开凿有一壁龛。该壁龛平底，顶部自外至里向下倾斜，其底部距墓底12厘米，其北壁距墓室北壁20厘米。壁龛长236厘米，高100～120厘米，进深90厘米（图版二六，3）。

有一排水沟自墓的中部位置延至墓道口，其在墓室内的一段偏向墓室的东北方，宽约18厘米。其于墓道处的一段约处于墓道的中线上，宽约12厘米，上铺有一列墓砖及石块。排水沟的底部深6～18厘米。

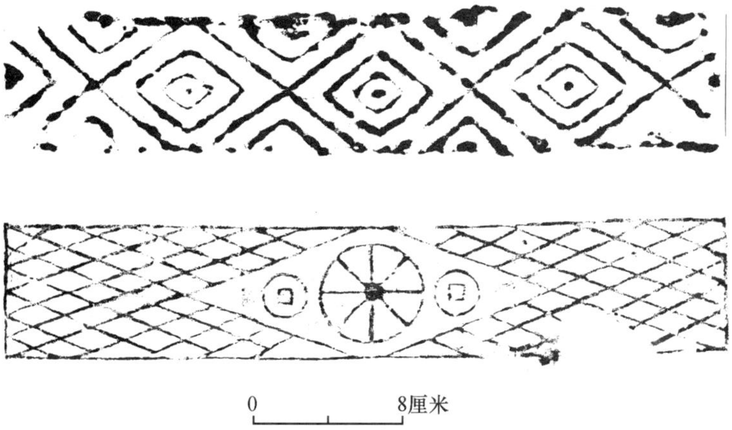

图八七　EM604墓砖拓片

（二）随葬器物

由于墓葬曾被盗，故墓内随葬器物数量不多。发掘时可见随葬品散落于甬道及墓室之内，主要分布在墓室的中后部。其中在墓室后方有两组铜钱，在墓室北壁位置分布有青瓷鸡首壶、青瓷碗等数量略多的器物。共出土随葬品12件（图八八）。

1. 陶釜

陶折沿斜肩鼓腹圜底釜　1件。EM604∶7，夹粗砂灰陶，轮制。内沿面微凹，鼓腹，圜底已残。口径34.4厘米，最大腹径32.8厘米，残高13.2厘米（图八八，1；图一〇一，6）。

2. 瓷鸡首壶

瓷长颈瘦腹鸡首壶　1件。EM604∶2，浅灰色胎，通体施青釉，仅裸露外底部，釉层稍厚。盘口较深，盘壁外敞，长直颈略束，斜肩，肩上附有两桥形耳；鸡首内亦有流，鸡嘴呈小圆柱状，鸡两眼下各有一水滴形装饰；鼓腹束腰，外底部上凹。上腹部饰有浅浮雕式的莲瓣纹。盘口直径9.2厘米，

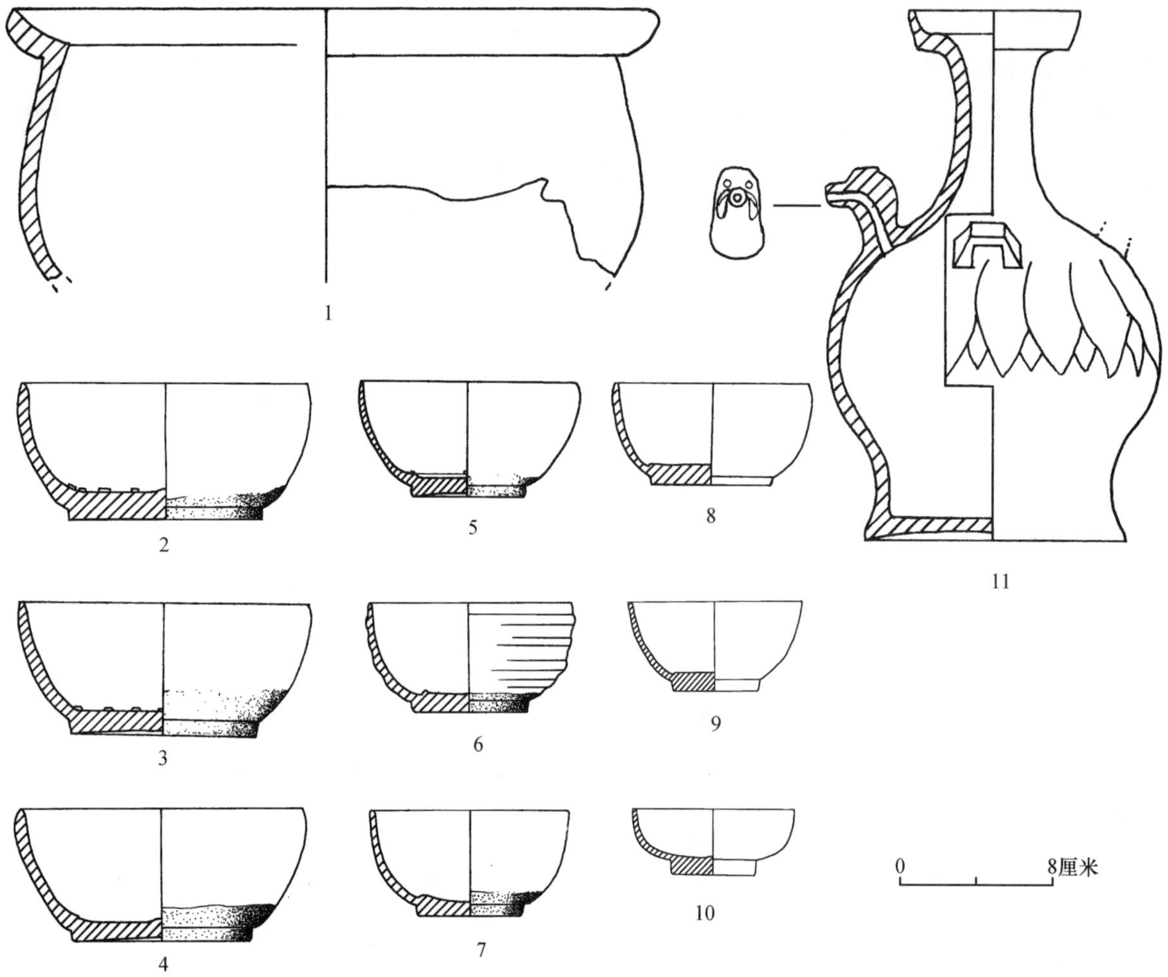

图八八　EM604 出土器物

1. 陶釜（EM604:7）　2～8. 瓷碗（EM604:4、EM604:9、EM604:11、EM604:3、EM604:12、EM604:5、EM604:8）
9、10. 瓷盏（EM604:6、EM604:10）　11. 瓷鸡首壶（EM604:2）

最大腹径 17. 6 厘米，底径 14 厘米，高 27. 2 厘米（图八八，11；图一二三，10；图版五八，3）。

3. 瓷碗

瓷敞口中腹高饼足碗　3 件。标本 EM604:9，灰白色胎，施青釉，内满釉外半釉，部分釉料已剥落。尖唇，腹壁弧略斜直，碗内底周残有小支烧痕迹，饼足外底略上凹。素面。口径 15. 2 厘米，底径 10 厘米，高 6. 8 厘米（图八八，3）。

瓷敞口深弧腹高饼足碗　4 件。标本 EM604:3，橙红色瓷胎，施青釉，内满釉而外施釉近底，裸露胎足。尖圆唇，碗内底周列有支烧痕迹，饼足略窄，足外底略上凹。素面。口径 11. 6 厘米，足径 6 厘米，高 6 厘米（图八八，5）。

4. 瓷盏

瓷直口浅弧腹高饼足盏　1 件。EM604:10，灰白色胎，内外均施满釉，但釉料已全脱落，原施釉处呈乳白色。圆唇，饼足平底。素面。口径 8. 4 厘米，底径 4. 4 厘米，器高 3. 4 厘米（图八八，10；图一二八，12；图版六五，2）。

瓷敞口深腹高饼足盏　1件。EM604:6，浅灰色胎，施青釉，内满釉，外施釉近底，裸露胎足。尖圆唇，外足壁呈内敛八字形，足平底。素面。口径9厘米，底径4.6厘米，通高4.6厘米（图八八，9；图一二九，4）。

5. 铜钱

1组55枚。分布于墓室东部。均为有廓“五铢”，钱文锈蚀较严重。直径2.5厘米。

六、EM605

（一）墓葬形制

EM605位于E区的约中部位置，南与EM604相距4米。

凸字形单室墓。由墓道、墓门、甬道、墓室及壁龛组成。墓葬全长756厘米。墓底略呈坡状倾斜，墓室末端底部与墓道口底部的高差有45厘米。墓口方向为253°（图八九）。

墓道位于墓室的西侧，平面略呈长方形，底部呈二级台阶状，前半段墓道下沉约18厘米。长260厘米，宽160厘米，高0～226厘米（图版二七，1）。

墓门有两道门框，但因此墓门处的岩石已有较大程度的风化剥落，因此门框下部的形态已难辨。两道门框的进深共50厘米。第一道门框高160厘米，宽约148厘米；第二道门框高152厘米；门洞高142厘米，宽约100厘米。以墓砖封门。墓门下部主要为泥土并夹有少量碎石块；墓门的中上部平砌有墓砖七层，每层则均砌有两个墓砖，最上一层的墓砖则均已有较大程度的残损。这些墓砖的规格一般是长40厘米，宽22厘米，厚10厘米，部分砖上有由车轮纹及十字形纹组成的纹饰（图九〇）。

甬道位于墓室西壁的中部位置，平顶，长170厘米，宽100厘米，高142厘米（图版二七，2）。

墓室平面呈横长方形，墓至西北角突出，券顶。长220厘米，宽268厘米，高124～174厘米。

墓室内共开凿有两个壁龛。在墓室的末端（即东壁）开凿有一平顶平底的壁龛，其底部距墓室底26厘米，其北壁距墓室北壁30厘米；壁龛长206厘米，高86厘米，进深56厘米。在墓室的南壁凿有一平顶壁龛，该壁龛的底部因岩石风化而显向墓室处倾斜；壁龛底部距墓室底部约10厘米，其东壁距墓室东壁10厘米；壁龛长204厘米，高76～90厘米，进深60厘米。

在墓室的约中线位置开有一排水沟并延至墓道口，在墓道的一段排水沟下铺有卵石，且所填的卵石高于墓道底约12厘米。排水沟宽约16厘米，深约10～14厘米。

（二）人骨遗骸

墓室北部保留一具人骨，有头骨及部分肢骨，头向西。为成年个体，性别不详。

（三）随葬器物

墓内共出土随葬品14件和铜钱一组（图九一）。发掘时可见随葬器物主要散布在甬道后端及墓室内。具体而言，该墓中的2件瓷盘口壶分别处于甬道及墓室中间的位置；另外在墓室中间的盘口壶旁紧邻有3件瓷盏，这或可为盘口壶及瓷盏的用途研究提供一点线索（图版二七，3）；在壁龛的东部位置则置有若干铜钱，其上铭文已漫漶不可识。

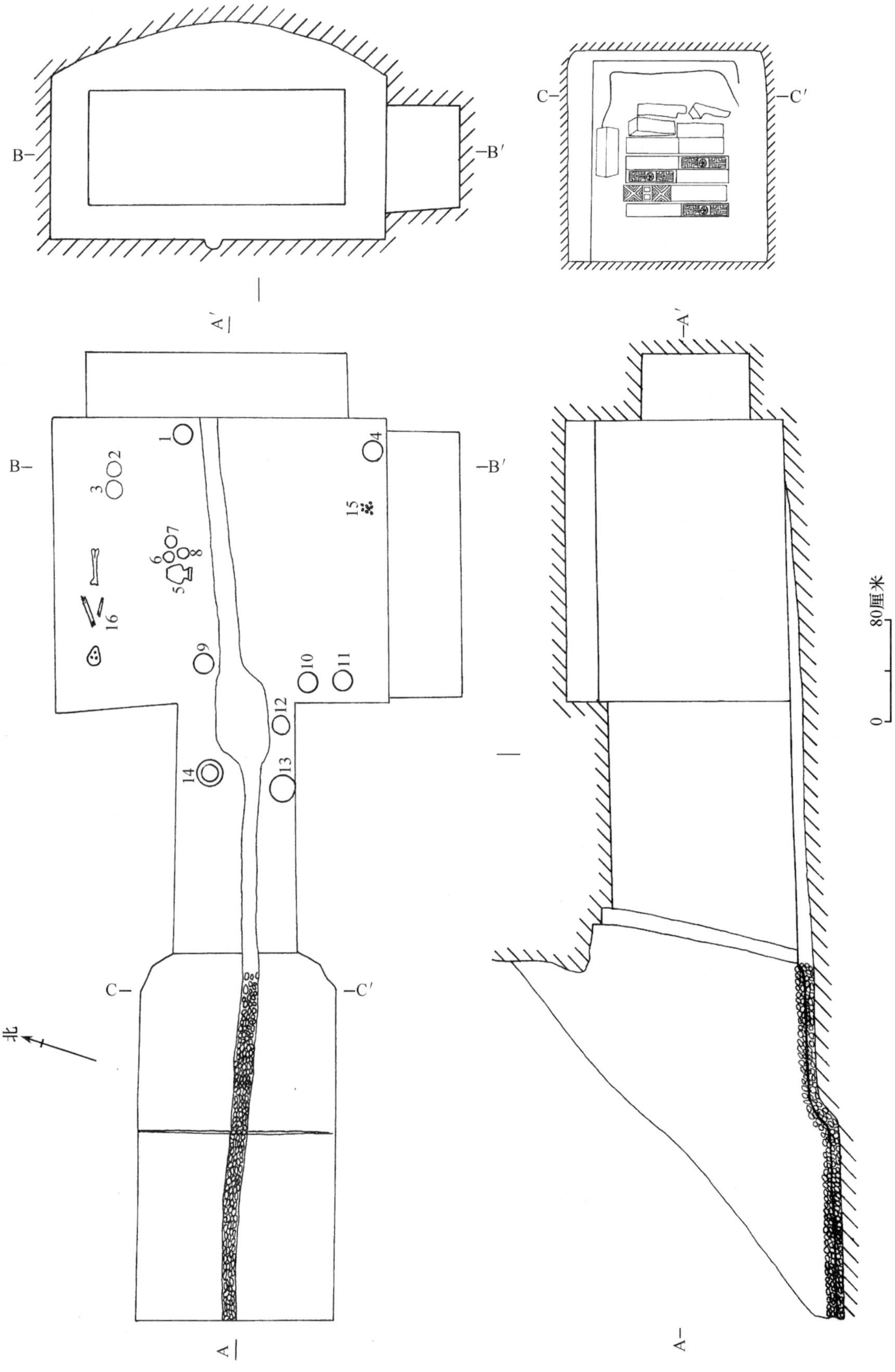

图八九　EM605 平、剖面图

1、2、4、10～13. 瓷碗　3、6～8. 瓷盏　5、14. 瓷盘口壶　9. 釉陶罐　15. 铜钱　16. 人骨架

图九〇　EM605墓砖拓片

1. 釉陶罐

釉陶折沿鼓腹罐　1件。EM605:9，泥质灰陶，外施咖啡色釉，但釉料多已剥落。圆唇，平底略上凹。最大腹径处饰有两圈凹弦纹。口径19厘米，最大腹径18厘米，底宽9.2厘米，高13厘米（图九一，3；图一〇二，6；图版三三，5）。

2. 瓷盘口壶

瓷短颈广圆肩扁腹盘口壶　1件。EM605:14，灰白瓷胎，外施青釉近底。盘口已缺失，四桥形耳均匀分布于肩上，外平底微上凹。素面。最大腹径18厘米，底径10.8厘米，残高14.8厘米（图九一，2；图一二二，4；图版五五，1）。

瓷长颈瘦高腹盘口壶　1件。EM605:5，灰白胎，外施半釉，青釉。深盘口，盘口壁直，颈部有轮制所留下的拉坯痕迹，斜肩略鼓，四桥形耳，平底略上凹。肩上饰有二道凹弦纹。盘口直径12厘米，最大腹径15.8厘米，底径9.6厘米，器高24.3厘米（图九一，1；图一二二，5；图版五四，6）。

3. 瓷碗

瓷敞口平底碗　3件。标本EM605:11，灰白色胎，施青釉，釉色青绿，内满釉外半釉。尖唇，弧腹内收，大平底，碗内底沿廓线分布有若干支烧痕迹。口沿下饰有一周较宽的凹弦纹。口径19.2厘米，底径11.2厘米，高5.6厘米（图九一，4）。

瓷近直口浅腹饼足碗　1件。EM605:10，浅灰色胎，内外通体施釉，但釉料已全脱落。圆唇，体形扁宽，宽饼足，足外底略上凹。口沿下有一周窄凹弦纹。口径16.8厘米，底径12.2厘米，器高6厘米（图九一，10；图一二六，11）。

瓷近直口浅弧腹饼足碗　1件。EM605:2，灰色胎，施青釉，内外均只施半釉，釉料多已剥落。轮制。圆唇，弧腹内收，饼足较矮且平底。口径11.4厘米，底径6厘米，高4.4厘米（图九一，14）。

瓷敞口略深腹饼足碗　2件。标本EM605:13，灰色胎，施青釉，内满釉外半釉，釉料已有所脱落。尖圆唇，饼足较矮，足外底上凹。素面。口径15.9厘米，足径10厘米，高6.7厘米（图九一，12）。

4. 瓷盏

瓷侈口深腹高饼足盏　1件。EM605:3，灰白色胎，青釉，内外均施满釉。器腹上壁直，下腹壁弧内收，饼足平底。器腹外壁饰直线式刻划莲瓣纹。口径8.7厘米，足径4.3厘米，器高5厘米（图九一，7；图一二八，10；图版六四，7）。

瓷近直口高饼足盏　3件。标本EM605:6，灰色胎，施青釉，内满釉，外施釉近底。尖圆唇，弧腹，饼足平外底。素面。口径8.6厘米，足径4.6厘米，高4.3厘米（图九一，6；图一二八，13；图版六五，3）。

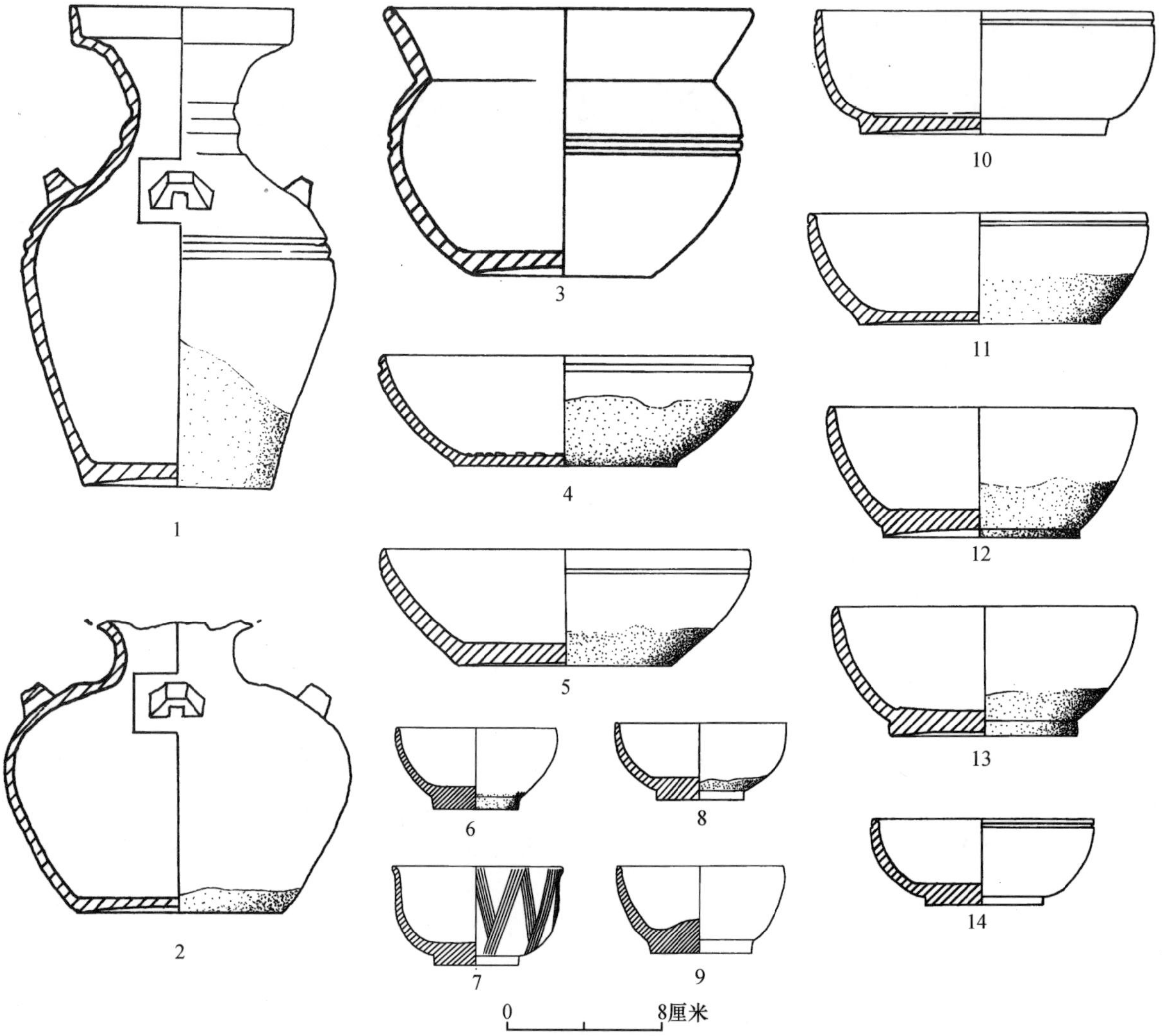

图九一　EM605 出土器物

1、2. 瓷盘口壶（EM605∶5、EM605∶14）　3. 釉陶罐（EM605∶9）　4、5、10～14. 瓷碗（EM605∶11、EM605∶4、EM605∶10、EM605∶1、EM605∶13、EM605∶12、EM605∶2）　6～9. 瓷盏（EM605∶6、EM605∶3、EM605∶8、EM605∶7）

七、EM606

（一）墓葬形制

EM606 位于 E 区的最南端位置，北距 EM601 约 4.6 米。

凸字形单室墓。由墓道、墓门、甬道及墓室组成。墓葬全长 850 厘米。墓底略呈坡状倾斜，前后高差 32 厘米。墓口方向 250°（图九二）。

墓道位于墓室的西侧，平面略呈梯形，近墓门的一端较宽。长 478 厘米，宽 160～176 厘米，高 0～320 厘米（图版二八，1）。

墓门有一道门框。门框进深 8 厘米，高 150 厘米，宽 152 厘米；门洞高 134 厘米，宽 128 厘米。以墓砖封门。墓门下部竖砌有二层墓砖，每层有墓砖三块，墓砖前后均有榫卯连接。其上则平砌有约 5 层墓砖，但中间的墓砖或因盗墓破坏而缺失，只余留两侧的墓砖，形成一个缺口（图版二八，2）。

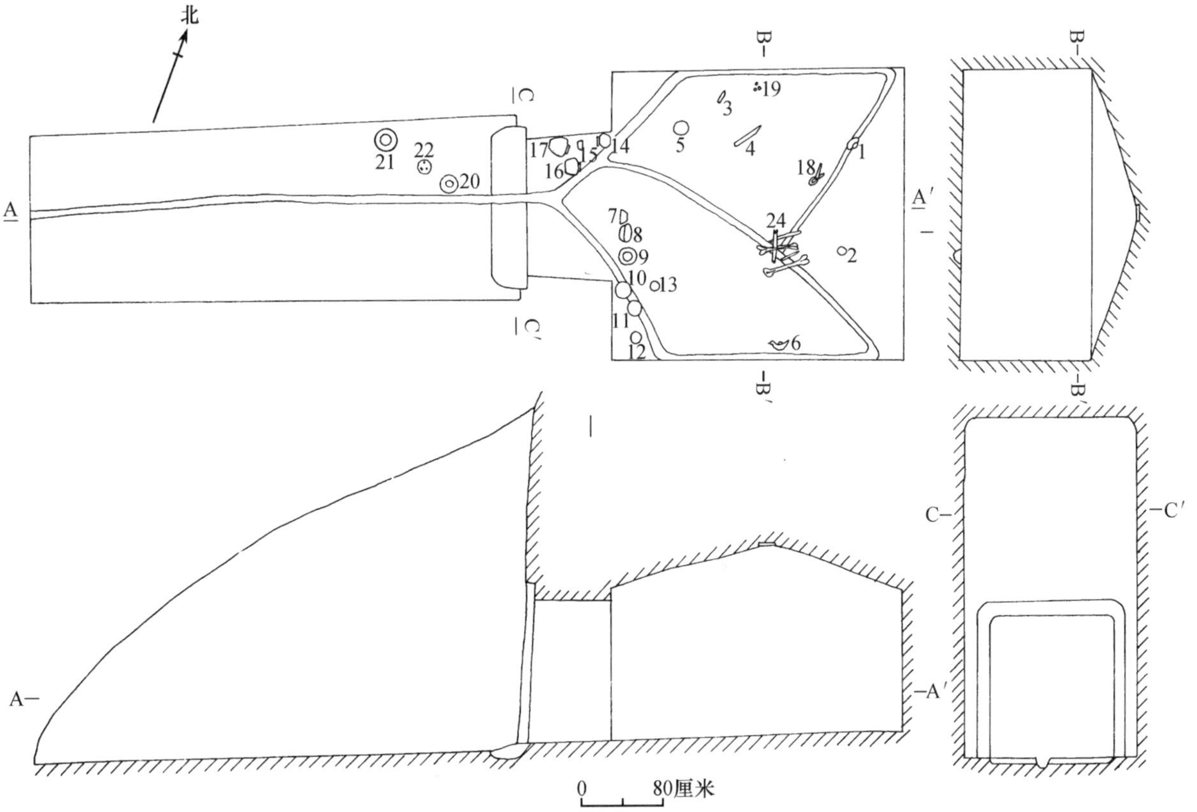

图九二　EM606 平、剖面图

1、2、5、10、13. 瓷盏　3、4. 铁刀　6. 铜鸟　7、8、11、12、15. 瓷碗　9. 瓷盘口壶　14、21. 陶罐　16、17. 瓷四系罐　18. 铁剪　19. 铜钱　20. 陶釜　22. 釉陶器盖　23. 陶钵　24. 人骨架

墓砖的规格一般是长 42 厘米，宽 22 厘米，厚 10 厘米，部分砖为“富贵”铭文砖（图九三）。而墓门之下又凿有一长约 152 厘米、宽 34 厘米、深约 8 厘米的水凼。

甬道位于墓室西壁中部位置，平顶，与墓室相接的一端较宽。长 76 厘米，与墓室交接处宽 142 厘米，与墓道交接处宽 128 厘米，高 134 厘米。

墓室平面呈方形，穹隆顶，最顶处凿有一直径为 12 厘米，深 2 厘米的藻井。墓室长 288 厘米，宽 280 厘米，高 132 ~ 180 厘米（图版二八，3）。

自墓室底部始凿有纵斜相交的排水沟。墓室两侧底部沿墓壁各凿有纵向的一段排水沟，二者延至墓室前部时折向甬道并在甬道处相交，然后约处于中线位置一起延至墓道口。在墓室之内又凿有一 Y 字形的排水沟与上述纵向排水沟相交。排水沟宽约 8 厘米，深 10 厘米。

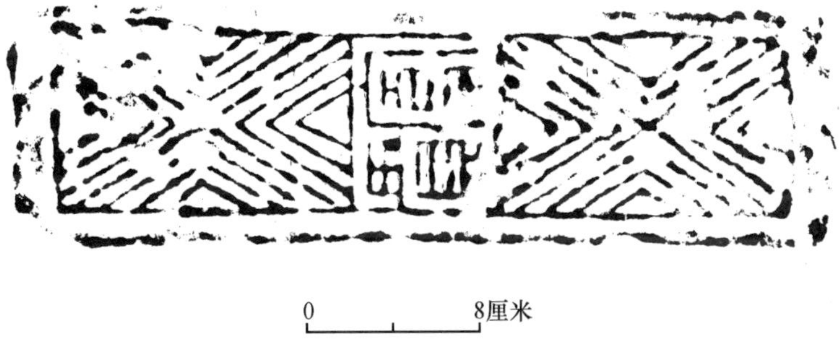

图九三　EM606 墓砖拓片

（二）人骨遗骸

墓室中部偏南可见部分肢骨。经鉴定为三个成年个体，其中一个为男性，其余两个性别不详。

（三）随葬器物

共出土随葬器物23件（图九四）。就发掘时所见，随葬器物大多处于甬道的北壁位置以及墓室的中前部。具体而言，在墓道下散布有一陶罐及釉陶器盖，这可能是盗墓造成的；在甬道北侧前端

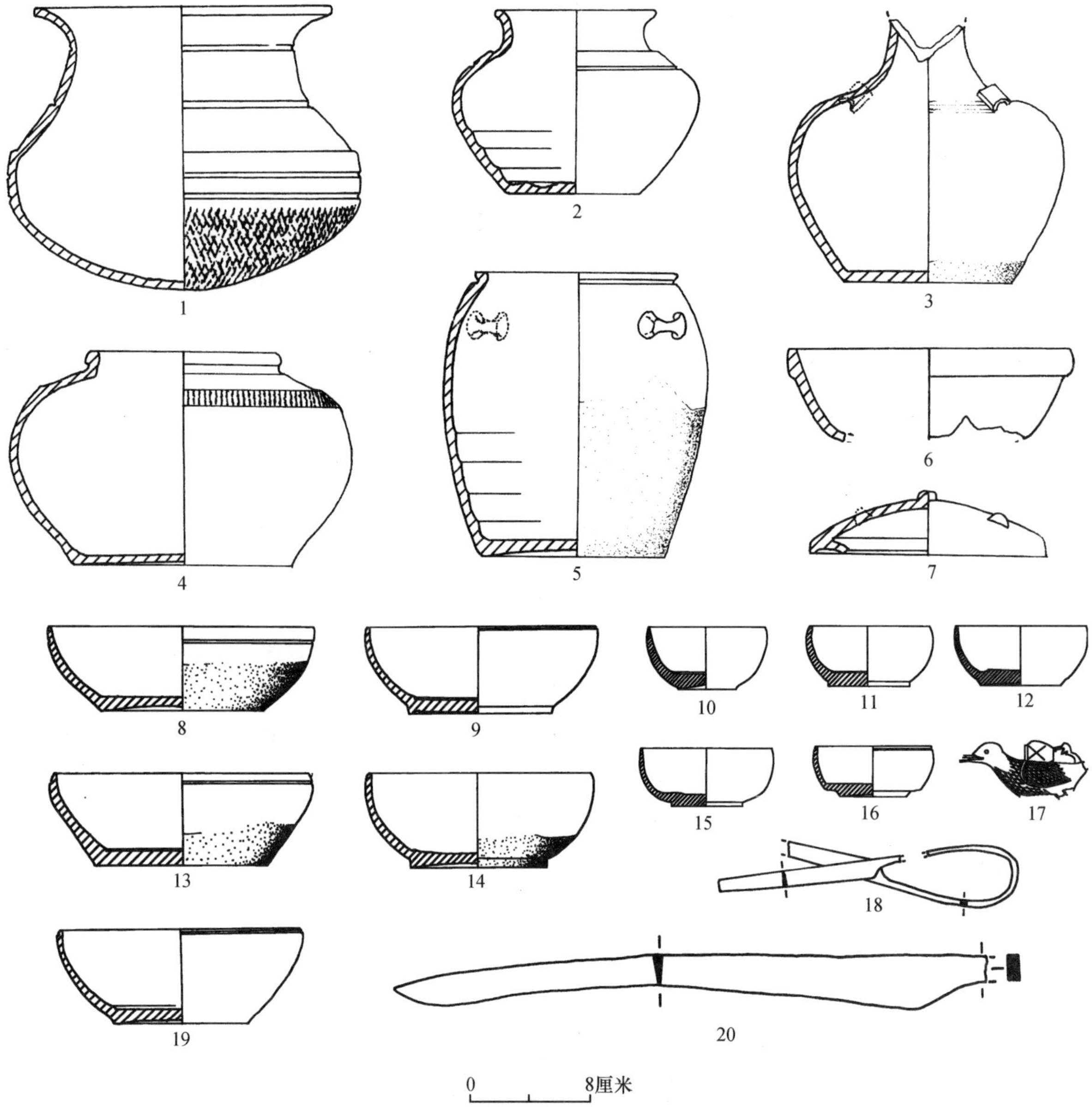

图九四　EM606出土器物

1. 陶釜（EM606∶20）　2、4. 陶罐（EM606∶21、EM606∶14）　3. 瓷盘口壶（EM606∶9）　5. 瓷四系罐（EM606∶16）　6. 陶钵（EM606∶23）　7. 釉陶器盖（EM606∶22）　8、9、13、14、19. 瓷碗（EM606∶8、EM606∶15、EM606∶12、EM606∶7、EM606∶11）　10～12、15、16. 瓷盏（EM606∶5、EM606∶13、EM606∶10、EM606∶2、EM606∶1）　17. 铜鸟（EM606∶6）　18. 铁剪（EM606∶18）　20. 铁刀（EM606∶4）

叠堆有陶釜、陶罐、瓷四系罐、瓷碗等，推测是墓内积水积淤造成的；另有瓷盘口壶及若干瓷碗成排分列于墓室前端近南壁的位置。

1. 陶釜

陶敞口长颈折鼓腹釜　1件。EM606:20，泥质灰陶。轮制。方圆唇，外翻侈口，束颈较长，斜肩，肩腹交折，腹壁较直，圜底。领部及腹部各有二道凹弦纹，圜底部饰细绳纹。口径20厘米，腹径24厘米，器高18.4厘米（图九四，1；图一〇一，2；图版三二，2）。

2. 陶罐

陶敛口短颈圆肩罐　1件。EM606:14，泥质灰陶。圆唇，广肩，最大腹径处位于中上部，平底。肩上饰一周戳印短竖直线纹。口径13厘米，最大腹径22.8厘米，底径14.8厘米，高14厘米（图九四，4；图一〇五，9；图版三七，4）。

陶侈口短颈圆肩罐　1件。EM606:21，泥质灰陶。圆唇，束颈，最大腹径位于中上部，平底。肩上饰有二道凹弦纹，下腹内壁有明显的轮制痕迹。口径10.8、最大腹径16.4厘米，底径8.4厘米，器高11.8厘米（图九四，2；图一〇三，7）。

3. 陶钵

陶敞口折腹钵　1件。EM606:23，泥质灰陶，轮制。翻唇，上腹壁略斜直，下部已残。素面。口径18.8、残高5.6厘米（图九四，6）。

4. 釉陶器盖

釉陶器盖　1件。EM606:22，泥质红陶，器盖上面施青釉，但大部分已脱落。轮制。盖上有四个圆形小纽，剖面呈弦弧状，子母口。素面。底部直径15.4厘米，高4.2厘米（图九四，7；图一一二，13；图版四五，3）。

5. 瓷盘口壶

瓷耸圆肩鼓腹盘口壶　1件。EM606:9，灰白瓷胎，外施青釉近底，裸露下底部。盘口已缺失，仍颈部略长，鼓肩，四桥形耳，腹略扁，平底。素面。最大腹径18厘米，底径11.2厘米，残高17.6厘米（图九四，3；图一二二，7；图版五五，2）。

6. 瓷罐

瓷高鼓腹四系罐　2件。标本EM606:16，灰色胎，青釉，内外均施半釉。轮制，内腹壁的下部留有明显的轮制痕迹。直口，领矮近无，鼓腹，最大腹径处于中上部，四纽形系，外平底略上凹。口沿上有一道凹弦纹。口径13.4厘米，最大腹径17.6厘米，底径12.4厘米，器高18.4厘米（图九四，5；图一二四，5；图版五六，3）。

7. 瓷碗

瓷微敛口平底碗　2件。标本EM606:12，灰白胎，施青釉，内满釉外半釉。尖唇，中下腹部斜直内收，大平底。口沿下饰有一圈凹弦纹。口径17厘米，最大腹径17.6厘米，底径11.4厘米，器高6厘米（图九四，13；图一二五，2；图版六〇，3）。

瓷敞口平底碗　1件。EM606:8，灰白色胎，施青釉，内薄釉外半釉。尖唇，外平底上凹。口沿下有一周凹弦纹。口径17.8厘米，底径10.5厘米，高5.5厘米（图九四，8；图一二五，19；图版六一，8）。

瓷直口浅弧腹饼足碗　2件。标本EM606:7，浅灰色瓷胎，施青釉，内满釉外半釉。轮制。圆唇，饼足稍高，足外底略上凹。素面。口径15.2厘米，足径9.2厘米，高6.2厘米（图九四，14；图一二六，9）。

8. 瓷盏

瓷微敞口平底盏　2件。标本EM606:10，灰色瓷胎，施青釉，内外均满釉，部分釉料已脱落。轮制。圆唇，腹壁在近底处收束，小平底略上凹。素面。口径9厘米，底径5.4厘米，高4厘米（图九四，12；图一二八，5；图版六四，5）。

瓷直口弧腹小饼足盏　1件。EM606:2，浅灰色胎，施青釉，内外均满釉。尖圆唇，饼足平底。素面。口径8.6厘米，足径5.6厘米，高3.8厘米（图九四，15；图一二八，11；图版六五，1）。

瓷敛口浅腹饼足盏　2件。标本EM606:13，浅灰色胎，施青釉，内外均满釉。圆唇，饼足平底。素面。口径7.8厘米，底径5.3厘米，高3.9厘米（图九四，11；图一二九，10）。

9. 铜器

铜鸟　1件。EM606:6，嘴微张，但已残，不过可看出嘴部本应较长，圆眼，合翅，尾部、腿部及底部已残，但仍可看出腿较细且伸向后方，翅及身上铸有方格纹以象征羽毛，其背上有罐。残长8.3厘米（图九四，17；图一三一，5；图版六八，4）。

10. 铁器

铁剪　1件。EM606:18，为所谓的双股剪，剪尖已残。残长19.8厘米（图九四，18；图一三六，5）。

铁刀　2件。标本EM606:4，刀背及刀刃略内弧。残长38.8厘米，最宽处4厘米，刀背厚0.8厘米（图九四，20；图一三五，18；图版六九，4-4）。

八、EM607

（一）墓葬形制

EM607位于E区的西北端，东与EM608相距5.3米。

凸字形单室墓。该墓被盗及破坏后，又经人们的“改造”，因此现所见的面貌非墓葬的原本形制。墓口方向为330°（图九五；图版二九，1）。

墓道已被毁，仅存后段。残长150厘米，宽约292厘米，高0～218厘米。

墓门已被毁，现门洞底部较窄而上部较宽，高206厘米，宽124～198厘米。墓门下部现置有两块打磨规整的石板以象征门槛及户枢。石板总长174厘米，高26厘米，门槛部分厚10厘米，户枢部分厚58厘米。

墓室平面呈长方形，现被改成二层台形式，为券顶。墓室总长456厘米，宽324～334厘米，高206厘米。二层台高50厘米，墓室两侧的二层台宽46～48厘米，墓室末端即南壁处的二层台宽86厘米。

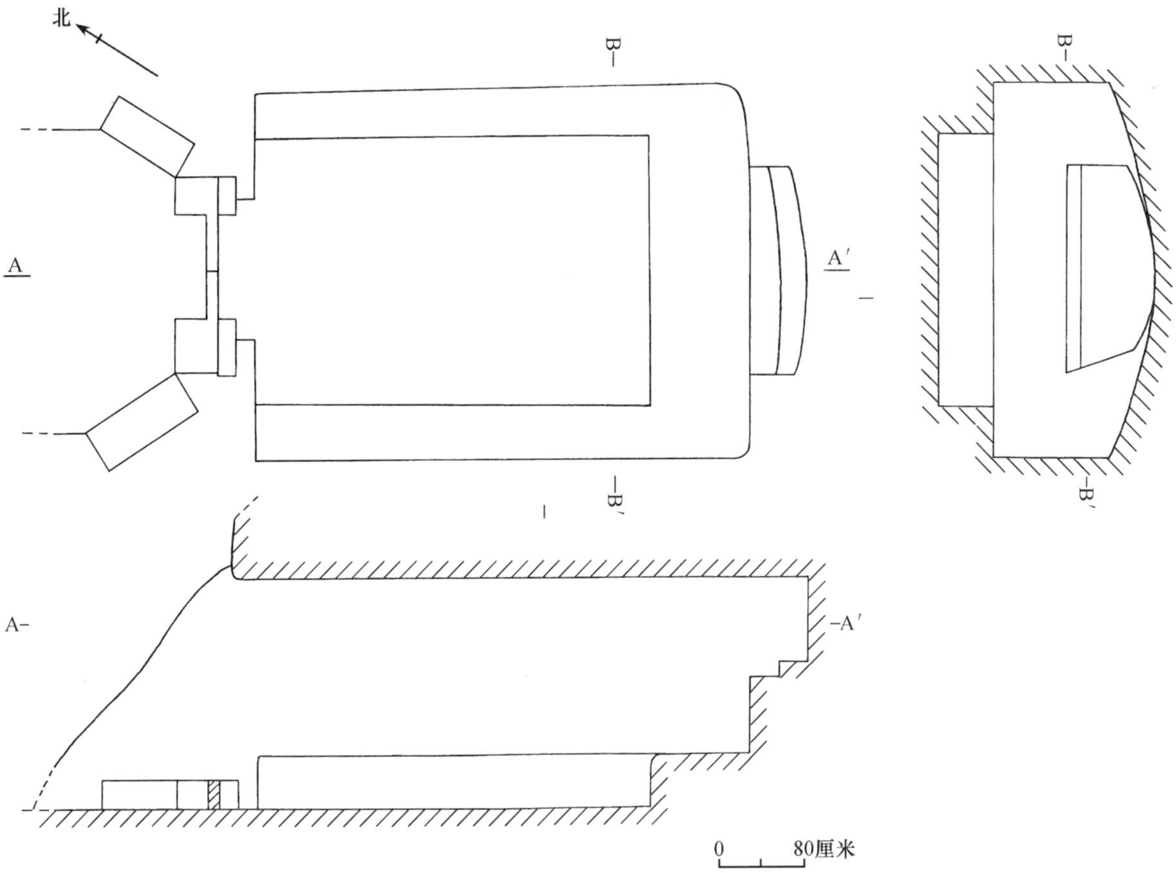

图九五 EM607平、剖面图

在墓室末端的上部开凿有一壁龛。该壁龛的底部为二层台形式，后部比前部高14厘米；壁龛长180厘米，高62～86厘米，进深60厘米。

（二）随葬器物

早期被盗一空。

九、EM608

（一）墓葬形制

EM608位于E区的北端，西与EM607相距5.3米，东与EM609相距1.2米。在发掘之前，墓室被当地村民用做存放肥料及饲料之所。

凸字形单室墓。墓葬曾遭严重破坏，墓门及墓道已不存，甬道的前半段及上部已被毁，仅余后段。墓底呈坡状倾斜，前后高差40厘米。墓口方向335°（图九六；图版二九，2）。

甬道残长180厘米，宽122厘米，高150厘米。现甬道之上的岩石处雕有一长120厘米，宽50厘米，进深6厘米的牌匾。在甬道后端残留有一段长64厘米、宽8厘米的排水沟，现深约3厘米。

墓室平面呈长方形，券顶，长460厘米，宽230～240厘米，高120～180厘米。墓室东壁因被EM609的西南角打破，形成一个高约140厘米、宽约70厘米的洞。

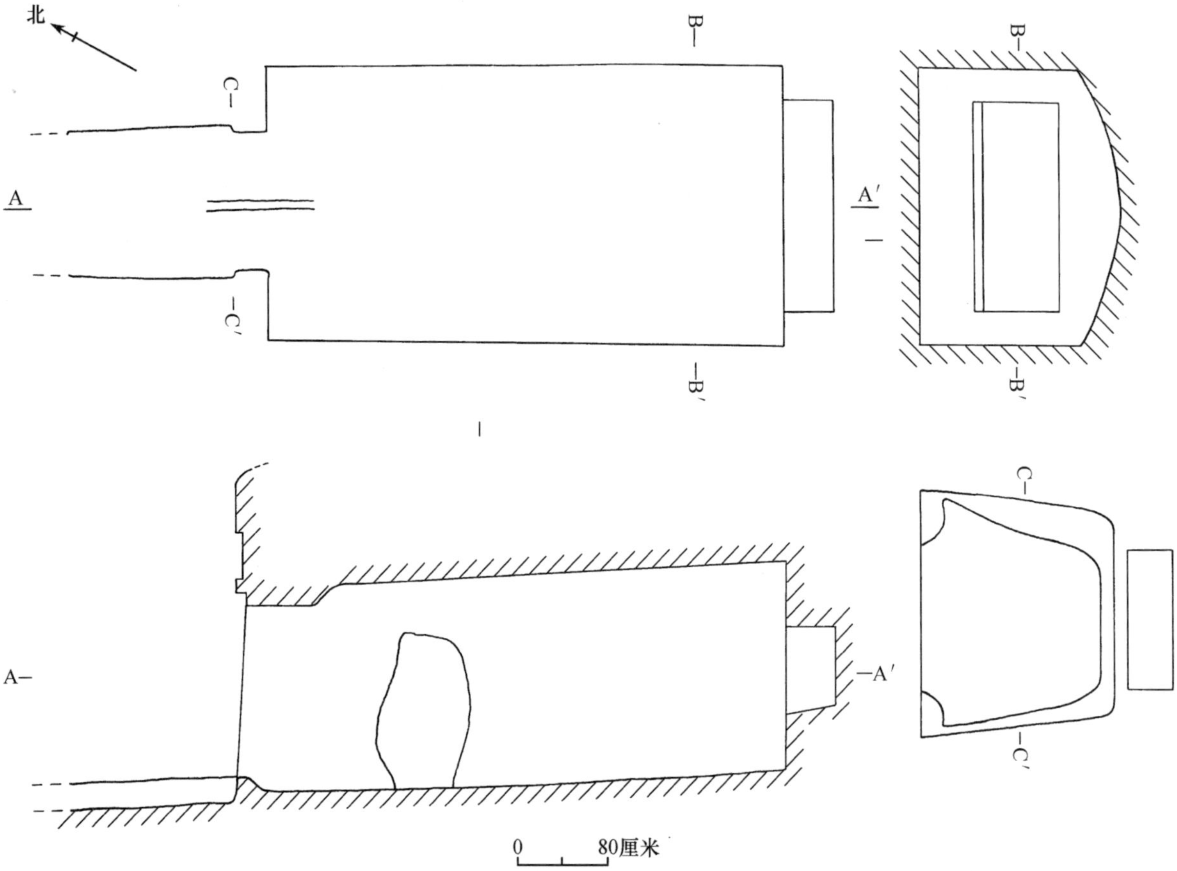

图九六　EM608 平、剖面图

在墓室的后端（即南壁）开凿有一壁龛。壁龛平顶，底部自里而外略向下倾斜，其底距墓室底部 50 厘米，其东壁距墓室东壁 30 厘米；壁龛长 180 厘米，高 66 ~ 74 厘米，进深 40 厘米。

（二）随葬器物

早期被盗一空。

一〇、EM609

（一）墓葬形制

M609 位于 E 区的北端，西与 EM608 相距 1. 2 米（图版三一，1），东与 EM611 相距 3 米。

凸字形单室墓。该墓曾被严重破坏，墓道及墓门已不存，甬道的前部亦已被毁，仅余后半段。该墓墓室的西南角打破了 EM608 墓室东壁，因此墓室的西南角上部缺失。墓口方向为正北（图九七；图版三〇，1）。

甬道在近墓室一端略宽，残长 150 厘米，宽 112 ~ 138 厘米，高约 160 厘米。

墓室平面呈长方形，券顶。长 290 厘米，宽 228 厘米，高 134 ~ 180 厘米。在墓室的中央位置凿有一个直径 18 厘米、深 12 厘米的圆孔。

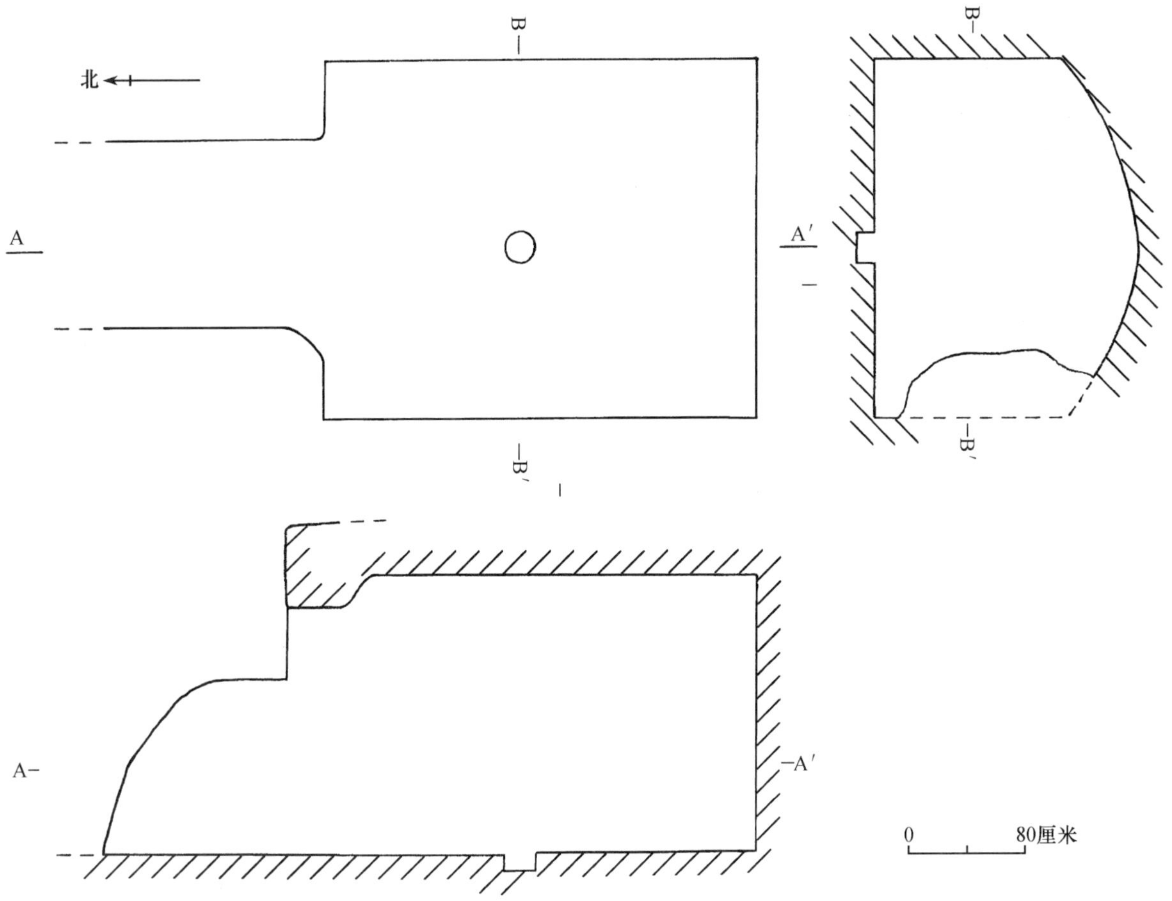

图九七　EM609平、剖面图

（二）随葬器物

早期被盗一空。

一一、EM610

（一）墓葬形制

EM610位于E区的北端的东侧位置，西距EM611约1.5米。

凸字形单室墓，由墓道、墓门、甬道、墓室及壁龛组成。但墓道已不存，墓门亦曾经破坏。墓底略呈坡状倾斜。墓口方向为340°（图九八；图版三〇，2）。

墓门现高140厘米，宽102厘米。墓门之上现雕有一长90厘米、宽34厘米、进深6厘米的牌匾。

甬道位于墓室的北侧约中部位置，平顶，近墓室一端略宽，长110厘米，宽102～116厘米，高140厘米。

墓室平面略呈方形，券顶，长220厘米，宽186～192厘米，高140～160厘米。

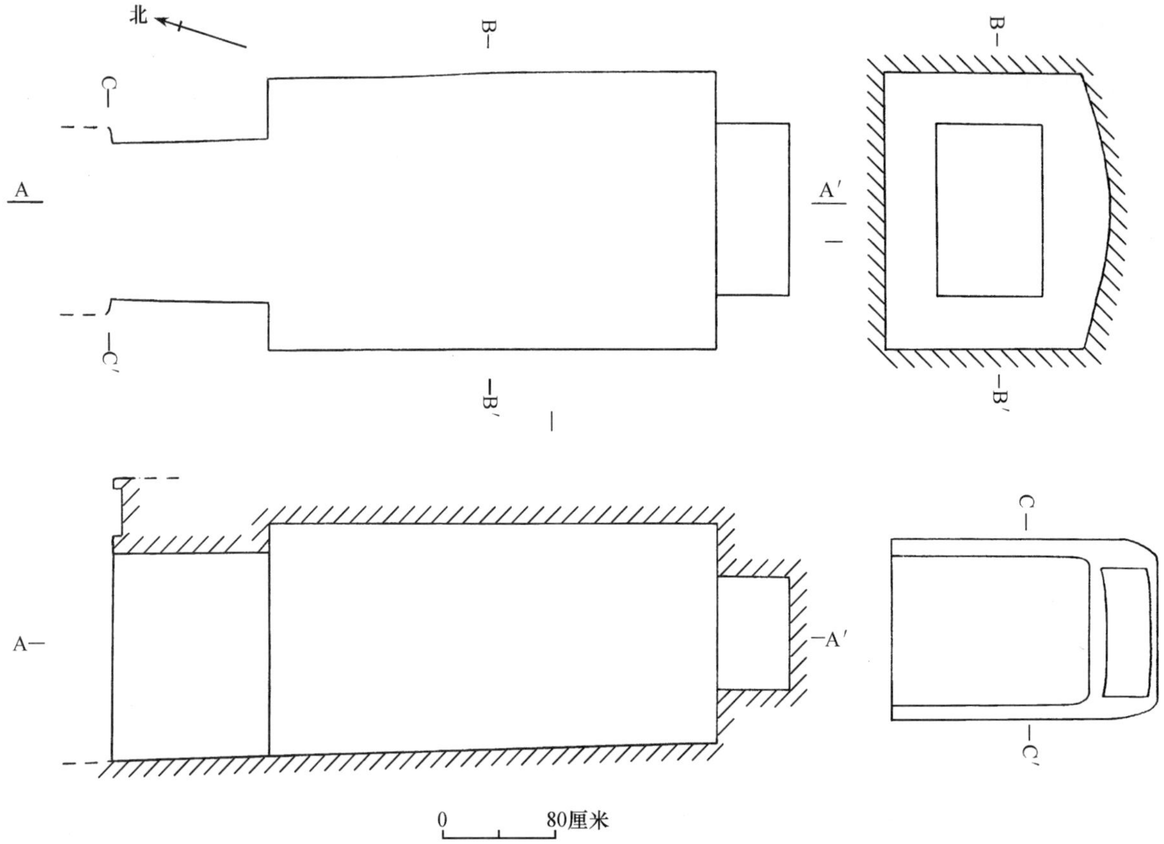

图九八　EM610 平、剖面图

在墓室的南壁开凿有一平顶平底的壁龛，壁龛底部距墓室底 36 厘米，其东壁距墓室东壁 36 厘米；壁龛长 120 厘米，高 74 厘米，进深 50 厘米。

（二）随葬器物

早期被盗一空。

一二、EM611

（一）墓葬形制

EM611 位于 E 区北端的东侧位置，西与 EM609 相距 3 米，东与 EM610 相距 1.5 米。

刀把形单室墓。由墓道、墓门、甬道及墓室组成。墓葬全长 648 厘米。墓口方向为 355°（图九九；图版三一，2）。

墓道位于墓室的北侧西端位置，近墓门一端略宽，而愈往墓道口处愈窄，长 326 厘米，宽 90 ~ 150 厘米，高 50 ~ 228 厘米。

墓门底部比墓室底高 6 厘米，形成台阶。墓门有一道门框。门框上部略宽，进深 22 厘米，高 106 厘米，宽 124 ~ 130 厘米。门洞高 90 厘米，宽 80 厘米。

甬道位于墓室的北侧西侧，平顶，长 60 厘米，宽 80 厘米，高 90 厘米。

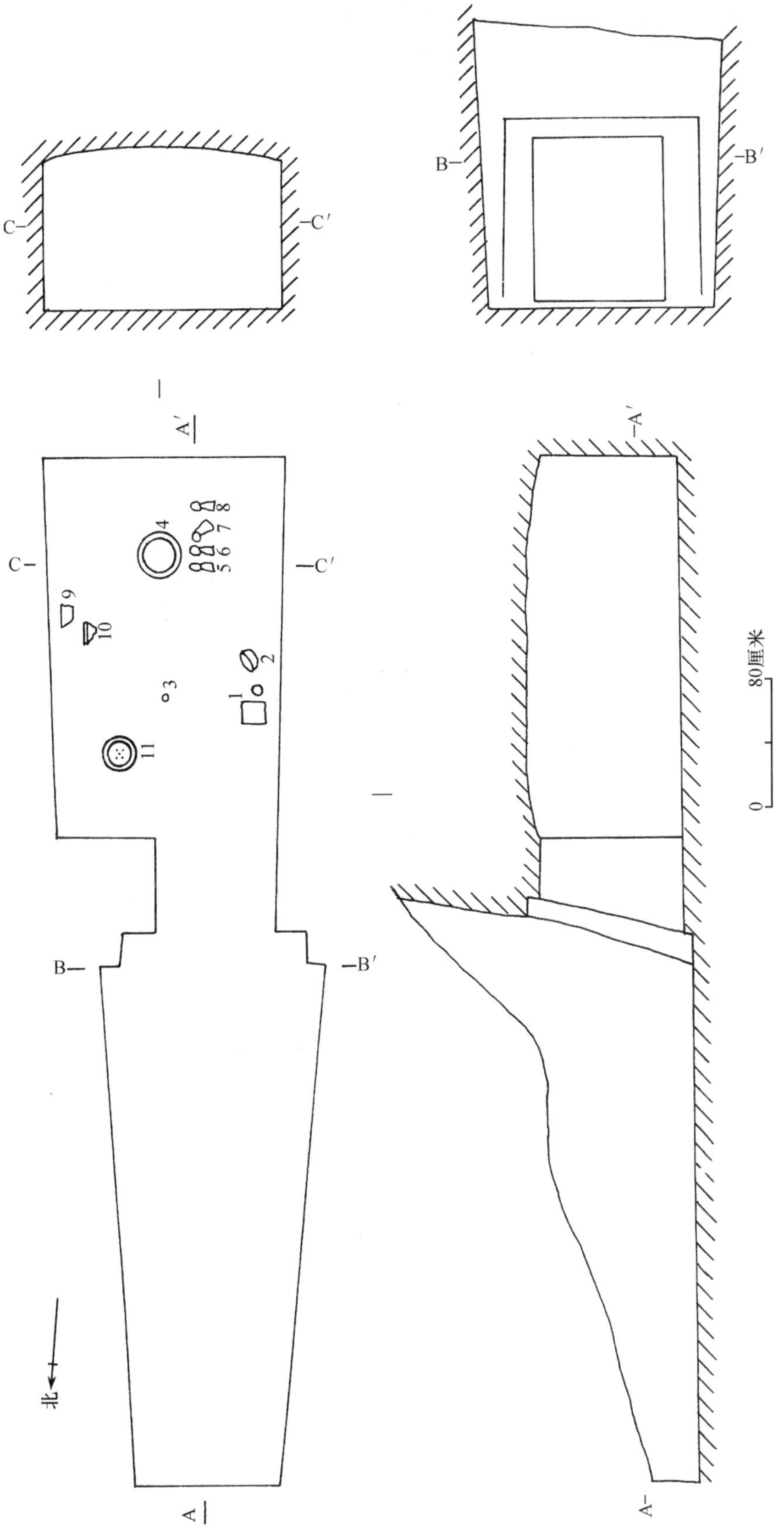

图九九　EM611 平、剖面图

1. 砚台　2、9、10. 陶钵　3. 琉璃耳珰　4. 陶盆　5～8. 陶俑　11. 陶甑

墓室顶略平，长240厘米，宽144～160厘米，高90～100厘米。

（二）随葬器物

共出土器物11件（图一〇〇）。就发掘时所见，随葬器物均位于墓室的中部。其中陶容器在前，陶俑纵向排列位于后部。

1. 陶钵

陶敞口折腹钵　3件。标本EM611∶2，泥质灰陶，轮制。敞口程度较大，翻唇，小平底，因烧造条件控制不好，造成钵体形体不规整，侧向倾斜。素面。口径17.6厘米，底径5.2厘米，高6.6厘米（图一〇〇，3；图一〇八，6；图版三九，1）。

2. 陶盆

陶折沿敞口中腹盆　1件。EM611∶4，泥质灰陶，轮制。折沿向下，腹壁斜直，平底上凹。素面。口径38.6厘米，底径19.6厘米，高11.2厘米（图一〇〇，2；图一一〇，5；图版四二，2）。

3. 陶甑

陶平折沿敞口甑　1件。EM611∶11，泥质灰陶，轮制。弧腹内收，平底，底部共计有七孔。上腹部饰四周刻划纹。口径32厘米，底径14.4厘米，高16厘米（图一〇〇，1；图一一一，5）。

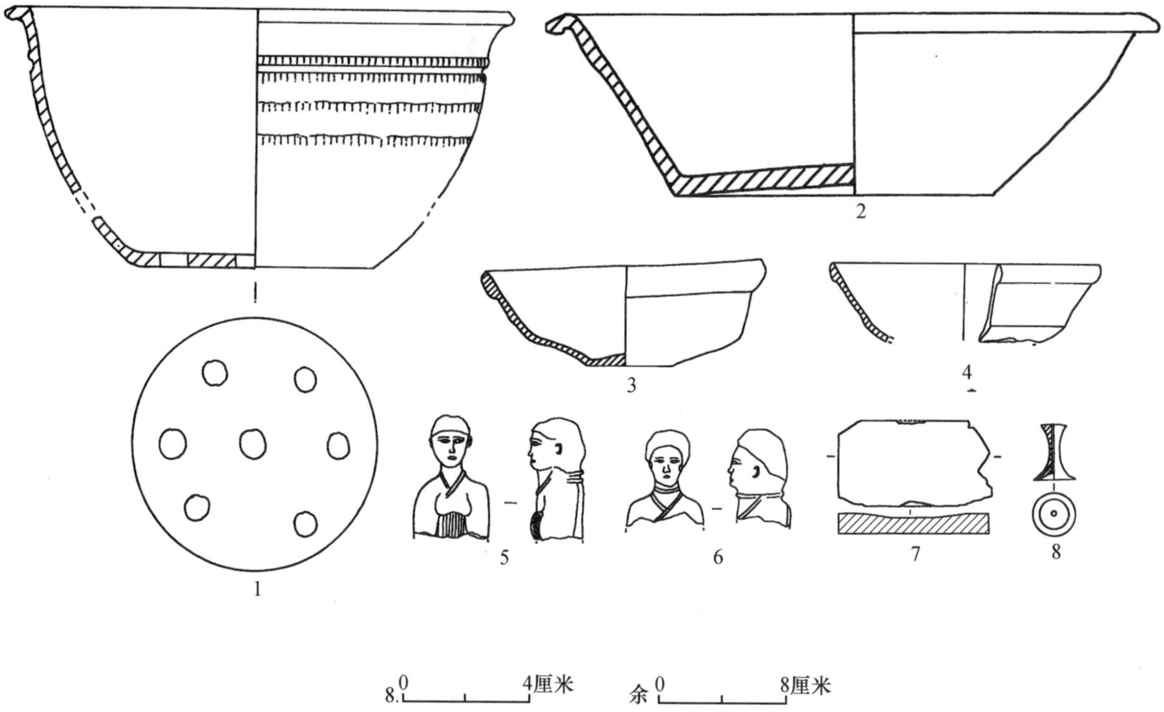

图一〇〇　EM611出土器物

1. 陶甑（EM611∶11）　2. 陶盆（EM611∶4）　3. 陶钵（EM611∶2）　4. 陶钵（EM611∶9）　5、6. 陶侍女俑（EM611∶6、EM611∶7）　7. 石砚台（EM611∶1）　8. 琉璃耳珰（EM611∶3）

4. 陶人物俑

侍女俑　3 件。标本 EM611∶6，泥质红陶，前后合模制成。头戴幞巾，右衽，双手合拢，藏于服袖内，袖口包巾有竖状褶皱，下部已残。残高 7.2 厘米（图一〇〇，5；图一一三，10）。标本 EM611∶7，泥质红陶，模制。头带包巾，右衽，下部残。残高 6 厘米（图一〇〇，6；图一一三，9）。

5. 料器

琉璃耳珰　1 件。EM611∶3，天蓝色，束腰鼓形，束腰程度较大。长 1.7 厘米，一端直径为 0.8 厘米，另一端直径 1.3 厘米（图一〇〇，8；图一三八，3；图版七一，2）。

6. 石器

石砚台　1 件。EM611∶1，已残，平面呈不规则长方形，正面下凹。整体呈黑色。残长 9.9 厘米，宽 5.9 厘米，厚 1.4 厘米。与之相配的还有一块圆饼形墨，其直径 2.6 厘米，厚 1 厘米（图一〇〇，7；图一三八，16）。

第七章　崖墓随葬器物

崖墓由于其防盗性较差，易于暴露，因此常是“十盗九空”。本次所发掘的崖墓亦大多已被盗。但亦如上文所列，有6座墓葬未被盗，况且另有21座墓葬未被盗一空，尚存部分随葬器物，因此本次发掘所获得的遗物较为丰富。但由于崖墓多曾被盗扰，加上墓内渗水积淤较为严重，发掘时所见的随葬器很多已非其原始摆放位置，这给我们研究墓内器物摆放规则及判别多次合葬的组别造成了很大障碍。

崖墓中共出土器物454件（组），大都完整或及可复原。随葬器物以陶器及青瓷器为主，另有部分铜器及铁器，还有少量金银器、料器，个别玉器、琥珀、玛瑙、石器等。其中，陶器的随葬最为普遍，在保存有遗物的墓葬中，除三例外，均出土有陶器。

此外发掘中还收集有部分墓葬建筑材料，如花纹砖。

第一节　陶　　器

崖墓中共出土陶器199件。此批陶器可分为无釉陶和釉陶两大类。

无釉陶共162件。其器类主要有：①日用容器，如釜、罐、瓮、碗、盘、盆、甑、耳杯、案、勺、杯；②陶俑及陶模型；③生产工具及文具，如纺轮、砚等。其中，日用容器数量最多，共105件，占无釉陶的比例约为65%。俑及模型器共54件，所占比例为33%。生产工具及文具仅3件，仅2%。日用容器中，陶系以泥质灰陶占大部分，比例约为91%；另有若干泥质红陶及夹细砂红陶，所占比例分别为4%强及2%强；泥质橙黄陶及夹粗砂灰陶各仅见一例；而且大部分日用容器的烧成温度一般较高，陶质亦较硬，但一些年代稍早的泥质灰陶钵烧成温度偏低，其质地较软。礼祀用器中，泥质红陶及泥质灰陶则各占50%，泥质红陶的烧成温度相对偏低，质地稍软，而泥质灰陶则稍硬。而陶俑则以泥质红陶占大多数，其比例为86%强，其余为泥质灰陶；泥质红陶俑一般烧成温度较低，陶质较软，个别器物甚至是一捏即碎，而泥质灰陶俑的烧成温度则相对稍高。陶模型器则以泥质灰陶占多，余为泥质红陶。生产工具及文具则全为泥质灰陶，陶质较坚硬。另外，此批出土陶器的陶色一般较纯，烧制水平较高。陶容器全为轮制，部分器物的表面还可见有轮制时的旋痕。陶俑均为模制。陶模型则多为分制再拼合而成。无釉陶以素面者占绝大部分；另在陶日用容器中还见有饰绳纹及凹弦纹者，其在日用容器中所占之比例分别约为9%及18%；此外还有一例饰戳印纹。

釉陶共37件。釉陶的陶系除见一例为夹细砂灰陶外，其余全为泥质红陶。由于制作条件的限制，这些泥质红陶胎都略偏软。器表主要施酱色釉、黄褐色釉及咖啡色低温釉，出土时釉层均有所剥落。釉陶亦以素面为主，另有部分器物饰有刻划纹样及镂孔。由于此批釉陶基本属低温釉陶系统，推测其作为生活实用器的可能性不大，而可能作为陪葬或祭祀明器。釉陶的器类有釜、罐、钵、杯、盆、熏炉、灯、锺、魁等。

此批陶器上均未保留有烧造痕迹，因此难以推测其装窑烧造之法。

另需说明的是，在前一章中，为使读者明了无釉陶及釉陶各自的器形特征及二者间的差别，因此介绍每墓中器物组合时无釉陶和釉陶是分开对待的。但在下文的陶器型制研究中，考虑到陶器型式划分的统一性及表述的简练，兹将二者合一，作统一的类型学研究。并会在每类器物后附说明具体何型何式器物属釉陶。

1. 陶釜

8 件。轮制。依据口部形态可分二型。

A 型 6 件。侈口。依据颈部（肩部）形态可分二亚型。

Aa 型 3 件。长颈。可分三式。

Ⅰ式：1 件。长直颈。CM401:2，泥质灰陶。卷沿，圆唇，折肩，扁鼓腹，下腹内折，圜底不明显。肩、腹部饰细绳纹。口径 17.6 厘米，最大腹径 23.6 厘米，底径 12 厘米，通高 15.6 厘米（图四九，1；图一〇一，1；图版三二，1）。

Ⅱ式：1 件。长束颈。EM606:20，泥质灰陶。方圆唇，外翻侈口，斜肩，肩腹交折，腹壁较直，圜底。领部及腹部各有两道凹弦纹，圜底部饰细绳纹，口径 20 厘米，腹径 24 厘米，器高 18.4 厘米（图九四，1；图一〇一，2；图版三二，2）。

Ⅲ式：1 件。束颈相对较短。DM501:29，夹细砂红陶。圆唇，斜肩，腹壁略直，腹底交接处形成折棱。腹及圜底处饰粗绳纹。口径 23.2 厘米，最大腹径 26.8 厘米，高 16 厘米（图七三，4；图一〇一，3；图版三二，3）。

Ab 型 2 件。短颈。均为釉陶。轮制。可分二式。

Ⅰ式：1 件。平底。BM302:18，泥质红陶胎，外施黄褐色釉。卷沿，方唇，斜折肩。腹壁直，浅腹，两边有两个对称纽钉。肩部饰一道凹弦纹。口径 20 厘米，底径 21.2 厘米，高 8.4 厘米（图一〇一，4；图版三二，4）。

Ⅱ式：1 件。略呈圜底。BM302:14，泥质红陶胎，外施黄褐色釉。釉面有脱落。卷沿，方唇，短束颈，斜折肩，直腹壁，浅腹，上腹部有两个对称纽钉。肩部饰一道凹弦纹。口径 12.8 厘米，底径 14.8 厘米，高 8 厘米（图二六，7；图一〇一，5）。

Ac 型 1 件。折沿无颈。EM604:7，夹粗砂灰陶。内沿面微凹，溜肩，鼓腹，圜底已残。口径 34.4 厘米，最大腹径 32.8 厘米，残高 13.2 厘米（图八八，1；图一〇一，6）。

B 型 2 件。直口。可分二式。

Ⅰ式：1 件。圆鼓腹，圜底。BM301:19，泥质灰陶。平方唇，领微曲，圆肩。中腹部饰有二道凹弦纹，下腹饰细绳纹。口径 24 厘米，腹径 34 厘米，通高 24 厘米（图二一，1；图一〇一，7；图版三二，5）。

Ⅱ式：1 件。圆肩腹，小平底。AM203:8，泥质灰黑陶。平方唇，直领。腹部有一道凸弦纹。口径 20.8 厘米，腹径 31.6 厘米，底径 8 厘米，通高 22.4 厘米（图一三，5；图一〇一，8；图版三二，6）。

其中 Ab 型釜均为釉陶。

2. 陶罐

48 件。轮制。依肩部形态可分五型。

A 型 6 件。溜肩。依口部形态可分二亚型。

Aa 型 3 件，卷沿侈口。可分三式。

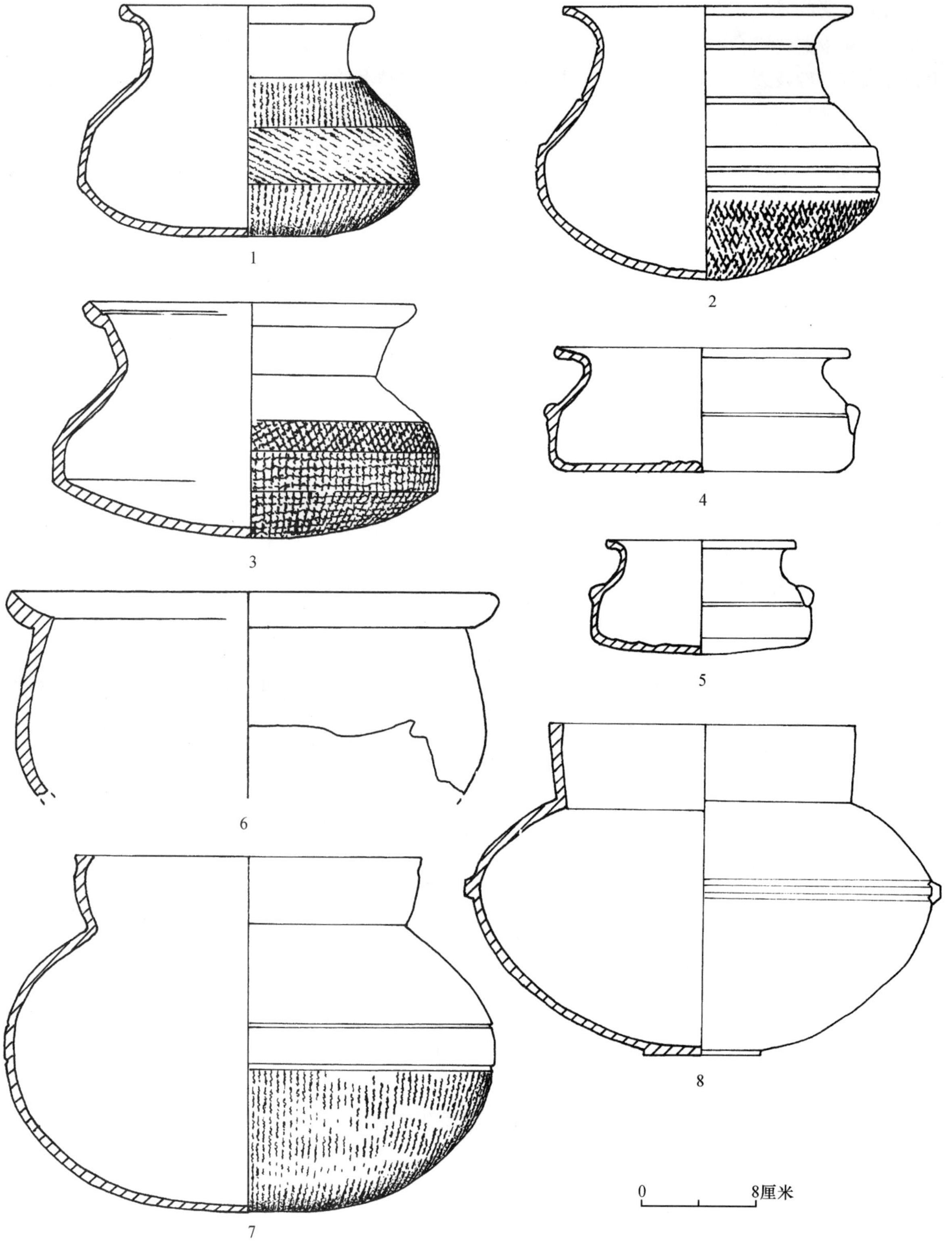

图一〇一　陶釜

1. AaI 式陶釜（CM401:2）　2. AaⅡ式陶釜（EM606:20）　3. AaIII 式陶釜（DM501:29）　4. AbI 式陶釜（BM302:18）　5. AbII 式陶釜（BM302:14）　6. Ac 型陶釜（EM604:7）　7. BI 式陶釜（BM301:19）　8. BII 式陶釜（AM203:8）

Ⅰ式：1件。垂腹，溜肩。BM301∶35，泥质红陶。卷沿，方唇，束颈，下腹内折，圜底。口径14.4厘米，腹径16.4厘米，高10.8厘米。出土时附有黄褐釉陶器盖，盖为泥质红陶，外施咖啡色釉，轮制。盖为弓形，顶端有一圆纽。器身饰多个圆点纹，上腹部有凹弦纹二周，另有三个小圆形穿孔。口径7.2厘米，高4厘米（图二一，6；图一〇二，1；图版三三，1）。

Ⅱ式：1件。垂鼓腹，肩略明显。BM303∶14，泥质灰陶。侈口卷沿，方唇，颈较长且直，平底。上腹部饰有一道凹弦纹。口径11.8厘米，腹径13.2厘米，底径6厘米，高10.4厘米。出土时附有釉陶器盖。盖亦为泥质灰陶，表面施黄褐色釉。为半圆形，顶端有一圆纽。中间有密集的条形划纹，沿下为三角形划纹。口径12厘米，高6厘米（图二八，9；图一〇二，2；图版三三，2）。

Ⅲ式：1件。鼓腹，肩略明显。CM407∶36，泥质红陶，外施酱色釉，近底部露胎。圆唇，侈口卷沿，短束颈，平底。肩部有一凹弦纹。口径12厘米，腹径13.6厘米，底径8厘米，高10厘米（图六〇，6；图一〇二，3；图版三三，3）。

Ab型　3件。宽折沿。可分二式。

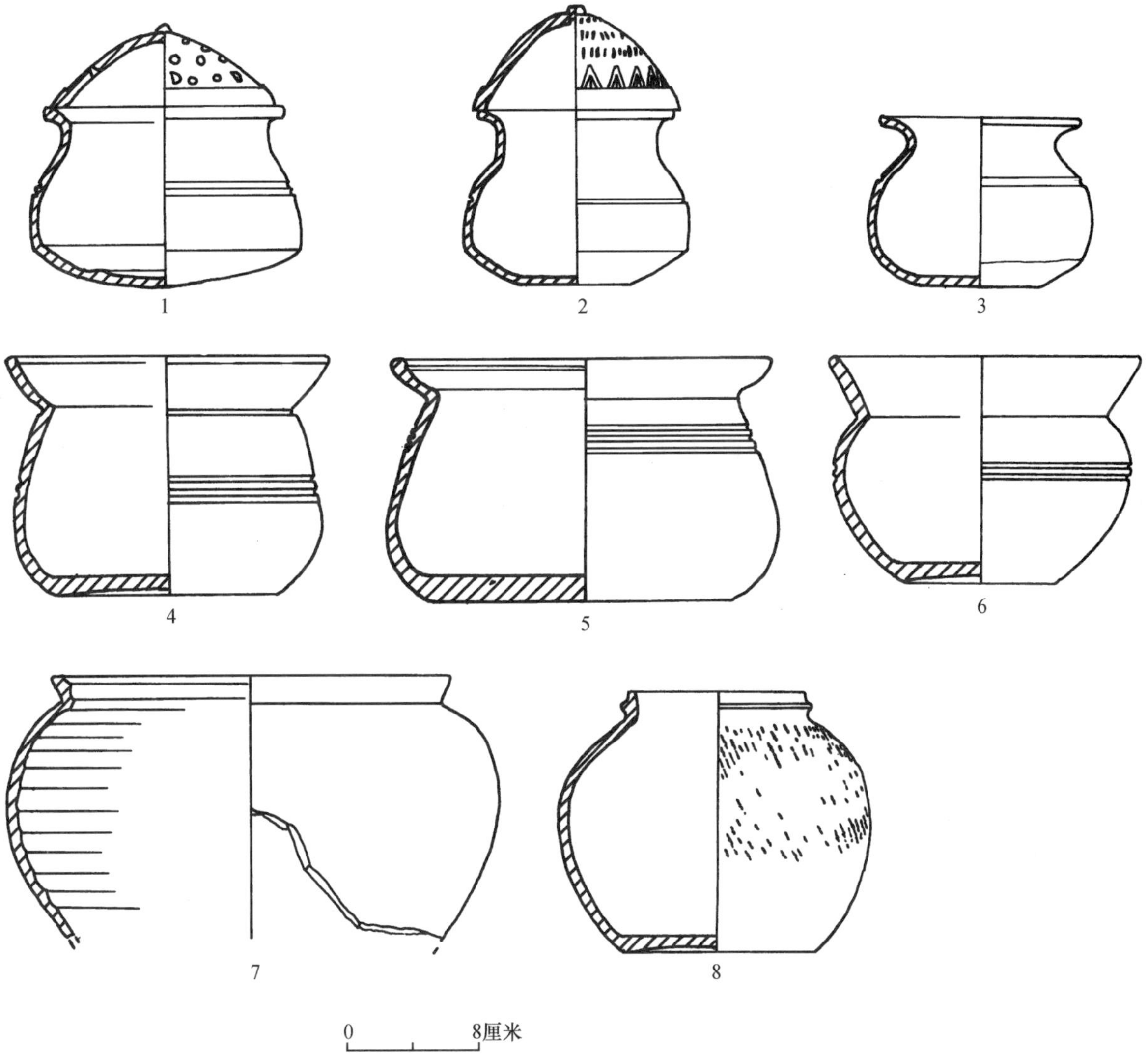

图一〇二　陶罐（一）

1. AaⅠ式陶罐（BM301∶35）　2. AaⅡ式陶罐（BM303∶14）　3. AaⅢ式陶罐（CM407∶36）　4、5. AbⅠ式陶罐（EM603∶13、CM410∶3）　6. AbⅡ式陶罐（EM605∶9）　7. Ba型陶罐（EM602∶50）　8. Bb型陶罐（EM602∶35）

Ⅰ式：2 件。重腹。EM603∶13，夹细砂灰陶，内外均施橙黄色釉，但釉料多已脱落。圆唇，外平底略上凹。腹中部饰三圈窄凹弦纹。口径 20 厘米，最大腹径 18.8 厘米，底径 13.2 厘米，器高 14.2 厘米（图八四，2；图一〇二，4；图版三三，4）。CM410∶3，泥质灰陶，轮制。圆唇，束颈，平底。上腹饰三道凹弦纹。口径 22.8 厘米，底径 17.2 厘米，高 13.8 厘米（图六七，4；图一〇二，5）。

Ⅱ式：1 件。鼓腹。EM605∶9，泥质灰陶，外施咖啡色釉，但釉料多已剥落。圆唇，平底略上凹。最大腹径处饰有两圈凹弦纹。口径 19 厘米，最大腹径 18 厘米，底宽 9.2 厘米，通高 13 厘米（图九一，3；图一〇二，6；图版三三，5）。

B 型　18 件。圆肩。依口、颈形态可分四亚型。

Ba 型　1 件。折沿，无颈。EM602∶50，泥质橙黄陶。口沿及腹体内壁均留有较密的轮制痕迹。窄折沿，最大腹径处位于中上部，底部缺失。素面。口径 24 厘米，最大腹径 29.6 厘米，残高 15.6 厘米（图八〇，1；图一〇二，7）。

Bb 型　1 件。直口，领较长。EM602∶35，泥质灰陶。圆唇，口领外壁有一周突棱，球鼓腹，平底略上凹。器腹上部饰有细绳纹。口径 10.4 厘米，最大腹径 18.8 厘米，底径 11.4 厘米，高 15.4 厘米（图八〇，2；图一〇二，8；图版三四，1）。

Bc 型　3 件。直口，矮领近无。可分三式。

Ⅰ式：1 件。领甚矮，宽肩，宽底。CM409∶8，泥质灰陶，轮制。方唇，圆鼓肩，平底。腹部饰间断绳纹。口径 16 厘米，腹径 29.6 厘米，底径 16.8 厘米，高 20.4 厘米（图六五，1；图一〇三，1）。

Ⅱ式：1 件。领甚矮，宽肩，底收窄，小于口径。BM306∶5，泥质红陶，外施酱色釉，满釉。方圆唇，下腹内收，圜底略内凹。肩上饰有一周凹弦纹。口径 9.6 厘米，腹径 16 厘米，底径 7.4 厘米，高 10.4 厘米（图三六，4；图一〇三，2；图版三四，2）。

Ⅲ式：1 件。无领，肩收窄，底径小于口径。BM306∶17，泥质灰陶。圆唇，平底，内底有拉坯留下的同心圆纹。肩部饰一道凹弦纹。口径 9.4 厘米，最大腹径 14 厘米，底径 8 厘米，高 10.4 厘米（图三六，3；图一〇三，3）。

Bd 型　13 件。侈口，颈略短。可分三式。

Ⅰ式：1 件。圆肩，最大腹径在中部，体形较宽扁。BM302∶23，泥质灰陶。内壁可见拉坯轮痕。口沿残，大平底。肩部饰一道凹弦纹。腹径 24.4 厘米，底径 14 厘米，残高 14 厘米（图二六，1；图一〇三，4）。

Ⅱ式：1 件。圆鼓肩，最大腹径上移，体形较宽扁。CM407∶1，泥质灰陶。口沿略外卷，大平底。素面。口径 14.4 厘米，最大腹径 21.6 厘米。底径 14.4 厘米，高 15.6。出土时上覆有陶钵作盖，盖为泥质灰陶，折腹，口径 16.8 厘米，底径 5.6 厘米，高 6.8 厘米（图六〇，1；图一〇三，5；图版三四，3）。

Ⅲ式：11 件。圆鼓肩，最大腹径在中上部，宽扁程度减少。标本 CM407∶10，泥质灰陶。颈略直，平底。素面。口径 9.6 厘米，最大腹径 15.2 厘米，底径 7.2 厘米，高 14.8 厘米。出土时有陶钵覆其上作盖，盖为泥质灰陶，折腹，口径 12 厘米，底径 3.6 厘米，高 4 厘米（图六〇，3；图一〇三，6）。标本 CM407∶11，泥质灰陶。颈略长，平底。肩上饰有两道窄凹弦纹，之间有竖向细绳纹。口径 9.6 厘米，最大腹径 14.2 厘米，底径 6.8 厘米，高 12.4 厘米。出土时有一陶钵倒覆其上作盖，盖为泥质灰陶，敞口，折腹。口径 12.4 厘米，底径 4 厘米，高 4.4 厘米（图一〇三，10；图版三四,5）。标本 CM407∶6，泥质灰陶。微侈口，颈略直，腹壁在近底处略收束，平底。肩上饰一周较窄的凹弦纹。口径 9.2 厘米，最大腹径 16 厘米，底径 7.6 厘米，高 12 厘米。出土时上倒覆

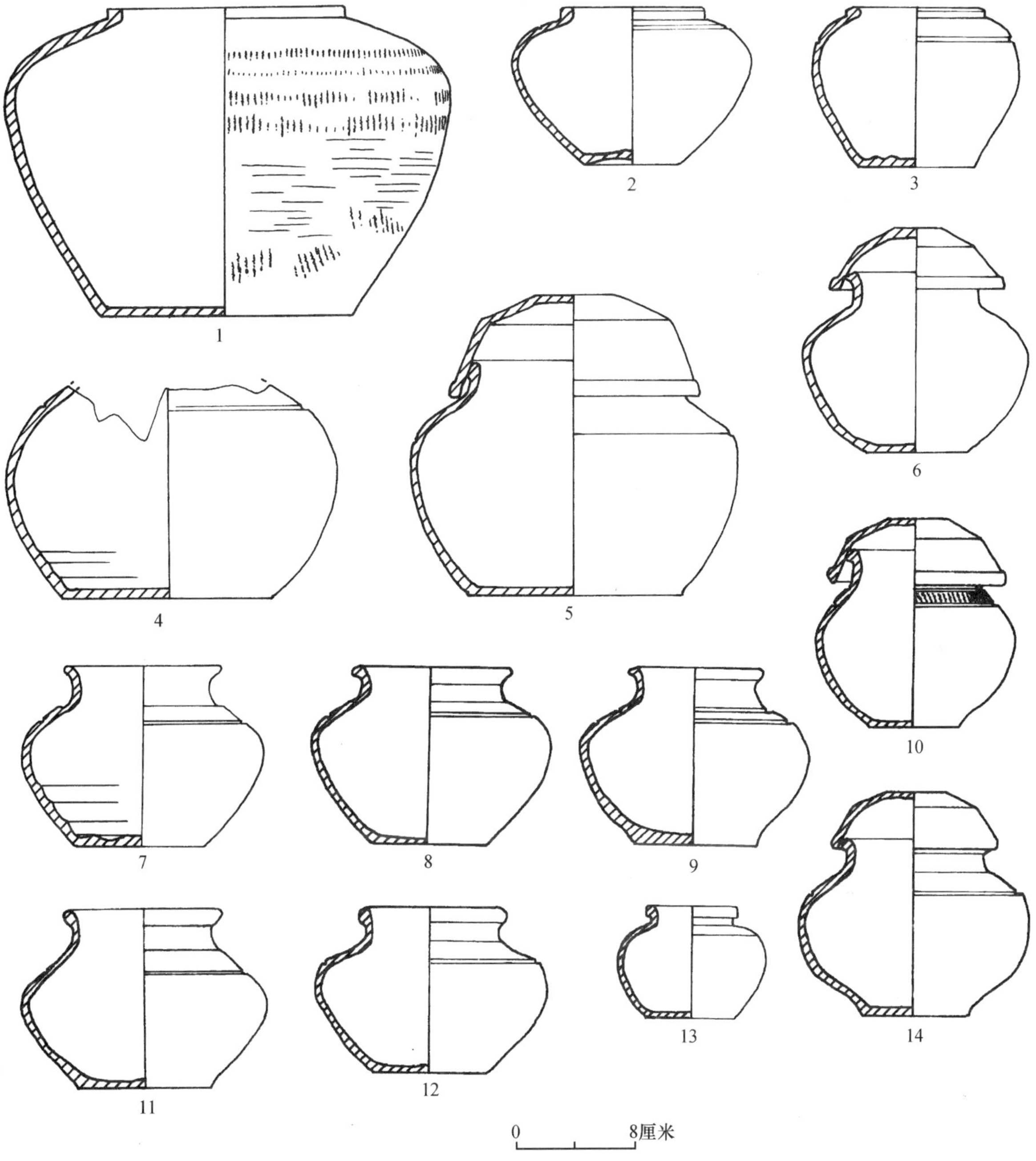

图一〇三　陶罐（二）

1. BcⅠ式陶罐（CM409∶8）　2. BcⅡ式陶罐（BM306∶5）　3. BcⅢ式陶罐（BM306∶17）　4. BdⅠ式陶罐（BM302∶23）　5. BdⅡ式陶罐（CM407∶1）　6～14. BdⅢ式陶罐（CM407∶10、EM606∶21、AM203∶13、BM305∶2、CM407∶11、AM203∶12、AM203∶6、BM306∶15、CM407∶6）

有一陶钵作盖，盖为泥质灰陶，敞口，折腹，口径11.2厘米，底径4.4厘米，高4厘米（图一〇三，14）。标本AM203∶13，泥质灰陶。圆唇，短束颈，平底，肩上饰有一周窄凹弦纹。口径10.8厘米，最大腹径16.4厘米，底径8厘米，高12厘米（图一〇三，8）。标本AM203∶6，泥质灰陶。圆唇，平底。肩上饰有一周窄凹弦纹。口径10.4厘米，最大腹径12厘米，底径8厘米，高11.2厘米（图一〇三，12）。AM203∶12，泥质灰陶。圆唇，短束颈，平底。肩上饰有一道窄凹弦纹。口径10.8厘米，最大腹径16.8厘米，底径8.8厘米，高12厘米（图一三，2；图一〇三，11；图版三四，4）。标本 BM305∶2，泥质灰陶。圆唇，平底。肩上饰有两道细凹弦纹。口径 9.2 厘米，最大腹径 16 厘米，底径 8.4 厘米，高 12 厘米（图三三，5；图一〇三，9）。BM306∶15，泥质灰陶。卷沿，圆唇，平底。素面。口径 6.4 厘米，最大腹径 10.4 厘米，底径 6.4 厘米，高 7.6 厘米（图三六，2；图一〇三，13）。EM606∶21，泥质灰陶。下腹内壁有明显的轮制痕迹。圆唇，束颈，平底。肩上饰有两道凹弦纹。口径 10.8、最大腹径 16.4 厘米，底径 8.4 厘米，器高 11.8 厘米（图九四，2；图一〇三，7）。

C 型　8 件。窄折肩。可分二亚型。

Ca 型　1 件。上腹带双系。CM407∶2，泥质灰陶。方唇，领较长，中下腹微鼓，平底。肩部黏附对称长方形二耳，耳中间有穿孔。上腹饰三道、中腹饰二道凹弦纹。口径 12 厘米，腹径 19.2 厘米，底径 16.8 厘米，高 22.4 厘米（图六〇，8；图一〇四，5；图版三五，1）。

Cb 型　7 件。腹不带系。可分四式。

Ⅰ式：2 件。微敞口，高领。CM407∶3，泥质灰陶。圆唇，长桶腹，平底。素面。口径 9.2 厘米，腹径 14.8 厘米，底径 8 厘米，高 14 厘米（图六〇，5；图一〇四，4）。CM407∶15，泥质灰陶。圆唇，长桶腹，平底。素面。口径 9.6 厘米，腹径 13.6 厘米，底径 8 厘米，高 14 厘米。出土时有一陶钵作盖，钵为泥质灰陶，敞口折腹，口径 12.4 厘米，底径 4 厘米，高 4.8 厘米（图一〇四，8；图版三五，2）。

Ⅱ式：2 件。口微敞或近直，矮领。CM409∶4，泥质灰陶。方唇，长桶腹，平底。肩部饰一周锯齿状三角形纹，中腹部有多条轮修的线纹。口径 21.6 厘米，腹径 36 厘米，底径 24 厘米，高 34 厘米（图六五，2；图一〇四，6；图版三五，3）。BM303∶12，泥质灰陶。尖唇，长桶腹，平底。素面。口径 13.2 厘米，最大腹径 20.4 厘米，底径 12.8 厘米，高 17.2 厘米（图二八，6；图一〇四，3）。

Ⅲ式：2 件。口近直，领进一步退化。AM203∶7，泥质灰陶。斜方唇，长桶腹，腹微鼓，平底。素面。口径 12.8 厘米，腹径 20 厘米，底径 14.4 厘米，高 18 厘米（图一三，1；图一〇四，2；图版三五，4）。BM303∶1，泥质灰陶。圆唇，桶腹，中腹微鼓，平底。素面。口径 13.2 厘米，腹径 21.2 厘米，底径 14.8 厘米，高 19.2 厘米（图二八，5；图一〇四，1；图版三五，5）。

Ⅳ式：1 件。直口微敛，无领。BM306∶4，泥质灰陶。器腹内壁可见有多道凹凸的轮制痕迹。鼓腹较深，最大腹径处于中上部，平底。素面。口径 13.2 厘米，最大腹径 17.6 厘米，底径 8.8 厘米，高 16 厘米（图三六，13；图一〇四，7；图版三五，6）。

D 型　12 件。广折肩。依口部形态可分三亚型。

Da 型　6 件。敛口。可分三式。

Ⅰ式：2 件。腹体较长，宽肩。BM303∶18，泥质灰陶。器腹下部有多条细线轮制痕迹。圆方唇微外翻，短颈，斜肩，腹弧曲内收，平底。口径 21.2 厘米，最大腹径 33.6 厘米，底径 17.6 厘米，高 24.4 厘米（图二八，1；图一〇四，9；图版三六，1）。CM409∶7，泥质灰陶。翻沿，尖圆唇，短颈，斜折肩，腹弧曲内收，平底。上腹部先饰绳纹，再略为抹去，然后在其上戳印菱格纹。口径 24 厘米，腹径 38 厘米，底径 19.6 厘米，高 26.8 厘米（图六五，3；图一〇四，10；图版三六，2）。

Ⅱ式：3 件。扁腹，宽肩。BM303∶2，泥质灰陶。轮制，器腹内壁保留有多道轮制痕迹。圆唇，短颈，斜肩，下腹内收，平底。素面。口径 12.8 厘米，最大腹径 24 厘米，底径 16 厘米，高 16 厘米（图二八，7；图一〇四，12；图版三六，4）。BM303∶10，泥质灰陶。翻沿，尖唇，斜肩近平，上腹近直，平底。腹部饰四道凹弦纹。口径 14 厘米，腹径 25.6 厘米，底径 18 厘米，高 17.2 厘米（图二八，2；图一〇四，11）。AM203∶4，泥质灰陶。斜外尖唇，短颈，折肩，平底。素面。口径 12.8 厘米，腹径 23.2 厘米，底径 16 厘米，高 13.8 厘米（图一三，3；图一〇四，13；图版三六，3）。

Ⅲ式：1件。扁腹，肩略收窄。EM603：14，夹细砂灰陶。圆唇，腹壁上中部略直，平底略上凹。素面。口径15厘米，最大腹径22厘米，底径15厘米，高13.2厘米（图八四，3；图一〇五，1；图版三六，6）。

Db型　3件。侈口。可分三式。

Ⅰ式：1件。短颈，腹体较长。CM407：12，泥质灰陶，轮制。卷沿，肩斜折，下腹内收，平底。素面。口径9.6厘米，腹径16.8厘米，底径8.8厘米，高12.8厘米。出土时有陶钵作盖，钵为泥质灰陶。翻唇，敞口，折腹，平底。素面。口径10.8厘米，底径3.6厘米，高4厘米（图六〇，2；图一〇五，2）。

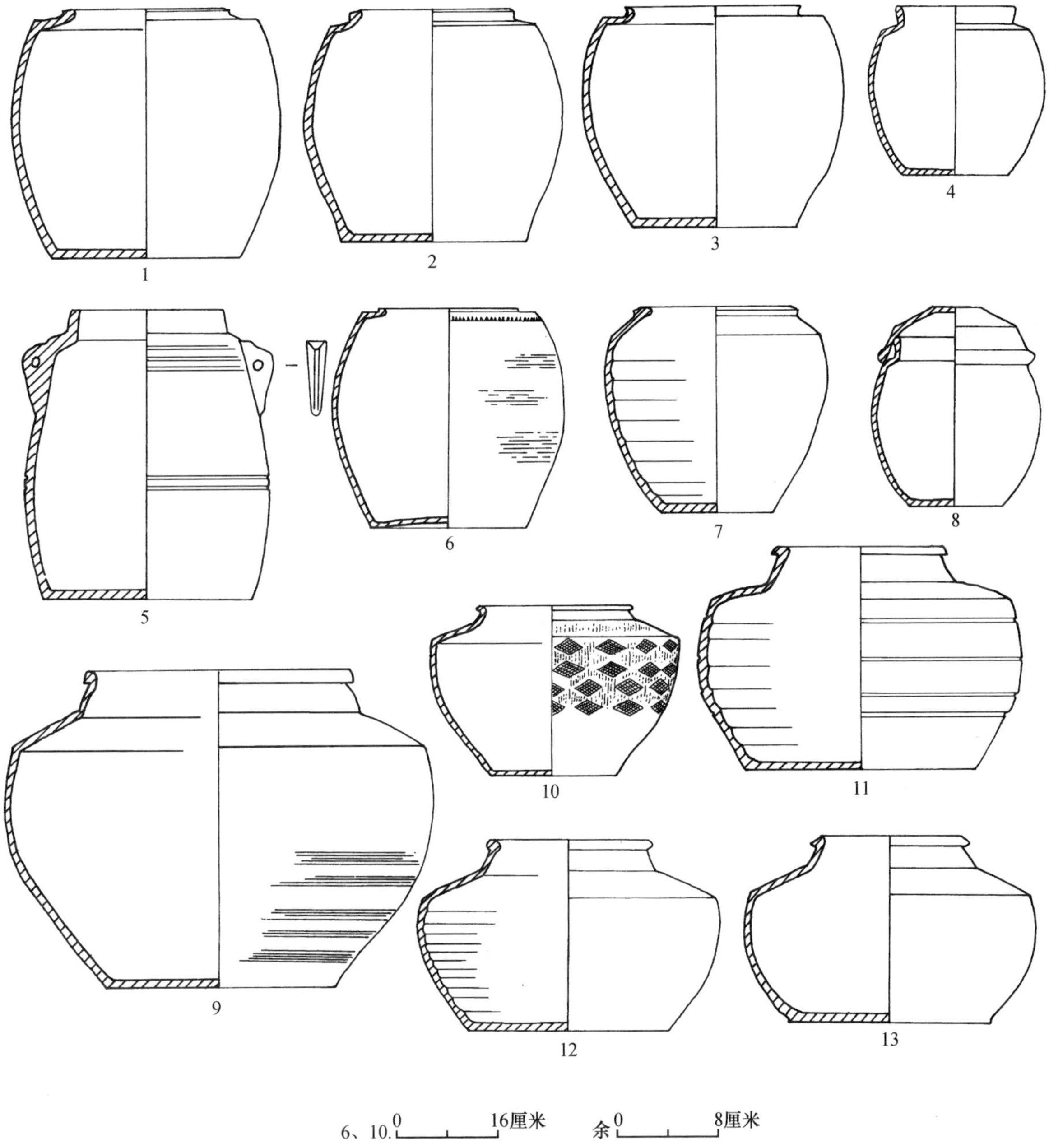

图一〇四　陶罐（三）

1、2. CbⅢ式陶罐（BM303：1、AM203：7）　3、6. CbⅡ式陶罐（BM303：12、CM409：4）　4、8. CbⅠ式陶罐（CM407：3、CM407：15）　5. Ca型陶罐（CM407：2）　7. CbⅣ式陶罐（BM306：4）　9、10. DaⅠ式陶罐（BM303：18、CM409：7）　11～13. DaⅡ式陶罐（BM303：10、BM303：2、AM203：4）

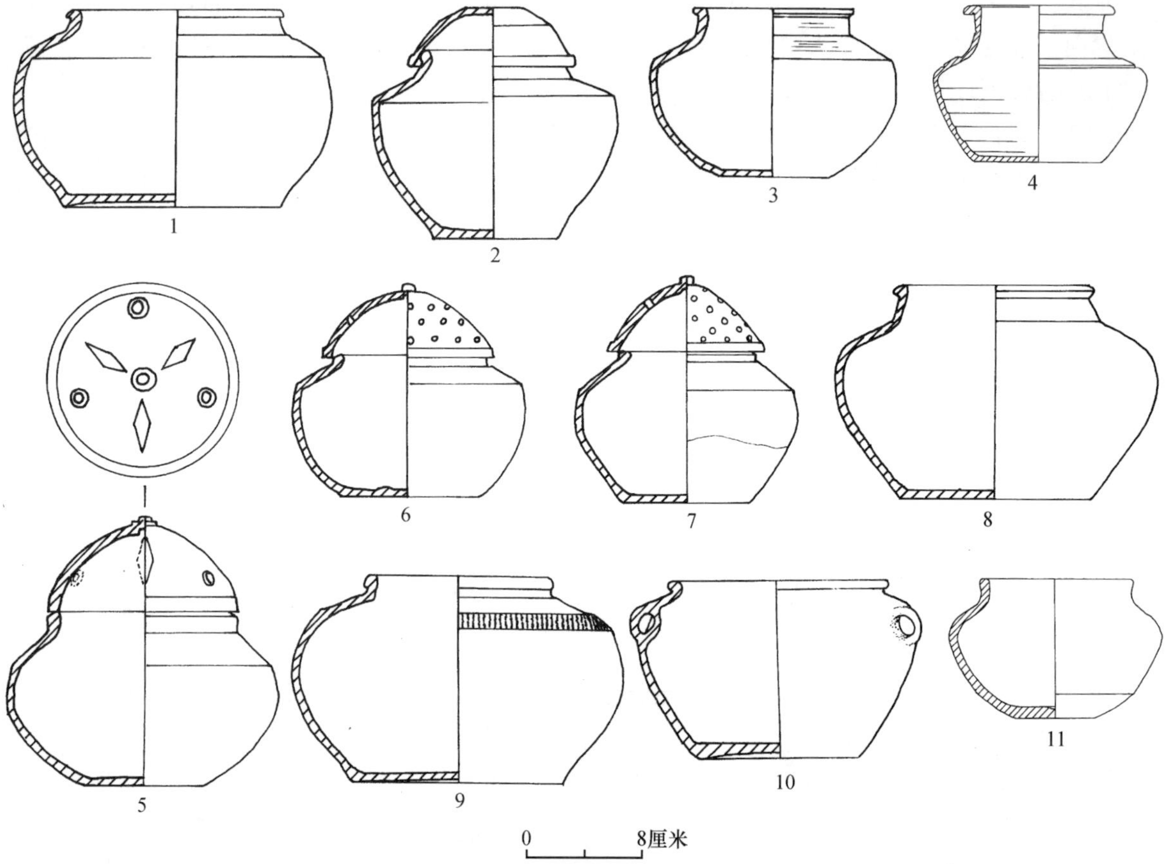

图一〇五　陶罐（四）

1. DaⅢ式陶罐（EM603∶14）　2. DbI 式陶罐（CM407∶12）　3. DbII 式陶罐（BM303∶9）　4. DbIII 式陶罐（EM603∶19）
5. DcⅠ式陶罐（BM301∶39）　6、7. DcⅡ式陶罐（BM301∶37、BM301∶38）　8. EaI 式陶罐（BM310∶25）
9. EaⅡ式陶罐（EM606∶14）　10. F 型陶罐（EM602∶25）　11. Eb 型陶罐（DM501∶27）

Ⅱ式：1 件。颈增长，扁腹。BM303∶9，泥质灰陶。圆唇，颈略直。上腹较直，下腹内收，平底。素面。口径 11.2 厘米，腹径 16.8 厘米，底径 7.2 厘米，高 11.4 厘米（图二八，10；图一〇五，3）。

Ⅲ式：1 件。长颈，扁腹。EM603∶19，夹细砂灰陶。轮制，下腹内壁留有明显的轮制痕迹。口沿外平折，圆唇，平底。颈上饰有一道凹弦纹，肩上饰两道凹弦纹。口径 10.4 厘米，最大腹径 14.6 厘米，底宽 8.6 厘米，高 10.6 厘米（图八四，10；图一〇五，4；图版三六，6）。

Dc 型　3 件。直口。可分二式。

I 式：1 件。领较长。BM301∶39，泥质灰陶，轮制。圆唇，鼓腹，平底，上覆有半球形盖，盖上有一圆纽，并有三个均匀分布的菱形穿孔，穿孔间有一圆圈纹。素面。口径 12.8 厘米，最大腹径 18.8 厘米，底径 8.8 厘米，通高 18.4 厘米（图二一，3；图一〇五，5；图版三七，1）。

Ⅱ式：2 件。矮领。BM301∶37，泥质灰陶。方唇，弧腹内收，平底。出土时附有半球形黄釉陶器盖，盖上有一圆纽。罐体素面，器盖上有圆凸点纹。口径 10.8 厘米，腹径 16 厘米，底径 9.2 厘米，通高 14.4 厘米（图二一，5；图一〇五，6；图版三七，2）。BM301∶38，泥质红陶。中腹以上饰酱釉，下腹露胎。方唇，鼓腹，平底。口径 9.2 厘米，腹径 15.2 厘米，底径 8.8 厘米，高 10 厘米。器盖为弓形，顶部为一圆纽，器身饰凸点纹和三个圆形穿孔。口径 10.8 厘米，高 10 厘米（图二一，4；图一〇五，7；图版三七，3）。

E型　3件。圆折肩。根据口部形态可分二亚型。

Ea型　2件。敛口。可分二式。

Ⅰ式：1件。颈略长。BM310:25，泥质灰陶。翻唇，斜肩，平底。素面。口径13.2厘米，腹径22厘米，底径13.2厘米，高14.4厘米（图四四，1；图一〇五，8）。

Ⅱ式：1件。短颈。EM606:14，泥质灰陶。圆唇，斜肩，最大腹径处位于中上部，扁腹，平底。肩上饰一周戳印短竖直线纹。口径13厘米，最大腹径22.8厘米，底径14.8厘米，通高14厘米（图九四，4；图一〇五，9；图版三七，4）。

Eb型　1件。直口。DM501:27，泥质灰陶。圆唇，领稍长，斜肩，下腹斜内收，平底。素面。口径10.6厘米，最大腹径14.8厘米，底宽5.6厘米，高9.4厘米（图七三，10；图一〇五，11；图版三七，5）。

F型　1件。肩有双系。EM602:25，泥质灰陶。圆唇外翻，最大腹径位于中上部，下腹壁斜直内收，外底部上凹，肩上有双环形耳。素面。口径15.2厘米，腹径19.2厘米，高12厘米（图八〇，3；图一〇五，10；图版三七，6）。

其中，AaⅢ式、部分Ab型及部分DcⅡ式陶罐为釉陶。

3. 陶瓮

1件。CM409:17，泥质灰陶。轮制，腹部有多条轮修过的线纹。小口，翻沿，尖唇，侈口，束颈，圆肩，鼓腹，最大腹径位于中上部，平底。肩部有一周间断条纹。口径12厘米，腹径32厘米，底径15.6厘米，高33.2厘米（图六五，4；图一〇六，1）。

4. 陶锺

5件。泥质红陶，外均施釉。轮制。可分三式。

Ⅰ式：2件。敞口，盘口不明显，口部较深。BM301:29，通体施酱釉。微敞口，圆唇，长束颈，鼓腹，圈足呈八字外张。颈腹交接处和腹中部各饰凹弦纹二周，上腹饰对称的两衔环铺首。口径15.6厘米，腹径24.8厘米，底径16厘米，高32厘米。出土时锺上盖有钵形器盖。盖为泥质红陶，轮制。折腹，平底。上腹饰凹弦纹二周。口径18.4厘米，底径8厘米，高9.6厘米（图二四，4；图一〇七，1；图版三八，1）。BM302:4，仅存圈足，圈足上饰凹弦纹一周。泥质红陶，外表饰黄褐色釉，轮制。圈足径17.6厘米，残高4.4厘米（图二六，14）。

Ⅱ式：1件。深盘口。CM407:27，外有黄褐色釉点。盘壁斜直外敞，长束颈，扁鼓腹，高圈足外张。颈腹交接处和腹中部共饰凹弦纹三周，上腹饰对称的两衔环铺首。口径15厘米，腹径23厘米，足径15厘米，高32.4厘米（图六一，1；图一〇七，2；图版三八，2）。

Ⅲ式：2件。浅盘口。BM303:17，器表施黄褐色釉。微敞口，平方唇，高束颈，圆鼓腹。颈腹交接处和腹中部共饰凹弦纹三周，上腹饰对称的两衔环铺首。盖为子母口，纽部已残。器口径16.4厘米，最大腹径24.4厘米，足径15.6厘米，器高29.2厘米；盖口径14.4厘米，残高3.6厘米，通体残高31.6厘米（图二八，8；图一〇七，3；图版三八，4）。AM203:11，通体施黄色釉，口部釉料有所脱落。微敞口，平方唇，长直颈，鼓扁腹，圈足壁呈外撇八字形。颈腹交接处和腹中部共饰凹弦纹三周，上腹饰对称的两衔环铺首。其上有半球状盖，顶上有一纽孔。锺口径16厘米，腹径22.4厘米，底径16厘米，高29.6厘米；盖口径17.6厘米，高9.6厘米，通高38.8厘米（图一三，9；图一〇七，4；图版三八，3）。

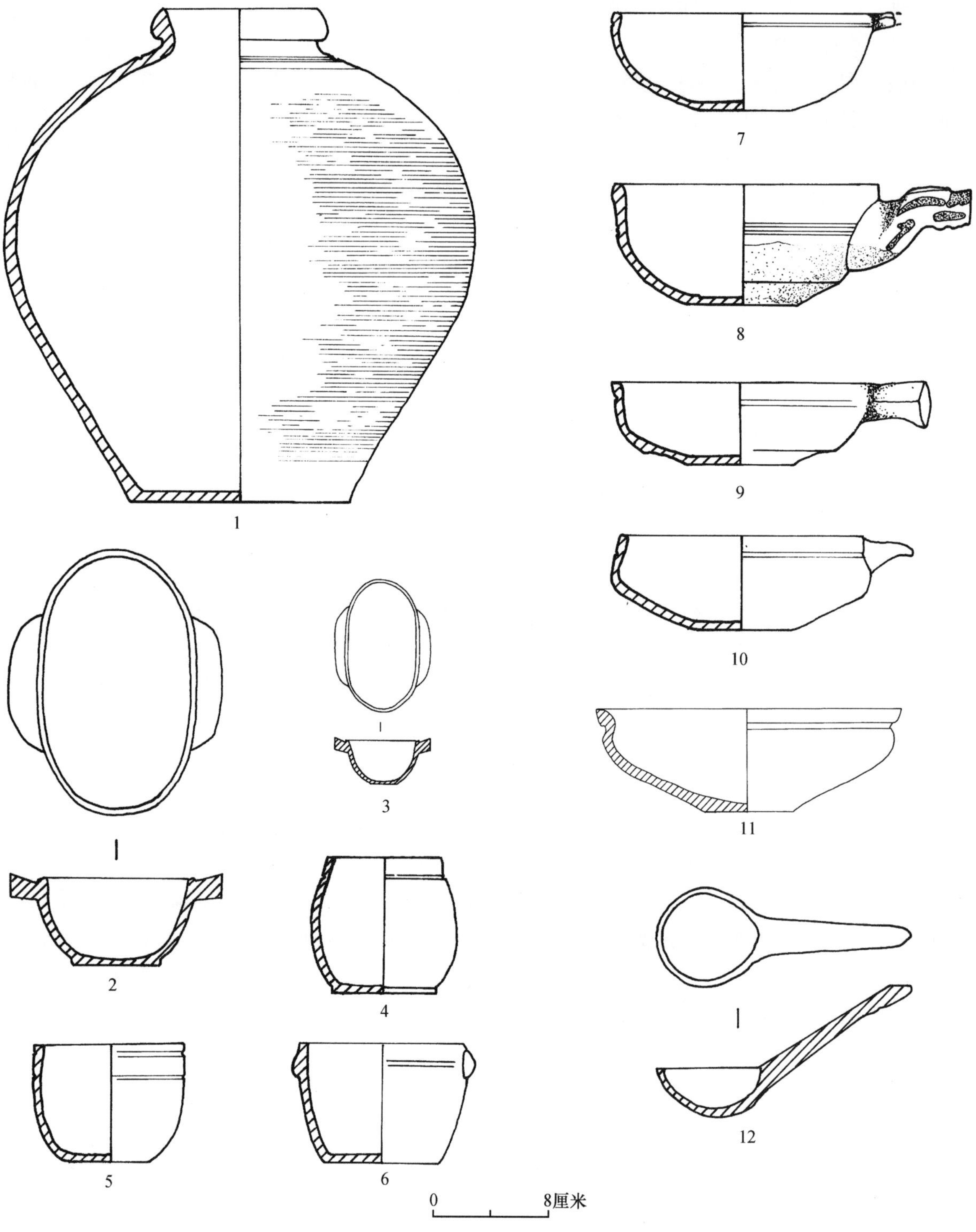

图一〇六　陶瓮、陶耳杯、陶杯、陶魁及陶勺

1. 陶瓮（CM409∶17）　2、3. 陶耳杯（BM301∶24、BM301∶15）　4. AⅠ式陶杯（CM407∶14）　5. AⅡ式陶杯（BM303∶5）　6. B型陶杯（BM302∶20）　7. Ⅰ式陶魁（CM401∶3）　8. Ⅱ式陶魁（BM301∶28）　9. Ⅲ式陶魁（BM302∶16）　10. Ⅳ式陶魁（CM407∶34）　11. 陶盘（DM501∶32）　12. 陶勺（CM407∶35）

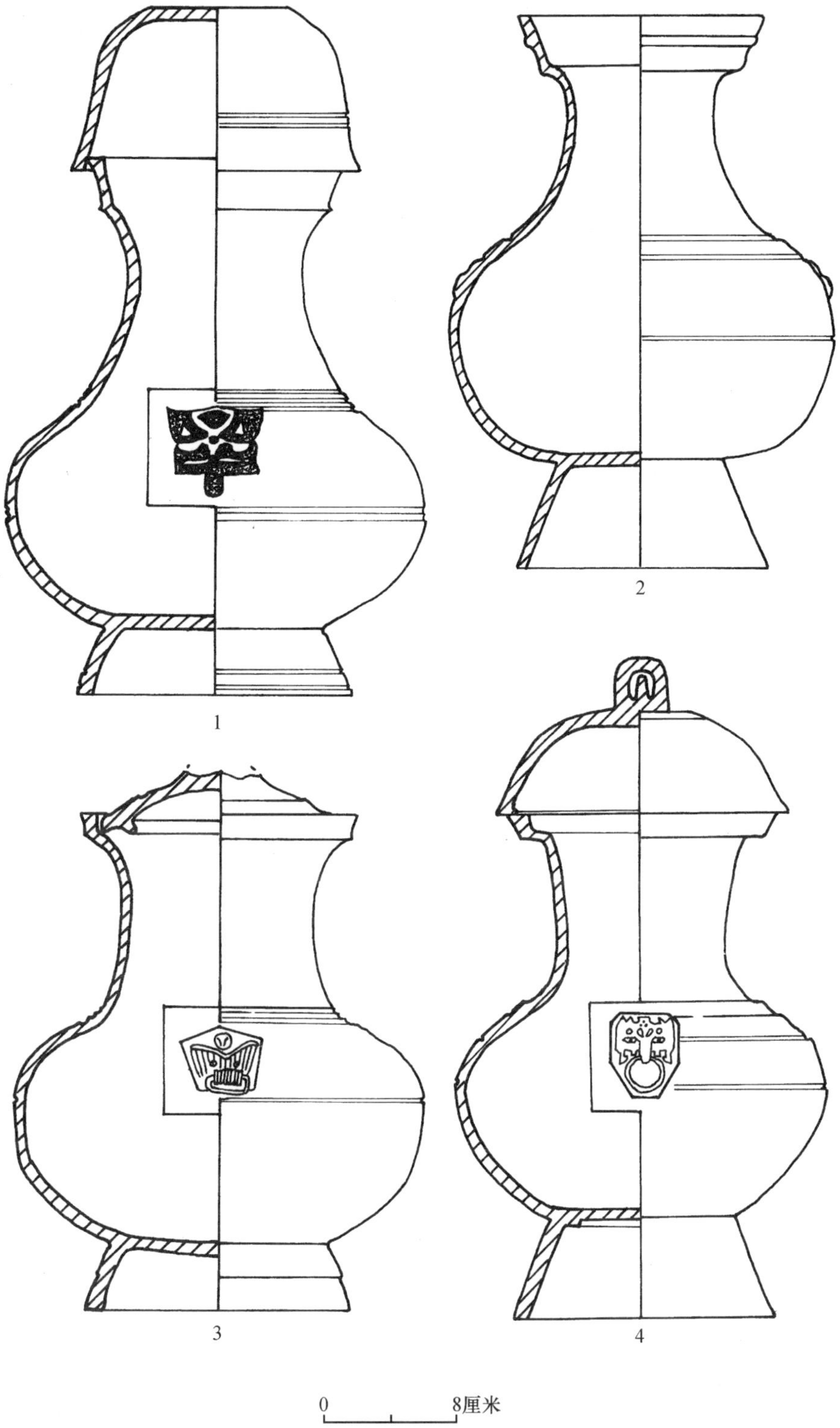

图一〇七　陶锺

1. I式陶锺（BM301:29）　2. Ⅱ式陶锺（CM407:27）　3、4. Ⅲ式陶锺（BM303:17、AM203:11）

5. 陶钵

28 件。轮制。根据口部形态可分三型。

A 型　20 件。敞口。可分三式。

Ⅰ式：9 件。敞口程度较大，下腹壁弧曲内收。标本 BM310∶7，泥质灰陶。翻唇，小平底。素面。口径 18.8 厘米，底径 5.2 厘米，高 6.8 厘米（图一〇八，1）。标本 BM310∶18，泥质灰陶。翻唇，小平底。素面。口径 18 厘米，底径 4.4 厘米，高 6.4 厘米（图一〇八，2）。标本 BM310∶20，泥质灰陶。翻唇，小平底。口径 18.8 厘米，底径 6 厘米，高 6.8 厘米（图一〇八，3）。标本 BM310∶ 24，泥质灰陶。翻唇，小平底。素面。口径 19.2 厘米，底径 6 厘米，高 7.2 厘米（图四四，6；图一〇八，4）。标本 BM302∶9，泥质灰陶。翻唇，小平底，口径 16.8 厘米，底径 5.6 厘米，高 6.8 厘米（图一〇八，5）。标本 EM611∶2，泥质灰陶。翻唇，小平底，因烧造条件控制不好，造成钵体形体不规整，侧向倾斜。素面。口径 17.6 厘米，底径 5.2 厘米，高 6.6 厘米（图一〇〇，3；图一〇八，6；图版三九，1）。

Ⅱ式：8 件。敞口程度较大，下腹壁斜直内收。标本 CM407∶16，泥质灰陶。翻唇，小平底。互洒。口径 18.4 厘米，底径 6.4 厘米，高 6.8 厘米（图六〇，12；图一〇八，7；图版三九，3）。标本 CM409∶14，泥质灰陶，翻唇，小平底。素面。口径 12.8 厘米，底径 4 厘米，高 4.8 厘米（图六五，5；图一〇八，9）。标本 BM302∶8，泥质灰陶。卷缘，平底。素面。口径 18.4 厘米，底径 5.6 厘米，高 6.4 厘米（图二六，17；图一〇八，8；图版三九，2）。标本 BM302∶19，泥质灰陶。翻唇，平底。素面。口径 8.8 厘米，底径 4.4 厘米，高 4.6 厘米（图一〇八，12）。标本 AM203∶17，泥质灰陶。翻唇，平底。素面。口径 17.2 厘米，底径 5.2 厘米，高 6.4 厘米（图一〇八，10）。标本 AM203∶18，泥质灰陶。卷沿，平底。素面。口径 16.8 厘米，底径 5.6 厘米，通高 6.4 厘米（图一〇八，11）。

Ⅲ式：2 件。微敞口，下腹壁斜直内收。BM303∶19，泥质灰陶。翻唇，平底。上腹饰一道凹弦纹。口径 14.4 厘米，底径 6 厘米，通高 5.4 厘米（图二八，3；图一〇八，15；图版三九，4）。CM409∶13，泥质灰陶。翻唇，小平底。口径 12.8 厘米，底径 4 厘米，高 4.8 厘米（图一〇八，18）。

B 型　3 件。侈口。可分三式。

Ⅰ式：1 件。口沿外侈，折腹，小平底。CM407∶5，泥质红陶。尖唇，上腹斜直，下腹斜直内收。加厚平底。上腹部饰一道凹弦纹。口径 16.8 厘米，底径 5.6 厘米，通高 4.8 厘米（图六〇，14；图一〇八，13）。

Ⅱ式：1 件。尖唇微突，弧腹，小平底。CM407∶33，泥质红胎，器表施黄褐色釉。平底略加厚。上腹饰一道凹弦纹。口径 17.6 厘米，底径 4 厘米，通高 5.2 厘米（图六〇，13；图一〇八，14）。

Ⅲ式：1 件。口沿外卷，弧腹，大平底。BM303∶20，泥质灰陶。圆唇，平底。素面。口径 18.8 厘米，底径 9.2 厘米，高 4.6 厘米（图二八，4；图一〇八，17）。

C 型　5 件。直口。可分三式。

Ⅰ式：1 件。平沿，方唇，腹略折。BM301∶36，泥质红陶，外施酱色釉，半釉。平底。腹部饰有二道窄凹弦纹。口径 16 厘米，底径 7.6 厘米，通高 6.8 厘米（图二三，11；图一〇八，20，图版三九，5）。

Ⅱ式：2 件。平沿，方唇，折腹。BM302∶2，泥质红陶，外施咖啡色釉。上腹壁直，下腹壁斜曲内收，小平底。上腹饰两道较窄的凹弦纹。口径 14 厘米，底径 4.8 厘米，高 5.2 厘米（图一〇八，19；图版三九，6）。BM302:12，泥质红陶，外施酱色釉。方唇，上腹壁直，下腹壁斜曲。上腹饰两周凹弦纹。口径13.2厘米，底径2.8厘米，高4.8厘米（图二六，12；图一〇八，22；图版四〇，1）。

Ⅲ式：2件。口沿微侈，尖唇，折腹。BM302:7，泥质红陶，外施酱色釉。上腹壁直，下腹壁斜曲内收，小平底。上腹饰一周略宽的凹弦纹。口径16.8厘米，底径6.8厘米，高4.8厘米（图一〇八，16；图版四〇，2）。BM302:13，泥质红陶，外施酱色釉。上腹壁直，下腹壁斜直内收，平底。口沿下饰两周略宽的凹弦纹。口径16.5厘米，底径6.4厘米，高4.8厘米（图一〇八，21；图版四〇，3）。

其中，BⅡ式、C型钵为釉陶。

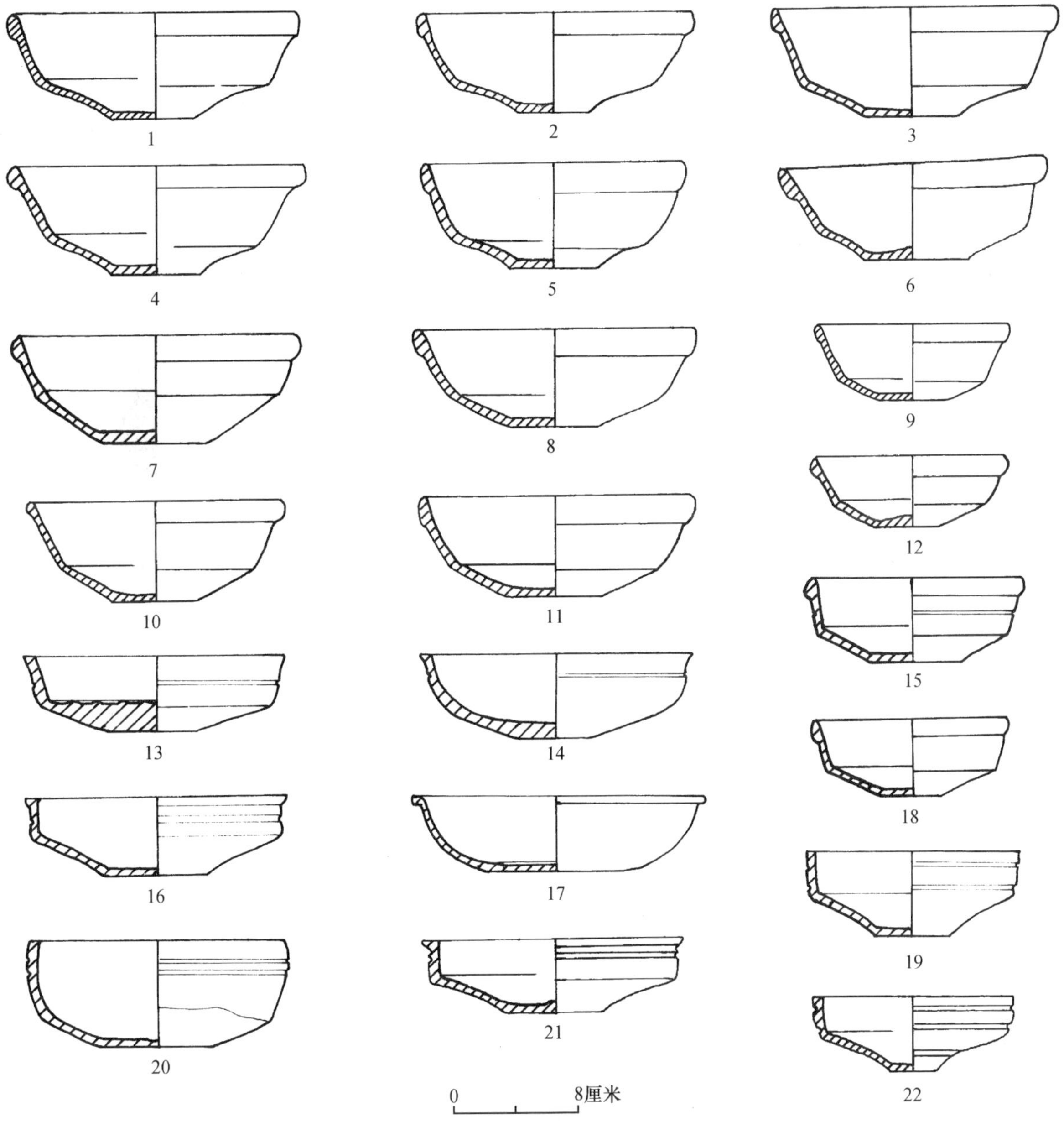

图一〇八　陶钵

1～6. AI式陶钵（BM310:7、BM310:18、BM310:20、BM310:24、BM302:9、EM611:2）　7、8～12. AII式陶钵（CM407:16、BM302:8、CM409:14、AM203:17、AM203:18、BM302:19）　13. BI式陶钵（CM407:5）　14. BII式陶钵（CM407:33）　15、18. AIII式陶钵（BM303:19、CM409:13）　16、21. CIII式陶钵（BM302:7、BM302:13）　17. BIII式陶钵（BM303:20）　19、22. CII式陶钵（BM302:2、BM302:12）　20. CI式陶钵（BM301:36）

6. 陶碗

4 件。依底部形态可分三型。

A 型　1 件。平底。DM501:22，夹细砂黑陶，轮制。直口，圆唇，弧腹内收，碗底中心上凸。口径 14 厘米，底径 6.2 厘米，通高 5.2 厘米（图七四，10；图一〇九，3；图版四〇，4）。

B 型　2 件。带饼足。BM306:9，泥质灰陶，轮制。敛口，圆唇，饼足平底。口沿下饰一道稍宽的凹弦纹。口径 18 厘米，腹径 19.2 厘米，足径 8.8 厘米，高 8 厘米（图三六，12；图一〇九，1）。BM306:3，泥质灰陶。轮制。敛口，尖圆唇，弧腹内收，下腹壁略内凹。饼足平底。素面。口径 13.2 厘米，足径 6.8 厘米，高 6 厘米（图三六，10；图一〇九，2；图版四〇，5）。

C 型　1 件。带圈足。EM602:20，泥质灰陶，轮制。敛口，圆唇，弧腹内收，矮圈足，圈足壁呈外卷八字式。口沿下有一周凹弦纹。口径 12.4 厘米，底足径 5.6 厘米，通高 6.6 厘米（图八一，3；图一〇九，4；图版四〇，6）。

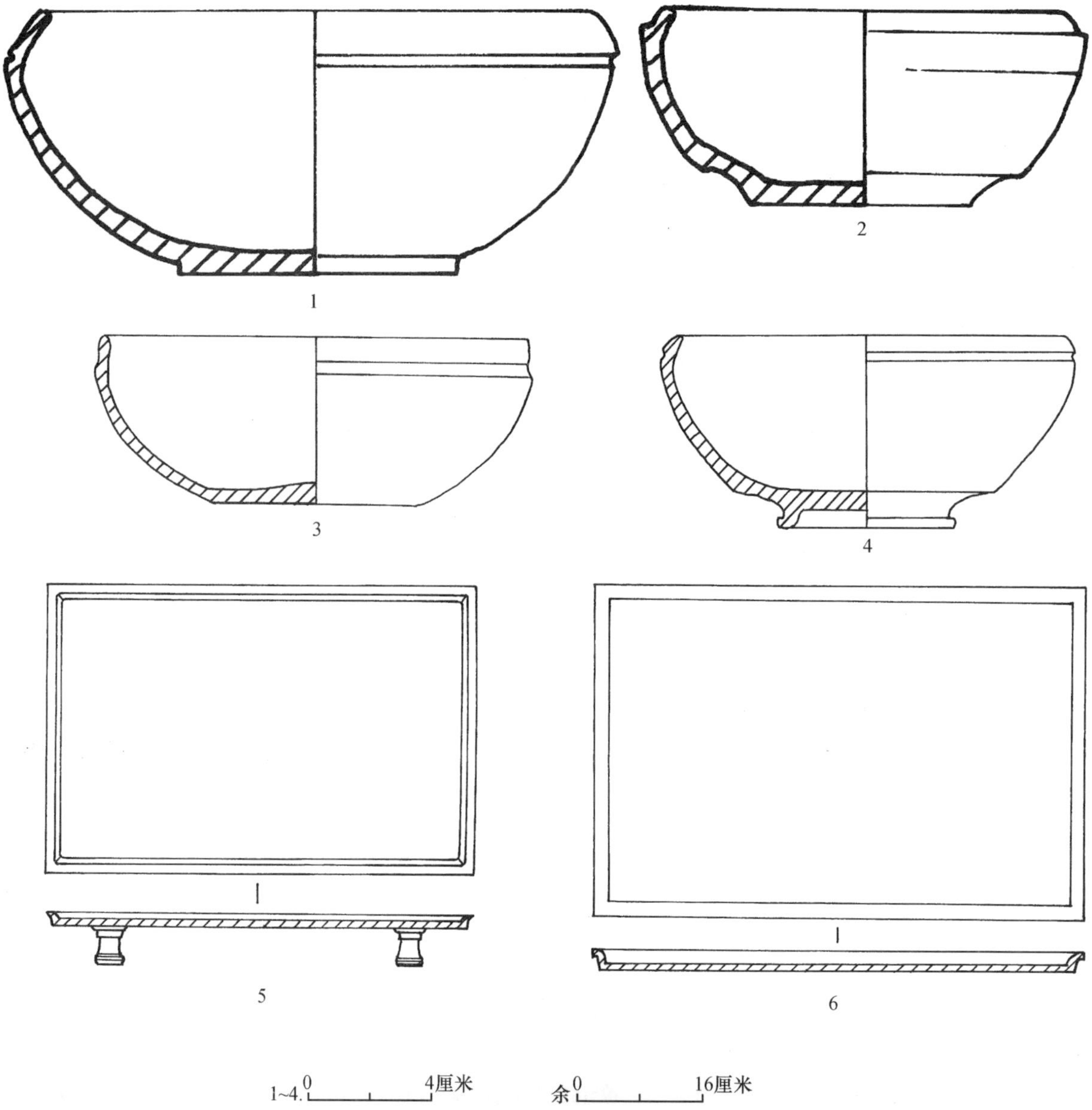

图一〇九　陶碗、陶案

1、2. B 型陶碗（BM306:9、BM306:3）　3. A 型陶碗（DM501:22）　4. C 型陶碗（EM602:20）　5. A 型陶案（CM407:37）　6. B 型陶案（BM310:10）

7. 陶耳杯

2 件。BM301∶15，泥质红陶。椭圆形器身，尖圆唇，弧腹，平底，月牙形双耳，双耳内斜。素面。口长径 9 厘米，口短径 6.6 厘米，底短径 2 厘米，高 3 厘米（图二三，9；图一〇六，3）。BM301∶24，泥质红陶。形制与 BM301∶15 一致。口长径 18 厘米，口短径 11.2 厘米，底短径 6 厘米，高 6 厘米（图一〇六，2；图版四三，4）。

8. 陶盘

1 件。DM501∶32，泥质灰陶。轮制。方唇，侈口，束颈，腹壁斜内收。素面。口径 21 厘米，底径 6 厘米，器高 7 厘米（图七四，1；图一〇六，11；图版四二，6）。

9. 陶魁

4 件。全为釉陶。轮制。可分四式。

Ⅰ式：1 件。直口微敛，弧腹。CM401∶3，泥质红陶，内外均施咖啡色釉。圆唇，弧腹，平底，口沿下装有圆锥形把柄，柄尖有残缺。口径 17.6 厘米，底径 6.4 厘米，高 6.4 厘米（图四九，2；图一〇六，7；图版四一，1）。

Ⅱ式：1 件。微敞口，弧折腹。BM301∶28，泥质红陶，外施黄褐色釉，半釉。圆唇，上腹壁略斜直，下腹弧收，平底，上腹附龙形把。上腹壁饰窄凹弦纹二周。口径 18 厘米，底径 8 厘米，高 8.2 厘米（图二三，10；图一〇六，8；图版四一，2）。

Ⅲ式：1 件。微敞口，折腹。BM302∶16，泥质红陶，施酱色釉，内外均满釉。方唇，下腹弧收，平底，沿下装有方形把柄。上腹饰一道凹弦纹。口径 18 厘米，底径 7.2 厘米，高 5.6 厘米（图二六，6；图一〇六，9；图版四一，3）。

Ⅳ式：1 件。敛口，折腹。CM407∶34，泥质红陶，器表施黄褐色满釉。圆唇，圆折腹，平底。沿下装有圆锥形把柄。口径 16.4 厘米，底径 7.2 厘米，高 6.4 厘米（图六一，5；图一〇六，10；图版四一，4）。

10. 陶勺

1 件。CM407∶35，泥质红陶。椭圆形勺，扁长勺把。素面。长 9.6 厘米（图六〇，10；图一〇六，12；图版四五，4）。

11. 陶杯

3 件。轮制。依口部形态可分二型。

A 型　2 件。直口。可分二式。

Ⅰ式：1 件。微鼓腹。CM407∶14，泥质红陶。直口，矮饼足，足平底。口沿下饰一周凹弦纹。口径 8 厘米，最大腹径 10 厘米，底径 7.2 厘米，高 9.2 厘米（图六〇，7；图一〇六，4）。

Ⅱ式：1 件。直腹。BM303∶5，泥质红陶，外施黄褐色釉，半釉。直口，方唇，腹略呈直桶状，平底。上腹饰凹弦纹二周。口径 10.4 厘米，底径 6.4 厘米，高 8 厘米（图二八，12；图一〇六，5；图版四一，5）。

B 型　1 件。微敞口。BM302∶20，泥质红陶，外施黄褐色釉。方唇，筒状腹，口沿下有两个纽钉，平底。沿下饰一道凹弦纹。口径 11.6 厘米，底径 8 厘米，高 8 厘米（图二六，8；图一〇六，6；图版四一，6）。

其中 AⅡ式及 B 型杯为釉陶。

12. 陶案

2 件。可分二型。

A 型　1 件。底有四足。CM407∶37，泥质灰陶。长方形浅盘，微敞口，尖唇，浅折腹，平底，底部四角有四个对称的兽足。长 54 厘米，宽 36 厘米，通高 6.4 厘米（图六二，6；图一〇九，5）。

B 型　1 件。平底，无足。BM310∶10，泥质灰陶，盘内涂有红朱砂。长方形浅盘，方唇，折沿，平底。长 64 厘米，宽 45.6 厘米，高 2.4 厘米（图四四，12；图一〇九，6）。

13. 陶盆

15 件。轮制。依腹部形态可分三型。

A 型　6 件。深腹。依腹壁形态可分三亚型。

Aa 型　2 件。弧腹壁。可分二式。

Ⅰ式：1 件。微敞口近直。BM301∶42，泥质灰陶。平折沿，尖唇，平底。素面。口径 40.4 厘米，底径 18.4 厘米，高 23.2 厘米（图二一，8；图一一〇，1）。

Ⅱ式：1 件。微敛口。AM203∶10，泥质灰陶。腹部有轮修留下的线纹。平沿外折，弧腹微鼓，平底。素面。口径 30.4 厘米，底径 16 厘米，高 17.2 厘米（图一三，7；图一一〇，6）。

Ab 型　3 件。腹壁略弧折，上腹壁直，下腹壁斜内收。

Ⅰ式：1 件。折腹位置较下。BM310∶6，泥质灰陶。平折沿，方圆唇，平底略内凹。上腹饰一道凸弦纹，中腹隐现少许间断绳纹。口径 33.2 厘米，底径 16 厘米，高 20.4 厘米（图四四，3；图一一〇，2；图版四二，1）。

Ⅱ式：2 件。折腹位置较上。BM301∶18，泥质灰陶。折沿下斜，圆唇，平底。上腹壁饰二道凹弦纹。口径 34.4 厘米，底径 16 厘米，高 19 厘米（图二一，1；图一一〇，3）。EM601∶12，泥质灰陶。平折沿，圆唇。下底已残。口径 28 厘米，残高 3.2 厘米（图七七，2；图一一〇，4）。

Ac 型　1 件。腹壁斜直。EM611∶4，泥质灰陶。折沿向下，敞口，平底上凹。素面。口径 38.6 厘米，底径 19.6 厘米，高 11.2 厘米（图一〇〇，2；图一一〇，5；图版四二，2）。

B 型　4 件。中腹。可分三式。

Ⅰ式：1 件。折腹程度较大，腹略浅。CM407∶7，泥质红陶。侈口卷沿，方唇，束颈，平底。中腹饰两道凹弦纹。口径 21.6 厘米，底径 8 厘米，高 8 厘米（图六〇，11；图一一〇，8）。

Ⅱ式：2 件。折腹程度减少，腹加深。BM303∶11，泥质灰陶，轮制。外翻口沿，圆唇，口沿下部分收束，折腹，平底。上腹壁饰有三道凹弦纹。口径 21.6 厘米，底径 6.8 厘米，高 9.2 厘米（图二八，11；图一一〇，9；图版四二，3）。CM409∶2，泥质红陶，器表施黄褐色釉。口沿外翻，圆唇，上腹较直，下腹弧内收，底部微上凹。中腹饰二道凹弦纹。口径 24 厘米，底径 12 厘米，高 10.8 厘米（图六五，7；图一一〇，7；图版四二，4）。

Ⅲ式：1 件。圆腹，腹较深。AM203∶5，泥质灰陶。折沿，圆唇，束颈，鼓腹，平底。素面。口径 25.6 厘米，底径 8 厘米，高 11.6 厘米（图一三，6；图一一〇，10）。

C 型　5 件。浅腹。可分三式。

Ⅰ式：1 件。平折沿，折腹，大平底。BM310∶17，泥质灰陶。敞口，方唇，平底。素面。口径 19.2 厘米，底径 11.2 厘米，高 4 厘米（图四四，5；图一一〇，11）。

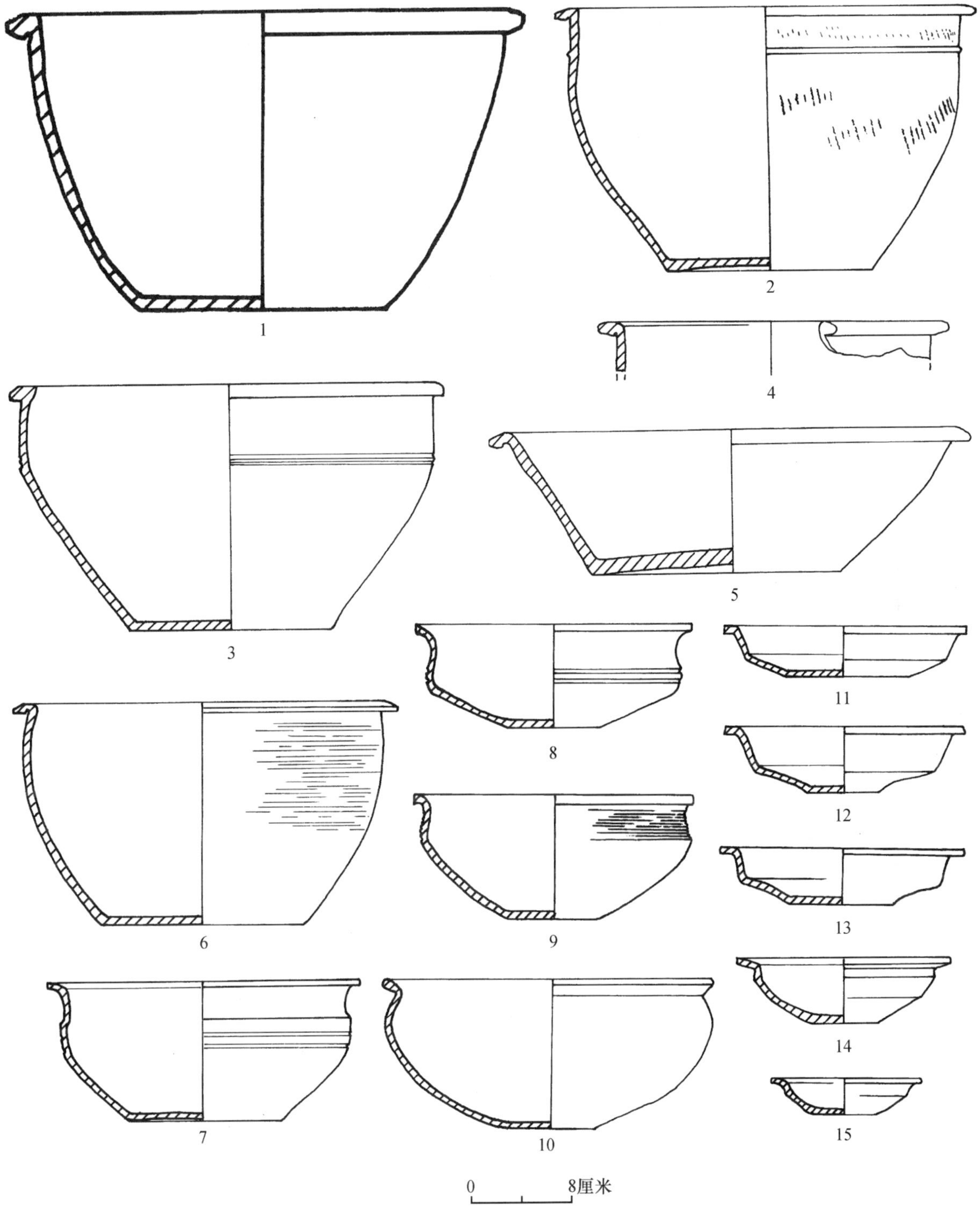

图一一〇　陶盆

1. AaI 式陶盆（BM301∶42）　2. AbI 式陶盆（BM310∶6）　3、4. AbII 式陶盆（BM301∶18、EM601∶12）　5. Ac 型陶盆（EM611∶4）　6. AaII 式陶盆（AM203∶10）　7、9. BII 式陶盆（CM409∶2、BM303∶11）　8. BI 式陶盆（CM407∶7）　10. BIII 式陶盆（AM203∶5）　11. CI 式陶盆（BM310∶17）　12、13. CII 式陶盆（BM302∶11、BM302∶17）　14. CIII 式陶盆（CM407∶32）　15. CIV 式陶盆（CM410∶14）

Ⅱ式：2件。平折沿，折腹，小平底。BM302∶11，泥质红陶，外施咖啡色釉，部分釉料已脱落。敞口，方唇，下腹壁曲内收。口径19.2厘米，底径8厘米，高5.2厘米（图二六，16；图一一〇，12）。BM302∶17，泥质红陶，外施酱色釉。敞口，方唇，下腹弧曲内收，素面。口径19.2厘米，底径8厘米，高4.4厘米（图二六，15；图一一〇，13；图版四二，5）。

Ⅲ式：1件。斜折沿，折腹不明显，小平底。CM407∶32，泥质红陶，内外施黄褐色满釉。敞口，方唇。素面。口径17.2厘米，底径5.6厘米，高5.2厘米（图六〇，15；图一一〇，14）。

Ⅳ式：1件。斜折沿，折腹不明显，腹更浅。CM410∶14，泥质灰陶。大敞口，圆唇。素面。口径12厘米，底径5.2厘米，高2.8厘米（图六七，11；图一一〇，15）。其中，CⅠ～CⅢ式盆为釉陶。

14. 陶甑

6件。轮制。依腹壁形态可分二型。

A型　4件。腹弧折。依腹之深浅可分二亚型。

Aa型　3件。深腹。可分二式。

Ⅰ式：2件。弧折处在腹中下部。BM302∶10，泥质灰陶。外折沿，直口，尖圆唇，上腹较直，平底，底部共有10个圆孔。口沿下饰两周戳印短竖线，中腹位置饰一周戳印半圆纹。口径35.6厘米，底径18厘米，高21.6厘米（图二六，9；图一一一，3；图版四三，1）。CM407∶8，泥质灰陶。平折沿，直口，尖唇，上腹近直，下腹曲收，平底内凹，底部有八个圆形气孔。上腹饰三道三角形纹饰，三角形纹饰之间饰间断模糊绳纹。口径36厘米，底径18.4厘米，高23.2厘米（图六〇，9；图一一一，1）。

Ⅱ式：1件。弧折处在腹中上部。AM203∶9，泥质灰陶。腹部有轮修留下的细划线数周。折沿斜向下，直口，尖唇，上腹近直，下腹内斜收，平底内凹，底部有10个圆形气孔。口径29.6厘米，底径16厘米，高17.6厘米（图一三，8；图一一一，2）。

Ab型　1件。浅腹。AM204∶1，泥质灰陶。口沿外卷，圆唇，短上腹近直，弧腹内收，平底，底部有两个对称圆形气洞。素面。口径20.4厘米，底径5.6厘米，高6.2厘米（图一六，1；图一一一，6）。

B型　2件。弧腹内收。可分二式。

Ⅰ式：1件。敞口。EM611∶11，泥质灰陶。平折沿，平底，底部共计有七个孔。在上腹部饰有四周刻划纹。口径32厘米，底径14.4厘米，通高16厘米（图一〇〇，1；图一一一，5）。

Ⅱ式：1件。直口。EM603∶12，夹细砂灰陶。翻卷唇，平底，底部共计有五个孔。素面。口径18厘米，底宽11.6厘米，高11.2厘米（图八四，9；图一一一，4；图版四三，2）。

15. 陶灯

4件。全为釉陶。轮制。依据柄部形态可分二型。

A型　2件。喇叭形矮座。可分二式。

Ⅰ式：1件。浅盘口。CM407∶29，泥质红陶，外施褐色釉近底。方唇，子母口，喇叭形座有矮台面，方座唇。沿面饰有一周凹弦纹。口径11.2厘米，底径10.4厘米，高8.8厘米（图六一，3；图一一二，1；图版四四，1）。

Ⅱ式：1件。深盘口。CM407∶30，泥质红陶。通体施黄褐色釉。直口，方唇。口径10.4厘米，底径10.4厘米，高10厘米（图六一，3；图一一二，2；图版四四，2）。

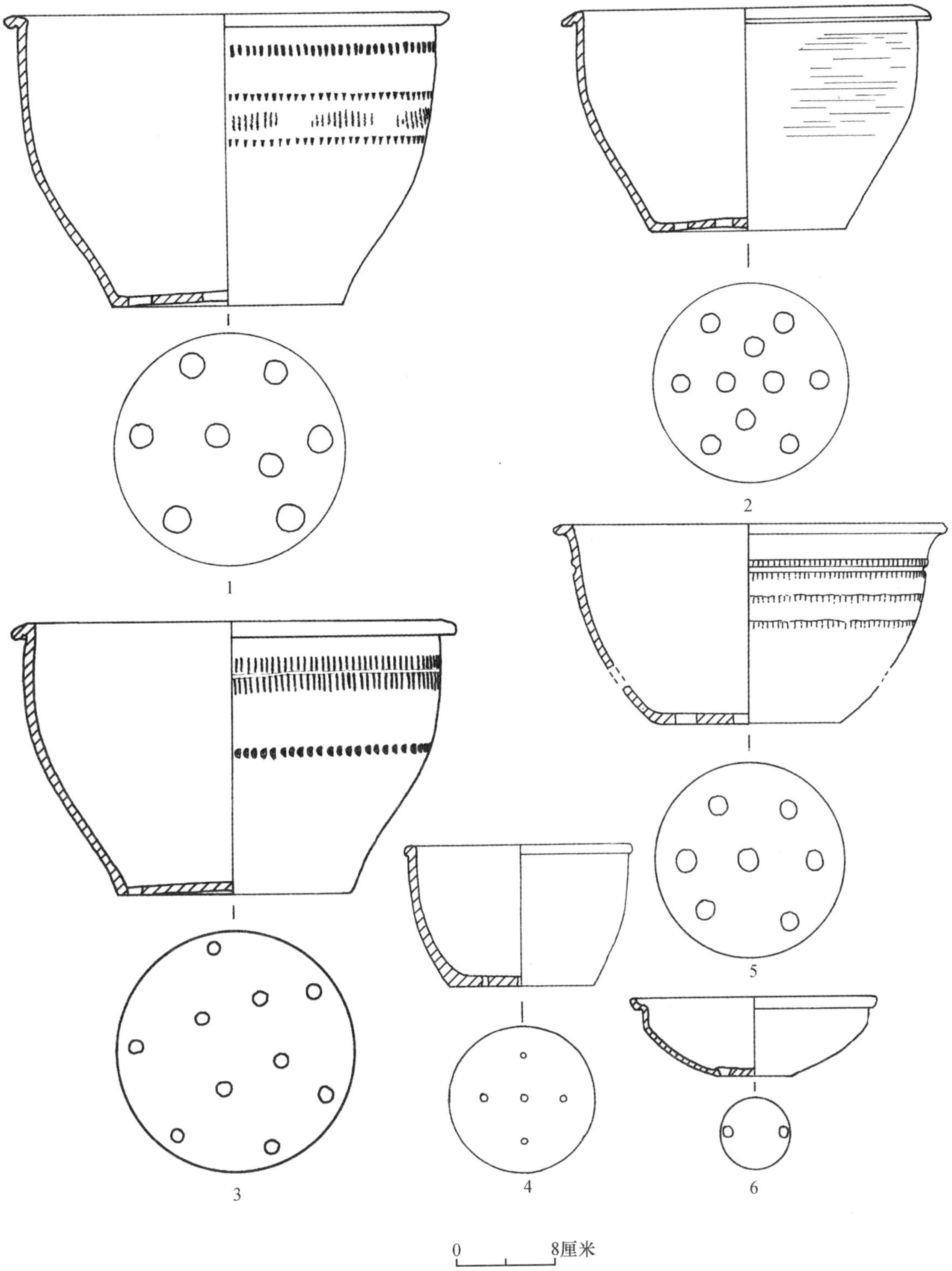

图一一一 陶甑

1、3. AaⅠ式陶甑（CM407:8、BM302:10） 2. AaⅡ式陶甑（AM203:9） 4. BⅡ式陶甑（EM603:12）
5. BⅠ式陶甑（EM611:11） 6. Ab式陶甑（AM204:1）

B 型　2 件。钟形高座。可分二亚型。

Ba 型　1 件。直口。BM301∶26，泥质红陶，灯盘施酱色釉。尖唇，平折腹，腹体较浅，喇叭口形高座，座中部有突起的圆箍。素面。口径 12 厘米，底径 12.8 厘米，高 20.4 厘米（图二三，7；图一一二，4；图版四四，3）。

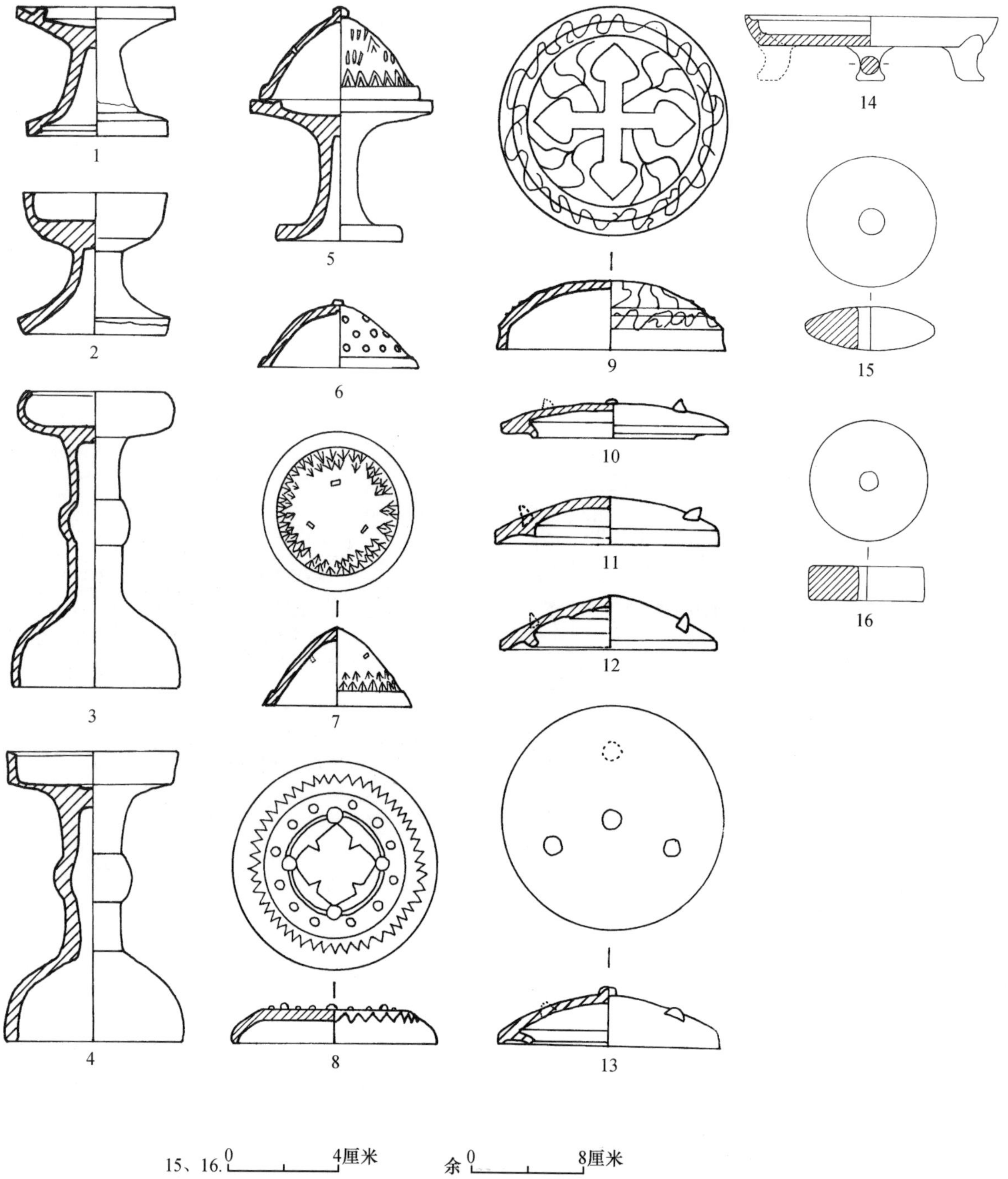

图一一二　陶灯、陶熏、陶器盖等

1. AI 式陶灯（CM407∶29）　2. AⅡ式陶灯（CM407∶30）　3. Bb 型陶灯（BM301∶23）　4. Ba 型陶灯（BM301∶26）　5. 陶熏炉（BM302∶3）　6. AI 式陶器盖（BM301∶25）　7. AⅡ式陶器盖（CM407∶40）　8. BI 式陶器盖（CM407∶31）　9. BⅡ式陶器盖（CM409∶5）　10. CI 式陶器盖（BM302∶5）　11. CⅡ式陶器盖（BM303∶13）　12. CIII 式陶器盖（CM407∶43）　13. CIII 式陶器盖（EM606∶22）　14. 陶砚（EM602∶13）　15、16. 陶纺轮（EM603∶3、EM603∶2）

Bb 型　1 件。敛口。BM301∶23，泥质红陶，豆盘施酱色釉。圆唇，灯盘较浅，喇叭口形高座，座中部有突起的圆箍。素面。口径 10.8 厘米，底径 12.4 厘米，高 20.8 厘米（图二三，6；图一一二，3;图版四四，4）。

16. 陶熏炉

1 件。BM302∶3，泥质红陶，内外通体施黄褐色釉。盖（编号为 BM302∶1）为不规则锥体，顶有圆纽，上有多个小孔，下部托盘方唇，浅腹，承柱较高，弧折平底。盖体下部饰一周三角形刻划纹。口径 13.2 厘米，座底径 9.2 厘米，高 16.4 厘米（图二六，10；图一一二，5；图版四三，3）。

17. 陶器盖

8 件。全为釉陶。轮制。可分三型。

A 型　2 件。剖面呈半圆形。可分二式。

Ⅰ式：1 件。体较高。BM301∶25，泥质红陶，外施黄褐色釉。顶端有圆纽，翻沿，方唇，部面呈弓形。器表饰凸点纹。底部直径 11.6 厘米，高 6.8 厘米（图二三，12；图一一二，6）。

Ⅱ式：1 件。体更高。CM407∶40，泥质红陶，通体施咖啡色釉。翻沿，方唇加厚。靠口沿饰二周刻划纹，盖面有等距的三个长方形小孔。底部直径 11.2 厘米，高 5.6 厘米（图六一，6；图一二，7;图版四五，1）。

B 型　2 件。剖面呈覆浅盘形。可分二式。

Ⅰ式：1 件。平顶，体甚矮。CM407∶31，泥质红陶，翻沿，通体施咖啡色釉。盖体呈浅盘状，平顶。靠口沿饰二周刻划纹，盖面有等距的三个长方形小孔。底部直径 11.2 厘米，高 5.6 厘米（图六一，7；图一一二，8）。

Ⅱ式：1 件。弧顶，体增高。CM409∶5，泥质红陶，外表施咖啡色釉，釉面有开裂。下壁直，方唇。纹饰模印外凸，盖面为向心式图案，以柿蒂纹为中心，继而绕以两周单线圈和潦草的锯齿纹。底部直径 16 厘米，高 4.8 厘米（图六五，9；图一一二，9；图版四五，2）。

C 型　4 件。剖面呈弦弓形。可分三式。

Ⅰ式：1 件。体甚矮，弧顶近平。BM302∶5，泥质红陶，外表施酱色釉。圆唇，子母口。盖端等距分布三个三角形乳钉。底部直径 16.6 厘米，高 2.4 厘米（图二六，13；图一一二，10）。

Ⅱ式：1 件。体略增高。BM303∶13，泥质红陶，外表施黄褐色釉。圆唇，子母口，剖面呈弓形，盖上有三个呈三角分布的尖形纽。素面。底部直径 16 厘米，高 3.2 厘米（图二八，13；图一一二，11）。

Ⅲ式：2 件。体较高。CM407∶43，泥质红陶，外施黄褐色釉。子母口，圆唇。器盖有三个呈三角形的纽钉。底部直径 15.6 厘米，高 4 厘米（图六一，10；图一一二，12）。EM606∶22，泥质红陶，器盖上面施青釉，但大部分已脱落。子母口，圆唇。盖上有四个圆形小纽。素面。底部直径 15.4 厘米，通高 4.2 厘米（图九四，7；图一一二，13；图版四五，3）。

18. 陶砚

1 件。EM602∶13，泥质灰陶。砚体轮制，三足为手工黏合。斜壁敞口，口沿上有一道凹槽，底有三兽足。素面。口径 18 厘米，高 4.6 厘米（图八〇，9；图一一二，14；图版四五，5）。

19. 陶纺轮

2 件。EM603∶2，泥质灰陶，轮制。呈圆饼状。素面。直径 4.2 厘米，厚 1.2 厘米，中间穿孔的直径为0.6厘米（图八五，18；图一一二，16；图版四五，6-1）。EM603∶3，泥质灰陶，轮制。剖面呈梭形，中间厚两侧薄。素面。直径4.6厘米，最厚处1.5厘米，中间穿孔的直径为0.9厘米（图八五，17；图一一二，15；图版四五，6-2）。

20. 陶俑

共46件。有人物俑、动物俑及镇墓兽三大类。

陶人物俑　共31件。其中以侍俑及乐俑的数量最多，体现劳作或庖厨的俑类甚少或是没有。由于大部分人物俑的陶质较软，受埋藏过程影响，俑的细微表现之处已难以观察，特别是不少俑的面部形态及表情已难准确复原。

陶侍从俑　6件。标本BM301∶7，泥质红陶，前后合模制成。站立人形，头戴圆冠，衣服右衽，双手合拱，袖口有竖状摺皱。高24.4厘米（图一一三，1；图版四六，1）。标本BM301∶8，泥质红陶，前后合模制成。站立状，头戴圆冠，衣服右衽，双手合拱，袖口有竖状摺皱。高24.4厘米（图一一三，2；图版四六，2）。标本BM301∶9，泥质红陶。前后合模制成。站立人形，头戴圆形冠帽，长圆脸，细眉，张口，身穿右斜衽裙服，双手合抱至胸前，手藏袖服中。高24厘米，裙服下摆处宽及侧厚8.4厘米（图二二，2；图一一三，3；图版四六，3）。标本CM407∶24，泥质红陶。模制，前后两模黏结。站立人形，头戴圆形冠帽，长圆脸，细眉，抿嘴，身穿右斜衽裙服，双手合抱至胸前，手藏袖服中。高17.2厘米，裙服下摆处宽8厘米，侧厚7.2厘米（图六一，13；图一一三，7；图版四六，4）。标本EM611∶8，泥质红陶，模制。头戴包巾，脸较丰润，仅余头部。残高7厘米（图一一三，8）。

陶侍女俑　7件。DM501∶30，泥质灰陶。拱手直立状，右衽，袖口包巾为素面，衣裙下部呈喇叭口状，头部已缺失。残高16.8厘米（图七三，11；图一一三，6；图版四七，1）。标本DM501∶18，泥质灰陶，前后合模制成。形成同于DM501∶30，仅俑身较肥胖，俑上部已残。高18.6厘米（图一一三，5）。EM601∶7，泥质红陶，前后合模制成。头后有髻，右衽，拱手直立，袖口包巾有竖状摺皱。高20.4厘米（图七七，11；图一一三，4；图版四七，2）。EM601∶8，泥质红陶，前后合模制成。头部及衣饰已模糊，下部已残缺。残高11厘米（图一一三，11）。标本EM611∶6，泥质红陶，前后合模制成。头戴幞巾，右衽，双手合拢，藏于服袖内，袖口包巾有竖状摺皱，下部已残。残高7.2厘米（图一〇〇，5；图一一三，10）。EM611∶7，泥质红陶，模制。头戴包巾，衣服右衽，下部已残。残高6厘米（图一〇〇，6；图一一三，9）。EM611∶5，泥质红陶，前后合模制成。面部较长而方，头扎双髻，包幞巾，下部已残。残高9厘米（图一一三，12）。

陶抚琴俑　3件。BM301∶14，泥质红陶。前后合模制成。跪坐人形，头戴矮冠，长脸略圆，细眉，眯眼，微张嘴，身穿右斜衽长裙服，双膝上平放一横长方形琴弦乐器，右衣袖翻卷，双手抚琴。高18.8厘米，宽14.4厘米，侧厚10.8厘米（图二二，6；图一一四，1；图版四八，3）。CM407∶25，泥质红陶。模制，前后两模黏结。跪坐人形，头戴圆形矮冠，方脸略圆，细眉，眯眼，微张嘴，身穿右斜衽短袖裙服，双膝上平放一横长方形琴弦乐器，双手抚琴。高12.4厘米，宽8.8厘米，侧厚6.4厘米（图六一，9；图一一四，7）。CM407∶26，泥质红陶，前后合模制成。形制同于CM407∶25。高12.4厘米（图一一四，6；图版四八，4）。

陶吹箫俑　2件。BM301∶17，泥质红陶，前后合模制成。跪坐，头戴尖顶冠帽，细眉，眯眼，弓形鼻，头微偏向左侧，双手执箫吹奏。高25.6厘米，宽11.6厘米，侧厚14厘米（图二二，4；图一一四，9；图版四八，1）。CM401∶5，泥质红陶。前后合模制成。跪坐，头戴尖顶冠帽，细眉，眯眼，塌鼻，双手执箫吹奏。高21.6厘米，宽10.4厘米，侧厚11.2厘米（图四九，4；图一一四，10；图版四八，2）。

陶击鼓俑　1件。BM301∶16，泥质红陶。模制，前后两模黏结。跪坐人形，头戴圆形矮冠，长脸略圆，细眉，眯眼，微张嘴，身穿右斜衽长裙服，右手执一短棒作敲打状。高22厘米，宽15.2厘米，侧厚10.8厘米（图二二，3；图一一三，13；图版四八，5）。

陶抚耳听乐俑　3件。BM301∶12，泥质红陶，前后合模制成。跪坐人形，头戴花瓣形冠，头略向右倾斜，长脸，细眉，眯眼微张嘴，身穿右斜衽长裙服，左手上举贴于左耳侧，右手下垂置放于右膝上，作凝神聆听状。高19.2厘米，膝部宽14.4厘米，膝部侧厚10厘米（图二二，5；图一一四，2；图版四七，4）。CM407∶21，泥质红陶，前后合模制成。跪坐人形，头戴花瓣形

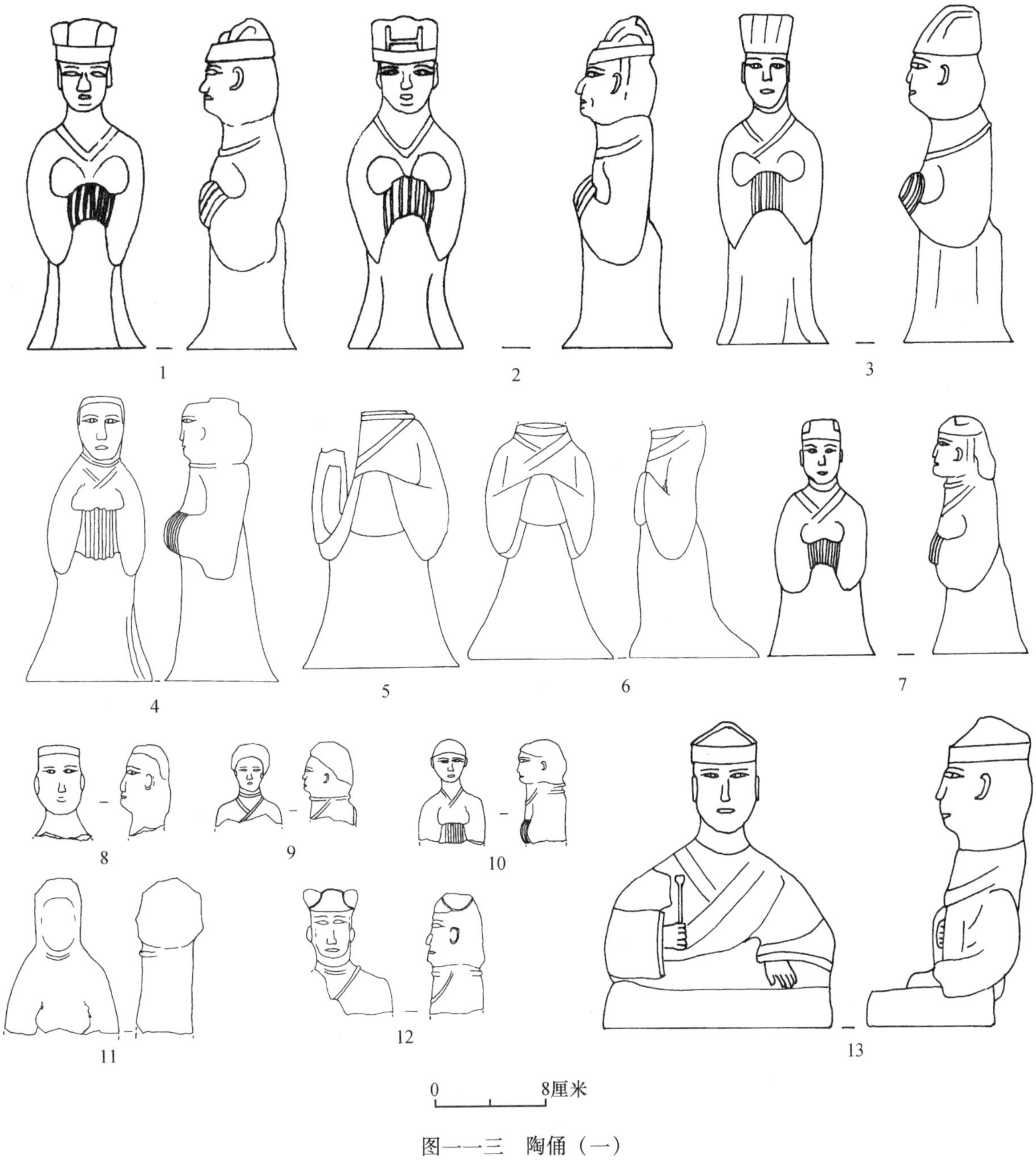

图一一三　陶俑（一）

1～3、7、8. 陶侍从俑（BM301∶7、BM301∶8、BM301∶9、CM407∶24、EM611∶8）　4～6、9～12. 陶侍女俑（EM601∶7、DM501∶18、DM501∶30、EM611∶7、EM611∶6、EM601∶8、EM611∶5）　13. 陶击鼓俑（BM301∶16）

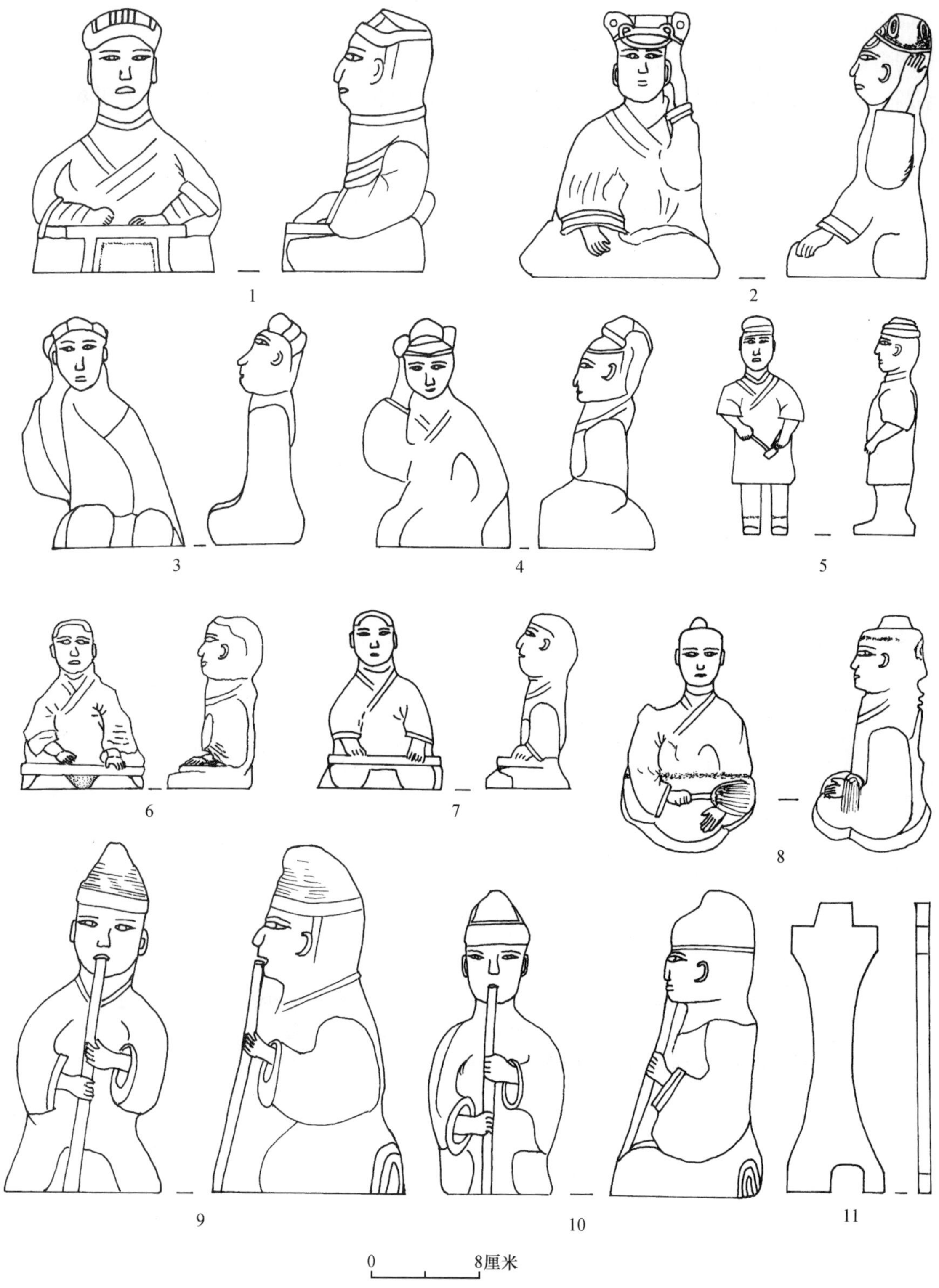

图一一四 陶俑（二）

1、6、7. 陶抚琴俑（BM301∶14、CM407∶26、CM407∶25） 2～4. 陶抚耳听乐俑（BM301∶12、CM401∶1、CM407∶21） 5. 陶执钻俑（BM310∶2） 8. 陶纶扇俑（CM407∶22） 9、10. 陶吹箫俑（BM301∶17、CM401∶5） 11. 陶人形片状俑（BM306∶20）

冠，身略向左转，圆脸，细眉，眯眼，抿嘴，身穿右斜衽长裙服，右手上举贴于右耳侧，左手下垂置放于左膝上，作凝神聆听状。高16.4厘米，膝部面宽18厘米，膝部侧厚8.4厘米（图六一，11；图一一四，4）。CM401:1，泥质红陶。模制。跪坐，头戴花瓣形冠，头略向右倾斜，长脸，细眉，眯眼，微张嘴，身穿右斜衽长裙服，右手上举贴于右耳侧，左手下垂置放于左膝上，作凝神聆听状。高16.4厘米，膝部面宽11.2厘米，膝部侧厚厘米（图四九，3；图一一四，3；图版四七，5）。

陶托腮听乐俑　2件。CM407:23，泥质红陶，前后合模制成。小童相，跪坐，头戴尖顶冠帽，细眉，眯眼，身穿长裙服，双手托腮，作凝神聆听状。高12.8厘米，膝部面宽8.6厘米，膝部侧厚7.2厘米（图六一，8；图一一五，4；图版四七，6）。EM601:9，泥质红陶，前后合模制成。头戴幞巾，双手合拳置于下巴处，衣袖较短，露出手臂，下部已残。残高11.8厘米（图七七，12；图一一五，3）。

陶纶扇俑　1件。CM407:22，泥质红陶。模制，前后两模黏结。跪坐人形，头盘发髻居中，长方脸略圆，细眉，嘴微张，身穿右斜衽长裙服，左手置于左膝，右手执扇置于左手臂。高16.8厘米（图六一，12；图一一四，8）。

陶抱囊俑　2件。BM301:2，泥质红陶。模制，前后两模黏结。站立人形，头戴圆盘状冠帽，长方脸，细眉，眯眼，嘴微张，身穿右斜衽裙服，裙服下见裤舄，双手合抱一长囊状物。高24.4厘米（图二二，1；图一一五，1；图版四六，5）。CM409:3，泥质红陶，前后合模制成。站立人形，头戴圆形冠帽，长方脸，细眉，眯眼，抿嘴，身穿右斜衽裙服，裙服及地，双手合抱一长囊状物。高14厘米（图六五，8；图一一五，2；图版四六，6）。

陶执钻俑　3件。BM310:2，泥质灰陶。模制，前后两模黏结。站立人形，头戴圆盘状冠帽，长方脸，细眉，眯眼，抿嘴，身穿右斜衽短袖短身裙服，裙服下见裤舄，双手各执一工具物，右手所执似钻。高15.6厘米（图四四，7；图一一四，5；图版四七，3）。

陶人形片状俑①　1件。BM306:20，泥质灰陶，泥片刻制然后烧造。片状，象征性的头、肩、腰身及双腿。素面。高10.4厘米，宽7.2厘米，厚0.8厘米（图三六，15；图一一四，11）。

陶动物俑　共14件。类别有猪、狗、鸡，均是与古人世俗生活关系紧密的动物。其中陶狗及陶猪的体型均较大。

陶狗俑　4件。BM301:34，泥质红陶，模制。空心立狗形，直身直项，头上扬，龇牙咧嘴，睁目立耳，四肢直立，短尾弯曲卷于臀部一侧。高18厘米，长24，厘米，宽9.2厘米（图二三，1；图一一六，1；图版四九，1）。BM310:16，泥质灰陶，模制。狗呈站立状，张嘴，竖耳，卷尾。复原长度61.2厘米，高48.8厘米（图四四，10；图一一六，4）。BM303:4，泥质红陶，模制。狗站立，张嘴，颈上戴有项圈。长28厘米，高21.6厘米（图二九，1；图一一六，3；图版四九，2）。CM407:17，泥质红陶，左右合模制成。狗站立，张嘴，竖耳，卷尾，颈上戴狗圈。长21.6厘米，高16.8厘米（图六二，7；图一一六，2；图版四九，3）。

陶猪俑　4件。BM301:33，泥质红陶，模制。空心立猪形，全身粗短，突目翘鼻，大嘴略长，猪首下探，项鬃部发达，短粗身，尾粗短附于臀部一侧，四肢后倾。高12.4厘米，长22厘米，宽10.4厘米（图二三，3；图一一五，6；图版五〇，1）。BM303:6，泥质红陶。模制。猪站立，头下垂，背部隆起较发达。长24厘米，高12.6厘米（图一一五，10；图版五〇，2）。BM303:8，泥质

① 本类陶人形片状俑很可能是六朝墓中的片状铅人的“陶化”及简化。片状铅人的例子有见于长江下游六朝墓中，如南京人台山东晋王兴之夫妇墓中即出有一例，该片状铅人形态十分简单，仅具人形，头部位置粗刻有眼口鼻；可参看南京市博物馆：《南京人台山东晋王兴之夫妇墓发掘报告》，《文物》1965年第6期。另有个别六朝墓葬考古简报中将此类陶片状俑认作“陶布币”，这种观点值得商榷。

图一一五　陶俑（三）

1、2. 陶抱囊俑（BM301∶2、CM409∶3）　3、4. 陶托腮听乐俑（EM601∶9、CM407∶23）　5、9. 陶鸡俑（BM304∶1、CM407∶19）　6～8、10. 陶猪俑（BM301∶33、CM407∶18、BM303∶8、BM303∶6）　11. 陶子母鸡俑（BM301∶5）

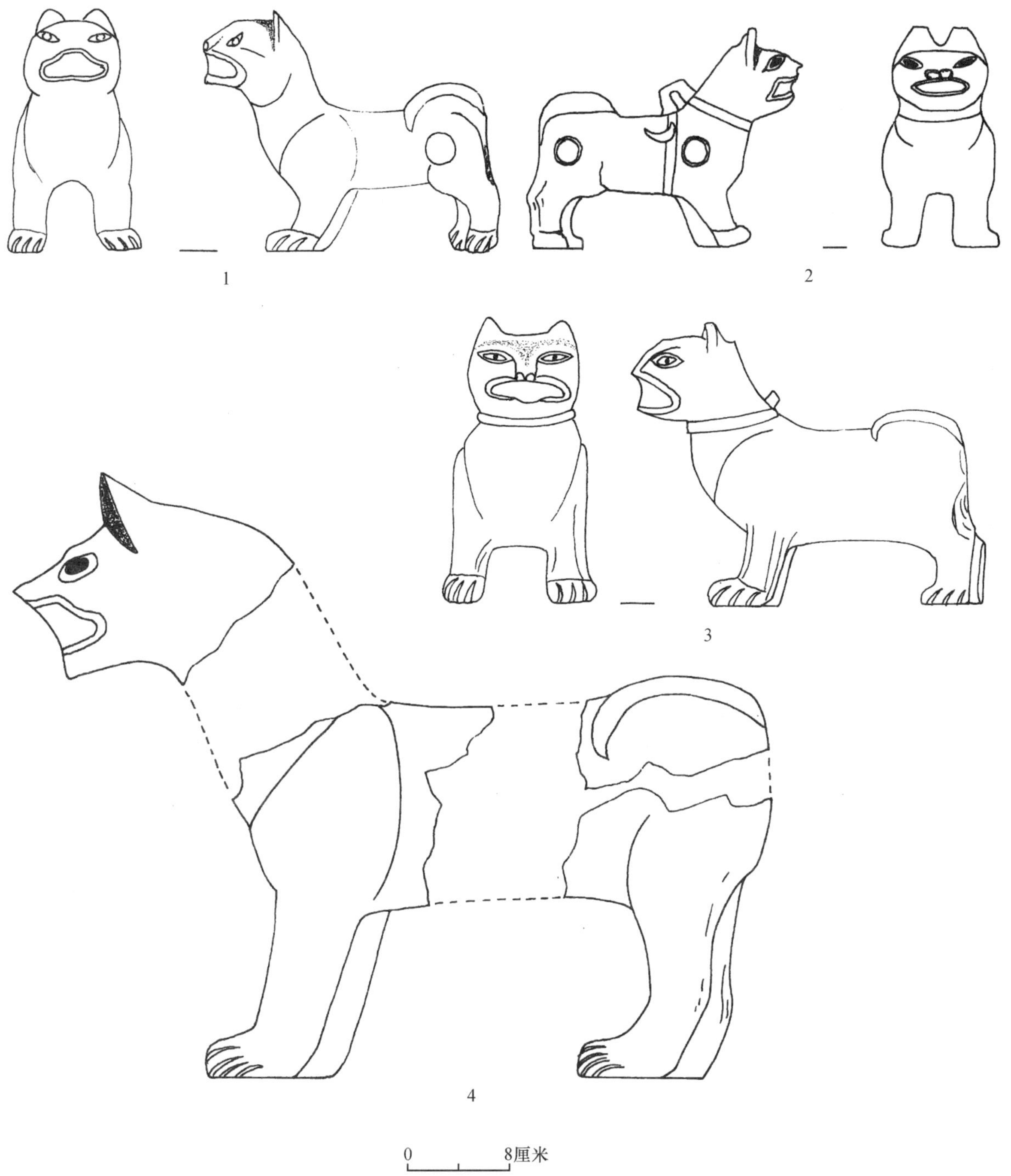

图一一六　陶狗俑

1. BM301:34　2. CM407:17　3. BM303:4　4. BM310:16

红陶，模制。猪站立，双耳下垂，项背隆起较发达。长 21.6 厘米，高 12.4 厘米（图二九，3；图一一五，8；图版五○，3）。CM407:18，泥质红陶，模制。空心立猪形，瘦削长身，突目翘鼻，短嘴，尾粗短附于臀部一侧，四肢直立。高 12 厘米，长 20.8 厘米，宽 8.8 厘米（图六二，8；图一一五，7；图版五○，4）。

陶鸡俑　4 件。BM303:7，泥质红陶，模制。鸡站立状，尖喙较短，尾部上翘较高。长 19.2 厘米，高 19.4 厘米（图二九，2；图一一七，2；图版四九，5）。BM301:3，泥质红陶，模制。立鸡形，双脚分立，尾上翘。高 18 厘米，长 21.2 厘米（图二三，5；图一一七，1；图版四九，4）。CM407∶19，泥质红陶，左右合模制成。鸡站立，尖喙，尾较长而上翘。长 18.8 厘米，高 15.6 厘米（图六二，3；图一一五，9）。BM304∶1，泥质红陶，模制。只余鸡首部分，尖短喙，残高 12 厘米（图三一，1；图一一五，5）。

图一一七　陶俑、釉陶井及陶井圈

1、2. 陶鸡俑（BM301∶3、BM303∶7）　3、4. 陶井圈（BM303∶16、CM407∶4）　5. 陶子母鸡俑（CM407∶20）　6. 陶镇墓兽（BM301∶6）　7. 釉陶井（BM301∶40）

陶子母鸡俑　2件。BM301∶5，泥质红陶，模制。母鸡作匍匐状，尖喙，矮冠，睁眼，直项昂首，前胸圆鼓，背部驮一小鸡，腹翼下荫蔽一小鸡。长16厘米，宽8.8厘米，高12.8厘米（图二三，4；图一一五，11；图版五〇，5）。CM407∶20，泥质红陶。模制。母鸡作匍匐状，尖喙，矮冠，睁眼，曲项平首，前胸圆鼓。背部驮一小鸡，腹翼下荫蔽一小鸡。长13.2厘米，宽7.6厘米，高9.2厘米（图六二，4；图一一七，5；图版五〇，6）。

陶镇墓兽　1件。BM301∶6，泥质红陶，模制。状如狗，后腿坐地，前腿直立，张嘴鼓目，长舌垂地。高12厘米，长13.2厘米，宽12厘米（图二三，2；图一一七，6；图版四九，6）。

21. 陶模型器

共9件。

陶水塘　2件。BM301∶32，泥质红陶，手制。长方形，宽折沿，方唇，浅折腹，平底，中间有土埂将水塘隔断，一侧有螺蛳二、水蜘蛛一、水虫一、鱼二、荷叶。长40厘米，宽27.2厘米，高4.4厘米（图二四，2；图一一八，1；图版五二，3）。BM310∶1，泥质灰陶。长方形，宽折沿，方唇，平底，中间有土埂将水塘隔断，一侧堆塑有菱角、螺蛳、青蛙、野鸭、鱼、乌龟等物。长60.8厘米，宽40.8厘米，高5.2厘米（图四四，11；图一一八，2）。

陶楼　4件。依层数可分二型。

A型　2件。单层式。BM306∶14，泥质灰陶。平脊，檐额中立柱，柱上施一斗三升，低台基，左右立角柱，柱上施二斗承檐。面宽38.8厘米，进深10.8厘米，高28厘米（图三六，16；图一一九，1；图版五一，2）。BM301∶30，泥质红陶，拼塑制成。长方形，正面中下部开活动门，活动屋顶，双面坡型，前后出檐。面宽20厘米，进深12厘米，高28.6厘米（图二四，3；图一一九，2；图版五一，1）。

B型　2件。双层式。CM407∶39，泥质灰陶。手工拼塑。上下二层分置。下层为平脊、平顶，檐额中二立柱，柱上施一斗三升，低台基，左右立角柱，柱上施二斗承檐；下层面宽40厘米，进深14.8厘米，高30厘米。上层为平脊，坡顶，檐额中立柱，柱上施一斗三升，高台基，左右立角柱，柱上施一斗承檐，前面有半周阳台。上层面宽39.2厘米，进深11.6厘米，高28.8厘米（图六二，2；图一二〇，1；图版五一，4）。CM407∶38，泥质灰陶，手工拼塑。上下二层分置。上层为廊房，顶板和底板为长方形平板，平板四角由猴形立柱承托。上层面宽32.4厘米，进深11.2厘米，高15.2厘米。下层平顶，檐额中二立柱，柱上施一斗三升，低台基，左右立角柱，柱上施二斗承檐。下层面宽34厘米，进深11.2厘米，高23.6厘米（图六二，1；图一二〇，2；图版五一，3）。

陶井　1件。BM301∶40，泥质灰陶。中腹以上饰青绿色釉，下腹露胎。罐形井身，侈口，圆唇，束颈，折肩，直腹，平底；井沿上建有悬山顶井亭，圆立柱，柱间横轴中部设辘轳。罐口径9.2厘米，腹径14厘米，底径8.8厘米，檐宽16厘米，通高26厘米（图二四，1；图一一七，7；图版五二，1）。

陶井圈　2件。CM407∶4，泥质灰陶。方形井圈模型，圆形井口两侧有两个长方形辘轳立柱柱洞，柱洞之外有凸棱井圈。井圈背面有刻划纹。边长19.6厘米（图六二，5；图一一七，4；图版五二，2）。BM303∶16，泥质灰陶。梯形井圈模型，圆形井口两侧有两个长方形辘轳立柱柱洞，柱洞之外有凸棱井圈。井圈背面有刻划纹。长19.2厘米，宽17.6厘米（图二九，4；图一一七，3）。

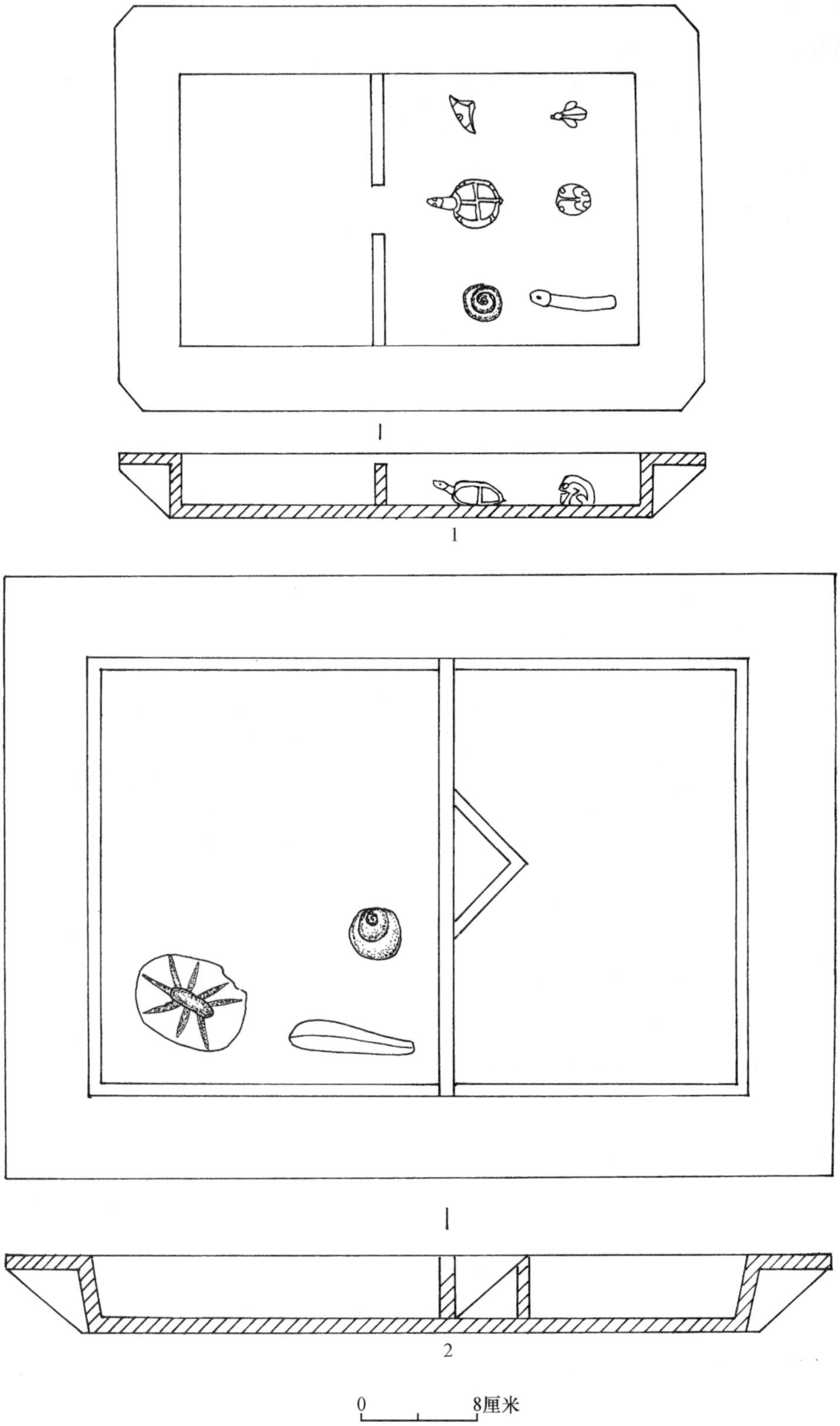

图一一八　陶水塘

1. BM301∶32　2. BM310∶1

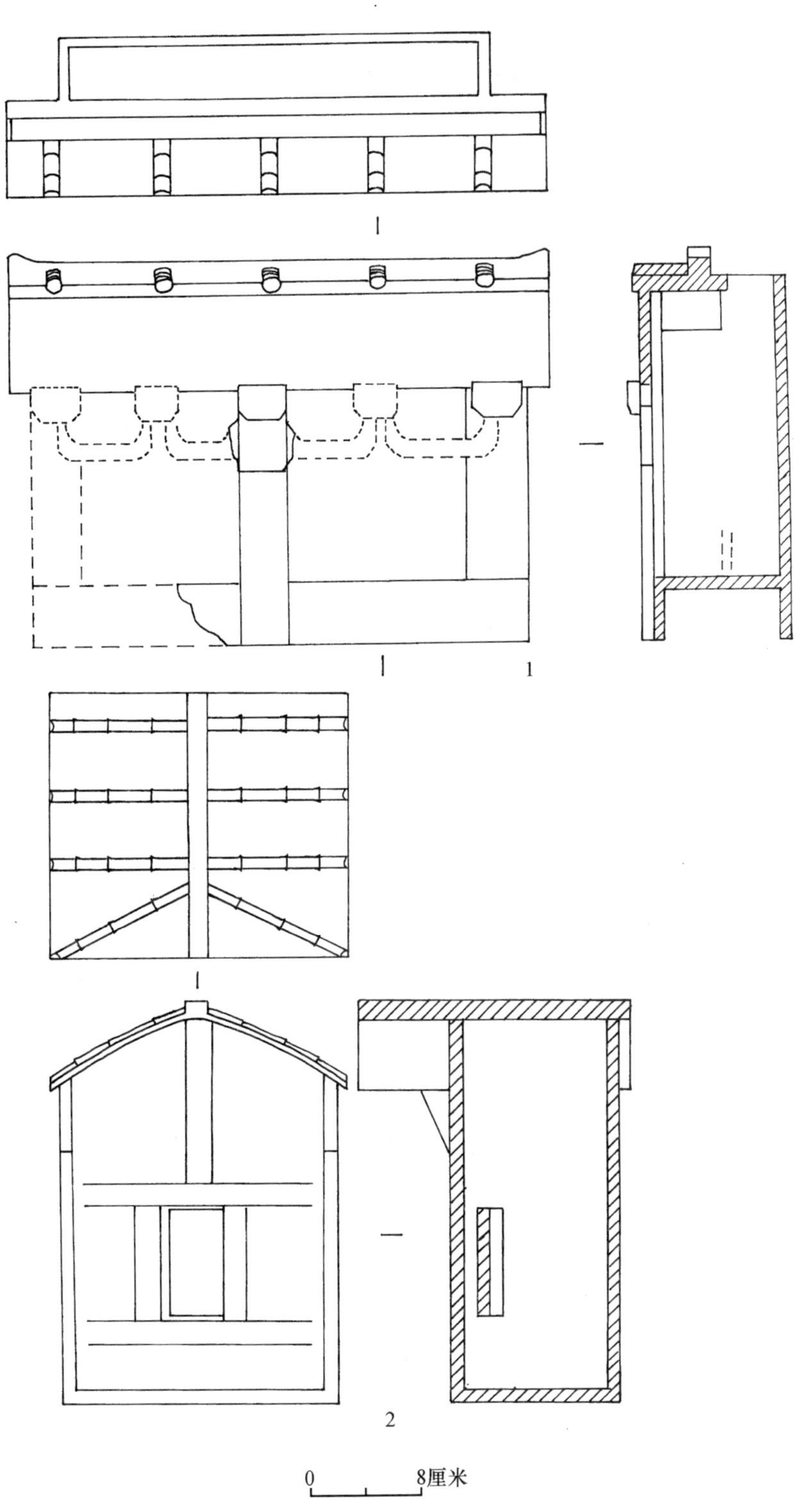

图一一九　陶楼（一）

1、2. A 型陶楼（BM306:14、BM301:30）

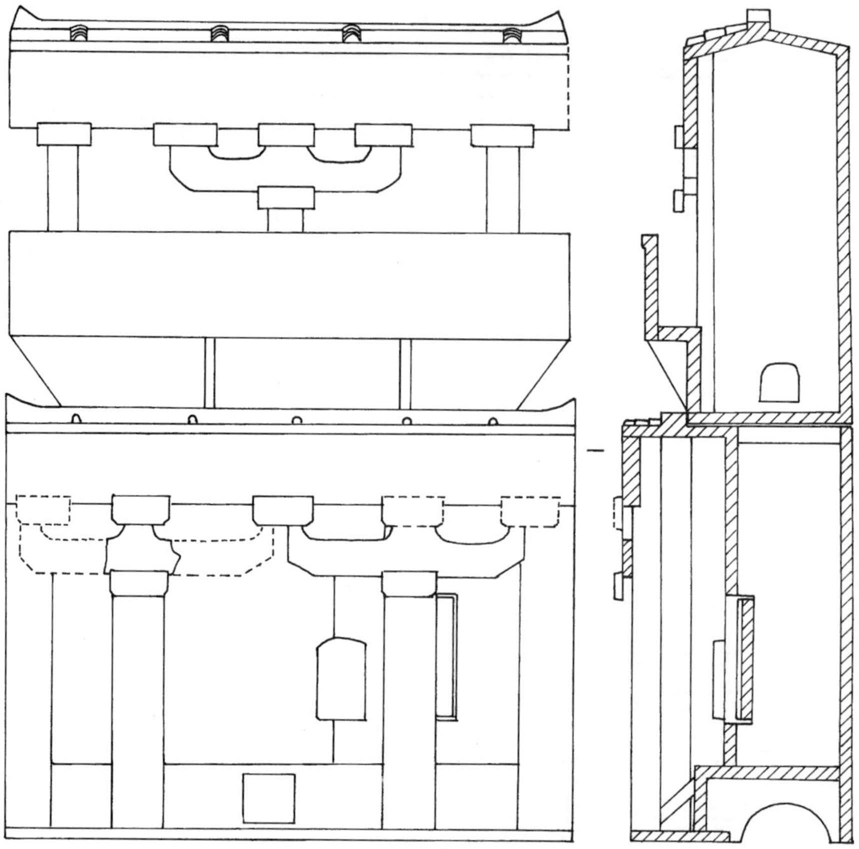

1

2

0　8厘米

图一二〇　陶楼（二）

1、2. B型陶楼（CM407∶39、CM407∶38）

第二节　青　瓷　器

崖墓中共出土瓷器160余件。部分器物因特征性部位残缺，故参与类型学研究的共158件。青瓷的胎多呈灰白或浅灰色，少量带橙黄或橙红色。胎质仍稍显粗糙，在个别盘口壶及罐类器物的表面还见有砂眼；而大部分碗盏类器物的胎质则相对较细。器物均为轮制，部分器物如四系罐、盘口壶上还保留有明显轮制痕迹，但亦可看到大部分碗盆类器物造型有欠规整，特别是碗口略欠平整。反而罐、壶等体形较大的器物造型较为规整。瓷器施釉方式应为刷釉。釉色则大部分青而略泛灰，少部分为青绿或青而泛略黄。大部分器物均只施半釉，施满釉者少，且多见于碗类器物。大部分器物的胎釉结合都不好，脱釉现象常见，有些器物甚至已完全脱釉，脱釉处常呈深灰色或灰白色。即使是未掉釉的器物，其釉表面亦有明显的冰裂。部分器物则又保留有支钉的痕迹，特别是碗类器物保留得最明显，一般是在碗体的内底可见略呈长方形或方形的支钉痕迹，个别甚至在口沿上可见有数点分布均匀的无釉区域，这也应该是支烧的痕迹，这就证明了一些形态较小的器物如碗类采用了叠烧之法。器类有盘口壶、鸡首壶、四系罐、碗、盏、盘、盆、唾壶、虎子等。至于数量上，碗、盏一类器物数量最多，碗有70件，盏占38件，二者占三分之二以上，形制亦复杂多样；另盘口壶20件，四系罐12件；其余鸡首壶、双口罐、盆、唾壶等均在5件以下；另有1件为晚期瓷盏（DM501:28）。

1. 瓷盘口壶

20件。其中有一墓（BM305）随葬4件，一墓（EM602）随葬3件，五墓（AM201、CM410、DM501、EM603、EM605）各随葬2件，三墓（BM309、EM601、EM606）各随葬1件。轮制。依其形态可分三型。

A型　16件。深鼓腹，高体。可分九式。

Ⅰ式：1件。鼓腹程度甚大，器高小于腹径，呈扁鼓腹状。EM602:44，灰白色胎，外施半釉，釉已剥落，原施釉处呈灰色。浅盘口，盘口壁略外侈，束颈，四纽形耳均匀地分布在肩上，外平底上凹。素面。盘口直径14.4厘米，最大腹径28.4厘米，底径14.8厘米，高27.2厘米（图八〇，4；图一二一，1；图版五三，1）。

Ⅱ式：2件。鼓腹程度有所减少，最大腹径约在中部，呈球鼓腹状，EM602:17，灰色胎，外施半釉，但釉料已脱落，脱釉处胎呈深灰色。浅盘口，盘口壁略外侈，束颈，圆肩，外底部上凹，四系呈纽形横耳状。素面。盘口直径13.6厘米，最大腹径21.6厘米，底径11.6厘米，高21.6厘米（图八〇，5；图一二一，2；图版五三，3）。AM201:10，浅灰色胎，外施青釉近底，釉色青绿。浅盘口，盘口壁略外侈，束颈，圆肩，四纽形横耳均匀地分布于肩上，平底。素面。口径11.2厘米，最大腹径21.6厘米，底径12.4厘米，高21.2厘米（图七，2；图一二一，3；图版五三，2）。

Ⅲ式：1件。鼓腹，器高略大于腹径，最大腹径上移。EM602:29，灰白色胎，外施青釉，半釉，但釉面已剥落，露胎处呈灰色。浅盘口，盘口壁略直，颈部较长，斜肩，四桥形耳均匀地分布于肩上，平底略内凹。盘口径为12厘米，最大腹径17.6厘米，底径11.6厘米，高19.6厘米（图八〇，6；图一二一，5；图版五二，4）。

Ⅳ式：1件。鼓腹略加深。AM201:6，浅灰色胎，外施青釉，半釉。盘口较深，盘壁较直，尖圆唇，束颈，圆鼓腹，平底，四纽形横耳均匀地分布于肩上。肩部饰多道凹弦纹。口径12.8厘米，

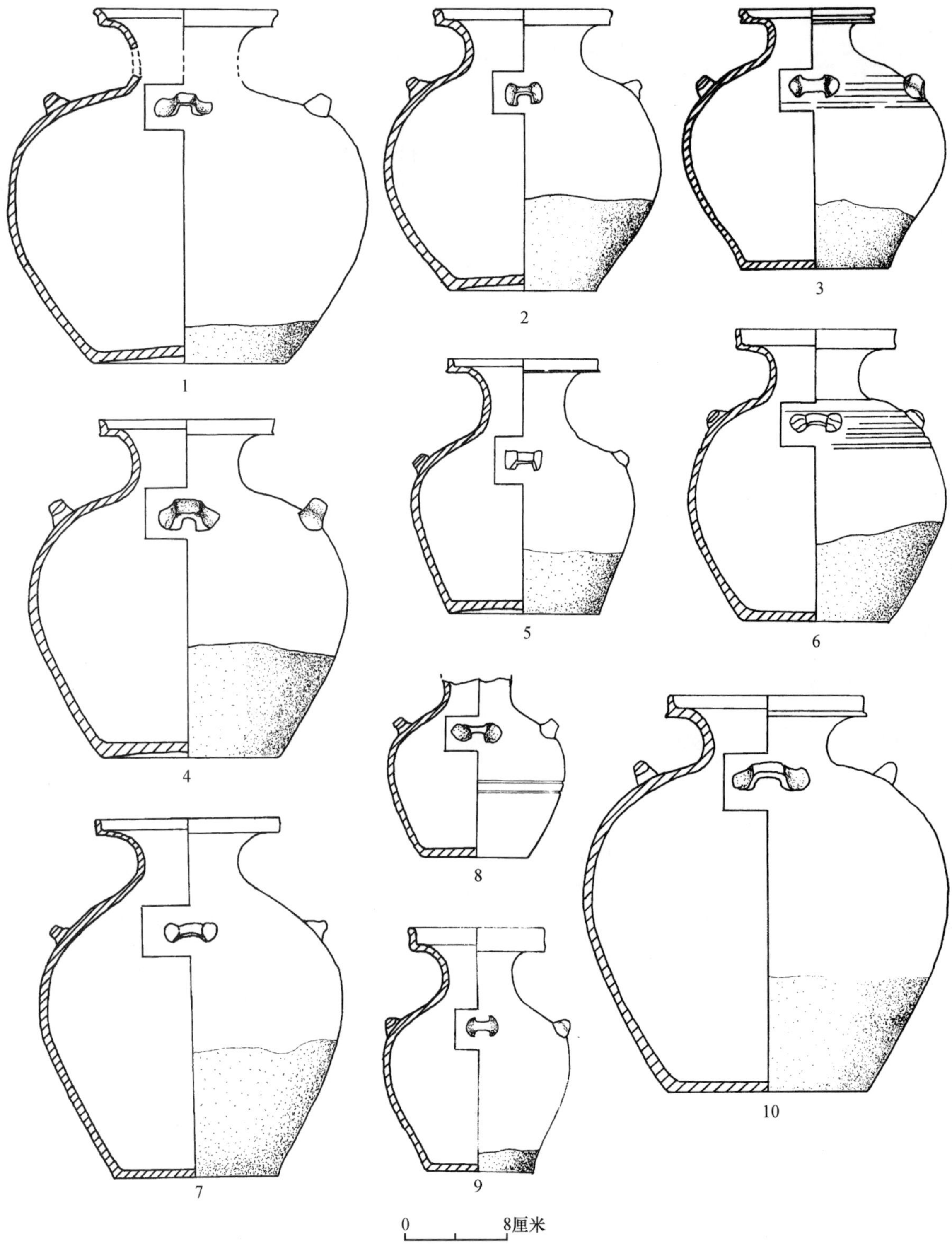

图一二一　瓷盘口壶（一）

1. AI 式瓷盘口壶（EM602∶44）　2、3. AII 式瓷盘口壶（EM602∶17、AM201∶10）　4、8. AV 式瓷盘口壶（EM603∶24、EM603∶1）　5. AIII 式瓷盘口壶（EM602∶29）　6. AIV 式瓷盘口壶（AM201∶6）　7. AVII 式瓷盘口壶（BM305∶9）　9. AVIII 式瓷盘口壶（CM410∶5）　10. AVI 式瓷盘口壶（DM501∶24）

腹径 20.2 厘米，底径 12 厘米，高 22.4 厘米（图七，1；图一二一，6；图版五三，4）。

Ⅴ式：2 件。鼓腹更深。EM603∶24，灰白色瓷胎，外施半釉，但釉多已脱落。盘口较浅，盘口壁直，束颈，肩略耸，外平底上凹，四纽耳平均地分布于肩上。素面。盘口直径 13.6 厘米，最大腹径 25.2 厘米，底径 14 厘米，高 26 厘米（图八四，4；图一二一，4；图版五三，6）。EM603∶1，灰白色胎，外施满釉，但釉料大多已脱落。盘口缺失，斜肩，四纽形横耳均匀地分布于肩上，平底。中下腹部有两圈凹弦纹。最大腹径 14 厘米，底径 8 厘米，残高 13.6 厘米（图八四，7；图一二一，8；图版五三，5）。

Ⅵ式：1 件。深鼓腹。DM501∶24，灰白瓷胎，外施半釉，青釉，胎釉结合较好。盘口略深且盘口壁直，束颈，圆肩，四纽形横耳均匀地分布于肩上，平底。素面。盘口直径 16 厘米，最大腹径 28.4 厘米，底径 16 厘米，高 30.4 厘米（图七三，1；图一二一，10；图版五四，1）。

Ⅶ式：2 件。深腹，鼓腹程度略减小，最大腹径略下移。BM305∶9，灰白色瓷胎，外施青釉，半釉，釉色淡绿。盘口较浅，盘口壁直，束颈，四纽形横耳均匀地分布于肩上，平底。口径 15.2 厘米，最大腹径 24.8 厘米，底径 13.2 厘米，高 28.8 厘米（图一二一，7；图版五四，2）。CM410∶4，灰色瓷胎，外施半釉，釉色略呈青灰色。腹下部内外壁均有拉坯的轮痕数周，盘口略深且直壁，圆唇，束颈较长，圆肩，肩部有六个对称的泥条形耳，底内凹。口径 16.4 厘米，腹径 29.6 厘米，底径 17.2 厘米，高 36 厘米（图六七，1；图一二二，1；图版五四，3）。

Ⅷ式：4 件。深长腹，鼓腹程度较小，颈较长。BM305∶6，灰白色瓷胎，施青釉近底，釉面有开片。深盘口，盘口壁外侈，圆唇，束颈，圆肩，肩部有四个对称桥形耳，平底。肩腹部有四道凹弦纹。口径 12.4 厘米，腹径 21.6 厘米，底径 12.4 厘米，高 29.6 厘米（图三三，3；图一二二，2；图版五四，4）。CM410∶5，灰白色瓷胎，外施半釉，近底部露胎，釉料已脱落，原施釉处呈灰白色。深盘口直壁，方唇，束颈，圆肩，最大腹径处位于中上部，平底。肩上有对称四个泥条形耳。素面。口径 10.8 厘米，腹径 14.8 厘米，底径 8 厘米，高 18.8 厘米（图六七，2；图一二一，9；图版五四，5）。BM305∶7，灰白色瓷胎，外半施青釉，但釉料近全剥落，原施釉处呈灰色。盘口已残缺失，长束颈，圆肩，肩上均匀分布有四纽形横耳，鼓腹程度略大，平底。素面。最大腹径 23 厘米，底径 12 厘米，残高 26 厘米（图一二二，3）。BM309∶1，灰白瓷胎，器表施青釉，釉色青绿。盘口较深，盘口壁外敞，圆唇，长束颈，颈较细，圆肩，肩部有对称的四个桥形耳，鼓腹，下腹以下残缺。素面。口径 7.2 厘米，腹径 13.6 厘米，残高 16 厘米（图四二；图一二二，6）。

Ⅸ式：2 件。腹体瘦长，长颈。EM605∶5，灰白胎，外施青釉，半釉。颈部有轮制所留下的拉坯痕迹。深盘口，盘口壁直，斜肩略鼓，窄肩，四桥形耳均匀地分布于肩上，平底略上凹。肩上饰有两道凹弦纹。盘口直径 12 厘米，最大腹径 15.8 厘米，底径 9.6 厘米，器高 24.3 厘米（图九一，1；图一二二，5；图版五四，6）。EM601∶4，灰白胎，外施半釉。盘口缺失，圆肩较窄，四纽形横系均匀地分布于肩上，平底略上凹。素面。最大腹径 17.2 厘米，底径 10.8 厘米，残高 22 厘米（图七七，3；图一二二，10；图版五二，5）。

B 型　2 件。体型略显宽扁。可分二式。

Ⅰ式：1 件。广圆肩，腹甚扁，短颈。EM605∶14，灰白瓷胎，外施青釉近底。盘口已缺失，斜肩，四桥形耳均匀分布于肩上，外平底微上凹。素面。最大腹径 18 厘米，底径 10.8 厘米，残高 14.8 厘米（图九一，2；图一二二，4；图版五五，1）。

Ⅱ式：1 件。耸肩，腹加深，颈较长。EM606∶9，灰白瓷胎，外施青釉近底，裸露下底部。盘口已缺失，但仍可看出颈部略长，四桥形耳，平底。素面。最大腹径 18 厘米，底径 11.2 厘米，残高 17.6 厘米（图九四，3；图一二二，7；图版五五，2）。

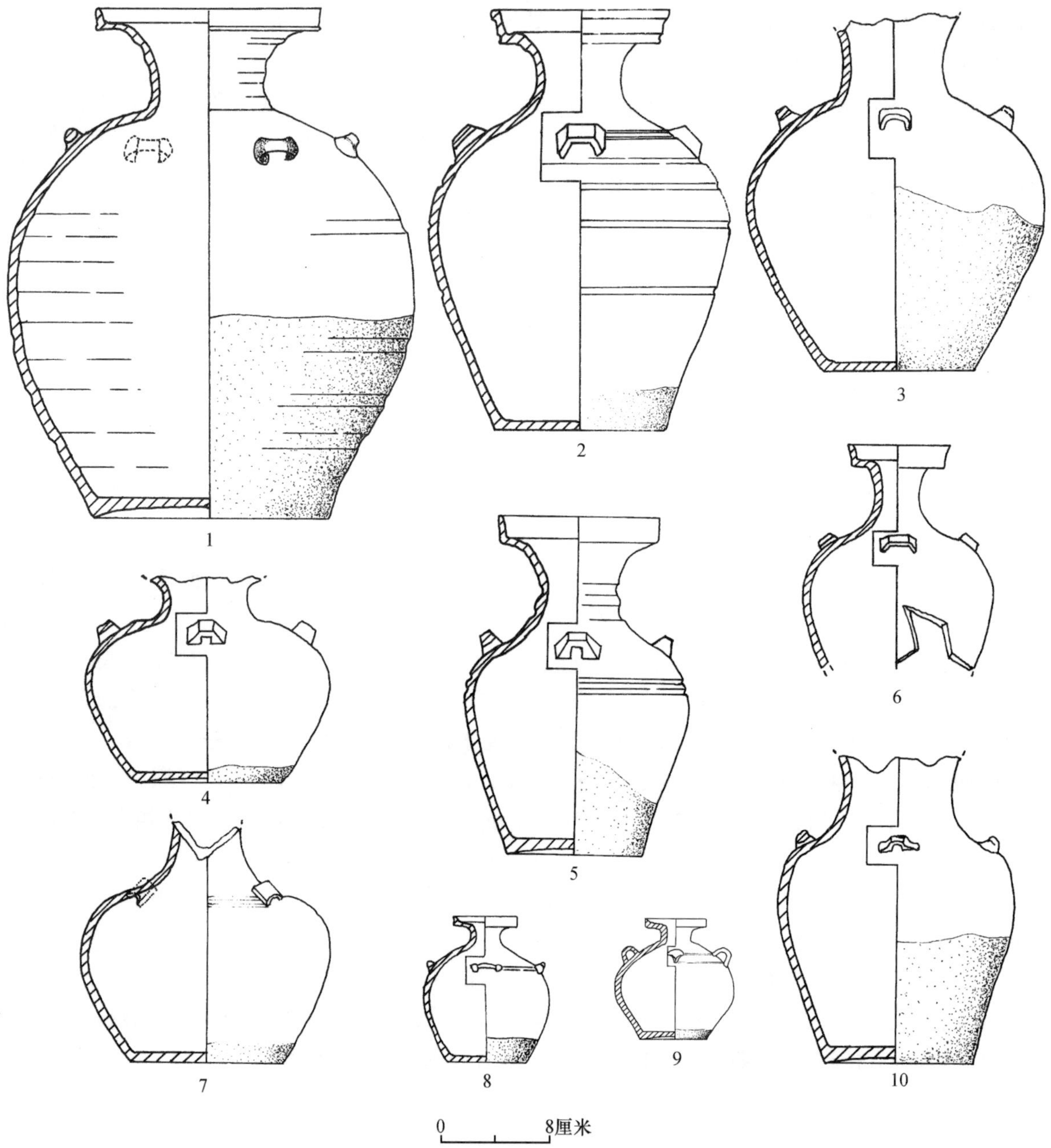

图一二二　瓷盘口壶（二）

1. AVII 式瓷盘口壶（CM410∶4）　2、3、6. AVIII 式瓷盘口壶（BM305∶6、BM305∶7、BM309∶1）　4. BI 式瓷盘口壶（EM605∶14）　5、10. AIX 式瓷盘口壶（EM605∶5、EM601∶4）　7. BII 式瓷盘口壶（EM606∶9）　8、9. C 型瓷盘口壶（BM305∶5、DM501∶8）

C 型　2 件。体型小，器高在 10 厘米左右。DM501∶8，灰白胎，外施青釉近底，胎釉结合较好，外壁上可见流釉所形成的泪痕。其口沿外折近平，厚方唇微上卷形成盘口，故盘体极浅，细短颈，斜肩，肩上有两弧纽形耳，而在两耳之间各有一用手捏成的尖嘴状物，最大腹径位于中部，外平底略上凹。素面。口径 4.4 厘米，最大腹径 8.6 厘米，底径 4.8 厘米，高 8.6 厘米（图七三，7；图一二二，9；图版五五，4）。BM305∶5，灰白色胎，外施黄褐色釉近底。盘口甚浅，尖圆唇，短束颈，颈较细，圆肩，四纽形横系均匀地分布于肩上，鼓腹，平底。素面。口径 4.8 厘米，最大腹径 9.2 厘米，底径 6.8 厘米，高 10.4 厘米（图三三，7；图一二二，8；图版五五，3）。

2. 瓷鸡首壶

3 件。一墓只出一器。轮制。可分三式。

Ⅰ式：1 件。圆鼓腹，颈较长。AM201∶8，灰色瓷胎，外施青釉近底。盘口较深，盘口壁略外敞，圆唇，直颈，最大腹径约位于中部，平底，圆肩，肩上有对称双泥条形耳，鸡形流，高鸡冠，把手已残。素面。口径 8 厘米，腹径 16 厘米，底径 10.4 厘米，高 19.2 厘米（图七，2；图一二三，1；图版五八，1）。

Ⅱ式：1 件。鼓腹加深，最大腹径上移，颈较细。DM501∶25，灰白瓷胎，外施青釉近底，釉色浅青绿，釉层较薄，器表有若干道因流釉而产生的泪痕。盘口稍深，盘壁略直微外撇，束颈程度较大，颈部显得较细，广圆肩，鼓腹程度较大，最大腹径位于中上部，肩有附有两纽形耳，鸡首及把手已缺失，但仍可见鸡首内有流，似非仅为装饰附属物，大平底。素面。盘口直径 8.8 厘米，最大腹径 21.2 厘米，底径 13.2 厘米，高 26 厘米（图七三，2；图一二三，2；图版五八，2）。

Ⅲ式：1 件。腹瘦长，长颈。EM604∶2，浅灰色胎，通体施青釉，仅裸露外底部，釉色青而略带灰，釉层稍厚。盘口较深，盘壁外敞，长直颈略束，斜肩，肩上附有两桥形耳；鸡首内亦有流，鸡嘴呈小圆柱状，鸡两眼下各有一水滴形装饰；鼓腹束腰，外底部上凹。上腹部饰有浅浮雕式的莲瓣纹。盘口直径 9.2 厘米，最大腹径 17.6 厘米，底径 14 厘米，高 27.2 厘米（图八八，11；图一二三，10；图版五八，3）。

3. 瓷四系罐

12 件。其中一墓（EM602）出土 3 件，三墓（AM201、DM501、EM606）各出土 2 件，三墓（BM305、BM306、EM603）各出 1 件。轮制。依腹部形态可分二型。

A 型　8 件。高鼓腹。依四系之位置可分二亚型。

Aa 型　6 件。四系均匀地分布于肩上。可分五式。

Ⅰ式：1 件。高直领，鼓腹外弧明显。DM501∶9，灰色胎，外施青釉近底部。四纽形横系均匀分布于肩上，平底。腹壁处饰有细方格麻布纹。口径 10.4 厘米，最大腹径 18.4 厘米，底径 11.2 厘米，高 19.2 厘米（图七三，3；图一二四，1；图版五五，5）。

Ⅱ式：2 件。矮领，鼓腹外弧明显。EM602∶26，灰色胎，内外均施半釉。四纽形系，大平底。口沿外壁有两道窄凹弦纹。口径 12 厘米，最大腹径 18.4 厘米，高 17.6 厘米（图八〇，7；图一二四，3；图版五五，6）。EM606∶17，灰色瓷胎，外施半釉，但釉料已全剥落，原施釉处呈灰白色。下腹内壁保留有明显的轮制拉坯痕迹。直口，最大腹径约处于中腹，平底，肩上均匀地分布有四个纽形横系。口沿处饰一周窄凹弦纹。口径 10 厘米，最大腹径 14 厘米，底径 10 厘米，高 14 厘米（图一二四，2；图版五六，1）。

Ⅲ式：1 件。矮领，鼓腹外弧程度减小。EM602∶12，灰黄色胎，青釉，内外均施半釉。方唇，四纽形系，外平底微上凹。素面。口径 12.4 厘米，最大腹径 16.8 厘米，底径 12 厘米，高 18.6 厘米（图八〇，8；图一二四，4；图版五六，2）。

Ⅳ式：1 件。领更矮，最大腹径上移。EM606∶16，灰色胎，施青釉，内外均施半釉。内腹壁的下部留有明显的轮制痕迹。外平底略上凹。口沿上有一道凹弦纹。口径 13.4 厘米，最大腹径 17.6 厘米，底径 12.4 厘米，高 18.4 厘米（图九四，5；图一二四，5；图版五六，3）。

Ⅴ式：1 件。领甚矮，最大腹径处于中上部，腹近底部收束。EM603∶18，灰色胎，施青釉，内外均施半釉。内腹壁留有明显的轮制痕迹。四纽形横耳，平底，口沿及肩上各有一凹弦纹。口径 12.4 厘米，最大腹径 16 厘米，底径 13.6 厘米，高 16 厘米（图八四，6；图一二四，6；图版五六，4）。

图一二三　瓷鸡首壶、瓷折沿罐及瓷双系罐、瓷双口罐

1. Ⅰ式瓷鸡首壶（AM201:8）　2. Ⅱ式瓷鸡首壶（DM501:25）　3. Ⅰ式瓷双系罐（BM310:11）　4. Ⅱ式瓷双系罐（CM410:1）　5. Ⅰ式瓷折沿罐（AM201:9）　6、7. Ⅱ式瓷折沿罐（DM501:12、EM603:17）　8. Ⅲ式瓷折沿罐（BM305:1）　9. 瓷双口罐（EM603:20）　10. Ⅲ式瓷鸡首壶（EM604:2）

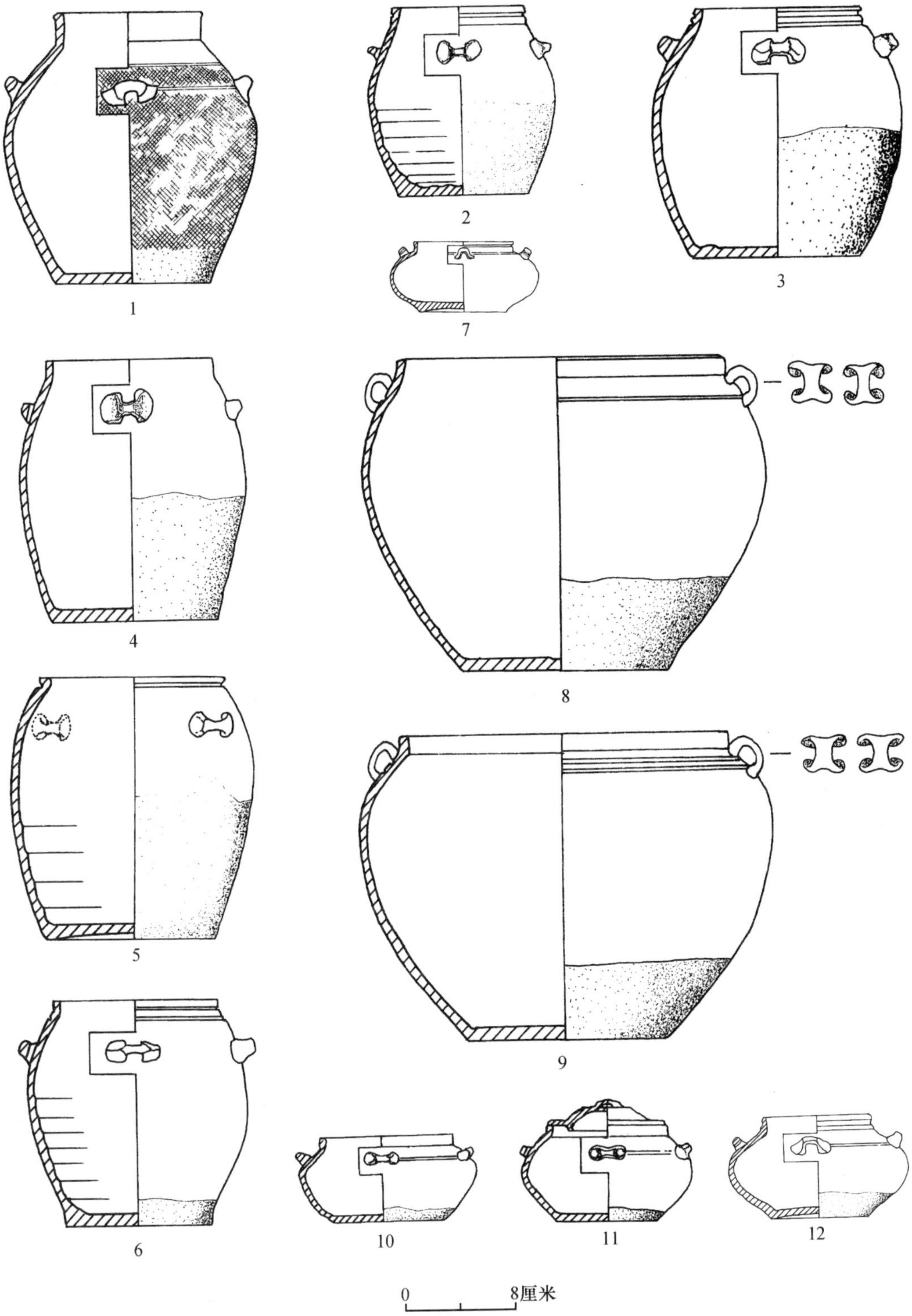

图一二四　瓷四系罐

1. AaⅠ式瓷四系罐（DM501：9）　2、3. AaⅡ式瓷四系罐（EM606：17、EM602：26）　4. AaⅢ式瓷四系罐（EM602：12）　5. AaⅣ式瓷四系罐（EM606：16）　6. AaⅤ式瓷四系罐（EM603：18）　7、10. BⅠ式瓷四系罐（EM602：14、AM201：11）　8、9. Ab型瓷四系罐（BM306：13、BM305：3）　11、12. BⅡ式瓷四系罐（AM201：22、DM501：2）

Ab 型　2 件。四系分为两组对称地位于肩的两侧，每组内的两系紧密排列，大口，鼓肩。BM306∶13，灰白色瓷胎，外施青釉，半釉，釉色青绿。近直口，外斜方唇，圆肩，鼓腹，平底。肩上有一周窄凹弦纹。口径 24 厘米，最大腹径 30 厘米，底径 15.2 厘米，高 22 厘米（图三六，1；图一二四，8；图版五七，2）。BM305∶3，灰白色瓷胎，外施青釉，半釉，釉色青绿，釉面有开片。圆唇，直口，圆肩，鼓腹，平底。肩上饰有两周窄凹弦纹。口径 24 厘米，腹径 30.4 厘米，底径 14.4 厘米，高 21.6 厘米（图三三，1；图一二四，9；图版五七，1）。

B 型　4 件。矮扁腹。可分二式。

Ⅰ式：2 件。扁腹程度大，腹甚浅。EM602∶14，灰白胎，施青釉，内满釉外半釉。直口，领较高，四纽形耳，外平底略上凹。口沿及肩上各饰有一道窄凹弦纹。口径 7.2 厘米，最大腹径 10.8 厘米，底径 6 厘米，高 5 厘米。此器原有盖 EM602∶18，平顶，斜檐，子母口，顶上有一弧形耳（图八〇，11；图一二四，7；图版五七，4）。EM602 另出土一件器盖（EM602∶18），应是 EM602∶14 的附件（图八〇，10；图版五八，4）。AM201∶11，灰色瓷胎，外施青釉近底，釉色青绿。直口，领较高，斜肩，肩上有四纽形横系，平底。口径 10 厘米，最大腹径 13.2 厘米，底径 8.4 厘米，高 6.4 厘米（图七，7；图一二四，10；图版五七，3）。

Ⅱ式：2 件。扁鼓腹，器高略增。AM201∶22，浅灰色胎，外施青釉近底部。直口，领较高，肩部附泥条形四系，平底。盒有盖，子母口，盖顶为泥条形纽。在肩部饰一周窄凹弦纹。口径 8.4 厘米，腹径 12 厘米，底径 7.2 厘米，器高 6.8 厘米，连盖通高 8.8 厘米（图七，8；图一二四，11；图版五七，5）。DM501∶2，灰白胎，施青釉，内满釉外半釉。直口，领较高，四纽形系，外平底略上凹。口沿及肩处各饰有一周凹弦纹。口径 8.2 厘米，最大腹径 13 厘米，底径 7 厘米，器高 5.3 厘米（图七三，9；图一二四，12；图版五七，6）。

4. 瓷双口罐①

1 件。EM603∶20，灰色胎，施青釉，外满釉，但釉面多已剥落。内口为直口，方圆唇，领较高，外口沿已残，但仍可看出其为敞口，斜肩，四纽形横耳均匀地分布于肩上，深鼓腹，最大腹径位于中上部，外平底上凹。素面。内口直径 8.8 厘米，最大腹径 26.4 厘米，底径 14 厘米，器高 26 厘米（图八四，5；图一二三，9；图版五九，4）。

5. 瓷折沿罐

4 件。为一墓内出一器。轮制。圆肩，鼓腹。可分三式。

Ⅰ式：1 件。最大腹径约处于中部位置。AM201∶9，灰色胎，釉已剥落。尖唇，深弧腹，平底。肩部有二道凹弦纹。口径 23.6 厘米，腹径 23.2 厘米，底径 14 厘米，高 18.4 厘米（图八，4；图一二三，5）。

Ⅱ式：2 件。最大腹径上移。EM603∶17，灰色粗胎，釉料已全剥落。下腹内壁留有明显的凹凸轮制痕迹。平方唇，下腹斜弧内收，平底略上凹。肩上有一道凹弦纹。口径 25.2 厘米，最大腹径 24.4 厘米，底径 13.6 厘米，器高 16.8 厘米（图八四，1；图一二三，7；图版五九，2）。DM501∶12，胎略呈橙黄色，青釉面已全剥落。圆唇，平底。素面。口径 24.4 厘米，最大腹径 24.8 厘米，底宽 14.8 厘米，器高 17.6 厘米（图七三，5；图一二三，6；图版五九，1）。

---

① 孙机先生经考证认为此类器物可呼曰“菹罂”，为古时用于制作、盛存泡菜一类食品之器。孙机：《汉代物质文化资料图说》，上海古籍出版社，2008 年。

Ⅲ式：1 件。最大腹径在中上部，鼓腹加深。BM305∶1，灰色瓷胎，釉已全剥落。尖唇，束颈，最大腹径位于上部，平底。内沿面及肩部各饰有一周窄凹弦纹。口径 23.2 厘米，最大腹径 25.2 厘米，底径 14.4 厘米，高 20.8 厘米（图三三，2；图一二三，8；图版五九，3）。

6. 瓷双系罐

2 件。瓷质粗，轮制，深腹。可分二式。

Ⅰ式：1 件。腹壁弧曲。BM310∶11，灰色瓷胎，瓷质较粗，外施青釉近底，但釉面已脱落，原施釉处呈浅灰色。方唇，略敛口，短直颈，溜肩，肩部有对称贯耳，下腹弧内收，平底上凹。肩腹部各饰一道较粗的凹弦纹。口径 12 厘米，腹径 18.8 厘米，底径 13.2 厘米，高 18.4 厘米（图四四，11；图一二三，3；图版五九，5）。

Ⅱ式：1 件。腹呈桶状，腹壁微鼓。CM410∶1，灰色瓷胎，瓷质较粗，胎内外饰酱色釉，下腹露胎。腹整体呈橄榄形，方唇，敛口，微鼓腹，上腹平底。上腹部有对称贯耳。口径 9.2 厘米，腹径 13.2 厘米，底径 9.2 厘米，高 18.4 厘米（图六七，3；图一二三，4；图版五九，6）。

7. 瓷碗

完整或可修复 70 件，参与分型分式者为完整或可修复器。本报告中所谓的“碗”是指口径大于 10 厘米的碗类器物，口径小于 10 厘米的碗类器物在本报告中则称作“盏”。碗是随葬品中数量最多的器物，若崖墓未被盗一空，则每墓至少出土 1 件；若干未被盗的墓葬如 EM602，则出土了 11 件，而一般的墓葬中可出 4 ~ 8 件。碗的形态纷繁多样，一些形制的碗早晚互见，加之盗墓等原因的扰乱造成分组、分辨困难，导致碗的年代指征性较其他器物要差。碗为轮制。部分碗表面饰有凹弦纹，其数量与素面者大致相当。依底部形态可将青瓷碗分为二型。

A 型　28 件。平底或平底上凹，不带假圈足，依口部形态可分三亚型。

Aa 型　4 件。敛口。可分三式。

Ⅰ式：1 件。敛口程度较大。EM602∶39，灰白胎，施青釉，内外均满釉。圆唇，上腹壁圆弧，下腹部斜直内收，大平底。口沿下有三圈凹弦纹。口宽 15.2 厘米，最大腹径 17.2 厘米，底径 9.6 厘米，高 7 厘米（图八一，1；图一二五，1；图版六〇，1）。

Ⅱ式：2 件。敛口程度减少。EM606∶12，灰白胎，施青釉，内满釉外半釉。尖唇，中下腹部斜直内收，大平底。口沿下有一圈凹弦纹。口径 17 厘米，最大腹径 17.6 厘米，底径 11.4 厘米，高 6 厘米（图九四，13；图一二五，2；图版六〇，3）。BM306∶8，灰色瓷胎，施青釉，内满釉外半釉，釉色泛黄。尖圆唇，弧腹，平底略上凹。下腹一周凹弦纹。口径 18 厘米，底径 10 厘米，高 6 厘米（图三六，5；图一二五，3；图版六〇，2）。

Ⅲ式：1 件。敛口程度进一步减少，近成直口。EM606∶11，浅灰色胎，釉色青绿，内外均满釉。圆唇，平底略上凹。口沿下有一窄凹弦纹。口径 16.2 厘米，最大腹径 16.6 厘米，底径 8.8 厘米，高 6.2 厘米（图九四，19；图一二五，4；图版六〇，4）。

Ab 型　3 件。直口，上腹壁直，下腹壁斜内收。可分二式。

Ⅰ式：2 件。下腹壁弧内收，上下腹交折不明显。DM501∶15，灰白色胎，施青釉，内满釉外半釉。圆唇，下腹壁弧缓内收，平底。口沿下有两道凹弦纹。口径 12 厘米，底径 6.6 厘米，通高 4.4 厘米（图七四，15；图一二五，5；图版六〇，5）。BM306∶18，灰白瓷胎，原施青釉，内满釉而外施釉近底，但釉面已脱落，原施釉处呈浅灰色。方唇，弧腹，平底。口沿下有一道凹弦纹。口径 10.4 厘米，底径 4.8 厘米，高 4 厘米（图三六，9；图一二五，6）。

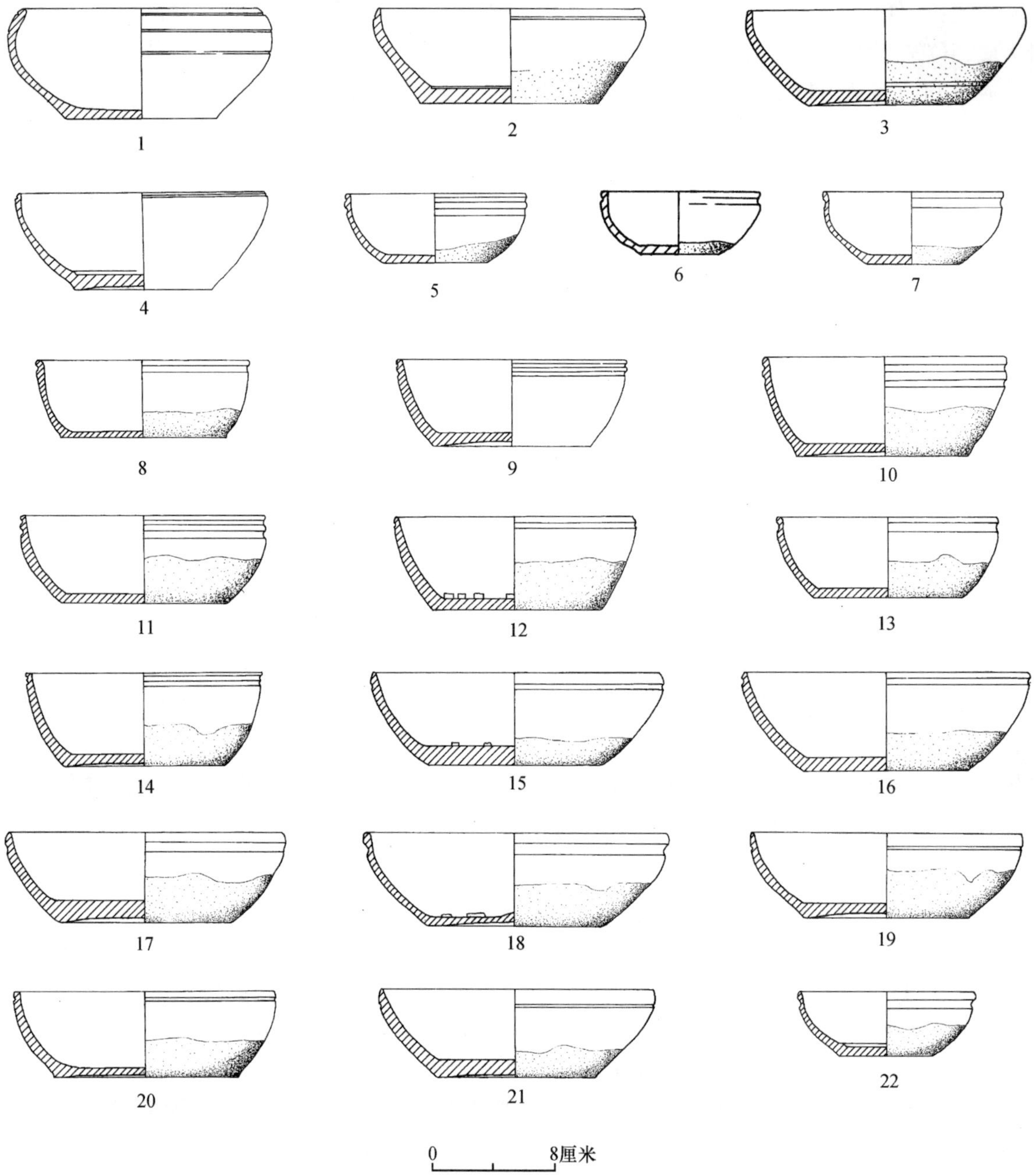

图一二五　瓷碗（一）

1. AaI 式瓷碗（EM602:39）　2、3. AaII 式瓷碗（EM606:12、BM306:8）　4. AaIII 式瓷碗（EM606:11）　5、6. AbI 式瓷碗（DM501:15、BM306:18）　7. AbII 式瓷碗（DM501:1）　8～14. Ac 型瓷碗（CM420:10、EM602:23、DM501:5、DM501:23、BM305:4、BM306:6、BM306:7）　15～22. Ad 型瓷碗（AM201:18、BM306:10、EM602:21、DM501:17、EM606:8、EM605:1、EM605:4、DM501:4）

Ⅱ式：1 件。下腹壁斜直内收，上下腹壁交折较明显。DM501:1，胎色灰而泛橙红，内施满釉外施半釉，釉面已全剥落，露胎处呈灰白色。圆唇，下腹壁斜直内收，平底。口沿下有一宽凹弦纹。口径 12 厘米，底径 6 厘米，器高 4.6 厘米（图七四，14；图一二五，7；图版六〇，6）。

Ac 型　10 件。小敞口。标本 CM420:10，浅灰色胎，外施半釉，但釉面已全剥落，施釉处呈灰白色。圆唇，大平底。口沿下有一周凹弦纹。口径 14 厘米，底径 10.8，通高 5 厘米（图六九，2；

图一二五，8；图版六一，1）。标本 EM602:23，灰白色瓷胎，施青釉，内满釉外半釉，釉料已有所脱落。圆唇，腹壁略斜直，平底略上凹。口沿下饰两周凹弦纹。口径 15 厘米，底径 10.1 厘米，高 5.6 厘米（图八一，15；图一二五，9；图版六一，3）。标本 DM501:5，灰白色胎，内外均施半釉，部分釉面已脱落。圆唇，大平底略上凹。口沿下有两道凹弦纹口径 16 厘米，底径 11.2 厘米，器高 6.4 厘米（图一二五，10）。标本 DM501:23，胎色浅灰而夹橙红。圆唇，弧腹，大平底。口沿下饰有两道凹弦纹。口径 16 厘米，底径 10.8 厘米，高 5.6 厘米（图一二五，11；图版六一，2）。标本 BM305:4，浅灰色瓷胎，施青釉，内外均只施半釉。尖圆唇，腹壁略显斜直，大平底，内底周边较均匀地分布有长方形支钉痕迹。口沿下有窄凹弦纹一道。口径 14.8 厘米，底径 10.8 厘米，高 6 厘米（图三三，4；图一二五，12；图版六〇，7）。标本 BM306:6，灰白色瓷胎，外半施酱色釉。圆唇，大平底。口沿下有一周稍宽的凹弦纹。口径 14.4 厘米，底径 9.6 厘米，高 5.2 厘米（图一二五，13；图版六〇，8）。标本 BM306:7，灰白色瓷胎。方圆唇，平底微上凹。口沿下有两道凹弦纹。口径 15.6 厘米，底径 11.2 厘米，高 6 厘米（图一二五，14）。

Ad 型　11 件。大敞口。标本 AM201:18，灰白色瓷胎，外施青釉近底，釉色淡绿。尖唇，腹壁弧，平底，碗内底部分布有一圈小长方形的支烧痕迹。口沿下有一周继窄的凹弦纹。口径 19.2 厘米，底径 11.2 厘米，高 6 厘米（图七，5；图一二五，15；图版六一，4）。标本 BM306:10，灰白色瓷胎，施青釉，内满釉外半釉，釉色青绿。尖唇，平底。口沿下饰有一周稍窄的凹弦纹。口径 18.8 厘米，底径 11.2 厘米，高 6.4 厘米（图三六，6；图一二五，16）。标本 EM602:21，橙红色瓷胎，施青釉，内满釉外半釉，釉料多已剥落。尖圆唇，腹壁弧斜，平底略上凹。口沿饰有一周较宽贩凹弦纹。口径 18.6 厘米，底径 11.4 厘米，高 5.8 厘米（图八一，14；图一二五，17；图版六一，6）。DM501:4，灰白色胎，施青釉，内满釉外半釉，但釉料已剥落。尖圆唇，平底。口沿下有一道较宽的凹弦纹。口径 11.6 厘米，底径 6 厘米，高 4.2 厘米（图七四，16；图一二五，22）。标本 DM501:17，浅灰色胎，施青釉，内外均半釉。圆唇，大平底略上凹。口沿下有一道较宽的凹弦纹。口径 20.2 厘米，底径 11.4 厘米，高 6 厘米（图七四，3；图一二五，18；图版六一，5）。EM605:1，灰色胎，施青釉，内满釉外半釉。圆唇，大平底略上凹。口沿下有一道窄凹弦纹。口径 17.2 厘米，底径 12.2 厘米，高 5.6 厘米（图九一，11；图一二五，20；图版六一，7）。标本 EM605:4，浅灰色胎，内满釉外半釉，但釉面已全剥落。尖唇，大平底略上凹。口沿下有一道窄凹弦纹。口径 18 厘米，底径 10.4 厘米，高 5.7 厘米（图九一，5；图一二五，21）。标本 EM606:8，灰白色胎，施青釉，内薄釉外半釉。尖唇，外平底上凹。口沿下有一周凹弦纹。口径 17.8 厘米，底径 10.5 厘米，高 5.5 厘米（图九四，8；图一二五，19；图版六一，8）。

B 型　42 件。带饼形假圈足。依口腹形态可分三亚型。

Ba 型　2 件。直口，上腹壁直，下腹壁斜内收。此型的假圈足甚低矮。可分二式。

Ⅰ式：1 件。下腹弧内收。EM602:36，灰色胎，内满釉外半釉，釉料已全脱落，原施釉处呈灰白色。圆唇，饼足平底。口沿下有四道窄凹弦纹。口径 16 厘米，底径 10.2 厘米，高 6.3 厘米（图八一，9；图一二六，1；图版六二，1）。

Ⅱ式：1 件。下腹壁略呈斜直内收，上下腹壁交折明显。DM501:11，胎色略呈橙黄，施青釉，内外均半釉。腹壁近底处略有束敛，平底。口沿下有两道凹弦纹。口径 12.2 厘米，底径 6.4 厘米，高 4.6 厘米（图七四，11；图一二六，2；图版六二，2）。

Bb 型　17 件。口近直，弧腹内收。可分二式。

Ⅰ式：14 件。腹相对较浅，口径与器高之比大于 2，形体呈宽扁状。标本 AM201:12，灰色胎，施青釉，内满釉而外施釉近底，釉色青绿。方唇，饼足较矮且平底。口沿下有饰有一周稍宽的凹弦

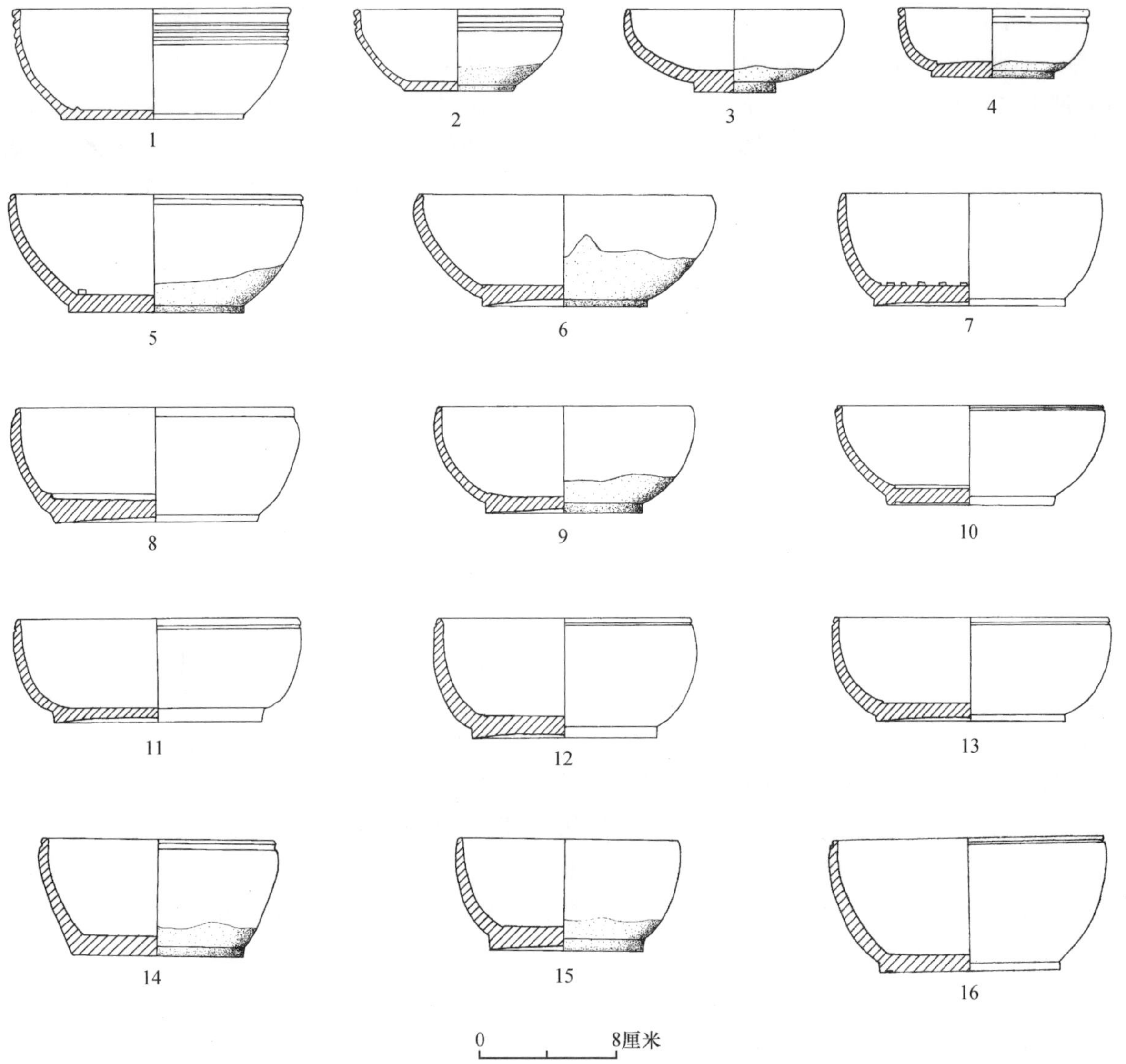

图一二六　瓷碗（二）

1. Ba Ⅰ式瓷碗（EM602:36）　2. Ba Ⅱ式瓷碗（DM501:11）　3～13. Bb Ⅰ式瓷碗（AM201:21、AM201:12、AM201:24、CM410:12、EM602:38、DM501:7、EM606:7、EM606:15、EM605:10、EM603:26、EM603:9）　14～16. BbII式瓷碗（CM410:2、EM601:3、EM603:22）

纹。口径 11.2 厘米，足径 7.2 厘米，高 4 厘米（图七，14；图一二六，4）。标本 AM201:21，浅灰色胎，外施青釉近底，釉色青绿。尖圆唇，饼足较窄，足平底。素面。口径 12.45 厘米，足径 4.8 厘米，高 4.8 厘米（图七，15；图一二六，3）。标本 AM201:24，灰白色瓷胎，施青釉，内满釉而外施釉近底，釉色青绿，釉面有冰裂。方唇，碗内底有一圈略呈长方形的支烧痕迹，饼足较矮且平底。口沿下有一道较窄的凹弦纹。口径 17.6 厘米，足径 10.4 厘米，高 6.8 厘米（图七，17；图一二六，5；图版六二，3）。标本 CM410:12，灰白色瓷胎，施青釉，内满釉外半釉，下腹露胎。尖圆唇，假圈足外底部上凹。口径 18 厘米，足径 9.2 厘米，高 6.2 厘米（图六七，6；图一二六，6；图版六二，4）。EM602:38，灰白色胎，施青釉，内外均满釉，但釉料绝大部分已脱落。圆唇，足外底微上凹。素面。口径 15.5 厘米，底径 11.2 厘米，高 6.5 厘米（图八一，6；图一二六，7；图版六二，5）。标本 DM501:7，灰白色胎，施青釉，内外均满釉。轮制。圆唇，弧腹内收，碗体内底周壁分布有一周支烧痕迹，饼足外底略上凹。素面。口径 16.4 厘米，底径 11.8 厘米，高 6.4 厘米（图七四，4；图一二六，8）。标本 EM606∶7，灰白色胎，施青釉，内满釉外半釉。圆唇，上腹壁较直，下腹弧内收，饼形假圈足稍高，足底略上凹。素面。口径 15.2 厘米，底径 9.2 厘米，高 6.2 厘米（图九四，14；图一二六，9）。标本 EM606∶15，灰白色胎，内外均施满釉。圆唇，饼足较矮，外平底，外底部有一周凹槽。口沿下有一周细窄凹弦纹。口径 15.6 厘米，底径 9.6 厘米，器高 5.8 厘米（图九四，9；图一二六，10）。标本 EM605∶10，浅灰色胎，内外通体施釉，但釉料已全脱落。圆唇，体形扁宽，宽饼足，足外底略上凹。口沿下有一周窄凹弦纹。口径 16.8 厘米，底径 12.2 厘米，器高 6 厘米（图九一，10；图一二六，11）。标本 EM603∶26，灰白色瓷胎，施青釉，内外均满釉。饼足外底略上凹。口沿下有一周窄凹弦纹。口径 14.6 厘米，底径 10.6 厘米，器高 7 厘米（图八五，3；图一二六，12）。标本 EM603∶9，灰白色胎，内外均施满釉，但釉料有所剥落。圆唇，矮饼足，足外底略上凹。口沿下饰一周窄凹弦纹。口径 16.2 厘米，底径 11 厘米，高 6 厘米（图八五，2；图一二六，13）。

Ⅱ式：3 件。腹相对较深，口径与器高之比小于 2。CM410∶2，灰白色瓷胎，中腹以上及器里施青釉，下腹露胎，但釉料多已剥落，原施釉处呈浅灰色。圆唇，平底。唇下有一周凹弦纹。口径 14 厘米，足径 10 厘米，高 7.2 厘米（图六七，7；图一二六，14；图版六二，6）。EM603∶22，灰白色胎，内外均施满釉，釉面有冰裂痕迹。圆唇，饼足稍高，足外底部略上凹。口沿处饰一周窄凹弦纹。口径 15.6 厘米，足径 10.4 厘米，通高 8 厘米（图八五，6；图一二六，16；图版六二，8）。EM601∶3，浅灰色胎，施青釉，内满釉外半釉，裸露圈足。圆唇，饼足稍高，外足底略上凹。素面。口径 13 厘米，足径 9 厘米，高 6.7 厘米（图七七，4；图一二六，15；图版六二，7）。

Bc 型　23 件。敞口，弧腹内收。可分三式。

Ⅰ式：9 件。敞口程度较大，浅腹，形态宽扁。标本 AM201∶23，灰色瓷胎，施青釉，内满釉，外施釉近底，釉色青绿。大平底，碗内底部有三个圆形支烧痕迹。口沿下饰一周较宽的凹弦纹。口径 15.2 厘米，足径 10 厘米，高 5.2 厘米（图七，13；图一二七，2；图版六三，1）。标本 BM306∶1，灰白色瓷胎，外半施青釉，釉色青绿。尖圆唇，腹壁略斜直，饼足平底。口径 17.6 厘米，足径 11.2 厘米，高 6.4 厘米（图三六，8；图一二七，1）。标本 EM602∶32，浅灰色胎，内外均只施半釉，绝大部分釉面已脱落。圆唇，矮饼足平底。口沿下有一道较宽的凹弦纹。口径 12 厘米，足径 6.3 厘米，高 5 厘米（图八一，7；图一二七，6；图版六三，3）。标本 EM602∶24，浅灰色胎，施青釉，内满釉外半釉，但釉面多已脱落。圆唇，碗内底周边分布有小支钉痕迹，假圈足外底略上凹。口沿下有一周较宽的凹弦纹。口径 17.4 厘米，足径 10.4 厘米，高 6.3 厘米（图八一，11；图一二七，4）。标本 DM501∶31，灰白色胎，内外均施半釉，釉面多已脱落。圆唇，假圈足外底呈上凹状，其足外壁略外撇。口沿下有一道窄凹弦纹。口径 12 厘米，足径 6.2 厘米，高 4.4 厘米（图七四，12；图一二七，9）。标本 DM501∶16，浅灰色胎，施青釉，内满釉外半釉。尖唇，内底周边亦分布有略呈长方形的支烧痕迹。口沿下有一周宽凹弦纹，碗内底部饰一旋涡纹。口径 20.2 厘米，底径 10.6 厘米，高 6 厘米（图七四，2；图一二七，7；图版六三，2）。标本 EM603∶15，灰色瓷胎，内施满釉外施半釉，釉料已全剥落。尖圆唇，腹壁弧略直，饼足足底略上凹。口沿下饰有一周较宽的凹弦纹。口径 18.4 厘米，底径 11.2 厘米，高 5.4 厘米（图八五，1；图一二七，5）。

Ⅱ式：9 件。敞口程度减小，腹略加深，体形宽扁程度减少。标本 AM201∶3，灰色胎，施青釉，内满釉外施釉近底，釉色青绿，略有脱釉。尖唇，腹壁略斜直，碗内底有两个略成长方形的支

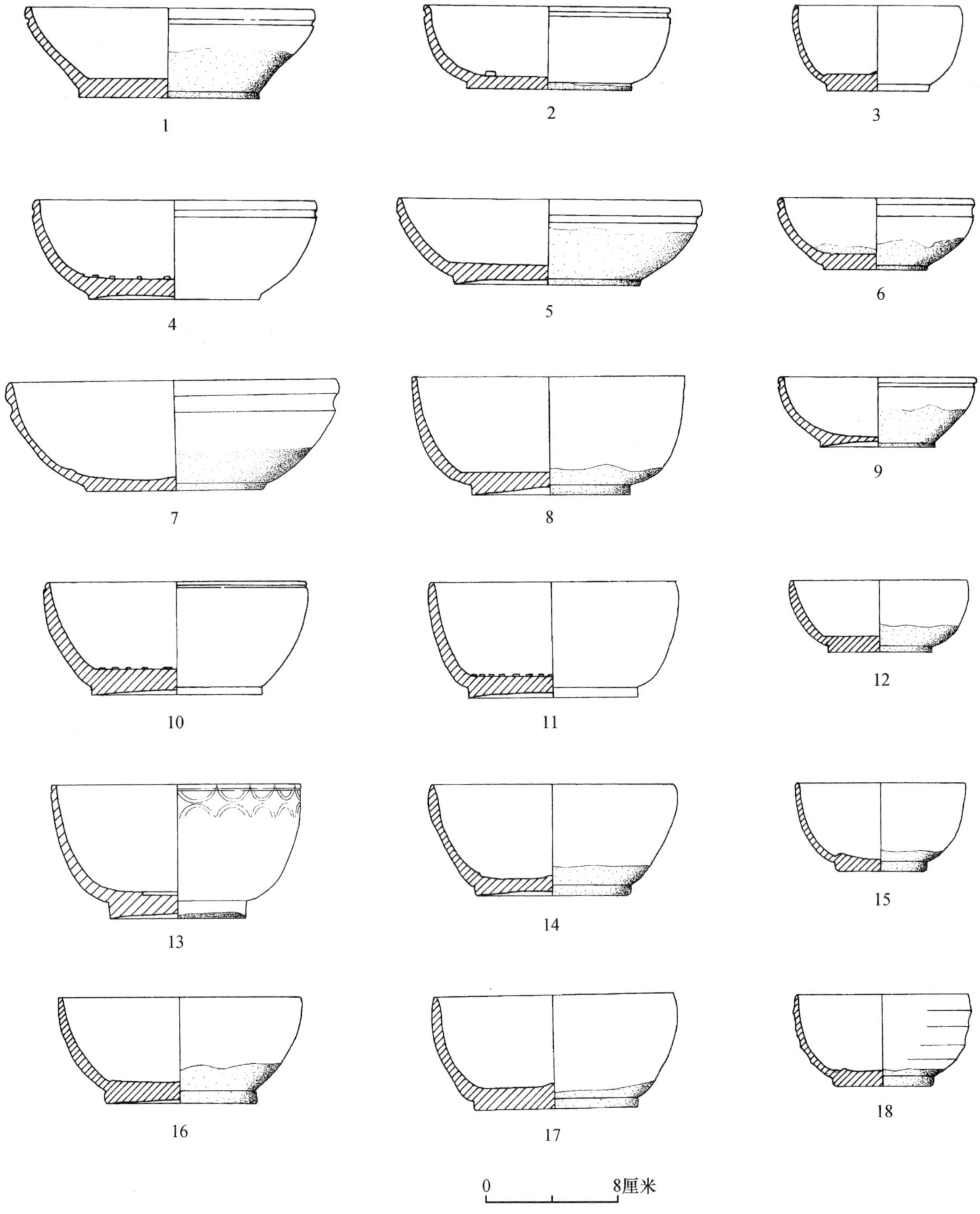

图一二七　瓷碗（三）

1、2、4～7、9. BcⅠ式瓷碗（BM306∶1、AM201∶23、EM602∶24、EM603∶15、EM602∶32、DM501∶16、DM501∶31）　3、13、15、18. BcⅢ式瓷碗（EM604∶8、EM603∶25、EM604∶5、EM604∶12）　8、10～12、14、16、17. BcⅡ式瓷碗（BM306∶12、EM602∶37、EM601∶1、AM201∶3、EM604∶11、EM605∶12、EM604∶4）

烧痕迹，饼足平底。素面。口径 11.2 厘米，足径 6.4 厘米，高 4.8 厘米（图八，12；图一二七，12；图版六三，4）。标本 BM306:12，灰白色瓷胎，施青釉，内满釉而外施釉近底，釉色青绿。尖圆唇，饼足平底。素面。口径 16.8 厘米，足径 9.6 厘米，高 7.2 厘米（图一二七，8）。标本 EM601:1，灰白色瓷胎，施青釉，内外均满釉，釉料大部分已剥落。圆唇，饼足稍高且足外底略上凹，碗内底周壁分布有支烧痕迹。素面。口径 15.4 厘米，足径 10.3 厘米，高 7.1 厘米（图七七，8；图一二七，11；图版六三，5）。标本 EM602:37，灰白色胎，青釉，内外均施满釉，釉面有明显的冰裂。尖圆唇，碗内底部周边分布有小支钉，假圈足外平底略上凹。口沿下有一周细窄凹弦纹。口径 16 厘米，足径 10.4 厘米，高 7 厘米（图八一，2；图一二七，10；图版六三，6）。标本 EM604:4，浅灰色胎，青釉，内满釉外半釉，釉面多已剥落。尖唇，碗内底边缘分布有支钉痕迹。素面。口径 15.2 厘米，足径 10 厘米，器高 7 厘米（图八八，2；图一二七，17）。标本 EM604:11，浅灰色胎，青釉，内满釉外半釉，尖圆唇，碗内底中心有一突起的鸡心，而其周边分布有支钉，圈足外底微上凹。素面。口径 15.2 厘米，底径 10 厘米，高 6.8 厘米（图八八，4；图一二七，14）。标本 EM605:12，灰白色胎，施青釉，内满釉外半釉。圆唇，饼足的外壁略呈外撇八字状，其外底略上凹。素面。口径 15.3 厘米，足径 9.4 厘米，高 6.5 厘米（图九一，13；图一二七，16）。

Ⅲ式：5 件。敞口程度更小，腹相对更深，体形宽扁程度更少。标本 EM603:25，灰白色胎，青釉，内外均施满釉。尖圆唇，腹壁较斜直，饼足较高，外底略上凹。口沿下饰一周窄凹弦纹，口沿处亦饰有两圈半圆形刻划纹。口径 15 厘米，底径 8.2 厘米，高 8 厘米（图八五，7；图一二七，13；图版六三，7）。标本 EM604:5，浅灰色胎，施青釉，内满釉，外施釉近底部。圆唇，饼足较高而平底。素面。口径 10.4 厘米，足径 5.6 厘米，高 5.4 厘米（图八八，7；图一二七，15；图版六三，8）。标本 EM604:12，灰白色瓷胎，青釉，内满釉，外施釉近底，裸露足部。尖唇，饼足较高。器身上数道突棱。口径 11 厘米，足径 6 厘米，高 5.6 厘米（图八八，6；图一二七，18）。标本 EM604:8，灰白色胎，施青釉，内满釉外半釉，裸露饼足。圆唇，饼足稍矮而平底，素面。口径 10.4 厘米，足径 6.2 厘米，高 5.2 厘米（图八八，8；图一二七，3）。

8. 瓷盏

38 件。口径在 10 厘米以下，而器高亦在 5 厘米以下。出土数量较多，仅次于碗。若墓葬未被盗一空，则至少出 1 件盏。个别未被盗的墓葬，如 EM603 出有 8 件，EM602 出有 5 件。盏为轮制。绝大部分盏为素面，仅有 3 件饰凹弦纹，1 件饰刻划莲瓣纹。依器底形态可分二型。

A 型　9 件。平底或平凹底，不带假圈足。依口腹部形态可分三亚型。

Aa 型　2 件。直口，折腹，上腹壁较直，下腹壁内收。DM501:14，灰白色胎，施青釉，内满釉外半釉。圆唇，上腹壁较直但其中部收束，故略呈敞口，下腹壁斜直内收。口径 8.4 厘米，底宽 4 厘米，高 3.2 厘米（图七四，6；图一二八，1；图版六四，2）。DM501:13，胎色浅灰并泛橙黄色，内施满釉外施半釉，但釉料已全剥落，原施釉处略呈灰白色。圆唇，腹壁斜直急内收，平底。腹壁下部有一周凹槽。口径 7.4 厘米，底径 3.4 厘米，高 2.6 厘米（图七四，9；图一二八，2；图版六四，1）。

Ab 型　6 件。微敞口或直口，弧腹内收，依足跟形态可分三式。

Ⅰ式：1 件。底较宽大。EM602:34，灰白色胎，施青釉，内外均满釉。圆唇，弧腹，平底略上凹。口沿下饰有一周凹弦纹。口径 9.5 厘米，底径 6.1 厘米，高 3.9 厘米（图八一，8；图一二八，3；图版六四，3）。

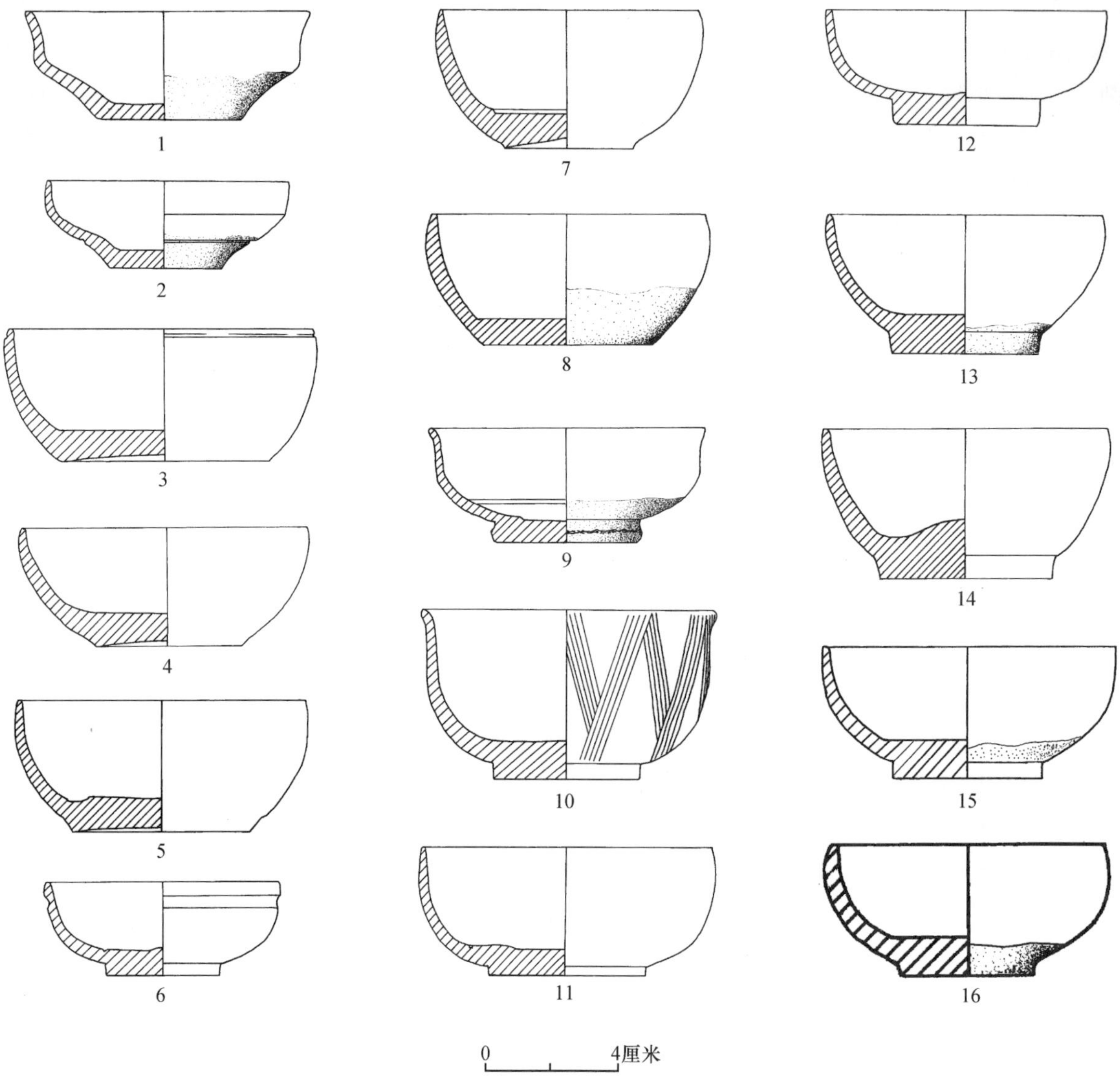

图一二八　瓷盏（一）

1、2. Aa 型瓷盏（DM501∶14、DM501∶13）　3. AbⅠ式瓷盏（EM602∶34）　4、5、16. AbⅡ式瓷盏（EM602∶28、EM606∶10、AM201∶19）　6. BcⅠ式瓷盏（EM602∶15）　7. AbⅢ式瓷盏（EM606∶5）　8. Ac 型瓷盏（CM410∶10）　9. BaⅠ式瓷盏（DM501∶10）　10. BaⅡ式瓷盏（EM605∶3）　11. BbⅠ式瓷盏（EM606∶2）　12～15. BbⅡ式瓷盏（EM604∶10、EM605∶6、EM605∶7、EM605∶8）

Ⅱ式：3 件。足跟近底处略收束，同时底径亦缩小。EM602∶28，灰白色胎，施青釉，内外均满釉。尖圆唇，外底略上凹。素面。口径 8.7 厘米，底径 4.3 厘米，高 3.5 厘米。（图八一，12；图一二八，4；图版六四，4）。EM606∶10，灰色胎，施青釉，内外均满釉，釉色青绿，但部分釉料已剥落。圆唇，平底微上凹。素面。口径 9 厘米，底径 5.4 厘米，高 4 厘米（图九四，12；图一二八，5；图版六四，5）。AM201∶19，灰色胎，外施青釉近底，釉色青绿。圆唇，平底。素面。口径 8.8 厘米，底径 4 厘米，高 4 厘米（图七，20；图一二八，16）。

Ⅲ式：2 件。足跟近底处收束近成假圈足状，底径进一步缩小。EM606∶5，灰白色胎，施青釉，内外均满釉。尖唇，外底上凹。素面。口径 7.8 厘米，底径 3.9 厘米，高 4.1 厘米（图九四，10；图一二八，7）。

Ac 型　1 件。微敛口，弧腹内收。CM410:10，灰白瓷胎，施青釉，内满釉外半釉，下腹至底部露胎，釉料多已脱落，施釉处呈灰色。尖唇，平底。口径 8.8 厘米，底径 5.2 厘米，高 4 厘米（图六七，8；图一二八，8）。

B 型　29 件。带饼形假圈足。依口、腹形态可分三亚型。

Ba 型　2 件。直口沿微外翻，上腹壁较直，下腹壁急内收。可分二式。

I 式：1 件。腹较浅。DM501:10，灰白色胎，青釉，内满釉外半釉，但釉料多已剥落。饼足平底。素面。口径 8.2 厘米，足径 2.4 厘米，高 3.4 厘米（图七四，7；图一二八，9；图版六四，6）。

Ⅱ式：1 件。腹较深。EM605:3，灰白色胎，青釉，内外均施满釉。饼足平底。器腹外壁饰直线式刻划莲瓣纹。口径 8.7 厘米，足径 4.3 厘米，高 5 厘米（图九一，7；图一二八，10；图版六四，7）。

Bb 型　5 件。口近直，弧腹。可分二式。

I 式：1 件。矮饼足。EM606:2，浅灰色胎，施青釉，内外均满釉。尖圆唇，饼足平底。素面。口径 8.6 厘米，底径 5.6 厘米，高 3.8 厘米（图九四，15；图一二八，11；图版六五，1）。

II 式：4 件。高饼足。EM604:10，灰白色胎，内外均施满釉，但釉料已全脱落，原施釉处呈乳白色。圆唇，饼足平底。素面。口径 8.4 厘米，足径 4.4 厘米，高 3.4 厘米（图八八，10；图一二八，12；图版六五，2）。EM605:6，灰色瓷胎，施青釉，内满釉而外施釉近底，釉料有所剥落。圆唇，饼足平底。素面。口径 8.6 厘米，足径 4.6 厘米，高 4.3 厘米（图九一，6；图一二八，13；图版六五，3）。M605:7，灰白色粗瓷胎，施青釉，内外均满釉，釉色淡绿略带灰。圆唇，碗内底呈鸡心状突起，饼足平底。素面。口径 8.9 厘米，底径 5.3 厘米，高 4.6 厘米（图九一，9；图一二八，14）。EM605:8，灰色胎，施青釉，内满釉而外施釉近底。方圆唇，饼足平底。口径 8.8 厘米，足径 4.4 厘米，高 3.9 厘米（图九一，8；图一二八，15；图版六五，4）。

Bc 型　7 件。敞口，弧腹。可分三式。

I 式：1 件。浅腹。EM602:15，灰白色瓷胎，施青釉，内施满釉，外施近底，裸露胎足。圆唇，饼足平底。口沿下饰有一周较宽的凹弦纹。口径 7 厘米，足径 3.4 厘米，高 2.75 厘米（图八一，17；图一二八，6；图版六五，5）。

II 式：3 件。腹加深。EM601:2，灰白色胎，施青釉，内满釉外半釉。圆唇，假圈足低矮，外足壁呈内敛八字形，足平底。素面。口径 8.8 厘米，足径 5.2 厘米，高 3.85 厘米（图七七，9；图一二九，1；图版六五，7）。DM501:19，胎色灰白而泛橙红色，施青釉，内满釉外半釉，但釉料多已脱落，原施釉处呈灰白色。圆唇，上腹壁微折，下腹壁弧腹内收，饼足平底。素面。口径 8.6 厘米，底径 4.2 厘米，高 3.2 厘米（图七四，8；图一二九，2；图版六五，6）。CM410:8，灰白色瓷胎，施青釉，内满釉外半釉。圆唇，饼足平底。素面。口径 8.4 厘米，足径 5.2 厘米，高 3.2 厘米（图六七，12；图一二九，3）。

III 式：3 件。深腹。EM604:6，浅灰色胎，施青釉，内满釉，外施釉近底，裸露胎足。尖圆唇，饼足较高，外足壁呈内敛八字形。素面。口径 9 厘米，足径 4.6 厘米，高 4.6 厘米（图八八，9；图一二九，4）。EM603:21，灰白色瓷胎，施青釉，内外均满釉，釉面略有冰裂。尖圆唇，饼足略窄，足平底。素面。口径 8.4 厘米，底径 4.2 厘米，高 4.6 厘米（图八五，9；图一二九，5；图版六五，8）。CM410:9，灰白色胎，外施半青釉，釉料近全剥落，原施釉处呈灰色。尖圆唇，饼足平底。口径 8.8 厘米，足径 4.4 厘米，高 4.2 厘米（图一二九，6）。

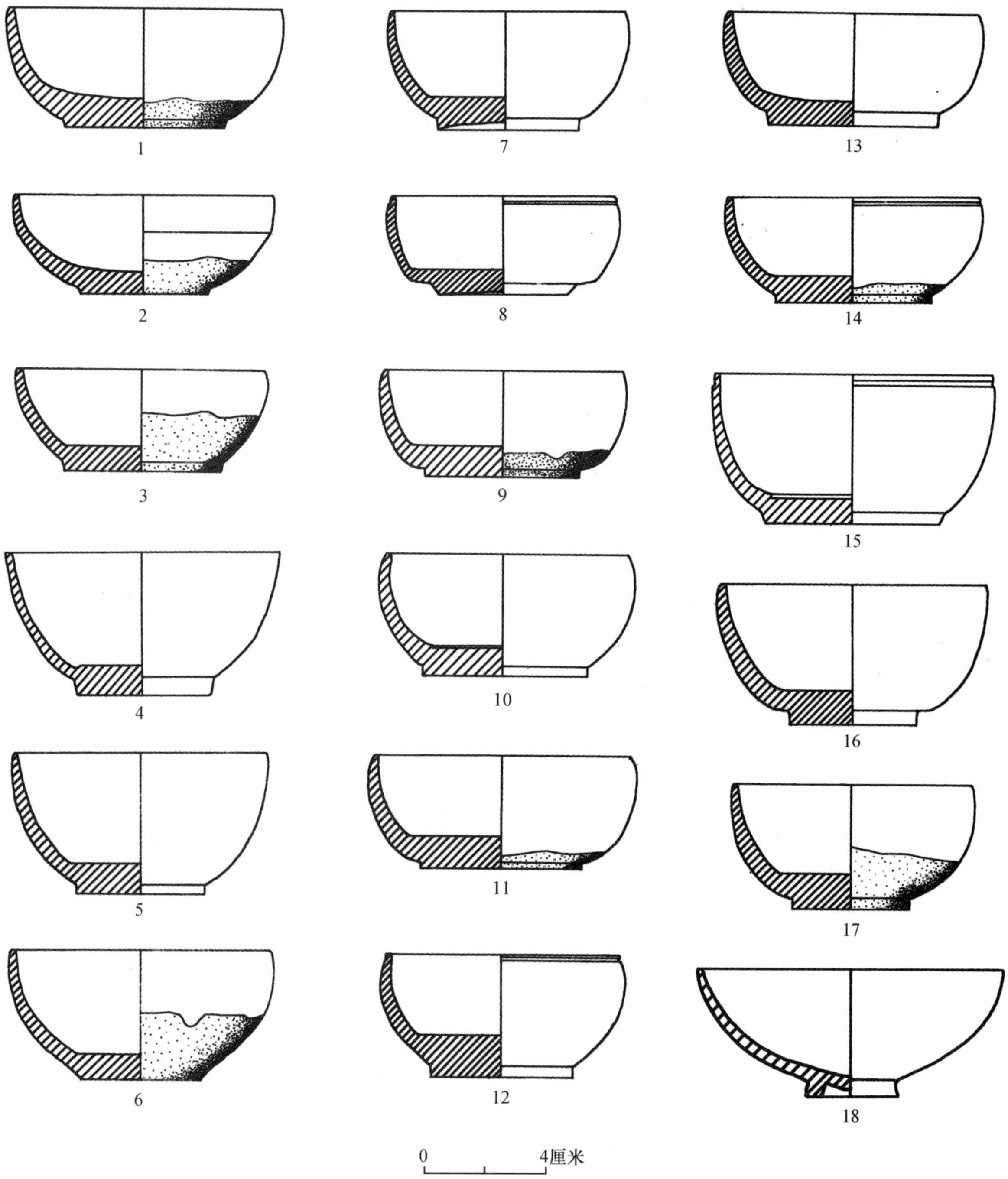

图一二九　瓷盏（二）

1～3. BcⅡ式瓷盏（EM601∶2、DM501∶19、CM410∶8）　4～6. BcIII式瓷盏（EM604∶6、EM603∶21、CM410∶9）　7～14. BdI式瓷盏（EM602∶40、EM606∶1、EM603∶8、EM606∶13、EM603∶16、EM603∶23、EM603∶28、EM603∶29）　15～17. BdII式瓷盏（DM501∶6、EM603∶27、BM305∶10）　18. 圈足瓷盏（DM501∶28）

Bd 型　15 件。敛口或直口，弧腹。可分二式。

I 式：11 件。微敛口，浅腹扁体。标本 EM602:40，灰白色胎，施青釉，内外均满釉，但釉料大多已剥落。尖唇，饼足较高，足外底上凹。素面。口径 8 厘米，足径 4.8 厘米，高 4 厘米（图八一，18；图一二九，7；图版六六，1）。标本 EM606:1，灰白色胎，内外均施满釉。圆唇，腹壁近底处急收近平，假圈足外壁呈内敛八字形，外底略上凹。素面。口径 7.5 厘米，足径 4.2 厘米，高 3.3 厘米（图九四，16；图一二九，8；图版六六，5）。标本 EM603:8，灰白色胎，施青釉，内满釉而外施釉近底部。尖唇，腹壁近底处急收近平，外平底上凹。口沿下饰有一周凹弦纹。口径 17.8 厘米，足径 10.5 厘米，高 5.5 厘米（图八五，11；图一二九，9）。标本 EM606:13，浅灰色胎，施青釉，内外均满釉。圆唇，饼足平底。素面。口径 7.8 厘米，足径 5.3 厘米，高 3.9 厘米（图九四，11；图一二九，10）。标本 EM603:16，灰白色瓷胎，施青釉，内满釉而外施釉近底。圆唇，饼足甚矮，饼足外平底。素面。口径 8.7 厘米，足径 5.4 厘米，高 3.8 厘米（图八五，10；图一二九，11；图版六六，2）。标本 EM603:23，浅灰色胎，原施青釉，内外均满釉，但釉料近全剥落。圆唇，饼足稍高，平底。口沿下饰一周细窄的凹弦纹。口径 8 厘米，足径 4.8 厘米，高 4.1 厘米（图八五，12；图一二九，12）。标本 EM603:28，浅灰色胎，施青釉，原内外均满釉，但釉料已全剥落，原施釉处呈灰白色。圆唇，饼足稍高，饼足外平底。素面。口径 8.7 厘米，足径 5.6 厘米，高 3.8 厘米（图八五，4；图一二九，13；图版六六，3）。标本 EM603:29，灰白色瓷胎，原施青釉，内满釉而外施釉近底，但釉料已剥落。圆唇，饼足较矮且平底。口沿下饰一周窄凹弦纹。口径 8.6 厘米，足径 5.4 厘米，高 3.55 厘米（图八五，5；图一二九，14；图版六六，4）。

II 式：4 件。敛口程度减少，深腹。标本 DM501:6，灰白色胎，青釉，内外均施满釉。尖唇，假圈足外壁呈内敛八字形，足外底上凹。素面。口径 9 厘米，足径 5.6 厘米，高 4.8 厘米（图七四，13；图一二九，15；图版六六，7）。标本 EM603:27，灰色胎，施青灰色釉，内外均满釉，釉面有冰裂。圆唇，饼足较窄且较高，足平底。素面。口径 9 厘米，足径 4.2 厘米，高 4.75 厘米（图八五，8；图一二九，16；图版六六，8）。标本 BM305:10，灰色胎，施青釉，内满釉外半釉，釉色青绿，釉面上有冰裂纹。轮制。尖唇，弧腹内收，饼足平底。素面。口径 8 厘米，足径 4 厘米，高 4.2 厘米（图一二九，17）。

9. 圈足瓷盏

1 件。DM501:28，灰白色瓷胎，施青釉，通体施釉，胎釉结合良好，无流釉现象。圆唇，敞口，弧腹内收，腹外壁略有折痕，盏体呈尖底状，圈足壁较窄，足壁呈外撇八字形。素面。口径 10 厘米，底径 3 厘米，通高 4.2 厘米（图七四，17；图一二九，18；图版六四，8）。该盏造型与烧造工艺与其他盏明显不同，不是同一时代产品。

10. 瓷盘

1 件。AM201:20，灰白色瓷胎，内外通体施青釉。轮制。直口，方唇，浅腹，腹壁较直。沿下有凹弦纹一周。口径 12.8 厘米，底径 11.6 厘米，高 2.8 厘米（图七，10；图一三〇，5；图版六七，6）。

11. 瓷盆

2 件。轮制。可分二式。

I 式：1 件。敛口，下折沿。CM420:11，灰色胎，施青釉，内满釉外半釉，釉面已脱落，原施釉处呈灰白色。口沿外折斜向下，尖唇，腹壁斜直内收，大平底，腹内壁有三道槽。素面。口径 25.5 厘米，底宽 12 厘米，高 9.2 厘米（图六九，1；图一三〇，6；图版六七，1）。

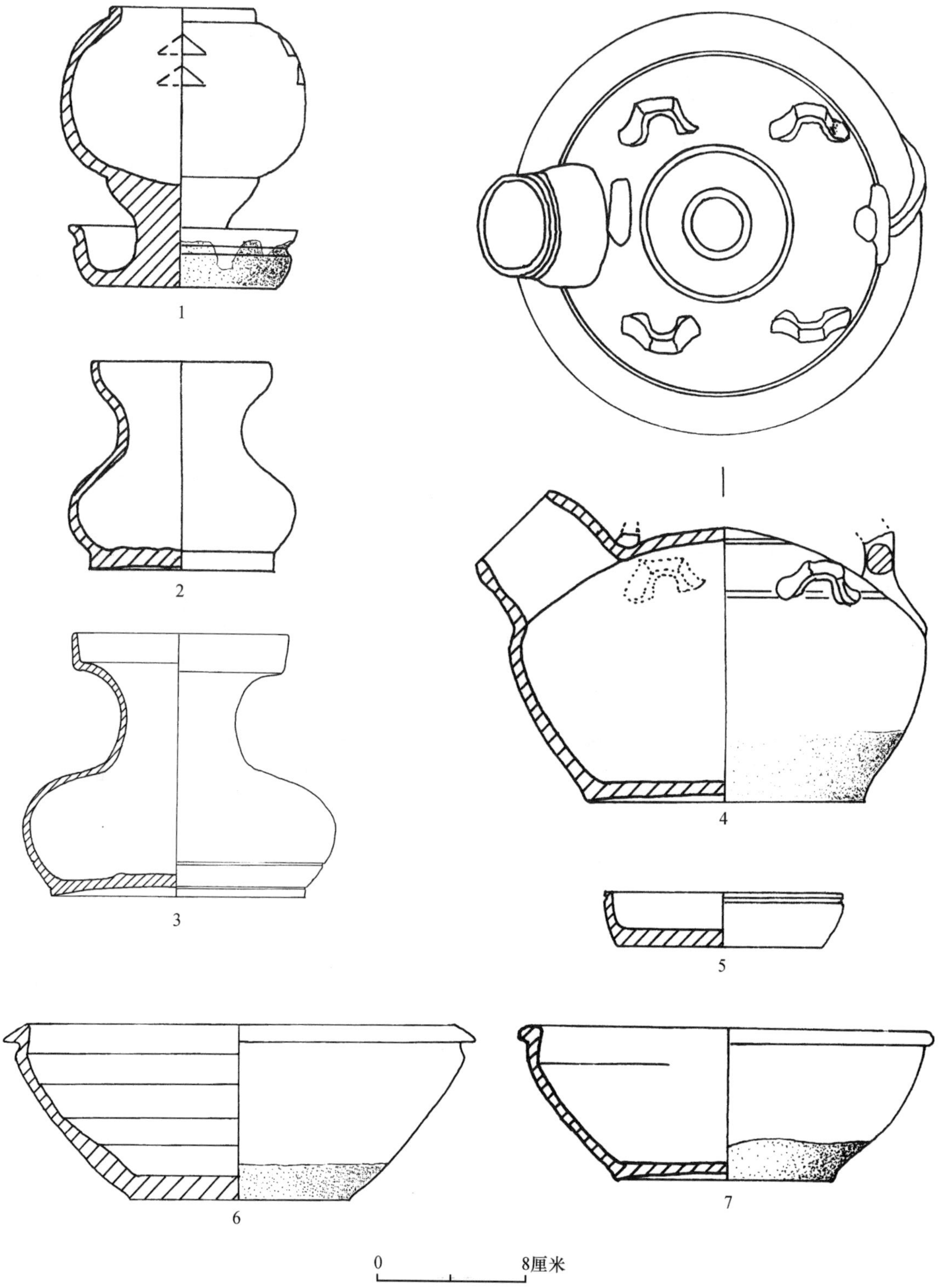

图一三〇　瓷熏炉、瓷唾壶、瓷虎子、瓷盘及瓷盆

1. 瓷熏炉（AM201∶5）　2. Ⅰ式瓷唾壶（BM306∶2）　3. Ⅱ式瓷唾壶（EM603∶10）　4. 瓷虎子（DM501∶26）　5. 瓷盘（AM201∶20）　6. Ⅰ式瓷盆（CM420∶11）　7. Ⅱ式瓷盆（CM410∶7）

Ⅱ式：1件。敛口程度减小，平折沿。CM410∶7，灰白瓷胎，青釉，外施半釉，部分釉料已脱落，下腹以下露胎。外折平沿，圆唇，弧腹，平底略内凹。口径22厘米，底径11.4厘米，高8厘米（图六七，10；图一三〇，7；图版六七，2）。

12. 瓷熏炉

1件。AM201∶5，灰白色胎瓷，外表饰青釉，满釉，釉面有开片。由炉体、托架及承盘组成；炉体直口，圆唇，球状鼓腹，上腹部有八个对称的三角形熏孔，托架粗矮，束腰，承盘侈口，圆唇，微鼓腹，中腹饰一道凹弦纹，平底。口径8厘米，腹径13.2厘米，底径10.4厘米，通高14.4厘米（图七，9；图一三〇，1；图版六七，5）。

13. 瓷唾壶

2件。轮制。均带饼形假圈足。可分二式。

Ⅰ式：1件。颈相对较粗而略短。BM306∶2，灰白瓷胎，施青釉，内外均满釉，釉色泛灰且釉面有冰裂。盘口略深，广圆肩，扁腹，矮饼足，足外底略上凹。素面。口径6厘米，最大腹径12.8厘米，足径10.4厘米，高11.2厘米（图三六，14；图一三〇，2；图版六七，3）。

Ⅱ式：1件。长颈。EM603∶10，灰白色瓷胎，通体施青釉。盘口较深，盘口壁较直，束颈较长，广圆肩，扁腹，假圈足矮，足外底部上凹。腹下部及外足壁各有一周凹弦纹。口径11.8厘米，最大腹径17厘米，底径13.8厘米，高13.9厘米（图八四，8；图一三〇，3；图版六七，4）。

14. 瓷虎子

1件。DM501∶26，灰白色瓷胎，外施青釉近底。圆口约呈45°朝上；器体纵剖面上部呈圆弧状，下部斜直内收；从上往下看器身呈圆形；肩上有四纽形系；把已残，其剖面略呈圆形；在把的后端位置有一弯曲的短尾，其剖面为三角形；外底部略上凹。器体上部饰有数周细凹弦纹。流口直径6厘米，最大腹径22厘米，底径14.4厘米，器高16.4厘米（图七三，6；图一三〇，4；图版六七，7）。

第三节　金　属　器

金属器的出土数量亦较多，合计62件。材质有铜、铁、金、银。数量上以铜质及铁质器具为最多，银器亦有一定数量，金器则最少见。

1. 铜器

共出土9件，另有13墓出土铜钱16组，合计25件（组）。器类有鍪、洗、扣、构件、弩机部件、鐏、发簪以及钱等。除了铜构件、发簪可能作装饰性用途外，其他器类应为实用器。

铜鍪　1件。BM301∶1，方唇，侈口，束颈，折肩，腹较直，下部弧内收，略平底，溜肩部对称饰环形纽两个。腹部并饰三圈凸弦纹。口径30.4厘米，腹径32厘米，底径16厘米，高24.4厘米（图二一，7；图一三一，2；图版六八，3）。

铜洗　1件。BM301∶27，方唇，宽沿外折，侈口，腹微鼓，大底平略内斜。中腹饰凸弦纹三周，下腹对称饰兽面衔环铺首一对，内底饰鱼纹一对。口径34厘米，腹径30厘米，底径18厘米，高 16.4 厘米（图二一，9；图一三一，1；图版六八，1、2）。

铜扣件　1 件。CM406∶2，环形，残缺一半，U 形剖面，可能是漆木器的扣件。宽 1.6 厘米，高 0.4 厘米，复原口径 27.2 厘米（图五七，2；图一三一，3）。

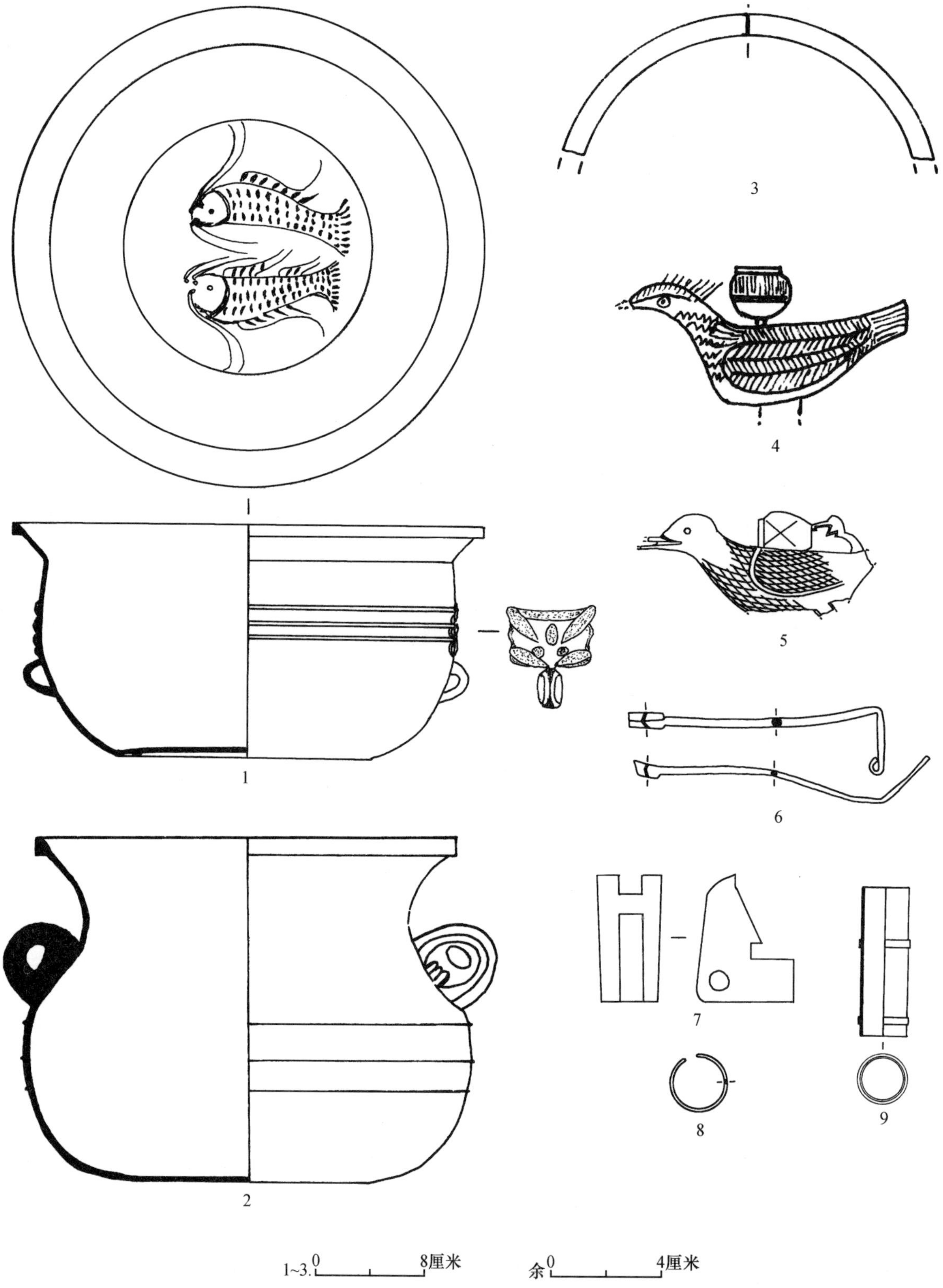

图一三一　铜器

1. 铜洗（BM301∶27）　2. 铜鍪（BM301∶1）　3. 铜扣件（CM406∶2）　4、5. 铜鸟（BM310∶12、EM606∶6）　6. 铜发簪（EM601∶6）　7. 铜弩机部件（EM602∶11）　8. 铜环（EM602∶7）　9. 铜鐏（EM603∶4）

铜环　1件。EM602:7，一端有缺口，圆径。直径1.9厘米，圈粗0.15厘米（图八一，33；图一三一，8；图版七〇，2-3）。

铜鸟　2件。此类背罐鸟形铜器很可能为摇钱树上的构件。BM310:12，为残器上的附件。鸟形，尖喙，矮冠，睁眼，斜项，平首平身平尾，爪形双足直立。背部驮一罐形物。颈部、双翅和翘尾见羽毛纹。长10厘米，残高4.8厘米（图四四，8；图一三一，4）。EM606:6，嘴微张，但已残，不过可看出嘴部本应较长，圆眼，合翅，尾部、腿部及底部已残，但仍可看出腿较细且伸向后方，翅及身上铸有方格纹以象征羽毛，其背上有罐。残长8.3厘米（图九四，17；图一三一，5；图版六八，4）。

铜弩机部件　1件。EM602:11，应该为弩机中的"钩心"，或曰"牛"、"棘爪"，长4.3厘米，厚2厘米（图八一，35；图一三一，7；图版六八，5）。

铜鐏　1件。EM603:4，中空，长5.2厘米，直径1.5厘米（图八五，19；图一三一，9；图版六八，6）。

铜发簪　2件。EM601:6，一端平面呈长方形，剖面呈V字形；另一端呈铜丝状，但已弯曲。长约10厘米（图七七，10；图一三一，6）。

铜钱　本次发掘共出土铜钱约701枚。另有个别墓葬出土铜钱锈结在一起，如EM605，未作统计。虽大部分铜钱的钱文漫漶不可识，但仍有部分铜钱的钱文清晰可辨。可辨的铜钱种类有五铢、货泉、布泉。出自13座墓葬。少的墓葬只见1枚，多的见271枚。品种有"五铢"、"大泉五十"、"布泉"、"货泉"等。五铢钱中，有郭五铢671枚，磨郭五铢22枚，小五铢1枚。有郭的五铢钱文五字交叉两笔微弯曲，三角形金字头，四点较长，朱字头圆折，金字头和铢字头等高。有的五铢两字较松散，字体显得较宽（AM203:3-2），个别的铢字头略外张（CM410:4）。钱径2.4～2.6厘米，穿宽0.9～1.1厘米。另一种五铢钱文较宽，三角形金字头，磨郭五铢在前两种五铢的基础上磨掉外郭，钱径2.3厘米。小五铢直径1.2厘米（图一三二、图一三三）。

表一　钱币出土统计表　（单位：枚）

品种 / 墓号	五铢			大泉五十	货泉	布泉	小计	备注
	外郭	磨郭	小五铢					
AM201			1				1	
AM203	130						130	3组，数量为50，35，45
BM301	264	2		1	3	1	271	2组，数量为265，6
BM302	26	16					42	
BM303	2						2	出自甬道
BM305		1					1	出自墓道
BM306	3	1					4	
BM308	5	2					7	
BM310	94						94	
CM401	84			2			86	
CM407	8						8	
EM604	55						55	
小计	671	22	1	3	3	1	701	
	694							

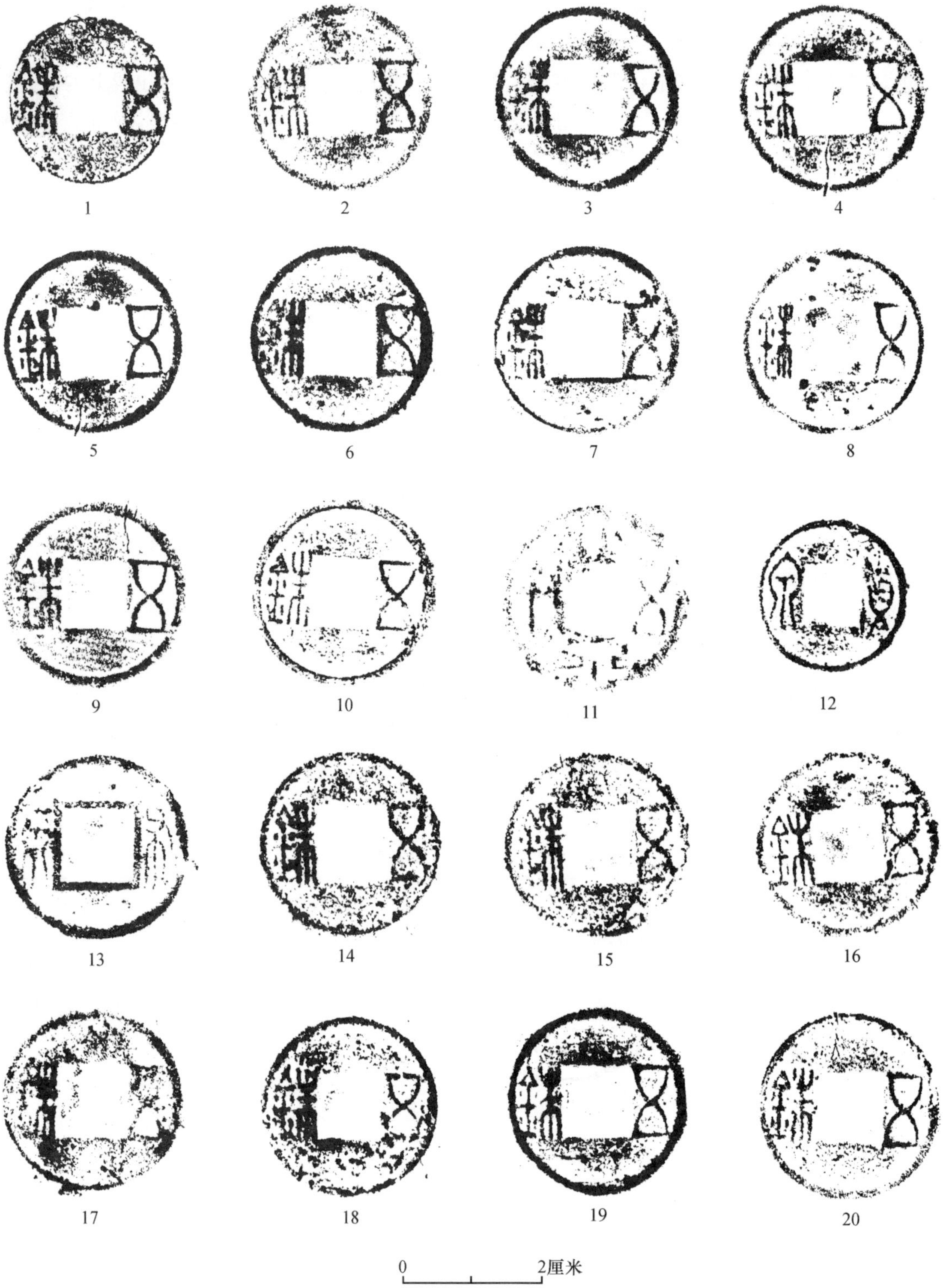

图一三二　铜钱拓片（一）

1～11、14～20. 五铢（BM301∶20-1、BM301∶20-9、BM301∶20-8、BM301∶20-7、BM301∶20-5、BM301∶20-4、BM301∶20-11、BM301∶20-12、BM301∶20-10、BM301∶20-11、BM301∶20-13、BM302∶15-1、BM302∶15-2、BM303∶21-1、BM308∶1-1、BM308∶1-2、B306∶2、BM310∶19-7）　12. 货泉（BM301∶20-2）　13. 布泉（BM301∶20-3）

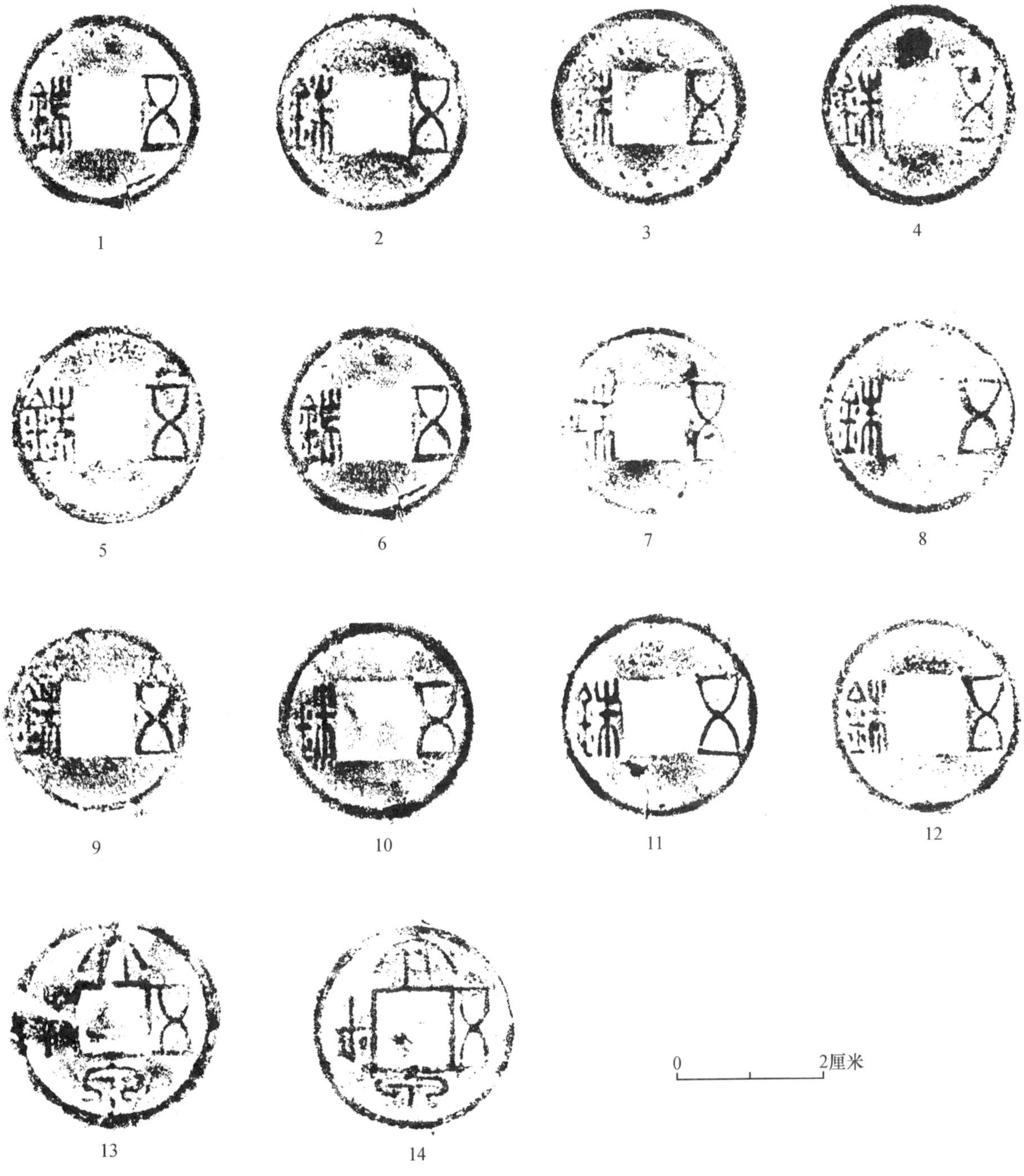

图一三三　铜钱拓片（二）

1～12. 五铢（BM310∶19-2、BM310∶19-3、BM310∶19-4、BM310∶19-5、BM310∶19-1、BM310∶19-6、AM203∶3-1、CM401∶4-3、CM401∶4-7、CM401∶4-4、CM401∶4-5、CM401∶4-6）　13、14. 大泉五十（CM401∶4-1、CM401∶4-8）

2. 铁器

共出土29件。出土时锈蚀程度较大，不少器物亦因之残损不全。此批铁器应全为实用器，可粗分为炊器、手工工具及兵器三大类。炊器主要是釜及鐎斗。手工工具有剪、锥，一些体型较小的刀亦可能为墓主生前的手工工具。兵器主要为矛、镞、剑，而部分体形较大的刀很可能用作兵器。铁炊器的出土数量甚少，一墓中仅见1件，而且均只出土于年代较早的墓葬中，这或与盗墓有关。

而铁质手工工具及兵器的出土数量则相对较多。另一个值得注意的现象是，在出有铁剪的3座墓葬中，可明确鉴别出其中2座墓（EM603及EM606）的墓主有成年女性①。

铁釜　3件。均为直口。依领部形态可分二型。

A型　1件。矮领。BM303:15，方唇，溜肩，鼓腹，小平底。中腹饰一道凸弦纹。口径27.2厘米，最大腹径41.2厘米，底径6.8厘米，高28厘米（图二九，5；图一三四，1）。

B型　2件。高领。可分二式。

Ⅰ式：1件。鼓腹，加厚小饼形底。BM310:8，平方唇，圆肩。口径28厘米，腹径40.8厘米，底径8厘米，高32厘米（图四四，4；图一三四，2）。

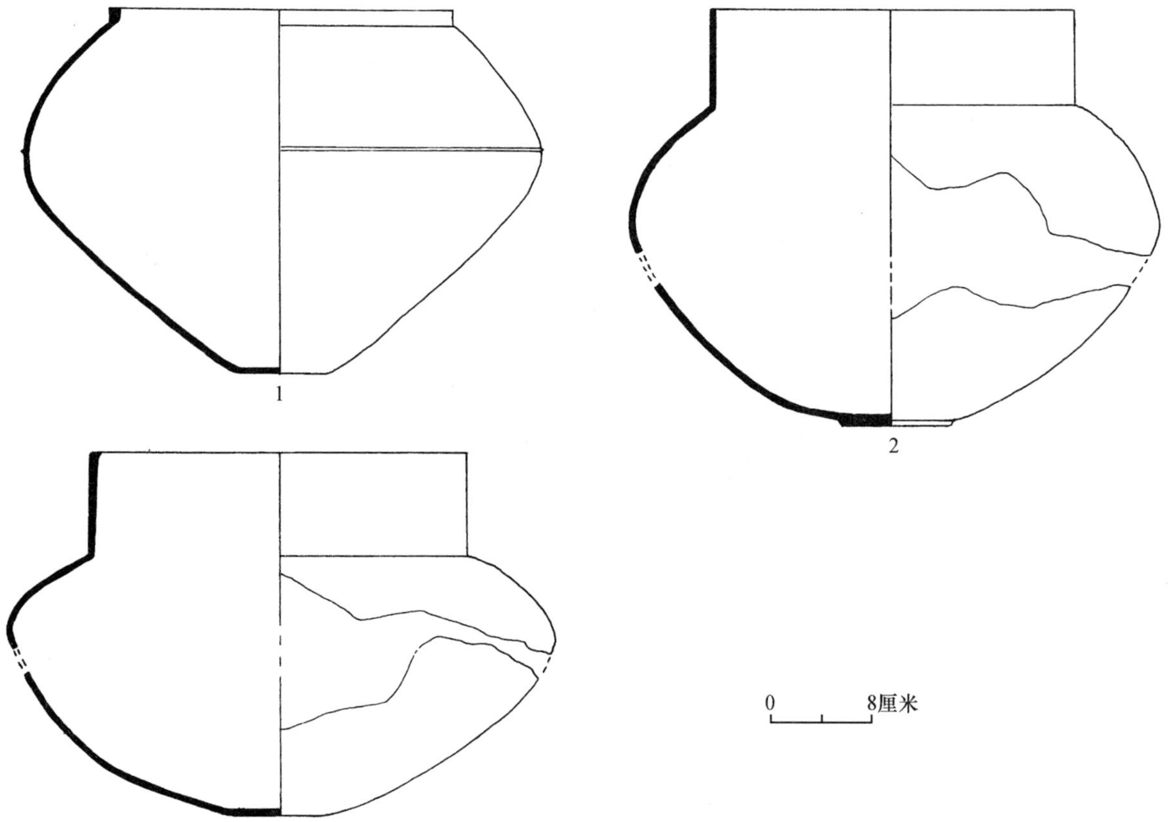

图一三四　铁器（一）

1. A型铁釜（BM303:15）　2. BⅠ式铁釜（BM310:8）　3. BⅡ式铁釜（CM407:9）

Ⅱ式：1件。扁鼓腹，圜底。CM407:9，平方唇，圆折肩。中腹已残。口径29.6厘米，最大腹径43.2厘米，底径4.8厘米，复原高28厘米（图六一，4；图一三四，3）。

铁鐎斗　1件。CM410:6，盆形器身，折沿侈口，微鼓腹，平底，三侧装扁平蹄形足，曲形把手。口径23.2厘米，腹深8.4厘米，底径16厘米，通高27.2厘米（图六七，5；图一三五，1）。

铁矛　2件。EM603:31，中脊起突，前部呈尖弧形，两侧直刃，后部銎前窄后粗，剖面呈圆形。脊厚0.4厘米，长28厘米，銎径2～6.4厘米（图八五，13；图一三五，2；图版六九，3-2）。CM410:11，菱形矛身，斜直刃，矛身剖面呈菱形，圆形长銎。长26厘米，宽3.8厘米，銎径2.4

① 李法军、陈博宇：《重庆忠县翠屏山崖墓群人骨鉴定报告》见本书附录三。

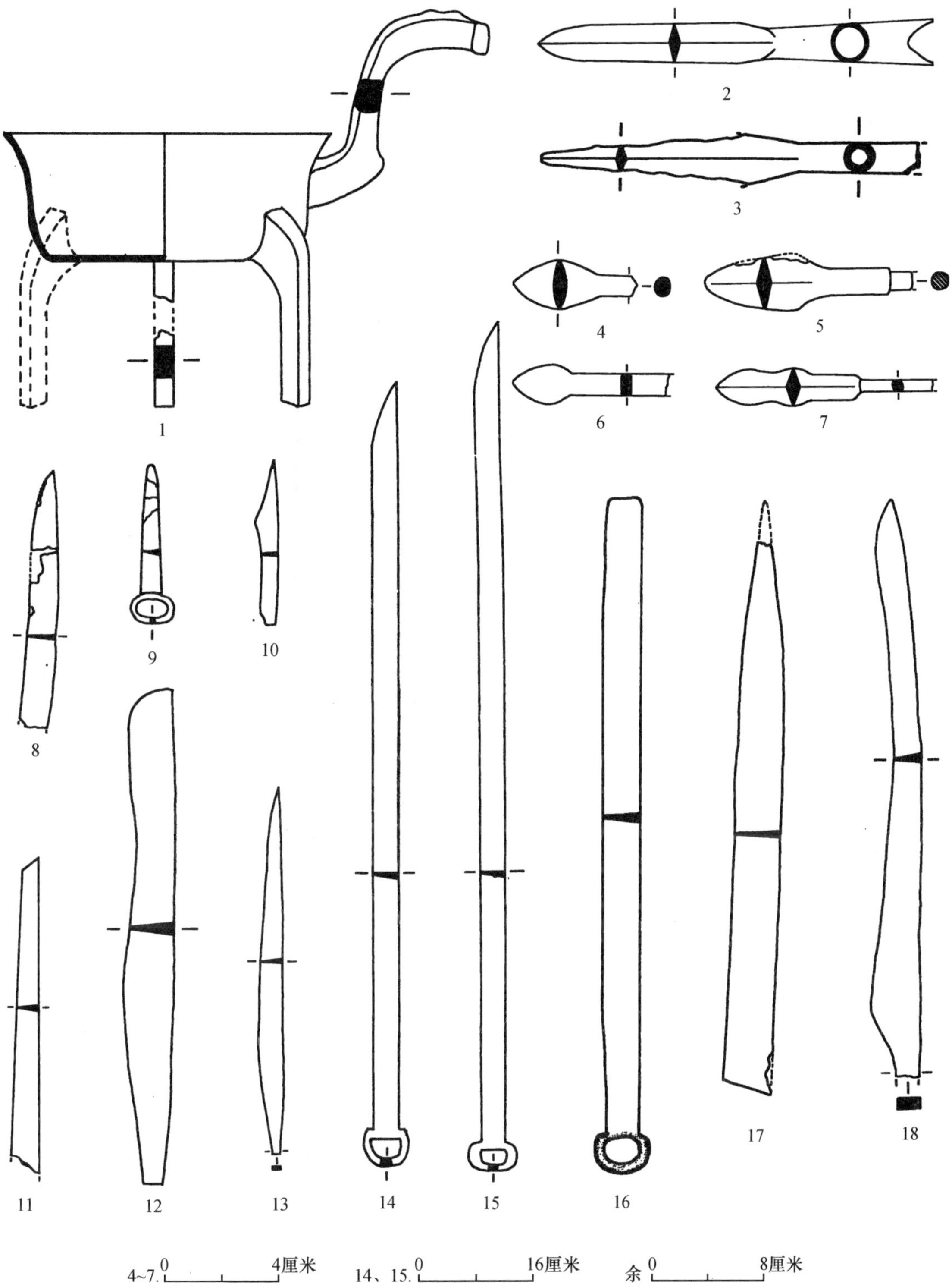

图一三五 铁器（二）

1. 铁鐎斗（CM410:6） 2、3. 铁矛（EM603:31、CM410:11） 4～7. 铁镞（EM602:19、EM602:51、EM602:53、EM602:52） 8～18. 铁刀（EM606:3、BM301:22、EM602:30、EM602:31、CM406:1、EM603:6、BM301:21、CM407: 28、AM201:1、EM602:33、EM606:4）

厘米（图六七，13；图一三五，3）。

铁镞　4件。此四件箭镞均出自EM602中，而该墓中又出土有铜弩机部件，因此可推断这些箭镞为配合弩机所用。EM602:19，扁圆箭头，最宽处1.7、最厚处0.5、残长4.2厘米（图八一，19；图一三五，4；图版六九，1-3）。EM602:51，中部起脊，带双翼，翼的刃边略弧，略残，残长7.4厘米（图八一，20；图一三五，5；图版六九，1-2）。EM602:52，中部起脊，双翼，刃为双谷式，最宽处约2厘米，残长7.2厘米（图八一，23；图一三五，7；图版六九，1-5）。EM602: 53，圆箭头，后部为扁长方形，箭头最宽处1.4厘米，残长5.6厘米（图八一，22；图一三五，6；图版六九，1-4）。

铁刀①　12件。标本AM201:1，刀背直，带椭圆形环首，刀尖已残。残长48.8厘米，刀背厚0.6厘米（图七，16；图一三五，16；图版六九，5-4）。标本BM301:21，单直刃，偏锋，带半圆形环首，刀背直，在近刀尖处较薄而近环首处较厚。长108厘米，宽3.6厘米，脊厚1.2厘米（图二一，11；图一三五，14；图版六九，5-3、6）。标本BM301:22，刀背略斜直，刃弧斜，刀末端带环首，刀尖已残。残长10.8厘米（图二一，10；图一三五，9）。标本CM406:1，出土时已残损严重，刀尖部位及柄已残，单刃，刃部因使用已久已内凹。残长34厘米，刃宽3.6厘米（图五七，1；图一三五，12）。标本CM407:28，单直刃，偏锋，仍保存有刀尖，带半圆形环首，柄端已残。长116.8厘米，宽3厘米，脊厚0.8厘米（图六一，14；图一三五，15；图版六九，5-1）。标本EM602:30，仅斜近刀尖一段，刀背略弧向刀尖，弧刃，偏锋。残长11.4厘米，宽约1.5厘米（图八一，38；图一三五，10；图版六九，1-6）。标本EM602:31，出土时锈蚀严重，刀的两端已残不存，斜直刃，刀背较厚且直，残长22厘米，刀背厚0.4厘米（图八一，37；图一三五，11；图版六九，2-1）。标本EM602:33，出土时锈蚀程度甚大，刀尖及刀后端已残，刀背在近刀尖时下折，刃较直且偏锋。残长36厘米（图八一，39；图一三五，17；图版六九，2-2）。标本EM603:6，刀背弧向刀尖处，刀刃略斜直。脊稍厚，柄端已残。残长25厘米，最宽处1.8厘米，刀背厚0.4厘米（图八五，16；图一三五，13；图版六九，3-1）。标本EM606:3，出土时锈蚀残损严重，刀背略弧，刃略向内凹。残长17厘米（图一三五，8；图版六九，4-1）。标本EM606:4，弧形刀背，刃凹弧，刀把一端已残。残长38.8厘米（图九四，20；图一三五，18；图版六九，4-4）。

铁剑　2件。CM409:1，长方体扁茎，无首无格，剑身起中脊，中锋，前锋残，双刃，剑尖已残。残长96厘米，刃宽2.8厘米（图六五，10；图一三六，1；图版六九，5-2）。BM310:9，剑身起中脊，双刃较直。剑后端已残。残长30.8厘米，宽2.4厘米（图四四，9；图一三六，2）。

铁剪　3件。均为双股剪形式。BM305:16，椭圆形环执手，一边剪刃已残。残长20.4厘米（图三三，8；图一三六，6）。EM603:7，椭圆形环执手，一边剪刃已残，残长24厘米（图八五，15；图一三六，7；图版六九，4-3）。EM606:18，椭圆形环执手，一边剪刃已残，残长19.8厘米（图九四，18；图一三六，5）。

铁锥　2件。EM602:10，残长6.6厘米，现存最大直径0.4厘米，近尖处粗约0.1厘米（图八一，36；图一三六，4；图版六九，1-1）。EM603:5，残长20厘米，直径约0.3厘米（图八五，14；图一三六，3；图版六九，4-2）。

---

① 本次发掘出土的刀，依器形较完整者所见，均带有环首，而其大小规格则各异。孙机先生在其《汉代物质资料文化图说》中认为部分小型的环首刀应为烹厨之器（可参看孙机：《汉代物质文化资料图说》，上海古籍出版社，2008年）。但是说可作商榷。在涪陵太平村汉墓M14中出土一陶武士俑M14:33（陕西省考古研究所等：《涪陵太平村墓群考古发掘报告》，《重庆库区考古报告集·2000卷下》，科学出版社，2007年），该俑手执一较长的环首刀，腰系一较短小的环首刀，则可知此类环首刀更可能是作为武器使用，而其长短之别或反映其攻击功效之别。

3. 金器

2 件。出土数量甚少。所见均为金制首饰器。器类仅有戒指一项。

金戒指　2 件。EM602∶8，圆形，一端轧有一方形平面。整个戒指直径 2 厘米，而圈体直径为 0.2 厘米（图八一，28；图一三七，1；图版七〇，1 右）。EM602∶9，圆环形。整个戒指直径 2 厘米，圈体直径 0.2 厘米（图八一，31；图一三七，2；图版七〇，1 左）。

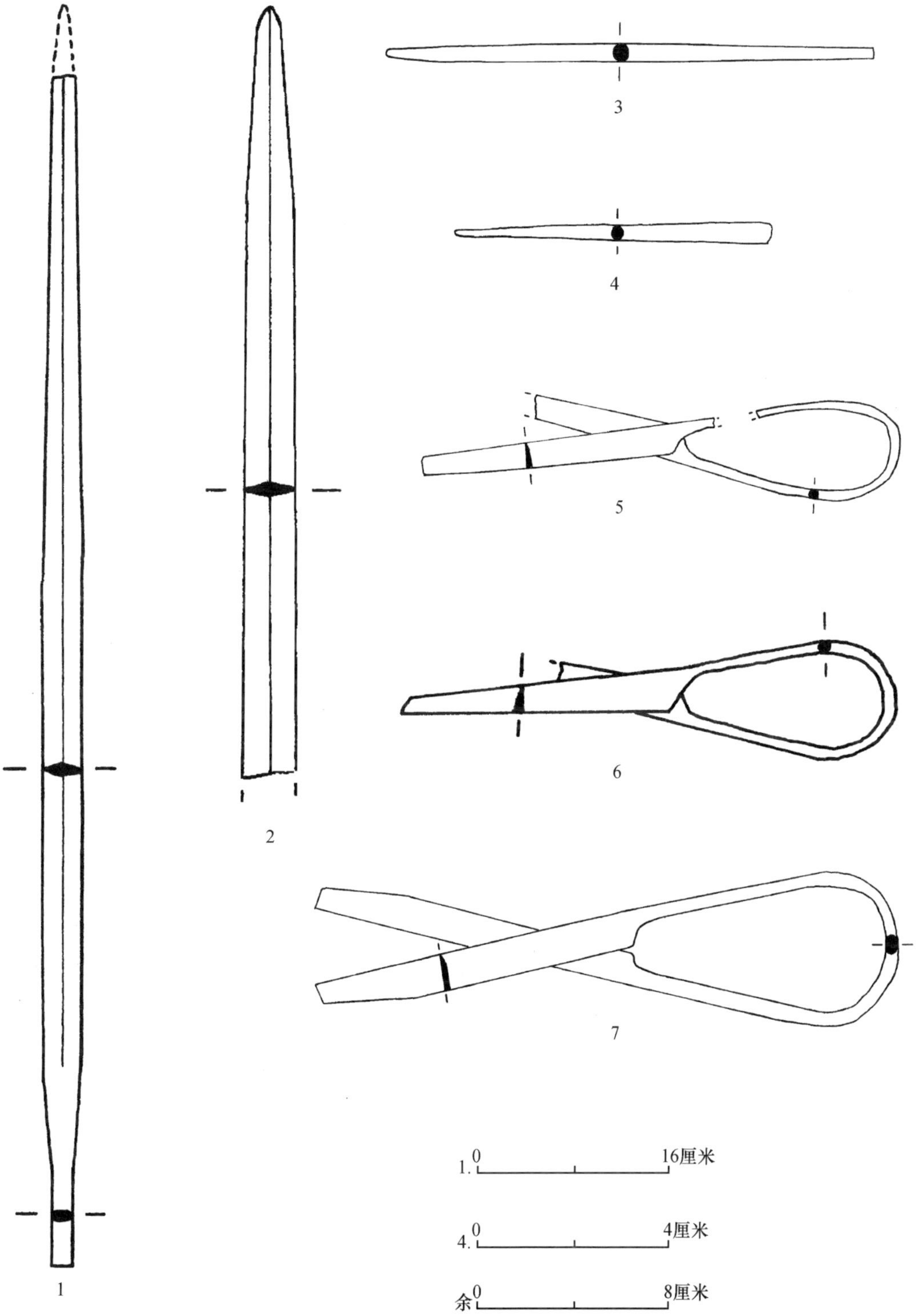

图一三六　铁器（三）

1、2. 铁剑（CM409∶1、BM310∶9）　3、4. 铁锥（EM603∶5、EM602∶10）　5～7. 铁剪（EM606∶18、BM305∶16、EM603∶7）

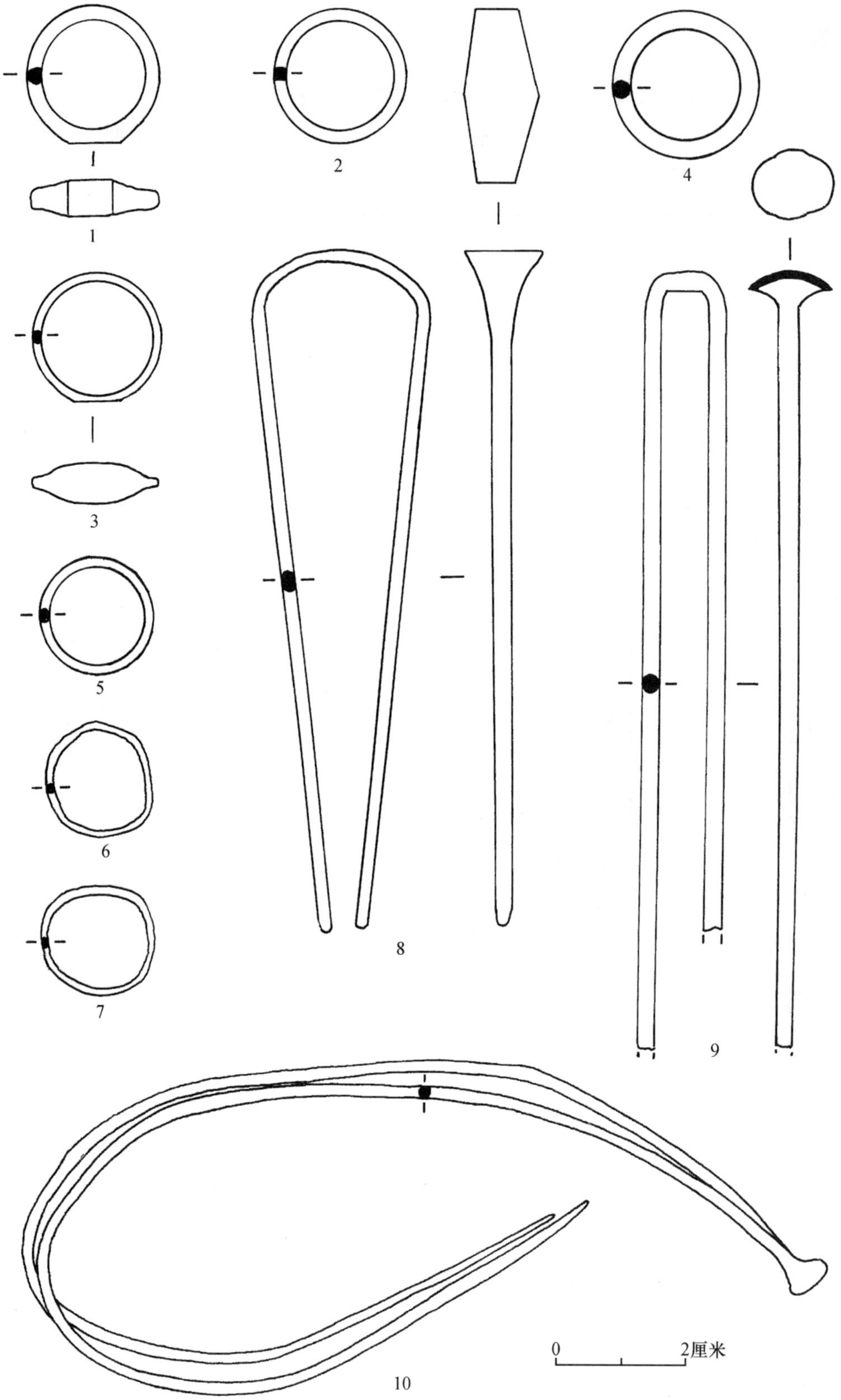

图一三七　金银器

1、2. 金戒指（EM602∶8、EM602∶9）　3～5. 银戒指（EM602∶6、EM602∶1、EM603∶11）　6、7. 银环（EM602∶3、CM420∶1）　8～10. 银发钗（DM501∶21、DM501∶20、DM501∶33）

4. 银器

7 件。均为日用的首饰及装饰器。器类有戒指、发钗及环。

银戒指　3 件。EM602∶6，圆形，一端轧有一椭圆平面。戒指直径 2 厘米，圈体直径 0.1 厘米（图八一，29；图一三七，3；图版七〇，2 中）。EM602∶1，圆环形。戒指直径 2.1 厘米，圈体直径 0.3 厘米（图八一，30；图一三七，4；图版七〇，2 左）。EM603∶11，呈不甚规则的圆环形。戒指直径 1.6～1.8 厘米，圈径 0.2 厘米（图一三七，5）。

银环　1 件。CM420∶1，不规则圆形，扁箍。直径约 1.8 厘米（图六九，3；图一三七，7）。EM602∶3，不规则圆形，扁箍。直径约 1.6 厘米（图八一，32；图一三七，6）。

银发钗　3 件。DM501∶20，钗体两柱剖面呈圆形，钗体一端略呈瓣状，钗尖已残。长 11.7 厘米（图一三七，9；图版七〇，3-1）。DM501∶21，钗体一端呈六边形。长 10.3 厘米（图七三，8；图一三七，8；图版七〇，3-2）。DM501∶33，钗体长条形弯卷，一端为圆形面。长约 22 厘米（图一三七，10；图版七〇，3-3）。

第四节　玉石器及料器

广义的玉器类有软玉、水晶、玛瑙、琥珀等，另有石器、玻璃和料器。共出土 44 件。

1. 玉器

仅玉璏 1 件。AM201∶25，面为长方形，背略拱，两侧平直，底平。下部供穿挂用的长方形穿孔。面饰三道凸棱，两侧平直，闪石类玉质，玉色青白，有灰色玉沁。长 4.6 厘米，宽 2.5 厘米，高 1.7 厘米；穿孔长 2.8 厘米，宽 0.6 厘米（图七，18；图一三八，18；图版七一，1）。

2. 水晶

1 件。EM602∶5，水晶、无色透明，球体。直径 1.8 厘米（图八一，24；图一三八，6；图版七二，2-2）。

3. 琥珀

1 件。辟邪。EM602∶48，琥珀呈深褐色，在光源下观察时可见琥珀体透出赤红色泽。圆雕成跪卧小兽的形状，此小兽之形难辨，当为虎狮一类动物。在身体中部有穿孔。此器长 2.2 厘米，高 1.5 厘米，宽 1.1 厘米（图八一，21；图一三八，1；图版七二，2-1）。

4. 玛瑙

3 件。有圆珠形和腰鼓形两种串珠。

圆珠形珠　2 件。CM420∶2，深橘红色，圆球体。直径 1.5 厘米（图一三八，7）。CM420∶4，橘红色，圆球体。直径 1 厘米（图一三八，9）。

腰鼓形珠　1 件。EM602∶4，褐红色，上下窄中间宽，近腰鼓状，腰部十二面棱柱体，端部近似六边形。通高 1.5 厘米，宽 0.6 至 1 厘米（图八一，26；图一三八，5；图版七二，2-4）。

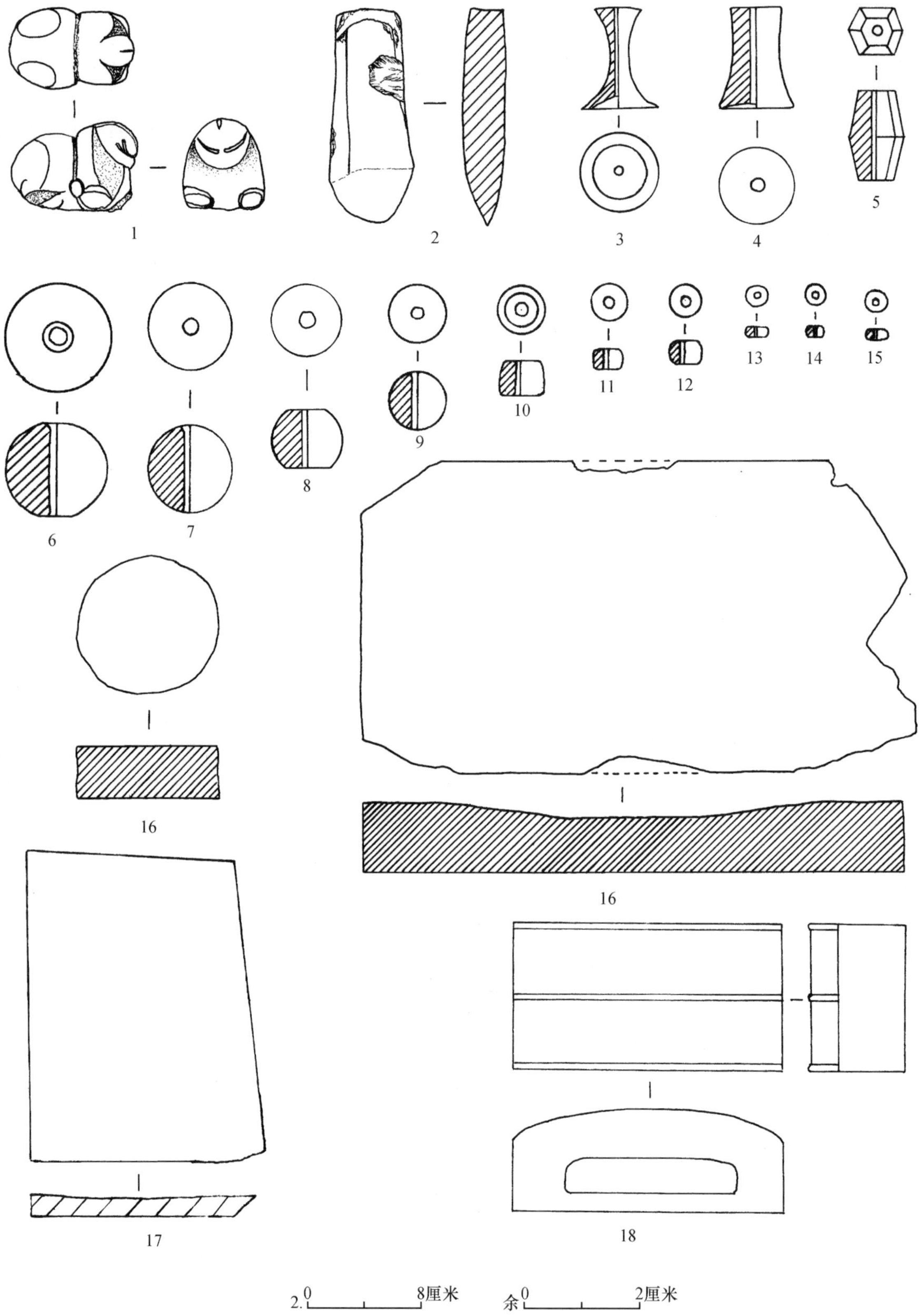

图一三八　琥珀、料器及玉石器

1. 琥珀辟邪（EM602:48）　2. 石斧（CM404:1）　3、4. 玻璃耳珰（EM611:3、EM602:47）　5. 玛瑙腰鼓形珠（EM602:4）　6. 水晶球珠（EM602:5）　7、9. 玛瑙圆形珠（CM420:2、CM420:4）　8、10. 玻璃串珠（CM420:3、CM420:5）　11～15. 料器串珠（CM420:9、EM602:46、CM420:6、CM420:7、CM420:8）　16、17. 石砚台（EM611:1、EM602:16）　18. 玉璏（AM201:25）

5. 玻璃和料器

35 件。或因当时的制作技术限制及埋藏条件影响，部分玻璃质料器有不同程度的风化，有的在器表出现小窝点或出现裂痕。此批料器全为首饰类器。器形有耳珰及串珠两种。

玻璃耳珰　2 件。玻璃质。EM611∶3，深蓝色，束腰鼓形，束腰程度较大，中有一细窄的空孔。长 1.7 厘米，一端直径为 0.8 厘米，另一端直径 1.3 厘米（图一〇〇，8；图一三八，3；图版七一，2）。EM602∶47，深蓝色，腰鼓形，束腰程度较小，两端因风化已残缺，残长 1.7 厘米（图八一，25；图一三八，4；图版七二，2-5）。

串珠　23 件。玻璃质或料器，圆体或扁圆体。标本 CM420∶3，玻璃质，蓝色，圆球体。直径 1.2 厘米（图六九，4；图一三八，8；图版七二，1-5）。标本 CM420∶5，玻璃质，深绿色，直径 0.8 厘米，厚 0.6 厘米（图一三八，10；图版七二，1-3）。标本 CM420∶6，料器，青黄色。直径 0.4 厘米，厚 0.2 厘米（图一三八，13）。标本 CM420∶9，共有 6 粒，料器，红色。直径约 0.6 厘米，厚约 0.4 厘米（图一三八，11；图版七二，1-2）。标本 CM420∶7，5 粒，料器，朱红色，直径 0.4 厘米，厚 0.2 厘米（图一三八，14）。标本 CM420∶8，6 粒，料器，翠绿色。直径约为 0.4 厘米，厚 0.2 厘米（图一三八，15；图版七二，1-1）。标本 EM602∶46，2 粒，料器，淡红色，直径 0.6 厘米，厚 0.4 厘米（图八一，27；图一三八，12；图版七二，2-3）。

6. 石器

有石砚台和石斧两种

石砚台　2 件。EM602∶16，青灰石，平面略呈直角梯形，较薄，其中一面略下凹，另一面较平整。长 10 厘米，宽 7.6 厘米，厚 6 厘米（图八一，34；图一三八，17；图版七一，3）。EM611∶1，已残，平面呈不规则长方形，正面下凹，整体呈黑色，残长 9.9 厘米，宽 5.9 厘米，厚 1.4 厘米。与之相配的还有一块圆饼形墨，其直径 2.6 厘米，厚 1 厘米（图一〇〇，7；图一三八，16）。

石斧　1 件。CM404∶1，舌形，顶部近直，两侧微束腰，舌形弧刃。长 14 厘米，刃宽 6 厘米（图五三；图一三八，2）。

第八章　明代石室墓

明代石室墓均位于C区的东北端，地处翠屏山的北麓，正对忠县县城，离长江边约有40米。当时此地正在开山取土，因此这些古墓受到极严重的破坏，墓葬均被暴露，部分更被“拦腰截断”，幸而部分古墓中还保存有随葬器物。

这些明墓均为竖穴式石室墓。墓室用打磨规整的石料砌筑底部及四壁，再用石板平盖其上。所用的石料均为灰白色砂质岩，这些石材很可能就是取材于翠屏山体一带的灰白色砂质岩。而墓葬的末端均朝向长江。

本次发掘的石室墓有三组合葬墓，一座独葬墓。其中一组合葬墓有四个墓室，墓室间紧密并排，相邻的墓室共用一墓壁。另有两组合葬墓为两个墓室紧密并排。由于合葬墓内各墓室的形制及随葬器物不尽一致，为便于研究，报告将三组合葬墓中的各墓单独编号，分别编为CM414～CM417，CM411及CM412，CM418及CM419；独葬墓编号为CM413。其中两组合葬墓CM411、CM412及CM418、CM419，相距极近（约0.5米），估计这两组合葬墓间有较密切的联系。CM413位于墓地的最西侧，距最东的CM409之间距离150米，西距神溪船厂大门约330米（图一三九）。

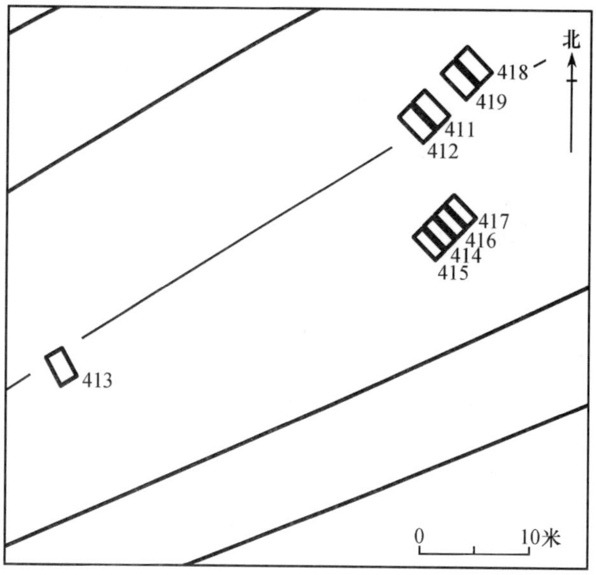

图一三九　石室墓分布图

第一节　墓葬形制

此批石室墓虽被严重破坏，但仍可看出其形制大体相同，平面原为长方形，其头端墓壁处均凿有头龛。头龛虽皆为拱形顶，其顶部形态具体而言又有所区别。因此可依头龛的形态将此批石室墓分为二型。

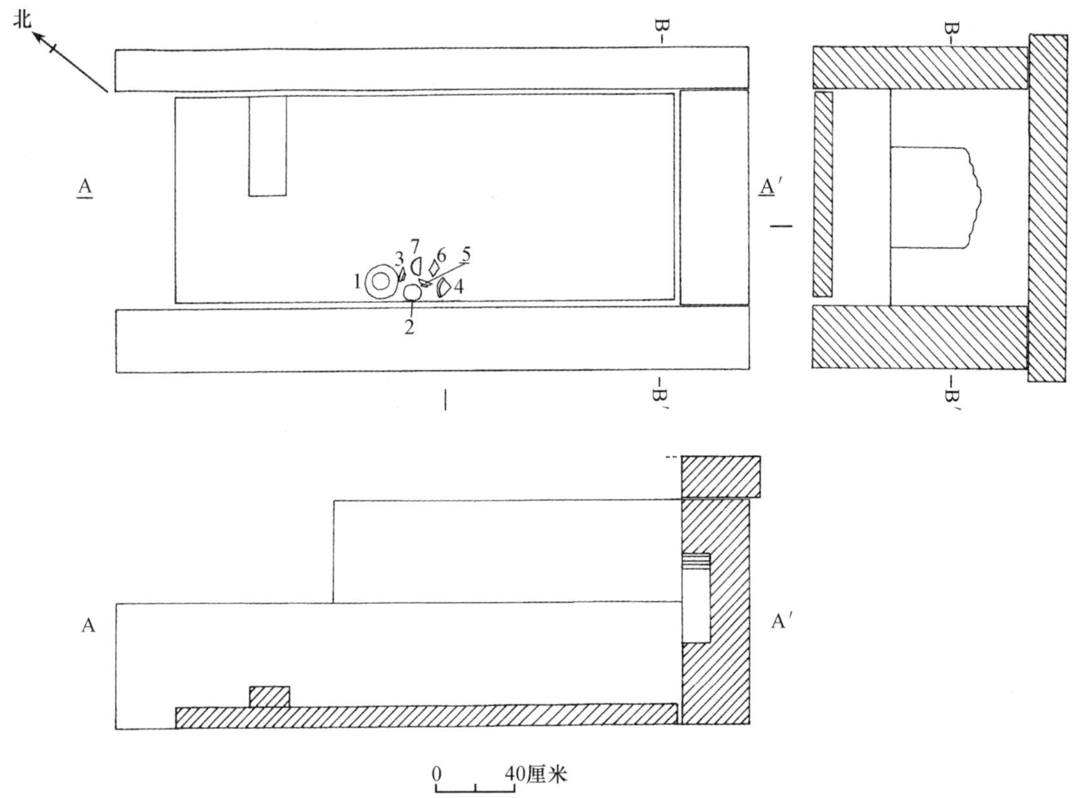

图一四〇　CM411 平、剖面图

1. 陶球腹罐　2. 陶单把罐　3、5. 青花瓷碗　4. 陶盆　6、7. 陶罐

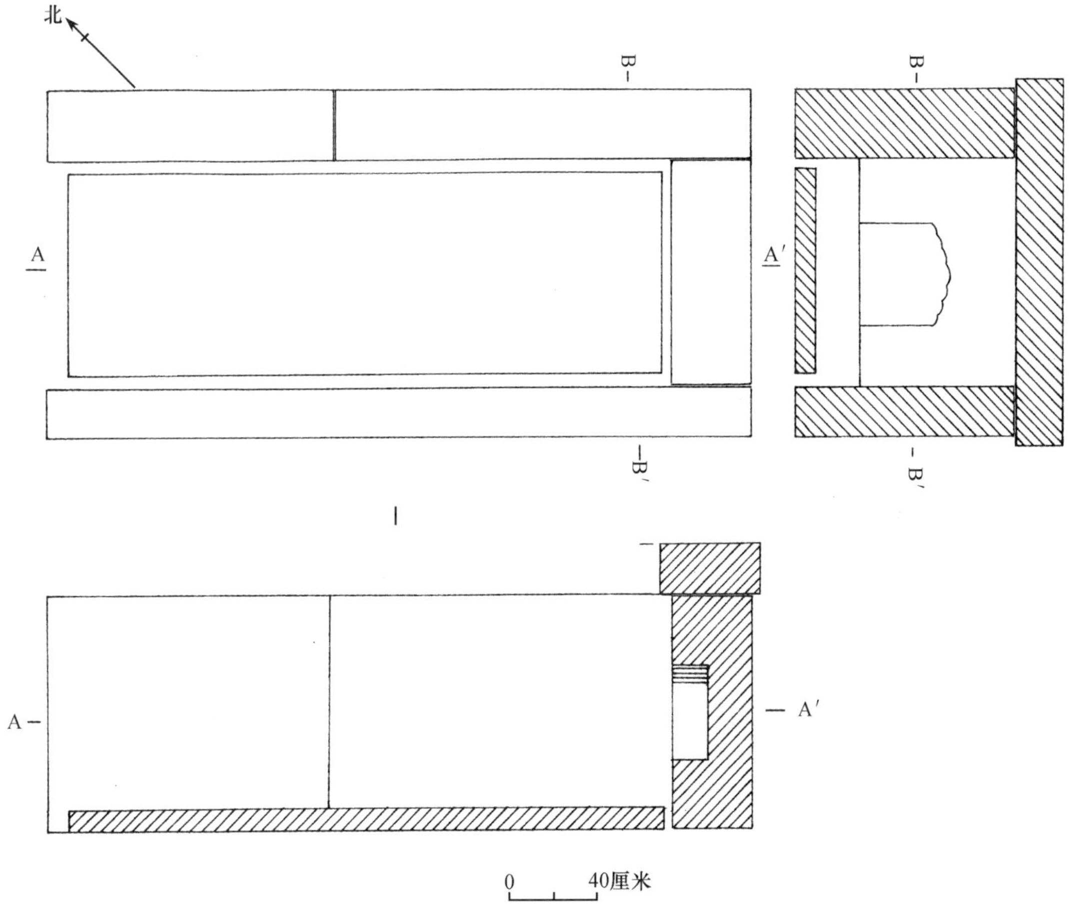

图一四一　CM412 平、剖面图

A 型　7 座。头龛为梅花瓣形拱顶。

CM411　墓向 135°。墓室的上部及北壁已毁。墓室残长 284 厘米，宽 104 厘米，残高 100 厘米。头龛底部距墓室底 30 厘米，其高为 44 厘米，下部宽 44 厘米，进深 10 厘米。就发掘时所见，墓底以三块宽 104 厘米，厚 10 厘米的石板砌成。墓室西壁由一整块大石板构成，该石板残长 320 厘米，高 110 厘米，厚 30 厘米。墓室东壁由两块石块叠筑而成，下层石块长 320 厘米，厚 20 厘米高约 30 厘米，上层石块高约 70 厘米，其在北的部分已毁。墓室南壁由上下两块砌成，下层石块长 54 厘米，宽 34 厘米，高 40 厘米；上层石块即凿有头龛，高 70 厘米。墓室之上原有厚约 20 厘米的石板覆盖（图一四〇；图版七三，1、2）。

CM412　墓向 135°。墓室的末端及西壁已被毁。墓室后部堆积有大量淤泥，其上覆有体积较巨大的石块，受发掘条件所限，未能将该石块移走。墓室残长 320 厘米，宽 150 厘米，高 124 厘米。CM412 的东壁与 CM411 的西壁共用。CM412 的西壁原应由两块厚约为 22 厘米的长石板叠砌而成，

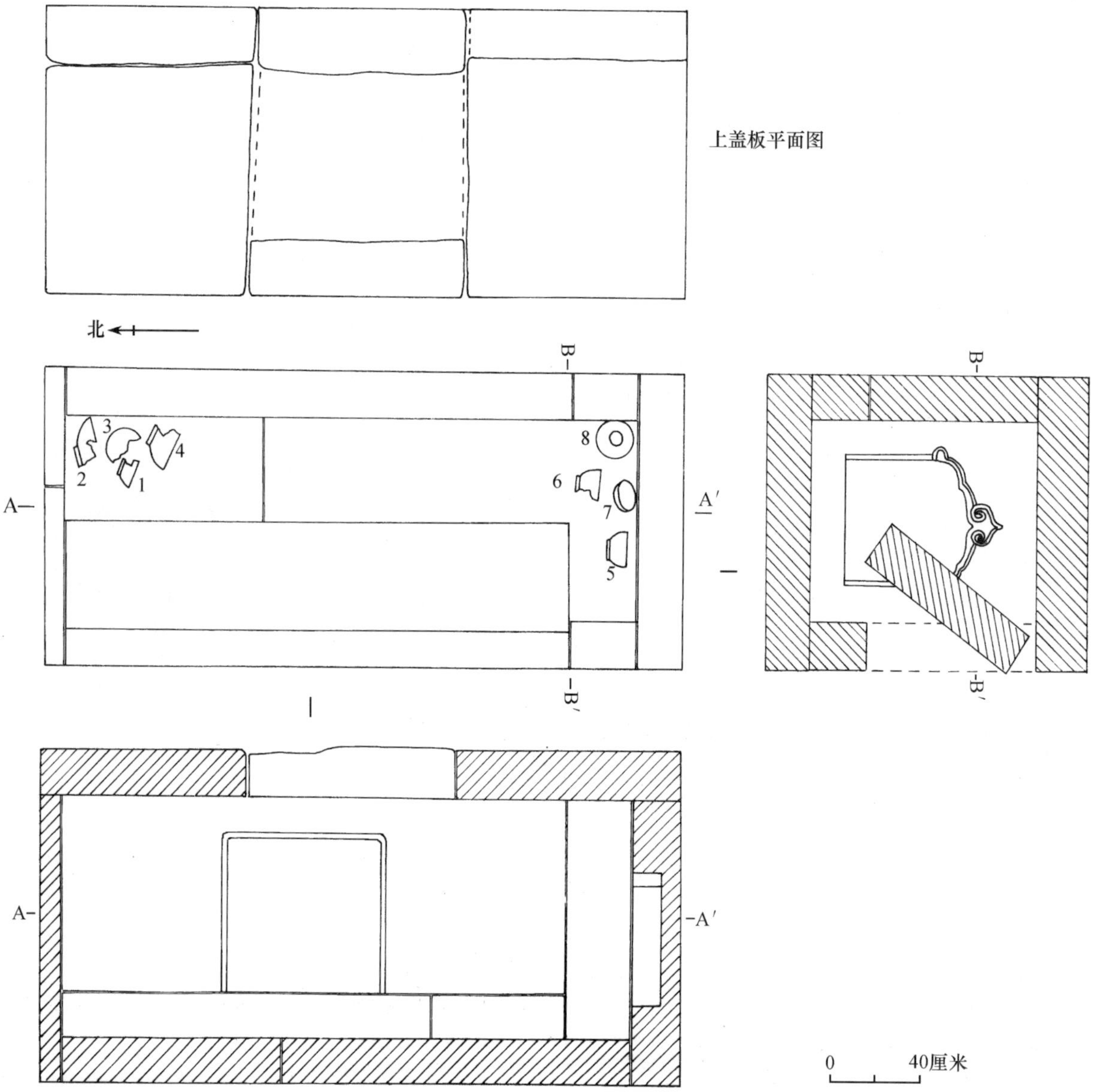

图一四二　CM413 平、剖面图

1. 青花瓷杯　2～7. 青花瓷碗　8. 陶丰肩罐

上层石板宽约60厘米，下层石板宽约52厘米。墓底现可见至少由两块厚约10厘米的石板铺砌而成。头龛位于墓室的南端，其底距墓底30厘米，其宽为44厘米，高34～42厘米（图一四一；图版七三，1、3）。

CM413　墓向180°。墓室的西壁的上层石板斜滑，上部盖板部分塌陷。墓室长260厘米，宽86厘米，高102厘米。头龛顶端呈桃尖状，其上浅浮雕有云气纹，高58厘米，下部宽52厘米，其底部距墓底14厘米。墓室底部以两块宽86厘米、厚40厘米的石板铺成，北侧的石板长100厘米，南侧石板长158厘米。墓室东壁由五块石板叠筑而成，石板均厚20厘米。西壁由三块石板叠筑而成，其厚度同为20厘米。墓室顶部原以三块宽124厘米，厚22厘米的石板遮盖（图一四二；图版七三，4）。

CM414　墓向135°。墓室后部已被毁，残长200厘米，宽86厘米，高104厘米。头龛顶端呈桃尖状，高46厘米，下部宽44厘米，其底部距墓室底30厘米。构成墓室底部的石板现存两块，均宽84厘米，厚12厘米。墓室东壁以两块厚20厘米的石板叠筑而成，下层石板高72厘米，上层石板高32厘米，现皆残长200厘米。西壁以两块厚22厘米的石板叠筑而成，下层石板高56厘米，残长240厘米；上层石板高60厘米，残长约172厘米。墓顶原盖有厚28厘米的石板（图一四三；图版七四，1；图版七五，1）。

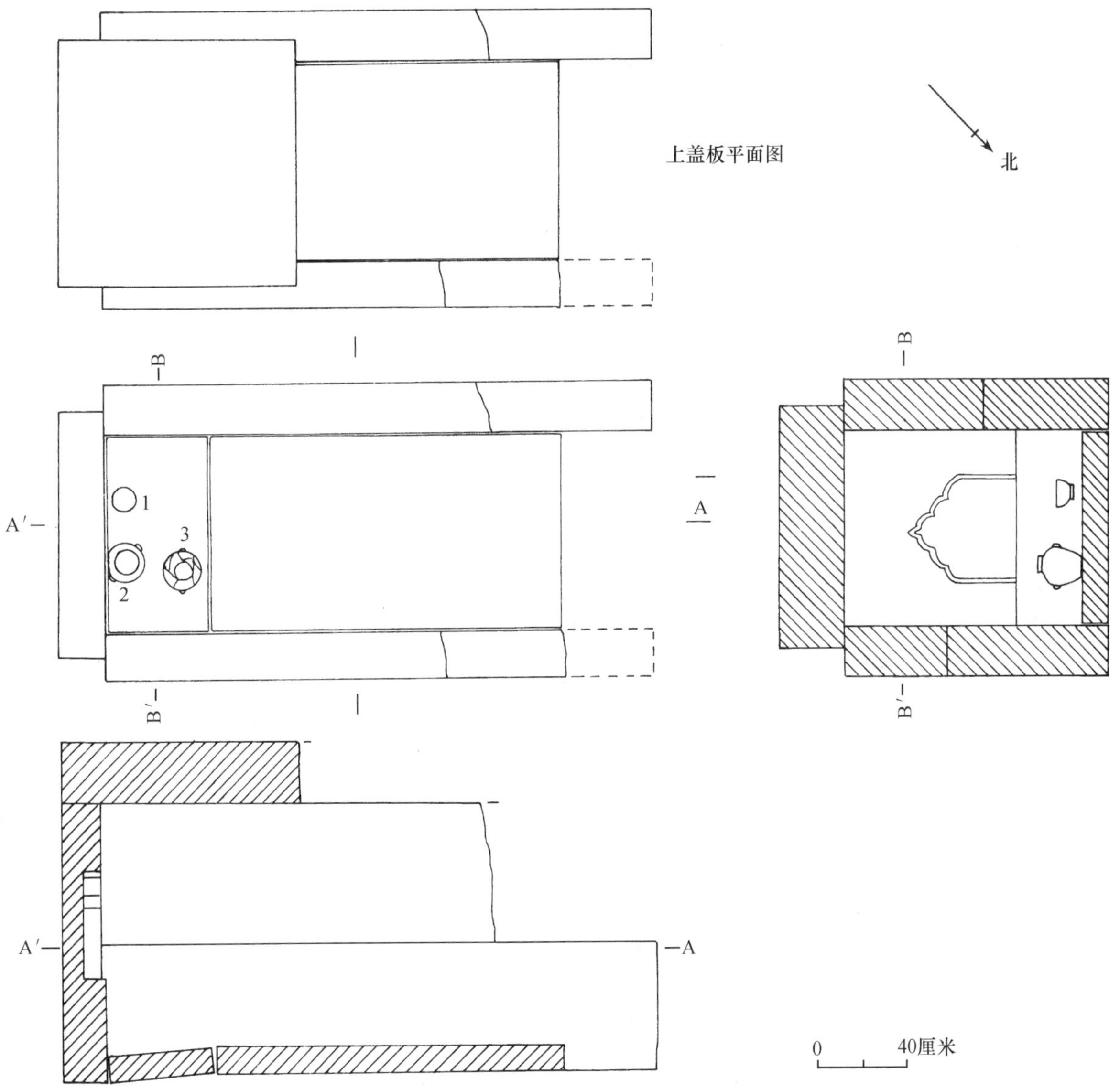

图一四三　CM414平、剖面图
1. 白瓷碗　2、3. 陶双耳罐

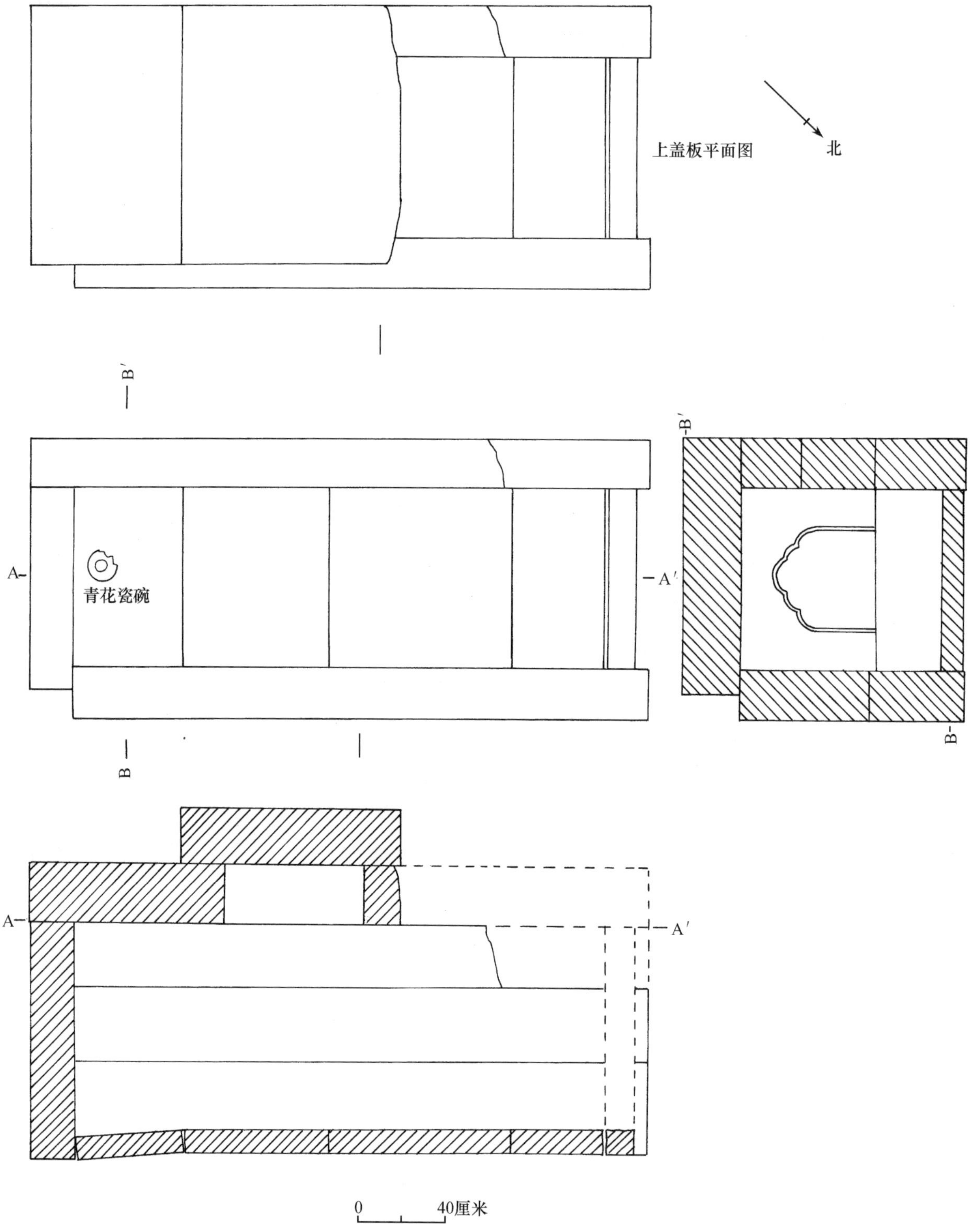

图一四四　CM415 平、剖面图

CM415　墓向135°。墓室后部已被毁，残长240厘米，宽80厘米，残高90厘米。头龛底部距墓室底部30厘米，其高为46厘米，下部宽46厘米，进深10厘米。墓底以四块宽78厘米、厚10厘米的石板砌筑。东壁与CM414的西壁共用。西壁以三块长280厘米、厚22厘米的石块叠筑而成，其高度自下而上分别为40、34、26厘米。南壁以厚20厘米的石板构成。墓室的北壁已毁。墓上原横盖有厚26厘米的长方形石板以掩蔽墓室（图一四四；图版七四，1；图版七五，2）。

CM416　墓向135°。墓室后部已被毁，残长196厘米，宽80厘米，高96厘米。头龛顶端略呈桃尖状，高42厘米，下部宽44厘米，其底部距墓室底约20厘米。现墓底残余一块残长96厘米、宽80厘米、厚12厘米的石板。墓室东壁与CM414的西壁共用。墓室的西壁现可见由两块厚20厘米的石板砌成，石板残长约140厘米（图一四五；图版七四，1；图版七五，3）。

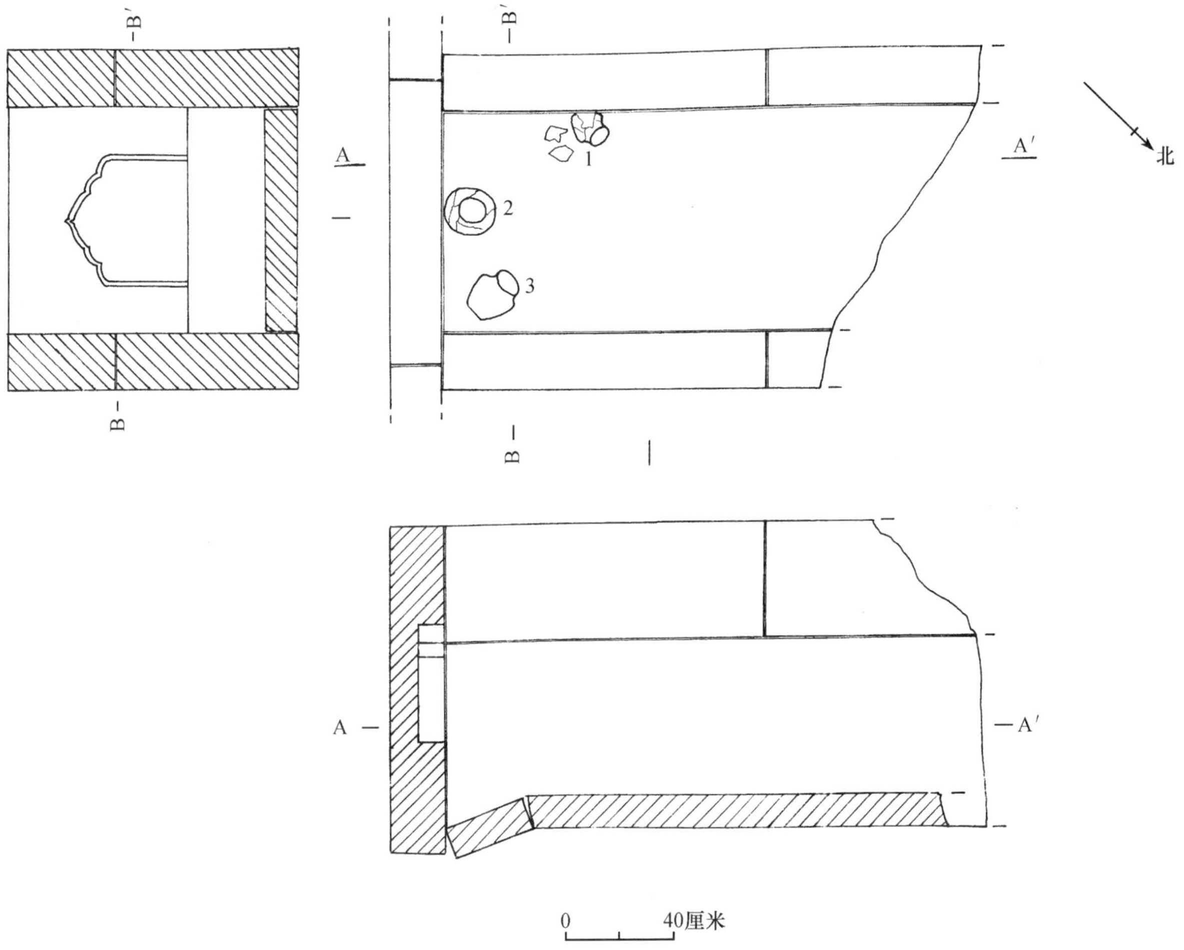

图一四五　CM416平、剖面图
1、3. 陶塔式罐　2. 白瓷碟

CM417　墓向135°。墓室后部及上部已被毁，残长140厘米，宽76厘米，高96厘米。头龛顶端呈桃尖形，高44厘米，底部宽46厘米，其底部距墓底20厘米。墓底现可见由两块宽74厘米、厚10厘米的石板铺成。墓室的西壁与CM416的东壁共用。墓室的东壁由厚20厘米的石板筑成，石板残长约90厘米。（图一四六；图版七四，1；图版七五，4）。

B型　2座。头龛为圆边拱顶。

CM418　墓向105°。墓室后部及顶部已被毁，残长210厘米，宽100厘米，高114厘米。头龛

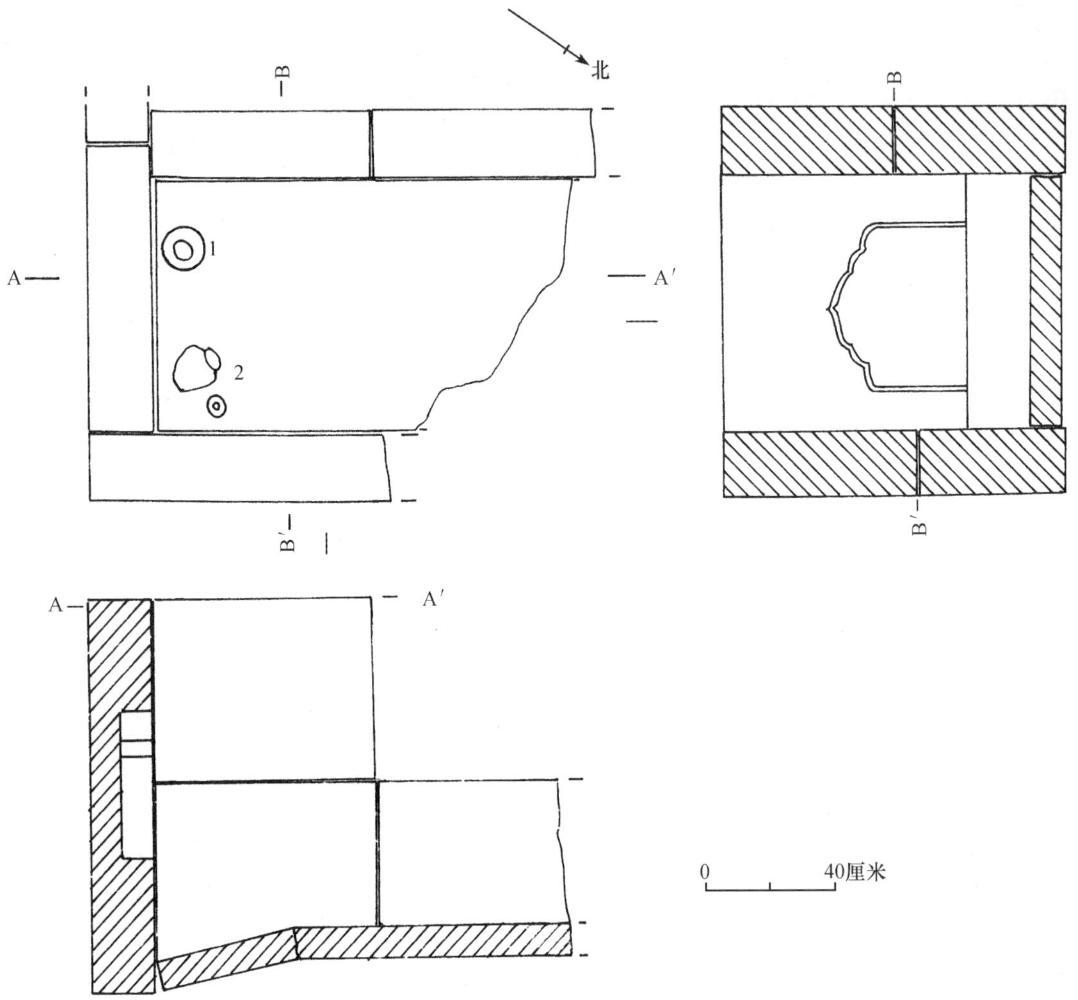

图一四六　CM417 平、剖面图

1. 白瓷碗　2. 陶塔式罐

高50厘米，底宽50厘米，进深10厘米。头龛之处浅浮雕刻有门楼牌坊，头龛的轮廓线在浮雕中构成了门楼的中门，整个设计浑然一体，甚为巧妙。头龛处的石板厚20厘米，高128厘米。墓底现铺有一块长210厘米、宽94厘米、厚12厘米的石板。墓室西壁由两块厚20厘米的石板叠筑而成，下层石板高58厘米，残长160厘米，在其内面浅浮雕有两团云气纹；上层石板高70厘米，残长44厘米。墓室东壁亦由两块厚20厘米的石板叠筑，残长均为44厘米，下层石板高88厘米，上层石板高38厘米。墓室顶部原有厚30厘米的石盖板（图一四七；图版七四，2；图版七五，5）。

CM419　墓向105°。墓室后部及上部已被破坏，残长220厘米，宽100厘米，高106厘米。头龛底部距墓底26厘米，其高为52厘米，下部宽50厘米，进深10厘米。头龛之处浅浮雕刻有与CM418形态一致的门楼牌坊，头龛的轮廓线在浮雕中构成了门楼的中门，整个设计浑然一体。头龛处的石板厚20厘米，高118厘米。墓底现存一长210厘米、宽70厘米、厚12厘米的石板。墓室东壁与CM418的西壁共用。西壁亦由两块厚20厘米的石板叠砌而成，残长160厘米，下层石块高44厘米，上层石块高82厘米。墓室上部原有厚30厘米的石盖板（图一四八；图版七四、2；图版七五，6）。

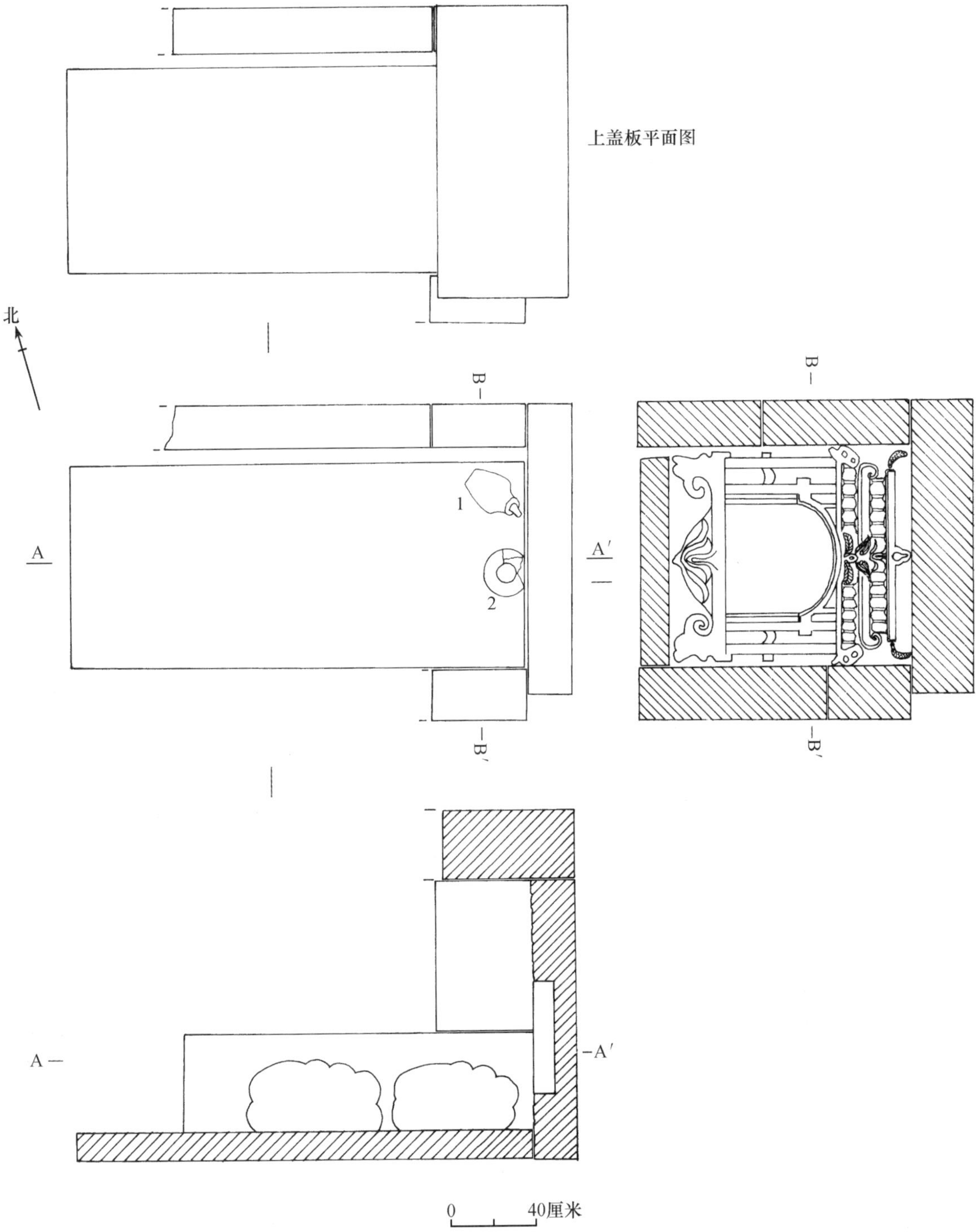

图一四七　CM418 平、剖面图

1. 陶塔式罐　2. 青瓷碟

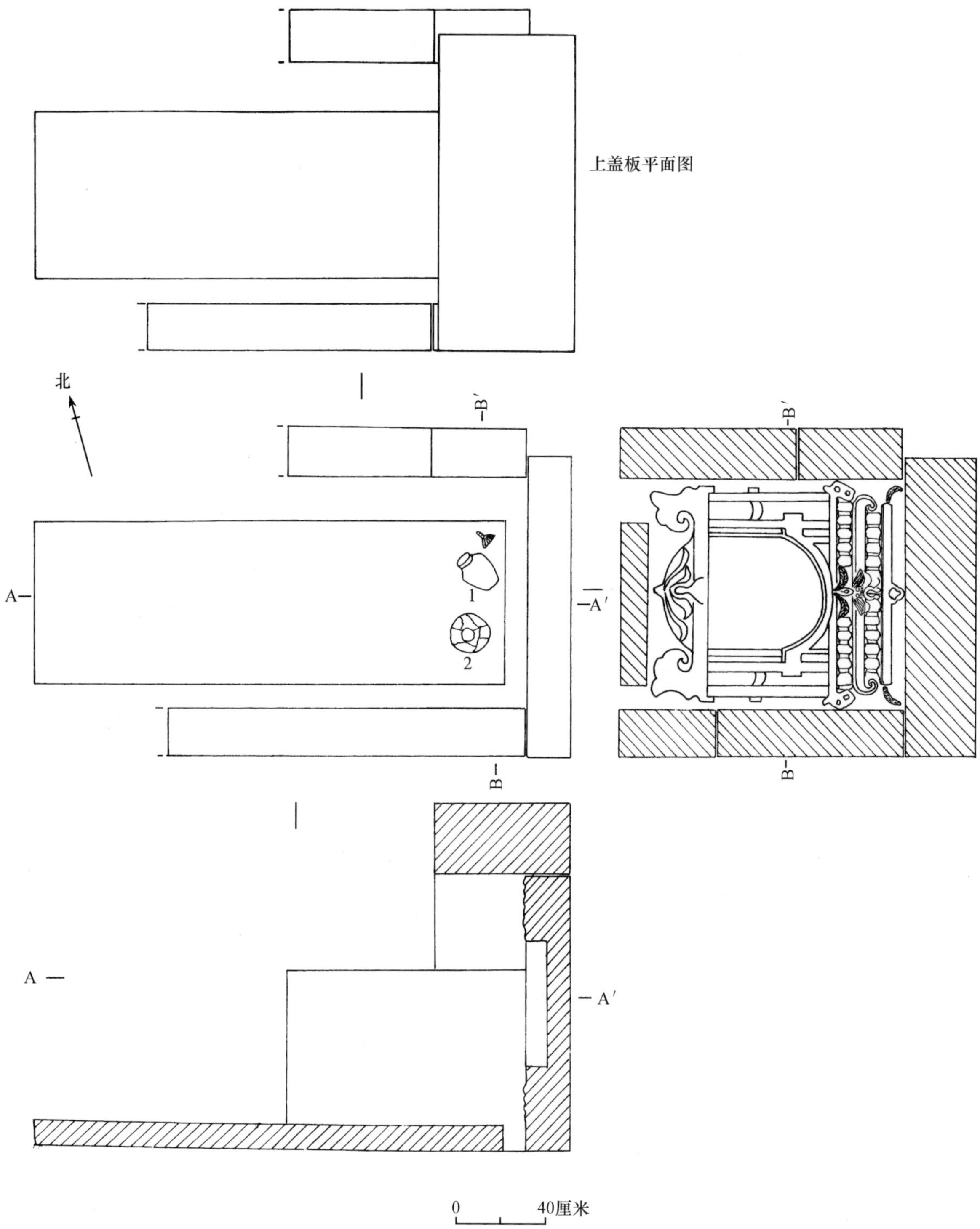

图一四八　CM419 平、剖面图

1. 陶塔式罐　2. 白瓷碟

第二节　随葬器物

明墓的随葬器物有釉陶器及瓷器两大类，共24件，而二者的数量大体相当。因后期的破坏，CM412的随葬品已不存，CM415则仅余一青花瓷碗；而其他墓葬则均以釉陶器及瓷器搭配随葬。

1. 釉陶器

11件。此类釉陶均为高温釉陶。陶质以夹细砂灰陶居多，另有少量泥质灰陶和泥质红陶。陶器均为轮制，一些器物的表面还保留有一道道明显的轮制痕迹，器物造型规整。器类则多为罐类，另有盆一件。绝大部分器物的胎釉结合不好，出土时釉料大多已脱落，仅有一件釉陶罐的釉料还能完全附着，且釉面略显晶莹。经观察，釉陶可能是原施青釉及黄褐色釉。釉陶绝大部分为素面，仅有一陶罐饰有圆形戳印花卉纹。

釉陶塔式罐　5件。轮制。依其肩部形态可分三型。

A型　1件。圆折肩，器盖素面，肩为单檐式。CM417:2，夹细砂灰陶，外半施有黄褐色釉面，但大多已脱落。斜肩略弧，最大径即位于肩处，腹壁内收，底有饼形平座，器盖顶部有圆形纽，肩上均匀分布有多道竖状鳞栉状突棱，下腹内壁可见有多道凹凸的轮制痕迹。最大腹径12.4厘米，底宽8厘米，通高22.4厘米（图一四九，4；图版七六，1）。

B型　3件。斜折肩，器盖上有竖状鳞栉状突棱，肩呈双檐式。CM418:1，夹细砂灰陶，外半施黄褐釉，但多已剥落。最大径即位于折肩处，腹壁斜直内收，下有平座，盖顶上有圆纽。器盖及肩上有竖状鳞栉状突棱。最大腹径14.4厘米，底径8.4厘米，通高25.6厘米（图一四九，1；图版七六，2）。CM419:1，泥质灰陶，外施黄褐色釉，但施釉不及底。带盖，盖上有圆纽，最大腹径位于折肩处，下有平座。器盖及肩上有竖状鳞栉突棱。口径8.5厘米，最大腹径14.4厘米，底径8.8厘米，通高25.6厘米（图一四九，3；图版七六，3）。CM416:3，泥质灰陶，器外表上隐约可见有黄褐色釉点。形制与上述二器一致，但盖已缺失，且或由于烧造原因，器体向一侧倾斜。肩上亦有竖状鳞栉突棱。口径8.6厘米，最大腹径16.8厘米，底径10.4厘米，高23.2厘米（图一四九，2；图版七六，4）。

C型　1件。耸折肩，肩呈单檐式。CM416:1，泥质灰陶，外施半釉，但釉料已多剥落，仅余少量黄色釉点。直口，领较高，折肩近平，上均匀分布有多道竖状鳞栉状突棱，腹壁斜直内收，腹内壁亦有多道凹凸的轮制痕迹，下有平座，盖已缺失。口径9.6厘米，最大腹径18厘米，底径10.4厘米，残高10.6厘米（图一四九，5；图版七六，4）。

釉陶双耳罐　2件。轮制。形制相近，肩上有对称的弧形耳。CM414:3，夹细砂灰陶，外半施黄褐色釉。形态与CM414:2相近，唯CM414:3为短直颈、两弧形较小。腹外壁饰有多道凹凸弦纹。口径9.2厘米，最大腹径14.8厘米，底径8.6厘米，器高17.6厘米（图一五〇，1；图版七六，5）。CM414:2，夹细砂灰陶，外上部施黄褐色釉，但釉料多已脱落。侈口，束颈较短，溜肩，肩上有形体较大的弧形耳，鼓腹，最大腹处约位于中部，下腹壁斜直内收，平底。腹外壁饰有多道较宽的凹凸弦纹。口径9.6厘米，最大腹径12厘米，底径7.2厘米，通高15厘米（图一五〇，2）。

釉陶丰肩罐　1件。CM413:8，夹细砂灰陶，外施黄褐色半釉。轮制。束颈甚短，斜肩，鼓腹，最大腹径处位于中上部，下腹壁斜直内收，平底。最在腹径下饰四周窄凹弦纹。口径12厘米，最大腹径21.2厘米，底径8厘米，器高20.6厘米（图一五〇，3；图版七六，6）。

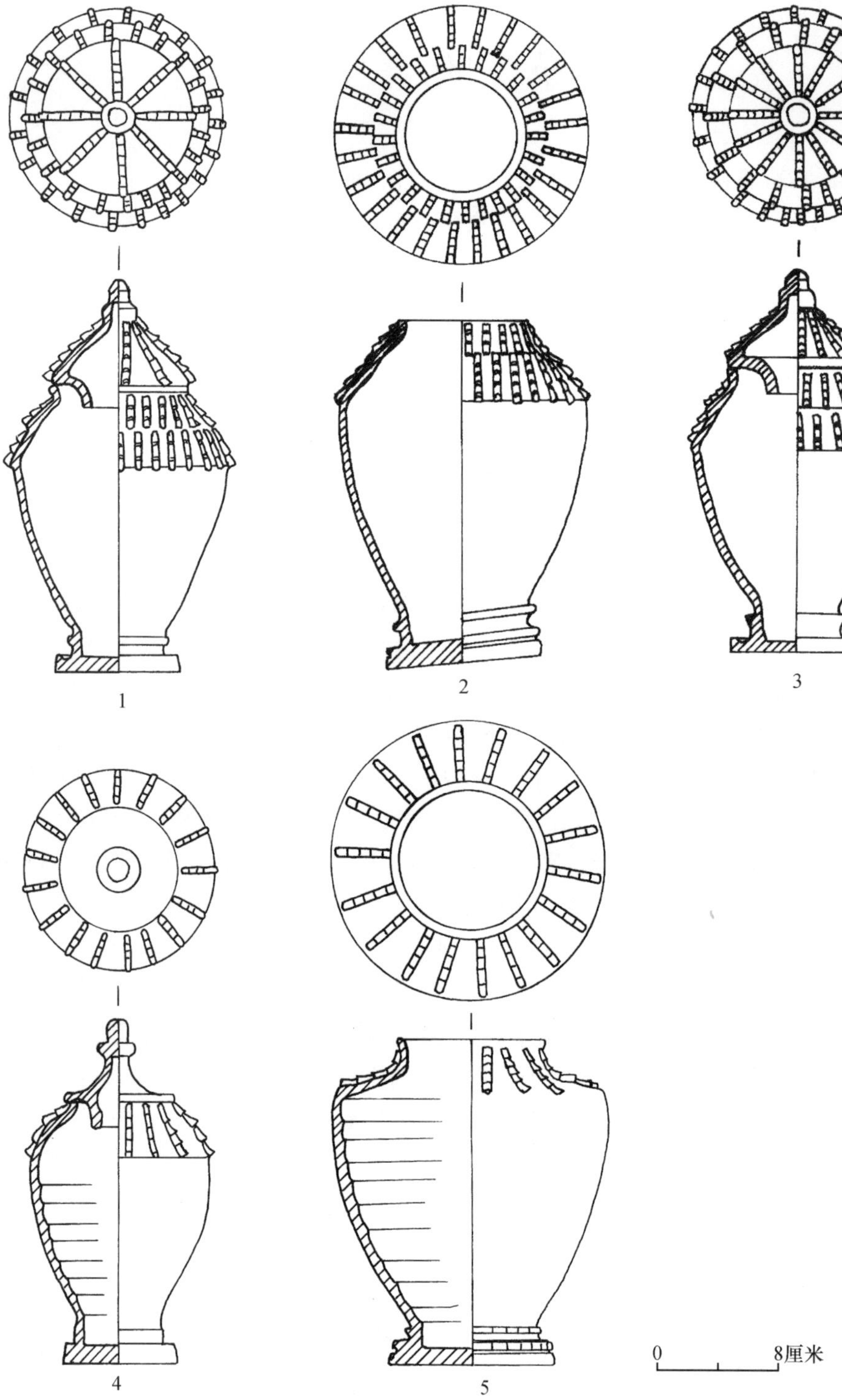

图一四九　明墓出土陶器（一）

1～3. B型陶塔式罐（CM418∶1、CM416∶3、CM419∶1）　4. A型陶塔式罐（CM417∶2）
5. C型陶塔式罐（CM416∶1）

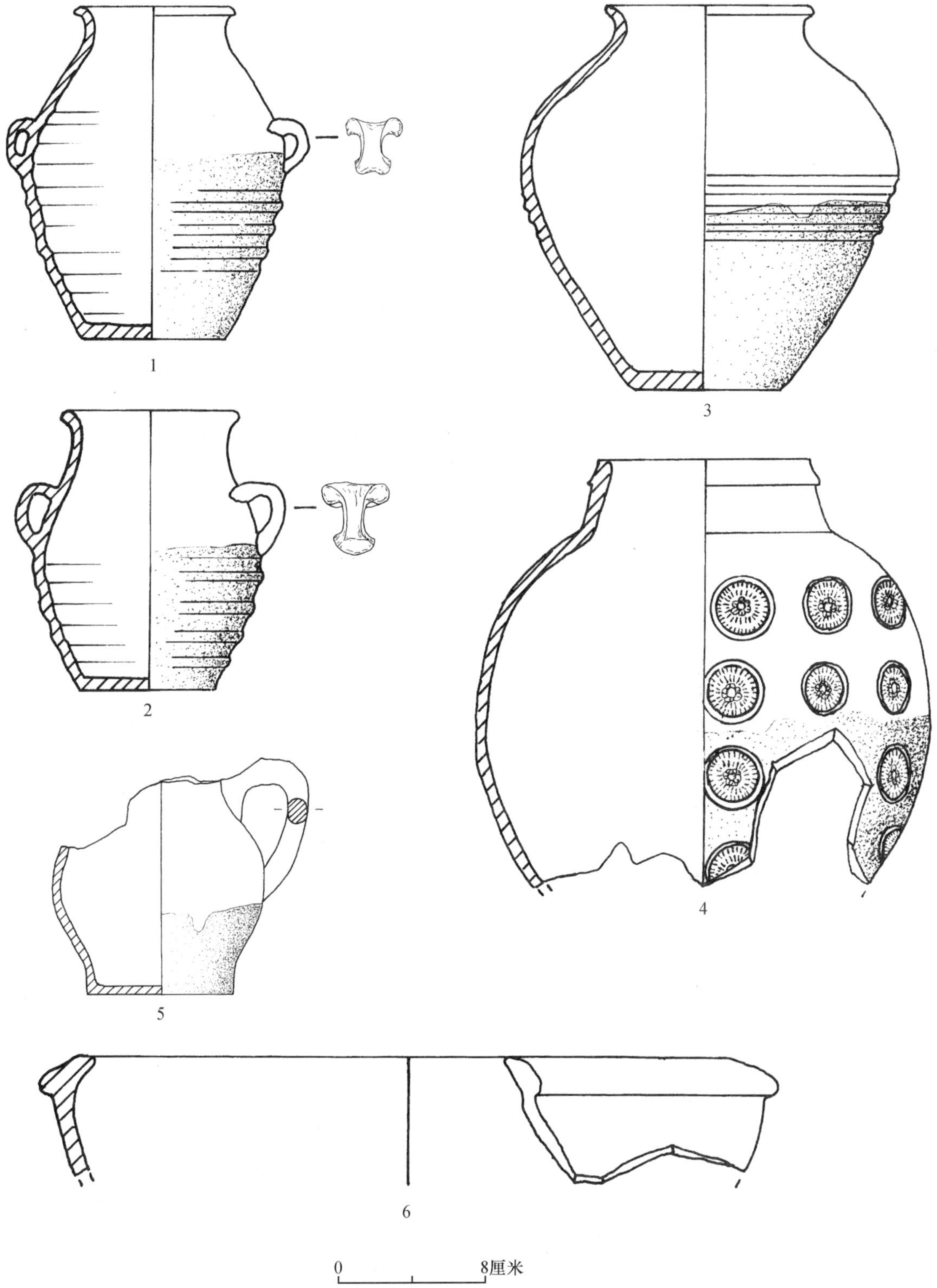

图一五〇　明墓出土陶器（二）

1、2. 陶双耳罐（CMl414:3、CM414:2）　3. 陶丰肩罐（CM413:8）　4. 陶球腹罐（CM411:1）　5. 陶单把罐（CM411:2）　6. 陶盆（CM411:4）

釉陶球腹罐　1件。CM411∶1，泥质灰陶，外施青绿色釉，仅上腹部施釉。轮制。敛口，颈较长，球鼓腹，底已残缺。腹体上饰有排列整齐的戳印圆形花卉纹。口径11.6厘米，最大腹径24.8厘米，残高22.8厘米（图一五〇，4）。

釉陶单把罐　1件。CM411∶2，泥质灰陶，外施半釉，釉呈黄褐色。轮制。鼓腹，束腰，平底，侧带有弧形把，上部残缺。素面。腹径11.4厘米，底径8厘米，残高12厘米（图一五〇，5）。

釉陶盆　1件。CM411∶4，泥质红陶，外施青褐色釉，轮制。敛口，下翻唇贴外壁，下部已残。素面。口径34.2厘米，残高6.4厘米（图一五〇，6）。

2. 瓷器

13件。有单色釉瓷及青花瓷两类。其中以青花瓷的数量最多。

（1）单色釉瓷器　5件。有白瓷及青瓷两种。白瓷器胎色近白，胎质较细腻，胎、釉均较薄，釉面光洁度较大，出土数量稍多，共4件，器形为碗及碟。青瓷器胎色略呈灰色，胎质亦较细，胎及釉层均较厚，在显微镜下可观察到釉层有较多形态略大的气泡，青釉色泽有类玉之感，青瓷仅出一器，器形为碟。

瓷碗　2件。均为白瓷。轮制。素面。形制相近。CM417∶1，乳白色胎。敞口，圆唇，弧壁内收，圈足较矮，内外足壁均略直。口径13.2厘米，足径5.2厘米，器高5.2厘米（图一五一，1；图版七七，4）。CM414∶1，乳白色胎。敞口，圆唇，腹壁略显斜直，近底处内收较急，圈足稍高，内外足壁均直。口径14.4厘米，足径6.8厘米，器高7.2厘米（图一五一，2；图版七七，3）。

瓷碟　3件。轮制。现以口唇形态分为二型。

A型　2件。薄圆唇。CM416∶2，白瓷，乳白色胎，通体施釉。花瓣式口沿，大敞口，宽沿外折折平，沿面略曲，斜弧腹壁，浅体，盘体略圜底，矮圈足极宽，足壁内外均直。腹的内外壁均有一排暗花竖线凹槽纹。口径18厘米，足径10厘米，高3.2厘米（图一五一，3）。CM419∶2，白瓷，乳白色胎，通体施釉。形制同于CM416∶2，唯CM419∶2为素缘口，盘体为平底，矮圈足的外壁略呈内敛八字形。口径18.2厘米，足径10.4厘米，高3.2厘米（图一五一，4；图版七七，1）。

B型　1件。厚方唇。CM418∶2，青瓷，灰色胎，通体施釉。花瓣式口沿，宽沿外折沿近平，斜直腹壁，盘体为平底，矮圈足外壁内敛，内足壁较直。碟内底饰有放射星状旋涡纹，内腹壁饰有暗花鳞状纹。口径19.4厘米，足径9.5厘米，高3.6厘米（图一五一，5；图版七七，2）。

（2）青花瓷　8件。青花瓷器白地均微泛青，青花色泽多略带灰；胎质近白而较为细腻，青花的器形有杯及碗两种，尤以碗的数量较多。

瓷碗　7件。轮制。依口腹形态可分三型。

A型　5件。撇口，口沿略外翻，弧腹内收。标本CM413∶3，乳白色瓷胎，通体施釉，白地略泛青，青料色显深略带灰。圈足稍高，足之内外壁均直。内口沿上饰有一周青花椭圆点状纹，外腹壁绘有团花连枝纹，碗内底部绘有花卉纹，外底绘有涡状纹。口径14.6厘米，足径7.2厘米，高7.2厘米（图一五二，1；图版七八，1）。标本CM413∶6，乳白色瓷胎，通体施釉，青料色亦深略显灰。内外绘花卉纹。口径20厘米，足径9.2厘米，高9厘米（图一五二，2）。标本CM415∶1，乳白色瓷胎，通体施釉，白地略泛青，青料色泽较亮。侈口程度较大，腹壁略斜直内收，至近底处急收近平，腹稍浅，圈足较高，外足壁微呈内敛状，内足壁较直。外腹壁和碗内底绘有花枝纹。口径14.2厘米，足径6.2厘米，高6.4厘米（图一五二，3；图版七八，3）。

B型　1件。微敞口，直腹壁略斜，近底处弧内收，俗称敦式碗。CM413∶2，乳白色瓷胎，通体施釉，白地略泛青，青料色较深而带灰。方唇，碗平底，圈足较高，外足壁直，内足壁略呈外撇八字状。内腹壁饰数道青花弦纹，外腹壁绘有游鱼水草纹，内碗底绘蝌蚪纹，且有针戳“下”字，外碗底有弧形纹。口径11厘米，足径5.4厘米，高6.8厘米（图一五二，4；图版七八，4）。

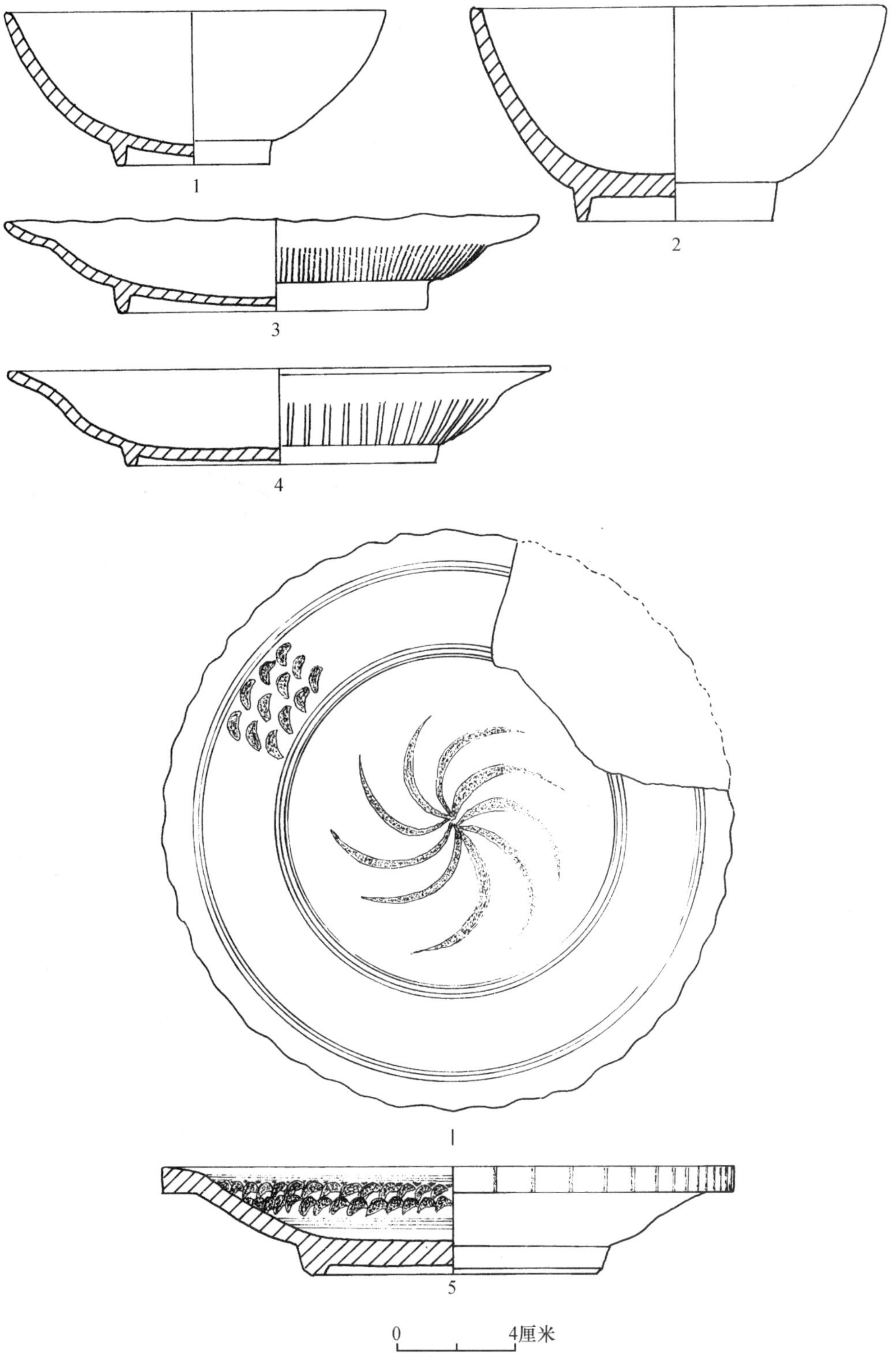

图一五一　明墓出土白瓷与青瓷器

1、2. 白瓷碗（CM417:1、CM414:1）　3、4. A型白瓷碟（CM416:2、CM419:2）　5. B型青瓷碟（CM418:2）

图一五二　明墓出土青花瓷器（一）

1、2、3. A型青花瓷碗（CM413∶3、CM413∶6、CM415∶1）　4. B型青花瓷碗（CM413∶2）

C型　1件。敞口，腹壁斜弧内收。CM413∶4，乳白色瓷胎，通体施釉，白地略泛青，青料色较深而略带灰。碗平底，圈足较矮，其内外壁均直。内外腹均绘有曲枝纹，碗外底绘有青花涡状纹。口径14.8厘米，足径6.6厘米，高6厘米（图一五三，1；图版七八，5）。

瓷杯　1件。CM413∶1，乳白色胎，通体施釉，白地微泛青，青料色泽较鲜艳。俗称压手杯，尖圆唇，侈口，口唇略外撇，上腹斜直至近底部急内收，圈足较高，足墙较厚，足内外壁均直。外腹壁上绘梵文纹，腹足交接处有一周青花弦纹。口径6.7厘米，足径3.1厘米，高3.7厘米（图一五三，2；图版七八，6）。

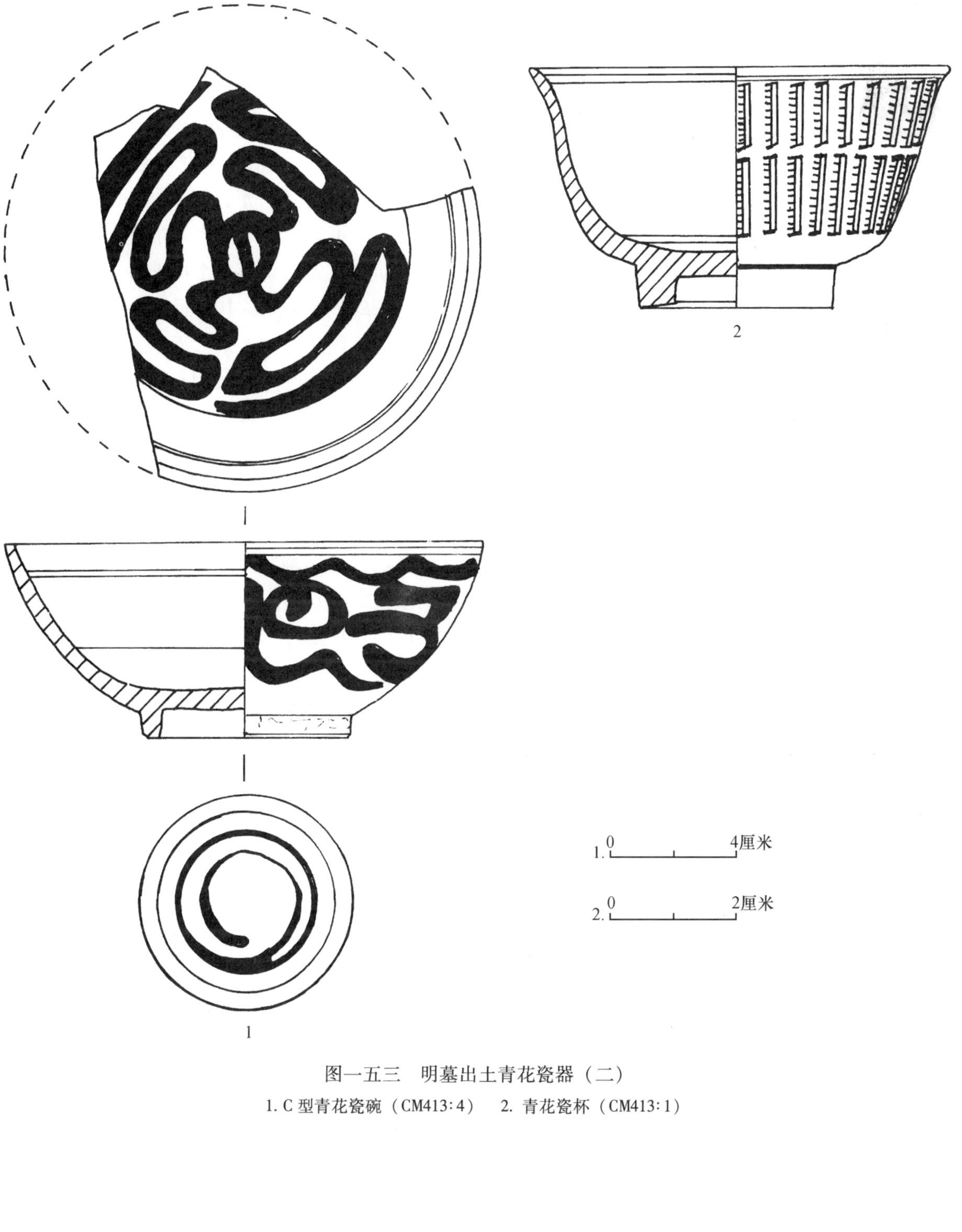

图一五三　明墓出土青花瓷器（二）

1. C型青花瓷碗（CM413∶4）　2. 青花瓷杯（CM413∶1）

第九章　分期与年代

第一节　崖墓的分期与年代

翠屏山崖墓均属中小型墓葬，规模都不大，但经对墓内出土的人骨进行鉴定，发现在保存有人骨的墓葬中合葬现象较为常见①，这与考古所见汉晋时期合葬之风较为兴盛的事实是相符的。其他未保留人体骨骼的崖墓亦不能排除其为合葬墓的可能性。而“合葬”，依据考古所见应有两重含义：第一类是所谓的夫妇合葬，夫妇同时死亡入葬或时间略有先后逝去而下葬。第二类是隔代合葬，即一个家庭内相邻的若干代人均葬于同一墓葬内，这其中有两个可能性，第一个可能性是先辈先逝先葬，后辈后逝后葬，即墓主的死亡时间及下葬时间因代际而存在先后；第二个可能性为与迁葬及二次葬相关，后辈新营墓葬，出于某种原因将或已埋葬的先辈迁葬至新墓中，而自己逝后亦葬于此墓，则代际间的入葬时间无太大差距，即墓主下葬于此墓的年代无太大差别。而至于在墓内随葬品方面，则更要具体问题具体分析。在第一类合葬墓中，若夫妇下葬时间无较明显的年代差距，则随葬品或不会体现出不同的年代特征。第二类合葬墓，在第一种情况下，若代际间下葬的一定的年代间隔，则墓内的随葬品型制会体现出不同的年代风格；在第二种迁葬及二次葬的情况中，若迁葬时将原墓内的随葬器物亦带到新墓中，则新墓内的随葬品会存在着较明显的年代风格差异，若迁葬时并无附带原随葬品，则新墓内的随葬品应为同时代的器物，其形制与最后入葬年代的器物形制风格一致。这就需要仔细分辨、分析，不宜轻率地将墓内所有随葬器物均归为同一时期。但是，这些崖墓多被盗扰，而且墓内均积水积淤，发掘时所见的器物及人骨位置很可能已非其原始位置，而且也存在着早期器物沿用至晚期的可能性，这令我们区别墓内器物可能存在的年代之别带来了极大的困难。不过通过对比研究，我们还是可将若干墓葬内的器物进行分组，组的差别体现着器物的年代性差异，即不同的组体现了不同的年代风格，但并不一定指该组的器物就必定在该时间埋入墓内。

（1）BM310 第 1 组与第 2 组。

（2）DM501 第 1 组与第 2 组。DM501 第 3 组为 C 型青瓷盏（DM501∶28），外撇形圈足，为南宋时期瓷器，不在本次分期讨论中。

（3）AM201 第 1 组与第 2 组。

（4）DM601 第 1 组与第 2 组。

（5）DM602 第 1 组与第 2 组。

（6）EM605 第 1 组与第 2 组。

以下是各组墓葬的具体情形描述和简单分析：

---

① 李法军、陈博宇：《重庆忠县翠屏山崖墓群人骨鉴定报告》，见本书附录三。

1. BM310（1）、**BM310**（2）[①]

BM310为前后室，双室呈吕字形。该墓被盗，前室随葬品被盗光，后室及甬道口虽有保存，但仍较破碎。第1组器物计有陶钵5件、陶罐、陶盆3件、陶案、执钴俑、狗、瓷罐、铜雀（残）、铁釜、铁剑、残陶楼、残陶水塘、铜钱“五铢”94枚，为典型的东汉中晚期组合。第2组器物有残破瓷罐1件（CⅠ式瓷罐，BM310:11）和铜钱位于后室东侧壁龛，瓷罐与后室散布的陶器有明显时代差异，应为两晋时期的特征。则BM310（1）为第一期，BM310（2）为第四期。

2. DM501（1）、**DM501**（2）

DM501墓室内有大量的积水及淤泥，随葬品散布于甬道及墓室中。陶器有釜、罐、碗、盘、俑；瓷器有盘口壶、鸡首壶、罐、碗、盏、虎子等，还有1件银器。根据器物形态的差异，DM501可分为三组。第一组包括陶器以及AI式青瓷四系罐及青瓷虎子，第二组则为墓内的其他器物，第三组只有1件青瓷圈足盏。DM501（1）为第三期，DM501（2）为第四期。

3. AM201（1）、**AM201**（2）

翠屏山AM201以两两相对的花纹砖为中心，随葬品的位置可分为两组，第一组是以墓室南部的16号、17号砖为中心，其西部有18、21、23、24号碗，22号盒。第二组以14、15号砖为中心，其周围有10号盘口壶、11号罐、12号碗。墓室中北部和甬道部分地势较低，可能分属原两组的器物漂移至此该墓出土较多瓷器，其中的一些瓷器可与长江中下游地区的纪年墓作对比，从而可大致分组，鸡首壶、BⅠ式罐、盒、A型平底碗为第一组；Ⅰ式盘口壶、B型饼足碗等为第二组。值得注意的是，可以明确出土位置的第一组器物中均为A型平底碗，第二组的器物均为B型饼足碗。从川渝地区和长江下游的情形来看，平底碗出现较早，饼足碗在东晋时才出现和逐渐增多[②]。笔者见到最早的饼足碗是九江三中出土的有东晋大兴三年（320年）砖铭的墓葬[③]，镇江东晋墓中也只有到东晋中期才见到有少数饼足碗[④]。两组均属第四期。

4. DM601（1）、**DM601**（2）

DM601可分两组，第一组为陶器组合，有陶罐2件、陶甑、陶盆、陶侍女俑、托腮俑；第二组为瓷器和铜器组合，有瓷盘口壶、瓷饼足碗2件和残碗1件、瓷饼足盏1件以及铜发簪2件。第一组多破碎，分布在墓道，墓道内一般很少有随葬品的。第二组较完整，分布在墓室和甬道之内，是一般崖墓随葬品的摆放位置，不排除第二组随葬品的主人借室埋葬，把第一组陶器清理出去的可能性。DM601第1组为第二期，第2组为第五期。

5. DM602（1）、**DM602**（2）

DM602骸骨经鉴定为成年男女各一，可能为夫妻合葬。从摆放位置及随葬品种类来看，墓室内随葬品分为两组。第1组位于墓室右侧，即墓室中南部，随葬品有日用的陶器、瓷器，工具类有铁

---

① BM310第1组、BM310第2组，以下文字及表格中均简写为BM310（1）、BM310（2），有类似器物分组的EM601、DM501亦同。

② 何志国：《四川六朝瓷器初论》表二，《考古》1992年第7期。

③ 九江市博物馆吴水成：《东晋纪年墓出土的几件青瓷器》，《江西历史文物》1982年第2期。

④ 刘建国：《镇江东晋墓》，《文物资料丛刊》第8辑，文物出版社，1983年。

质的刀、剪、锥，装饰品有金银戒指、指环、料珠等。第 2 组随葬品分两处摆放，第一处为甬道附近，第二处为墓室顶端即墓室东部，随葬品有日用的陶器、瓷器，文具有石砚、陶砚，兵器有铁镞、铜弩机，墓室中部一把较长的铁刀或属于第 2 组。男女棺的摆放位置，不同家族也有不同，南京仙鹤观高氏家族墓，男棺在右（东），女棺在左（西）①，南京象山王氏家族王兴之夫妇合葬墓②、王建之夫妇合葬墓③的男棺均在左（西），女棺均在右（东）。翠屏山 AM201、BM602 两座墓葬木棺已朽，但女性的随葬品摆放在墓室南侧（右），男性随葬品多见于墓室顶端和甬道。DM602 第 1 组与第 2 组均属第四期。

6. EM605（1）、**EM605**（2）

EM605 随葬品的位置分辨不出有不同的归属，根据器物形态的差异，EM605 或可分两组，一组为 AbII 式陶罐、BI 式青瓷盘口壶和 Ad 型青瓷碗，第二组为墓内其他器物。EM605（1）为第四期，EM605（2）为第五期。

以上分组，根据随葬品位置、随葬品年代差异、人骨鉴定等因素分析，可分为以下三种情况：

（1）夫妻合葬。有 AM201、EM602，女主人随葬品在墓室右侧，男主人随葬品在墓室顶端和甬道。男女主人下葬年代基本同时，AM201 也有可能女主人下葬年代略早。

（2）家族各代合葬。BM310、DM501。随葬品同居一室，但有明显早晚差异。

（3）鸠占鹊巢或后代借室埋葬。EM601、DM501。EM601 第 1 组为陶器组合，被打碎后置于墓道内，第 2 组瓷器为主的组合基本保存完整，置于墓室内。DM501 第 3 组为宋代圈足瓷盏，与第 1、2 组年代相距甚远，是三峡地区唐宋时期“借室埋葬”习俗的反应。

翠屏山崖墓的规模虽都不大，但经对发掘崖墓内出土的人骨进行鉴定，发现在保存有人骨的墓葬中合葬现象较为常见④，这与考古所见汉晋时期合葬之风较为兴盛的事实是相符的，其他未保留人体骨骼的崖墓亦不能排除其为合葬墓的可能性。既有合葬，则可推断墓主人入葬的时间或有不同，同一墓内的随葬器物形态或可体现出早晚之别。这就需要仔细分辨，不宜将墓内所有随葬器物均归为同一时期。但是，这些崖墓多被盗扰，而且墓内均积水积淤，发掘时所见的器物及人骨位置很可能已非其原始位置，这给我们区别墓内器物可能存在的年代带来了极大的困难。不过通过对比研究，我们还是可将下列 3 座墓葬内的器物进行分组，组的差别亦具年代的差异。需要说明的是，这种分组是初步的，主要参照长江中下游六朝纪年墓的资料，并略加参考随葬品在墓内的位置，只涉及一些年代特征明显的器物，一些年代信息不明确的器物均被归入二组即年代较晚的一组。当然有些分组器物年代相近，也不排除早期类型器物晚期继续沿用的可能。

其他未分组墓葬，或因被盗扰而未能分辨出器物组合的年代差异，或其随葬物年代特征差别不大。然而亦必须指出，由于翠屏山崖墓以小型墓占绝大多数，因此大多数合葬墓应非多代合葬，而大部分合葬墓中的随葬器物即使存在年代差异，这种年代间隔应是较短的，考古学研究更关注的是一定时间段内（历史时期考古一般以数十年作年代间隔标尺）的遗存状况及特征，而在实践上亦可看到器物的造型特征在一定时段内是比较固定的，故而即便未能分辨出合葬墓中器物年代的小差异，也并不影响我们对翠屏山崖墓分期与断代的合理性。另外，此种对随葬品的分组，虽可说明一墓内器物形制具有明显的年代差异性，但并不能够说明造成这种差异的原因，即不能确定是属于上

---

① 南京市博物馆：《江苏南京仙鹤观东晋墓》，《文物》2001 年第 3 期。

② 南京市文物保管委员会：《南京象山东晋王兴之夫妇墓发掘报告》，《文物》1965 年第 6 期。

③ 南京市博物馆：《南京象山 8 号、9 号、10 号墓清理简报》，《文物》2000 年第 7 期。

④ 李法军、陈博宇：《重庆忠县翠屏山崖墓群人骨鉴定报告》（见本书附录三）。

面分析的哪一种情况。这种分组的目的，旨在指出同一崖墓内的器物或会存在年代差异，同时亦为着完善峡江地区汉晋墓器物的序列。

此外，部分墓葬被盗一空，有的墓葬如 AM202 出土铜丝、BM308 出土五铢钱、CM404 出土石斧、CM406 出土铜削刀和铜扣件，等等。这些墓葬的随葬器物没有明显的分段分期信息，无法进行精确归属，因此在下文的分段与分期研究中先暂不涉及。

依据崖墓内的随葬品组合，大致将各墓粗归为三大组。第一组的随葬器物为陶器（含低温釉陶器）与若干铜器的组合；第二组的随葬器物基本上为陶器（含低温釉陶器）；第三组的随葬器物为青瓷器及少量陶器（无釉陶）的组合。其中第一、二组的关联性甚大，而第三组的组合则与前二组有较大的差别。这三大组的差别代表着随葬器物演化的三个大阶段，亦代表着翠屏山崖墓发展的三个大阶段。

根据各墓形制以及各墓内器物的组合造型风格和形制演变，我们将部分保存状况较好，随葬品丰富的墓葬进行表上作业（见附表），将翠屏山崖墓分为五期八段。

第一期

包括第一段。典型墓葬有 CM401、BM310（1）、BM301 及 EM611。

CM401、BM310 及 EM611 虽处于不同的等高线上，但均位于翠屏山的北侧，直面长江。BM301 位于山体的西侧，直朝神溪河。

BM301 及 CM401 为 AⅠ式凸字形单室墓，墓室平面呈横长方形，其中甬道较长。BM310 为吕字形双室墓，前室平面呈横长方形，穹隆顶，后室平面略呈方形，券顶。EM611 为Ⅰ式刀字形墓，略呈平顶。

随葬器物以陶器为主体，间有若干铜器。陶器有无釉陶及釉陶两大类。主要器物组合有日用陶容器如陶釜、陶罐、陶钵、陶盆、陶甑，礼祀性陶器如釉陶锺、耳杯和陶魁，另外还有陶俑及陶模型器。具体器形有 AaⅠ式及 BⅠ式陶釜，AaⅠ式、DcⅠ式、DcⅡ式、EaⅠ式陶罐，AⅠ式及 CⅠ式陶钵，Ⅰ式釉陶锺，陶耳杯，Ⅰ式、Ⅱ式陶魁，AaⅠ式、AbⅠ式、AbⅡ式、Ac 型、CⅠ式陶盆，BⅠ式陶甑等。另有铜洗及铜鋬。此外，还见有“大泉五十”、“货泉”、“布泉”以及“五铢”钱，五铢钱多有郭，偶见无郭。

第二期

包括第二段。典型墓葬有 CM407、EM601（1）、CM409、BM302、BM303 及 AM203。

CM407 及 CM409 皆处翠屏山的北麓，直面长江。而 AM203、BM302 及 BM303 均位于山体的西侧，直面神溪河。

AM203 为 B 型凸字形单室墓，墓室平面略呈方形。CM407 为 CbⅠ式凸字形单室墓，墓室平面呈长方形。CM409 为 CbⅠ式凸字形单室墓，墓室平面略呈方形，甬道较长。BM302 为 CbⅠ式凸字形单室墓，墓室平面呈长方形。BM303 因被工程破坏，其墓葬形制不甚清晰。

随葬器物大都为陶器。陶器亦有无釉陶及釉陶两大类。主要器物组合为日用陶器如陶釜、陶罐、陶瓮、陶钵、陶盆，陶甑，礼祀性陶器如釉陶锺、釉陶魁、釉陶杯、陶勺，另外还有陶俑及陶模型。具体器形有 AbⅠ式、AbⅡ式、BⅡ式陶釜，AaⅡ式及 AaⅢ式、BcⅠ式、BdⅠ式、BdⅡ式及 BdⅢ式、C 型、DaⅠ式、DaⅡ式及 DbⅠ式、DbⅡ式陶罐，AaⅡ式、B 型及 CⅡ式、CⅢ式陶盆，AbⅠ式、AbⅡ式陶甑，Ⅱ式及Ⅲ式釉陶锺，AⅠ式、AⅡ式、AⅢ式、B 型、CⅡ式及 CⅢ式陶钵，Ⅲ式、Ⅳ式釉陶魁，AⅠ式、AⅡ式釉陶杯等。此外，铜钱只见“五铢”，较多有外廓。

第三期

含第三及第四段。第三段有 DM501（1）。第四段典型单位有 EM602、CM420。

第三段，DM501 处于山体北侧，直面长江。DM501 规模较大，墓型属 Ca 型，墓室平面呈长方形，墓室后部抬升，券顶。

随葬器物以青瓷器为主，有少量的陶器。同时从本期段开始，釉陶器已消失，所见的陶器均为无釉陶。陶器有 AaIII 式釜、Eb 型罐、Ad 型碗、AaI 式青瓷四系罐及虎子等。

第四段，EM602 位于翠屏山的西侧，直面神溪河。CM420 位于山体北侧，直朝长江。

EM602、CM420 为 CbⅢ式凸字形单室墓，墓室呈长方形，甬道稍长。

随葬器物以青瓷器占绝大部分，有若干陶器。陶器有 Ba 型、Bb 型及 F 型罐，C 型碗，砚。青瓷器有 AI 式、AⅡ式及 AⅢ式盘口壶，AaⅡ式、AaⅢ式及 BI 式四系罐，Ac 型、Ad 型、BaI 式及 BbI 式、BcI 式及 BcⅡ式碗，AbI 式、AbⅡ式、BcI 式及 BdI 式盏等。

第四期

含第五及第六段。第五段包括 BM306 和 AM201。第六段有 EM606、EM603 及 DM501（2）、BM310（2）。

第五段，BM306 位于翠屏山的北麓，直面长江。AM201 位于山体的西侧，直临神溪河。

AM201 为 CbⅣ式凸字形单室墓，墓室平面呈长方形，甬道较短。BM306 亦为 CbⅣ式凸字形单室墓，墓葬规模较大，墓室平面呈长方形，墓室后部抬升，甬道较长。

随葬器物以青瓷器为大宗，亦有少量陶器。陶器器类有陶罐、陶碗，以及少量的陶俑及陶模型，其中以陶罐的数量最多。陶器具体器形为 BcⅡ式及 BcⅢ式、BdⅢ式、CbⅣ式罐，B 型碗等。青瓷器则有 AⅡ式、AⅣ式盘口壶，I 式鸡首壶，Ab 型及 BⅡ式四系罐，I 式折沿罐，AaⅡ式、AbI 式、Ac 型、Ad 型、BbI 式、BcI 式及 BcⅢ式碗，AbⅡ式、BdI 式盏，I 式唾壶等。

第六段，EM606、EM603、EM605 第 1 组皆处于翠屏山的西侧，直临神溪河。

EM606 为 B 型凸字形单室墓，墓室平面呈方表，甬道较短。EM603 为 I 式刀字形单室墓。EM605 为 AⅡ式凸字形单室墓，墓室平面呈横长方形，墓室的前面两角突出。

随葬器物以青瓷器为主，另有部分陶器。陶器器类组合有陶釜、陶罐、陶钵、陶碗、陶盘、陶甑以及陶人物俑，其中亦以陶罐的数量为最多；具体器形为 AaⅡ式釜，AbI 式、AbⅡ式、BdⅢ式、EaⅡ式罐，BⅡ式甑等。瓷器器类有 AV 式及 AⅥ式、BI 式、BⅡ式、C 型盘口壶，Ⅱ式鸡首壶，AaⅡ式、AaⅣ式及 AaV 式、BⅡ式四系罐，I 式双系罐，双口罐，Ⅱ式折沿罐，AaⅡ式、AaⅢ式、AbI 式、AbⅡ式、Ac 型、Ad 型、BaⅡ式、BbI 式、BbⅡ式、BcI 式、BcⅢ式碗，Aa 型、AbⅡ式、AbⅢ式、BbI 式、BcⅡ式、BcⅢ式、BdI 式、BdⅡ式盏，Ⅱ式唾壶等。

第五期

含第七及第八段。第七段有 CM410、BM305 及 BM309。第八段有 EM601（2）、EM604 及 EM605。

第七段，CM410、BM305 及 BM309 虽位于不同的等高线上，但均处于翠屏山的北麓，直面长江。

CM410 为 CbⅡ式凸字形单室墓，墓室平面呈长方形，墓道的最大宽大于墓室之宽。BM305 为 B 型凸字形单室墓，墓室平面略呈方形，甬道稍长。BM309 为 CbV 式凸字形单室墓，墓室平面呈长方形，甬道较长。

随葬器物以青瓷器为主体，间有少量陶器。陶器的器类组合仅有罐及盆两类，应全为实用器。具体器形有AbⅠ式及BdⅢ式罐、CⅣ式盆。青瓷器的器形有AⅦ式及AⅧ式、C型盘口壶，Ab型四系罐，Ⅲ式折沿罐，Ⅱ式双系罐，Ac型及BbⅠ式、BbⅡ式碗，AbⅡ式、Ac型、BcⅡ式、BcⅢ式、BdⅡ式盏，Ⅱ式盆等。

第八段，EM601第2组及EM604均位于翠屏山的西侧，直面神溪河，EM605第2组亦属此期。

EM601为CbⅡ式凸字形单室墓，墓室平面呈长方形，甬道较短且墓道与墓室等宽。EM604为AⅡ式凸字形单室墓，墓室平面呈横长方形，墓室的前端两角突出。

随葬器物仍以青瓷器占绝大部分，另有少量陶器。陶器器类组合有陶釜、陶罐、陶钵。具体为Ac型釜。青瓷器类有AⅨ式盘口壶，Ⅲ式鸡首壶，BbⅡ式、BcⅡ式及BcⅢ式碗，BaⅡ式、BbⅡ式、BcⅡ式及BdⅢ式盏等。

通过以上的分析，可发现每期、段内的器物均有特定的年代信息。由于翠屏山崖墓内未发现有铭文砖、题刻等纪年材料，因此本报告主要采用器形比较法，通过分析各期段的器物组合及器物形制特征，并主要以相关地区的纪年墓资料为准绳，同时适当参考观点较合理成熟、争议性较少的编年材料，通过类比推断出各期、段的大致年代。由于目前整个川渝地区均未发现有汉至六朝时期的瓷窑，因此可推断本地的青瓷器来源于长江中下游地区，因此崖墓中所出土的青瓷器，其年代特征与演变序列与长江中下游地区的亦应一致。由此，本报告中六朝墓葬的年代标准器均选自长江中下游的墓葬，而这亦是合理的。另外，因为钱币使用时间长，我们主要用来判断其上限。

第一期

第一段：本段的陶器组合具有明显的东汉风格。在铜器方面，BM301出土铜鍪、铜洗各一件，保存较好。铜鍪（BM301∶1），方唇，喇叭形侈口，束腰，溜肩，弧腹，平底，溜肩部对称饰环形纽2个，上腹部并饰三圈凸弦纹。与巫山麦沱墓地出土铜鍪（M47∶71）[①]形制十分接近。有研究认为巫山麦沱M47的年代为东汉晚期，其说可信[②]。BM301出土铜鍪（BM301∶1）、铜洗（BM301∶27）的组合与巫山双堰塘遗址M705相同[③]，双堰塘遗址M705出土铜釜（M705∶3），整体显得略高，圜底，应该比BM301出土铜鍪（BM301∶1）略早。翠屏山铜洗（BM301∶27）为方唇，宽沿外折，大侈口，腹微鼓，大底平略内斜。中腹饰凸弦纹三周，下腹对称饰兽面衔环铺首一对，与巫山双堰塘铜洗（M705∶8）相比，二者整体风格接近。铜洗，铺首移于下腹，腹中部出现数道凸弦纹是东汉中晚期的典型特征[④]。

在陶器方面，AⅠ式釉陶锺敞口、长颈、鼓腹略垂，形态与麦沱釉陶锺（M47∶37）形态甚相近。AaⅠ式陶盆（EM611∶4）敞口，腹壁斜直，与重庆合川南屏东汉墓WM4∶22相似，依据其打破出土较多剪轮五铢的WM6，并考虑到同墓中随葬器物的形态，将南屏WM4定为东汉晚期是合适的[⑤]。BⅠ式陶甑（EM611∶11）平折沿，略敞口，形态与涪陵北岩墓群M5∶4一致，而该墓中出刻有“元初三年”的陶案[⑥]。因此，第一段的年代约在东汉中晚期。

---

① 重庆市文化局、湖南省文物考古研究所、巫山县文物管理所：《巫山麦沱古墓群第二次发掘报告》，《重庆库区考古报告·1998卷》，科学出版社，2003年。

② 蒋晓春：《巫山麦沱47号墓时代考辨》，《考古与文物》2007年第5期。

③ 中国社会科学院考古研究所三峡工作队、巫山县文物管理所：《巫山双堰塘发掘报告》，《重庆库区考古报告·1998年卷》，科学出版社，2003年。

④ 吴小平：《汉代青铜容器的考古学研究》，岳麓书社，2005年。

⑤ 重庆市博物馆等：《重庆合川市南屏东汉墓葬群发掘简报》，《江汉考古》2000年第2期。

⑥ 重庆市文物考古所等：《涪陵北岩墓群发掘报告》，《重庆库区考古报告集·2001卷》，科学出版社，2007年。

第二期

第二段：本段的器物组合仍存在着较为显著的东汉风格。其中，翠屏山 BⅡ式釉陶锺（M203∶11）与重庆晒网坝釉陶锺（M10∶19）形态甚相近，只是晒网坝釉陶锺腹中折较为明显。翠屏山Ⅳ式陶魁为敛口、浅腹、退化鸟首，形态与晒网坝陶魁（M10∶30）形态近一致。翠屏山 DaⅠ式陶罐（CM409∶7、BM303∶18），敛口、短颈、折肩、曲腹，形态与丰都槽房沟（M2∶33）[①]一致；晒网坝 M10 出有较多的“直百五铢”钱，同时未见有两晋时期的器物，因此将晒网坝 M10 定为蜀汉墓是合适的。因此，第三段的绝对年代应为东汉末至蜀汉时期。

第三期

第三段：AⅠ式青瓷四系罐（DM501∶9）高直领鼓腹，腹外壁饰有麻布纹，而饰麻布纹为三国至西晋时较为流行的装饰作风，其形态与鄂城瓷四系罐（M2061∶16）、釉陶四系罐（M1002∶19）的形制亦相当接近，原报告作者将此二墓分别定为孙吴前期和中期[②]；而高领及饰麻布纹的鼓腹四系罐亦见于湖北老河口泰始八年西晋墓（M1∶13）[③]，唯其领比忠县 AⅠ式要矮且最大腹上移径近肩，估计其年代较晚。综上，可将第三段的墓葬定为西晋早期，即西晋武帝在位之时。

第四段：AⅠ式盘口壶（EM602∶44）鼓腹程度甚大，与江宁张家山元康七年墓的盘口壶[④]形态一致。AⅡ式盘口壶（EM602∶17）短颈，鼓腹程度较大，略呈球腹，形态与南京石闸湖西晋永宁二年墓 3 号盘口壶[⑤]形态甚相近。AⅢ式盘口壶（EM602∶29）鼓腹程度减小，颈较长，与湖北松林咀盘口壶（M1∶1）[⑥] 形态甚相近，而松林咀 M1 有元康四年的纪年铭文砖，唯松林墓的腹更圆鼓，其年代可能比忠县 AⅢ式盘口壶略早。AⅡ青瓷四系罐（EM602∶26）与镇江东吴西晋墓中的句黄 M1Ⅱ式瓷四系罐形态近一致，该墓出有元康五年铭文砖[⑦]，而与广州沙河顶西晋太熙元年墓[⑧]的四系罐形态亦相近，唯 EM602∶26 腹比之深，年代应比之要晚，可备参考。AⅢ式瓷四系罐 EM602∶12 高体略鼓腹，与鄂城瓷四系罐（M1013∶1）[⑨] 十分相近，报告将该墓的年代定为西晋后期。此外 BⅠ式瓷四系罐直口、扁鼓腹适度较大，与南京石闸湖西晋永宁二年墓的 8 号扁体四系罐[⑩]形态近一致。因此，可将本段的年代定为西晋中晚期，即约在西晋惠帝时期及之后。

综上，可推知第三期的绝对年代为西晋时期。

第四期

第五段：AⅣ式瓷盘口壶 AM201∶6 中鼓腹，腹体较深，形态与马鞍山林里盘口壶（M1∶3）[⑪] 相近，只是 AM201∶6 鼓腹程度略大，腹壁更圆弧，年代可能要略早，而马鞍山林里 M1 同出有建元二

---

① 四川省文物考古研究所：《三峡考古之发现（二）》，湖北科学技术出版社，2000 年。

② 南京大学历史系考古专业等：《鄂城六朝墓》，科学出版社，2007 年。

③ 老河口市博物馆：《湖北老河口市李楼西晋纪年墓》，《考古》1998 年第 2 期。

④ 南京博物院：《江苏江宁县张家山西晋墓》，《考古》1985 年第 10 期。

⑤ 南京市文物保管委员会：《南京板桥镇石闸湖晋墓清理简报》，《文物》1965 年第 6 期。

⑥ 刘松山：《湖北黄梅县松林咀西晋纪年墓》，《考古》2004 年第 8 期。

⑦ 镇江博物馆：《镇江东吴西晋墓》，《考古》1984 年第 6 期。

⑧ 广州市文物管理委员会考古组：《广州沙河顶西晋墓》，《考古》1985 年第 9 期。

⑨ 南京大学历史系考古专业等：《鄂城六朝墓》，科学出版社，2007 年。

⑩ 南京市文物保管委员会：《南京板桥镇石闸湖晋墓清理简报》，《文物》1965 年第 6 期。

⑪ 马鞍山市文物管理所：《马鞍山林里东晋纪年墓发掘简报》，《东南文化》2004 年第 5 期。

年的铭文砖。I式瓷鸡首壶（AM201∶8）球鼓腹，颈较长，形态与九江东晋大兴三年墓[①]中出土的鸡首壶近一致。I式唾壶（BM306∶2）盘口较深、颈较粗，形态与。由上述分析可知，第六段的年代约在东晋早期。

第六段：BI式青瓷盘口壶（EM605∶14）广圆肩，腹较扁，短颈，带桥形耳，其形态与南京司家山盘口壶（M3∶1）[②] 形态相近，M3未出土纪年材料，但该墓出土的瓷鸡首壶（M3∶1）与同地的谢温墓鸡首壶（M5∶3）形态一致，谢温墓志中有"义熙二年"的纪年[③]，因此可推断司家山M3的年代与谢温墓相近，约在东晋中晚期。BⅡ式盘口壶（EM606∶9）耸肩，鼓腹程度较大，虽为残器，但仍可看出其与南京吕家山盘口壶（M2∶11）形态一致，该墓有宁康三年铭文砖[④]。而EM606∶9亦与鄂城六朝墓中的M4001∶6亦一致，报告作者将该墓定于东晋晚期[⑤]；与南京雨花台东晋墓M1∶2形态亦甚相近，原简报作者亦将此墓定于东晋晚期[⑥]；此二墓的资料可备参考。AV式瓷盘口壶（EM603∶24）深鼓腹，形态与鄂城盘口壶（M2219∶1）形态接近，但M2219∶1的腹体较之要略深，原报告将M2219作东晋后期。AⅥ式瓷盘口壶（DM501∶24）鼓腹甚深，形态与南京南郊M6∶1近一致，南京南郊M6为谢珫墓，从墓中纪年材料可知该墓年代为永初二年[⑦]，永初二年是刘宋立朝的第二年，但M6∶1为六系且腹体比忠县AⅥ式瓷盘口壶略瘦，年代应略晚，而且M6墓内的随葬品仍存大量东晋晚期特征。Ⅱ式瓷鸡首壶（DM501∶25）颈较细高，腹亦较鼓深，其形态与南京江宁上湖东晋墓中的高体鸡首壶[⑧]甚相近，而与赤墩里太和五年墓中的I式黑釉鸡首壶[⑨]形态亦相近，唯DM501∶24束颈程度较大。与Ⅱ式瓷唾壶（EM603∶10）形态一致者见于南京象山东晋墓M8（M8∶7）[⑩]，该墓墓主为王企之，死于泰（太）和二年；另EM603∶10形态亦与江苏镇江东晋墓M3∶4[⑪]一致，该墓出有泰（太）和元年铭文砖。而青瓷双口罐EM603∶20深鼓腹的形态亦可与AV式盘口壶相比照。因此，可将第七段墓葬的年代定为东晋中晚期，即东晋太和年间至东晋末。

综上所述，可推知第四期的绝对年代约在东晋时期。

第五期

第七段：本段的器物始具有南朝风格。AⅦ式瓷盘口壶（BM305∶9）短束颈，深腹，形态与武昌周家大湾M206出土的青瓷盘口壶近一致，该墓中有"孝建二年六月"的铭文砖[⑫]。AⅧ式瓷盘口壶（BM305∶6）盘口较深，短颈，瘦长腹，其形态与新昌莲花庵宋墓所出土的瓷盘口壶相近，而该墓同出有泰豫元年的纪年砖[⑬]；但莲花庵泰豫元年墓的青瓷盘口壶与翠屏山BM305∶6相较颈部较长，其年代可能比BM305∶6要稍晚。因此可将第八段墓葬的年代定作南朝早期，即刘宋时期。

第八段：本段的器物具有显著的南朝风格。AⅨ式青瓷盘口壶（EM601∶4）与房县郭家庄南齐

---

① 九江市博物管吴水存：《东晋纪年墓出土的几件青瓷器》，《南方文物》1982年第2期。
② 南京市博物管、雨花区文化局：《南京南郊六朝谢珫墓》，《文物》1998年第5期。
③ 南京市博物馆、雨花区文化局：《南京南郊六朝谢珫墓》，《文物》1998年第5期。
④ 南京市博物馆：《南京吕家山东晋李氏家族墓》，《文物》2000年第7期。
⑤ 南京大学历史系考古专业等编：《鄂城六朝墓》，科学出版社，2007年。
⑥ 南京市博物馆等：《南京市鱼花台区姚家山东晋墓》，《考古》2008年第6期。
⑦ 南京市博物馆等：《南京南郊六朝谢珫墓》，《文物》1998年第5期。
⑧ 阮国林：《南京江宁县上湖东晋墓》，《文物》1990年第8期。
⑨ 无锡市博物馆：《无锡赤墩里东晋墓》，《考古》1985年第11期。
⑩ 南京市博物馆：《南京象山8号、9号、10号墓发掘简报》，《文物》2000年第7期。
⑪ 林留根：《江苏镇江东晋纪年墓清理简报》，《东南文化》1989年第2期。
⑫ 湖北省博物馆：《武汉地区四座南朝纪年墓》，《考古》1965年第4期。
⑬ 新昌文管会：《浙江新昌南朝宋墓》，《文物》1983年第10期。

武帝十年墓的盘口壶[1]形态基本一致，与其形态相近者亦见于县大坟坝六朝墓 M3（M3∶5）[2]；而 EM605∶5 为完整器，形制与之相近者见于湖南资兴南朝墓 M449∶1，原报告作者将该墓定为南朝宋至梁之期[3]，另与鄂城六朝墓 M3005∶13[4]、鄂城泽林南朝墓 M6 南∶2[5] 型制近一致，原报告均将出有此型盘口壶的墓定为南朝晚期；昭化宝轮镇崖墓中出土的Ⅱ式壶[6]亦与 EM605∶5 形态甚相近；此数墓的资料可备参考。Ⅲ式青瓷鸡首壶（EM604∶2），与浙江黄岩秀岭宋元嘉廿四年墓鸡首壶（M49∶6）[7] 相比，翠屏山Ⅲ式瓷鸡首壶器颈更长、腹体更瘦且下腹收束，总体形态更显高瘦，而且 EM605∶5 上腹饰有浅浮雕式莲瓣纹，此种装饰手法盛行于南朝中晚期[8]，因此 EM605∶5 的年代应比黄岩秀岭 M49∶6 要晚。另，忠县Ⅲ式青瓷鸡首壶形态与广东和平县晋至五代墓中的瓷鸡首壶（HPDM5∶1）的形态十分接近，原报告通过比较认为该墓的年代为南朝中期[9]，此亦可备为参考。因此，宜将本段的年代定为南朝中期及偏晚，具体为南朝齐梁时期。

综上所述，第五期的绝对年代约在南朝时期。

结合以上的分期断代结论，可对出土有器物、年代可判断的崖墓的型制进行年代学探讨。现将上文的崖墓型式划分及墓葬断代结果结合，制成下表（表二）。

表二

期	段	单室墓类							双室墓类	未完成
		凸字形墓						刀字形墓		
		A	B	Ca	Cb	Cc	D			
一	一	Ⅰ						Ⅰ	●	
二	二				Ⅰ、Ⅱ			Ⅱ		
三	三			●						
	四				Ⅲ					
四	五				Ⅳ					
	六		●							
五	七				Ⅴ					
	八	Ⅱ			Ⅵ	●	●			●

从表二可知，上文所划分的式别差异即代表着崖墓形制的演变趋势。具体地说，在翠屏山崖墓中，双室墓只存在于较早时期内，在第一段即东汉中晚期后已不见。横长方形的单室凸字形墓，其墓室平面从较规整向前端两角突出的形制发展。长方形的单室凸字形墓，除个别外，其墓室则显得越来越长。而刀字形墓，其墓室亦显得越来越长。另再需说明的是，从此批崖墓资料来看，崖墓内壁龛的开凿似无定制，亦无显示出规律性，因此壁龛的数量与位置因素并不列为墓葬

① 车轶、闫一然：《房县郭家庄南齐墓发掘简报》，《江汉考古》1992 年第 3 期。

② 北京大学考古文博学院：《重庆忠县大坟坝六朝墓葬发掘报告》，《东南文化》2005 年第 4 期。

③ 湖南省博物馆：《湖南资兴晋南朝墓》，《考古学报》1984 年第 3 期。

④ 南京大学历史系考古专业等：《鄂城六朝墓》，科学出版社，2007 年。

⑤ 武汉大学历史系考古专业等：《鄂州市泽林南朝墓》，《江汉考古》1991 年第 3 期。

⑥ 沈仲常：《四川昭化宝轮镇南北朝时期崖墓》，《考古学报》1959 年第 2 期。

⑦ 浙江省文物管理委员会：《黄岩秀岭水库古墓发掘报告》，《考古学报》1958 年第 1 期。

⑧ 罗二虎：《四川崖墓的初步研究》，《考古学报》1988 年第 2 期。

⑨ 广东省文物考古研究所、和平县博物馆：《广东和平县晋至五代墓葬的清理》，《考古》2000 年第 6 期。

形制划分的标准。

依据表二，可对一些被盗一空或随葬器物年代性不明确的崖墓进行粗略的分期与断代。AM202为凸字形单室墓，墓室略呈方形，墓型属凸字形单室墓的B型，则其年代或在东汉两晋时期，下限不到南朝。AM204为凸字形单室墓，墓室呈长方形，属Cb型的凸字形单室墓，其长宽之比约为1.2，与第一、二段墓葬相近，其年代可能在东汉时期。AM205虽亦被盗一空，但其属于Ⅰ式刀字形墓，其年代下限应在东汉中晚期。BM304为凸字形单室墓，墓室平面呈规整的横长方形，因此其年代应在东汉两晋时期，下限不到南朝。BM307为凸字形单室墓，墓室的平面呈两长边外弧的长方形，在长江中下游的同时期墓葬中，墓壁外弧的砖室墓多见于六朝的中晚期，而BM307的墓道最大宽又大于墓室的最大宽，因此该墓很可能属于南朝时期。BM308为凸字形单室墓，规模较大，形制结构与BM309甚相近，而且其墓室的长宽之比为1.6强，因此其年代可能与BM309接近，即为第七段，绝对年代可能在南朝时期。CM402、CM403为凸字形单室墓，墓室平面呈长方形，其长宽之比约为1.3，因此其年代可能是东汉末、西晋时期。CM404为凸字形单室墓，墓室平面略呈方形，其年代可能在东汉两晋时期，下限不到南朝。CM405为凸字形单室墓，墓室的平面呈长方形，其长宽之比约为1.6，且其墓道的最大宽大于墓室之宽，墓葬形制属于凸字形单室墓的CbⅡ式，因此其年代可能在东汉末至蜀汉时期。CM408为凸字形单室墓，墓室平面略呈方形，墓葬形制属凸字形单室墓的B型，其年代可能为两晋时期。CM420为凸字形单室墓，墓室呈长方形，此墓尚存少量随葬器物，但所含的年代信息不明确，其墓室的长宽之比为1.3，则其墓型属凸字形单室墓的CbⅢ式，再结合墓内所出的瓷盆及瓷碗考虑，可推知其年代或与EM602相近，因此可暂将CM420归入第四段，其年代则为西晋中晚期。EM607墓室底部类似于墓葬中的二层台式的结构，中间低平，左、右、后三壁处抬高成为台阶。其形制较为复杂、少见，可能时间较晚，年代可能是南朝时期。EM608墓室十分狭长，其长宽之比为2左右，推测其年代应为南朝时期。EM609为凸字形单室墓，墓室平面呈长方形，其长宽之比约为1.3，因此其年代可能是东汉末、西晋时期。EM610墓室长宽之比约为1.6，其绝对年代可能为南朝早期。另外，CM406为残墓，有少量随葬品，但其形制遭破坏而无法辨识；BM311、BM312未开凿完成，只开凿到墓道或甬道即被废弃；BM312位于变电站下，未发掘，所以以上几座崖墓的年代无法判断。需说明的是，由于上述依据墓葬形制对空墓的年代判定是十分初步的，由于是只基于翠屏山的材料，而未涉及邻近地区的相关资料，因此具体结论应是有商榷的余地。

第二节　翠屏山崖墓的特点

经历两年度的发掘，以及较为全面的研究，可对翠屏山崖墓形成若干综合认识。

翠屏山崖墓群遗址的年代跨度较大，从东汉中晚期至六朝晚期的墓葬均有所发现，材料的连续性较好，说明翠屏山应为一处连续使用的墓地，亦证明翠屏山是当时古人修凿崖墓首选的"风水宝地"。

就规格而论，单室墓均属中小型墓葬，其中又以小型墓占大部分。而一个值得注意的现象是，翠屏山崖墓的规模自东汉至南朝时几无差别。墓葬形制绝大部分为单室墓，仅见一座双室墓。墓葬的结构亦相对较简单：凸字形墓一般是在中轴线上以墓道、甬道、单墓室或双墓室作为主结构，墓室的两侧或后端依开墓者的实际情况再开凿大小及数量不等的壁龛，部分崖墓墓室两侧的壁龛具有对称性。而若干规格较大的凸字形墓则或会在墓室的前端一角附凿一灶，灶的开凿用意或是模仿墓主的生前居所，以象征某种含义，检索文献，可见有如下两种可能。第一，《魏书·裴叔业传》后附从子植条云“植虽自州送禄奉母及赡诸弟，而各别资财，同居异爨，一门数灶，盖亦染江南之俗也”①，按北魏之时正江左之东晋，而“一门数灶”则又是“江南之俗”，说明南方之地在当时以“一门数灶”代表兄弟同室分家，而崖墓中只凿一灶则可能代表墓内只葬有一家之人或表示家内兄弟的团结。第二，凿灶又或是与汉晋时期的民间信仰相关，《史记·孝武本纪》“是时李少君亦以祠灶”，下引《索隐》如淳云“祠灶可以致福”，《汉书·五行志》又云“灶者，生养之本”。此外，在凸字形单室墓中与墓道相连的甬道，其长可及墓室之长的近二分之一。而刀字形墓亦是由墓道、甬道及墓室构成，只是墓道及甬道偏处于墓室一端而已；刀字形墓的规模一般较小，且墓室内一般亦不再另附凿壁龛、灶等其他设施。翠屏山崖墓的墓道呈开放式，即墓道上方的坡体岩石并不保留，山坡处的岩体构成了墓道的底部及两壁；而甬道大多相对较长，即甬道与墓室的长度差距较小。而各类墓型的演变趋势详见上文。同时，墓内未发现有石棺、砖床等砖石类葬具及设施，因此可推断墓内可能仅使用木质葬具。

东汉至蜀汉时期墓葬在随葬器物方面有着较大程度的相似性，体现着自东汉至蜀汉强烈的随葬器物传统。陶器为这两个时期的大宗随葬品，而陶器含低温釉陶及无釉陶两类，器形主要为釜、罐、钵、盆、甑、锺、魁、耳杯、陶俑及模型等，可区分为实用器及礼祀器两大类，其中锺、魁、耳杯等礼祀器应与所谓的中原汉文化系统毫无二致。而其他陶器中，如Aa型陶釜应为本地特有的因素；忠县古属巴国，而从三峡考古的发现中亦可看出本地的战国及西汉早期墓（包括巴人墓葬）中实用性的陶釜构成了器物组合中的重要因素。另在东汉墓中还出有一类Ab式陶釜，该型陶釜为低温釉陶，应非实用器，不论其是作为礼祀器还是明器，均体现着本地陶釜因素“礼器化”、“汉化”的结果。东汉及蜀汉时期所出土的陶俑及模型数量较多，俑可分为人物俑及动物俑；而陶模型则有陶井、陶水塘、陶楼等。东汉时期的崖墓中还出有铜器，其中铜洗折沿、敞口、浅弧腹并饰鲤鱼纹，是典型“朱提堂狼”式洗；铜鍪在汉代之时则多出于西南地区；因此铜器亦应属于本地特有的器物因素。而蜀汉墓中未出有青铜容器，这是蜀汉墓与东汉墓间的器物差异；但蜀汉墓陶器与东汉墓陶器更多的是存在着器形演化关系，而非组合变化关系。总体来说，东汉及蜀汉的陶器体现出强烈的汉式因素，仅有部分本地器物因素的孑遗，并且体现出强烈的传承性。

西晋时期的墓例偏少，随葬器物以青瓷器为大宗。基本瓷器组合为盘口壶、四系罐、碗及盏，此三种器物随葬器物的比重亦最大，特别是作食盛之器的碗、盏类数量最多，陶质食器近绝迹。陶器方面，低温釉陶在本时期中消亡。而所存的陶器不仅数量少，而且器类大大简化，主要为罐类器。而本期的陶罐与东汉及蜀汉时期陶罐的在器形上似不存在继承性，特别是EM602出土的双耳陶罐应是长江中游东吴西晋墓中的典型器物。而且，在东汉及蜀汉时段流行的陶俑及陶模型在本时期已不见。另一方面，本期的随葬品中还出现了首饰类器物。总体上说，与东汉及蜀汉墓葬相比，本时期墓葬的随葬器物存在着一种突变性，除了以青瓷为主随葬器物外，西晋墓内的随葬器物有明显的器类简化趋势，而且器种亦大部分为日常器具，生活气息甚浓。

东晋时期的墓例较多。本时期的随葬器物亦以青瓷器为大宗，常见的瓷器组合为盘口壶、鸡首壶、四系罐、碗及盏，其中作食器的碗及盏数量仍是最多。陶器方面以釜、罐为主，陶釜承继了东汉及蜀汉时期的造型传统，陶罐则与东汉及蜀汉墓的同类器有演化关系；陶器新见有劳作工具（纺轮）；但陶器的组合并不固定，其出土较为零星。而本时期个别墓葬还出有陶俑及陶模型：陶俑为人物俑，BM306的人物俑则极大简化，呈片状，仅可辨四肢；而陶模型则仅可见一陶楼。而首饰类

---

① 魏收：《魏书》，中华书局，1974年。

器物在本期中亦有出土。而在两晋时期虽亦已不见用青铜器随葬，但铁器的种类及数量均进一步增加，本时期的部分墓葬出有铁剪。本时期墓葬的器物与西晋时期的相较，组合上并无太大差异，只是一些主要青瓷器在器形上发生变化，主要是器体更高，腹更深。

南朝时期的墓例相对料较多。本时期的随葬器物在组合上与东晋时期无异。而陶容器则只见零星的釜及罐类器，陶人物俑亦有零星遗留。本时期的青瓷器向瘦高的方向演化，碗、盏类器则更显腹深。

铁质器具在东汉至南朝崖墓中均有出土，而主要的器类为刀。

上文曾述，翠屏山是一处连续使用的崖墓墓地。则在分期断代的基础上，可对墓葬的排列做初步的探讨。现先对保存情况较好的 EM602 ~ EM605、EM606 及 EM601 作讨论。EM602 ~ EM605 为处于同一坡段的、紧密排列的四座崖墓，按上述的分期断代结果，EM602 属西晋中晚期，EM603 属东晋中晚期，而 EM604 及 EM605 均属南朝中期及偏晚，则可看出年代较早的墓葬处于左侧，年代较晚的依相对年代排列于右侧（以墓道口方向为正向而定左右，下同）。EM601 及 EM606 所处的坡度较前列诸墓高一级，因此二墓应该自成排列，EM606 的年代为东晋中晚期，而 EM601 的年代则为南朝中期及偏晚，则同样是年代较早的墓葬在左，年代较晚的在右。再检 B 区的墓葬：BM301 ~ BM303 为三座处于同一坡段、排列紧密的墓葬，BM301 及 BM302 均属第一段，为东汉中晚期墓葬，BM303 属第三段，年代在蜀汉时期，则此三墓的排列亦是年代早的居左，年代晚的居右；另 BM306 ~ BM309 亦为处于同一等高线上、排列较为紧密的四座墓葬，BM305 处于此一墓列的西侧，其年代属东晋早期，处于中部的 BM304 虽未出可说明其年代的器物，但上文已指出，其墓室形态为较规整的横长方形，其绝对年代在东汉两晋时期，下限不到南朝，而处于该墓列东侧的 BM305 及 BM309 的年代皆在南朝早期，因此本墓列的排列方式亦大致符合“左早右晚”的规则。再检 A 区的墓葬：AM201 ~ AM205 为处于同一坡段的、紧密排列的五座墓葬。AM203 的年代约在蜀汉时期，AM201 的年代在东晋早期，而 AM202、AM204 及 AM205 虽为空墓，但上文依墓型略将 AM202 定在东汉两晋时期，将 AM204 及 AM205 定在东汉时期，则对“左早右晚”的墓葬排列规则似亦无违反。因此，可认为翠屏山中，在同一坡段且紧密并列的崖墓有着“左早右晚”的排列规则。

崖墓这种依照某种规则的排列易引起人们对其为家族墓葬的猜测。秦汉以降，随着封建制的发展，族葬墓地逐渐消失及改变，家族墓地兴起，在一个大墓地中，出现了若干不同姓氏的、以家族为单位的茔域①，而在可确认的汉晋之时家族墓地中，墓葬的分布排列的确会存在一定的规则，但这些规则并非定制，而是相对灵活，因时因地而略有差异。如韩国河先生认为中原地区两汉家族墓的排列方式，在较早阶段较流行长辈居前，晚辈并排埋葬，而到了东汉较晚阶段则流行线性排列方式②；不过在线性排列中具体的排列方法又有所不同，如潼关杨氏墓群，一排七墓，原简报经研究认为是东汉名臣杨震的祖孙三代家族墓，且位于东侧的 M2 年代最早，其他各墓向西渐晚③，而西安净水厂 M16 ~ M21 为南北排列，墓葬的年代则为北早南晚④。而在六朝家族墓中，墓葬排列方式亦有数种，如南京老虎山东晋颜氏墓地，年代较早的墓葬在西侧，年代较晚的居东，体现了“尊者居右”的排葬次序，而象山王氏家族墓则呈现出长辈居中居前、后辈居后并列的排序⑤。但是，在考古上对墓葬为家族墓的确认，一般需要墓内文字材料或墓主遗骨 DNA 资料作佐证，所以在无上

---

① 徐苹芳：《中国秦汉魏晋南北朝时代的陵园和茔域》，《考古》1981 年第 6 期。

② 韩国河：《秦汉魏晋丧葬制度研究》，陕西人民出版社，1999 年。

③ 陕西省文物管理委员会：《潼关吊桥汉代杨氏墓群发掘简记》，《文物》1961 年第 1 期。

④ 陕西省考古研究所：《西安净水厂汉墓发掘简报》，《考古与文物》1990 年第 6 期。

⑤ 李蔚然：《论南京地区六朝墓的葬地选择和排葬方法》，《考古》1983 年第 4 期。

述材料的情况下，认为翠屏山内紧密并列且有一定排序规则的若干座崖墓代表着家族墓茔是冒险的；不过可肯定的是这些墓葬之间应有着某种关联。而上述的排列规则除反映着墓葬年代差别外，还是否隐含着其他信息，现阶段则未可知。

另一方面，崖墓所处的海拔高度与其年代似无明显的联系。年代较早的墓葬既分布中海拔较高的地方，如 EM611，亦会分布在稍低的区域，如 BM301；而年代较晚的墓葬同样可分布在高程较高的位置，如 EM604 及 EM605。

而在崖墓的开凿技术上，后世文献中虽未有记载，但通过发掘和观察可得到若干线索，或有利于复原当时开凿崖墓的过程。

首先，BM311 和 BM313 均为崖墓的“半成品”，“记录”了宝贵的营墓、特别是墓道及墓门修凿的信息。BM311 现保留一台阶，从这种来看，当时开凿墓道时可能为分上下而施工，即，工匠从上而下修凿照墙，且照墙为略向外倾斜，而修凿照墙亦即在从上而下开凿墓道，又从外而内开凿墓道，这样就会在墓道处形成一个台阶，当然，此二者是同时进行还是有先后之别现难以判断。BM313 开凿至甬道即被废弃，但墓道两侧及墓门处仍保留有清晰的开凿痕迹；墓道两侧的凿痕均呈约与墓底水平的长条形，而墓门的门框及照墙处清楚可见有大量分布毫无规律的小圆窝点，可见：一是古人所用的凿并非尖形凿，二是开凿时工具大致是水平向内撞击。罗二虎先生认为崖墓的开凿常使用“冲击式顿钻法”，即架梁吊上撞桩，回来滑动撞桩顿击岩面，此种方式能较大地提高工作效率①，具体到本次所发掘的崖墓，由于未能在墓道壁上发现安装架梁所用的对称小孔，但结合 BM311 及 BM313 所见的开凿痕迹，可认为罗二虎先生所谓的“冲击式顿钻法”很可能是存在的，但具体说是否架梁或如何架梁则有待断续研究。另一方面，BM311 被放弃的原因不明，而 BM313“半途而废”的原因，据我们推测，可能与山体内部岩体有较明显的斜向断层相关，因据观察在甬道末端的岩石虽亦为灰白色砂质岩，但其结构却似页岩般有斜向的裂缝和断层，估计古人深入开凿时，发现此处的岩体结构极不利于营建墓室，故放弃施工。

第二，部分崖墓墓室内仍保留有较为清楚的凿痕，可为探讨墓室的开凿及修整再提供若干线索。墓内开凿痕迹保存最好的为 CM420、EM603 及 EM611，现即以此三墓为例进行讨论。EM611 的各墓壁及 CM420 的墓顶同样见有大量小圆窝点，其开凿及修整方式应该是以钝凿撞击岩体，以使岩面平整。EM603 墓内的开凿痕迹与前两墓有所分别，在其墓壁及墓顶可见有明显的长条痕迹，此种凿痕在墓室壁处为斜向下，并且略带弧度，近顶处则略水平，可推测当时开凿墓室时凿具是斜向下撞击，墓室上部则切合墓室的穹隆顶，即凿痕均朝向墓的最顶处；圆窝点痕仅见于墓壁间的交接处，且呈竖直线状排列，其间距则大体接近。由此，可推测当时墓室的开凿方式或是一样的，即采用“冲击式顿钻法”或类似的方法，而修整墓室存在着两种方法。第一种方法的例证是 CM420 及 EM611，是为用钝形凿具近垂直地撞击墓室内的每一个壁面，从而使墓壁平直；第二种方法的例证是 EM603，是为以凿具只沿前后方向斜向下地向内打击，因此在墓室两壁留有斜向下的线形凿痕，而开凿及修整墓顶时则是侧向撞击，因此墓顶处不见有圆窝点而仅见与穹隆顶相符的长线痕，这些都是明显的直接以人手凿击所产生的遗痕。

通过以上两点的讨论，可令我们得出关于崖墓开凿的更具体的认识，虽未能解决所有问题，但亦可为日后的研究提供若干方向。

在翠屏山已发掘的崖墓中，西晋早期即武帝司马炎在位时期的墓葬资料偏少。而从川渝地区崖墓的整体看，这种情况并不鲜见。一方面或与盗墓因素有关。另一方面，检索文献，这或与当时本

---

① 罗二虎：《四川崖墓开凿技术探索》，《四川文物》1987 年第 2 期。

地区的历史背景相关。《华阳国志》云："魏咸熙元，蜀破之明年也……后主既内迁，内移蜀大臣宗预、廖化及诸葛显等并三万家于东及关中，复二十年田租"①；《三国志·魏书·陈留王奂纪》亦云，咸熙元年，"劝募蜀人能内移者，给廪二年，复除二十岁"②。可见，在蜀汉覆灭之后，当政的司马氏即有内迁蜀民之举，而所迁之民，除有大臣之外，依前朝迁豪强于关中的惯例，另外的内移的"三万家"应非普通农户，而是本地的大户豪民。而一般来说，开凿崖墓的成本应高于修建一般的砖室墓，非财力雄厚者莫可为。伴随着大量具备较强经济能力的社会上层内迁，则崖墓的修凿之风自然受到一定程度的抑压。

而在西晋中晚至东晋早期，临江一带亦应处于李氏成汉的统治范围。但依《晋书·载记第二十一》记李雄条所云：（李雄）以永兴元年僭称成都王……建元为建兴……时海内大乱，而蜀独无事，故归之者相寻……事少役稀，百姓富贵，闾门不闭，无相侵盗③。可见在成汉统治早期时期，虽中原大乱，但四川盆地的经济状况仍有所发展，在此基础上，豪强富主的数量亦应比西晋早期有所增加。而在成汉后期，虽屡动兵刃干戈，但据《晋书》所载，战事多发生在成都平原一带，而到东晋之时，桓温于永和二年进兵定蜀，《晋书·桓温传》"温停蜀三旬，举贤旌善……百姓咸悦"，则可知东晋定蜀之后多采安民之策，重用地方官吏，并无迁民等的举措，因此一统之后，巴地一带的经济基础应无受多少破坏，而一些地方丧葬传统等亦应得以保留。在此大背景下，则可理解翠屏山崖墓在东晋及之后等仍有所发展。

西晋及之后的崖墓内，随葬器物以青瓷器为大宗，其中又以作为食盛之器的碗盏类为数量最多者；若墓葬未被盗，则一墓中所出土的瓷碗、盏数目甚为可观，如 EM602 共出 17 器。这说明六朝中晚期墓中随葬器物的变革，注重于实际的日常生活，因此这些瓷食器应为实用器。《晋书·隐逸传·张忠传》云："张忠……恬静寡欲，清虚服气……食用瓦器"，《陈书·高组本纪》："高祖……加以俭素自率，常膳不过数品，私飨曲宴，皆瓦器蚌盘"④。可见当时社会上"食用瓦器"者略显奇特，可视作隐士之为或上层社会节俭之举，值得一书；因此可推测六朝中晚期社会中上层食器以瓷器为主；而崖墓中大量随葬瓷碗等即是此一社会事实的一个反映。

第三节 与邻近地区崖墓的比较

川渝地区的崖墓广有发现，而资料亦多有刊布。总体上说，四川地区所刊布的崖墓虽多有大型墓葬，但多已被盗，随葬器物因素不太清晰，且年代集中在东汉时期，六朝时期崖墓的资料略少。而重庆地区已刊布的崖墓则多为中小型墓，虽多有被盗，但随葬器物因素较为清晰，年代则自东汉至六朝均有。

事实上，重庆地区的崖墓有较大的同质性。与翠屏山崖墓相较，忠县已刊布的两批崖墓材料即涂井崖墓及仙人洞、土地岩等地的崖墓同样以中小型的凸字形单室墓为主，双室墓有若干发现，刀字形墓发现亦较少，而多室墓同样未见。另随葬器物方面，在各个时间段内几处地点均显现出共同的器类组合与器物造型特征。

---

① 常璩撰、刘琳校：《华阳国志》，巴蜀书社，1984 年。

② 陈寿撰、裴松之注：《三国志》，中华书局，1982 年。

③ 房玄龄等：《晋书》，中华书局，1974 年。《华阳国志》中所记与《晋书》中所述略有出入，《晋书》或有溢美之辞，但考虑到常璩曾在李氏下为官，或郁郁不得志，所述或有所偏离事实，故在此依《晋书》之说。

④ 姚思廉：《陈书》，中华书局，1972 年。

涪陵地区至今有三座崖墓的资料公布，而这三种崖墓则同为中小规格的凸字形单室墓，涪陵M1的墓室平面略呈方形，而北岩M4及M7的平面则呈横长方形。北岩M4及M7的年代或在东汉中期，根据所公布的资料，二墓的随葬器物几全为陶器，器类组合同为实用器及礼祀器的结合，有罐、锺、魁、碟、耳杯、俑及模型器等。就陶器组合及形制而言，此二墓与翠屏山第一墓崖墓的甚相近。涪陵M1的年代应在东汉晚期，其器物组合中除有陶器外，另有不少青瓷器；青瓷器的器形有小口高鼓腹四系罐及六系罐，另有碗；由于迄今仍未在四川及重庆地区发现有汉及六朝时期的瓷窑，因此可推断涪陵M1的青瓷四系罐与六系罐应来自长江中游地区，且其器形亦见于罗州城东汉墓中。反观翠屏山东汉及蜀汉崖墓中未见有青瓷器。

奉节三塘乡、周家坪等地亦发现有崖墓①。而所见的崖墓均为中小型的单室墓，结构更简单，墓葬只由墓道及墓室构成，墓室内再无其他附属设施，而且均不设甬道。墓形以凸字形墓为主，墓室开凿不甚规整，而墓室平面则大多呈长方形。如奉节三塘SM5，随葬器物组合为陶釜、罐、甑，且出有所谓的“传形五铢”，因此其年代可能在蜀汉时期；SM5墓底略向内倾斜，墓道长4米，宽2.6米，高1.5米；墓室呈不规则长方形，长6米，宽3.3米，高3.5米。奉节凸字形墓的墓道不似翠屏山崖墓的墓道呈露天式，而是呈封闭式，即墓道上方的岩石仍保留，令墓道似是山坡岩石内的管道。而刀字形墓亦略有发现，如奉节拖板SM4，年代约在东汉中期，其墓道亦呈封闭式；而另一刀字形墓的墓例拖板FM3，年代约在东汉早中期，其墓道则与翠屏山崖墓一样呈露天式，而且墓室开凿较为规整。而在随葬器物方面，奉节地区崖墓亦有长江中游同时期墓葬的器物因素。如三塘SM4出有一类折沿高鼓腹瓷罐（SM4∶8），其腹外壁饰满麻布纹，此类瓷罐亦应为长江中游的产品。总体上说，奉节地区的崖墓虽规模上与翠屏山崖墓相差无几，且亦以凸字形单室墓为主，但其结构更为简单，而且墓道多呈封闭式；而在随葬器物方面，除奉节崖墓有零星长江中游的器物因素外，其余实亦无异。

开县地区亦曾清理两座崖墓，其中红华村M1是规模较大的前后双室凸字形墓，前后室之间以甬道相连，属本文崖墓分型系统中的第二类墓葬。但其前室的平面呈长方形，墓室之宽小于2米，长宽之比近4；就墓葬形制而言，其与翠屏山崖墓的差异性较大，而与四川盆地中部的大型崖墓相近。随葬器物方面，除陶器及铜器外，红华村M1亦出若干青瓷器，器形有小口高鼓腹六系罐等。该墓的年代约在东汉末至蜀汉时期。

可见，涪陵地区的东汉崖墓与翠屏山同时期崖墓基本一致；而处于瞿塘峡地区的奉节、开县东汉及蜀汉崖墓则已与翠屏山同时期崖墓在墓型上有一定的差别。而在随葬器物方面，上列的三地均出有来自于长江中游的青瓷器。

翠屏山崖墓与四川地区崖墓亦存在着一定的差异。四川地区的崖墓多分布于成都平原一带。因四川地区的崖墓的年代多集中于东汉时期，因此本部分的比较以东汉时期崖墓为重点。另由于四川地区崖墓被盗情况较为严重，同时不少墓葬为多代合葬，年代跨度甚大，因此要对四川地区崖墓进行较为细致的断代较为困难，因此本部分的比较研究基于一个较大的时间段内。综合现已公布的材料，依据各地崖墓的墓型特征等，可大致将东汉时期的四川崖墓分为两大区域：川中北区（川中及川北地区）及川东南区（川东及川南地区）。

川中北地区是指成都、德阳、绵阳一带地区，即汉晋之时的蜀郡、广汉郡及犍为郡北部一带地

---

① 吉林大学边疆考古研究中心：《重庆奉节县三峡库区崖墓的清理》，《考古》2004年第1期；陕西省考古研究所等：《奉节拖板崖墓2001年发掘简报》，《重庆库区考古报告集·2001卷》，科学出版社，2007年；重庆市文化局等：《重庆奉节拖板崖墓2005年发掘报告》，《江汉考古》2007年第3期；武汉大学历史文化学院考古系：《重庆奉节县周家坪墓地发掘简报》，《江汉考古》2005年第2期。

区。现所刊布的川中北地区崖墓有三台郪江崖墓①、中江塔梁子崖墓②、成都天迴山崖墓③、成都新都区崖墓④、荥经水井坎沟崖墓⑤等，资料甚多；但鉴于本地区崖墓资料、特别是大型墓的复杂性（主要是合葬及多次开凿导致其年代上下限跨度较大），因此对此地区部分崖墓进行断代时需谨慎。现所见川中北地区的崖墓多为大中型的双室及多室墓，小型崖墓数量略少，部分大型的崖墓形制更是甚为复杂；这即是川中北崖墓在总体规模方面与翠屏山崖墓的一大差异。另外，部分大型崖墓应非一次凿成，而是作为一个长期使用的墓葬历经后人的多次增建，而且这些墓葬中合葬墓亦是十分常见，部分甚至可能是多代合葬。总体上说，川中北地区崖墓全为凸字形墓，主墓室平面多呈长方形，部分墓室呈方形，横长方形者极少见，而墓道与翠屏山崖墓一样，亦为露天式。现可依据墓葬的规模进行更具体的分述。川中北地区的大中型崖墓（指墓室总长度在 5 米以上的墓葬），按其墓型可大致分为四种类型：第一类为不带侧室的单室墓，此类崖墓的墓室为长宽之比较大的长方形，墓室两侧无侧室，只开有壁龛等设施，但目前此类墓的资料甚少，其年代亦约在东汉中期，墓例有荥经水井沟崖墓。第二类为双室或多室墓，墓室间以一较短的甬道相连，此类崖墓的墓例甚多，广见于三台郪江及中江塔梁子崖墓，成都亦有分布，如成都新都 HM3、HM4，天迴山 M1 等，这类墓的延续时间较长，自东汉早期至晚期均有发现。第三类为一长方形的主墓室，两侧开有数量不等的规模较大的侧室，而侧室与主墓室之间或有甬道相接，此类墓葬的数量甚少，如成都双流沙河村、成都新都 HM1、三台郪江天 M1，此类墓的存续年代应在东汉中晚期甚至可能到蜀汉时期。第四类为双室或多室墓，各墓室直接相连，中不间以甬道，此类墓葬的数量亦甚少，亦只集中见于东汉中晚期，如成都新都 HM2、LM1 等。第一类崖墓的主墓室在平面上均呈长方形，而墓室的长宽比一般为二或三。第二类墓葬的各个主墓室平面多呈长方形，如郪江紫 M5、成都新都 HM3 等，亦有呈方形或横长方形者，但是与主甬道相接的墓室均呈长方形，只有中室或后室才有呈方形或横长方形的情况，如郪江胡 M1、紫 M12、金Ⅱ M4、绵阳朱家梁子 M2 等；长方形主墓室的宽一般亦约 2 米，其长一般可达其宽的二至三倍，部分甚至可达四倍；主墓室两侧或再凿有侧室或壁龛。在第三类墓葬中，主墓室平面均为长方形，且长方形墓室略显长窄，其宽一般约 2 米，但墓室之长一般为其宽的五倍甚至更多，因此主墓室平面呈长条形；而此类崖墓的侧室规模甚大，侧室之尺寸与主墓室的相差较小。当然，这些大中型墓内亦雕有石柱、藻井天花等装饰。

川中北地区的小型崖墓，墓室平面则均呈长方形，其宽亦约为 2 米，墓室之长一般约为宽的两倍，如绵阳朱家梁子 M5、M6 等。而小型崖墓的墓室两侧亦较为流行开凿体积稍小的壁龛，这与翠屏山东汉及蜀汉时期小型崖墓情况一致。

总体上说，川中北地区东汉时期崖墓的墓室平面以呈长方形为主流，而且墓室的长宽之比至少为二，个别大中型墓则可达四五倍甚至更多。这与翠屏山崖墓中方形及横长方形墓室以及长方形墓室的长宽之比不大于二不同。而川中北崖墓与墓道相连的甬道相对较短，一般不长于墓室之宽，有的甚至只有墓室宽的一半左右，这与翠屏山崖墓中甬道相对较长迥异。另外，川中北地区的第二类大中型墓即与翠屏山的第二类墓葬为相同的分类等级，只是在翠零山目前只发现一座这种主墓室间有甬道相连的双室或多室墓，但可确定的是翠屏山的 BM310 及开县红华村 M1 在墓葬设计及开凿传统上应与川中北地区的第二类墓是一致的。在葬具方面，川中北地区崖墓中有石棺（或原岩石棺）

---

① 四川省文物考古研究院等：《三台郪江崖墓》，文物出版社，2007 年。

② 四川省文物考古研究院等编著：《中江塔梁子崖墓》，文物出版社，2008 年。

③ 刘志远：《成都天迴山崖墓清理记》，《考古学报》1958 年第 1 期。

④ 成都文物考古研究所等：《成都市新都区东汉崖墓的发掘》，《考古》2007 年第 9 期。

⑤ 四川省文管会等：《四川荥经水井坎沟崖墓》，《文物》1985 年第 5 期。

并不少见，有的墓葬甚至在一室中已设数棺；而翠屏山崖墓则似只使用木质葬具。此外，川中北地区东汉时期崖墓墓室边缘呈直线直角状，此与翠屏山同时期崖墓的墓边墓角形态一致。在随葬器物方面，由于这些大中型的崖墓虽多被盗一空，但仍可看出墓内的陶器组合有釜、罐、钵、模型明器等，除部分陶釜为地方因素外，其他应为汉式器物，暂未发现有来自长江中游地区的瓷器；此与翠屏山同时期崖墓的随葬器物基本一致。

川东南地区可作为四川崖墓的另一个分区。川东南地区指乐山、宜宾、泸州一带区域，即汉晋时的犍为郡南部和江阳郡北部地区。依目前的资料，川东南崖墓多集中在在乐山①、宜宾②、泸州③及自贡④一带。总体上说，现所见的川东南地区崖墓材料以大、中型墓葬为多，小型墓葬数量稍少。而无论墓葬的规格，又以凸字形单室墓及双室墓较多，多室墓甚少，另刀字形墓未见。而墓道基本上为露天式，此与翠屏山同时期崖墓一致。按照墓葬的平面布局，此地区的大中型崖墓可分为三大类型：第一类为无前堂纵列单墓室式，此类崖墓的墓门及甬道之后为主墓室，主墓室平面呈长宽之比较大的长方形，主墓室的两侧一般再开凿有规模相对较小的侧室或耳室等，此类墓在川东南地区数量较多，与川中北地区较少分布形成对比，构成了川东南地区崖墓的又一特征，而这类墓亦多见于东汉中晚期；典型墓例有乐山麻浩鱼村 M1、乐山大湾嘴 M3 等。第二类墓为无前堂纵列双室墓，有两主墓室，墓室之间必以短甬道相边，且前室的规模一般比后室小，而前后室的平面均呈长方形，后室平面的长宽之比亦较大，此类墓葬在川东南地区亦较多，年代多集中为东汉中晚期；典型墓例有乐山麻浩 M1、大湾嘴 M5、宜宾横江油房坝 M5 等。第三类为带前堂并穴式，即墓门之后为一规模较大的横列式的“前堂”或曰“享堂”，此部分应供冥祭之用，不作为正式墓室，该前堂之后并列开凿多个墓穴，这些并排的墓穴与前堂之间一般又通过一段较短的墓道及甬道相连，而每个墓穴的形态则又与其他崖墓的形制相近，而这类崖墓一般属东汉中晚期，且很可能是家族合葬墓，是汉代社会中“同院而别居”的反映；当然因开凿起来赀费浩大，所以数量并不多，似并未构成本地区崖墓型制的主流，不过此类墓葬形制足以构成川东南地区崖墓型制的一大特征性因素，而此类崖墓目前亦仅发现于乐山地区；典型的墓例如乐山麻浩一号崖墓（麻 IM1），墓门之后即为一横前堂，前堂中雕刻有较繁复的斗拱及壁画等作装饰，前堂之后为并凿有三座规模甚大的双室墓穴。一般而言，此地区崖墓其中一个显著特征即是主墓室均呈长方形，未见方形或横长方形墓室。而且此地区大中型崖墓的主墓室显得甚长，墓室之宽一般约 2 米，而其长宽之比近四倍甚至更多，而部分大型墓的长宽之比可达六倍；大中型崖墓的墓室两侧或会开凿大小不等的侧室或壁龛，但侧室的规模一般较小，鲜见有川中北地区侧室规模较大的墓例。在部分崖墓中亦发现有石棺等石质葬具。另外此地区的大型崖墓亦多是数代合葬，除这些崖墓有多副棺外，亦有题刻证明，如乐山新福寺乡周代崖墓题记“建和三年正月廿日造此冢……周代造此冢，后子孙率来”⑤。

川东南地区的小型崖墓发现略少。但从现有的资料可看出川东南地区的小型崖墓均为凸字形单室墓，亦未见有刀字形墓，而且墓室平面亦均为长方形，未见有方形及横长方形。另外，川东南地

① 乐山市文化局：《四川乐山麻浩一号崖墓》，《考古》1990 年第 2 期。胡学元等：《乐山麻浩渔村崖墓清理简报》，《四川文物》1995 年第 1 期。四川乐山文管所：《四川乐山市中区大湾嘴崖墓清理简报》，《考古》1991 年第 1 期。南京博物院：《四川彭山汉代崖墓》，文物出版社，1991 年。陈明达：《崖墓建筑上——彭山崖墓发掘报告之一》，张复合主编：《建筑史论文集 · 第七辑》，清华大学出版社，2003 年。彭山县文管所：《四川彭山一座残岩墓》，《考古》1991 年第 5 期。

② 四川省文物考古研究所：《四川宜宾横江镇东汉崖墓清理简报》，《华夏考古》2003 年第 1 期。宜宾市博物馆：《四川宜宾真武山发现一座东汉崖墓》，《华夏考古》2003 年第 1 期。

③ 四川省文物考古研究所等：《四川泸州河口头汉代崖墓清理简报》，《四川文物》2006 年第 5 期。

④ 四川省文物考古研究所等：《自贡市黄泥土山崖墓清理简报》，《四川文物》2009 年第 1 期。

⑤ 高文、高成刚：《四川历代碑刻》，四川大学出版社，1990 年。

区的小型崖墓中还见有弧边墓室者，如泸州河口NHYM1，该墓墓室前窄后宽，两侧弧边扩张。这种弧边式崖墓未见于同时期的翠屏山崖墓及川中北崖墓。

由此可知，川东南地区崖墓与翠屏山崖墓亦存在不少差异，一是川东南地区崖墓内大中型规模者较多；二是川东南地区崖墓，无论其规模，其墓室无一例外地为长方形，而且大中型崖墓的墓室长与宽之比甚大，令整个墓室呈长条形；三是川东南地区的东汉小型崖墓中已出现弧边者，而此种墓型特征并不见于翠屏山崖墓。此外。川东南地区东汉崖墓的随葬器物同样以陶器为主，组合有釜、罐、钵、甑、耳杯、模型明器等，形制上与翠屏山的亦大同小异，只是因川东南地区墓葬被盗更为严重，因此翠屏山崖墓的随葬器物较为丰富；另外，在川东南地区东汉崖墓中亦暂未见来自长江中游地区的青瓷器。

总体上说，东汉时期的四川地区崖墓与翠屏山崖墓存在着一定的差异性，而这差异主要体现在墓葬规模、形制结构及葬具上，而随葬器物方面各地则体现着较大的共性。

东汉时期川中北地区及川中南地区有着数量较多的大中型墓葬，这非翠屏山崖墓可比的，而这或与当时的历史背景相关。从地域经济角度讲，川中北及川东南大体处于成都平原的范围内，而自秦汉以来，成都平原一带的殷富多记载于文献。首先是土地肥沃，物产丰盛，《史记·货殖列传》“巴蜀亦沃野，地饶卮、姜、丹沙、石、铜、铁、竹、木之器”[①]，《华阳国志·蜀志》“蜀沃野千里，号为‘陆海’。旱则引水浸润，雨则杜塞水门，故记曰：水旱从人，不知饥馑，时无荒年，天下谓之‘天府’也”[②]；具体如“绵与雒各出稻稼，亩收三十斛，有至五十斛”[③]，“德阳县山原肥沃，有泽渔之利……土地易为生事”[④]。再次是由于自然资源丰富，催生商贸繁盛，所谓“以贫求富，农不如工，工不如商”，蜀地“民工于市，易贾”[⑤]；《华阳国志·蜀志》又云“家有盐铜之利，户专山川之林，居给人足，以富相尚。故工商致结驷连骑……”，其中的典型例子在史籍中亦是尽书不绝，如《汉书·货殖传》：“至成、哀间，成都罗裒訾至钜万。初，裒贾京师，随身数十百万……令往来巴蜀，数年间致千余万……擅盐井之利，期年所得自倍”[⑥]。因此，成都平原蜀地一带可谓是“地沃土丰，奢侈不期而至也”[⑦]。事实上，渝东一带虽亦有较高的经济水平，但受制于地貌环境等因素[⑧]，农业及经济发展应逊于成都平原地区。而且川蜀之地富户的厚葬亦是名闻遐迩的，具体如“郫民杨伯侯奢侈，大起冢营”[⑨]。因此，在东汉时期，蜀地大、中型崖墓的数量较多亦是理固宜然的事了。

四川地区六朝中晚期崖墓的发现相对较少，且以目前所刊布的资料而言，该时期的崖墓多分布在川北地区。

广元市文管所曾在广元鞍子梁发掘一座晋代崖墓86SGAM1[⑩]，原简报将该墓的年代定作蜀汉至西晋时期。该墓出土器物较少，仅有一件青瓷器，依据墓内出土的青瓷盘口壶的形态：六系、扁

---

① 司马迁：《史记》，中华书局，1959年，第3261页。

② 常璩撰、刘琳校注：《华阳国志》，巴蜀书社，1984年，第202页。

③ 常璩撰、刘琳校注：《华阳国志》，巴蜀书社，1984年，第259页。

④ 常璩撰、刘琳校注：《华阳国志》，巴蜀书社，1984年，第266页。

⑤ 司马迁：《史记·货殖列传》，中华书局，1959年，第3277页。

⑥ 班固：《汉书》，中华书局，1962年，第3690页。

⑦ 常璩撰、刘琳校注：《华阳国志》，巴蜀书社，1984年，第225页。

⑧ 事实上，渝东并非全部地区均有较发达的物资及农业经济，受地貌环境所限，古时渝东部分区域很可能是欠发达的；如《华阳国志·巴志》云“枳县郡东四百里，治涪陵水会。土地确瘠”，“涪陵郡，巴之南鄙……土地山险水滩”。

⑨ 常璩撰、刘琳校注：《华阳国志》，巴蜀书社，1984年。

⑩ 广元市文物管理所：《四川广元鞍子梁西晋崖墓的清理》，《文物》1991年第8期。

腹、颈略长，笔者认为该墓的年代应属东晋早中期。广元 M1 为一小型凸字形单室墓，而墓室前窄后略宽，整体呈长梯形；而因墓室之宽为 1.08 ~ 1.36 米，墓室长 2.52 米，长宽之比略大于二，因此墓室整体显得窄长。翠屏山两晋时期崖墓中未见有此类墓型。在随葬器物方面，广元 M1 的器物组合为瓷盘口壶、陶釜、陶钵及陶甑，青瓷器数量较少，但器物的组合及形制与翠屏山同时期崖墓的基本一致。

四川省博物馆在四川北部的广元昭化宝轮镇清理一批南北朝时期崖墓①。这批崖墓有两大类，一类是凸字形单室墓，一墓道配一墓室；另一类是一墓道带两墓室，即两墓室并列，并使用同一墓道。这两类崖墓的结构均甚简单，同是由墓道、甬道及墓室构成，未有壁龛、侧室等附属设施；而墓室平面均呈前窄后宽的不规则长方形。这些崖墓的规模甚小，墓门高 0.7 ~ 0.8 米；墓室长约 2 米，宽约 1 米，高则多不足 1 米。昭化宝轮的第二类崖墓未见于翠屏山同时期崖墓，而这种一墓道带双室的墓形可能是为方便合葬而演化出来的，既可实现合葬，又可免除多次开墓、封墓的麻烦。昭化宝轮崖墓的墓室较多呈弧边及圆角。而在翠屏山的南朝时期崖墓中，除 EM611 及 CM410 规模相对较小与之相近外，其他的规格均较大，且墓室圆角者未见，墓室弧边者仅见一例。另外，昭化宝轮崖墓中还有砌砖以形成棺台，此亦为翠屏山崖墓所不见。

总体上说，四川地区晋代的崖墓发现较少，而且墓葬的规模亦较小，与东汉时期的崖墓形成甚为鲜明的对比，与翠屏山同时期崖墓亦形成一定的对比；这应不单是田野工作不足、发现不充分的问题，而是有其历史根源的。《华阳国志》云："魏咸熙元，蜀破之明年也……后主既内迁，内移蜀大臣宗预、廖化及诸葛显等并三万家于东及关中，复二十年田租"②；《三国志·魏书·陈留王奂纪》亦云，咸熙元年，"劝募蜀人能内移者，给廪二年，复除二十岁"③。可见，在蜀汉覆灭之后，当政的司马氏即有内迁蜀民之举，而所迁之民，除有大臣之外，依前朝迁豪强于关中的惯例，另外的内移的"三万家"应非普通农户，而是本地的大户豪民，导致蜀亡至西晋早期上层经济结构遭遇较严重的破坏，开凿崖墓的风气自然大减。而到晋惠帝在位之时，川中多乱，流人问题及战事在蜀地不断；《晋书·李特载纪》："（永康年间）廞遂谋反，特之党类皆巴西人，与廞同郡，率多勇壮，廞厚遇之，以为爪牙，故特等聚众，专为寇盗，蜀人患之"，此后李特与赵廞战于绵竹及成都，"特至成都，纵兵大掠"，战事亦造成"蜀人流散，东下江阳，南入七郡"，李雄称帝后虽略有安宁，但其死后烽烟再起。特别是李势在位之时，情况更为恶化。《魏书·僚传》云："建国中，李势在蜀，诸獠始出巴西、渠川、广汉、阳安、资中，攻破郡县，为益州大患。势内外受敌，所以亡也。"④ 因此晋代成都平原一带崖墓无论是数量还是规模均甚少是可理解的。相反，翠屏山属于古巴地，处于今所谓的"渝东地区"，这一地区虽亦有战事波及，但依史籍所记，与蜀地相比，战事的数量、规模均不大，延续时间亦不长⑤；而且在六朝时期，长江中下游由于政局相对稳定以及自然区域优势，经济得到较大程度的发展⑥，"时荆扬晏安，户口殷实"⑦，又《宋书·沈昙庆传》亦云"江南之为

① 沈仲常：《四川昭化宝轮镇南北朝时期崖墓》，《考古学报》1959 年第 2 期。

② 常璩撰、刘琳校：《华阳国志》，巴蜀书社，1984 年。

③ 陈寿撰、裴松之注：《三国志》，中华书局，1982 年。

④ 魏收：《魏书》，中华书局，1974 年。

⑤ 三国两晋之时渝东地区的战事似并不激烈，且战事多只为"过道"性质。如《晋书·王濬传》记"濬发自成都……二月庚申，克吴西陵……壬戌，克荆门、夷道二城……濬自蜀发，兵不血刃，攻无坚城，夏口、武昌，无相支抗。于是顺流鼓棹，径造三山"；《晋书·桓玄传》"后恒谦走入蜀，蜀贼谯纵以谦为荆州刺史，使率兵而下，荆楚之众多应之"。

⑥ 关于六朝时期长江中下游地区经济长足发展的论点，可参看罗宗真：《六朝时期的江南农业经济——兼论全国经济重心的开始南移》，《农业考古》1984 年第 1 期。

⑦ 《晋书·王导传》，中华书局，1974 年。

国盛矣，虽南包象浦，西括邛山，至于外奉贡赋，内充府实，止于荆、扬二州。……自义熙十一年司马休之外奔，至于元嘉末……兵车勿用，民不外劳，役宽务简，氓庶繁息，至余粮栖亩，户不夜扃，盖东西之极盛也。……自晋氏迁流，迄于太元之世，百许年中，无风尘之警，区域之内，晏如也。……自此以至大明之季，年逾六纪，民户繁育，将曩时一矣。地广野丰，民勤本业，一岁或稔，则数郡忘饥。会土带海傍湖，良畴亦数十万顷，膏腴上地，亩直一金，鄠、杜之间，不能比也。荆城跨南楚之富，扬部有全吴之沃，鱼盐杞梓之利，充仞八方，丝绵布帛之饶，覆衣天下。而田家作苦，役难利薄，亘岁从务，无或一日非农，而经税横赋之资，养生送死之具，莫不咸出于此"①。渝东地区即处于长江中游一带之上，并作长江中下游与蜀地的交通咽喉，长江中下游地区经济的发展对渝东地区应有一定的带动作用②，这就导致了在翠屏山中亦可发现有一定数量的六朝中晚期的崖墓。

贵州西北部的赤水及习水地区与重庆隔江相望，战国时属巴国，秦时属巴郡，西汉时属犍为郡，区域文化与川渝地区有着紧密联系，亦同为崖墓的分布区。目前该区域已有零星的崖墓资料公布③，材料多属东汉至蜀汉时期。就目前的资料而言，赤水及习水一带的崖墓均为小型的单室墓，未见大型墓例；墓室平面仅见长方形一种形态，而墓室总体上比东汉至蜀汉时期的翠屏山崖墓要略显长窄，部分墓葬的墓室长宽之比可近三；部分崖墓的墓室内开石棺作为葬具，且这些石棺的开凿位置大多位于墓室的两侧，这点亦与翠屏山同时期崖墓内绝少发现葬具痕迹的情况有所差异。现所见赤水及习水地区崖墓均被盗及破坏，因此墓葬的随葬器物组合等因素不甚清晰。以所见的资料而论，该地区东汉至蜀汉崖墓的随葬器物以陶器为主，而陶器器类多为罐、甑等实用器，另陶人物俑亦较多见，与翠屏山同时期崖墓相比，缺乏陶质礼祀性器物如锺、魁等，陶动物俑亦绝少见，另陶模型的器类及数量亦较少，仅见陶楼一项。总体上说，贵州西北部的崖墓具有稍强的区域特色，与翠屏山同时期崖墓相较略存差异。

第四节　与长江中下游同时期墓葬的比较

已有不少前辈学者指出崖墓与同时期的砖室墓有着千丝万缕的联系④。例如，翠屏山 Ca 型崖墓，其墓室后底部高出，形成台阶，这种墓形亦见于武隆县蔡家村砖室墓⑤，有学者认为该墓的年代属东汉晚期⑥。事实上，基于人口、商品的流动及文化因素的交流，在崖墓的发展过程中，无论是其墓形还是其随葬器物，均可看出与其他地区、特别是长江中下游地区有着密切的关联。首先可指出的是，崖墓或为穹隆顶或为券顶的墓顶形态，应是借鉴于汉时的砖室墓建筑样式；而平面呈刀

---

① 沈约：《宋书》，中华书局，1974 年。

② 翠屏山六朝崖墓、甚至六朝砖室墓所出土的大量来源于长江中下游的青瓷器已能充分表明，当时渝东与长江中下游一带存在着较为紧密的联系，而这种联系应以民间贸易及交流居多。

③ 黄泗亭：《贵州习水县发现的蜀汉岩墓和摩崖题记及岩画》，《四川文物》1986 年第 1 期；张合荣：《贵州习水县东汉崖墓》，《考古》2002 年第 7 期；贵州省文物考古研究所等：《贵州赤水市复兴马鞍山崖墓》，《考古》2005 年第 9 期。

④ 如商承祚先生认为崖墓是受河南南阳墓制的影响而产生的；郑德坤先生在《四川古代文化史》中指出崖墓与砖室墓在墓形、葬制、器物等方面的一致性；辜其一先生认为崖墓与砖室墓本质相同，只是实际处理方式存异。可参看商承祚：《四川新当等地汉崖墓砖墓考略》，《商承祚文集》，中山大学出版社，2004 年；郑德坤：《四川古代文化史》，巴蜀书社，2004 年；辜其一：《乐山、彭山和内江东汉崖墓建筑初探》，《中华古建筑》，中国科学技术出版社，1990 年。

⑤ 四川省文物管理委员会等：《四川武隆县江口镇汉墓清理简报》，《考古与文物》1990 年第 6 期。

⑥ 罗二虎：《四川汉代砖石室墓的初步研究》，《考古学报》2001 年第 4 期。

字形的崖墓，其墓形亦应源于东汉时的刀字形砖室墓。

本部分的比较主要是将翠屏山六朝时期墓葬与长江中下游①的同时期墓葬进行比较。鉴于长江中下游地区有若干六朝时期的大型砖室墓，其墓主可确定为官宦大将甚或帝皇，因此本节中的比较研究限定在同时期的崖墓与中小型砖室墓的对比。

翠屏山蜀汉时期墓葬的随葬器物以陶器为大宗，未见青瓷器，陶器的器类组合为罐、釜、钵、锺、魁、模型明器等；从组合上看与东汉中晚期墓葬无异。而墓形则为凸字形单室墓，墓室平面呈近方形或长方形。长江中游的东吴墓主要发现于湖北鄂城地区②。长江中游的东吴早期的中小型墓葬以长方形单室墓为主，随葬器物以陶器为大宗，陶器则包括泥质灰陶及釉陶，其中釉陶又以高温釉陶为多，陶器组合则为罐及模型明器，罐的具体器形有泥质灰陶的牛鼻式双系罐、直口深鼓腹四系高温釉陶罐、小口折沿高鼓腹高温釉陶罐等；而瓷器的数量相对较少，且以碗盏类器为主。在东吴中后期中小型墓葬虽亦多为单室，但已开始出现双室墓，随葬器物中瓷器逐渐占主导地位，并形成盘口壶、四系罐、碗、盏的较固定的组合，而陶模型明器仍较多地存在。由此可见，翠屏山蜀汉时期崖墓在随葬器物方面与长江中游的东吴墓葬存在较大的差距，前者还保留较强的汉式传统，异于后者多改东汉之时本地墓葬的器物组合与类型风格。

而从墓形及随葬器物上可看出翠屏山两晋南朝崖墓对长江中下游同时期墓葬的借鉴。长江中下游自西晋砖室墓两侧墓壁开始出现外弧，翠屏山 BM307 墓室两壁外弧应是受前者的影响。BM302 墓室后部两端保留两角未开凿，形似突出的两柱，而这种做法应来源于长江中下游墓中起砌砖柱的传统。

翠屏山两晋南朝时期崖墓的随葬器物以青瓷器为主，由于在四川盆地至今仍未发现东汉六朝时期的瓷窑，因此可较肯定的推测本地区的青瓷器应是自长江中下游贸易而来。因此其器类、器形特征及其演变趋势与长江中下游的并无差异，只是以目前的资料看，本地区的瓷器种类较长江中下游的偏少，器种集中在盘口壶、鸡首壶、罐、唾壶、碗及盏这几类，未发现在长江中下游较流行的瓷魂瓶（堆塑罐）、水盂等器物；另外，在长江中下游的六朝中晚期墓中，部分人物俑及动物俑已“瓷化”，即不再以陶为材质，但纵观翠屏山崖墓的俑类器，其质料仍为陶，而且晚期墓葬中陶俑的陶质并不一定比早期墓中的好、硬。另一方面，学界目前的研究成果表明，虽然长江中游和下游地区瓷器的器种及造型并无明显区别，但在胎、釉等的瓷质方面是存在一定差别的。六朝时期，长江下游地区的瓷窑基本为越窑系统，虽然目前学界关于越窑青瓷特征的观点较多，亦不尽完全一致，但学者们对越窑青瓷部分显著特征的认识还是相同的。越窑系青瓷胎体烧结，釉层玻化程度高，胎釉结合较为牢固③，而长江中游地区所产的青瓷器，其胎质因高硅低铁，需高温才可完全烧结，其釉则因助熔剂氧化钙的储量较高，一般不需太高温度即可玻化，造成瓷器在烧造中胎、釉的热膨胀系数不一，致使胎釉结合不好，釉层开片，在埋藏过程中釉层则因环境因素容易剥落④。观察翠屏山两晋南朝墓葬所出的青瓷器，脱釉情况严重者较多，而胎釉结合情况良好的器物不足五分之一；因此，可推测翠屏山崖墓的青瓷器是多来自于长江中游地区，源于长江下游的仅占较少的一部分。而形成这种情况的原因也是可推断的，两湖地区离临江一带较近，瓷器的运输成本应比自江浙一带运来要低。而自两湖地区贸易至重庆地区在当时亦是可行的：《后汉书·孝和孝殇帝纪》“辛卯，巫蛮叛，寇南郡”⑤，而“巫”即指巫山，又同书《南蛮传·巴郡南郡蛮传》“巫蛮许圣等……遂屯聚

---

① 本报告所指的长江下游地区指江西北部即九江湖口至长江口的江苏、浙江一带地区，长江中游主要指湖南、湖北地区。

② 南京大学历史系考古专业等：《鄂城六朝墓》，科学出版社，2007 年。

③ 林士民：《青瓷与越窑》，上海古籍出版社，1999 年；南京大学历史系等：《鄂城六朝墓》，科学出版社，2007 年。

④ 南京大学历史系等：《鄂城六朝墓》，科学出版社，2007 年。

⑤ 范晔：《后汉书》，中华书局，1965 年。

反叛。明年夏，遣使者督荆州诸郡兵万余人讨之。圣等依凭阻隘，久不破。诸军乃分道并进，或自巴郡、鱼复数路攻之，蛮乃散走”；《三国志·蜀书·先主传》“诸葛亮、张飞、赵云等将兵泝流定白帝、江州……”①；《晋书·王濬传》记“濬发自成都……二月庚申，克吴西陵……壬戌，克荆门、夷道二城……濬自蜀发，兵不血刃，攻无坚城，夏口、武昌，无相支抗。于是顺流鼓棹，径造三山”；《晋书·桓玄传》“后恒谦走入蜀，蜀贼谯纵以谦为荆州刺史，使率兵而下，荆楚之众多应之”，从以上数条可看出，汉晋之时重庆地区与两湖地区的交通运输是存在且应是较为便捷的，而水路是一条重要的途径。另外，翠屏山六朝中晚期的崖墓在陶器中仍保留有零星的本土因素，如Aa型釜。但总体上，除墓葬形制方面，翠屏山六朝中晚期墓葬与长江中下游同时期的砖室墓实有较大的一致性。

另外，值得注意的是，CM410在墓室的一侧开凿有一侧室，本报告将该墓的年代定作南朝中期及偏晚阶段。这种营墓方式亦见于其他地区的砖室墓中；如西安张家堡发现一座砖室墓M115②，原简报将该墓定作新莽时期，M115带有一长斜坡墓道，墓道的一侧开挖有两个并列的耳室，耳室与墓道直接相连，在无甬道相接。可知，崖墓墓道的一侧开凿侧室的做法并不是无源之水、无本之木，是有其历史背景的。虽然西安张家堡M115墓道侧开挖的是耳室，但亦可推断崖墓墓道旁开凿侧室是源由于部分早期砖室墓的营墓方式。

第五节　石室墓的年代

本次所发掘的石室墓亦未出有纪年材料。虽然可依据墓内随葬瓷器的式样初步将其断在明代，但若要进行更细致的年代判定，则亦需要将此批石室墓与邻近地区的相关资料进行对比。

墓葬形制方面，此批石室墓的墓型均为竖穴长方形，而长方形石室墓在江苏地区约在明代中期偏后才出现③。

随葬器物方面，忠县明墓虽受严重破坏，墓内随葬品或早已不存或不全，但多数墓内仍出土少量陶瓷器，这些为数不多的器物同样包含着较为丰富的年代信息。

首先，从出土瓷器方面考量。青花碗的青料色泽较深而带灰，应该为明代中晚期民窑采用国产青料的表现。而碗类器物，特别是青花碗，其圈足稍高而宽，且腹壁略显斜直，腹下部不丰，则是明代后期的常见风格④。其中A型青花碗习见于峡江地区明代中晚期遗存，如与A型青花碗CM413∶3造型及纹饰近一致者有2000年巫山大昌古城T2009④∶18BⅡ式青花碗⑤、云阳晒经T0805⑤∶1AI式青花碗⑥等，而此二报告均将该型青花碗定为明代晚期器，其中大昌古城遗址有明确的层位关系，且出土瓷器中不乏有款识者，因此其对青花瓷器的断代应是可信的。

瓷碟的造型均为大敞口、宽折沿、浅腹。与B型青瓷碟CM418∶2极相近者，有明益宣王朱翊鈏继妃孙氏墓中出土的龙泉瓷碟⑦，而孙氏死于万历十年（1582年）；而在峡江地区内，B瓷青釉

① 陈寿撰、裴松之注：《三国志》，中华书局，1982年。

② 西安市文物考古研究所：《西安张家堡新莽墓发掘简报》，《文物》2009年第5期。

③ 贺云翱：《江苏明代墓葬的发现及类型学分析》，《南方文物》2001年第3期。

④ 马希贵：《中国青花瓷》，上海古籍出版社，1999年。

⑤ 中山大学人类学系、重庆市文物局、巫山县文物管理所：《巫山大昌古城遗址第一次发掘报告》，重庆市文物局、重庆市移民局编：《重庆库区考古报告集·2000卷》，科学出版社，2006年。

⑥ 重庆市文物局等：《云阳晒经》，科学出版社，2008年。

⑦ 江西省文物工作队《江西南城明益宣王朱翊鈏夫妇合葬墓》，《文物》1982年第8期。

碟又常见于明代晚期，如 2001 年巫山大昌古城的第一期遗存（年代为明代晚期）出有 BG6∶1A 型青釉盘[①]，形制与忠县明墓 B 型青瓷碟几一致。另外，与 A 型瓷碟形制相近的青花瓷碟则又见于广昌县李仔坑万历三十六年墓[②]及上引的朱翊鈏墓（死于万历三十一年）。因此，可推断此类宽折沿浅腹碟的年代亦为明代晚期。

第二，从陶器方面考虑。忠县明墓中的塔式罐与四川广安岳池明墓出土的带盖塔形罐[③]、奉节宝塔坪明墓出土的“魂瓶”[④] 基本一致，而于长江下游如江西、江苏等地的明墓中未见出土，则此种塔式罐可能为川渝地区明墓随葬品中的特色。而 CM413 所出土的丰肩罐，造型与湖北随州何家店明墓 M5 东室∶1[⑤]、湖北孝昌石板地明墓 M3∶2[⑥]、奉节瞿塘关 M8∶2[⑦] 均十分相近，另，忠县明墓的 B 型敛口球腹釉陶罐，可在孝感小湾山明墓[⑧]中见有形制相近者，唯孝感小湾山 M1∶1 最大腹径处位于中上部，与忠县的敛口罐的球腹形态相异。而与忠县明墓的双耳陶罐及带流罐形制相近者，亦见于奉节瞿塘关遗址（器物编号分别为 T8∶5 及 M8∶1）[⑨]。结合同出的瓷器分析，这些陶罐均应均属明代晚期。

综上所述，宜将忠县石室墓的具体年代定为明代晚期。

第六节　明代石室墓的墓形与葬制

明代石室墓中有两排各 4 座墓葬紧密相连共用墓壁，这应该是所谓的“同圹异室”的合葬形式。《明会典 · 丧礼 · 职官坟茔》记有“文武大臣，官为造墓者，夫故在前，并造妻圹；妻故在前，并造夫圹。后葬者止令所有官司起倩夫匠开圹安葬。继室则附葬其旁，同享一堂，不许另造”。因墓葬遭严重破坏，且未出有墓志，因此未可审墓主为谁。若墓主为品官，则此两排同圹异室式的合葬则与《明会典》之载相符；若墓主未履官职，则可推测此种合葬之风或被吸收到民间丧葬之仪，《明会典 · 丧礼 · 庶人》有记“凡丧礼禁令，……治丧之具，称家有无。近代以来，富者奢僭犯分，力不及者，揭借财物”[⑩]，可见即便是庶民，越礼犯禁而葬亦是常有之事；而事实上明代民间同圹异室合葬亦并不鲜见。

此外，可从随葬物的器类组合角度考虑合葬墓的性质，当然，亦要考虑此批墓由于严重破坏，导致随葬物不存或不全，但事实上残存器物的组合仍有其特征及规律。先考察各墓的器类组合，则可将此批明墓大致分为三群：第一群，以塔式罐与瓷碟为组合，有 CM416、CM418 及 CM419；第二群，以塔式罐与瓷碗为组合，有 CM417。第三群，其他罐类如双耳陶罐、丰肩罐、球腹罐等与瓷碗的组合，有 CM411、CM414、CM413、CM415（此墓中仅出一青花碗而未出陶罐，但其器类组合应

① 中山大学人类学系等：《巫山大昌古城遗址 2001 年发掘报告》，《重庆库区考古报告集 · 2001 卷》，科学出版社，2007 年。

② 姚澄清等：《试谈广昌纪年墓出土的青花瓷器》，《江西文物》1990 年第 2 期。

③ 刘敏：《岳池明墓清理简报》，《四川文物》1996 年第 4 期。

④ 吉林大学边疆考古研究中心：《奉节宝塔坪 2001 年唐宋明清墓发掘报告》，《重庆库区考古报告集 · 2001 卷》，科学出版社，2008 年。

⑤ 随州市博物馆：《随州市何店镇干堰洼宋明墓葬发掘简报》，《江汉考古》2005 年第 3 期。

⑥ 湖北省文物考古研究所：《湖北孝昌石板地明墓发掘简报》，《江汉考古》2003 年第 4 期。

⑦ 重庆市文物考古研究所：《奉节瞿塘关遗址发掘报告》，《重庆库区考古报告集 · 1999 卷》，科学出版社，2006 年。

⑧ 京珠高速考古队：《京珠高速公路孝南段考古发掘简报》，《江汉考古》2000 年第 3 期。

⑨ 重庆市文物考古研究所：《奉节瞿塘关遗址发掘报告》，《重庆库区考古报告集 · 1999 卷》，科学出版社，2006 年。

⑩ 申时行等：《明会典》，中华书局，1998 年。

与其他三墓一致）。每一群内的墓葬年代应该十分接近，而第一群与第二群墓的年代亦应相距不太远。再将此与墓葬的排列相结合，可发现在三排合葬墓中，器类组合为第一及第二群的墓均处于东侧，即随葬塔式陶罐的墓均是合葬墓排的东侧二墓，而器类组合为第三群的墓均是合葬墓排的西侧二墓；再结合墓葬形制考虑，CM418 及 CM419 均为 B 型墓，其器类组合为第一组且位于墓排的东侧；另外，独葬的 CM413 处于该墓地的西端位置。可用下表表示此种组合（表三）。

表三

	西组		东组	
墓号	CM415	CM414	CM416	CM417
随葬器物	瓷碗	双耳罐、瓷碗	B、C 型陶塔式罐、瓷碟	A 型陶塔式罐、瓷碗
墓型	A 型	A 型	A 型	A 型

	西组		东组	
墓号	CM412	CM411	CM419	CM418
随葬器物	单耳罐、敛口球腹罐等、瓷碗		B 型陶塔式罐、瓷碟	B 型陶塔式罐、瓷碟
墓型	A 型	A 型	B 型	B 型

每排墓葬中的东组与西组间的具体相对年代关系，囿于资料还难以更深入地探讨，只能确定这些墓葬的年代均为明代晚期。东西组墓葬的关系不外乎有两个可能性：

一是东西组墓虽处于同一年代段，但具体上还有一定的差距，于是产生随葬品组合及墓型的差异，而且入葬年份不同，其墓穴所处的位置亦有规定，而这种规定因非孤例，可能是当时的定制，但孰早孰晚难以深入考究。考虑到《明会典》中记有职官夫妻同圹之规，则东组、西组内的墓主则可能为夫妇，而东西两组墓可能代表了两代人之别。另《明会典·群祀·品官家庙》记有："陈设，设高祖考妣位于堂西北壁下，南向，考西妣东……曾祖考妣、祖考妣、考妣以次而东"①，这段文字记的虽是职官祀祖庙堂的牌位陈设，不涉及墓穴的排列，但对于当时的合葬墓仍是有可比性的。具体到忠县的这批石室墓，则在东西两组墓内，西处的墓穴的墓主为男性先辈，而东处的墓穴则葬有女性先辈；而东西两组之间则代表了相继的两代人②。

二是东西组墓葬年代大体相近，而随葬品组合及墓葬位置的差异可能代表了墓主地位或身份的不同，即在合葬墓中某种身份的人定有一种器类组合并顺葬于东侧或西侧。一般而言，并排合葬的一般是具血缘关系，而这种可能性则或表示家族内兄弟间的合葬。但史籍中关于兄弟合葬的记载极鲜，因此这种可能性的存在几率不高。

明代石室墓其实所见不多。在峡江地区与忠县明墓形制最近者应是万州上中坝遗址中的明石室墓，为长方形、平顶且均带头龛③，而其中 M5 亦为四室并列式合葬，且墓室头龛处有与忠县 B 型墓几近一致的门楼牌坊样式浅浮雕，唯 M5 头龛顶部形态为花瓣桃尖式。上中坝 M5 的随葬器物现仅见残片，但从公布的资料看随葬品中有塔式陶罐及青白釉大敞口厚方唇折沿盘，其器类组合与第一群墓葬相同，再考虑到墓葬型制，可推断两地的明墓或年代相近。在邻近地区中，湖北孝昌亦曾

① 申时行等：《明会典》，中华书局，1998 年。

② 本文定"东"、"西"时以墓向为正方向，可能与《明会典》中定"东"、"西"方向的标准不同。

③ 西北大学考古队等：《万州上中坝遗址发掘报告》，《重庆库区考古报告集·1997 卷》，科学出版社，2001 年。

发现有石室明墓（M2）①，但该墓为石筑拱顶，与忠县明墓的平顶略有差异。

总的来说，过往的一些明墓研究或更注重大型墓葬或出土物中“珍品”的研究，而对陶瓷器等的类型学研究则相对欠缺，对缺乏出土文字资料的墓葬性质亦少有探讨，因此本次发掘所得的明墓材料，以及对随葬陶瓷器的初步类型学研究和探讨合葬墓性质的尝试，有利于峡江地区明墓的研究。

① 湖北省文物考古研究所：《湖北孝昌石板地明墓发掘简报》，《江汉考古》，2003年第4期。

附录一　重庆忠县翠屏山崖墓部分出土非金属饰品的无损鉴定和工艺初探

吴　沫[1]　丘志力[2]　王　宏[3]

（1. 广东省博物馆　2. 中山大学地球科学系　3. 中山大学人类学系）

2007～2008年，中山大学人类学系在重庆市忠县翠屏山崖墓群发掘出土了少量非金属类饰物。这批饰物分别出土于翠屏山崖墓第三期后段的CM420墓和EM602墓，墓葬为平民之墓，年代约在西晋后期[1]。从肉眼初步判断，它们的质地大致分为五类。我们从中选取了13件（组）样品，对其中部分样品通过无损测试以确定其物相组成，另外通过显微观察对其制作工艺进行了一定的分析。较为遗憾的是，初步判断为软玉质地的玉璇因故未能纳入此次研究。

一、测试分析

样品基本特征详见表1。对CP-1、CP-2、CP-3、CP-4和CP-5分别进行了宝石学常规测试和漫反射红外光谱测试，对全部样品进行了显微放大观察。

表1　样品基本特征

编号	器物号	器物名称	器物图片	数量	外观描述	尺寸（毫米）
CP-1	EM602∶5	珠		1件	无色，透明，球形	直径18
CP-2	CM420∶22	珠		1件	深橘红色，半透明，球状	直径15

续表

编号	器物号	器物名称	器物图片	数量	外观描述	尺寸（毫米）
CP-3	CM420:4	珠		1件	橘红色，半透明，球状	直径10
CP-4	EM602:4	珠	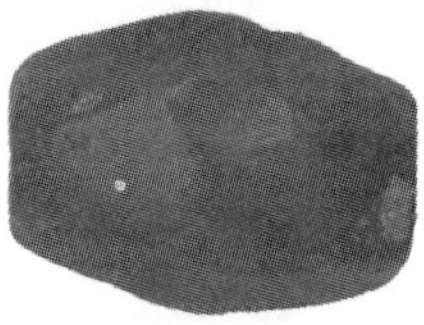	1件	褐红色，半透明，近六棱腰鼓形	宽15、高6～10
CP-5	EM602:48	辟邪	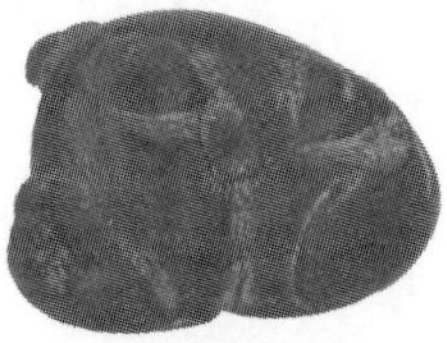	1件	深褐色，微透明，外形模糊难辨	长22、宽15
CP-6	EM602:47	耳珰	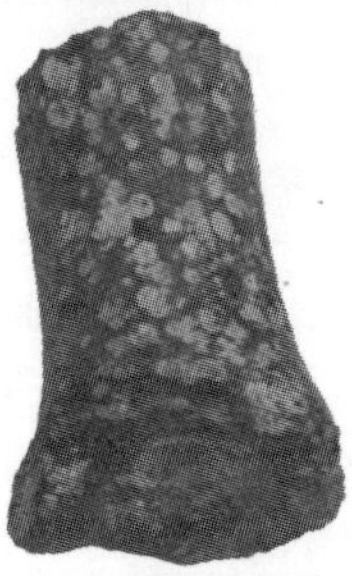	1件	深蓝色，半透明，喇叭管状，表面遍布弧面凹坑，两端部均有缺损	宽9～12、残高17
CP-7	CM420:3	珠		1件	深蓝色，球状，残	直径12
CP-8	CM420:5	珠		1件	蓝色，扁珠状，不规则	直径8

续表

编号	器物号	器物名称	器物图片	数量	外观描述	尺寸（毫米）
CP-9a	EM602∶46-1	珠	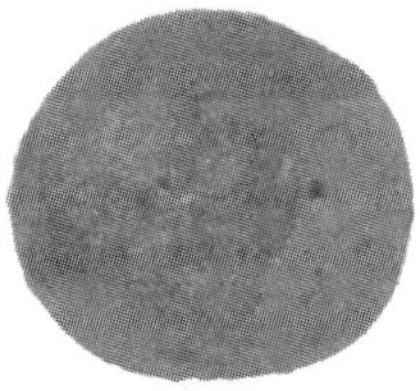	1件	土黄色，扁珠状，可隐约见竖纹	直径2～4
CP-9b	EM602∶46-2	珠		1件	橘红色为主，扁珠状，可见竖纹	直径3～6
CP-10	CM420∶6	珠		1组15件	土黄色，扁珠状，可见竖纹	直径2～4
CP-11	CM420∶7	珠	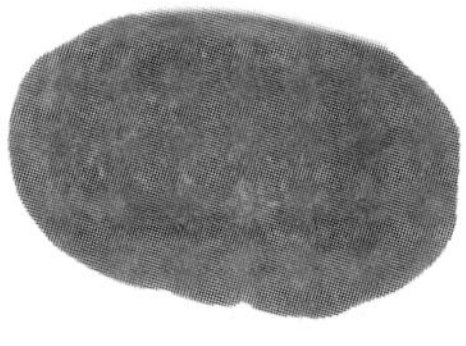	1组5件	深橘红色，扁珠状，可见竖纹	直径4
CP-12	CM420∶8	珠		1组7件	黄绿色，扁珠状，可见竖纹	直径2～4
CP-13	CM420∶9	珠		1组9件	褐黄色，不规则扁珠状，可见竖纹	直径2～6

1. 宝石学常规测试

对 CP-1、CP-2、CP-3、CP-4 和 CP-5 进行了简单、基础但却实用的宝石学常规测试。

利用点测法测试了 CP-1、CP-2、CP-3 和 CP-4 的折射率值，CP-1 的为 1.55，CP-2、CP-3 和 CP--4 的均为 1.54，均在石英类矿物的折射率值范围内。

利用偏光仪对 CP-1、CP-2、CP-3 和 CP-4 进行了测试，在偏光镜处于正交偏光状态下，将样品转动 360°，发现 CP-1 出现四明四暗（样品在偏光镜视域下 4 次变明亮，4 次变暗）现象，说明 CP-1为非均质单晶体；发现 CP-2、CP-3 和 CP-4 出现完全明亮的现象，说明其均为多晶质体。

利用 10 倍放大镜对 CP-1、CP-2、CP-3、CP-4 和 CP-5 进行观察，发现 CP-1 内部具有大量气液包裹体，CP-2、CP-3 和 CP-4 内部较为均匀，偶见浅色条纹，CP-5 内部具有大量细小裂纹和无数细小闪光面。

对样品 CP-5 的局部用酒精进行轻轻擦拭，经观察发现样品被擦拭处未出现变黏现象。

由以上测试结果结合样品外观特征，初步判断样品 CP-1 为单晶体的水晶，CP-2、CP-3 和 CP-4 为隐晶质集合体的玛瑙，CP-5 为琥珀，并排除其为柯巴树脂的可能。

2. 漫反射红外光谱（DR-FTIR）分析

红外光谱分析的原理是根据样品在红外线照射下会因自身物质组成和结构特点产生在位置分布、数量和形状上有所区别的特征谱峰而达到鉴定样品分子组成的目的。漫反射红外光谱分析不仅能够快速确定矿物种属，而且无损样品。仪器采用德国布鲁克（BRUKER）光谱仪器公司的 TENSOR27 型傅里叶变换红外光谱仪，扫描次数 16 次，扫描波段 400 ~ 4000cm^{-1}（波数），测试采用漫反射法，选取样品干净、光滑局部作为激光照射点。

测试结果显示，样品 CP-1、CP-2、CP-3 和 CP- 4 的漫反射红外光谱的特征谱带（图 1 ~ 图 4）主要集中于 1250 ~ 450cm^{-1}范围内，谱带形状和特征谱带位置分布大体相似，均表现为：在 1250 ~ 1080cm^{-1}区间出现 2 个最强谱带，归属于 Si-O 键的非对称伸缩振动；在 600 ~ 400cm^{-1}区间出现 2 ~ 3 个次强谱带，归属于 Si-O 键的弯曲振动；在 800 ~ 600cm^{-1}出现强度相对较弱的谱带，归属于 Si-O-Si 键的对称伸缩振动，这一谱带特征为典型的石英类矿物的红外光谱特征[2]。确定样品 No. 1-4 为石英族矿物，结合之前的常规宝石学测试，可以确定样品 CP-1 为水晶，CP-2、CP-3 和 CP-4 为玛瑙。

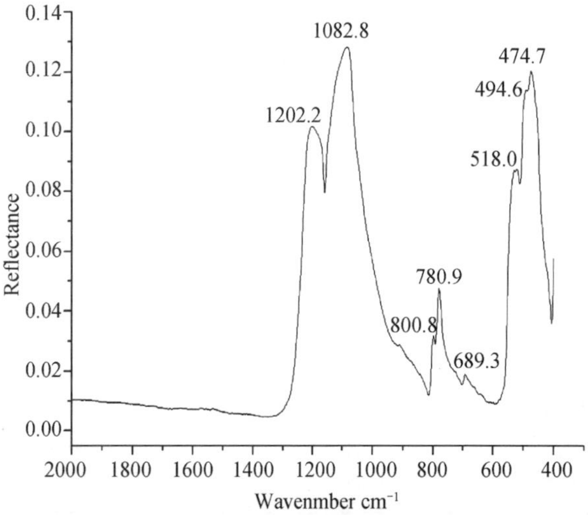

图 1　样品 CP-1 漫反射红外光谱图

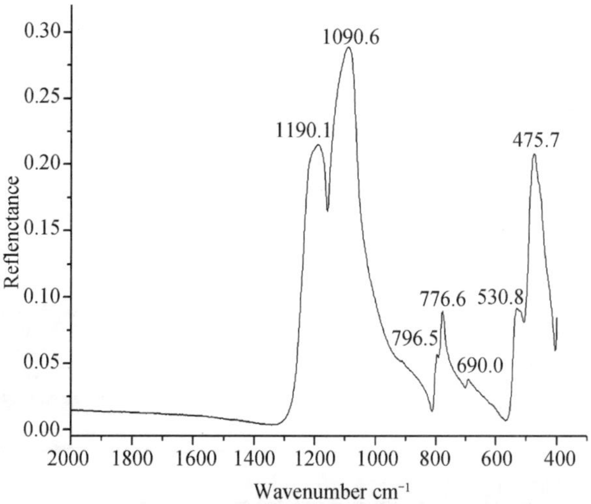

图 2　样品 CP-2 漫反射红外光谱图

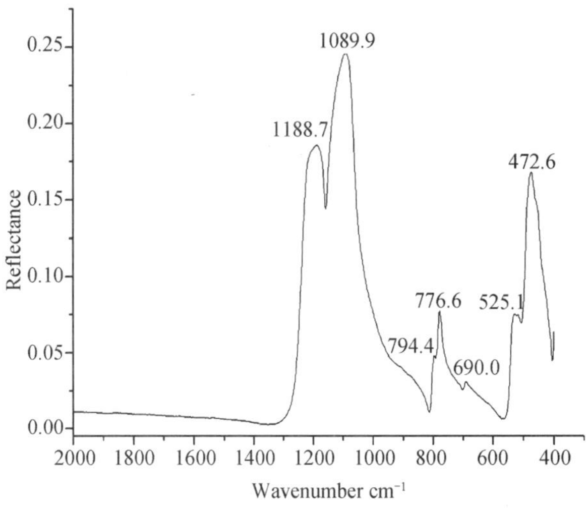

图 3　样品 CP-3 漫反射红外光谱图

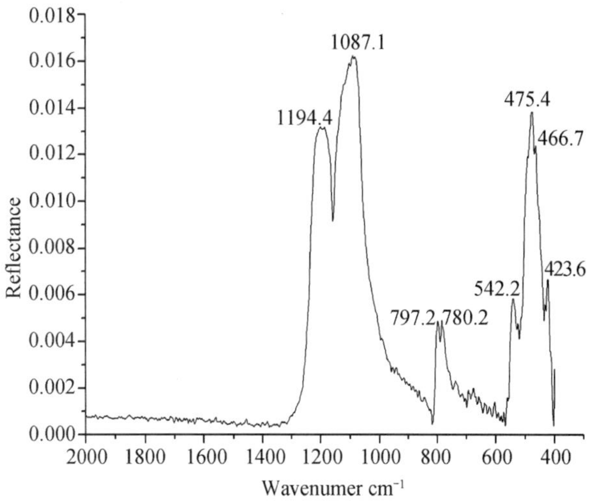

图 4　样品 CP-4 漫反射红外光谱图

CP-5 的红外光谱（图 5）的基线噪音相对较大。从测试结果中可以分辨：2958.9cm^{-1} 和 2878.3cm^{-1}处的谱峰归属于 C-H 饱和键的伸缩振动，与之对应的弯曲振动谱峰出现在 1470.1cm^{-1} 和 1389.6cm^{-1} 处，1749.0cm^{-1} 和 1728.4cm^{-1}处的谱峰归属于 C ═O 羟基的伸缩振动，1248.2 附近的谱峰归属于 C—O 键伸缩振动，可以确定样品主要由 C、H、O 元素组成，其红外谱图在 1200～3000cm^{-1} 区间的特征谱峰分布与前人对天然琥珀测试的红外光谱结果相近，结合之前的宝石学常规测试，确定样品 CP-5为琥珀[3][4]。

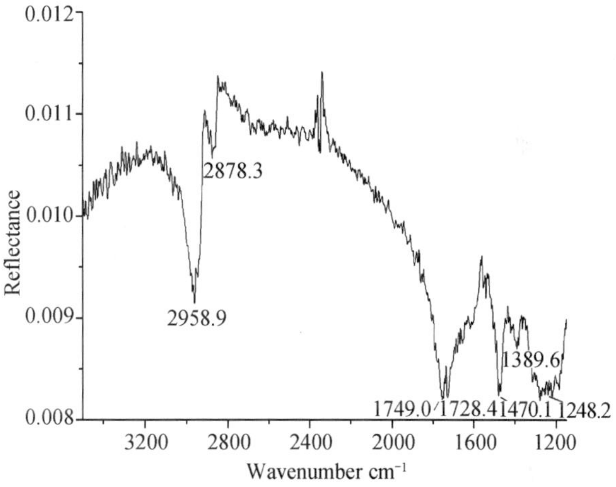

图 5　样品 CP-5 漫反射红外光谱图

二、显微放大观察和工艺初探

利用显微镜观察出土器物表面，常可发现其在肉眼下可能被忽视的信息，从而为考古学研究提供新的研究视角，尤其常可以帮助解析器物的制作工艺和窥探当时古人的生产方式、生产力水平与社会状态。本测试在中山大学地球科学系珠宝实验室完成，采用尼康（NIKON） SMZ1000 型立体显微镜作显微观察，采用美国 COOLSNAP5. 0 型摄像头捕捉图像，摄像头有效像素为 500 万像素，CCD 尺寸为 2/3 英寸。这里仅针对能观察到较多表面细节特征的样品进行说明和分析。

1. 玛瑙珠

CP-2 为一球形玛瑙珠，表面存在大量大小不一的不规则形凹坑（图 6），尤其是整个表面密布一种小而浅的凹坑，使其表面看上去模糊而缺少光亮。这一特征通常出现在已经过“细磨”、尚未经过“抛光”工序的器物表面。玛瑙质地坚韧，硬度与石英砂硬度相当，经抛光后应呈现出明亮的玻璃光泽和光洁的表面，如非受到人为有意磨损，当不至于整个表面满布凹坑，几乎无任何光洁表面。故怀疑 CP-2 在被加工过程中，未经过“抛光”工序。

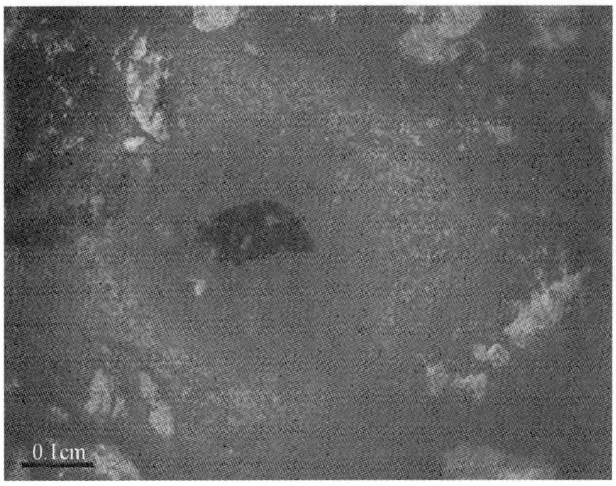

图6　样品 CP-2 的显微放大照片（×10）

CP-3 为一球形玛瑙珠，珠面较光滑，除有一处较大的近圆形凹坑外，还有多处不规则的小凹坑（图7）。这一表面特征在 CP-2 和 CP-4 上同样表现明显。由于玛瑙质地致密、坚韧，摩氏硬度达到6.5～7，在古代主要以石英砂为碾磨介质的加工过程中会较为费时费力。推测本样品中的几颗玛瑙珠在加工过程中、尤其是在“粗磨”成形的过程中为了提高磨削效率均使用了粒径较粗的石英砂，而且石英砂的粒度不十分均匀。其中，粒径较大且棱角尖锐的石英砂粒在碾磨过程中容易扎入珠坯表面形成了破损凹坑，而较大、较深的凹坑在之后使用更加细小石英砂的抛磨过程中很难被去除，因此在加工完成后仍然呈现于表面。

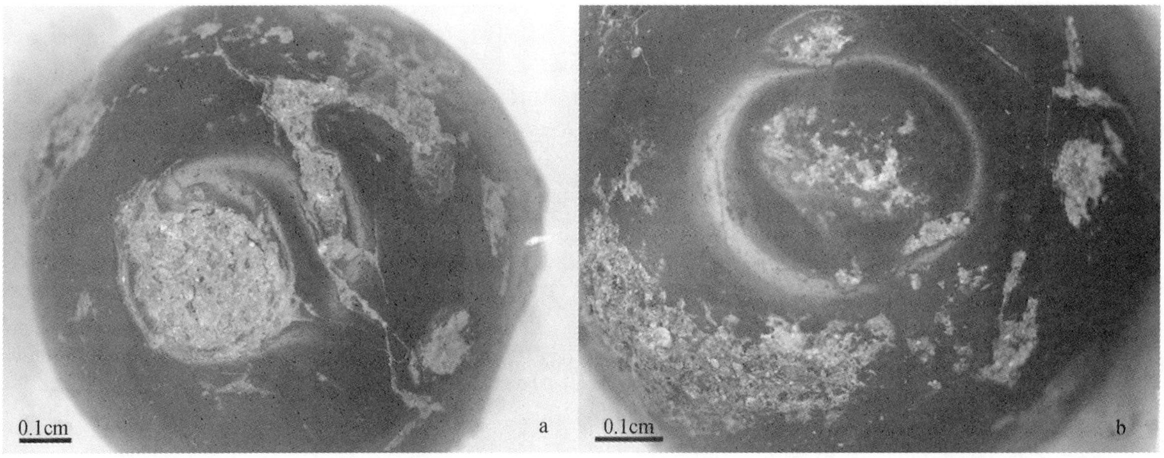

图7　样品 CP-3 的显微放大照片（a. ×8，b. ×10）

CP-4 为一近六棱腰鼓形玛瑙珠，其棱角均有一定程度的磨圆，棱不直、角不锐，多个小面呈现出一定弧度而非平面（图8、图9），表面可见数个相对较大的凹弧面（图8-b、图8-c、图8-d），还有较多的不规则形凹坑（图9-a、图9-b）。由该珠不甚规则的外形和其表面的各种凹坑推测其可能是由人手持珠坯在砂轮上碾磨，由于珠粒较小，人手施加的力量不均；同时可能由于砂轮的转速相对较低及磨料（石英砂）的粒度较粗，所以珠坯的形状不规则，棱线、棱角不锐直，小面不平整，且表面出现大量凹坑和破损。

关于 CP-2 和 CP-3 的加工工艺，现代的圆珠形宝玉石的加工工艺可为我们提供一定的借鉴，其工序大致为9道：分割（大块原石分为小块）→标记（在厚板料上画线以便切割成更小的珠坯）→整平（将厚板料分割为形状规整、大小基本一致的立方体珠坯）→预形（磨削除去珠坯的棱角，使之圆滑）→粗磨（磨去珠坯表面粗糙不平的部位，使之形成圆球形态）→细磨（使珠坯达到一定的圆度和表面光洁度）→抛光→过蜡→钻孔[5]。从加工原理上，我们推测样品中的圆珠所采用的工序与上述的现代制珠工序大体相同，但使用的工具会更为简单。其中，“分割”可能使用的是由数条长条竹片绑接形成大弓，弓弦由几股拧成麻花状的铁丝组成。推测其后的“整平”、“预形”、“粗磨”、“细磨”、“抛光”和“钻孔”都使用到了类似明清时期的砣机。关于西晋时期是否存在砣

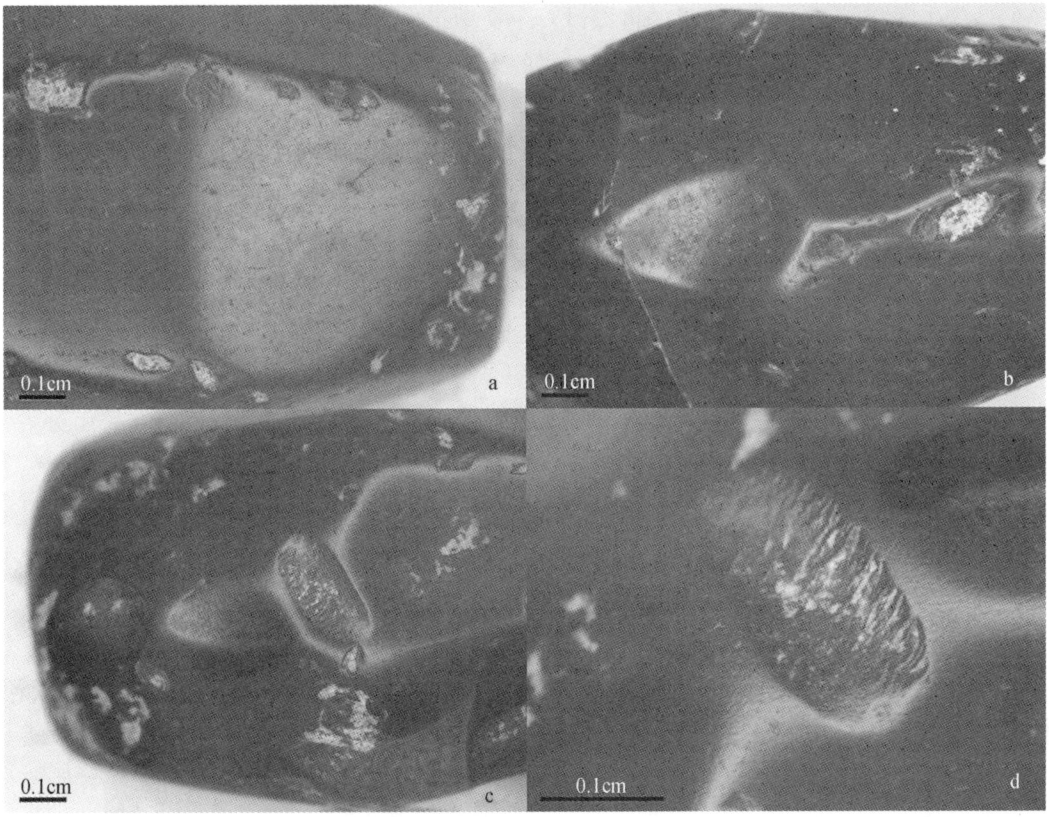

图8　样品 CP-4 的显微放大照片（a. ×8，b. ×8，c. ×8，d. ×20）

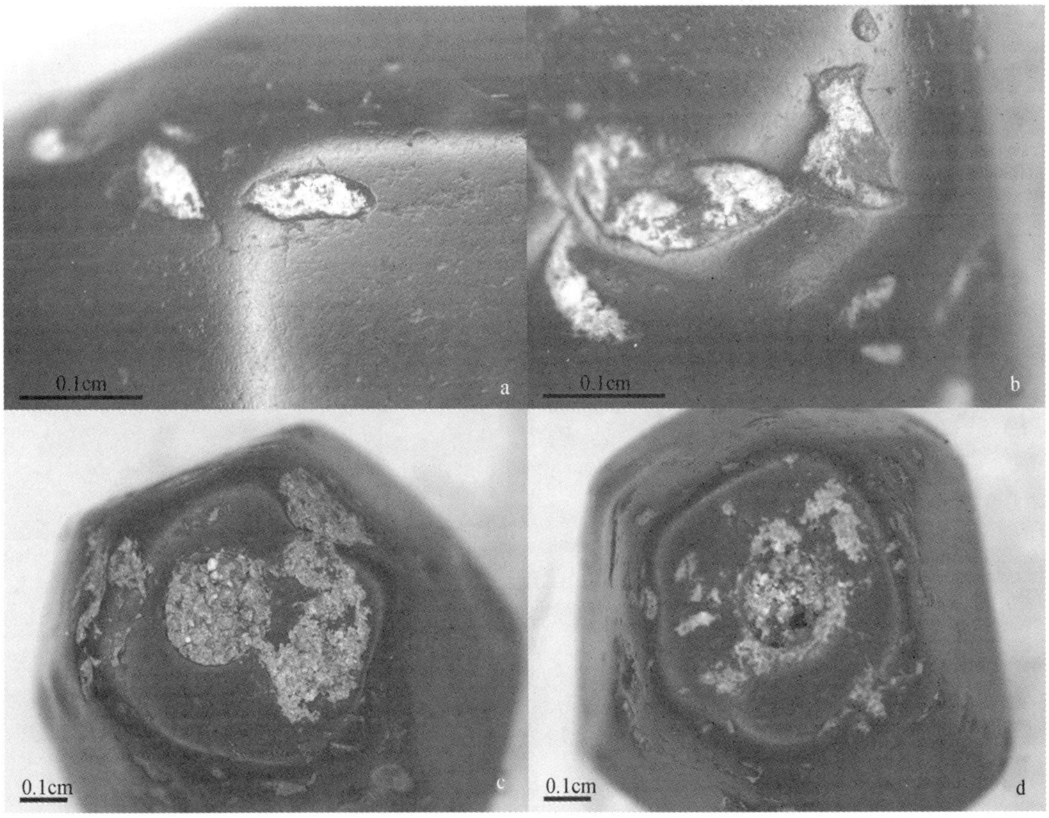

图9　样品 CP-4 的显微放大照片（a. ×20，b. ×20，c. ×8，d. ×8）

机，杨伯达先生曾在《关于琢玉工具的再探讨》一文中指出，“从南北朝溯至三代玉器的做工来看，毫无疑问已用砣机来雕琢玉器，这一点研究玉器的人之间没有任何分歧”，但同时又认为当时的砣机“估计在机械原理上当与明清砣机一致，但其结构形式上可能有所不同，如，像汉人那样踞坐于地上使用砣机，其砣机应是踞坐几式而非足踏旋转的桌式”[6]。我们认同这一观点，推测当时的玉工是手持方形珠坯在砣机的砂轮上对珠坯进行磨削。至于CP-4这种棱柱型珠的工序应与圆珠的工序大体相同，但较可能在“整平”这一工序已被切割成棱柱形珠坯，并在其后的预形、粗磨、细磨等环节仍然由玉工手持（亦可能黏接一辅助配件之上以便持拿）珠坯进行加工。

2. 琥珀饰品

CP-5为一立体圆雕的琥珀饰品，在8倍放大视域下观察，发现裂纹和划痕是其表面最主要的特征（图10～图12）。其中，表面可见的裂纹有三类：①出现在CP-5的钻孔周围，呈放射状，较粗、较短，数量较多（图10-a）；②出现在CP-5的圆弧表面，较长、较细，略向内部延伸，数量较少（图11）；③出现在CP-5表面，裂纹细短且相互交错呈龟甲纹状分布，数量多（图10-b、图11-c）。另外，还有种裂纹出现在CP-5内部，多而短，分布杂乱，并有不少裂纹已向二维方向扩张发展为裂面，且呈现出大量反光小面（图10-b）。除去裂纹，CP-5的表面还可见到大量浅细划痕。这些划痕或杂乱分布（图12-b），或交错分布（图11-d）。以上这些特征和琥珀本身的物理特性息息相关。琥珀性脆，在加工过程中受到外力抨击就易碎裂。琥珀还十分怕热，在加工过程中如未能及时降温，也容易碎裂。从CP-5的显微放大特征看，加工该琥珀饰品的玉工对于琥珀这样材质的加工显然还未能驾轻就熟。因此，在CP-5的钻孔处、器表和内部都出现了因外部应力引起的裂纹。CP-5表面大量存在的龟裂纹在具有一定年代的琥珀器表面较为常见。这种裂纹多是由于琥珀器经过岁月磨砺、内部挥发性组分散失后发生自然老化而表现出的现象。但鉴于CP-5本身的工艺水平不高，在上述的龟裂纹中不排除CP-5在加工过程中由于冷却不充分而形成部分短小裂纹的可能性。由于琥珀的硬度很低，用小刀就能轻易刻划，有的甚至用指甲也能刻划，因此在CP-5表面出现了大量划痕。总观CP-5，可发现其外形和刻划线条均十分简单，给人以大而化之、囫囵吞枣的粗糙感觉。为何当时的玉工不对质软的琥珀在造型和线条刻划上给予更多的“关照”呢？或许是因为琥珀虽然质软，但却极易碎裂，除了怕外力碰击，还十分怕热，因此对琥珀每增加一道工序，就增加一份破损的风险，从而导致CP-5“受工”不多。

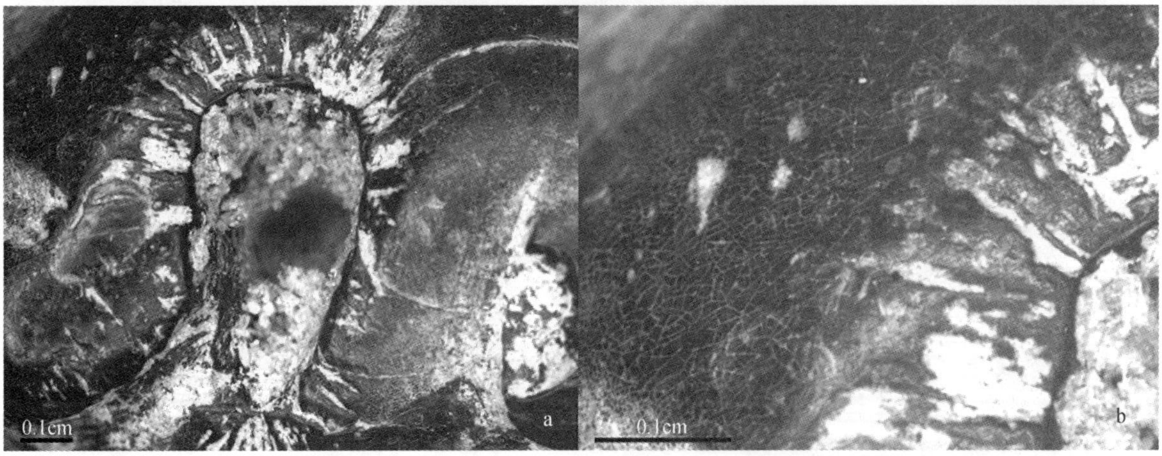

图10　样品CP-5的显微放大照片（a. ×8，b. ×20）

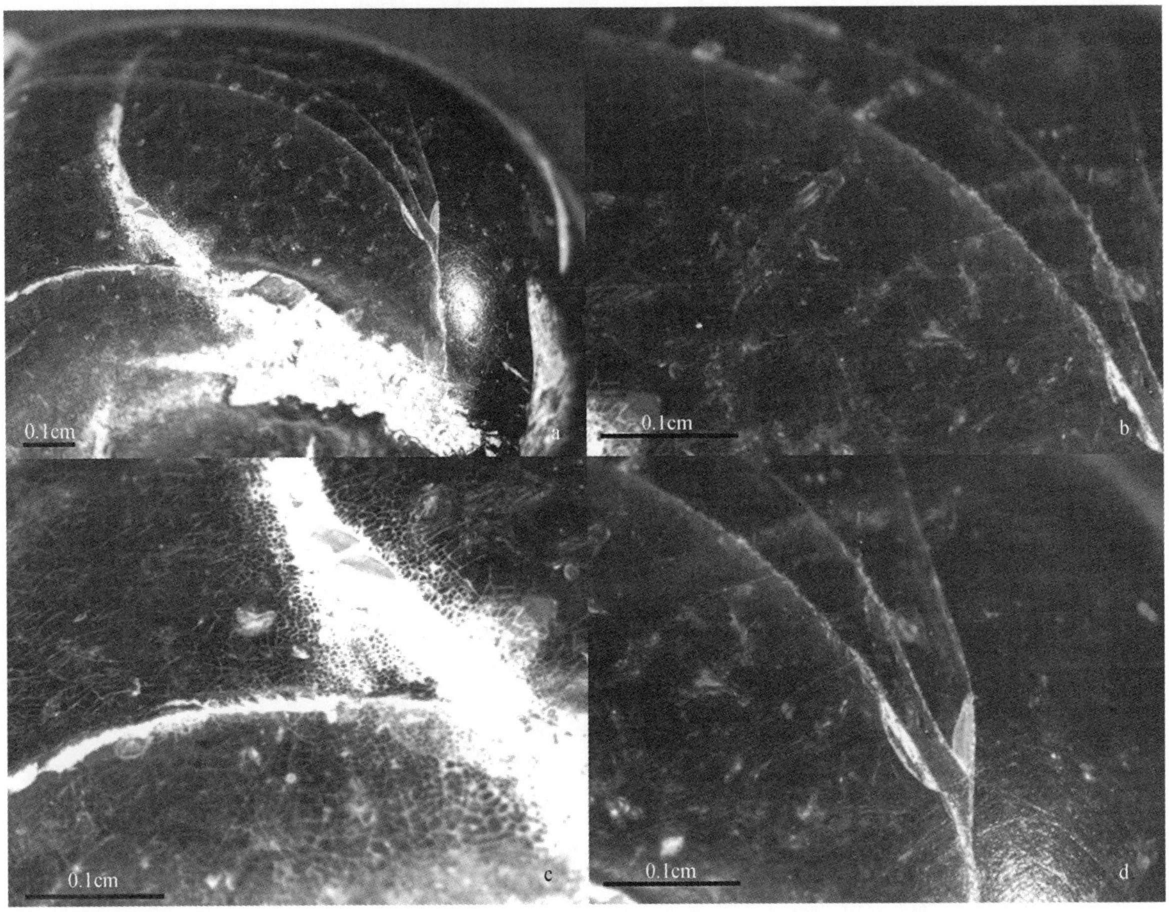

图 11　样品 CP-5 的显微放大照片（a. ×8，b. ×20，c. ×20，d. ×20）

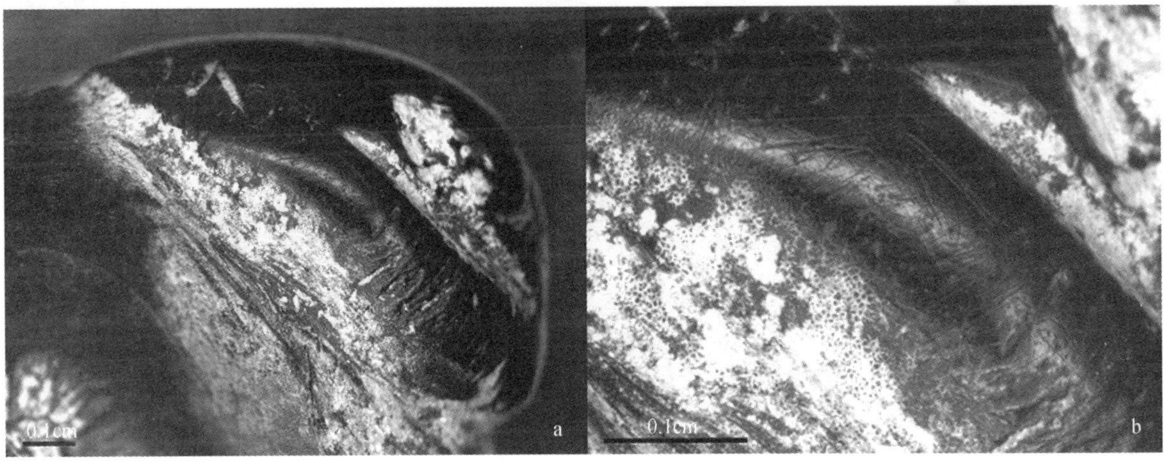

图 12　样品 CP-5 的显微放大照片（a. ×8，b. ×20）

3. 玻璃珠

CP-6 为一深蓝色喇叭管状异形珠，经放大倍观察发现，其表面几乎遍布近圆形的凹坑，凹坑的内弧面与管珠表面形成了明显的交角和相交棱线（图 13）。这些凹坑与玻璃表面常见的收缩坑明显不同。因为玻璃收缩坑在形成时会因玻璃熔体的表面张力而收缩至表面积最小的状态。这样的凹坑表面边缘都是圆弧状的（可参考图）。由此推测 CP-6 并非一次成形，而是在原来的玻璃熔体冷却凝固后又经过了冷（削磨）加工，其原本的玻璃表面已被去除，现在所呈现的表面则是原来玻璃块体的内部。CP-6 表面满布的弧形凹坑，实际原本是玻璃体内部的气泡，由于经过磨削，原来的气泡已部分缺失，现在展露于外的则是原来气泡剩余的部分。根据化学成分，CP-6 属于铅钡玻璃（见前文）。古人在玻璃中加入铅是为了降低玻璃的熔融温度，但较低的熔融温度容易使玻璃产生大量气泡[7]。这一特点在 CP-6 中可以得到印证。从目前 CP-6 的表面特征可以推测其内部应是完全被大大小小的气泡所充斥，而玻璃材质则充斥于这些气泡之间的缝隙中。从 CP-6 表面凹坑的形状可以看出其内部的气泡应多球形或近球形、少拉长形，而 CP-6 表面也少见流纹和沿一定曲线轨迹分布的气泡，可知其玻璃块体在形成的过程中既未经过不断的旋转运动，也未受到明显的挤压。由此推测 CP-6 原本的玻璃块体是由铸制加工形成，即由工匠将已受热熔融的玻璃液浇铸到一定形状的模子内，待冷却后形成可供切削再加工的玻璃块体。这种玻璃块体可用于加工体量较大的器物，CP-6 则有可能是用这种玻璃块体的边角料加工而成。

图 13　样品 CP-6 的显微放大照片（×20）

CP-7 为一深蓝色残损约三分之一的球形玻璃珠，通过显微放大 8～20 倍观察，可发现其表面具有大量圆形、近圆形的收缩凹坑和流线（图 14、图 15-a），内部可见大量圆形和拉长形的气泡（图 14-b、图 14-c、图 14-d），无论表面的凹坑、流线，还是内部的气泡大多沿一定的曲线轨迹分布，说明 CP-7 在加工过程中经过连续的旋转运动。结合古代和现代手工制作玻璃珠的工艺，我们可以对 CP-7 的制作工艺管窥一二。《颜山杂记·琉璃》是目前所见的关于我国古代玻璃生产的最重要的古文献，其作者为出身琉璃世家的清初大学士孙廷铨。他在撰著中科学记录了 17 世纪我国琉璃业中心博山的琉璃产品的种类、原料、配方和生产制作工艺。关于玻璃珠的制作，书中有这样的记载："条珠缠之，细珠写之，大珠缠之、戛之。"山东博山从事玻璃雕琢的高级工艺美术师张维用先生曾撰文多篇对《颜山杂记 · 琉璃》中的文字进行注解，他指出"缠之"是博山传统制珠工艺中最根本的技术。[8]这里的"缠"即转动、缠绕之意。从 CP-7 的外形推测其和《颜山杂记 · 琉璃》所说的"大珠"相似，结合它的显微放大特征——存在大量沿曲线轨迹分布的凹坑、流线和气泡以及大量拉长、变形的气泡，推测该玻璃珠的制作工艺正是使用了"缠"这一重要的技术。再结合现代手工制作玻璃珠的工艺尝试还原 CP-7 的制作工序如下：①先将一根（金属）芯棒的一端抹上某种灰泥状物质（现代是将芯棒浸入一种玻璃隔离液，以便玻璃珠在制作过程中不易从芯棒上滑脱，在制作完成后易于从芯棒上分离），待覆盖均匀后取出晾干；②再将抹有灰泥的芯棒端部在火焰下预热；③将干净的玻璃料条置于火焰下缓慢转动加热，直至其端部熔化形成黏稠蜂蜜状的液滴；④将熔融的玻璃液滴缠绕到已预热的芯棒上；⑤缓慢转动芯棒，直至芯棒上缠绕了所需量的玻璃熔体；⑥将玻璃料条与芯棒分离，继续在火焰中转动芯棒，直至芯棒上的玻璃熔体形成圆球形态；⑦将芯棒置于石棉或蛭石容器内冷却约 20～30 分钟；⑧最后将玻璃珠轻轻转动从金属芯棒上取下。这里在玻璃料条熔化、玻璃熔体附着于金属芯棒之上和使金属芯棒上的玻璃熔体形成球形 3 个环节都需要经历"旋转、缠绕"过程，由此也更易理解为什么在 CP-7 的表面能出现大量沿曲线轨迹分布的收缩坑和流线，而其内部又有大量拉长形的气泡。

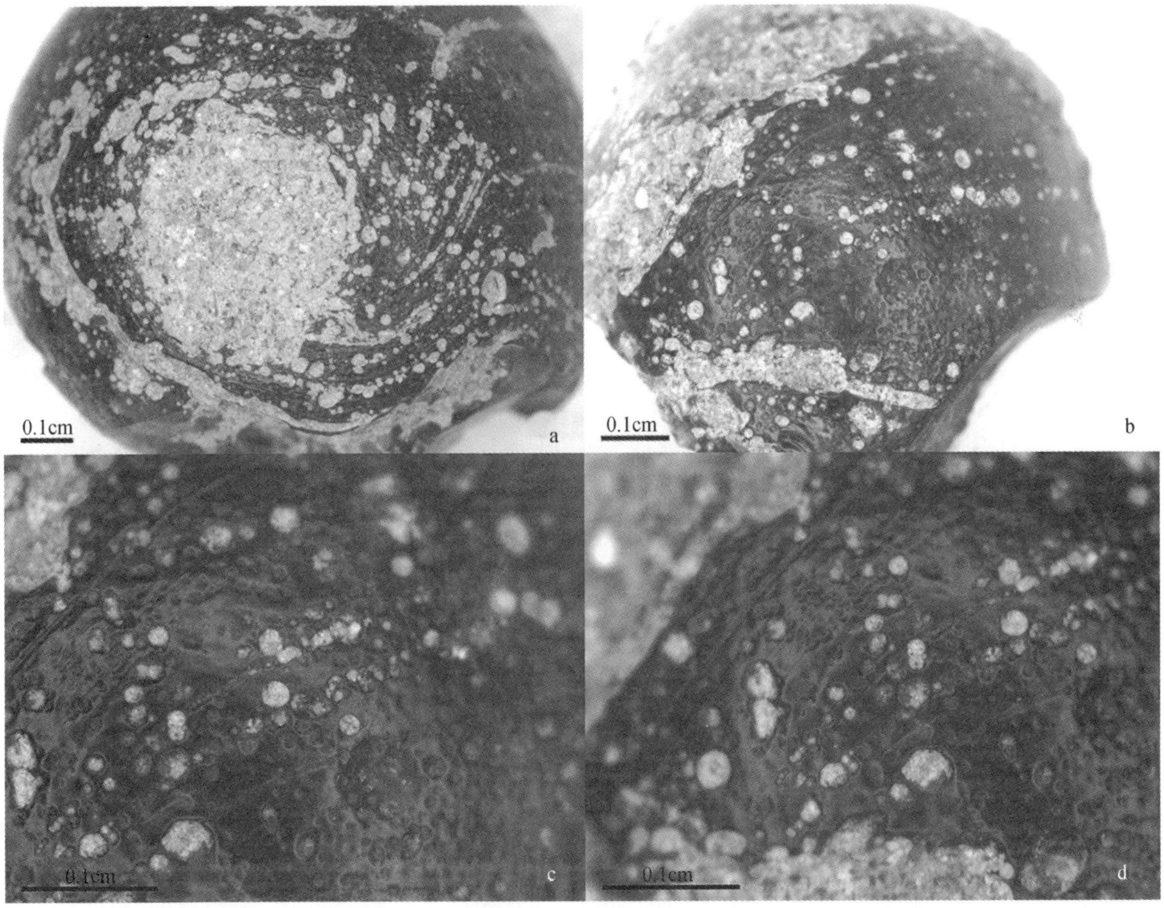

图 14　样品 CP-7 的显微放大照片（a. ×8，b. ×10，c. ×20，d. ×20）

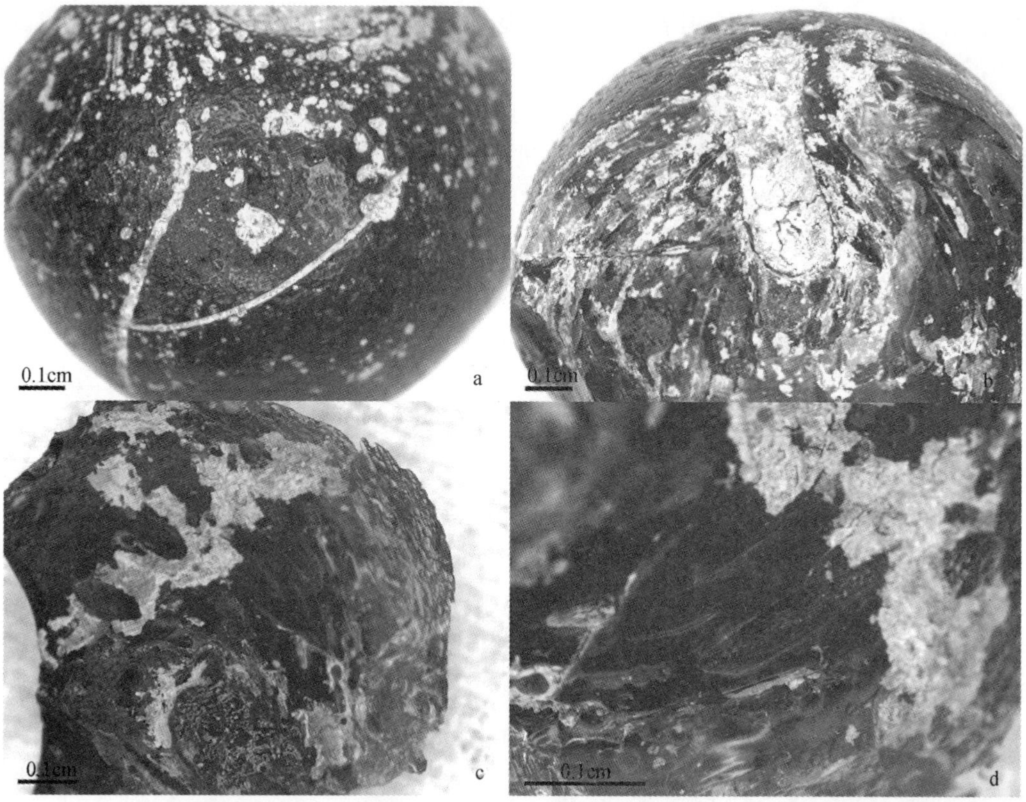

图15　样品 CP-7 的显微放大照片（a. ×8，b. ×8，c. ×10，d. ×20）

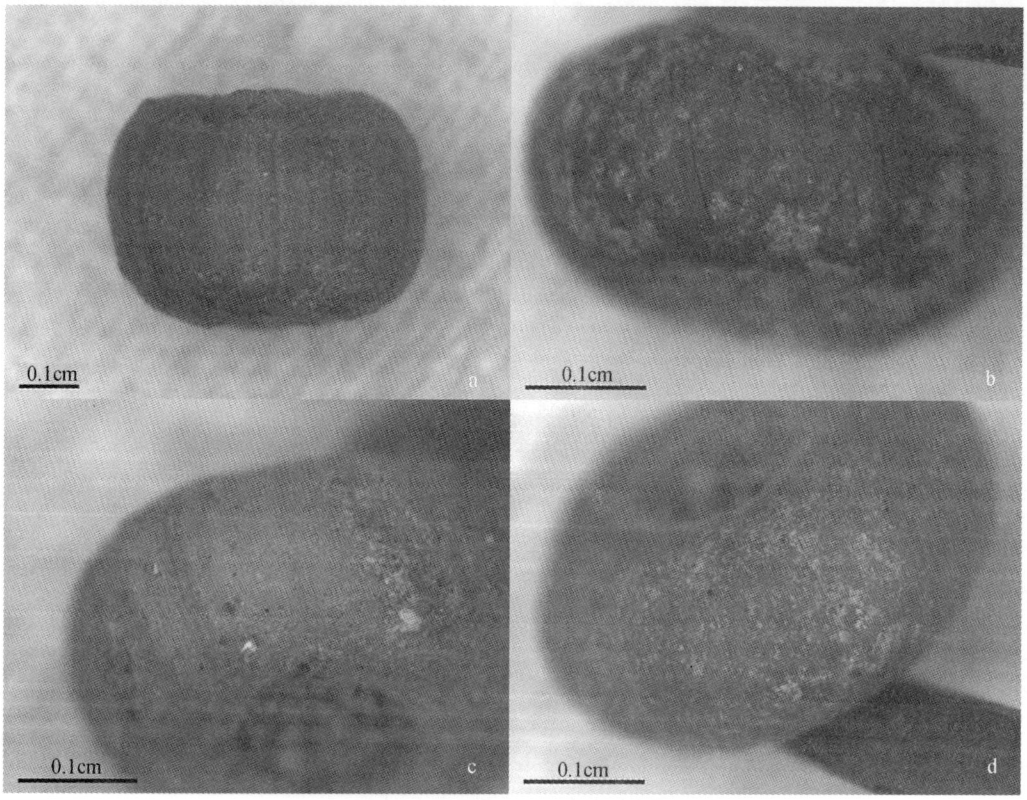

图16　样品 CP-9b 的显微放大照片（×10），样品 CP-11 的显微放大照片（×20），
样品 CP-10 的显微放大照片（×20），样品 CP-12 的显微放大照片（×20）

CP-9a、CP-9b、CP-10、CP-11 和 CP-12 均为小粒径玻璃珠，在外观上均呈近圆形扁珠状。经放大观察发现，这些小珠粒的表面具有一个共同特点：在扁珠侧面均可见到近乎平行、深浅不一的竖纹（图16）。考虑上述珠粒的形状和大小，推测珠粒原本作串珠之用。结合《〈颜山杂记·琉璃〉解说》一文的注解和所提供的串珠烧制的照片[9]，我们推测上述珠粒在加工中是先由玻璃料条在小炉中烧熔之后缓慢缠绕到芯棒之上，再待芯棒上的熔体冷却后取出芯棒，最后将玻璃细管切割成一粒粒扁珠。扁珠侧面的竖纹可能是在玻璃熔体缠绕至芯棒上形成细管后形成的。

三、结 语

重庆市忠县翠屏山崖墓群出土的部分非金属饰品经测试可确定为水晶、玛瑙和琥珀。

以往关于古代非金属饰品的工艺研究主要针对软玉质玉器，本次研究通过显微放大观察，对翠屏山崖墓出土的玛瑙珠、琥珀饰品和玻璃珠的加工工艺进行了分析和探讨，可为研究中国古代玉器和玻璃器的加工工艺提供一个新的视角。

附记：感谢中国科学院上海光学精密机械研究所李青会博士、广东省工艺美术研究所朱金泉高级工艺美术师在本研究中给予的热情指导；同时感谢广州市检验检疫局宝石实验室龚盛玮工程师和中山大学人类学系科技考古实验室朱铁权博士在测试中给予的大力支持和帮助。

注 释

[1] 中山大学人类学系等：《重庆忠县翠屏山崖墓 2007 年发掘报告》，《重庆忠县翠屏山崖墓 2008 年发掘报告》（待刊）。

[2] 闻辂：《矿物红外光谱学》，重庆大学出版社，1989 年，116～119 页。

[3] 亓利剑、袁心强、陈铭等：《处理琥珀和树脂的 ESR 行为及^{13}C NMR 表征》，《宝石和宝石学杂志》2003 年第 2 期。

[4] Shashoua Y, Degradation and inhibitive conservation of Baltic amber in museum collections, http://www.natmus.dk/cons/reports/2002/amber/amber.pdf.

[5] 吕林素、何雪梅、李宏博等：《实用宝石加工技法》，化学工业出版社，2007 年，202～216 页。

[6] 杨伯达：《关于琢玉工具的再探讨》，《杨伯达论玉——八秩文选》，紫禁城出版社，2006 年，72～88 页。

[7] 姜中宏、高文燕：《中国古代玻璃物化性能的研究》，《玻璃与陶瓷》1992 年第 1 期。

[8] 张维用：《〈颜山杂记·琉璃〉校注》，《玻璃与搪瓷》1996 年第 6 期。

[9] 易家亮、张维用：《〈颜山杂记·琉璃〉解说》，《玻璃与搪瓷》1983 年第 3 期，插页 i-ii。

附录二　重庆忠县翠屏山崖墓群出土西晋金银器的无损分析*

朱铁权[1]　王　宏[2]　陈兆镜[2]　胡立敏[2]　余　志[3]

（1. 中山大学社会学与人类学学院科技考古实验室　2. 中山大学人类学系

3. 中山大学工学院）

1. 前　　言

金银属贵重有色金属硬度适中，具有鲜艳的金属光泽，不易氧化变色，是制作艺术品的良好材料[1]。自公元前3千世纪，先民发现和认识了金银之后，就利用其加工了大量类型多样、工艺精湛的金银制品。这些古代金银艺术品器类多样，范围广泛，涉及日常生活的方方面面，是传统文化的重要载体，具有极高的历史和科技价值，在中国历史文物中占有重要的位置[2][3]。

关于古代金银艺术品的科技研究，近年来成果颇多。诸多学者利用X射线荧光光谱法、X射线衍射法（XRD）、扫描电镜能谱法（SEM-EDS）、金相显微镜等，对汉代鎏金银器的制作工艺、唐代金银器合金配比、银器的铸造工艺、馆藏银器的保护[4][7]等，进行了广泛的研究。然而古代金银器属贵重文物，又限于实验条件，关于我国古代金银器系统地分析研究相对较少，导致很多考古问题未能解决。

崖墓是汉至南朝时期我国西南地区四川盆地较常见的葬制。受重庆市文化局三峡文物保护工作领导小组的委托，2008年4～7月，中山大学人类学系（考古队）对重庆忠县翠屏山（西晋）崖墓群进行了系统的考古发掘时，在其中2座西晋崖墓葬内发现了一定数量种类不同的金银器，这些金银器是探讨当时的冶金技术以及文化交流的宝贵实物资料。

本工作利用微聚焦能量X射线荧光探针法（EDXRF）、拉曼光谱仪（RS）、X射线电子能谱仪（XPS）等无损分析法，对重庆忠县翠屏山崖墓出土金银器的成分以及表面腐蚀物的成分以及其物相结构进行了系统的分析测试。分析结果对探讨我国两晋时期金银器的铸造工艺具有重要的意义，同时对其后期的科技保护也提供了一定的科学依据。

2. 实 验 部 分

2.1　实验样品

本次实验的标本由中山大学人类学系考古队提供，标本的外观特征及考古学背景如表1所示。

---

* 基金项目：广东自然科学基金（9451027501001970）；广东省科技计划项目（2009B030803036）；重庆市文化局三峡工程淹没区及迁建区文物保护项目-忠县火电厂崖墓群考古发掘（2008002）。

作者简介：朱铁权（1978-），男，陕西蒲城人，博士，讲师，科技考古专业。E-mail：zhutq@mail.sysu.edu.cn。

表1　样品的外观特征及考古背景

编号	考古分类号	时期	外观描述
样品1	2008. HEM602:8	西晋晚期	金戒指，金黄色
样品2	2008. HEM602:9	西晋晚期	金戒指，金黄色
样品3	2008. HEM602:7	西晋晚期	银戒指，银白色，表面附着有黑灰色的腐蚀物
样品4	2008. HEM602:10	东晋晚期	银环，银白色，表面附着有黑灰色的腐蚀物（图1）
样品5	2008. 2. H. DM501:19	东晋晚期	银钗，颜色发黄，表面有红褐色的腐蚀物（图2）
样品6	2008. 2. H. DM501:21	西晋晚期	银发簪，银白色，表面附着有黑灰色的腐蚀物
样品7	2008. H. EM602:3	西晋晚期	银环，银白色，表面附着有黑灰色的腐蚀物

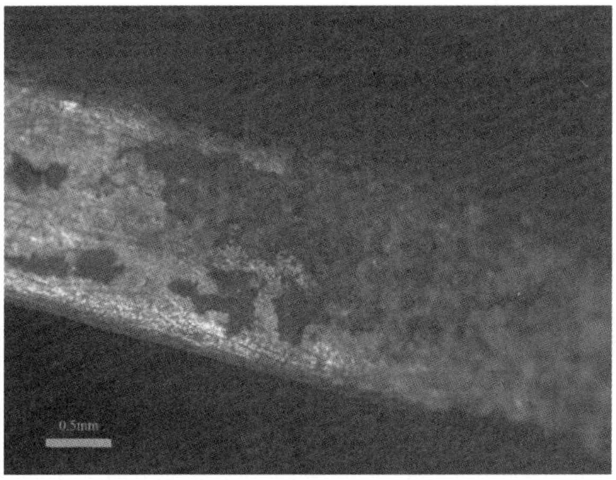

图1　标本4表面

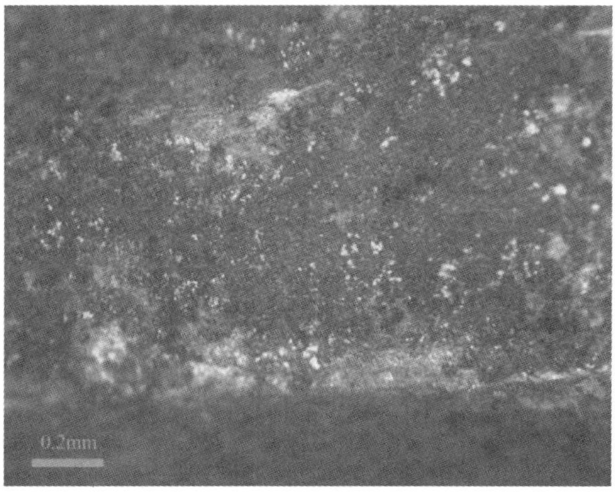

图2　标本5表面

2.2　仪器及测试条件

1）能量色散型X射线探针（美国EDAX International Inc，EAGLE-Ⅲμ XXL），实验条件：X光管管压40kV，管流600μA，真空光路，光斑直径为100μm，Mn Kα处的分辨率137.5eV，死时间约20%，Version3.0的解谱软件进行样品定性定量分析。

2）显微共焦拉曼光谱仪（英国，Renishaw inVia），实验条件：以氩离子激光器为光源，波长为514.5nm，物镜为50×，光斑尺寸为1μm，信息采集时间是20~30s，累加次数为2~3次。

3）X射线电子能谱仪（美国Thermo-VG Scientific，ESCA Lab 250），测试条件：真空度为2×10^{-7}Pa，靶源为AlKα（1486.6eV），采用C1s结合能为284.8eV来校正样品的表面电荷。

3. 讨　论

3.1　金器的分析结果

从表2可见，两个金器标本的含金量有一定差异，其中标本2含金量高达96.47%，标本1的含金量稍低，在92.16%。此外，两个标本均含有一定量银、铜、锌、镍、铷等杂质元素。两个标本含金量均在90%以上，说明其纯度较高，杂质元素的存在，应该与当时冶炼水平及其铸造工艺有关[8]。

表 2　样品本体的 EDXRF 分析结果（wt %）

编号	S	Ag	Cr	Ni	Cu	Zn	Au	Rb
样品 1	—	5.77	0.64	0.01	0.18	—	92.16	1.24
样品 2	—	0.47	0.64	0.35	0.24	—	96.47	1.84
样品 3	0.32	98.85	0.25	0.1	0.13	0.03	0.32	—
样品 4	0.24	98	0.39	0.04	0.23	0.01	1.08	—
样品 5	0.23	97.38	0.3	0.05	0.81	0.05	1.18	—
样品 6	0.51	95.2	0.23	0.05	3.19	0.04	0.78	—
样品 7	0.48	98.21	0.19	0.03	0.28	—	0.81	—

3.2　银器的分析结果

银器的成分分析结果表明，样品 3、4、6 及 7 中含银量在 97.38%～98.85%，纯度较高，因此其外观颜色呈银白色。一定量的硫、铬、镍、锌、金等杂质元素，应该与银矿的矿源有关。此外，样品 6 除含有高含量的银（95.2%）以外，铜元素含量也较高（3.19%），说明此件银器应为银铜合金制作而成。众所周知，纯银为软质金属，强度硬度均较低。在金属银中添加其他金属组成合金一方面可以增加合金的强度，使其不易变形；另一方面也可以降低纯银的熔点[4]。目前，我国发现最早银铜合金器物，是出土于西汉晚期古滇人贵族墓葬中的泡钉，唐代以前中原地区发现的银铜合金器物都较为少见[9]。而此次研究的标本是东晋晚期重庆地区的器物，其分析结果对于我国古代银铜合金技术发展与演变、不同地区间的技术交流等方面研究，具有非常重要的意义。

3.3　银器表面锈蚀物的分析结果

从表 3 的成分数据中不难看出，样品 3、4、6 与 7 器物外表腐蚀物中除了银含量较高之外，其中硫含量也较高（4.19%～12.56%），远高于本体中硫含量，说明腐蚀物主要是硫与银的化合物。为了进一步了解腐蚀物的物相结构，利用电子能谱（XPS）对样品 3 锈蚀物的化合价进行了分析测试，结果如图 3 所示。从样品 3 表面黑灰色腐蚀物的光电子能谱图可以看出，腐蚀物中 Ag3d5 的结合能为 368.03 eV，其化学位移与 Ag_2S 较为相近，表明腐蚀物的元素银主要以 Ag_2S 形式存在[10]，硫化银是银器中的银与埋藏环境中 S^{2-} 化学反应的结果。样品 3 表面的锈蚀物为红褐色，其化学组成中含有较高的铜，达到 58.8%，从样品 3 与样品 5 表面腐蚀物的拉曼光谱图可看出，图中在波数 218、281、336、573、621nm^{-1}等位置出现了一系列强度不同的峰，刚好与氧化亚铜（Cu_2O）拉曼光谱吻合[11]。氧化亚铜属等轴晶系，外观呈红到红褐色，推测是银器中铜析出与氧气化学反应之后的结果。

表 3　样品腐蚀物的 EDXRDF 分析结果（wt%）

编号	Al	Si	S	Ag	K	Ca	Fe	Cu
样品 3	7.0	13.64	12.56	63.84	1.22	0.96	0.41	—
样品 4	8.75	18.12	6.19	0.96	0.96	4.15	0.57	—
样品 5	9.57	21.37	0.84	7.9	0.56	0.33	0.45	58.6
样品 6	6.34	9.84	4.19	76.09	0.92	0.55	0.36	—
样品 7	8.47	8.13	8.58	72.4	1.12	0.78	0.39	—

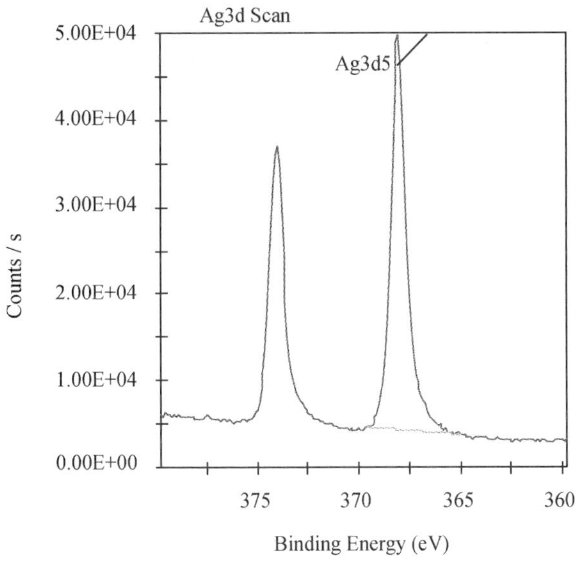

图3　样品3黑色腐蚀物的X射线光电子能谱图

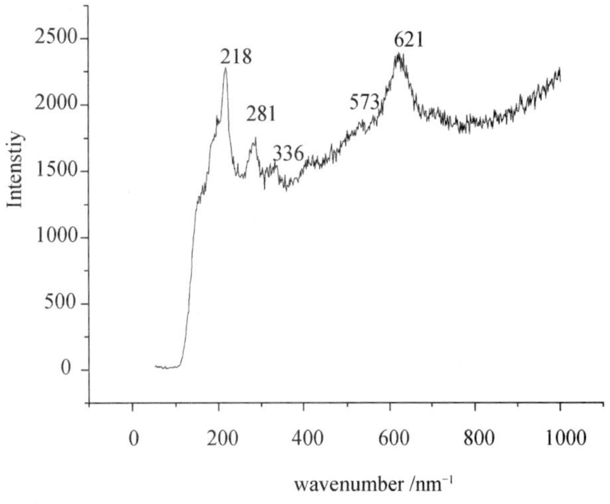

图4　样品5红褐色腐蚀物的拉曼光谱

4. 结　　论

综上所述，可得以下结论：

金器中两个样品的含金量均在90%，纯度较高，此外含有银、铜、锌、镍、铷等杂质元素；银器中，大多数标本含银量较高在97.38%~98.85%，同时含有硫、铬、镍、锌、金等杂质元素，表面附着有黑色的腐蚀物，经鉴定为硫化银（Ag_2S）；另外一个标本含银95.2%，含铜3.19%，应为铜银合金。其分析结果对于探讨其分析结果对于我国古代银铜合金技术发展与演、不同地区间的技术交流等方面研究，具有非常重要的意义。

参 考 文 献

[1]　国家质量技术监督局职业技能鉴定指导中心组：《珠宝首饰检验》，中国标准出版社，1996年，226页。

[2]　齐东方：《中国早期金银器研究》，《华夏考古》1999年第4期。

[3]　安志敏、安家媛：《中国早期黄金制品的考古学研究》，《考古学报》2008年第3期。

[4]　李虎侯、魏成连、李道伦等：《几种古代银器X荧光分析》，《考古》1988年第1期。

[5]　马清林：《两件西汉时期鎏金与鎏银青铜器镀层中的金属化合物》，《文物保护与考古科学》2004年第2期。

[6]　方景礼、莱孜：《镀银层的变色与保护》，《中国科学》B，1998年第5期。

[7]　马氰毓、张可、程博：《福建唐代陈元通夫妇墓出土银质文物的微观结构分析》，《文物保护与考古科学》，2009年第8期。

[8]　杨如增、廖宗廷：《首饰贵金属材料及工艺学》，同济大学出版社，2002年，12~14页。

[9]　李晓岑、韩汝玢、蒋志龙：《云南晋宁石寨山出土金属器的分析和研究》，《文物》，2004年第11期。

[10]　J. F. Mouder，W. F. Stickle，P. E. Sobal，etal，Handbook of X-ray photoelectron Spectroscopy，USA ：Perkin-Elmer Corpation，1992：47.

[11]　罗武干、秦颖、黄凤春：《湖北省出土的若干青铜器锈蚀产物研究》，《腐蚀科学与防护技术》，2007年第3期。

附录三　重庆忠县翠屏山崖墓群人骨鉴定报告

李法军　陈博宇

（中山大学社会学与人类学学院人类学系）

为配合三峡水库的蓄水工程，中山大学考古队于2007年及2008年两次对忠县翠屏山崖墓群进行抢救性发掘。经发掘及研究，可推断该墓群的时代为东汉中晚期至南朝时期。崖墓在四川盆地广有分布，但盆地东部及峡江地区崖墓的发现及发掘却为数不多。此次发掘一可为探寻盆地东部峡江地区崖墓形制的区域特色提供新材料及线索，二亦可为完善峡江地区汉晋南朝墓葬的器物序列提供素材。但由于此处崖墓或因早年基建工程损毁，或因其自身的防盗性较差，因此所发掘的多数墓葬均已被破坏。而墓内人骨或因盗扰，或因腐朽，多已不存，仅个别墓葬保存有人骨遗骸。本次鉴定依据吴如康等和朱泓等的鉴定方法（吴如康、吴新智 1965；朱泓、李法军等 2004），对其中8座墓葬的人骨遗骸进行了人类学鉴定，现将鉴定结果报告如下。

一、2007ZHY AM201

此墓葬为合葬墓，埋葬有两个个体。笔者将之分别编号为AM201（1）和AM201（2），分述如下：

1. AM201（1）

人骨保存情况不佳。颅骨保存有额骨、左侧顶骨、左侧颞骨的大部分和小部分枕骨（枕平面缺如，外侧部大部分缺如）（图1）。四肢骨保存有两侧的股骨和胫骨、一侧腓骨（其侧别不明）。其中左侧胫骨、右侧股骨仅保留骨干部分；右侧胫骨上端缺如；左侧股骨相对完整（图2）。

通过观察上述骨骼的形态，判定该个体为男性。该个体的冠状缝内缝开始愈合，但其内外缝皆未完全愈合，据此认为该个体年龄在25～40岁之间。

该个体为卵圆形颅。额中缝完全出现。冠状缝的前囟段为直型；复杂形段为直型，存在一缝间骨；颞窝段为微波型。冠状缝的形态较为简单。顶结节位于乳突前方，人字缝存在缝间骨，枕外隆突发育。依据颅型判断，该个体为偏长的中颅型、偏狭的中颅型和中等颅高。

曾有学者提出不同地区人骨的颅骨骨壁厚度可能存在差异性（李法军 2005）。为了便于以后作相关的统计学分析，本文根据李法军（李法军 2005）和魏敦瑞（张振标 1981）的测量方法，分别得出该个体的顶骨骨壁厚度及颅骨其他部分骨壁厚度的数据（见表1、表2）。

测得该个体股骨的最大长为43.2厘米，生理长为43.1厘米，通过王永豪提出的根据股骨生理长推算个体身高的方程（王永豪 1979），得出其身高为163.3厘米。

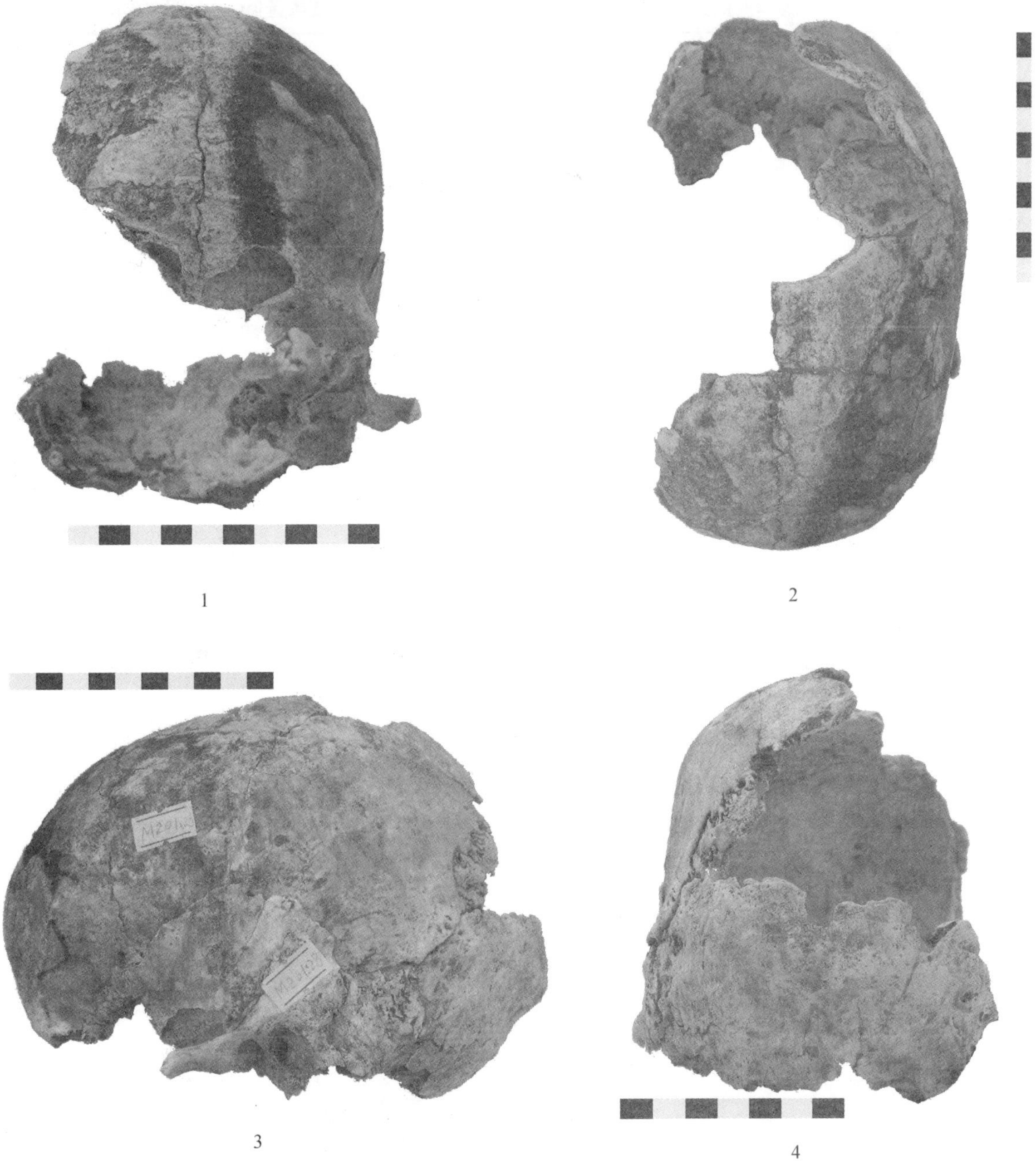

图1　AM201（1）颅骨

1. 正面观；2. 顶面观；3. 侧面观；4. 后面观

表1　重庆忠县翠屏山崖墓群顶骨骨壁厚度测量值　（单位：毫米）

个体＼部位	近人字缝处	近矢状缝处	近颞骨鳞处	近冠状缝处	平均值
AM201	9.50	8.00	6.00	6.96	7.62
BM305（1）	7.98	9.15	4.83	6.53	7.12
EM601（1）	—	5.80	3.67	7.00	5.49
EM601（2）	9.83	8.07	4.00	—	7.30

注：各部位的颅骨厚度的数值均是多点测量后的平均值。

表 2　重庆忠县翠屏山崖墓群颅骨其他部分骨壁厚度测量值　　　（单位：毫米）

部位 / 个体	额鳞中心	额骨颞面		顶骨前囟角处	顶结节处		顶骨乳突角处		枕骨隆凸中心	枕平面中心	枕骨大脑窝		颞鳞中心		平均值
		左侧	右侧		左侧	右侧	左侧	右侧			左侧	右侧	左侧	右侧	
AM201	9. 80	6. 10	—	6. 50	9. 20	—	8. 00	—	—	—	—	—	4. 00	—	7. 30
BM305（1）	—	3. 00	—	9. 00	8. 20	—	8. 50	—	—	—	8. 20	—	3. 30	—	6. 70
EM601（1）	7. 00	6. 03	5. 50	7. 00	—	—	—	—	—	—	—	—	—	—	6. 38
EM601（2）	—	—	—	—	6. 50	6. 00	—	—	9. 50	10. 05	6. 50	—	—	—	7. 71

注：各部位的颅骨厚度的数值均是多点测量后的平均值。

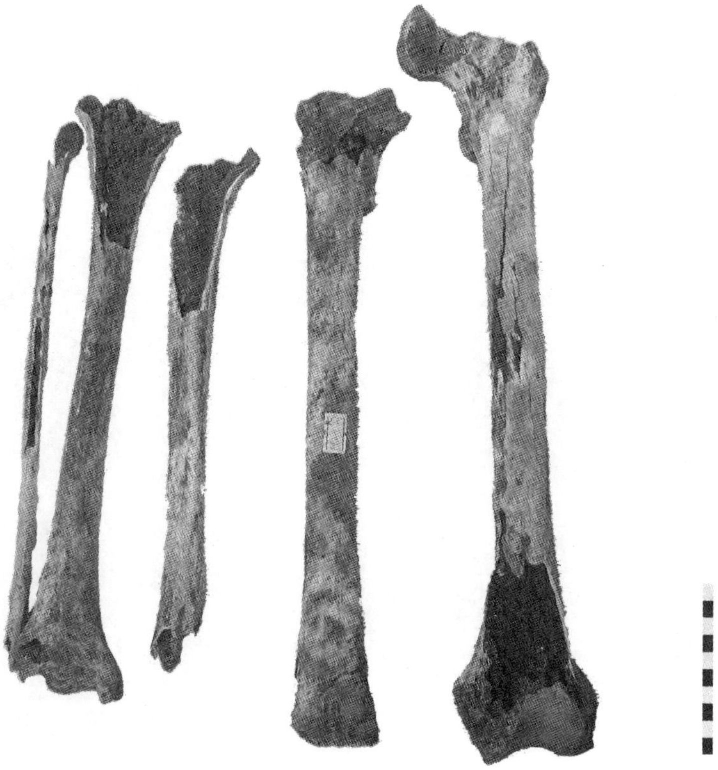

图 2　AM2010（1）下肢骨

2. AM201（2）

保存有右侧的股骨骨干部分，较为破碎。仅能判断该个体为成年，性别不详。

二、2007ZHY BM302

此墓葬为合葬墓，人骨保存情况不佳。该墓葬保留有两块颅骨碎片，一块下颌骨以及部分四肢骨。

颅骨碎片中，其一为枕骨枕平面的左侧部分及近人字缝处的部分顶骨；另一块为额骨鳞部的左侧部分。前者较厚、较重，肌嵴显著；后者轻薄、光滑。由此判断两骨骼碎片分属两个个体。前者应为男性，后者应为一幼儿期个体。从枕骨人字缝外缝已经愈合的情况看，男性个体为45～50岁。比对BM305（2）顶、枕骨的形态看，未成年个体的年龄应在3～6岁之间。下颌骨仅保留左侧下颌支及下颌体，髁突及冠突缺如。整体显得纤细，下颌支较窄，由此判断下颌骨所属个体应为一女性。牙齿不存，但从下颌骨的齿槽看，可知该个体第三臼齿已经萌出。综上所述，该个体应为成年女性个体。

据四肢骨的形态看，该墓葬至少包含四个个体，笔者将之分别编号为BM302（1）、BM302（2）、BM302（3）和BM302（4），分述如下：

1. BM302（1）

保存有两侧肱骨（左肱骨保留有骨干和下端，外上髁及小头处破损；右肱骨保留有骨干的下半段和下端，内上髁破损）；右侧尺骨的骨干和上端，鹰嘴破损；左侧股骨的骨干上段；两侧胫骨（左侧仅存骨干上段的残片；右侧保留骨干）。肢骨整体显得纤细。应为一成年女性。

2. BM302（2）

保存有两侧股骨的骨干下端（破损严重）以及一侧股骨上端，左侧胫骨骨干。四肢骨整体显得粗壮，有可能与枕骨片同属一个个体。该个体可能为上述提到的45～50岁男性个体。

3. BM302（3）

保存了两侧股骨骨干部分，二者粗细程度稍有差异，可能与其受腐蚀的程度不同有关；同时还保留有左侧尺骨的骨干部分。肢骨整体显得纤细。应为一成年女性。

4. BM302（4）

保存有一侧股骨骨干，应为左侧下段。该骨较为纤细，应属一未成年个体，有可能与额骨残片同属一个个体。该个体应为3～6岁的未成年个体，性别不详。

由此看来，所存的下颌骨可归入BM302（1）、BM302（3）的其中一个，但也有可能属于除上述4个个体以外的其他个体。

三、2007ZHY BM305

此墓葬为合葬墓，至少存在三个个体。笔者将之分别编号为BM305（1）、BM305（2）和BM305（3），分述如下：

1. BM305（1）

人骨保存情况不佳。颅骨保存有额骨、右侧顶骨、左侧颞骨、枕骨的大部分，以及左侧顶骨的全部（图3）。牙齿仅存右侧下颌第三臼齿一枚，其齿尖已被磨平。保存有左侧髋骨、左右侧的股骨、左右侧胫骨以及左侧根骨，但均较残破。

该个体颅顶各骨缝的形态如下：冠状缝的各段皆为微波型。矢状缝的前囟段为微波型；顶段为深波型；顶孔段和人字点段皆为微波型。人字缝的各段皆为深波型。骨缝的形态较为简单。顶结节位于乳突前方。依据颅型判断，该个体为偏短的中颅型、中等宽的颅型和中等颅高。颅骨骨壁厚度数据见表1和2。

通过观察上述骨骼的形态，判定该个体应为一成年女性。该个体的冠状缝内缝开始愈合，其他颅顶骨缝的内外缝皆未见愈合迹象。若仅从冠状缝的愈合情况看，该个体的年龄应在25～40岁之间。

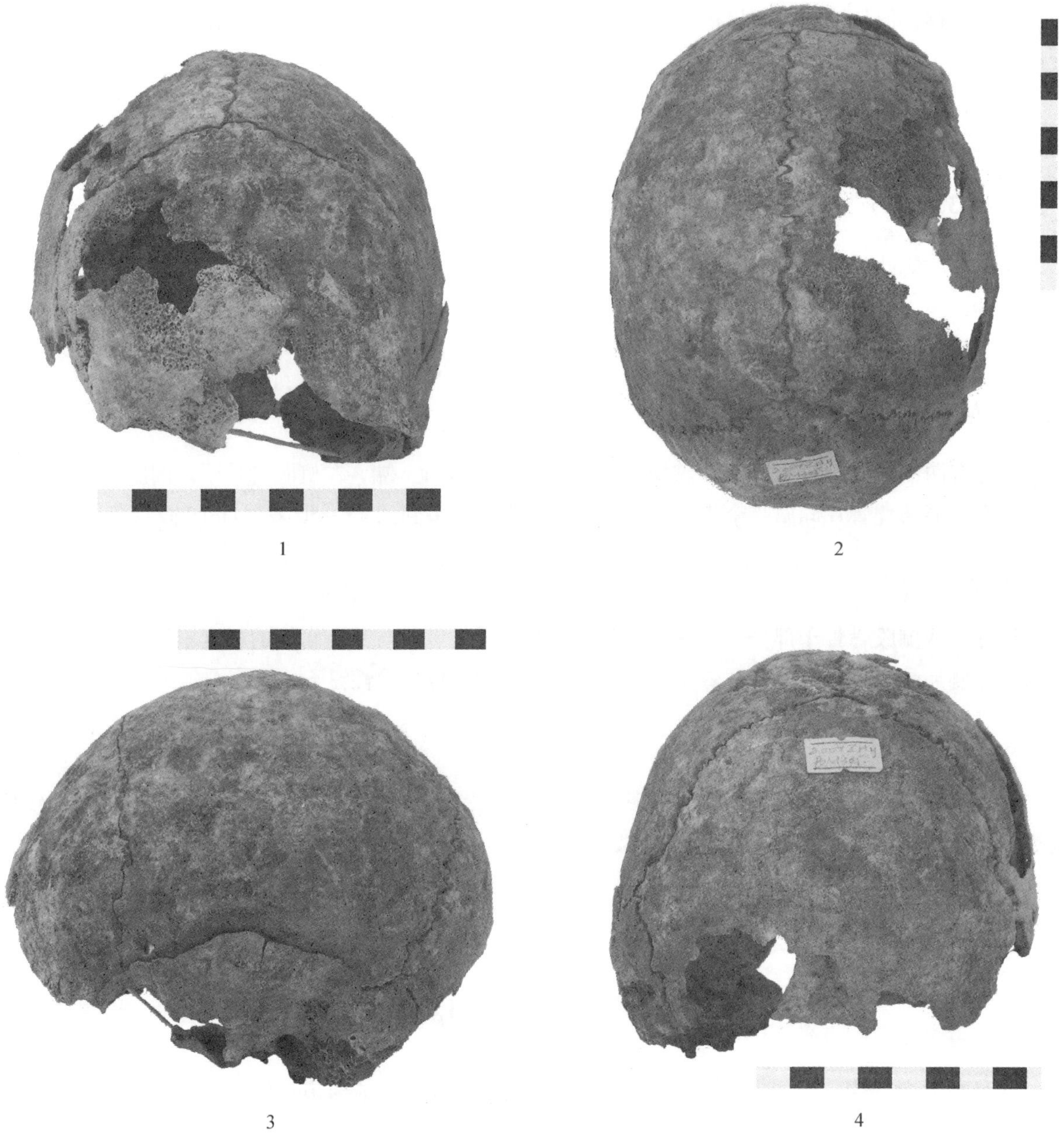

图3　BM305（1）颅骨

1. 正面观；2. 顶面观；3. 侧面观；4. 后面观

2. BM305（2）

人骨保存情况不佳。头骨保存有右侧顶骨、枕骨的大部分以及下颌骨的大部分（左侧下颌支缺如，右侧下颌支稍有破损）。四肢骨保存有右侧肱骨和两侧股骨。其中肱骨的上端缺如，下端破损；左侧股骨的下端缺如。所有肢骨的骨骺皆不存。牙齿保留5枚，均为乳齿（图4）。

图4　BM305（2）齿列图

通过对上述骨骼的形态进行观察，判定该个体为婴幼儿，其性别不详。根据其牙齿萌出情况及枕骨的愈合情况看，该个体应为3～6岁的幼儿期个体。

3. BM305（3）

人骨保存情况不佳。头骨保存有额骨右侧的小部分额鳞和眶部，左侧顶骨部分保存。保存有一块左侧股骨的骨干部分（图5）。应是未成年个体，性别和年龄不详。

四、2008ZHY EM601

此墓葬为合葬墓，保存有两个个体。笔者将之分别编号为EM601（1）和EM601（2），分述如下：

1. EM601（1）

仅保存有部分脑颅。包括额鳞的大部分，左侧顶骨近冠状缝部分，前囟区较为完整。冠状缝为微波型，无冠状缝小骨；矢状缝前囟段为微波型。依据残破的颅骨形态判断，该个体可能属于圆颅型的可能性较大。从骨骼的形态和粗壮程度上判断，此个体可能属于一个成年女性。

其颅骨骨壁厚度数据见表1和表2。

2. EM601（2）

仅保存有部分脑颅。包括右侧顶骨的大部分，左侧顶骨近矢状缝部分，顶孔区较为完整，右侧顶孔存在。矢状缝为深波型；保存有枕骨的鳞部，枕外隆突区较发育，人字缝为锯齿型。从骨骼的形态和粗壮程度上判断，此个体可能属于一个成年男性。

其颅骨骨壁厚度数据见表1和表2。

五、2008ZHY EM602

此墓葬为合葬墓，人骨保存情况不佳。该墓葬仅存残破的股骨，根据保存的骨骼形态特征，笔者将之分别编号为EM602（1）和EM602（2），分述如下：

1. EM602（1）

仅存有右侧股骨残段，其股骨头和股骨远端缺失。骨体较为纤细。为一成年女性。

2. EM602（2）

仅存右侧股骨残段，其股骨头也缺失，骨干破碎，远端保留。骨体较前者粗壮。为一成年男性。

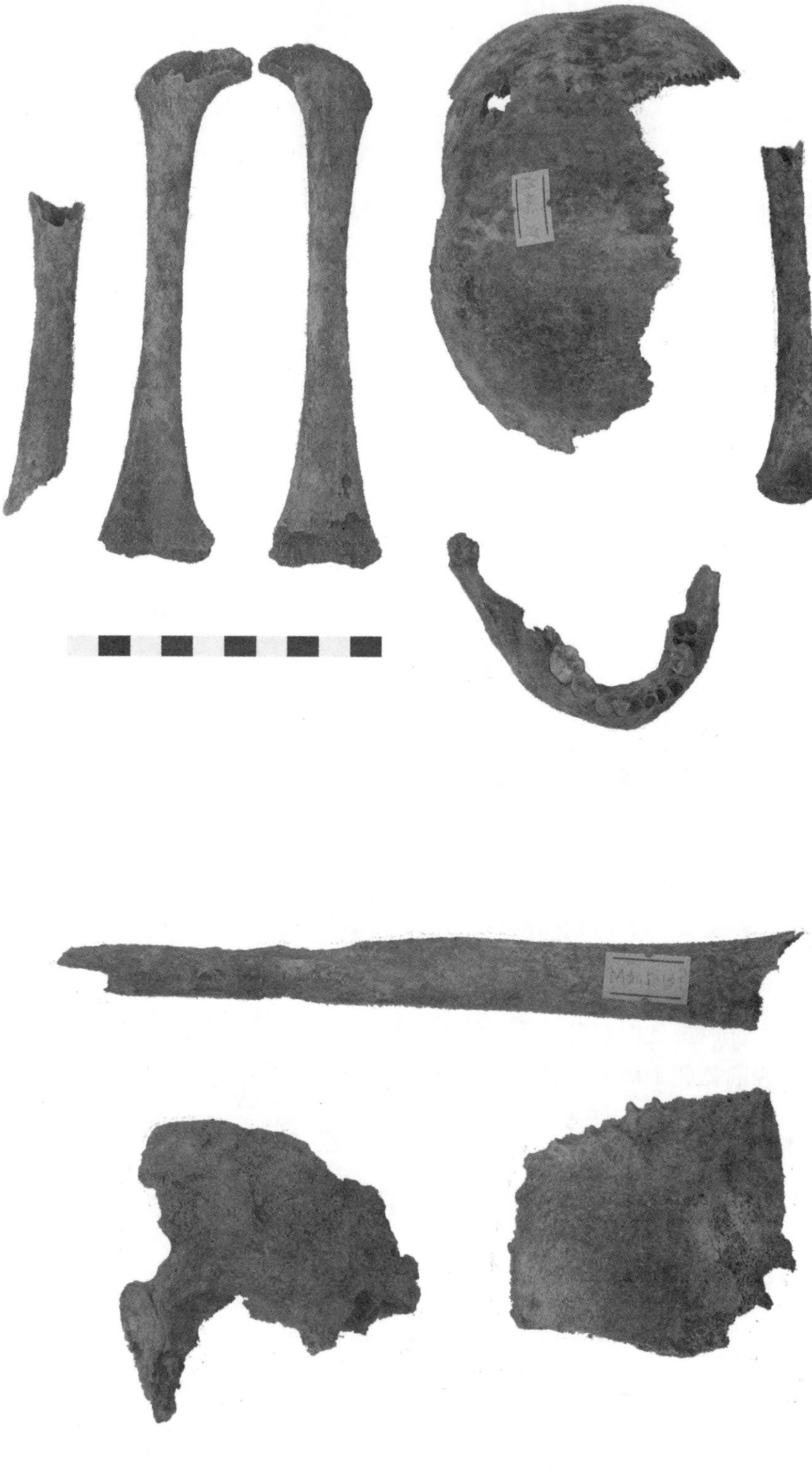

图5　BM305（3）头骨及肢骨

六、2008ZHY EM603

此墓葬为合葬墓，保存有两个个体。笔者将之分别编号为 EM603（1）和 EM603（2），分述如下：

1. EM603（1）

人骨保存状况不佳。头骨仅存下颌骨残片，保存有下颌骨的左侧部分即下和联合部。四肢骨保存了两侧肱骨骨干、股骨骨干、腓骨骨干，以及两侧胫骨（其中左胫骨上端及内踝缺如；右胫骨仅剩骨干部分）。牙齿保留 5 枚，均为恒齿（图 6）。所有牙齿的齿质皆完全暴露。根据磨耗程度判断，该个体应为一年龄在 55～60 岁之间的女性个体。

图 6　EM603 齿列图

2. EM603（2）

仅保存有左右侧股骨和胫骨的残端。从骨骼的形态和粗壮程度上判断，此个体可能属于一个成年男性。

七、2008ZHY EM605

人骨保存情况不佳。颅骨部分仅保存了近前囟点处的小部分额骨及顶骨，以及小部分顶骨碎片；四肢骨保存了左侧肱骨骨干的下段，一侧尺骨的骨干以及小部分胫骨碎片。其颅骨骨壁亦较厚，但四肢骨显得较为纤细和光滑。此个体为成年，性别不详。

八、2008ZHY EM606

人骨保存情况不佳。该墓葬保留有左侧髋臼的周缘以及部分四肢骨。从四肢骨的形态看，至少归属三个个体，笔者将之分别编号为 EM606（1）、EM606（2）和 EM606（3），分述如下：

1. EM606（1）

保存有两侧股骨干及下端部分（下端破损严重）；右侧胫骨骨干部分。肢骨显得较为粗壮。应为一成年男性个体。

2. EM606（2）

保存了两侧股骨（左侧股骨头稍有破损，大转子及下端缺如；右股骨上端缺如，下端破损严重）；两侧胫骨（左胫骨下端稍有破损；右胫骨内踝缺如）。四肢骨亦显得粗壮，但其程度及长度均不及 EM606（1）。成年，性别不详。

3. EM606（3）

仅保存有右侧胫骨的骨干部分。成年，性别不详。

除上述骨骼以外，EM606 还保留有三段腓骨干。由于其特征不明显，故不能确认应将其归入哪个个体。

九、讨　论

长江中游自重庆至宜昌一线，以三峡水域最长且最为著名，通常被称为“峡江地区”。目前该区域已发表的人骨资料主要出自湖北房县七里河屈家岭文化遗址（吴海涛、张昌贤 1979）、重庆巫山大溪遗址（陈山 1992）、湖北省巴东县孔包汉墓（李法军 2003）和重庆万州大坪战国墓群（李法军 2005）。

有学者依据四川巫山大溪组和湖北房县七里河组的人骨材料，将三峡地区先秦时期的古人类划分为一个较为独特的种系类型，即“峡江地区类型”（朱泓 1992），并推测这一类型或许与巴人的起源有关。该类型的基本体质特征为：偏长的中颅型，中等的头高和头宽，长高比例的正颅型和宽高比例的中颅型相结合，狭面，低眶，中等的鼻宽。

本文中所鉴定的 AM201 为偏长的中颅型、偏狭的中颅型和中等颅高；BM305（1）为偏短的中颅型、中等宽的颅型和中等颅高。虽然缺乏这两例个体面部的特征，但我们仍能够看出，AM201 和 BM305（1）在颅型特征上与“峡江地区类型”十分接近。

“峡江地区类型”人群所处时代为先秦时期，而本次所鉴定的 AM201 之年代为东晋，BM305（1）之年代为南朝早期（刘宋），整个墓群的时代跨度为东汉中晚期至南朝时期。考虑到由时代所致的人群迁徙或文化互动等因素影响，不能期望二者在体质特征上表现得完全一致，但也不能断言二者之间完全没有体质上的关联。我们只能说，根据现有的资料判断，二者之间在颅型上表现得比较一致，而其他方面的特征只能待日后更为完整的资料来分析。至少，我们还不能完全排除翠屏山崖墓群所代表的人群与“峡江地区类型”人群存在形态学上关联的可能性。

此外，为了能够进一步分析这一地区人群体质特征的异同，我们还将之前已发表的重庆万州大坪墓群人骨（WD M136 和 WD M158）的颅骨骨壁厚度与本文的数据进行比较（见表 3）。

表 3　重庆忠县翠屏山崖墓群与万州大坪墓群颅骨骨壁厚度的比较　　（单位：毫米）

部位／个体	近人字缝处	近矢状缝处	近颞骨鳞处	近冠状缝处	平均值
ZHY AM201	9.50	8.00	6.00	6.96	7.62
ZHY BM305（1）	7.98	9.15	4.83	6.53	7.12
ZHY EM601（1）	—	5.80	3.67	7.00	5.49
ZHY EM601（2）	9.83	8.07	4.00	—	7.30
WD M136	7.82	7.58	7.42	—	7.61
WD M158	8.56 *	7.76 *	6.51 *	—	7.61

* 表示依据原文所计算的平均值。

依据表 3 所示，翠屏山崖墓群和万州大坪墓群人骨在颅骨骨壁总厚度上无明显的统计学差异。具体来看，在近人字缝处和近矢状缝处，翠屏山崖墓群人骨总体上较万州大坪墓群人骨骨壁为厚，而近颞骨鳞处的骨壁厚度则是前者小于后者。颅骨骨壁厚度不仅存在进化上的差异，也可能存在微观演化上的差异和群体间的差异。但由于目前任然缺乏足够的数据来分析同一地区的人群在颅骨骨壁厚度上是否存在明显差异以及不同地区人群之间是否存在明显差异，所以我们应当重视积累古人类颅骨骨壁厚度的数据，以便能够进一步开展此方面的研究工作。

一〇、小　　结

对重庆忠县翠屏山崖墓群中8座墓葬内的人骨进行了人类学鉴定和初步研究。其中2008ZHY EM605为单人葬；2007ZHY AM201、2008ZHY EM601、2008ZHY EM602和2008ZHY EM603为双人葬；2007ZHY BM302、2007ZHY BM305和2008ZHY EM606为多人葬。共计19例个体。

3例为未成年个体，其中两例年龄为3～6岁，属幼儿期；另一例年龄不详。3例未成年个体性别均不详。16例成人个体，有4例个体年龄较为明确，其中男性4例，女性5例；可能为男性者2例，可能为女性者1例；性别不详者4例。在年龄明确者中，2例属壮年期，1例属中年期，1例属老年期。

可以看出，8座墓葬中，合葬墓的比例非常高，占墓葬总数的87.50%。从合葬墓中所埋葬个体的性别和年龄组合来分析，他们的关系可能是夫妻、母亲及其子女和父母及子女。

本文中所鉴定的2007ZHY AM201、2007ZHY BM305（1）在颅型特征上与“峡江地区类型”十分接近。虽然考虑到由时代所致的人群迁徙或文化互动等因素影响，但我们还不能完全排除翠屏山崖墓群所代表的人群与“峡江地区类型”人群存在形态学上关联的可能性。

峡江地区汉代以后的古代人群在颅骨骨壁总厚度上无明显的统计学差异。但更为细致的比较研究还需要今后相关数据的积累才能进行。

参考文献

[1]　陈山：《大溪文化居民种族类型初探》，《徐州博物馆三十年纪念文集》，北京燕山出版社，1992年。

[2]　李法军：《湖北省巴东县孔包汉墓人骨鉴定》，《四川文物》2003年第6期。

[3]　李法军：《重庆万州大坪墓群人骨鉴定》，《四川文物》2005年第3期。

[4]　王永豪：《中国西南地区男性成年由长骨推算身高的回归方程》，《解剖学报》1979年第1期。

[5]　吴海涛、张昌贤：《湖北省房县七里河新石器时代人骨的研究报告》，《北京猿人第一头盖骨发现50周年纪念论文选编》，武汉医学院，1979年。

[6]　吴汝康、吴新智：《人体骨骼测量方法》，科学出版社，1965年。

[7]　张振标：《我国新石器时代居民体型分化趋向》，《古脊椎动物与古人类》1981年第1期。

[8]　朱泓：《中国南方新石器时代居民体质类型的聚类分析》，《中国考古学会第七次年会论文集》，文物出版社，1992年。

[9]　朱泓：《体质人类学》，高等教育出版社，2004年。

附录四　重庆忠县翠屏山崖墓群出土青瓷 EDXRF 分析研究

胡立敏　王　宏　朱铁权
（中山大学社会学与人类学学院科技考古实验室）

1. 前　　言

六朝时期的青瓷，在青瓷的发展历程中起着承上启下的作用，在我国古代陶瓷发展史上占据非常重要的地位。崖墓是汉至南朝时期我国西南地区四川盆地较常见的葬制。受重庆市文化局三峡文物保护工作领导小组的委托，中山大学人类学系于 2008 年 4～7 月对重庆忠县翠屏山崖墓群进行了系统的考古发掘，在其中部分崖墓中发现了一定数量不同种类的青瓷，这些青瓷是探讨当时的瓷器烧制技术以及贸易路线的很好的实物资料。这些崖墓大都已被盗扰，器物损坏严重，为了在保护文物的同时又研究方便，此处拣选一些青瓷器的碎片进行实验。能量色散 X 射线荧光探针是 20 世纪 90 年代末出现的一种新式 X 射线荧光光谱仪，它既具有电子探针微区分析的功能，又保留了 X 射线荧光光谱仪的优点，是目前微区元素分析较好的仪器[1]。本工作利用能量色散 X 射线荧光探针的诸多优点，对重庆忠县翠屏山崖墓群出土青瓷的胎釉进行无损分析测试，基于分析结果对这些青瓷的工艺与产地特征进行讨论。

2. 实 验 部 分

2.1　仪器及实验条件

实验是在中山大学社会学与人类学学院科技考古实验室完成的，仪器为美国 EDAX International Inc. 的 EAGLE-Ⅲμ 型能量色散型 X 射线探针。侧窗铑（Rh）靶，40WX 光管下照射式、掠射角 65°，毛细管光学系统聚焦，照射在样品上的光斑直径（d）为 40μm，样品受激产生的 X 射线荧光以 60°出射角射出，经狭缝被 Si（Li）探测器记录下来。采用 Al-Cu 合金的 AlKα 和 CuKα 峰来标定能量刻度。样品室内样品架最大移动距离：左右方向 X 为 105.00mm，前后方向 Y 为 94.00mm，上下方向 Z 为 95.00mm。最小移动为距离为 0.01mm。光学显微镜放大倍数为 10 倍和 200 倍，先在 10 倍条件下，移动 Z 标，粗调焦距，然后在 200 倍条件下，移动 Z 标再次调节焦距，调到较近的距离时，改用自动聚焦。

实验测试条件为：X 光管管压 40kv，管流 600μA，真空光路，光斑直径为 100μm，Mn Kα 处的分辨率 137.5eV，死时间约 20%，Version3.0 的解谱软件进行样品定性定量分析，样品的定量分析采用陶瓷标样法。

2.2　样品来源

本次实验的样品由中山大学人类学系提供，样品的外观特征及考古学背景如表 1 所示。

表 1 样品的外观特征及考古学背景

编号	序列号	时代	外观描述
标本 1	2008. Z. HEM601:002	南朝中期	灰白胎，胎致密，釉层较薄，极易脱落，浅绿色，有支烧痕
标本 2	2008. Z. HEM601:003	南朝中期	灰白胎，胎致密，大部分釉层有脱落，呈浅黄色
标本 3	2008. Z. HEM601:004	南朝中期	灰白胎，胎致密，釉层较薄，极易脱落，浅绿色
标本 4	2008. Z. HEM601:0013	南朝中期	灰白胎，胎致密，釉层较薄，极易脱落，浅绿色
标本 5	2008. Z. HEM601:0014	南朝中期	灰胎，胎致密，釉层较薄，极易脱落，黄绿色
标本 6	2008. Z. HEM602:001	西晋中晚期	胎白中泛黄，胎质疏松，釉层较薄，极易脱落，釉色浅白
标本 7	2008. Z. HEM602:002	西晋中晚期	胎白中泛黄，胎质疏松，釉层较薄，极易脱落，釉色浅白
标本 8	2008. Z. HEM602:049	西晋中晚期	胎白中泛黄，胎质疏松，釉层较薄，极易脱落，釉色白中闪绿

2.3 样品制备测试

用水将样品上附着的脏物洗掉，晾干后用切磨机将一侧断面磨平，然后在酒精中用超声波清洗干净。用一个自制的聚乙烯塑料夹将样品固定，并将磨平的被测剖面水平放置于样品架上，抽真空，调焦距，加 X 光管电压、电流，进行定性检测，确定检测元素，然后用 linescan 程序，对样品的胎釉进行测量。每个标本测试 3 次，然后取其平均值，以消除样品不均一所带来的误差。

3. 结果与讨论

3.1 瓷胎

胎料的化学组成是区分瓷器与陶器一个主要标准，瓷胎一般以高岭土或者瓷土为原料。这样反映在其化学组成上，其氧化铝的含量较高，助熔剂的含量则相对较低，以此满足较高的烧制温度以及较好的物理性能的需要[2]。为了更好了解崖墓出土青瓷胎的化学组成，我们从文献中找到越窑同时期的青瓷瓷胎分析结果[3]，进行对比研究。并且利用 SPSS 软件对数据进行了处理，同时做图。如图 1 所示，这批青瓷中氧化铝的含量虽有波动，但主要在 19.68%～24.05%，明显高于越窑同一时期青瓷胎化学组成，而所有标本中二氧化硅的含量相对较低。同时，氧化钾的含量在2.86%～4.31%，亦明显高于越窑青瓷。另外，标本中氧化铁的含量在 1.12%～2.51%，氧化铁的含量在 0.91～1.98%，其含量并没因瓷胎颜色发青，发黄而有所差异。那么这种外观颜色的不同，可能与烧制温度以及烧制气氛有关。

3.2 瓷釉

瓷釉是瓷胎上一种玻璃态的物质，相比瓷胎来说，其化学组成中含量有较多的助熔剂。古代瓷釉的助熔剂主要包括草木灰、钙石、长石等[4]。从表 2 及图 3 的分析结果来看，所有青瓷釉中除了氧化钙含量较高之外，元素磷的含量也远高于其相对应的瓷胎，推测这批青瓷釉料选择了草木灰作为助熔剂。按照木灰釉系数 $b = RO/(RO + R_2O)$[5]，计算出两个窑口不同种类瓷釉木灰釉系数 b 值，分布在 0.81～0.92 之间，均属于钙釉。不同标本瓷釉中氧化铁的含量有所不同，有的高达 4.19%，而器外观姿色较深。此外这批青瓷釉中氧化钾的含量较高，氧化锆的含量较低，与越窑青瓷形成鲜明的对比（见图 4）。

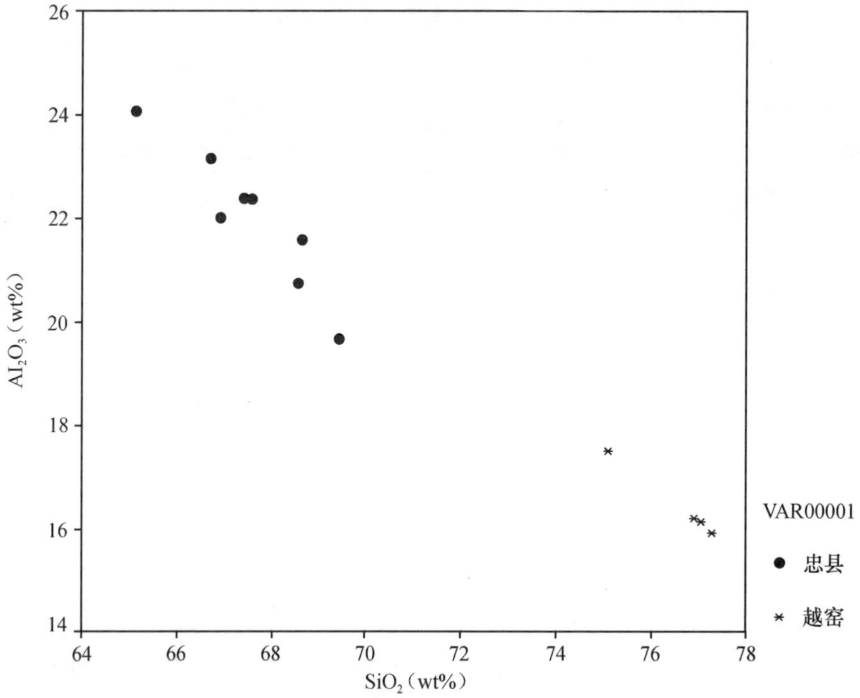

图 1　标本氧化铝与二氧化硅的含量的散点图

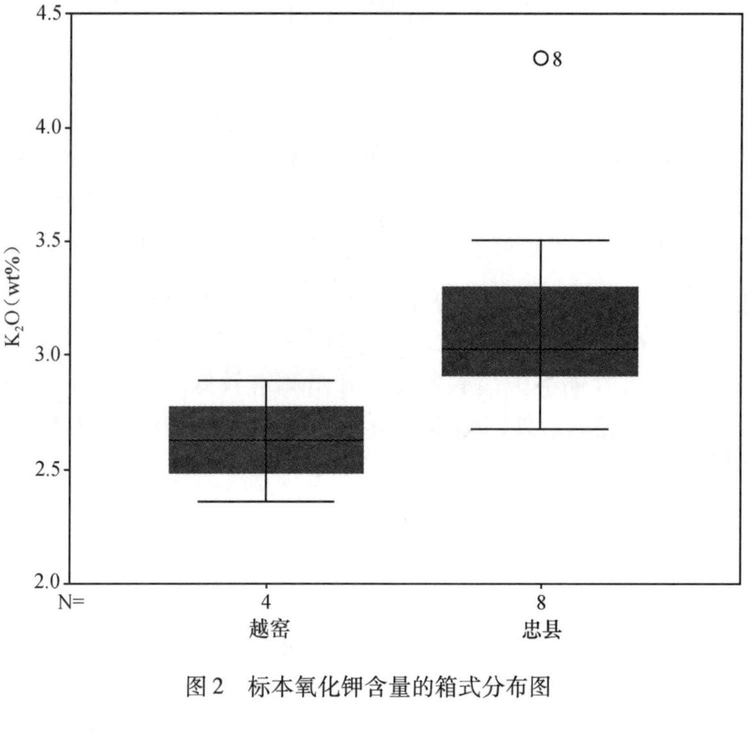

图 2　标本氧化钾含量的箱式分布图

表 2　标本瓷胎的 EDXRF 定量分析结果（主量成分含量为 10^{-2}，微量成分含量为 10^{-6}）

标本编号	标本	Al_2O_3	SiO_2	K_2O	CaO	TiO_2	Fe_2O_3	P	Cr	Mn	Cu	Zn	Pb	Rb	Sr	Y	Zr
标本 1	胎	24. 09	65. 21	3. 51	0. 34	0. 91	1. 94	305	114	253	95	107	42	248	92	59	667
	釉	16. 15	59. 72	2. 67	14. 37	0. 78	2. 32	4356	38	1476	79	66	50	191	251	33	549
标本 2	胎	22. 39	67. 46	2. 86	0. 25	0. 99	2. 04	184	107	262	61	84	51	267	89	52	1594
	釉	14. 36	60. 93	2. 30	16. 23	0. 60	1. 58	5490	9	1516	69	86	43	119	237	30	470

续表

标本编号	标本	Al_2O_3	SiO_2	K_2O	CaO	TiO_2	Fe_2O_3	P	Cr	Mn	Cu	Zn	Pb	Rb	Sr	Y	Zr
标本 3	胎	22.37	67.64	3.03	0.26	0.91	1.79	81	102	241	73	160	75	244	100	52	846
	釉	16.85	61.58	2.25	12.77	0.72	1.83	3294	27	1110	16	61	13	199	224	24	413
标本 4	胎	21.59	68.73	2.68	0.27	0.86	1.87	138	53	304	101	98	57	187	52	32	637
	釉	16.98	60.58	2.34	14.02	0.75	1.33	4293	170	1167	89	84	42	185	186	33	348
标本 5	胎	19.68	69.47	3.03	0.33	0.99	2.51	276	171	203	107	211	39	221	79	32	322
	釉	17.76	61.77	3.02	8.06	1.16	4.23	2505	51	1053	90	287	34	161	134	45	317
标本 6	胎	23.17	66.77	2.97	0.56	1.02	1.50	70	124	198	82	128	69	243	142	41	375
	釉	16.14	62.39	2.44	12.89	0.69	1.33	2532	17	1037	78	105	—	190	197	49	248
标本 7	胎	20.75	68.62	3.09	0.28	1.74	1.53	532	96	346	145	77	18	243	88	27	886
	釉	15.19	61.59	2.36	15.10	0.65	1.12	3690	48	1501	351	82	21	204	224	17	516
标本 8	胎	22.01	66.97	4.31	0.59	0.99	1.12	271	88	211	42	158	96	—	242	110	32
	釉	18.02	68.39	2.81	3.61	0.78	2.40	2392	51	1123	57	43	102	37	206	181	25

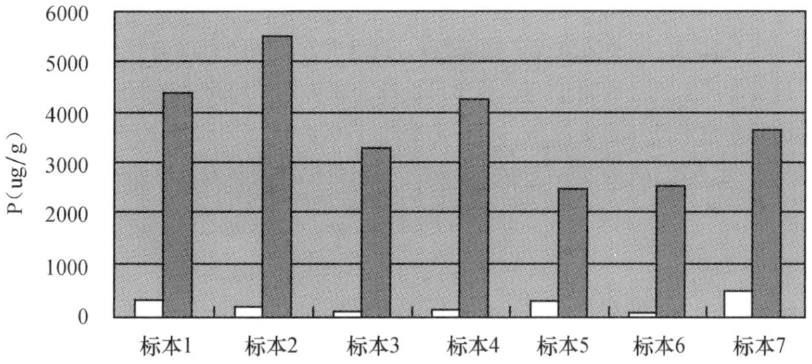

图 3　标本瓷胎与瓷釉中磷含量的对比柱状图

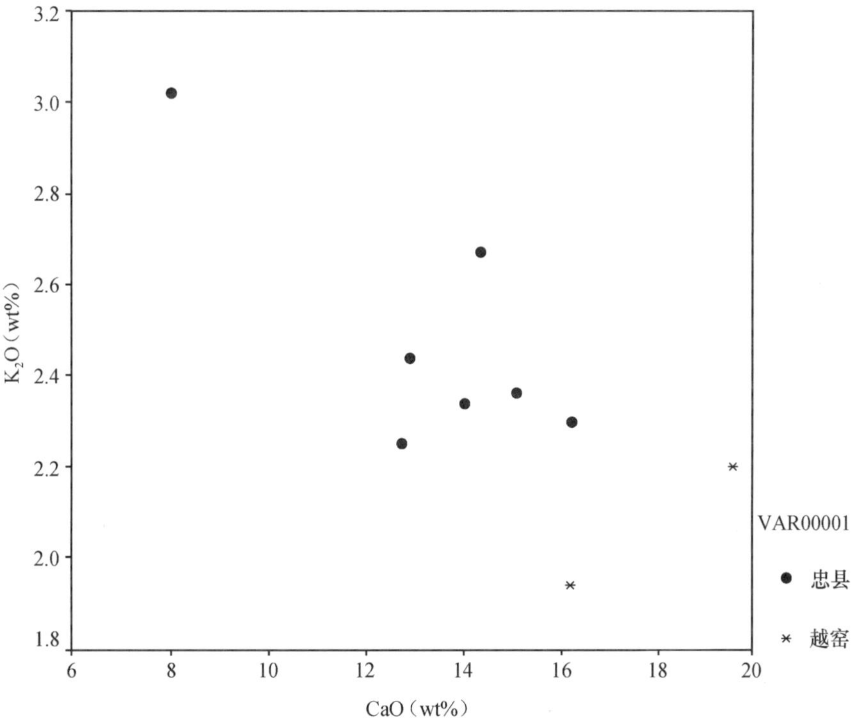

图 4　标本瓷釉中氧化钙与氧化钾含量的散点图

4. 结　论

重庆忠县崖墓出土的这批青瓷瓷胎相对越窑同一时期的青瓷，具有明显高铝低硅的特征，同时瓷胎中氧化钾的含量较高。瓷釉属于钙釉，其添加的助熔剂为草木灰。氧化钾的含量也比较高。那么，这批青瓷是否来源于同一个窑口，还是几个不同的地方，可能还需要借助其他分析方法，获取胎釉中微量元素的种类及其含量，做进一步讨论，同时，我们还发现这批青瓷均具有釉层较薄、极易脱落的特征，这种现象是与其制作工艺有关，还是与埋藏环境有关，以及如何这些瓷器进行保存等问题，将会在今后的研究中进行细致探讨。

参 考 文 献

[1] 朱铁权、王昌燧、毛振伟等：《不同窑口古瓷断面能量色散X射线荧光光谱线扫描分析》，《岩矿测试》2007年第5期。

[2] 方邺森、方金满、刘长荣：《中国陶瓷矿物原料》，南京大学出版社，1990年。

[3] 李家治：《中国科学技术史（陶瓷卷）》，科学出版社，1998年，120、121页。

[4] 李家治：《中国科学技术史（陶瓷卷）》，科学出版社，1998年，95、272、322页。

[5] 罗宏杰、李加治、高力明：《中国古瓷中钙系釉类型划分标准及其在瓷釉研究中的应用》，《硅酸盐学报》1995年第2期。

附 表

附表一 忠县翠屏山崖墓出土器物分期表（陶器一）

期别	段别	墓葬	陶釜				陶罐														陶瓮	陶锺	陶钵			陶碗			陶耳杯
		类型	Aa	Ab	Ac	B	Aa	Ab	Ba	Bb	Bc	Bd	Ca	Cb	Da	Db	Dc	Ea	Eb	F			A	B	C	A	B	C	
一	一	CM401	Ⅰ																										
		BM310（1）																Ⅰ					Ⅰ						
		BM301				Ⅰ	Ⅰ										Ⅰ、Ⅱ					Ⅰ			Ⅰ				●
		EM611																					Ⅰ						
二	二	BM302		Ⅰ、Ⅱ								Ⅰ											Ⅰ、Ⅱ		Ⅱ、Ⅲ				
		CM407					Ⅲ					Ⅱ、Ⅲ	●	Ⅰ		Ⅰ						Ⅱ	Ⅱ	Ⅰ、Ⅱ					
		EM601（1）																											
		CM409									Ⅰ			Ⅱ	Ⅰ						●		Ⅱ、Ⅲ						
		BM303					Ⅱ							Ⅱ、Ⅲ	Ⅰ、Ⅱ	Ⅱ						Ⅲ	Ⅲ	Ⅱ、Ⅲ					
		AM203				Ⅱ						Ⅲ		Ⅲ	Ⅱ							Ⅲ	Ⅱ						
三	三	DM501（1）	Ⅲ																●							●			
	四	EM602							●	●										●								●	
		CM420																											
四	五	BM306									Ⅱ、Ⅲ	Ⅲ		Ⅳ													●		
		AM201																											
	六	EM605（1）						Ⅱ																					
		EM606	Ⅱ									Ⅲ						Ⅱ					Ⅱ						
		EM603						Ⅰ							Ⅲ	Ⅲ													
		DM501（2）																											
		BM310（2）																											
五	七	CM410						Ⅰ																					
		BM305										Ⅲ																	
		BM309																											
	八	EM601（2）																											
		EM604			●																								
		EM605（2）																											

附表二　忠县翠屏山崖墓出土器物分期表（陶器二）

期别	段别	墓葬	陶盘	陶魁	陶勺	陶杯		陶案		陶盆					陶甑			陶灯			陶熏炉	陶器盖			陶纺轮	陶砚	陶人物俑	陶动物俑	陶镇墓兽	陶模型
		类型				A	B	A	B	Aa	Ab	Ac	B	C	Aa	Ab	B	A	Ba	Bb		A	B	C						
一	一	CM401		Ⅰ																							●			
		BM310（1）							●		Ⅰ			Ⅰ													●			●
		BM301		Ⅱ						Ⅰ	Ⅱ								●	●		Ⅰ					●	●	●	●
		EM611										●					Ⅰ										●			
二	二	BM302		Ⅲ			●							Ⅱ	Ⅰ						●			Ⅰ						
		CM407		Ⅳ	●	Ⅰ		●					Ⅰ	Ⅲ	Ⅰ			Ⅰ、Ⅱ				Ⅱ	Ⅰ	Ⅲ			●	●		●
		EM601（1）																									●			
		CM409											Ⅱ										Ⅱ							
		BM303				Ⅱ							Ⅱ											Ⅱ				●		●
		AM203								Ⅱ			Ⅲ		Ⅱ															
三	三	DM501（1）	●																											
	四	EM602																								●				
		CM420																												
四	五	BM306																									●			●
		AM201																												
	六	EM605（1）																												
		EM606																						Ⅲ						
		EM603															Ⅱ								●					
		DM501（2）																									●			
		BM310（2）																												
五	七	CM410												Ⅳ																
		BM305																												
		BM309																												
	八	EM601（2）																												
		EM604																												
		EM605（2）																												

附表三　忠县翠屏山崖墓出土器物分期表（瓷器、铜器）

期别	段别	墓葬	瓷盘口壶			瓷鸡首壶	瓷四系罐			瓷双口罐	瓷折沿罐	瓷双系罐	瓷碗							瓷盏							瓷盘	瓷盆	瓷唾壶	瓷虎子	瓷熏炉	铜洗	铜鋬
		类型	A	B	C		Aa	Ab	B				Aa	Ab	Ac	Ad	Ba	Bb	Bc	Aa	Ab	Ac	Ba	Bb	Bc	Bd							
一	一	CM401																															
		BM310（1）																														●	●
		BM301																															
		EM611																															
二	二	BM302																															
		CM407																															
		CM409																															
		BM303																															
		AM203																															
三	三	DM501（1）					Ⅰ																							●			
	四	EM602	Ⅰ、Ⅱ、Ⅲ				Ⅱ、Ⅲ		Ⅰ				Ⅰ		●	●	Ⅰ	Ⅰ	Ⅰ、Ⅱ		Ⅰ、Ⅱ				Ⅰ	Ⅰ							
		CM420													●													Ⅰ					
四	五	BM306						●					Ⅱ	Ⅰ	●	●			Ⅰ、Ⅱ										Ⅰ		●		
		AM201	Ⅱ、Ⅳ			Ⅰ			Ⅱ		Ⅰ					●		Ⅰ	Ⅱ		Ⅱ					Ⅰ	●						
	六	EM605（1）		Ⅰ												●																	
		EM606		Ⅱ			Ⅱ、Ⅳ						Ⅱ、Ⅲ			●		Ⅰ			Ⅱ、Ⅲ			Ⅰ		Ⅰ			Ⅱ				
		EM603	Ⅴ				Ⅴ			●	Ⅱ							Ⅰ、Ⅱ	Ⅰ、Ⅲ						Ⅲ	Ⅰ、Ⅱ							
		DM501（2）	Ⅵ		●	Ⅱ			Ⅱ		Ⅱ			Ⅰ、Ⅱ	●	●	Ⅱ	Ⅰ	Ⅰ	●			Ⅰ		Ⅱ	Ⅱ							
		BM310（2）										Ⅰ																					
五	七	CM410	Ⅶ、Ⅷ									Ⅱ						Ⅰ、Ⅱ			Ⅱ	●			Ⅱ、Ⅲ			Ⅱ					
		BM305	Ⅶ、Ⅷ		●			●			Ⅲ				●											Ⅱ							
		BM309	Ⅷ																														
	八	EM601（2）	Ⅸ															Ⅱ	Ⅱ						Ⅱ								
		EM604				Ⅲ													Ⅱ、Ⅲ					Ⅱ	Ⅲ								
		EM605（2）	Ⅸ																Ⅱ				Ⅱ	Ⅱ									

附表四　忠县翠屏山崖墓出土器物分期表（陶器）

期别	段别	陶釜
一	一	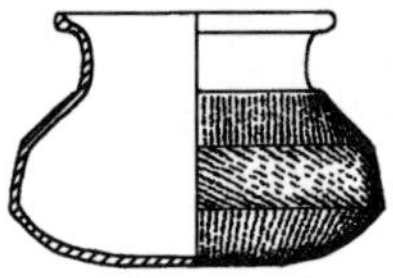 AaⅠ式 CM401：2 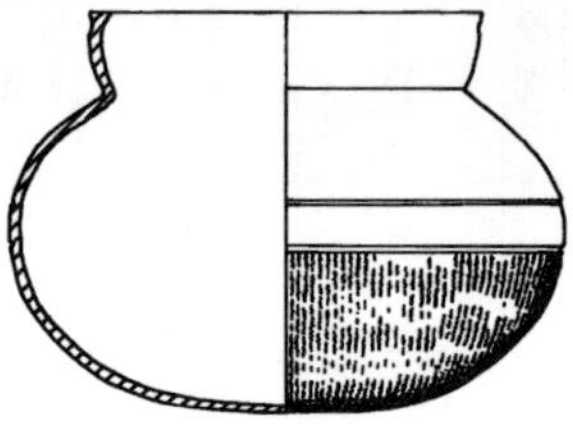 BⅠ式 BM301：19
二	二	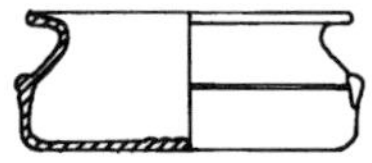 AbⅠ式 BM302：18 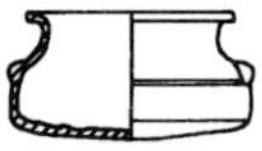 AbⅡ式 BM302：14 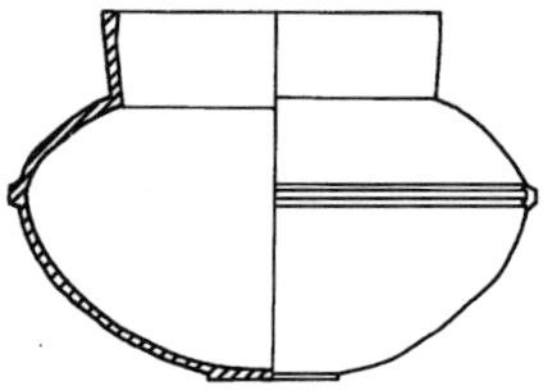 BⅡ式 AM203：8
三	三	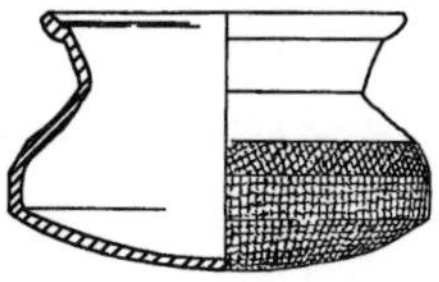 AdⅢ式 CM501：29
三	四	
四	五	
四	六	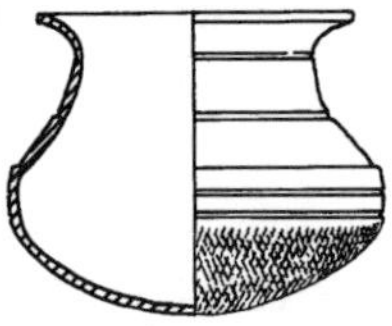 AaⅡ式 EM606：10
五	七	
五	八	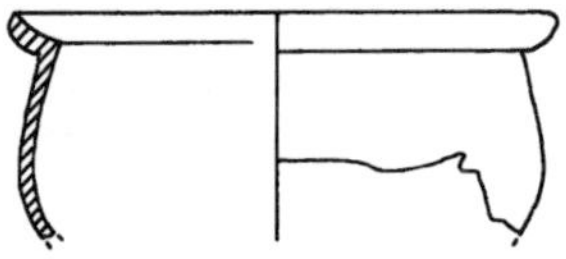 Ac型 BM604：7

续表

期别	段别	陶罐
一	一	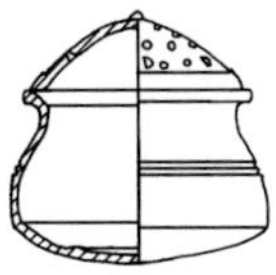 AaⅠ式 BM301：35
二	二	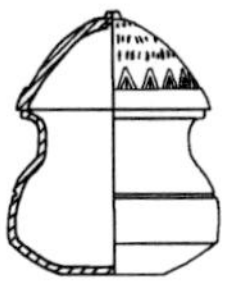 AaⅡ式 BM303：14 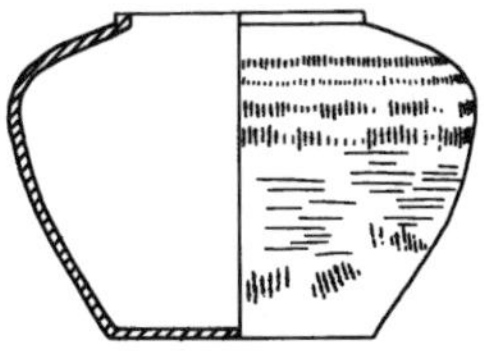 Bc 式 CM409：8 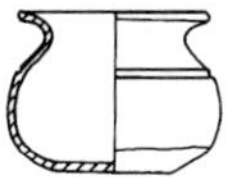 AaⅢ式 CM407：36
三	三	
	四	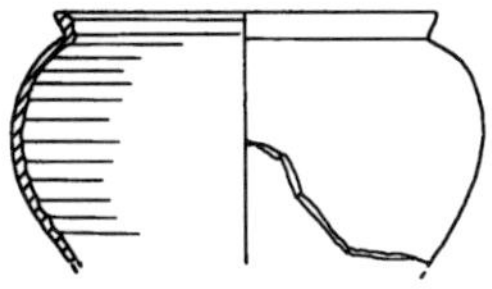 Ba型 EM602：50 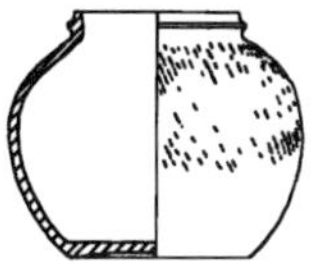 Bb型 EM602：35
四	五	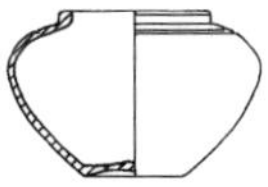 BcⅡ式 BM306：5  BcⅢ式 BM306：17
	六	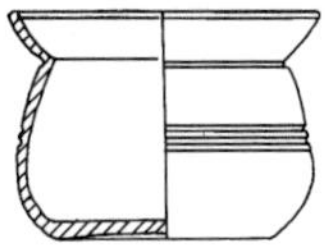 AbⅠ式 EM603：13 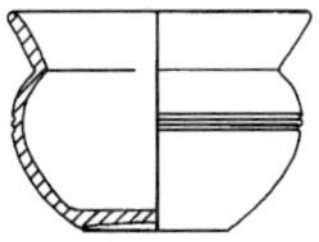 AbⅡ式 EM605：9
五	七	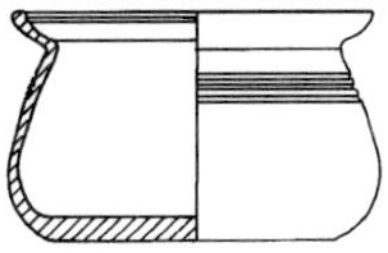 Ab Ⅰ式 CM410：3
	八	

续表

期别	段别	陶罐
一	一	
二	二	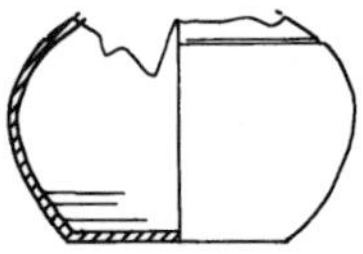 Bd Ⅰ式 BM302：23 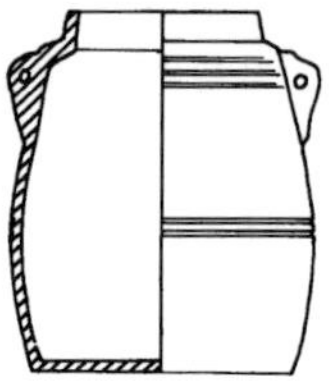 Ca 式 CM407：2 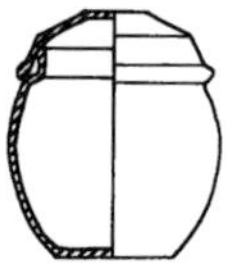 CbⅠ式 CM407：15 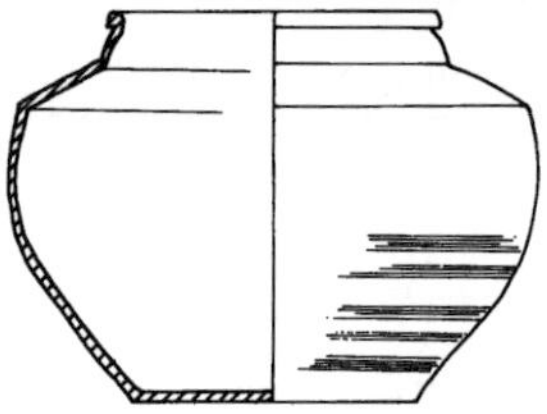 DaⅠ式 BM303：18 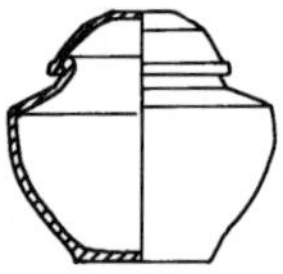 DbⅠ式 CM407：12 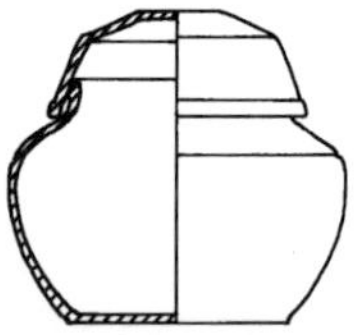 BdⅡ式 CM407：1 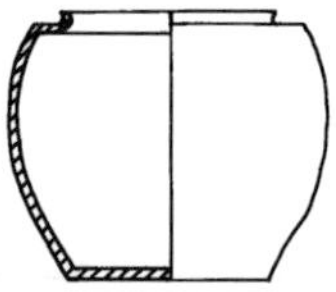 CbⅡ式 BM303：12 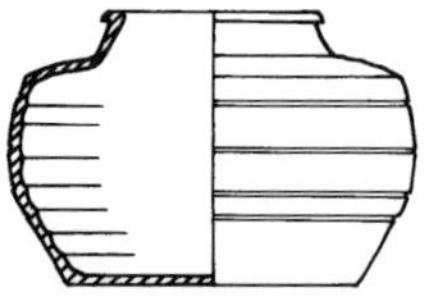 DaⅡ式 BM303：10 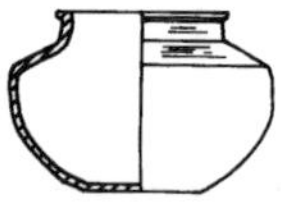 DbⅡ式 BM303：9 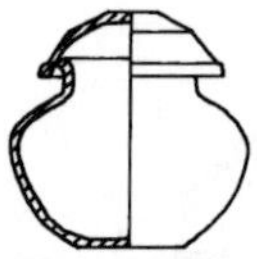 BdⅢ式 CM407：10 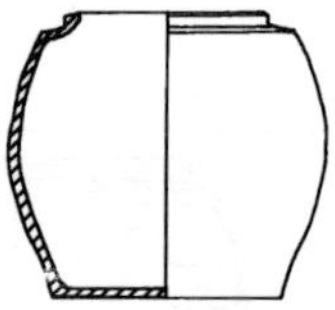 CbⅢ式 AM203：7 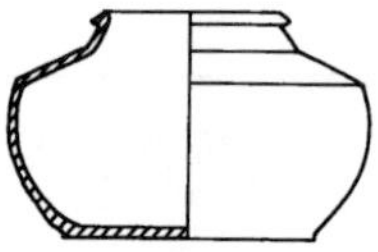 DaⅡ式 AM203：4
三	三	
	四	
四	五	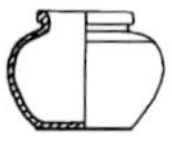 BdⅢ式 BM306：15 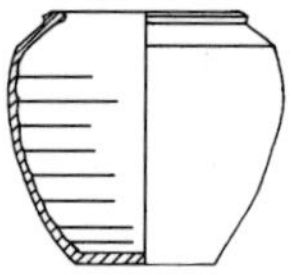 CbⅣ式 BM306：4
	六	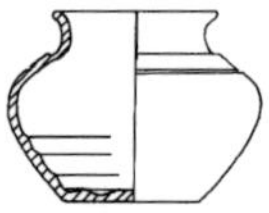 Bd Ⅲ式 EM606：21 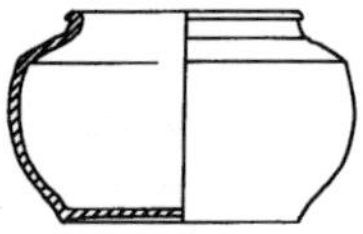 DaⅢ式 EM603：14 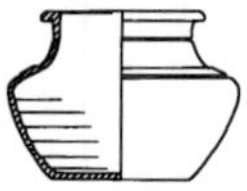 DbⅢ式 EM603：19
五	七	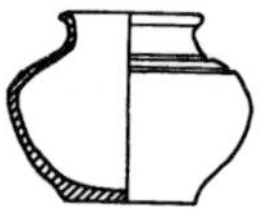 BdⅢ式 BM305：2
	八	

续表

期别	段别	陶罐	陶瓮
一	一	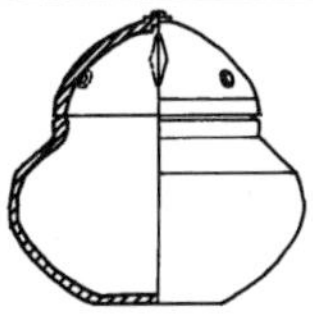 DcⅠ式 BM301：39 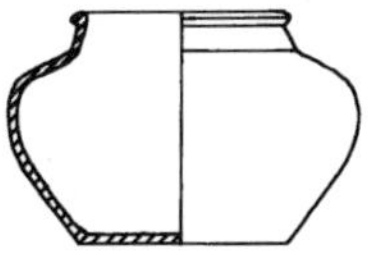 EaⅠ式 BM310：25 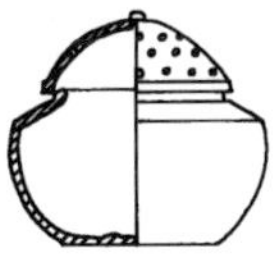 DcⅡ式 BM301：37	
二	二		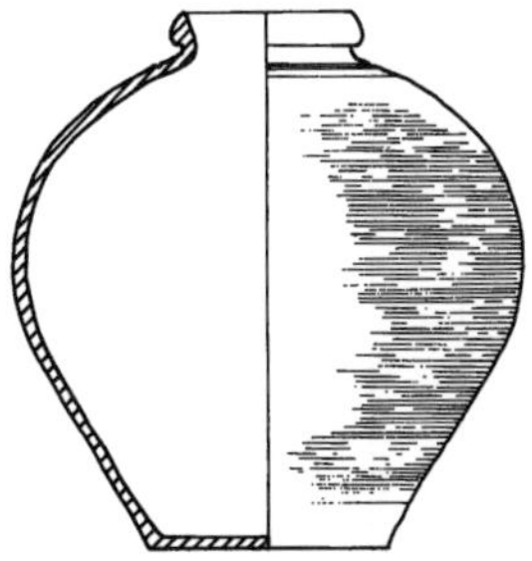 CM409：17
三	三	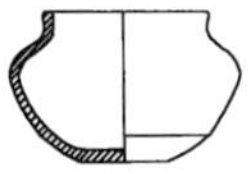 Eb型 DM501：27	
	四	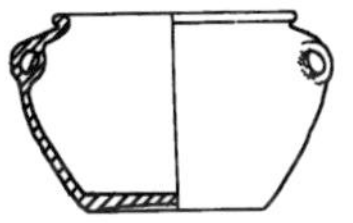 F型 EM602：25	
四	五		
	六	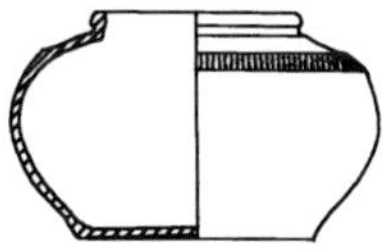 EaⅡ型 EM606：14	
五	七		
	八		

续表

期别	段别	陶锺	陶甑	陶耳杯
一	一	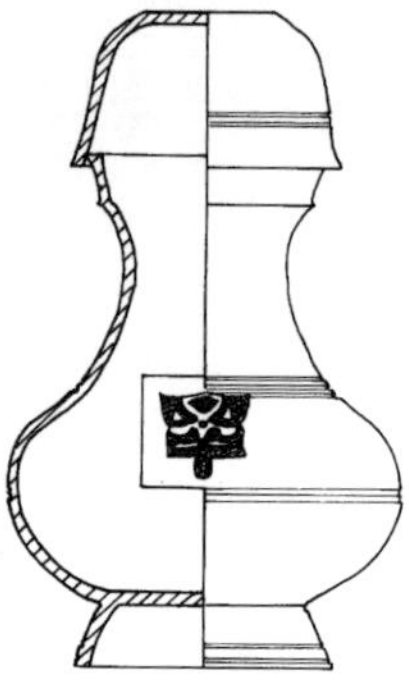 Ⅰ式 BM301：29	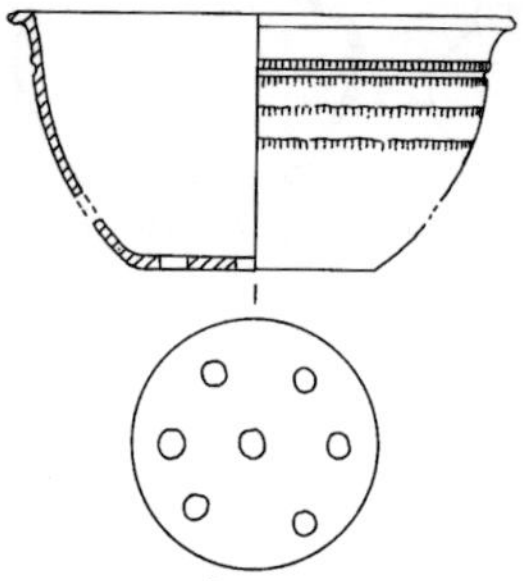 BⅠ式 EM611：11	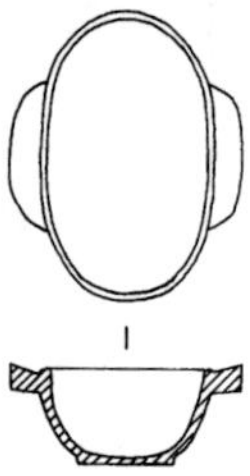 BM301：24
二	二	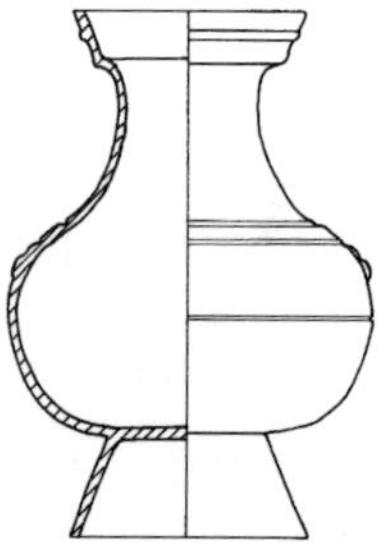 Ⅱ式 CM407：27 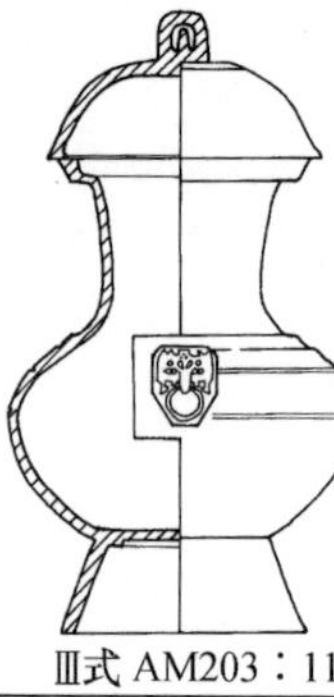 Ⅲ式 AM203：11	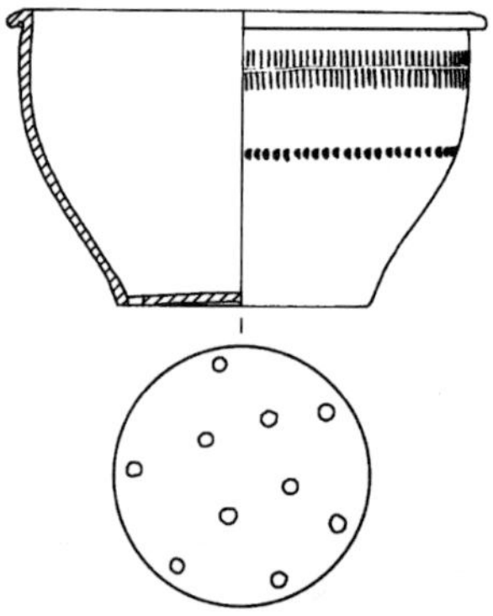 AaⅠ式 BM302：10 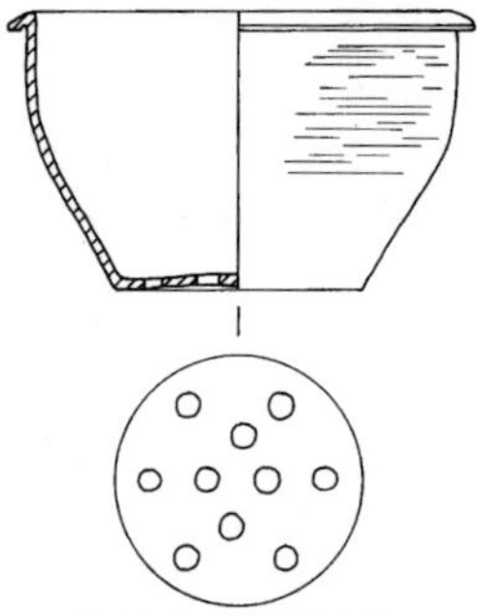 AaⅡ式 AM203：9	
三	三			
	四			
四	五		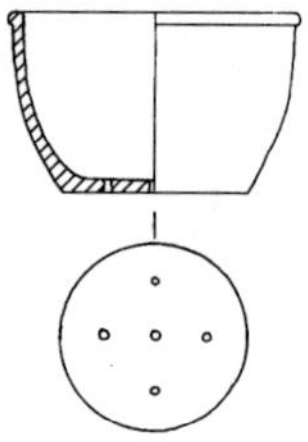 BⅡEM603：12	
	六			
五	七			
	八			

续表

期别	段别	陶钵	陶碗
一	一	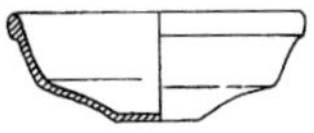 AⅠ式 BM310∶7 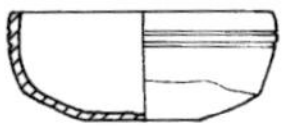 CⅠ式 BM301: 36 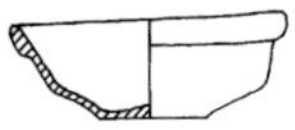 AⅠ式 EM611∶2	
二	二	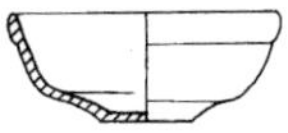 AⅡ式 BM302∶9 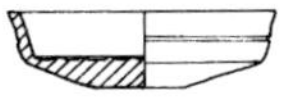 BⅠ式 CM407∶5 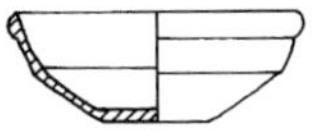 AⅡ式 CM407∶16 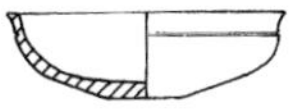 BⅡ式 CM407∶33 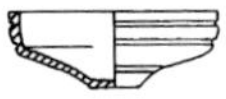 CⅡ式 BM302∶12 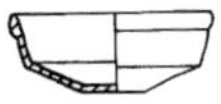 AⅢ式 CM409∶13 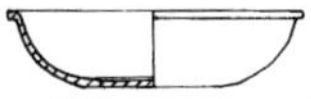 BⅢ式 BM303∶20 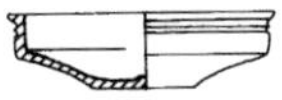 CⅢ式 BM302∶13	
三	三		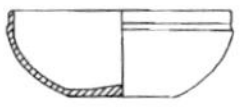 A型 DM501∶22
	四		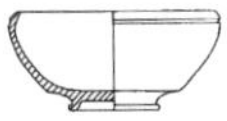 C型 EM602∶20
四	五		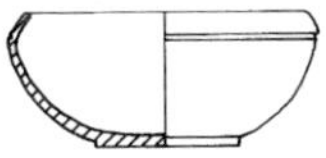 B型 BM306∶9
	六		
五	七		
	八		

续表

期别	段别	陶盘	陶魁	陶勺	陶杯	陶熏
一	一		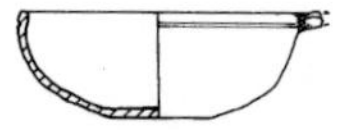 Ⅰ式 CM401：3 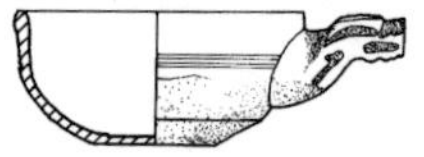 Ⅱ式 BM301：28			
二	二		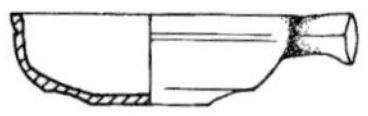 Ⅲ式 BM302：16 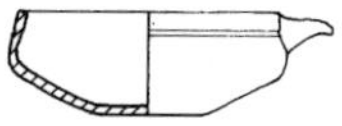 Ⅳ式 CM407：34	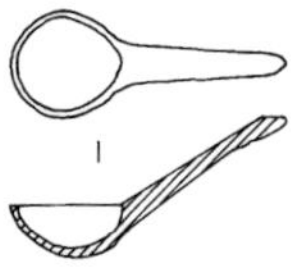 CM407：35	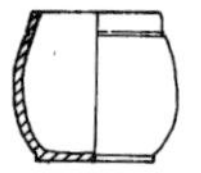 AⅠ式 CM407：14 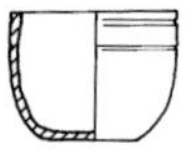 AⅡ式 BM303：5 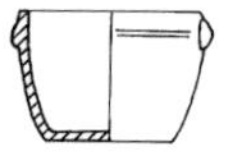 B型 BM302：20	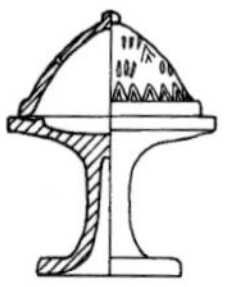 BM302：3
三	三	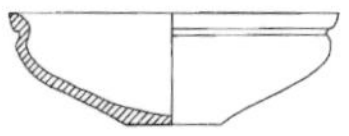 DM501：32				
	四					
四	五					
	六					
五	七					
	八					

续表

期别	段别	陶灯	陶器盖
一	一	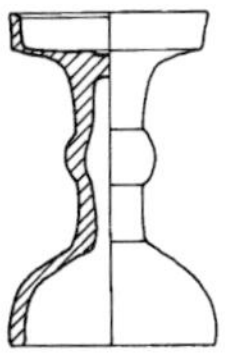 Ba型 BM301：26 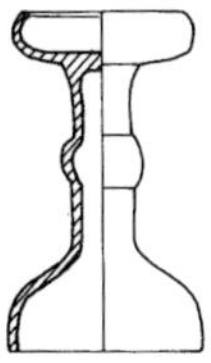 Bb 型 BM301：23	 A 型 BM301：25
二	二	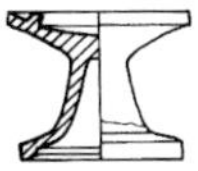 AⅠ式 CM407：29  AⅡ式 CM407：30	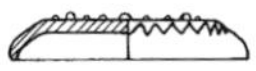 BⅠ式 CM407：31 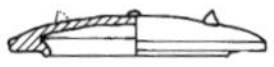 CⅠ式 BM302：5  AⅡ式 CM407：40 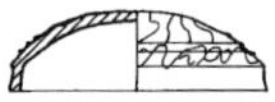 BⅡ式 CM409：5 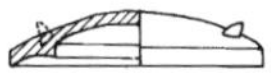 CⅡ式 BM303：13  CⅢ式 CM407：28
三	三		
	四		
四	五		
	六		 CⅢ式 EM606：22
五	七		
	八		

续表

期别	段别	陶盆
一	一	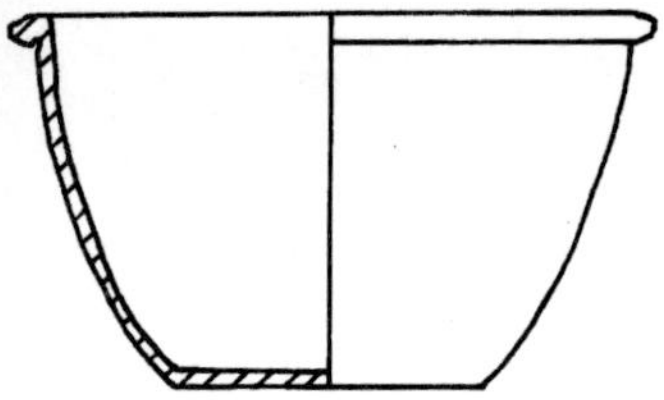 AaⅠ式 BM301：42 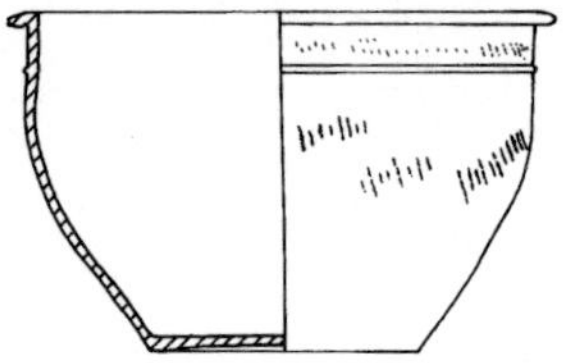 AbⅠ式 BM310：6 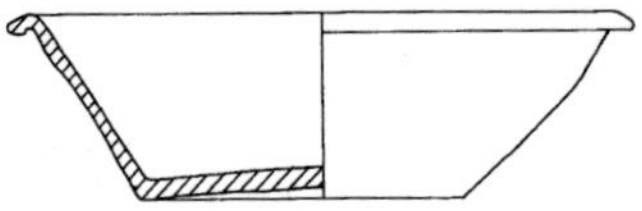 AC式 EM611：4 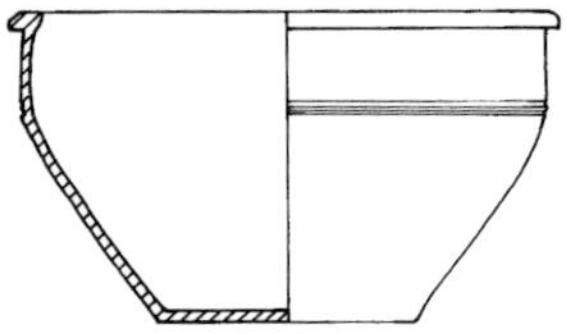 AbⅡ式 BM301：18
二	二	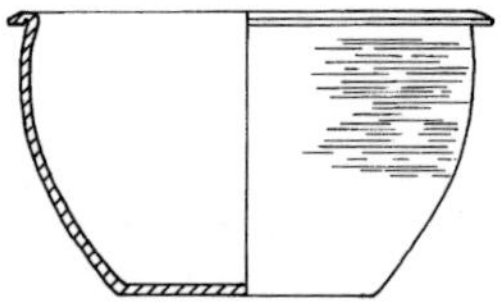 AbⅡ式 AM203：10
三	三	
	四	
四	五	
	六	
五	七	
	八	

续表

期别	段别	陶盆	陶纺轮	陶砚	陶镇墓兽
一	一	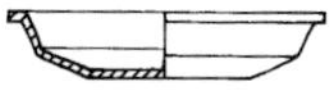 CⅠ式 BM310：17			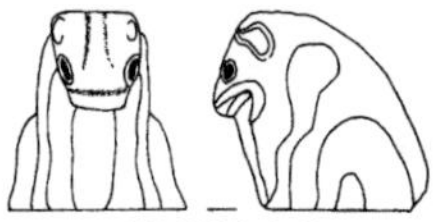 BM301：6
二	二	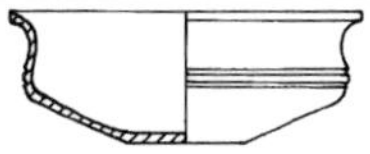 BⅠ式 CM407：7 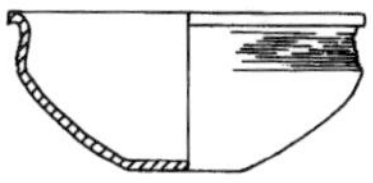 BⅡ式 BM303：11 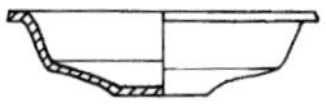 CⅡ式 BM302：11 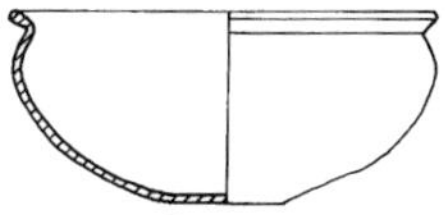 BⅢ式 AM203：5 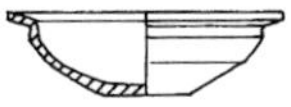 CⅢ式 CM407：32			
三	三				
	四			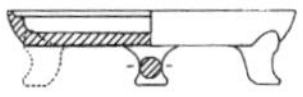 EM602：13	
四	五				
	六		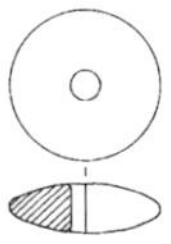 EM603：3		
五	七	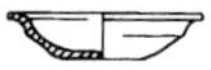 CⅣ式 CM410：14			
	八				

续表

期别	段别	陶人物俑				
		陶侍从俑	陶侍女俑	陶抱囊俑	陶抚耳听乐俑	陶抚琴俑
一	一	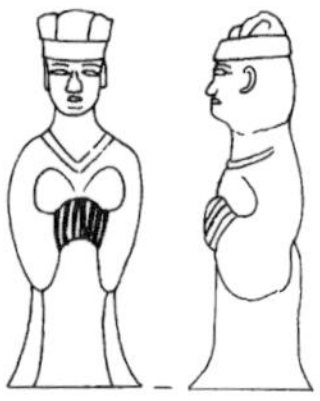 BM301：7		 BM301：2	 CM401：1	 BM301：14
二	二	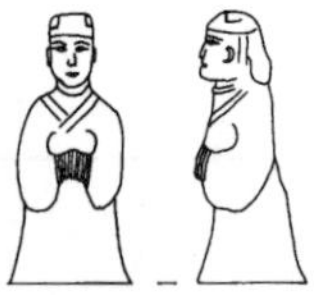 CM407：24	 EM601：7	 M409：3	 CM407：21	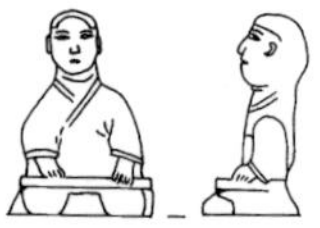 CM407：25
三	三					
	四					
四	五	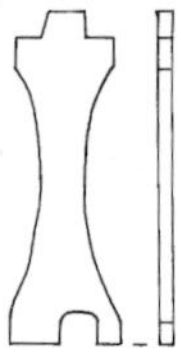 BM306：20 (陶片状俑)				
	六		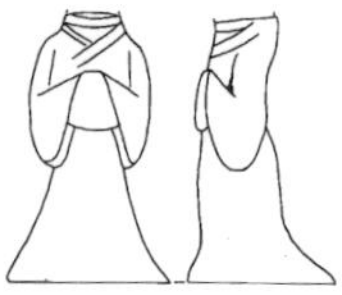 DM501：30			
五	七					
	八					

续表

期别	段别	陶人物俑	陶动物俑
一	一	 陶吹箫俑 BM301∶17 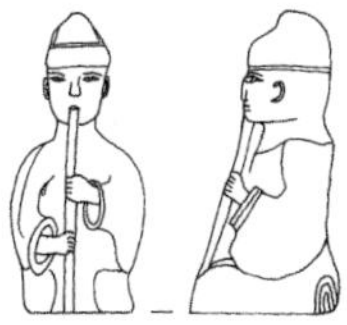 陶吹箫俑 CM401∶5 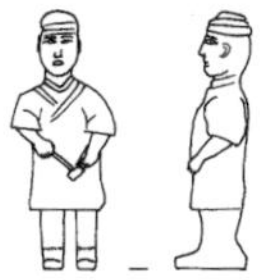 陶执钻俑 BM301∶2	 陶狗 BM301∶34
二	二	 陶托腮听乐俑 CM407∶23  陶托腮听乐俑 EM601∶9 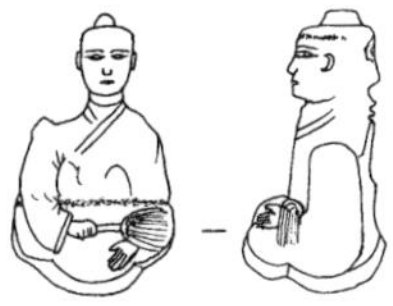 陶纶扇俑 CM407∶22	 陶狗 CM407∶17  陶狗 BM303∶4
三	三		
	四		
四	五		
	六		
五	七		
	八		

续表

期别	段别	陶动物俑
一	一	 陶猪 BM301：33  陶子母鸡 BM301：5  陶鸡 BM301：3
二	二	 陶猪 BM303：6  陶子母鸡 CM407：20  陶鸡 CM407：19  陶猪 CM407：18  陶鸡 BM303：7
三	三	
	四	
四	五	
	六	
五	七	
	八	

附表五　忠县翠屏山崖墓出土器物分期表（瓷器）

期别	段别	瓷盘口壶	瓷鸡首壶
三	三		
	四	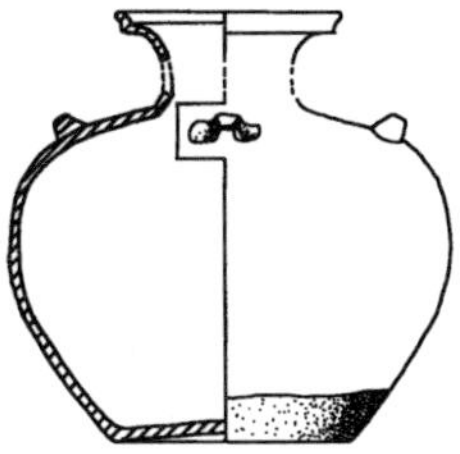 AⅠ式 EM602：44 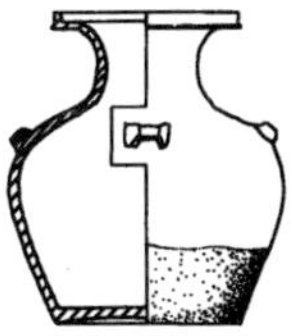 AⅢ式 EM602：29	
四	五	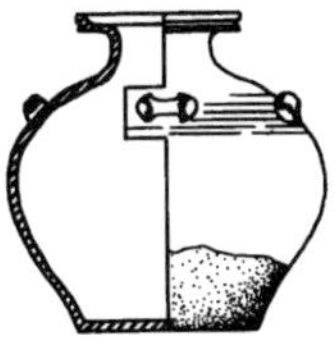 AⅡ式 AM201：10 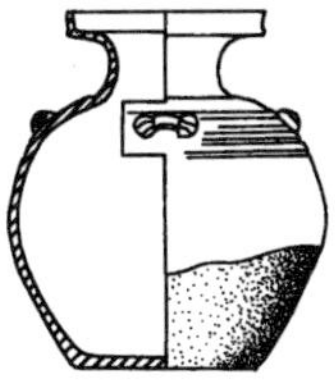 AⅣ式 AM201：6	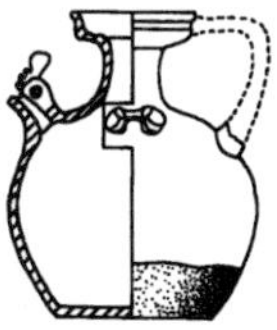 Ⅰ式 AM201：8
	六	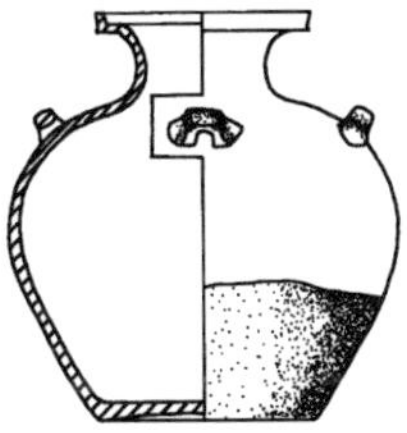 AⅤEM603：24 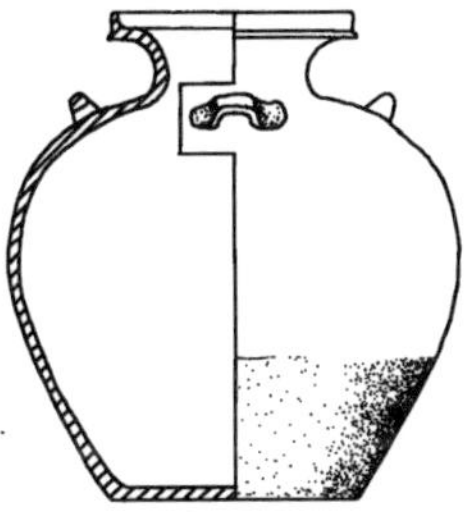 AⅥ式 DM501：24 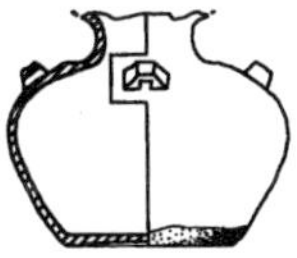 BⅠ式 EM605：14  C式 DM501：8 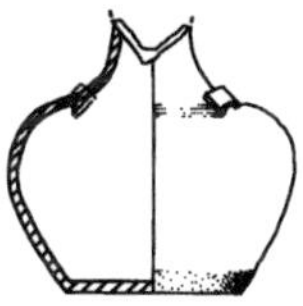 BⅡ式 EM606：9	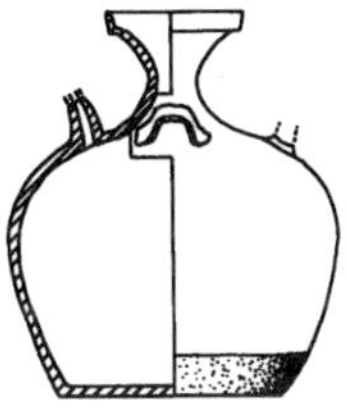 Ⅱ式 DM501：25
五	七	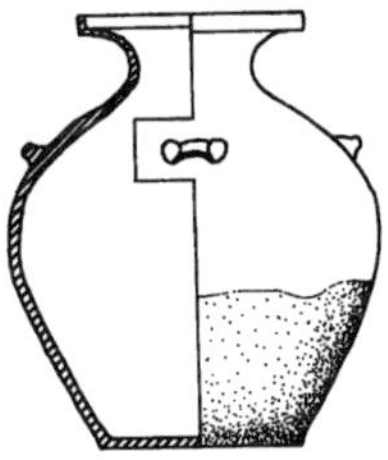 AⅦ式 BM305：9 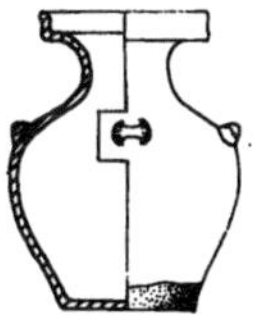 AⅧ式 CM410：5  C型 BM305：5	
	八	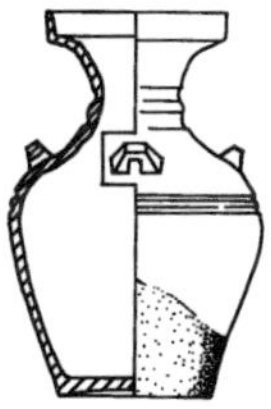 AⅨ式 EM605：15	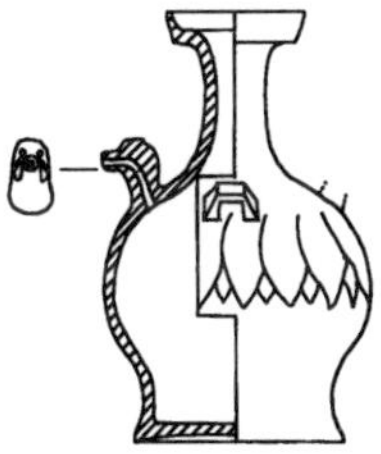 Ⅲ式 EM604：2

续表

期别	段别	瓷四系罐
三	三	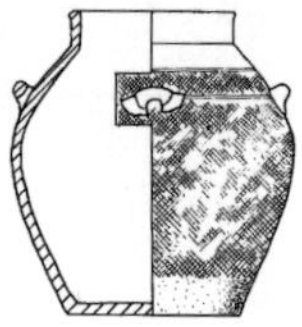 AaⅠ式 DM501：9
	四	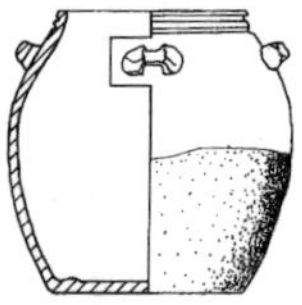 AaⅡ式 EM602：26 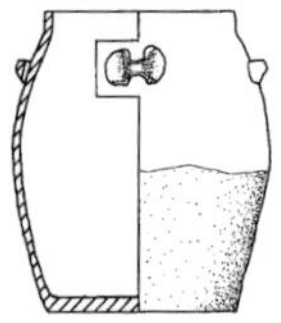 AaⅢ式 EM602：12 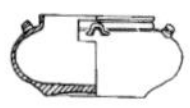 BⅠ式 EM602：14
四	五	22 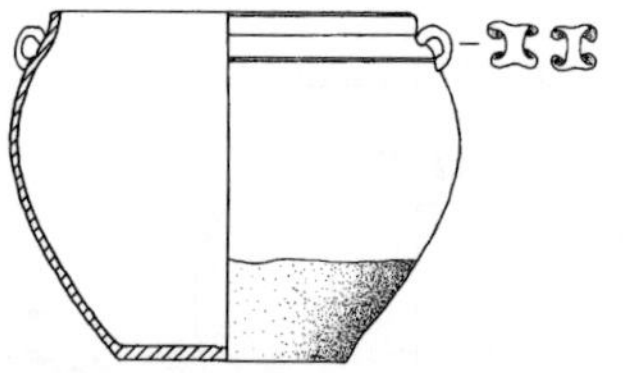 Ab型 BM306：13 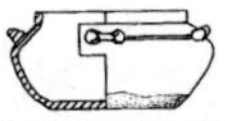 BⅠ式 AM201：11  BⅡ式 AM201：22
	六	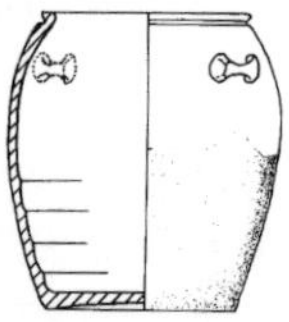 AaⅣ式 EM606：16 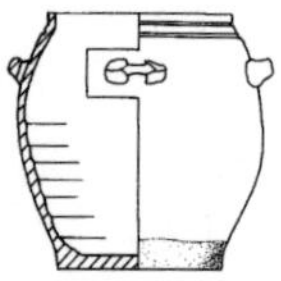 AaⅤ式 EM603：18 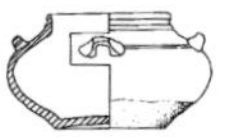 BⅡ式 DM501：2
五	七	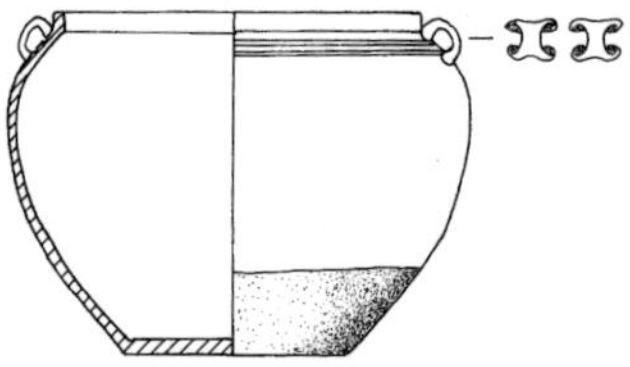 Ab型 BM305：3
	八	

续表

期别	段别	瓷双口罐	瓷折沿罐	瓷双系罐	瓷盆	瓷唾壶
三	三					
	四				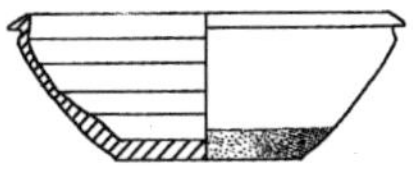 Ⅰ式 CM420：11	
四	五		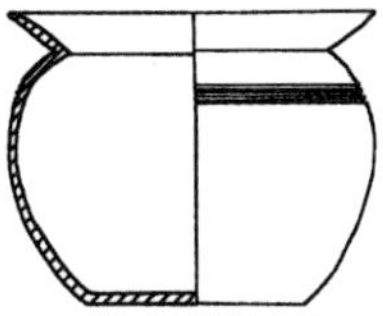 Ⅰ式 AM201：9			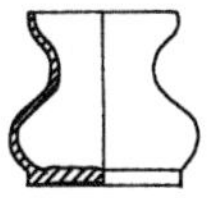 Ⅰ式 BM306：2
	六	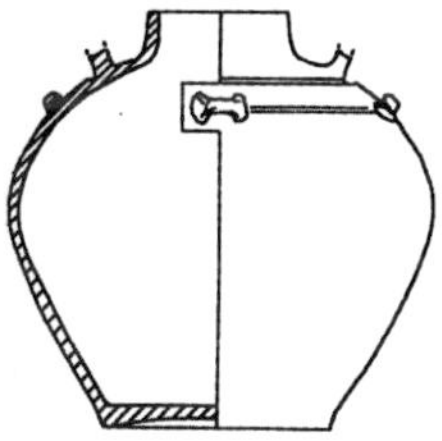 EM603：20	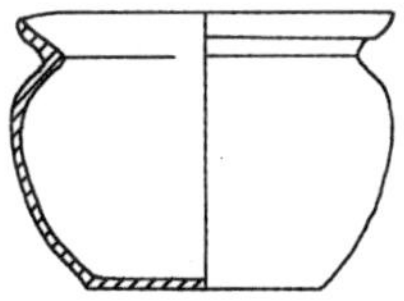 Ⅱ式 DM501：12	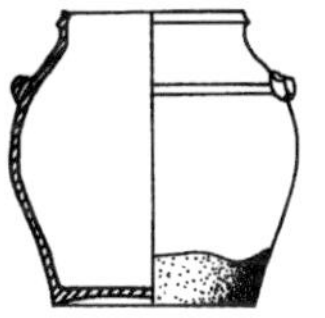 Ⅰ式 BM310：11		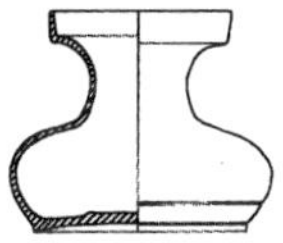 Ⅱ式 EM603：10
五	七		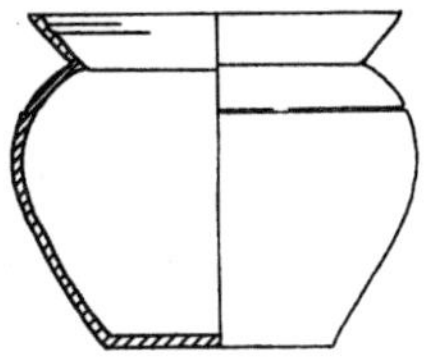 Ⅲ式 BM305：1	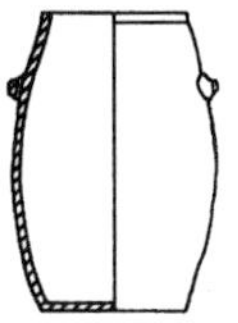 Ⅱ式 CM410：1	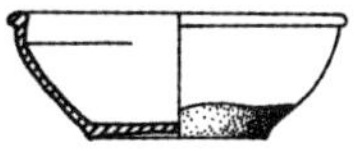 Ⅱ式 CM4101：7	
	八					

续表

期别	段别	瓷碗
三	三	
三	四	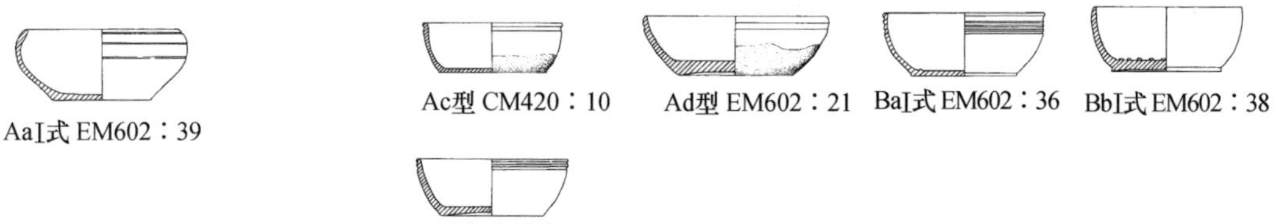 AaⅠ式 EM602：39　Ac型 CM420：10　Ad型 EM602：21　BaⅠ式 EM602：36　BbⅠ式 EM602：38　Ac型 EM602：23
四	五	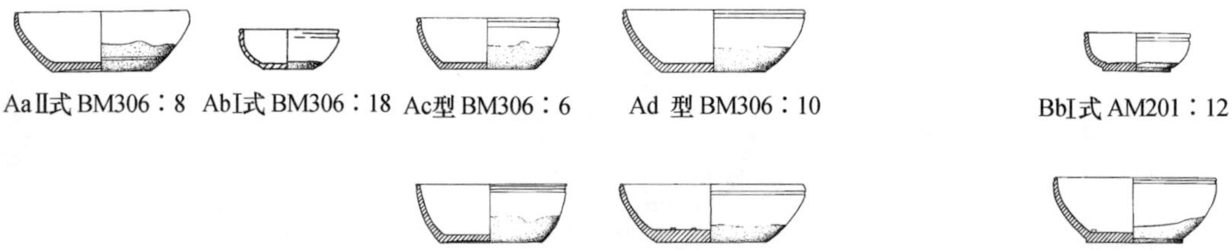 AaⅡ式 BM306：8　AbⅠ式 BM306：18　Ac型 BM306：6　Ad 型 BM306：10　BbⅠ式 AM201：12　Ac型 BM306：7　Ad型 AM201：18　BbⅠ式 AM201：24
四	六	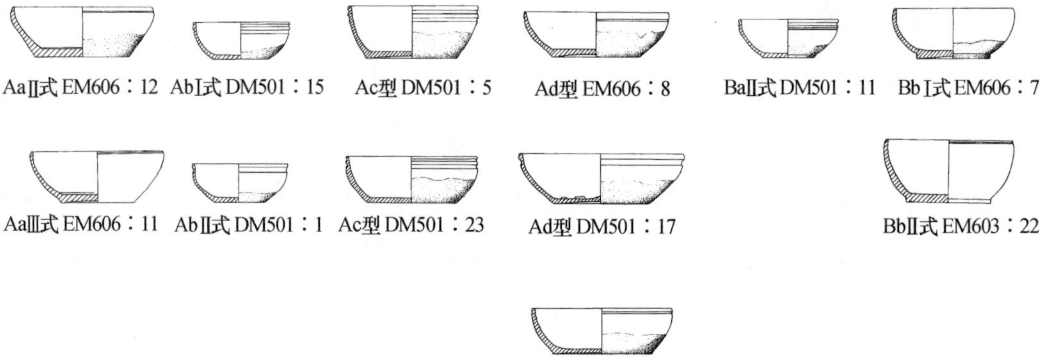 AaⅡ式 EM606：12　AbⅠ式 DM501：15　Ac型 DM501：5　Ad型 EM606：8　BaⅡ式 DM501：11　BbⅠ式 EM606：7　AaⅢ式 EM606：11　AbⅡ式 DM501：1　Ac型 DM501：23　Ad型 DM501：17　BbⅡ式 EM603：22　Ad型 EM605：1
五	七	 Ac型 BM305：4　BbⅠ式 CM410：12　BbⅡ式 CM410：2
五	八	 BbⅡ式 EM601：3

续表

期别	段别	瓷碗	瓷盏
三	三		
三	四	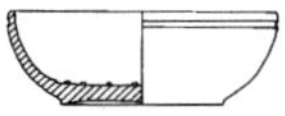 BcⅠ式 EM602：24 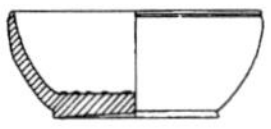 BcⅡ式 EM602：37	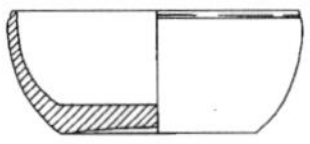 AbⅠ式 EM602：34 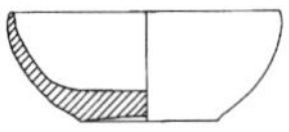 AbⅡ式 EM602：38
四	五	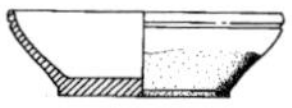 BcⅠ式 BM306：1  BcⅡ式 AM201：3	 AbⅡ式 AM201：19
四	六	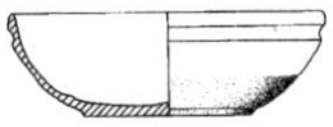 BcⅠ式 DM501：16 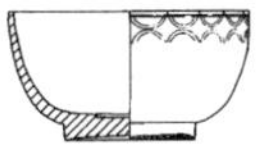 BcⅢ式 EM603：25	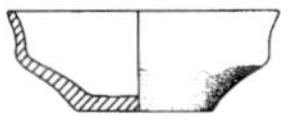 Aa型 DM501：14 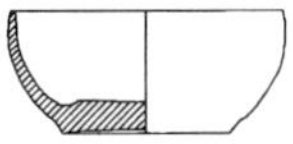 AbⅡ式 EM606：10 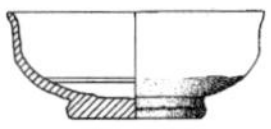 BaⅠ式 DM501：10 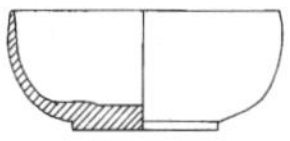 BbⅠ式 EM606：2 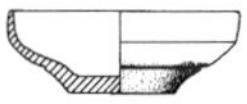 Aa型 DM501：13 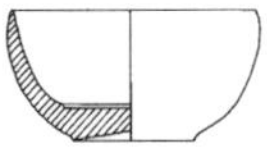 AbⅢ式 EM606：5
五	七		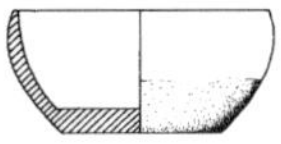 Ac型 CM410：10
五	八	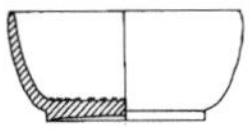 BcⅡ式 EM601：1 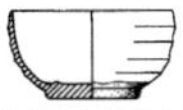 BcⅢ式 EM604：12	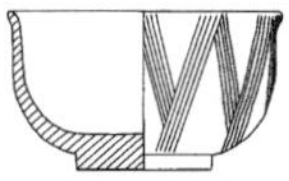 BaⅡ式 EM605：3 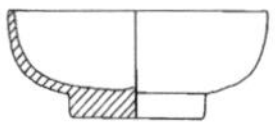 BbⅡ式 EM604：10 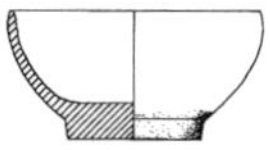 BbⅡ式 EM605：6

续表

期别	段别	瓷盏	瓷盘	瓷虎子	瓷熏
三	三			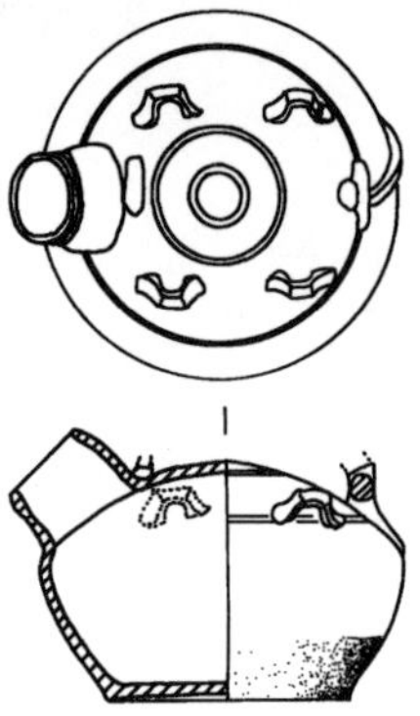 DM501：26	
	四	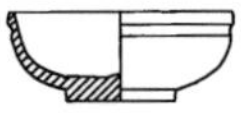 BcⅠ式 EM602：15 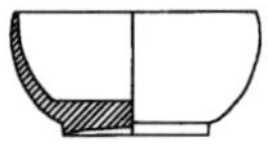 BdⅠ式 EM602：40			
四	五		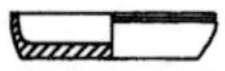 AM201：20		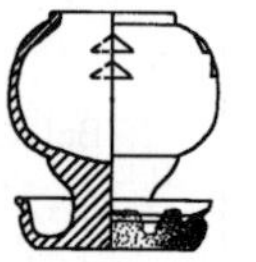 AM201：5
	六	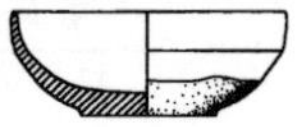 BcⅡ式 DM501：19 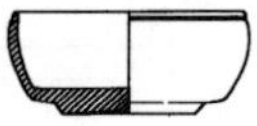 BdⅠ式 EM606：1 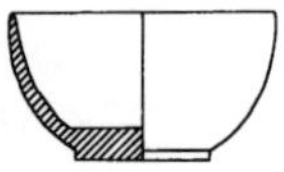 BcⅢ式 EM603：21 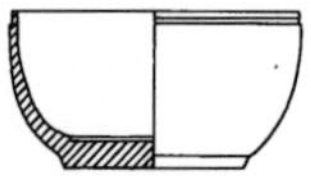 BdⅡ式 DM501：6			
五	七	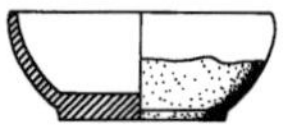 BcⅡ式 CM410：8 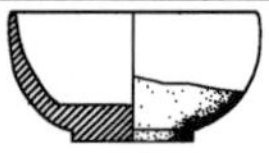 BdⅡ式 BM305：10 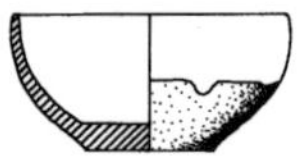 BcⅢ式 CM410：9			
	八	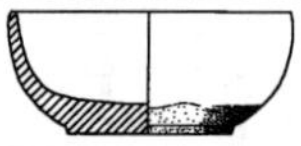 BcⅡ式 EM601：2 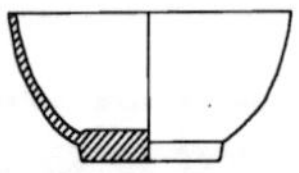 BcⅢ式 EM604：6			

附表六　忠县翠屏山崖墓登记表

（单位：厘米）

墓号	方向	墓室顶部形态	墓道（长×宽×高）	墓门（门框：高×宽×进深；门洞：高×宽）	甬道（长×宽×高）	墓室（长×宽×高）	壁龛（宽×高×进深）	随葬器物	期、段	备注
AM201	240°	券顶	300×（160～214）×（80～312）	第一道门框：168×（170～1990）×70；第二道门框：146×（140～164）×80；门洞：130×124	120×（124～130）×128	430×（275～290）×（76～170）		AⅡ式、AⅣ式瓷盘口壶，Ⅰ式瓷鸡首壶，BⅠ式、BⅡ式瓷四系罐，Ⅰ式瓷折沿罐，Ad型、BbⅠ式（5）、BcⅠ式、BcⅡ式瓷碗，AbⅡ式、BdⅠ式瓷盏，瓷盘，瓷熏炉，小五铢铜钱，铁环首刀，玉璏	四期五段	墓室内有墓砖3块
AM202	241°	券顶	410×（84～142）×（60～250）	第一道门框：170×（140～150）×40；第二道门框：144×116；门洞：124×90	182×（90～110）×（114～120）	238×236×（186～190）				被盗一空
AM203	245°	券顶	332×（100～215）×（0～215）	门框：148×170×40；门洞：124×146	140×（124～148）×134	（216～224）×（206～220）×（120～142）		BⅡ式陶釜，BdⅢ式（4）、CbⅢ式、DaⅡ式陶罐，Ⅲ式陶锺，AⅡ式陶钵（3），AaⅡ式、BⅢ式陶盆，AaⅡ式陶甑，五铢钱3组120枚	二期二段	墓室内有墓砖1块
AM204	235°	券顶	170×（100～160）×（0～180）	门框：154×120×70；门洞：140×100	82×100×142	276×（228～234）×（136～190）		Ab型陶甑		
AM205	244°	券顶	500×（95～150）×（0～232）	第一道门框：160×150×30；第二道门框：162×124×40；门洞：156×116	140×（115～124）×130	230×240×（130～192）				被盗一空

续表

墓号	方向	墓室顶部形态	墓道（长×宽×高）	墓门（门框：高×宽×进深；门洞：高×宽）	甬道（长×宽×高）	墓室（长×宽×高）	壁龛（宽×高×进深）	随葬器物	期、段	备注
BM301	305°	券顶	400×（124～204）×（130～280）	第一道门框：182×200×28；第二道门框：160×140×12；门洞：144×130	186×130×（130～144）	244×（286～300）×（140～190）		BⅠ式陶釜，AaⅠ式、DcⅠ式、DcⅡ式（2）陶罐，Ⅰ式陶锺，CⅠ式陶钵，陶耳杯（4），Ⅱ式陶魁，AaⅠ式、AbⅡ式陶盆，Ba型、Bb型陶灯，AⅠ式陶器盖，陶侍从俑（6），陶抚琴俑，陶吹箫俑，陶击鼓俑，陶抚耳听乐俑，陶抱囊俑，陶狗，陶猪，陶鸡，陶子母鸡，陶镇墓兽，陶水塘，A型陶楼，陶井，铜鍪，铜洗，铜钱2组271枚（其中五铢266、大泉五十1、货泉3、布泉1，铁刀2）	一期一段	墓室内有墓砖1块
BM302	305°	可能为券顶	242×（142～160）×（残14～118）	106×残108	90×106×（残108～132）	304×232×（残150～178）		AbⅠ式、AbⅡ式陶釜，BdⅠ式陶罐，DaⅠ式陶锺，AⅠ式、AⅡ式（2）、CⅡ式（2）、CⅢ式（2）陶钵，Ⅲ式陶魁，B型陶杯，CⅡ式陶盆（2），AaⅠ式陶甑，陶熏，CⅠ式陶器盖，五铢钱（42）	二期二段	陶罐另有3件残陶罐未参与类型划分
BM303	284°	不明	448×（110～212）×（6～224）	128×92	92×（92～112）	残110×236		AaⅡ式、CbⅡ式、CbⅢ式、DaⅠ式、DaⅡ式（2）陶罐，Ⅲ式陶锺，AⅢ式、BⅢ式陶钵，AⅡ式陶杯，BⅡ式陶盆，CⅡ式陶器盖，陶狗俑，陶猪俑（2），陶鸡俑，陶井圈，五铢钱（2），A型铁釜	二期二段	

续表

墓号	方向	墓室顶部形态	墓道（长×宽×高）	墓门（门框：高×宽×进深；门洞：高×宽）	甬道（长×宽×高）	墓室（长×宽×高）	壁龛（宽×高×进深）	随葬器物	期、段	备注
BM304	350°	穹隆顶	470×（186～194）×（0～270）	（160～170）×104	90×104×160	260×（330～338）×（146～206）	后端壁龛：194×64×70	陶鸡俑	二期二段	
BM305	355°	券顶	424×（104～186）×（110～268）	第一道门框：宽186×进深16；第二道门框：宽162；门洞：156×146	150×（146～178）×（152～156）	310×284×（120～200）		BdⅢ式陶罐，AⅦ式、AⅧ式（2）瓷盘口壶、C型盘口壶，Ab型瓷四系罐，Ⅲ式瓷折沿罐，Ac型瓷碗，BdII式瓷盏（2），五铢钱，铁剪	五期七段	
BM306	30°	券顶	342×（112～180）×（130～280）	第一道框：（宽154×进深20）；第二道门框：（宽136×进深10）；门洞：146×120	170×（120～140）×154	480×320×（174～200）	后端壁龛：170×110×150；东壁龛：230×100×100；西壁前龛：220×（104～110）×90；西壁后龛：210×104×90	BcⅡ、III式、BdⅢ式、CbⅣ式陶罐，B型陶碗（2），陶片状人俑，A型陶楼，Ab型瓷四系罐，AaⅡ式、AbI式、Ac型（3）、Ad型（2）、BcI式（2）、BcⅡ式（2）瓷碗，I式瓷唾壶，五铢钱（4）	四期五段	
BM307	342°	穹隆顶	400×（140～184）×（0～336）	114×90	140×90×114	260×（90～170）×（114～142）	（124～158）×（40～82）×100			被盗一空
BM308	347°	券顶	488×（126～204）×（0～360）	门框：164×160×12；门洞：152×134	190×134×（152～160）	550×324×（192～206）	南壁龛：280×（126～135）×128；东壁龛：266×（120～144）×100；西壁龛：274×（120～144）×100	五铢钱（7）		被盗

续表

墓号	方向	墓室顶部形态	墓道（长×宽×高）	墓门（门框：高×宽×进深；门洞：高×宽）	甬道（长×宽×高）	墓室（长×宽×高）	壁龛（宽×高×进深）	随葬器物	期、段	备注
BM309	4°	券顶	550×（128～210）×（0～470）	第一道门框：170×176×26；第二道门框：152×152×22；门洞：140×128	170×（128～130）×140	465×（280～292）×（140～216）	南壁龛：178×98×142；东壁龛：216×94×71；西壁前龛：43×36×32；西壁后龛：213×92×70	AⅧ式瓷盘口壶	五期七段	
BM310	355°	前室横券顶，后室券顶	146×（192～210）×（20～254）	门框：164×168×20；门洞：150×140	112×（140～176）×（118～152）	前室232×282×（116～176）；后室290×285×（164～208）	后室东壁龛：256×（118～134）×96；西壁龛：253×（118～134）×102	EaI式陶罐，AI式陶钵（7），B型陶案，AbI式、CI式陶盆，陶执钻俑（4），陶狗，陶水塘，I式瓷双系罐，铜鸟，五铢钱（94），BI式铁釜，铁剑、陶猪、陶楼（2）	第1组一期一段；第2组四期六段	另有1件残陶罐未作类型划分
BM311	347°	未开凿完成	100×（144～176）							
BM312										墓室在变电站下未发掘
BM313	335°	未开凿完成	残266×（124～130）	门框148×（130～140）；门洞116×116	192×112×116					
CM401	352°	穹隆顶	主墓道：残155×174×（0～70）；另一墓道：残240×84×（0～14）		86×100	260×340×（128～182）	224×70×68	I式陶魁、陶吹箫俑、陶抚耳听乐俑、五铢钱（84）、大泉五十（2）、Aa I式陶釜	一期一段	

续表

墓号	方向	墓室顶部形态	墓道（长×宽×高）	墓门（门框：高×宽×进深；门洞：高×宽）	甬道（长×宽×高）	墓室（长×宽×高）	壁龛（宽×高×进深）	随葬器物	期、段	备注
CM402	350°	穹隆顶			残11×82	290×240×残（88～140）	235×（64～90）×60			被盗一空
CM403	4°	券顶	残130×(120～136)×残(120～320)	门框：148×124×76；门洞：120×92	118×92×（120～128）	306×238×（120～176）				被盗一空
CM404	0°	穹隆顶	230×（138～186）×（0～224）	门框：156×142×34；门洞：128×120	120×（120～130）×（128～130）	254×260×（146～182）	南壁龛：208×（70～82）×128；东壁龛：226×110×80；西壁龛：264×112×80	石斧		被盗
CM405	355°	券顶	356×（160～220）×（0～270）	第一道门框：宽172×进深28；第二道门框：宽142×进深28；门洞：140×120	176×（120～128）×（124～140）	300×（184～192）×（176～186）	南壁龛：154×106×80；东壁龛：235×（90～110）×62；西壁龛：80×35×32			被盗一空
CM406	0°	穹隆顶				残350×340×残（116～160）		铜扣件、铁刀		墓室内有墓砖2块
CM407	0°	券顶	残170×（120～130）×（50～170）	残110×110	140×110×110	230×（190～200）×（164～176）		AaⅢ、BdⅡ式、BdⅢ式（4）、Ca型、CbⅠ式（2）陶罐，Ⅱ式陶锺，AⅡ式、BⅠ式、BⅡ式陶钵，Ⅳ式陶魁，陶勺，AⅠ式陶杯，A型陶案，BⅠ式、CⅢ式陶盆，AaⅠ式陶甑，AⅠ式、AⅡ式陶灯，AⅡ式、BⅠ式、CⅢ式陶器盖，陶侍从俑，陶抚琴俑（2），陶抚耳听乐俑，陶托腮听乐俑，陶纶扇俑，陶狗，陶猪，陶鸡，陶子母鸡，B型陶楼（2），陶井圈，BⅡ式铁釜，铁环首刀	二期二段	

续表

墓号	方向	墓室顶部形态	墓道（长×宽×高）	墓门（门框：高×宽×进深；门洞：高×宽）	甬道（长×宽×高）	墓室（长×宽×高）	壁龛（宽×高×进深）	随葬器物	期、段	备注
CM408	355°	穹隆顶	164×（176～230）×（0～238）	128×108	94×108×126	330×280×（148～190）		残陶罐 2	二期二段	被盗
CM409	333°	穹隆顶	残 70×残（170～184）×残（0～90）	门框：170×164×20；门洞：140×130	254×（130～150）×（140～154）	306×（276～280）×（168～196）	南壁龛：212×110×（114～128）；东壁龛：280×130×（110～120）；西壁龛：270×120×90	BcI 式、Cb Ⅱ式、DaI 式陶罐，陶瓮，A Ⅱ式、A Ⅲ式陶钵，B Ⅱ式陶盆，B Ⅱ式陶器盖，陶抱囊俑，铁剑	二期二段	另有 6 件残陶罐未参与类型划分
CM410	0°	主墓室及侧室均为券顶	280×（102～170）×（66～210）	门框：122×116×30；门洞：108×90	100×90×108	主墓室：250×150×（102～140）；侧室：192×100×（78～96）	东壁龛：205×76×50；西壁龛：230×76×60	AbI 式陶罐，C Ⅳ式陶盆，A Ⅶ式、A Ⅷ式瓷盘口壶，Ⅱ式瓷双系罐，BbI 式、Bb Ⅱ式瓷碗，Ab Ⅲ式、Ac 型、BcII 式、BcIII 式瓷盏，Ⅱ式瓷盆，铁鐎斗，铁矛	五期七段	
CM420	350°	穹隆顶	270×（160～180）×（10～180）	第一道门框：150×180；第二道门框：140×120×10；门洞：（132～138）×92	80×96×138	260×200×（122～190）	南壁龛：142×70×54；东壁龛：230×100×（130～140）；西壁龛：254×（104～114）×（140～150）	Ac 型瓷碗、I 式瓷盆、银环、料珠	三期四段	被盗

续表

墓号	方向	墓室顶部形态	墓道（长×宽×高）	墓门（门框：高×宽×进深；门洞：高×宽）	甬道（长×宽×高）	墓室（长×宽×高）	壁龛（宽×高×进深）	随葬器物	期、段	备注
DM501	270°	券顶	950×（100~240）×（124~372）	第一道门框：170×（160~170）×10；第二道门框：158×（136~148）×10；门洞：142×（116~128）	196×（128~136）×134	514×376×（180~220）	东壁龛：240×（160~172）×140；南壁龛：232×74×80；北壁龛：232×74×80	AaⅢ式陶釜，Eb型陶罐，A型陶碗，陶盘，陶侍女俑（2），AⅥ式、C型瓷盘口壶，Ⅱ式瓷鸡首壶，AaI式、BⅡ式瓷四系罐，Ⅱ式瓷折沿罐，AbI式、AbⅡ式、Ac型（3）、Ad型（2）、BaⅡ式、BbI式、BcI式（2）瓷碗，Aa型（2）、BaI式、BcII式、BdII式瓷盏，瓷圈足盏，瓷虎子，银发钗（3）	第1组三期三段；第2组四期六段	
EM601	250°	券顶	260×（120~150）×（0~202）	第一道门框：170×150×10；第二道门框：160×128×14；门洞：150×104	84×106×150	214×136×（110~150）		AbⅡ式陶盆，陶侍女俑（2），陶托腮听乐俑，AⅨ式瓷盘口壶，BcⅡ式瓷碗，BcII式瓷盏，铜发簪	第1组二期二段；第2组五期八段	另有3件残瓷碗未作型式划分
EM602	250°	券顶	318×（140~150）×（0~376）	第一道门框：170×150；第二道门框：160×122×12；门洞：150×100	154×100×152	280×212×（110~156）	140×（58~76）×40	Ba、Bb、F型陶罐，C型陶碗，陶砚，AI式、AⅡ式、AⅢ式瓷盘口壶，AaⅡ式、AaⅢ式、BI式瓷四系罐，AaI式、Ac型（2）、Ad型（2）、BaI式、BbI式、BbⅡ式、BcI式（3）、BcⅡ式瓷碗，AbI式、AbII式、BcI式、BdI式（2）瓷盏，铜环，铜弩机，铁镞（4），铁刀（3），铁锥，金戒指（2），银戒指（2），银环，水晶珠，琥珀辟邪，玻璃耳珰，料珠3组，石砚台	三期四段	

续表

墓号	方向	墓室顶部形态	墓道（长×宽×高）	墓门（门框：高×宽×进深；门洞：高×宽）	甬道（长×宽×高）	墓室（长×宽×高）	壁龛（宽×高×进深）	随葬器物	期、段	备注
EM603	260°	穹隆顶	第一段：110×（136～150）；第二段：70×（150～160）；第三段：70×（114～130）	门框：110×130；甬道第一道门框：高106；甬道第二道门框：104×126；门洞：106×110；甬道门洞：94×110	前甬道：70×（110～130）×106；后甬道：70×（110～116）×94	230×140×（88～132）		AbI式、DaⅢ式、DaⅢ式陶罐，BⅡ式陶甑，陶纺轮（2），AV式瓷盘口壶（2），AaV式瓷四系罐，瓷双口罐，Ⅱ式瓷折沿罐，BbI式（2）、BbⅡ式、BcI式、BcⅢ式瓷碗，BcIII式、BdI式（5）、BdII式瓷盏，Ⅱ式瓷唾壶，铜鐎，铁矛，铁刀，铁剪，铁锥，银戒指	四期六段	
EM604	246°	穹隆顶	360×（142～190）×（80～330）	第一道门框：142×（182～190）；第二道门框：142×140×10；门洞：136×118	140×（100～126）×136	（230～240）×280×（140～160）	236×（100～120）×90	Ac型陶釜，Ⅲ式瓷鸡首壶，BcⅡ式（3）、BcⅢ式（4）瓷碗，BbII式、BcIII式瓷盏，五铢钱（55）	五期八段	
EM605	253°	券顶	260×160×（0～226）	第一道门框：160×148；第二道门框：高152；门洞：142×100	170×100×142	220×268×（124～174）	东壁龛：206×86×56；南壁龛：204×（76～90）×60	AbⅡ式陶罐，AⅨ式、BI式瓷盘口壶，Ad型（3）、BbI式（2）、BcⅡ式（2）瓷碗，BaⅡ式、BbII式（2）瓷盏，铜钱1组	五期八段	
EM606	250°	穹隆顶	478×（160～176）×（0～320）	门框：150×152×8；门洞：134×128	76×（128～142）×134	288×280×（132～180）		AaⅡ式陶釜，BdⅢ式、EaⅡ式陶罐，AⅡ式陶钵，CⅢ式陶器盖，BⅡ式瓷盘口壶，AaⅡ式、AaⅣ式瓷四系罐，AaⅡ式、AaⅢ式、Ad型、BbI式（2）瓷碗，AbII式、BbI式、BbII式、BdI式（2）瓷盏，铜鸟，铁刀（2），铁剪	四期六段	
EM607	330°	券顶	残150×292×（0～218）	门洞：206×（124～198）		456×（324～334）×206	180×（62～86）×60			被盗一空，且后又经改建及破坏，已非墓葬原来之形制

续表

墓号	方向	墓室顶部形态	墓道（长×宽×高）	墓门（门框：高×宽×进深；门洞：高×宽）	甬道（长×宽×高）	墓室（长×宽×高）	壁龛（宽×高×进深）	随葬器物	期、段	备注
EM608	335°	券顶			残180×122×150	460×（230～240）×（120～180）	180×（66～74）×40			被盗一空，后又经改造及破坏，墓门及墓道已非原样。墓室一东壁被EM609打破
EM609	0°	券顶			残150×（112～138）×160	290×228×（134～180）				被盗一空，后又经改造及破坏，墓门及墓道已不存，其西南角打破EM608东壁
EM610	340°	券顶		140×102	110×（102～116）×140	220×（186～192）×（140～160）	120×74×50			被盗一空，后又经改造及破坏，墓门及墓道已不存
EM611	335°	略平顶	326×（90～150）×（50～228）	门框：106×（124～130）×22；门洞：90×80	60×80×90	240×（144～160）×（90～100）		AI式陶钵（3）、Ac型陶盆、BI式陶甑、陶侍从俑、陶侍女俑（3）、玻璃耳珰、石砚台	一期一段	

后　记

本报告是集体劳动和多方合作的成果，由王宏主持编写完成。

本报告是在2007年和2008年两个年度的报告的基础上综合完成的。2007年的报告由王宏编写，王蒙参加了部分编写工作；2008年度的报告由王宏、陈兆镜编写。本报告由王宏拟定编写大纲，再由王宏、陈兆镜、王蒙等分头编写，最后由王宏统稿并修订而成。其中第一章，第三章，第四章，第七章第一、三、四节，第九章第一、二节由王宏编写；第二章，第六章，第七章第二节，第八章，第九章第三、四、五、六节由陈兆镜编写；第五章由王蒙编写；附录部分分别由吴沫、朱铁权、李法军、胡立敏等撰写专稿。遗迹和器物底图分别由刘明怀、王蒙、陈兆镜初绘，刘明怀清描，姚志辉扫描，陈兆镜、胡立敏编辑；器物修复及资料由姚志辉完成；拓片由王宏、王雄完成；田野发掘照片由王宏、刘明怀拍摄；器物照片和高空摄影由李应东完成；地形及崖墓分布图由王运甫测绘。

重庆三峡文物保护领导小组办公室邹后曦、杨小刚多次到工地检查和指导工作。忠县文物局黄建华、卢雪梅、周忠、李杰等对发掘工作给予了大力支持和协助。北京大学委托金志伟、陕西省文物考古研究所委派石磊分年度对工地进行了监理。2009～2010年整理和编写报告期间，重庆市文物考古所邹后曦、袁东山、白九江、刘继东、李大地、杨小刚、刘远坚、孙慧等提供了很多便利，科学出版社张亚娜为本书编辑付出了辛勤的劳动。再次一并对参与工作和提供帮助的各方人士表示衷心的感谢！

编　者

2010年12月

(K-1600.0101)
ISBN 978-7-03-032539-6
9 787030 325396 >
定 价：208.00元

1. 忠县翠屏山崖墓群全景（北→南）

2. 忠县翠屏山崖墓群全景（高空拍摄）

忠县翠屏山崖墓群全景

1. 翠屏山崖墓群A区全景（西南→东北）

2. 翠屏山崖墓群A区发掘场景（西北→东南）

忠县翠屏山崖墓群A区场景

1. 忠县翠屏山崖墓群E区EM601~EM606分布（西→东）

2. 翠屏山崖墓群E区工作情景（南→北）

忠县翠屏山崖墓群E区场景

1. AM201墓门

2. AM201墓室随葬品分布情况

3. AM201墓室东南角“祭祀”场景

AM201发掘场景

1. AM202墓道与墓门

2. AM202墓门斗拱

AM202墓道与墓门

1. AM203墓道与墓门

2. AM203甬道与墓室器物

AM203甬道、墓门与墓室器物

1. AM204盗洞

2. AM204墓道、墓门

3. AM204封门砖石

AM204盗洞、墓道与墓门

1. AM205墓道及排水沟

2. AM205墓室及凿穿的墓壁

AM205墓道与墓室

1. BM301墓门

2. BM301墓道及甬道情景

3. BM301墓室出土随葬品情景

4. BM301甬道出土随葬品情景

BM301发掘场景

1. BM302墓道、甬道及已坍塌的墓室局部

2. BM302墓室局部器物

BM302墓道与墓室

1. BM303墓道与墓门

2. BM303墓室局部器物

BM303墓道与墓室器物

1. BM304墓道与墓门

2. BM304墓室及壁龛

BM304墓道与壁龛

1. BM305墓道与墓门

2. BM305甬道与墓室器物

BM305墓道与出土器物

1. BM307墓门

2. BM308墓道与墓门

3. BM309墓道与墓门

4. BM309墓室

BM307～BM309墓道、墓门与墓室

1. BM310墓道与排水沟

2. BM310墓门

3. BM310后室局部器物

BM310墓道、墓门与后室局部器物

1. BM311墓道与墓门

2. BM313墓门及甬道

未凿成的崖墓BM311与BM313

1. CM401墓道与墓室

2. CM402墓室

3. CM403墓道及墓门

4. CM404墓道及墓门

5. CM405墓道及墓门

6. CM406墓室

CM401～CM406墓室

1. CM407甬道及器物

2. CM407墓室券顶

3. CM407墓室局部器物（一）

4. CM407墓室局部器物（二）

CM407甬道、墓室及器物

1. CM408墓门

2. CM409墓门

CM408与CM409墓门

图版二〇

1. CM410墓道与排水沟

2. CM410墓门与耳室

3. CM410耳室门

4. CM410墓室出土器物

CM410墓道、墓门、耳室与器物

1. CM420墓道与墓门

2. CM420墓室与壁龛

CM420墓道、墓门与墓室

1. DM501墓道与墓门

2. DM501墓门

3. DM501墓室内灶台及陶釜

4. DM501墓室内随葬品分布

DM501墓道、墓门、墓室与器物

1. EM601墓道及墓门

2. EM601墓室及随葬器物

EM601墓道、墓室及器物

1. EM602墓道与墓门

2. 金戒指（EM602：9）、玛瑙珠（EM602：4）

3. 水晶珠（EM602：5）

4. EM602墓室及随葬品出土状况

EM602墓道、墓室及随葬品

1. EM603墓道

2. EM603墓门

3. EM603甬道内器物

4. EM603墓室及随葬品

EM603墓道、墓门、甬道与墓室

1. EM604墓道与墓门

2. EM604墓门

3. EM604墓室与壁龛

EM604墓门与墓室

1. EM605墓道与墓门

2. EM605甬道与墓室

3. EM605墓室局部器物

EM605墓道、墓室及随葬品

1. EM606墓道

2. EM606墓门

3. EM606墓室

EM606墓道、墓门与墓室

1. EM607墓室

2. EM608墓道及墓门

EM607墓室与EM608墓道、墓门

1. EM609墓室

2. EM610原始状态

EM609墓室与EM610原始状态

1. EM608及EM609外观

2. EM611墓道及墓门

EM608、EM609及EM611墓道、墓门

1. Aa Ⅰ式陶釜（CM401：2）

2. Aa Ⅱ式陶釜（EM606：20）

3. AaⅢ式陶釜（DM501：29）

4. Ab Ⅰ式陶釜（BM302：18）

5. B Ⅰ式陶釜（BM301：19）

6. B Ⅱ式陶釜（AM203：8）

陶釜

1. Aa Ⅰ式陶罐（BM301：35）

2. Aa Ⅱ式陶罐（BM303：14）

3. AaⅢ式陶罐（CM407：36）

4. Ab Ⅰ式陶罐（EM603：13）

5. Ab Ⅱ式陶罐（EM605：9）

A型陶罐

1. Bb型陶罐（EM602：35）

2. BcⅡ式陶罐（BM306：5）

3. BdⅡ式陶罐（CM407：1）

4. BdⅢ式陶罐（AM203：12）

5. BdⅢ式陶罐（CM407：11）

B型陶罐

1. Ca型陶罐（CM407：2）

2. CbⅠ式陶罐（CM407：15）

3. CbⅡ式陶罐（CM409：4）

4. CbⅢ式陶罐（AM203：7）

5. CbⅢ式陶罐（BM303：1）

6. CbⅣ式陶罐（BM306：4）

C型陶罐

1. DaⅠ式陶罐（BM303：18）

2. DaⅠ式陶罐（CM409：7）

3. DaⅡ式陶罐（AM203：4）

4. DaⅡ式陶罐（BM303：2）

5. DaⅢ式陶罐（EM603：14）

6. DbⅢ式陶罐（EM603：19）

D型陶罐

1. Dc Ⅰ式陶罐（BM301：39）

2. Dc Ⅱ式陶罐（BM301：37）

3. Dc Ⅱ式陶罐（BM301：38）

4. Ea Ⅱ式陶罐（EM606：14）

5. Eb型陶罐（DM501：27）

6. F型陶罐（EM602：25）

D、E、F型陶罐

1. Ⅰ式陶锺（BM301：29）

2. Ⅱ式陶锺（CM407：27）

3. Ⅲ式陶锺（AM203：11）

4. Ⅲ式陶锺（BM303：17）

陶锺

1. AⅠ式陶钵（EM611：2）

2. AⅡ式陶钵（BM302：8）

3. AⅡ式陶钵（CM407：16）

4. AⅢ式陶钵（BM303：19）

5. CⅠ式陶钵（BM301：36）

6. CⅡ式陶钵（BM302：2）

陶钵

1. CⅡ式陶钵（BM302：12）

2. CⅢ式陶钵（BM302：7）

3. CⅢ式陶钵（BM302：13）

4. A型陶碗（DM501：22）

5. B型陶碗（BM306：3）

6. C型陶碗（EM602：20）

陶钵、陶碗

1. Ⅰ式陶魁（CM401：3）

2. Ⅱ式陶魁（BM301：28）

3. Ⅲ式陶魁（BM302：16）

4. Ⅳ式陶魁（CM407：34）

5. AⅡ式陶杯（BM303：5）

6. B型陶杯（BM302：20）

陶魁、陶杯

1. Ab Ⅰ式陶盆（BM310：6）

2. Ac型陶盆（EM611：4）

3. B Ⅱ式陶盆（BM303：11）

4. B Ⅱ式陶盆（CM409：2）

5. C Ⅱ式陶盆（BM302：17）

6. 陶盘（DM501：32）

陶盆、陶盘

1. AaⅠ式陶甑（BM302：10）

2. BⅡ式陶甑（EM603：12）

3. 陶熏（BM302：3，盖为BM302：1）

4. 陶耳杯（BM301：24）

陶甑、陶熏、陶耳杯

图版四四

1. AⅠ式陶灯（CM407：29）

2. AⅡ式陶灯（CM407：30）

3. Ba型陶灯（BM301：26）

4. Bb型陶灯（BM301：23）

陶灯

1. AⅡ式陶器盖（CM407：40）

2. BⅡ式陶器盖（CM409：5）

3. CⅢ式陶器盖（EM606：22）

4. 陶勺（CM407：35）

5. 陶砚（EM602：13）

6. 陶纺轮（EM603：2、EM603：3）

陶器盖、陶勺、陶砚台、陶纺轮

1. 陶侍从俑（BM301：7）

2. 陶侍从俑（BM301：8）

3. 陶侍从俑（BM301：9）

4. 陶侍从俑（CM407：24）

5. 陶抱囊俑（BM301：2）

6. 陶抱囊俑（CM409：3）

陶人物俑

1. 陶侍女俑（DM501：30）

2. 陶侍女俑（EM601：7）

3. 陶执钻俑（BM310：2）

4. 陶抚耳听乐俑（BM301：12）

5. 陶抚耳听乐俑（CM401：1）

6. 陶托腮听乐俑（CM407：23）

陶人物俑

图版四八

1. 陶吹箫俑（BM301：17）

2. 陶吹箫俑（CM401：5）

3. 陶抚琴俑（BM301：14）

4. 陶抚琴俑（CM407：26）

5. 陶击鼓俑（BM301：16）

陶人物俑

1. 陶狗俑（BM301：34）

2. 陶狗俑（BM303：4）

3. 陶狗俑（CM407：17）

4. 陶鸡俑（BM301：3）

5. 陶鸡俑（BM303：7）

6. 陶镇墓兽（BM301：6）

陶动物俑及镇墓兽

1. 陶猪俑（BM301：33）

2. 陶猪俑（BM303：6）

3. 陶猪俑（BM303：8）

4. 陶猪俑（CM407：18）

5. 陶子母鸡俑（BM301：5）

6. 陶子母鸡俑（CM407：20）

陶动物俑

1. A型陶楼（BM301：30）

2. A型陶楼（BM306：14）

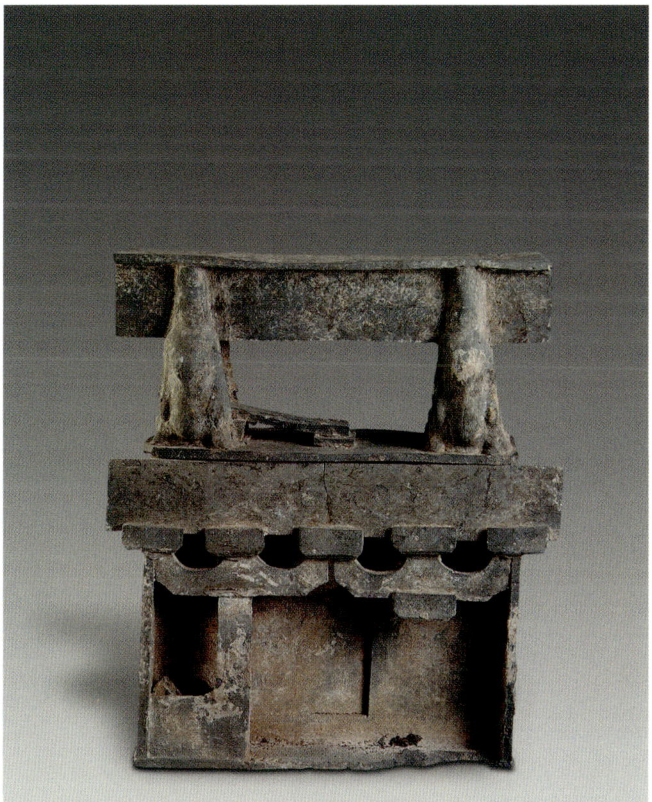
3. B型陶楼（CM407：38）

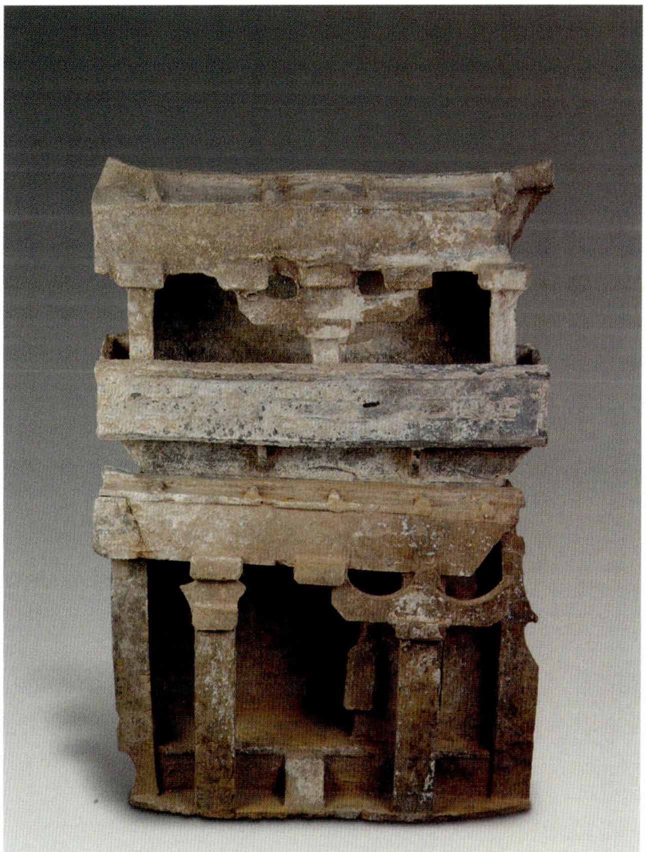
4. B型陶楼（CM407：39）

陶楼

1. 陶井（BM301：40）

2. 陶井圈（CM407：4）

3. 陶水塘（BM301：32）

4. AⅢ式瓷盘口壶（EM602：29）

5. AⅨ式瓷盘口壶（EM601：4）

陶井、陶井圈、陶水塘及瓷盘口壶

1. A Ⅰ式瓷盘口壶（EM602：44）

2. A Ⅱ式瓷盘口壶（AM201：10）

3. A Ⅱ式瓷盘口壶（EM602：17）

4. AⅣ式瓷盘口壶（AM201：6）

5. AⅤ式瓷盘口壶（EM603：1）

6. AⅤ式瓷盘口壶（EM603：24）

瓷盘口壶

1. AⅥ式瓷盘口壶（DM501：24）

2. AⅦ式瓷盘口壶（BM305：9）

3. AⅦ式瓷盘口壶（CM410：4）

4. AⅧ式瓷盘口壶（BM305：6）

5. AⅧ式瓷盘口壶（CM410：5）

6. AⅨ式瓷盘口壶（EM605：5）

瓷盘口壶

1. BⅠ式瓷盘口壶（EM605：14）

2. BⅡ式瓷盘口壶（EM606：9）

3. C型瓷盘口壶（BM305：5）

4. C型瓷盘口壶（DM501：8）

5. AaⅠ式瓷四系罐（DM501：9）

6. AaⅡ式瓷四系罐（EM602：26）

瓷盘口壶、瓷四系罐

1. AaⅡ式瓷四系罐（EM606：17）

2. AaⅢ式瓷四系罐（EM602：12）

3. AaⅣ式瓷四系罐（EM606：16）

4. AaV式瓷四系罐（EM603：18）

瓷四系罐

1. Ab型瓷四系罐（BM305：3）

2. Ab型瓷四系罐（BM306：13）

3. BⅠ式瓷四系罐（AM201：11）

4. BⅠ式瓷四系罐（EM602：14）

5. BⅡ式瓷四系罐（AM201：22）

6. BⅡ式瓷四系罐（DM501：2）

瓷四系罐

1. Ⅰ式瓷鸡首壶（AM201：8）

2. Ⅱ式瓷鸡首壶（DM501：25）

3. Ⅲ式瓷鸡首壶（EM604：2）

4. B型瓷四系罐盖（EM602：18）

瓷鸡首壶、瓷四系罐盖

1. Ⅱ式瓷折沿罐（DM501：12）

2. Ⅱ式瓷折沿罐（EM603：17）

3. Ⅲ式瓷折沿罐（BM305：1）

4. 瓷双口罐（EM603：20）

5. Ⅰ式瓷双系罐（BM310：11）

6. Ⅱ式瓷双系罐（CM410：1）

瓷罐

图版六〇

1. Aa Ⅰ式瓷碗（EM602：39）

2. Aa Ⅱ式瓷碗（BM306：8）

3. Aa Ⅱ式瓷碗（EM606：12）

4. AaⅢ式瓷碗（EM606：11）

5. Ab Ⅰ式瓷碗（DM501：15）

6. Ab Ⅱ式瓷碗（DM501：1）

7. Ac型瓷碗（BM305：4）

8. Ac型瓷碗（BM306：6）

A型瓷碗

1. Ac型瓷碗（CM420：10）

2. Ac型瓷碗 （DM501：23）

3. Ac型瓷碗（EM602：23）

4. Ad型瓷碗（AM201：18）

5. Ad型瓷碗（DM501：17）

6. Ad型瓷碗（EM602：21）

7. Ad型瓷碗（EM605：1）

8. Ad型瓷碗（EM606：8）

A型瓷碗

1. Ba Ⅰ式瓷碗（EM602：36）

2. Ba Ⅱ式瓷碗（DM501：11）

3. Bb Ⅰ式瓷碗（AM201：24）

4. Bb Ⅰ式瓷碗（CM410：12）

5. Bb Ⅰ式瓷碗（EM602：38）

6. Bb Ⅱ式瓷碗（CM410：2）

7. Bb Ⅱ式瓷碗（EM601：3）

8. Bb Ⅱ式瓷碗（EM603：22）

B型瓷碗

1. BcⅠ式瓷碗（AM201：23）

2. BcⅠ式瓷碗（DM501：16）

3. BcⅠ式瓷碗（EM602：32）

4. BcⅡ式瓷碗（AM201：3）

5. BcⅡ式瓷碗（EM601：1）

6. BcⅡ式瓷碗（EM602：37）

7. BcⅢ式瓷碗（EM603：25）

8. BcⅢ式瓷碗（EM604：5）

B型瓷碗

图版六四

1. Aa型瓷盏（DM501：13）

2. Aa型瓷盏（DM501：14）

3. AbⅠ式瓷盏（EM602：34）

4. AbⅡ式瓷盏（EM602：28）

5. AbⅡ式瓷盏（EM606：10）

6. BaⅠ式瓷盏（DM501：10）

7. BaⅡ式瓷盏（EM605：3）

8. 圈足青瓷盏（DM501：28）

瓷盏

1. BbⅠ式瓷盏（EM606：2）

2. BbⅡ式瓷盏（EM604：10）

3. BbⅡ式瓷盏（EM605：6）

4. BbⅡ式瓷盏（EM605：8）

5. BcⅠ式瓷盏（EM602：15）

6. BcⅡ式瓷盏（DM501：19）

7. BcⅡ式瓷盏（EM601：2）

8. BcⅢ式瓷盏（EM603：21）

瓷盏

1. Bd Ⅰ式瓷盏（EM602：40）

2. Bd Ⅰ式瓷盏（EM603：16）

3. Bd Ⅰ式瓷盏（EM603：28）

4. Bd Ⅰ式瓷盏（EM603：29）

5. Bd Ⅰ式瓷盏（EM606：1）

6. Bd Ⅱ式瓷盏（BM305：8）

7. Bd Ⅱ式瓷盏（DM501：6）

8. Bd Ⅱ式瓷盏（EM603：27）

瓷盏

1. Ⅰ式瓷盆（CM420：11）

2. Ⅱ式瓷盆（CM410：7）

3. Ⅰ式瓷唾壶（BM306：2）

4. Ⅱ式瓷唾壶（EM603：10）

5. 瓷熏炉（AM201：5）

6. 瓷盘（AM201：20）

7. 瓷虎子（DM501：26）

瓷盆、瓷唾壶等

1. 铜洗（BM301：27）

2. 铜洗内底双鱼纹（BM301：27）

3. 铜鋬（BM301：1）

4. 铜鸟（EM606：6）

5. 铜弩机部件（EM602：11）

6. 铜鐏（EM603：4）

铜器

1. 铁锥（EM602：10）、铁镞（EM602：51、EM602：19、EM602：53、EM602：52）、铁刀（EM602：30）

2. 铁刀（EM602：31、EM602：33）

3. 铁刀（EM603：6）、铁矛（EM603：31）

4. 铁刀（EM606：3）、铁锥（EM603：5）、铁剪（EM603：7）、铁刀（EM606：4）

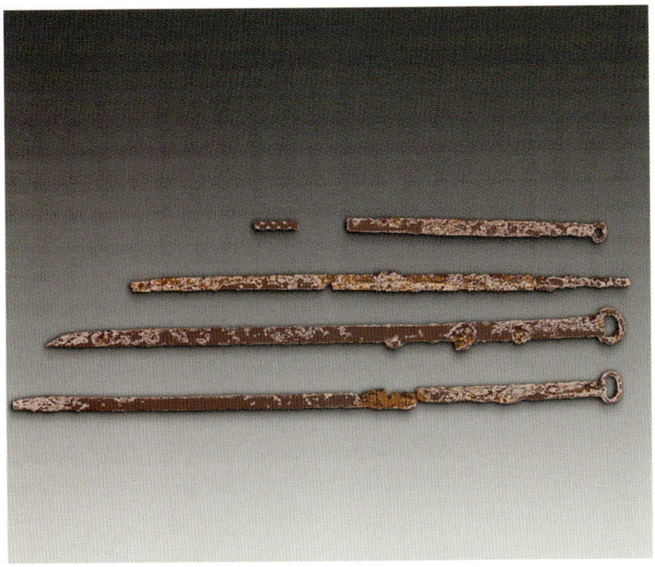

5. 铁刀（CM407：28）、铁剑（CM409：1）、铁刀（BM301：21，AM201：1）

6. 铁刀（BM301：21）

铁器

1. 金戒指（EM602：9、EM602：8）

2. 银戒指（EM602：1、EM602：6）、铜环（EM602：7）

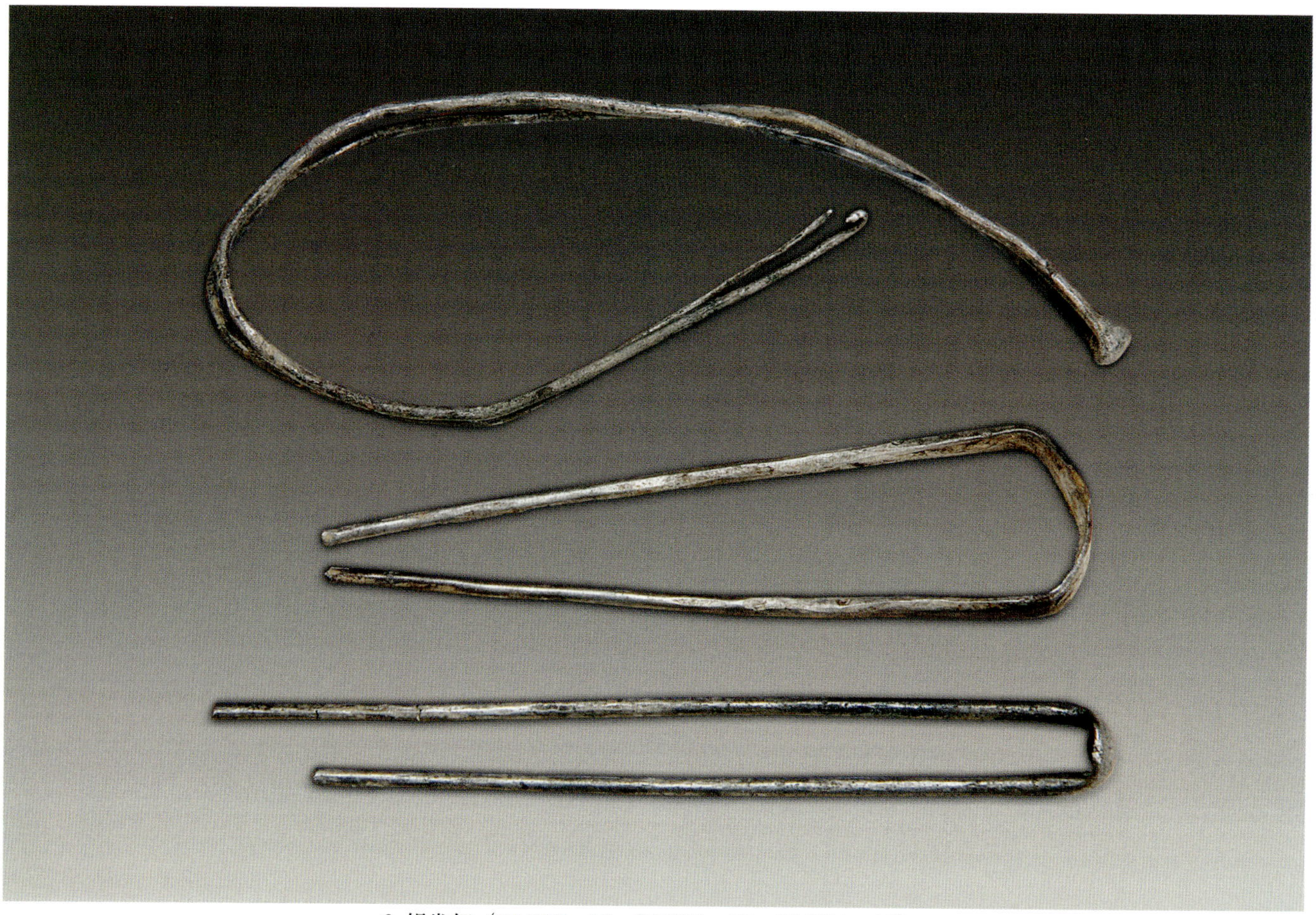
3. 银发钗（DM501：20、DM501：21、DM501：33）

金、银、铜装饰器

1. 玉璏（AM201：25）

2. 玻璃耳珰（EM611：3）

3. 石砚台（EM602：16）

玉器、石器、玻璃器

1. 玉器、玻璃器（CM420：8、CM420：9、CM420：5、CM420：4、CM420：3、CM420：2）

2. 玉器、玻璃器（EM602：48、EM602：5、EM602：46、EM602：4、EM602：47）

玉器、玻璃器

1. CM411及CM412墓室

2. CM411墓室

3. CM412墓室

4. CM413墓室

明墓墓室

1. CM414～CM417墓室

2. CM418及CM419墓室

明墓墓室

1. CM414墓室

2. CM415墓室

3. CM416墓室

4. CM417墓室

5. CM418头龛

6. CM419头龛

明墓墓室

1. A型塔式罐（CM417：2）

2. B型塔式罐（CM418：1）

3. B型塔式罐（CM419：1）

4. C型塔式罐（CM416：1）

5. 双耳罐（CM414：3）

6. 丰肩罐（CM413：8）

明墓出土陶器

1. A型白瓷碟（CM419：2）

2. B型青瓷碟（CM418：2）

3. 白瓷碗（CM414：1）

4. 白瓷碗（CM417：1）

明墓出土单色釉瓷器

1. A型青花瓷碗（CM413：3）

2. A型青花瓷碗（CM413：5）

3. A型青花瓷碗（CM415：1）

4. B型青花瓷碗（CM413：2）

5. C型青花瓷碗（CM413：4）

6. 青花瓷杯（CM413：1）

明墓出土青花瓷器

神溪船业厂区内被破坏的崖墓

1. EM602工作照

2. M202墓室清理

3. 重庆三峡文物保护领导小组办公室工作人员检查指导工作

工作照